René Martin

Excel nervt
Eine Liebeserklärung an Microsoft Excel

René Martin

Excel nervt

Eine Liebeserklärung an Microsoft Excel

Bibliografische Information der Deutschen Nationalbibliothek:
Die Deutsche Nationalbibliothek verzeichnet diese Publikation in der Deutschen National-
bibliografie;
detaillierte bibliografische Daten sind im Internet über http://dnb.dnb.de abrufbar.
© 2016 René Martin
Illustration: René Martin
Satz: René Martin
Herstellung und Verlag: BoD – Books on Demand, Norderstedt
ISBN: 978-3-7392-3167-9

Inhaltsverzeichnis

	Inhaltsverzeichnis	5
1	Vorwort	21
2	Alles weg	23
2.1.	Ist wirklich alles weg?	23
2.1.1.	Seitenansicht	23
2.1.2.	Wo ist meine Tabelle?	23
2.1.3.	Mein Menüband ist weg	25
2.1.4.	Der "Kopf" ist weg	26
2.1.5.	Eine Spalte ist zu breit	26
2.1.6.	Daten verschwinden beim Filtern	27
2.1.7.	Filtern klappt nicht	27
2.1.8.	Meine Überschriften sind weg	28
2.1.9.	Meine Tabs sind weg!	28
2.1.10.	Die Gitternetzlinien sind weg!	29
2.1.11.	Symbolleiste für den Schnellzugriff ist weg	31
2.1.12.	Alles ist weg!	32
2.1.13.	Alle Diagramme weg!	34
2.1.14.	Pivottabelle weg	34
2.1.15.	Registerkarten fehlen	35
2.1.16.	Keine Linien	35
2.1.17.	Hamburg UND Berlin	37
2.1.18.	Spalte A wurde ausgeblendet	37
2.1.19.	und alles weg ...	38
2.1.20.	Text ist weg!	40
2.1.21.	Mein Excel ist weg!	41
2.1.22.	Wo ist mein Excel?	42
2.1.23.	Die Tabelle ist weg	42
2.1.24.	Kopflos durch Excel	43
2.1.25.	Varus, Varus, wo sind deine Optionen?	44

2.1.26.	Bildverbot?	45
3	Oberfläche	47
3.1.	Dateneingabe	47
3.1.1.	Dateneingabe – und fertig!	47
3.1.2.	Text oder Zahl?	48
3.1.3.	Verschiedene Darstellungen	49
3.1.4.	Seltsamer Ausdruck	49
3.1.5.	Seltsame Zahlen	51
3.1.6.	Excel formatiert automatisch	52
3.1.7.	Die Ausführung dieses Befehls ist bei einer nicht zusammenhängenden Mehrfachmarkierung nicht möglich.	52
3.1.8.	Keine Formeln sichtbar	53
3.1.9.	Aus FRA wird Frau, aus KLR wird klar, aus Weng wird wenig	55
3.1.10.	Die Autokorrektur ist zu kurz!	55
3.1.11.	Wo ist das Kästchen?	56
3.1.12.	Markierung	58
3.1.13.	Plus	59
3.1.14.	Spalten einfügen	60
3.1.15.	Hyperlinks	61
3.1.16.	Name im Kommentar	62
3.1.17.	Die letzte Zelle	63
3.1.18.	Seltsamer Doppelklick	64
3.1.19.	Autoausfüllen	65
3.1.20.	Raute	67
3.1.21.	Summe rechnet nicht	68
3.1.22.	Seltsames Bewegen bei der Pfeiltaste	68
3.1.23.	Punkt statt Komma	70
3.1.24.	Formate stimmen nicht	70
3.1.25.	Komische Zeichen	71
3.1.26.	Drucken funktioniert nicht	71
3.1.27.	Januar geht nicht	73
3.1.28.	Datenüberprüfung mit Prozent	73
3.1.29.	Zerrissene Text	74
3.1.30.	Wo kommt denn DER Pfeil her?	76
3.1.31.	Falsche und richtige Schalttage	77

3.1.32.	Autoausfüllen - gar nicht automatisch!...78
3.1.33.	Grüne Ecken 79
3.1.34.	Persisch? Arabisch? Hebräisch? 79
3.1.35.	Warum zeigt Excel nicht die komplette Liste? 81
3.1.36.	Doppelte Einträge in der Reihe...84
3.1.37.	Doppelklick auf Kästchen...87
3.1.38.	Zu viel Text! 88
3.1.39.	Vorwärts immer, rückwärts nimmer 89
3.1.40.	Ein Bild sagt mehr als 1000 Zahlen - quatsch! 90
3.1.41.	Wer suchet, der findet - Nö! 91
3.1.42.	Warum er und nicht ich?...91
3.1.43.	Mein Excel ist meiner Zeit voraus 93
3.1.44.	Hier gibt es schon Daten. Möchten Sie diese ersetzen?..94
3.1.45.	Varus, Varus, wo sind deine Optionen? 95
3.1.46.	Doppelklick - und schwupp - weg ist er 96
3.1.47.	Tastenkombinationen..97
3.1.48.	TEILERGEBNIS - gar kein tolles Ergebnis 98
3.1.49.	ich will aber alles!...100
3.1.50.	grau, Grau, grau sind all' die Symbole 102
3.1.51.	Statuszeile - warum hat er so viele Funktionen? 103
3.1.52.	Slash, slash, Komma, Strich 104
3.1.53.	Sprunghaft 104
3.1.54.	Doppelklick geht nicht! 105
3.1.55.	Manchmal nervt er..106
3.1.56.	Kopieren und überschreiben - ohne Warnung 107
3.1.57.	Nicht konsequent, aber nützlich 107
3.1.58.	Die Antwort kenn' ich wohl - allein mir fehlt die Frage 108
3.1.59.	Texte erscheinen 108
3.1.60.	Ich mache nicht alle Fehler selbst ... ich gebe auch anderen eine Chance 109
3.1.61.	Optionen - nicht optimal! 109
3.1.62.	Wo ist das verflixte Telefon?..110
3.1.63.	Wem die Stunde schlägt 112
3.1.64.	Wiederholen - genug ist genug 112
3.1.65.	Ihr, die ihr hier eintretet, lasst alle Hoffnung fahren..113
3.1.66.	denke nie gedacht zu haben, ...113

3.1.67.	Automatische Rechtschreibprüfung	113
3.1.68.	Komische Uhrzeit	114
3.1.69.	Mein Gedächtnis ist schlecht. - Wie schlecht? - Wie schlecht ist was?	115
3.1.70.	Was du heute kannst besorgen, ...	117
3.1.71.	Ich sehe was, was du nicht siehst	117
3.1.72.	Armbruch, Beinbruch, Zeilenumbruch	119
3.1.73.	Alles oder nichts?	120
3.1.74.	Blumen/Texte pflücken während der Fahrt verboten	121
3.1.75.	Excel zieht seine Kreise	123
3.2.	Fehlermeldungen	123
3.2.1.	Seitenansicht	123
3.2.2.	Pivottabelle - geht nicht!	124
3.2.3.	"Dieser Name wird bereits verwendet."	125
3.2.4.	Einfügen nicht möglich	126
3.2.5.	Für diese Aktion müssen alle verbundenen Zellen dieselbe Größe haben	126
3.2.6.	Rote Ellipsen	127
3.2.7.	Die Ausführung dieses Befehls ist bei einer nicht zusammenhängenden Mehrfachmarkierung nicht möglich.	128
3.2.8.	Der Befehl konnte für den ausgewählten Zellbereich nicht ausgeführt werden. Markieren Sie eine einzelne Zelle innerhalb eines Datenbereichs, und versuchen Sie es dann erneut.	129
3.2.9.	Teile eines Arrays können nicht geändert werden.	129
3.2.10.	Microsoft Excel hat Daten unmittelbar neben den markierten Zellen entdeckt. Da Sie diese Daten nicht markiert haben, werden sie nicht sortiert.	130
3.2.11.	Es wurden keine Daten zur Analyse markiert	130
3.2.12.	Das Verbinden von Zellen wird mit einer Fehlermeldung begleitet	131
3.2.13.	Zugriffsschutzeinstellung	132
3.2.14.	Warum darf ich nicht kopieren?	132
3.2.15.	Seltsame Meldungen	134
3.2.16.	Excel kann leider keine zwei Arbeitsmappen mit gleichem Namen zugleich öffnen.	134
3.2.17.	Excel stürzt ab!	134
3.2.18.	Transponieren - nicht nur in der Musik	135
3.2.19.	Mindestens ein Symboldatenbereich überlappt	136
3.2.20.	Wenn das die Lösung ist will ich lieber mein Problem zurück	137
3.2.21.	Solver	138

3.2.22.	Bedingte Formatierung kaputt	138
3.2.23.	Wenn Sie alle Zellen aus einer Excel-Arbeitsmappe in die aktuelle Arbeitsmappe einfügen möchten, müssen Sie die Daten in die erste Zelle (A1 oder Z1S1) einfügen.	139
3.2.24.	drum prüfe, wer sich ewig bindet ...	139
3.3.	Kommentare	140
3.3.1.	Kommentare werden nicht gedruckt	140
3.3.2.	Name im Kommentar	141
3.3.3.	Kommentare	142
3.3.4.	Komische Kommentare	144
3.3.5.	Mini-Kommentar	145
3.4.	Datenaustausch	146
3.4.1.	Datenaustausch klappt nicht	146
3.4.2.	Diagramme nach PowerPoint	149
3.4.3.	Summe funktioniert nicht	149
3.4.4.	SAP & co	151
3.4.5.	Komische Zeichen	153
3.4.6.	Word-Serienbriefe	154
3.4.7.	Visio	156
3.4.8.	Warum darf ich nicht kopieren?	156
3.4.9.	Komische Zeichen	157
3.4.10.	Excel -> Text -> Excel	158
3.4.11.	Access	160
3.4.12.	Bin ich nicht kompatibel?	161
3.4.13.	Plötzlich Datum ...	161
3.4.14.	Today is only yesterday's tomorrow	163
3.5.	Merkwürdig übersetzt	164
3.5.1.	Fenster :: Fixieren	164
3.5.2.	Anzahl | Anzahl2	165
3.5.3.	Quelle der Pivottabelle	166
3.5.4.	Datenüberprüfung oder Gültigkeit?	167
3.5.5.	Blatt, Tabellenblatt oder Arbeitsblatt?	167
3.5.6.	Komische Überschriften	168
3.5.7.	Glätten und Trim	168
3.5.8.	VLOOKUP und SVERWEIS	169
3.5.9.	Erklärungstext nicht aussagekräftig	171

3.5.10.	Eine Linie ist eine Linie ist eine Linie	174
3.5.11.	Markieren Sie den Zielbereich!	175
3.5.12.	Getrennte Daten	177
3.5.13.	Warum da und nicht woanders?	178
3.5.14.	Einfügen, einfügen - immer nur einfügen	179
3.5.15.	kann Spuren von Erdnüssen und anderen Nüssen enthalten	179
3.5.16.	anders ausgedrückt	180
3.6.	Symbole falsch beschriftet	181
3.6.1.	deutsch :: englisch	181
3.6.2.	[Strg]+[#]	182
3.6.3.	Gültigkeit und Datenüberprüfung	182
3.6.4.	Gruseliges Excel!	183
4	Formate	186
4.1.	Zellformate	186
4.1.1.	Rahmenlinie von links oder von rechts?	186
4.1.2.	Zellen können nicht verbunden werden	189
4.1.3.	Die Überschrift ist weg	190
4.1.4.	Gitternetzlinien	190
4.1.5.	Krakeliger Text	192
4.1.6.	Buchhaltung vs Währung	193
4.1.7.	Gitternetz wird ausgedruckt - obwohl nicht gewünscht	195
4.1.8.	Blaue Pfeile	198
4.1.9.	Bedingte Formatierung funktioniert nicht	199
4.1.10.	Das Verbinden von Zellen wird mit einer Fehlermeldung begleitet	200
4.1.11.	Kompatibilitätsprüfung	200
4.1.12.	Registerkarten fehlen	202
4.1.13.	Formate gehen nicht weg!	203
4.1.14.	Die bedingte Formatierung funktioniert nicht	205
4.1.15.	Keine bedingte Formatierung	207
4.1.16.	Alles so winzig hier	209
4.1.17.	Schrift viel zu klein	210
4.1.18.	Zu viel Text!	211
4.1.19.	Die bedingte Formatierung zeigt nicht alle Farben!	213
4.1.20.	Alles zerrupft!	214
4.1.21.	In der Mitte und doch nicht in der Mitte	216

4.1.22.	Vorhin war es noch da - ich schwör' s!	217
4.1.23.	Text drehen	219
4.1.24.	Mindestens ein Symboldatenbereich überlappt	221
4.1.25.	Kleine Symbole würden mir genügen ...	221
4.1.26.	Sag mir wo die Zahlen sind ... wo sind sie geblieben?	223
4.1.27.	Ingroup-Verhalten	223
4.1.28.	Die goldene Mitte - ist das nicht gerade	225
4.1.29.	Armbruch, Beinbruch, Zeilenumbruch	225
4.1.30.	Verbinden verboten!	226
4.2.	Zahlenformate	228
4.2.1.	Plötzlich stehen andere Zahlen in der Zelle	228
4.2.2.	Excel formatiert automatisch	230
4.2.3.	Ort und Datum kann nicht kombiniert werden	230
4.2.4.	Datum funktioniert nicht	232
4.2.5.	Buchhaltung vs Währung	232
4.2.6.	Excel summiert Uhrzeiten nicht richtig	234
4.2.7.	Am Komma ausrichten	236
4.2.8.	Prozente werden falsch berechnet	236
4.2.9.	Seltsame Datumsangaben	238
4.2.10.	Excel rechnet falsch	238
4.2.11.	Summe funktioniert nicht	240
4.2.12.	Summe rechnet falsch	241
4.2.13.	Punkt statt Komma	241
4.2.14.	Warum kann ich keine m²?	242
4.2.15.	Gleich ist nicht gleich	243
4.2.16.	Januar geht nicht	245
4.2.17.	Währungen am Rande	246
4.2.18.	[Strg]+[,]	246
4.2.19.	Falsche und richtige Schalttage	247
4.2.20.	Wo ist das Minuszeichen?	248
4.2.21.	Die Antwort kenn' ich wohl - allein mir fehlt die Frage	248
4.2.22.	Die Phönizier haben das Geld erfunden – aber warum so wenig? (Johann Nepomuk Nestroy)	249
4.2.23.	So will ich das nicht!	249
4.2.24.	Ist heute schon der 33.?	251

4.2.25.	Heute hier morgen dort ...	251
4.2.26.	jetzt oder nie!	252
4.2.27.	Mag der keine Schweizer?	253
4.2.28.	Komische Uhrzeit	255
4.3.	Zeilen und Spalten	255
4.3.1.	Die Überschrift ist weg	255
4.3.2.	Eine Spalte ist zu breit	256
4.3.3.	Stripset	256
4.3.4.	Spalten einfügen	257
4.3.5.	Spaltenbreite	259
4.3.6.	Einblenden funktioniert nicht	262
4.3.7.	Spalte A wurde ausgeblendet	263
4.3.8.	Verbinden verboten	264
4.4.	Drucken und Seitenlayout	266
4.4.1.	Seitenlayout	266
4.4.2.	Bild geht nicht weg	267
4.4.3.	Seite einrichten funktioniert nicht komplett	268
4.4.4.	Alles so winzig hier	270
4.4.5.	Drucken druckt merkwürdig	272
4.4.6.	Aktive Blätter drucken?	273
4.4.7.	Wo sind meine Seitenränder?	274
4.4.8.	Seite einrichten - nur teilweise möglich	274
4.4.9.	Fühlst du nicht an meinen Linien, Dass ich Eins und doppelt bin?	275
4.4.10.	Linien verschwinden	277
4.4.11.	Wahrscheinlich ist dir Frage zu schön, um sie mit einer Antwort kaputt zu machen.	278
4.4.12.	Wo ist der Seitenumbruch?	279
4.4.13.	Seitenansicht	280
4.4.14.	Fehlerquellen	282
5	Formeln und Funktionen	284
5.1.	Excel rechnet falsch	284
5.1.1.	SUMME vs. + | PRODUKT vs. * | QUOTIENT vs. /	284
5.1.2.	AutoSumme funktioniert nicht	285
5.1.3.	Rechenungenauigkeit	285
5.1.4.	Text oder Zahl?	286

5.1.5.	Summe rechnet falsch	286
5.1.6.	Excel rechnet nicht mehr, beziehungsweise rechnet falsch	288
5.1.7.	Ein perfider Fehler	289
5.1.8.	Summe rechnet falsch	290
5.1.9.	Excel summiert Uhrzeiten nicht richtig	291
5.1.10.	SUMME rechnet nicht	292
5.1.11.	Prozente werden falsch berechnet	296
5.1.12.	Excel rechnet falsch	297
5.1.13.	Formel liefert falsches Ergebnis	300
5.1.14.	Summe funktioniert nicht	300
5.1.15.	ZÄHLENWENN zählt falsch	302
5.1.16.	SVERWEIS klappt nur manchmal	303
5.1.17.	Summe rechnet falsch	305
5.1.18.	ZÄHLENWENN zählt zu wenig	306
5.1.19.	Fast alle Rechnungen sind falsch	307
5.1.20.	Excel rechnet falsch	309
5.1.21.	Zählenwenn rechnet nicht	311
5.1.22.	Leerzeichen finden	312
5.1.23.	Texte zerschneiden	315
5.1.24.	Tempus fugit: Ihr Video2Brain-Training: Excel 2013: Tipps, Tricks Troubleshooting - Frage zur Zeitberechnung	316
5.2.	Fehlermeldungen	318
5.2.1.	Summe klappt nicht	318
5.2.2.	Sie haben zu viele Argumente für diese Funktion eingegeben	319
5.2.3.	In Ihrer Formel fehlt eine Klammer	319
5.2.4.	SUMME rechnet nicht	319
5.2.5.	Excel multipliziert nicht	323
5.2.6.	#DIV/0	323
5.2.7.	Warum funktioniert ODER nicht in Wenn-Funktionen?	324
5.2.8.	Kompatibilitätsprüfung	325
5.2.9.	#BEZUG!	327
5.2.10.	Excel rechnet nicht	328
5.2.11.	#BEZUG!	329
5.2.12.	SVERWEIS rechnet nicht	330
5.2.13.	Formel rechnet nicht	331

5.2.14.	#ZAHL!	331
5.2.15.	Seltsame Funktion	332
5.2.16.	TE - und ich erhalte kein Teilergebnis	333
5.2.17.	Wir haben ein Problem bei dieser Formel festgestellt.	333
5.2.18.	Kann INDIREKT keine Tabellen?	334
5.2.19.	Geld ist nichts. Aber viel Geld, das ist etwas anderes. (Georg Bernard Shaw)	335
5.3.	Merkwürdige Formeln	335
5.3.1.	Ort und Datum kann nicht kombiniert werden	335
5.3.2.	Wenn mit Platzhalter	337
5.3.3.	Seltsame Datumsangaben	339
5.3.4.	Teile und herrsche	339
5.3.5.	Function not found	342
5.3.6.	Da fehlt doch was!	343
5.3.7.	Inhalte einfügen - nicht ganz	345
5.3.8.	Kein Kommentar? - Doch	347
5.3.9.	Mal links, mal oben	348
5.3.10.	Datum - Datümmer? - Data? - Daten? - ...	349
5.3.11.	Feiertage wären klasse	350
5.4.	Excel rechnet gar nicht mehr	353
5.4.1.	Zirkelbezug	353
5.4.2.	Excel rechnet nicht mehr, beziehungsweise rechnet falsch	353
5.4.3.	Excel rechnet nicht	354
5.4.4.	Excel kann keine Stunden summieren	355
5.4.5.	SVERWEIS funktioniert nicht	356
5.4.6.	Excel multipliziert nicht	357
5.4.7.	AutoSumme funktioniert nicht	358
5.4.8.	Excel rechnet nicht	359
5.4.9.	SAP & co	360
5.4.10.	Summe rechnet nicht	362
5.4.11.	#BEZUG!	362
5.4.12.	Summe rechnet nicht	363
5.4.13.	SVERWEIS rechnet nicht	364
5.4.14.	Excel ohne Nullen	365
5.4.15.	Einsam bist du klein aber gemeinsam	366
5.4.16.	Ohne einen einzigen Feiertag	367

5.4.17.	Neugier ist die erste Stufe zur Hölle.	368
5.4.18.	Ich finde den Fehler nicht - aber ich habe doch alles richtig gemacht!	369
5.4.19.	"Komm, wir gehen Pilze finden" (Janosch)	370
6	Listen	372
6.1.	Text in Spalten	372
6.1.1.	Hier gibt es schon Daten. Möchten Sie diese ersetzen?	372
6.1.2.	Es wurden keine Daten zur Analyse markiert	373
6.1.3.	Die Ausführung dieses Befehls ist bei einer nicht zusammenhängenden Mehrfachmarkierung nicht möglich	374
6.1.4.	Es wurden keine Daten zur Analyse markiert	375
6.1.5.	Summe funktioniert nicht	376
6.1.6.	"Trennen" trennt traurig	377
6.1.7.	Getrennte Daten	381
6.1.8.	Texte verschwinden	383
6.2.	Sortieren	386
6.2.1.	Sortieren und Filtern - geht nicht!	386
6.2.2.	Wie geht denn das? Namen statt Spaltenköpfe?	387
6.2.3.	Für diese Aktion müssen alle verbundenen Zellen dieselbe Größe haben	388
6.2.4.	Der Befehl konnte für den ausgewählten Zellbereich nicht ausgeführt werden. Markieren Sie eine einzelne Zelle innerhalb eines Datenbereichs, und versuchen Sie es dann erneut.	388
6.2.5.	Microsoft Excel hat Daten unmittelbar neben den markierten Zellen entdeckt. Da Sie diese Daten nicht markiert haben, werden sie nicht sortiert.	389
6.2.6.	Excel sortiert nicht richtig	390
6.2.7.	Zuviel ist zuviel	390
6.2.8.	Wo ist mein Excel?	392
6.2.9.	Eine unerwartete Sortierreihenfolge?!	392
6.2.10.	Sortieren - leider nicht überall	393
6.2.11.	Bleib oben!	393
6.2.12.	Dummheit ist auch eine natürliche Begabung (Wilhelm Busch)	394
6.3.	Filtern	397
6.3.1.	Sortieren und Filtern - geht nicht!	397
6.3.2.	Wie geht denn das? Namen statt Spaltenköpfe?	398
6.3.3.	Daten verschwinden beim Filtern	399
6.3.4.	Filtern klappt nicht	399
6.3.5.	Nur gefilterte Daten können in das aktive Blatt kopiert werden	400

6.3.6.	Der Spezialfilter filtert zu viele Daten	400
6.3.7.	Der Spezialfilter filtert gar nichts - nur die Überschrift	401
6.3.8.	Der Befehl konnte für den ausgewählten Zellbereich nicht ausgeführt werden. Markieren Sie eine einzelne Zelle innerhalb eines Datenbereichs, und versuchen Sie es dann erneut.	402
6.3.9.	Zuviel ist zuviel	402
6.3.10.	Top 10	404
6.3.11.	Hamburg UND Berlin	405
6.3.12.	Zwei Listen in einer Tabelle?	405
6.3.13.	Leerzeichen finden	407
6.3.14.	Warum zeigt Excel nicht die komplette Liste?	411
6.3.15.	Filtern - mal mit Stern - mal ohne	413
6.3.16.	Ich finde den Filter nicht!	414
6.3.17.	Datümer und andere Irrtümer	416
6.4.	Pivottable	419
6.4.1.	Pivottabellenassistent	419
6.4.2.	Stripset	419
6.4.3.	Pivottabelle leer	420
6.4.4.	Pivottabelle funktioniert nicht	422
6.4.5.	Seltsame Pivottabelle	423
6.4.6.	Pivottabelle rechnet nicht richtig	423
6.4.7.	Pivottabelle rechnet nicht richtig	424
6.4.8.	Fehlermeldung in Pivottabellen	425
6.4.9.	Pivottabelle weg	426
6.4.10.	Kein Rang	427
6.4.11.	Pivot - Anzahl statt Summe	428
6.4.12.	Keine Pivottabelle möglich?	430
6.4.13.	Mein Pivot hat nur eine Spalte zur Auswahl	432
6.4.14.	Pivottabelle nicht vollständig	434
6.4.15.	Teile und herrsche (Divide et impera) - hä?	435
6.4.16.	Der Pivottable-Feldname ist ungültig.	436
6.4.17.	Pivot - ohne Power	437
7	Diagramme	440
7.1.	Merkwürdige Diagramme	440
7.1.1.	Diagramme nachbearbeiten	440

7.1.2.	Diagramme nach PowerPoint	441
7.1.3.	Schwarzer Diagrammboden	442
7.1.4.	Diagramme - gleiche Werte; unterschiedliche Prozentzahlen	443
7.1.5.	Achse weg - Diagramm kaputt!	444
7.1.6.	Diagramme drucken	446
7.1.7.	Dünne Balken in Diagrammen	448
7.1.8.	Diagramme - ohne Aktualisierung	448
7.1.9.	Diagramm zeigt nicht die Datenquelle an	450
7.1.10.	Diagramme - leerer Eintrag in der Achse	451
7.1.11.	Erster Balken nur halb so groß	452
7.1.12.	Unerwünschte Stalaktiten	454
7.1.13.	Warum kann ich das Diagramm nicht weiter bearbeiten?	455
7.1.14.	Seltsames Diagramm - das stimmt nicht mit den Daten überein	456
7.1.15.	Excel zeigt manchmal die Beschriftung von Balken - manchmal nicht	458
7.1.16.	Zahlen hoch - marsch, marsch!	459
7.1.17.	Merkwürdige Überschrift im Diagramm	461
7.1.18.	Seite einrichten - nur teilweise möglich	462
7.1.19.	Was hat er, das ich nicht habe?	462
7.1.20.	Fußballer stehen auf dem Kopf	463
7.1.21.	Punkte ist verboten! Blasen und Kurs auch!	464
7.1.22.	Nummerierung der Werte der y-Achse	464
7.1.23.	Trend - ausgeschlossen!	465
7.1.24.	Nur Köln nicht	467
7.1.25.	Mehrfachauswahl	468
7.1.26.	Auf einmal ist er weg	469
7.1.27.	Nicht verschiebbar? Nicht mit der Pfeiltaste!	470
7.1.28.	Wo bitte ist Köln?	471
7.2.	Diagramme schummeln	473
7.2.1.	Diagramme schummeln I	473
7.2.2.	Diagramme schummeln II	473
7.2.3.	Diagramme schummeln III	475
7.2.4.	Diagramme schummeln IV	476
7.2.5.	Diagramme schummeln V	477
7.2.6.	Diagramme schummeln VI	479
7.2.7.	Diagramme schummeln VII	480

7.2.8.	Diagramme schummeln VIII	482
7.2.9.	Diagramme schummeln IX	483
7.2.10.	Diagramme schummeln X	484
7.2.11.	Diagramme schummeln XI	489
7.2.12.	Balken mit Werten und Prozenten – schummeln XII	489
7.2.13.	Diagramme schummeln XIII	492
7.2.14.	Bedingte Formatierung bei Diagrammen – schummeln XIV	499
7.2.15.	Diagramme schummeln XV	502
7.2.16.	ABC-Analyse im Diagramm – schummeln XVI	503
7.2.17.	Zeilenumbruch - schummeln XVII	505
7.2.18.	Sekundäre x-Achse und ihre Probleme – schummeln XVIII	507
7.2.19.	Diagramme schummeln XIX	508
7.2.20.	Diagrammteile löschen oder ausblenden – schummeln XX	509
7.2.21.	Negative Balken rot – schummeln XXI	510
7.2.22.	Diagramme schummeln XXII	510
7.2.23.	Diagramme schummeln XVIII	514
8	VBA	516
8.1.	Der Makrorekorder	516
8.1.1.	Der Makrorekorder zeichnet nicht auf	516
8.1.2.	Makrorekorder zeichnet falschen Code auf	516
8.1.3.	Zu viel Code	518
8.2.	VBA-Befehle	520
8.2.1.	Ein kurzer Hilfetext im Objektkatalog in VBA wäre schön	520
8.2.2.	Leerzeichen oder Klammer?	520
8.3.	Excel-Objekte	522
8.3.1.	Aufzählungslisten (Intellisense)	522
8.3.2.	Wo ist der Remote-Server-Computer	523
8.3.3.	Workbooks - zwei Seelen wohnen ach in meiner Brust	524
8.4.	Userforms	524
8.4.1.	Listenfelder - nicht konsequent	524
9	Fehler	526
9.1.	Ein Patentrezept zur Fehlersuche?	526
9.2.	Falsche Eingabe	526
9.3.	Falsche Klammerungen	527
9.4.	Falsche Rechenoperatoren	529

9.5.	Falsche Formatierungen	530
9.6.	Zirkelbezüge	532
9.7.	Relative und absolute Bezüge	532
9.8.	Falsche Inhalte	532
9.9.	Denkfehler	532
9.10.	Fehlermeldungen	533
9.11.	Zusammenfassung	537
10	Probleme ?!?	541
10.1.	Das Problem „und"	541
10.2.	WAHR und FALSCH	542
10.3.	Das „Nichts" in Excel	546
10.3.1.	Zahl, 0 oder keine Zahl	546
10.3.2.	Text, leerer Text oder kein Text	546
10.3.3.	Text- und Zahl-Konvertierung	547
10.3.4.	Rechnen in Excel	547
10.3.5.	Datenüberprüfung	548
10.3.6.	Sortieren	548
10.3.7.	AutoFilter	548
10.3.8.	Spezialfilter	548
10.3.9.	Pivot-Tabelle	548
10.3.10.	VBA	549
10.3.11.	Zusammenfassung	550
11	Schade!	551
11.1.	Geht nicht; – sorry Leute!	551
11.2.	Mein Wunschzettel	558
11.2.1.	Dateneingabe	558
11.2.2.	Formate	559
11.2.3.	Rechnen, Formeln und Funktionen	560
11.2.4.	Nicht konsequent	561
11.2.5.	Gültigkeit :: Datenüberprüfung	564
11.2.6.	Daten	564
11.2.7.	Listen	564
11.2.8.	VBA	565
11.3.	und sonst	566
12	Tastenkombinationen	567

12.1.	Windows-Shortcuts	567
12.1.1.	Die vielleicht wichtigsten Shortcuts	567
12.1.2.	Office Assistent	568
12.1.3.	Mit Menüs und Symbolleisten arbeiten	568
12.1.4.	Navigieren mit Shortcuts	569
12.1.5.	In Fenstern, Dialog- und Textfeldern arbeiten	570
12.1.6.	In Zellen oder Bearbeitungsleiste arbeiten	572
12.1.7.	Formatieren von Daten	572
12.1.8.	Mit Shortcuts in Datenmasken arbeiten	573
12.1.9.	Manchmal auch nützlich	574
12.2.	Macintosh-Shortcuts	574
12.2.1.	Die vielleicht wichtigsten Shortcuts	574
12.2.2.	Vorschau und Drucken	576
12.2.3.	Eingeben von Daten auf einem Arbeitsblatt	576
12.2.4.	Arbeiten in Zellen oder auf der Funktionsleiste	577
12.2.5.	Formatieren und Bearbeiten von Daten	578
12.2.6.	Arbeiten mit einer Markierung	579
12.2.7.	Markieren von Zellen, Spalten oder Zeilen	580
12.2.8.	Finanzmanagement	582
12.2.9.	Diagramme	582
12.2.10.	Datenformulare	582
12.2.11.	AutoFilter und PivotTable-Berichte	583
12.2.12.	Gliedern von Daten	583
12.2.13.	Symbolleisten	584
12.2.14.	Fenster	584
12.2.15.	Dialogfelder	585
13	Ein Wort zu mir	586
14	Stichwortverzeichnis	589

1 Vorwort

Ich hätte nicht gedacht, dass der Blog so einschlägt.

Anfang 2015 kam ich auf die Idee, die Internetseite "excel-nervt.de" einzurichten. Der Hintergrund: Seit 1990 unterrichte ich Softwareprodukte – im Wesentlichen Microsoft Office Anwendungen, aber auch Grafikprogramme, Programmiersprachen, Internettechnologien. Und programmiere kleinere Lösungen für verschiedene Firmen. Seit Anfang der 90er Jahre habe ich mich mit Excel beschäftigt, das ich liebe und sehr oft unterrichte und auch programmiere – das heißt: mit VBA oder VB.NET darauf zugreife. Doch, doch, ich liebe es wirklich! Excel ist ein tolles, cleveres Programm, das ich auch für viele Dinge im privaten Bereich einsetze. Ich muss Ihnen sicherlich nicht erzählen, dass es Hunderte von Newsgroups, Excel-Seiten, Hilfen, und so weiter gibt: als Bücher, DVDs, Online-Videos, Internetforen, … Viele von diesen Seiten und Gruppen sind wirklich klasse – auch ich habe dort viel gelernt.

Umgekehrt: In Schulungen stelle ich immer wieder fest, dass Anfänger, aber auch Profi-Anwender sich häufig mit Excel schwer tun. Einige Dinge erschließen sich nicht von alleine. Einige Sachen sind schräg übersetzt. Inkonsistent aufgebaut. Merkwürdig angelegt. Sehr versteckt. Natürlich gibt es auch Grenzen von Excel (ich wünsche mir immer noch, dass mein Excel auch meine Wohnung putzt, meine Hemden bügelt und mir Kaffee kocht und dann an den Schreibtisch bringt). Im Ernst: Das eine oder eine verwirrt, verblüfft, verärgert. Dem Profi ringt das Programm sicherlich ein wissendes Lächeln ab, dem Anwender dagegen Erstaunen und Erbosen.

Ich war verwundert, dass noch niemand auf die Idee gekommen ist, diese "dunklen Seiten" von Excel zu sammeln. Also habe ich mich auf den Weg gemacht, Dinge zusammenzutragen, die meine Teilnehmer und mich irritieren. Oder Fragen, die ich per Mail erhalten habe. Oder Dinge, die mich den Kopf schütteln lassen. Ich würde mir gerne ein Gespräch mit Verantwortlichen von Microsoft wünschen – tja.

Und nachdem ich nach einem Jahr fast 500 Einträge in meinem Blog hatte – eine Seite, die jeden Tag zwischen 500 und 1.500 Zugriffe hat – kamen mehrmals Anfragen, ob man diese Informationen auch als gedrucktes Werk nach Hause tragen könne. Diesem Wunsch bin ich nachgegangen.

Zugegeben: da die einzelnen Artikel über einen längeren Zeitraum geschrieben wurden, finden sich natürlich einige sprachliche Inkonsistenzen darin. Um den Preis des Buches nicht in die Höhe zu treiben, habe ich auf ein professionelles Lektorat und auf einen Profikorrektor verzichtet. Das heißt – obwohl ich alle Texte noch einmal auf Fehler durchgeschaut habe, sind möglicherweise noch einige Tippfehler (oder auch Rechtschreibfehler, sprachliche Fehler, Gedankenfehler, …) im Text. Dafür möchte ich mich an dieser Stelle entschuldigen.

Umgekehrt: Ich habe all diese Glossen, Seitenhiebe und Gedanken immer mit einem Schmunzeln geschrieben. Wir alle machen Fehler. Und darüber kann man auch mal lächeln. Und so wünsche ich Ihnen viel Spaß und Vergnügen beim Lesen dieser Texte

René Martin

München, im Februar 2016

PS: Sie finden diese und weitere Texte auch unter www.excel-nervt.de

2 Alles weg

2.1. Ist wirklich alles weg?

2.1.1. Seitenansicht

Ein seltsames Phänomen in Excel 2010.

Bei bestimmten Formatierungen zeigt Excel bei Datei / Drucken nicht mehr die Seitenansicht. Man muss sie über eine Schaltfläche aktivieren.

Leider habe ich bis jetzt noch nicht des Rätsels Lösung gefunden. Ich vermute stark - ein Bug in Excel 2010.

2.1.2. Wo ist meine Tabelle?

Ich habe nichts gemacht ... und meine Tabelle ist weg? Kennen Sie diese Frage? Kennen Sie auch die Lösung:

2.1 Ist wirklich alles weg?

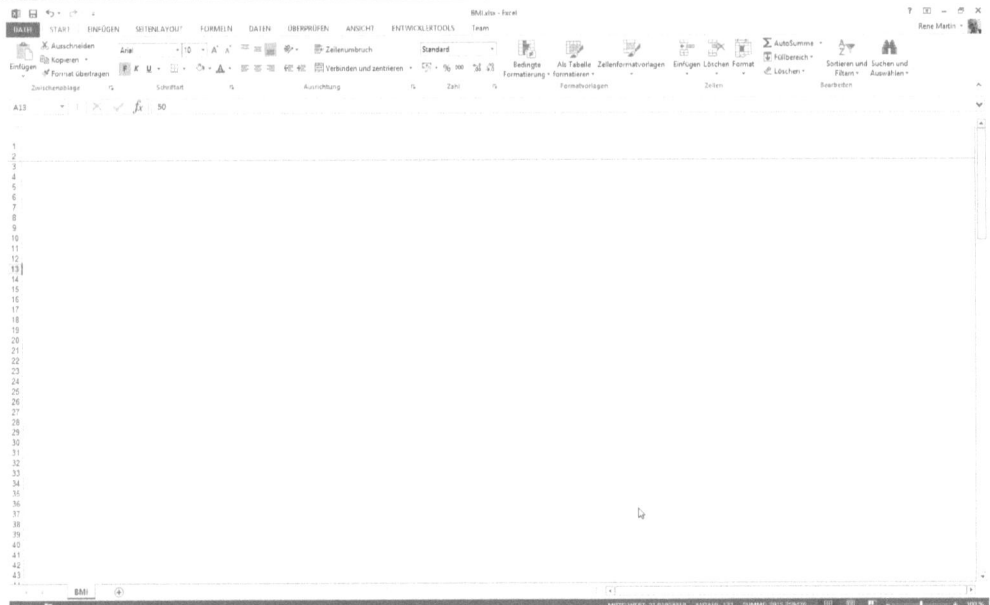

Was hat der Anwender gemacht?

Nun - er hat eine Zeile markiert, wollte sie ausblenden und hat fälschlicherweise den Befehl "Spalten auswählen" erwischt.

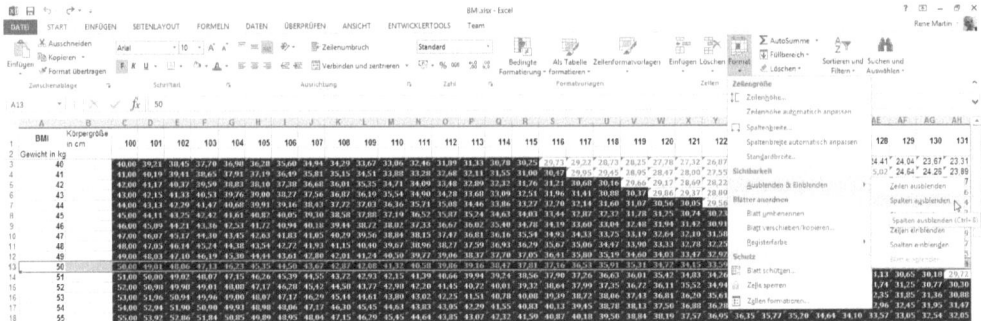

Die Lösung: Alles markieren (das Kästchen links oben) und nun den Befehl "Spalten einblenden" wählen:

Mein Menüband ist weg

2.1.3. Mein Menüband ist weg

Das Ribbon / Menüband / die Multifunktionsleiste ist weg?

Nun, das kann leicht passieren: Mit einem Doppelklick auf eine der Registerkarten wird das Menüband zusammengeklappt. In Excel 2013 steht in ein Symbol am rechten, oberen Rand zur Verfügung, mit dem man es wieder einklappen kann:

In Excel 2007 musste man es per Doppelklick auf einen der Reiter wieder herholen:

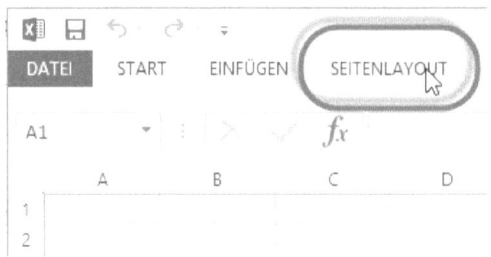

2.1 Ist wirklich alles weg?

2.1.4. Der "Kopf" ist weg

... Und plötzlich komme ich nicht mehr in die ersten Zeilen ...

Eine perfide Sache: Scrollen Sie in Excel etwas nach unten, so dass die ersten Zeilen oberhalb des sichtbaren Bildschirm stehen. Setzen Sie nun den Cursor in die oberste sichtbare Zelle. Wenn Sie nun alles fixieren (oder einfrieren), was darüber steht, gelangen Sie nicht mehr in die Zeilen darüber.

Die Lösung ist klar: Die Fixierung wieder aufheben!

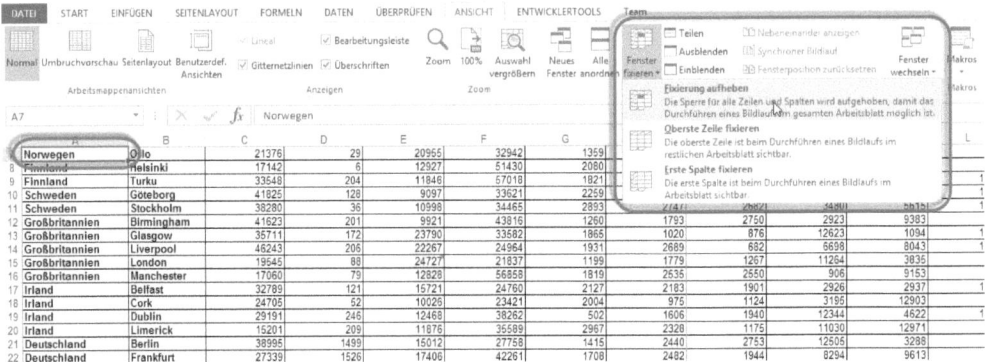

2.1.5. Eine Spalte ist zu breit

Alle Spalten wurden markiert und mit einem Doppelklick zwischen die Spaltenköpfe auf optimale Breite gestellt. Dummerweise habe ich übersehen, dass irgendwo weiter hinten eine Spalte sehr viel Text enthält - ich gelange weder "hinter" diese Spalte, noch kann ich sie mit der Maus verkleinern.

Die Lösung: Markieren Sie diese Spalte (oder alle Spalten) und ändern die Spaltenbreite über das Kontextmenü. Dabei entspricht die Einheit "Zeichen in der Zelle" - also 10 ist beispielsweise ein guter Wert, um wieder den Überblick zu erhalten.

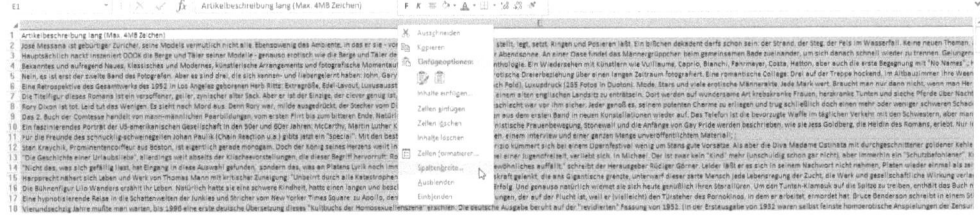

2.1.6. Daten verschwinden beim Filtern

Erstaunlicherweise verschwinden die Daten, wenn ich nach der Postleitzahl filtere. Warum?

In diesem Fall wurde die PLZ als Zahl eingetragen (was man daran erkennen kann, dass sie rechtsbündig in der Zelle stehen). Wenn Sie nun die Zahlen mit "Beginnt mit 5" oder "5*" oder "5????" filtern, dann vermischen Sie Text und Zahl. Das Ergebnis - Excel findet keinen Datensatz mit einem Postleittext, der mit 5 beginnt.

Die Lösung: Filter Sie "größer oder gleich 50000 und kleiner 60000". dann klappt es.

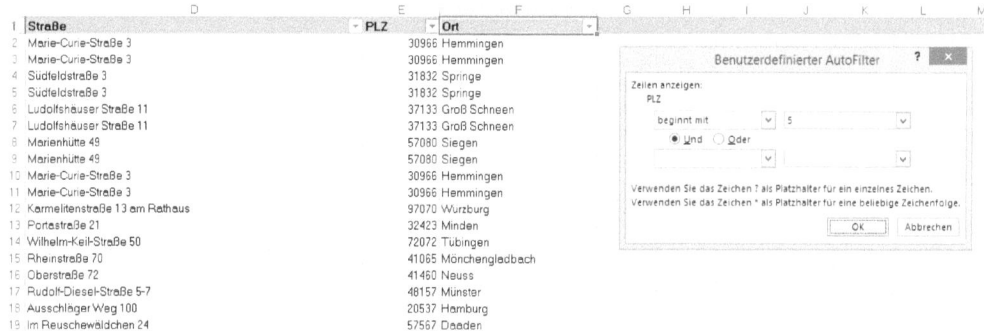

2.1.7. Filtern klappt nicht

Seltsam – ich könnte schwören, dass Kunden aus München in dieser Liste stehen. Die Liste des Autofilters zeigt allerdings keinen an.

Der Grund ist: es wurde bereits ein Filter eingeschaltet (hier: in der Spalte "Name2"). Möglicherweise sind zufällig alle Münchner Daten auf diese Art weggefiltert. Hier sieht man den gesetzten Filter zufälligerweise - es könnte jedoch sein, dass die Spalte, in der der Filter gesetzt wurde, außerhalb des Bildschirms steht.

Tipp: Dann werfen Sie einen Blick in die Registerkarte "Daten" - wenn dort das Symbol "Löschen" aktiv ist, so ist noch irgendwo ein Filter gesetzt.

2.1 Ist wirklich alles weg?

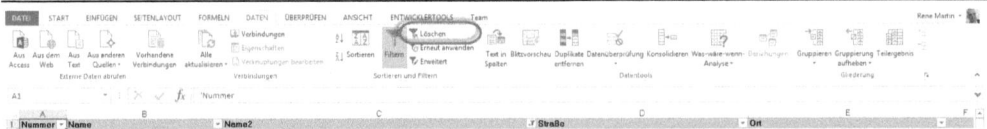

2.1.8. Meine Überschriften sind weg

Wo ist die Leiste geblieben, in der immer A, B, C, ... und 1, 2, 3, ... angezeigt wurde?

Man kann sie wieder einschalten über Ansicht / Anzeigen / Überschriften.

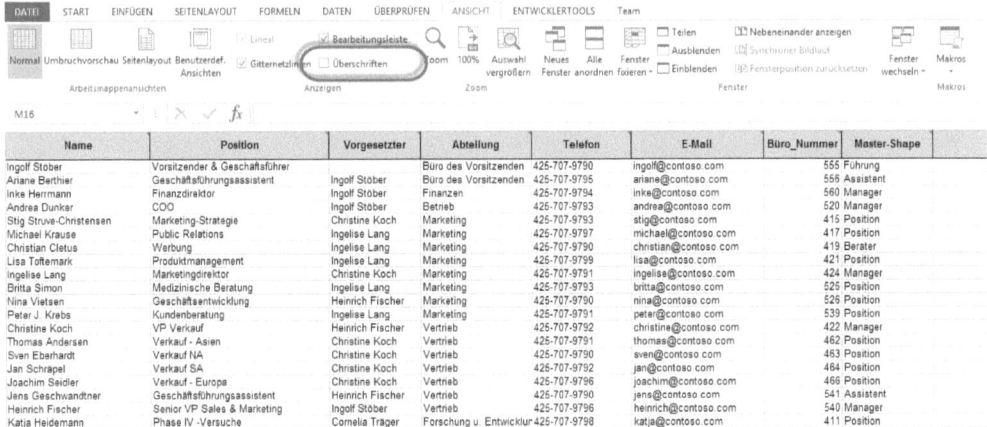

2.1.9. Meine Tabs sind weg!

Am unteren Rand fehlen plötzlich meine Registerkartentabs. Wo sind sie? Und wo bekomme ich sie wieder?

Nun, in den Optionen gibt es eine Einstellung, mit der man die Tabs ausblenden kann:

Blattregisterkarten anzeigen. Sie finden diese Einstellung in den Optionen / Erweitert / Optionen für diese Arbeitsmappe:

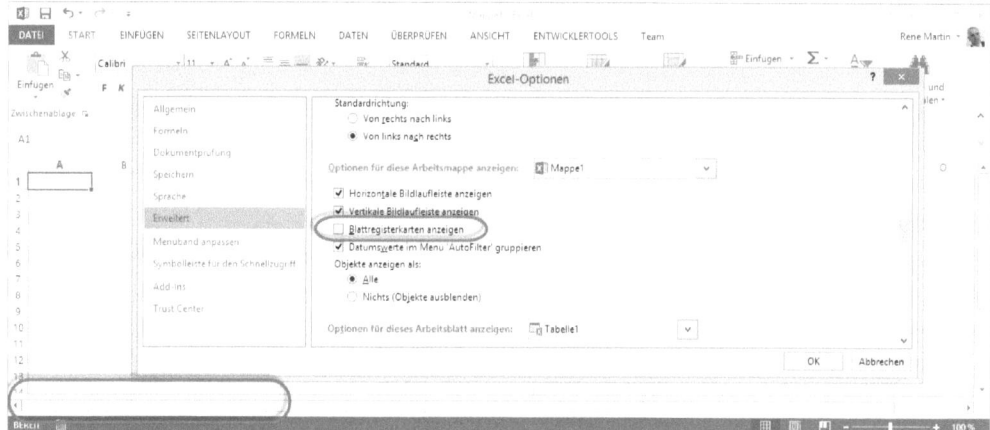

2.1.10. Die Gitternetzlinien sind weg!

Ich habe nichts gemacht, aber Excel zeigt diese praktischen Gitternetzlinien plötzlich nicht mehr an. Sie sind aber noch auf der Registerkarte "Ansicht" eingeschaltet. Was ist da los?

2.1 Ist wirklich alles weg?

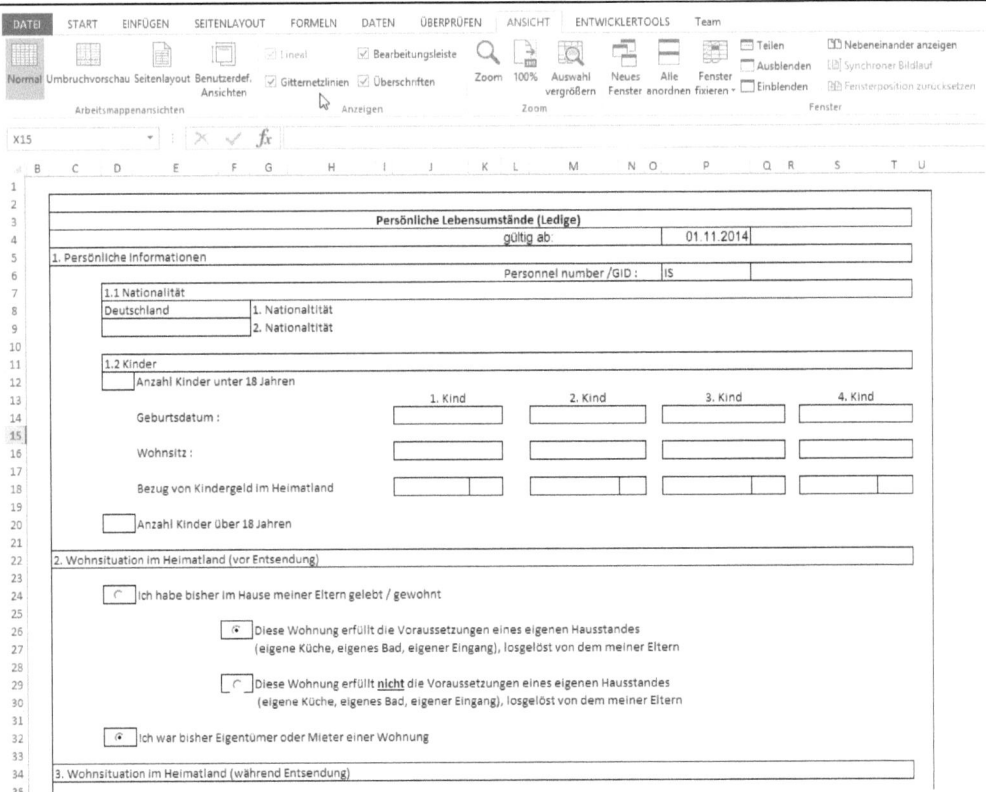

Die Antwort: Sie haben die Zellen nicht "ohne Füllfarbe" formatiert, sondern mit der Hintergrundfarbe weiß. Dann zeigt Excel keine Gitternetzlinien mehr an.

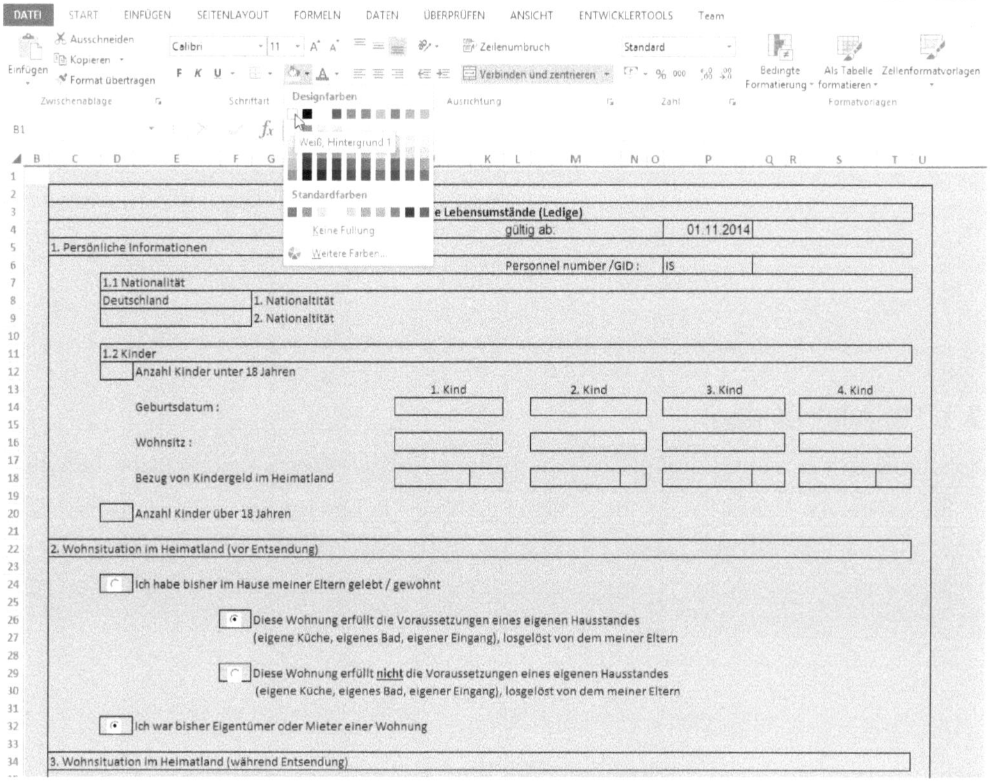

Symbolleiste für den Schnellzugriff ist weg

2.1.11. Symbolleiste für den Schnellzugriff ist weg

Ich habe mir so viele nützliche Symbole in die Symbolleiste für den Schnellzugriff gelegt und nun sie verschwunden.

Nein, man kann die Symbolleiste nicht entfernen. Mit Sicherheit befindet sie sich unterhalb des Menübandes. Schauen Sie noch einmal nach! Über die rechte Maustaste können Sie sie wieder nach oben legen.

2.1 Ist wirklich alles weg?

2.1.12. Alles ist weg!

So schnell geht es nicht! Es gibt allerdings mehrere Möglichkeiten, was Sie gemacht haben:

1. Sie haben aus Versehen eine neue Datei geöffnet (beispielsweise mit [Strg]+[N]). Die Liste aller zur Zeit offenen Dateien finden Sie in Ansicht / Fenster / Fenster wechseln

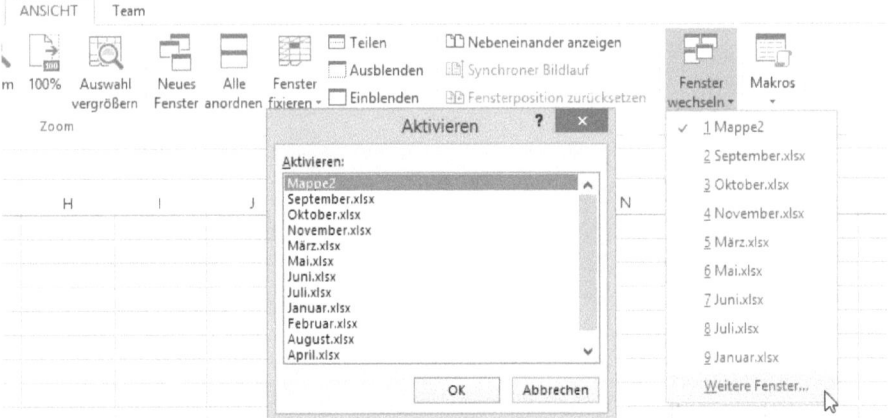

2. Oder aus Versehen die Datei ausgeblendet. Vielleicht wollten Sie etwas anderes ausblenden. Man kann eine Datei über Ansicht / Fenster /Ausblenden, beziehungsweise Einblenden herholen, beziehungsweise unsichtbar machen.

3. Oder Sie haben aus Versehen das Tabellenblatt ausgeblendet. Sie können es über die rechte Maustaste auf ein vorhandenes Tabellenblatt wieder einblenden (Oder auch: Start / Zellen / Format / Ausblenden & Einblenden / Blatt einblenden)

Alles ist weg!

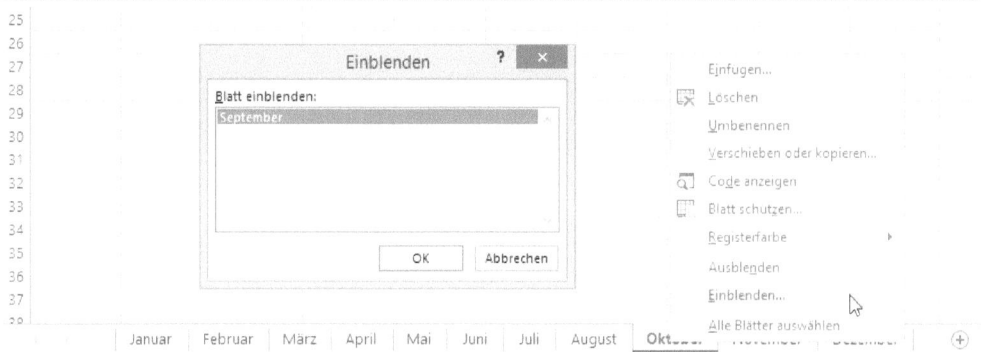

4. Oder das Blatt wurde außerhalb des sichtbaren Bereiches verschoben. Sie können mit der rechten Maustaste auf die Pfeilchen am linken Rand klicken, um eine Übersichtsliste aller sichtbaren Tabellenblätter zu erhalten (und sehen so beispielsweise, dass "September" vor dem "Januar" steht.

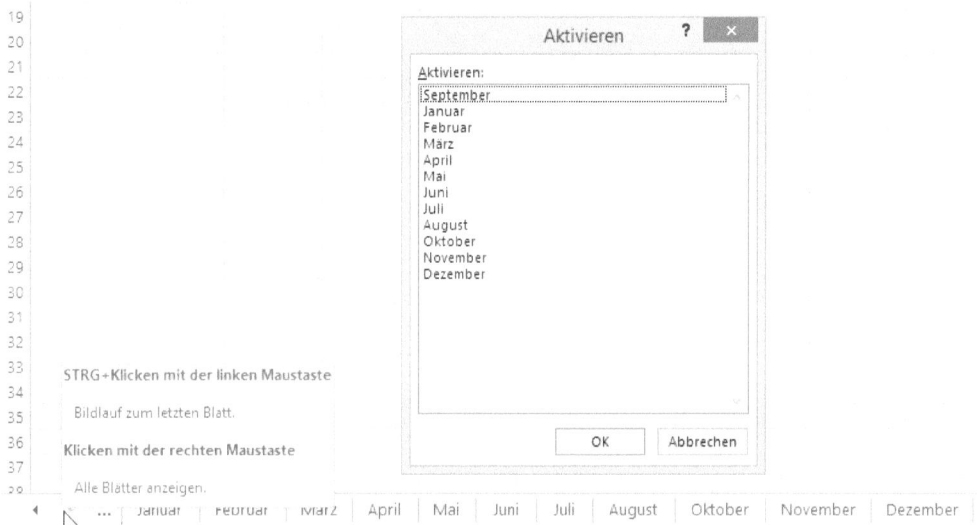

5. Oder Sie haben alles markiert und eine Taste gedrückt. Dafür gibt es ja die Rückgängig-Funktion!

6. Oder Sie haben aus Versehen zwei Mal Excel geöffnet. Werfen Sie mal einen Blick in die Taskleiste unten!

33

2.1 Ist wirklich alles weg?

Nicht mehr rückgängig machen kann man allerdings das Löschen des Blattes. Wenn Sie die Datei bereits gespeichert haben, können Sie diese schließen ohne noch einmal zu speichern.

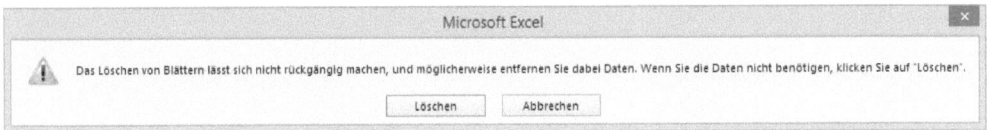

2.1.13. Alle Diagramme weg!

Ich bin ganz sicher! Ich habe mehrere Diagramme erstellt und nun plötzlich sind sie alle weg. Wie kann das sein?

Die Antwort: Entweder Sie haben wirklich alle Diagramme markiert (das kann man mit Start / Bearbeiten / Suchen und Auswählen / Gehe zu / Inhalte / Objekte) und dann [entf] gedrückt oder - was wahrscheinlicher ist - Sie haben alle Objekte ausgeblendet (Optionen / Erweitert / Optionen für diese Arbeitsmappe anzeigen).

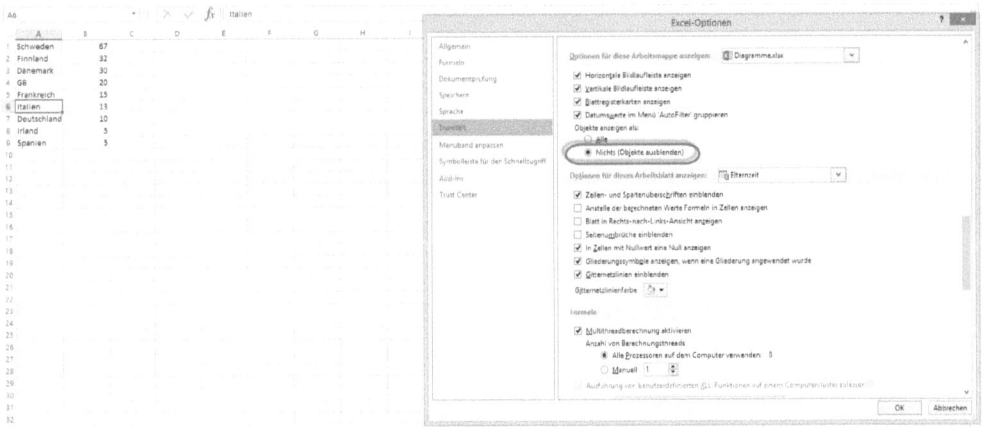

2.1.14. Pivottabelle weg

Manchmal ist meine Pivottabelle weg. Einfach so!

Die Antwort: In der Pivottabelle können Sie nicht beliebig markieren. Wenn Sie markieren möchten, kann es passieren, dass Sie ein Element aus der Pivottabelle löschen. Die Lösung: Entweder die verwenden die Rückgängig-Funktion oder Sie ziehen die entsprechenden Elemente im Aufgabenbereich PivotTable-Felder wieder dorthin, wo sie hingehören.

2.1.15. Registerkarten fehlen

Bei einem Freund habe ich ein Excel gesehen, bei dem die Hälfte der Registerkarten fehlen. Und einige Funktionen (Zum Beispiel die Pivottabelle). Ich konnte sie auch über die Optionen nicht einschalten. Hat der sein Excel kaputt gemacht?

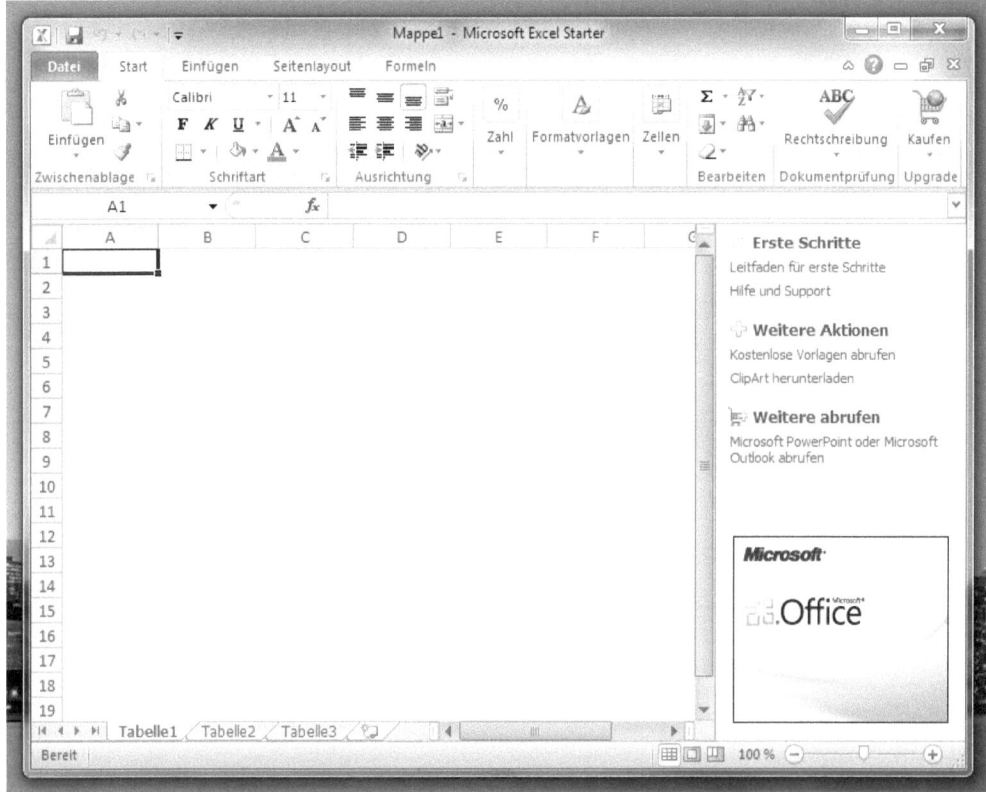

Die Antwort: Es gibt eine kostenlose Starterversion von Excel. Auf manchen Computern ist sie bereits vorinstalliert. Und dort fehlen einige Registerkarten (beispielsweise "Daten") und mehrere Funktionen. Es geht um Geld - wenn Sie alle Funktionen haben möchten, müssen Sie das kostenpflichtige Excel erwerben.

2.1.16. Keine Linien

Ich erhalte von einem Kollegen Dateien, in die er bei sich "lustige" kleine Linien eingefügt hat. Wenn ich die Dateien auf meinem Rechner öffne, erscheinen diese Linien nicht:

2.1 Ist wirklich alles weg?

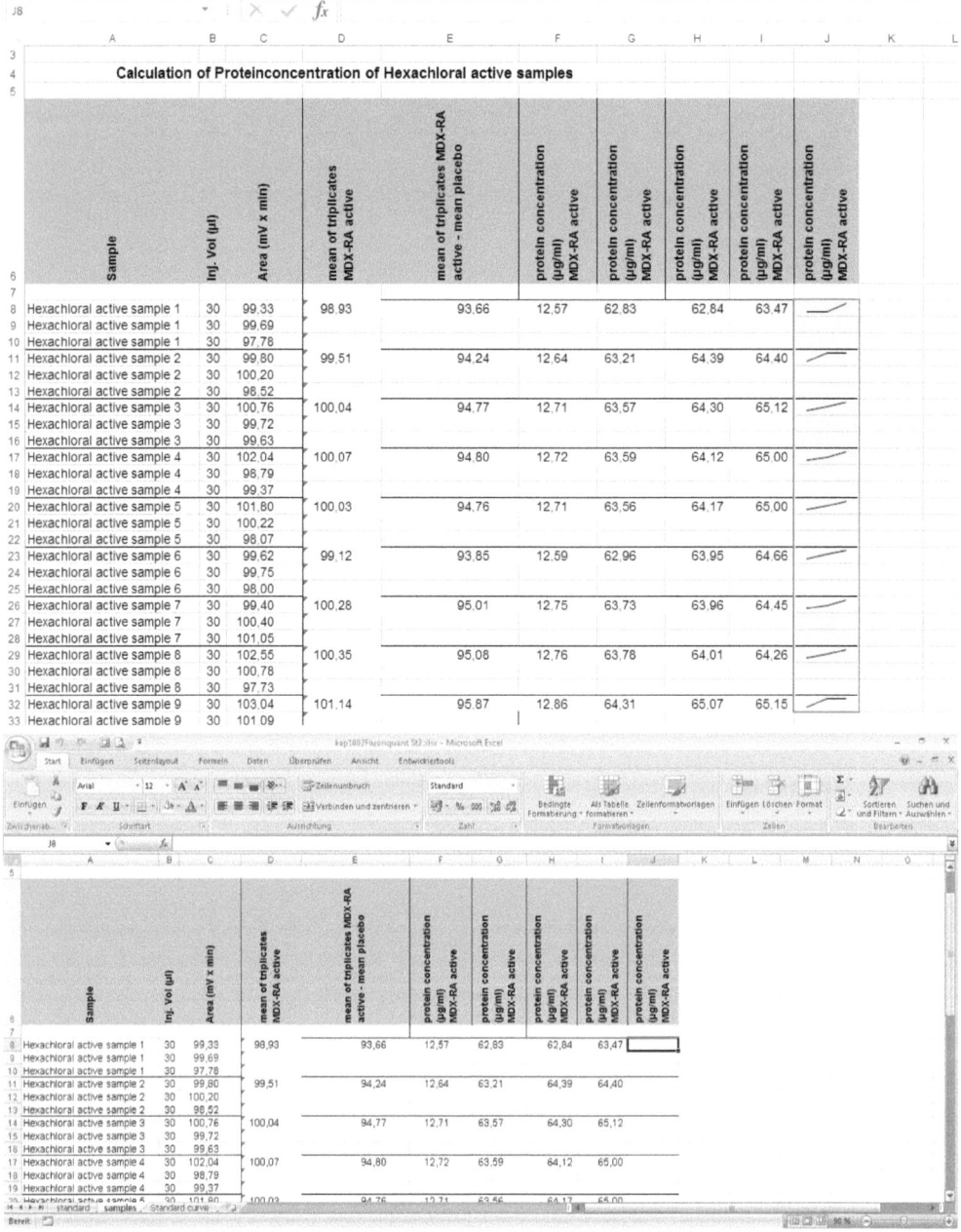

Die Antwort: Er hat in seine Excel-Datei Sparklinien eingefügt - Minidiagramme, anhand derer man in einer Zelle einen Trend sehen kann. Diese wurden in Excel 2010 eingeführt

- in Excel 2007 gab es sie nicht. Das ist natürlich gefährlich - wenn Sie diese Zellen mit Inhalt füllen, überschreiben Sie seinen Inhalt.

2.1.17. Hamburg UND Berlin

Seltsam - ich bin sicher, dass Kunden aus Hamburg in unserer Liste vorhanden sind - Excel filtert jedoch keine.

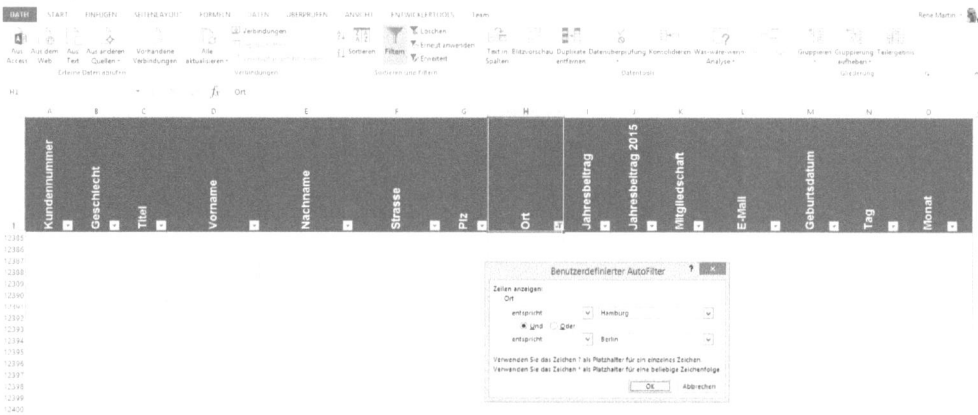

Der Grund ist ein sprachlicher. Sie sagen zwar, dass Sie alle Hamburger UND Berliner Kunden filtern, Sie müssen jedoch einstellen Hamburg ODER Berlin. In keiner Zelle steht gleichzeitig Hamburg UND Berlin. Das logische UND bedeutet immer "sowohl - als auch", also gleichzeitig. Beispielsweise: Hamburg und weiblich, oder PLZ >= 10000 und PLZ < 20000.

2.1.18. Spalte A wurde ausgeblendet

Ich habe dummerweise die Spalte A ausgeblendet. Wie kann ich sie wieder einblenden? Wenn ich B markiere - das klappt einfach nicht ...

2.1 Ist wirklich alles weg?

![Excel-Tabelle mit Kontextmenü]

Sie haben recht - normalerweise markiert man die Spalte vor und nach der ausgeblendeten Spalte und kann sie so wieder einblenden. In diesem Falle können Sie ja nicht die Spalte vor Spalte A markieren. Die Lösung: Markieren Sie alles, also klicken Sie mit der Maus in das Kästchen zwischen "B" und "1" und blenden nun alle ausgeblendeten Spalten wieder ein. Möglicherweise werden nun Spalten eingeblendet, die Sie gar nicht einblenden wollten - sorry - diese müssen Sie dann wieder ausblenden. Oder Sie versuche mit der Maus den Rand zu schieben ...

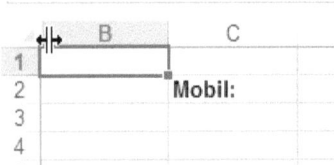

2.1.19. und alles weg ...

Hilfe! Eigentlich wollte ich nur eine Spalte ausblenden. Aber dann war plötzlich alles weg.

und alles weg ...

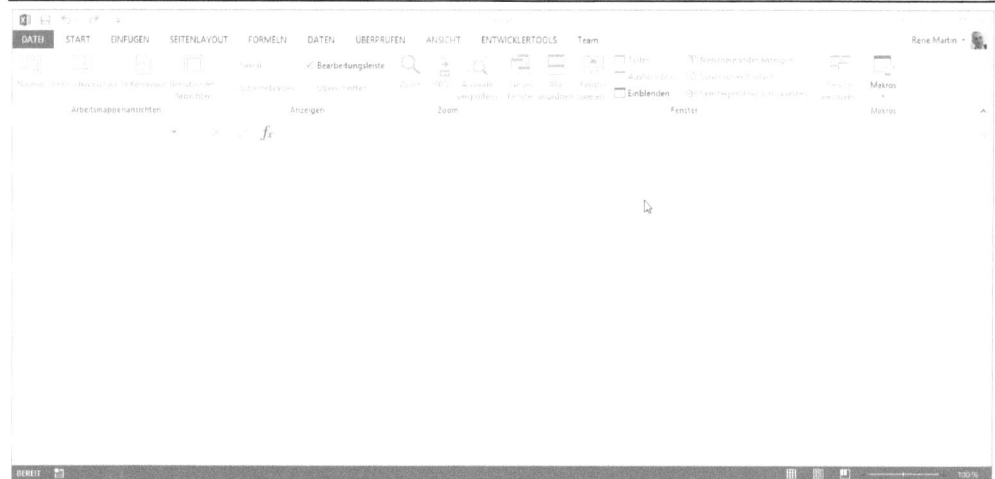

Vielleicht haben Sie die Spalte nicht über das Kontextmenü oder Start / Zellen / Format / Ausblenden & Einblenden / Spalten ausblenden ausgeblendet, sondern über Ansicht / Fenster / Ausblenden. Damit wird die gesamte Datei ausgeblendet. Sie können sie über den Befehl Einblenden in der gleichen Gruppe wieder sichtbar machen.

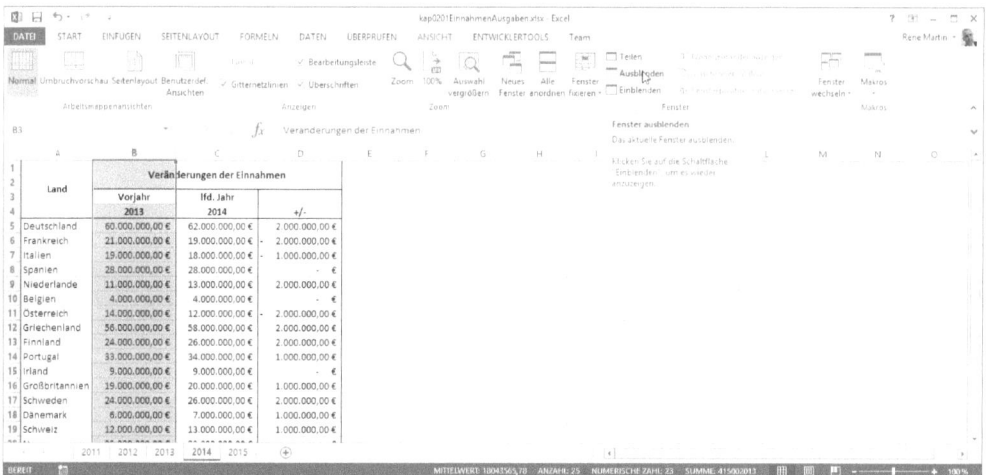

Übrigens: Sehr hübsch ist auch die Option "Blatt ausblenden" auf die man leicht "verrutschen" kann. Dann wird das Blatt ausgeblendet. Über das Kontextmenü auf ein anderes Blatt, beziehungsweise über den Befehl Start / Zellen / Format / Ausblenden & Einblenden / Blatt einblenden kann man das Blatt wieder sichtbar machen.

2.1 Ist wirklich alles weg?

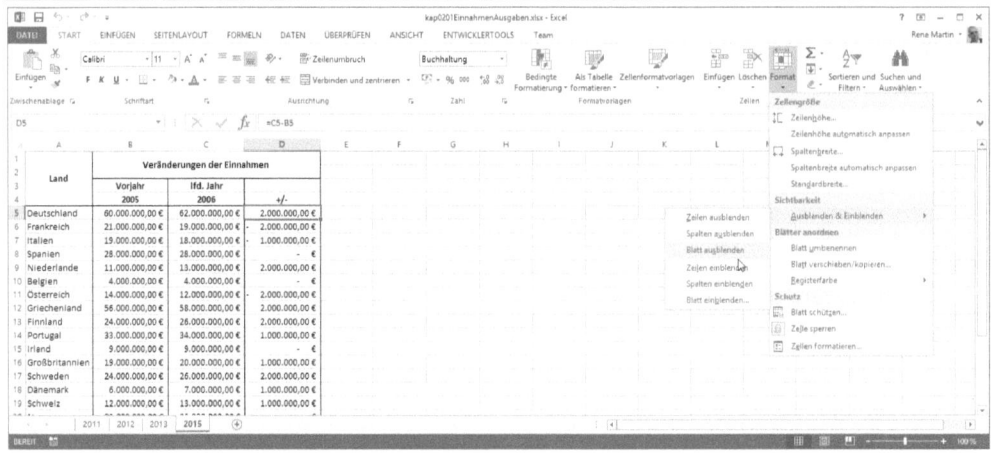

2.1.20. Text ist weg!

Ich bin ganz sicher! Doch, doch: ich bin ganz sicher. In den Zellen über der Tabelle habe ich etwas eingegeben. Und plötzlich war alles weg. Einfach so!

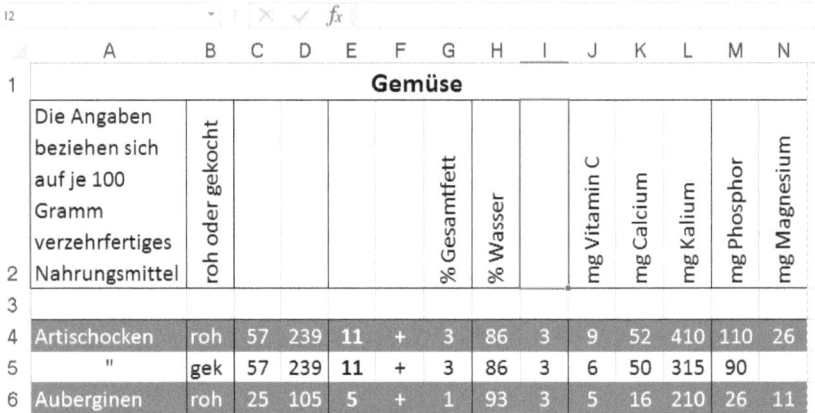

Kann es vielleicht sein, dass Sie vor den Text eine Zeilenschaltung, also ein [Alt]+[Enter] gedrückt haben? Damit rutscht der Text nach unten, beziehungsweise bei Ihnen nach rechts. Vielleicht war er noch sichtbar, aber nachdem Sie die Spalten verkleinert haben, steht der Text nun außerhalb des sichtbaren Bereichs.

Die Lösung: Ziehen Sie die Bearbeitungszeile höher - dann finden Sie Ihren Text.

Mein Excel ist weg!

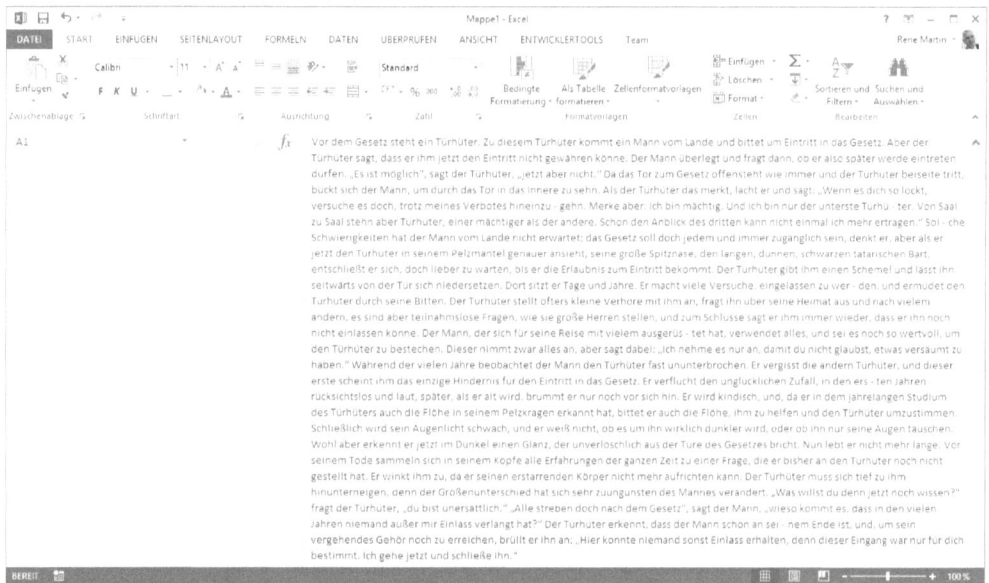

2.1.21. Mein Excel ist weg!

Ich weiß nicht, was los ist – aber ich sehe mein Excel nicht mehr. Hilfe!

Immer mit der Ruhe! Seit Excel 2007 kann man die Bearbeitungsleiste vergrößern. Sie haben sie ein bisschen sehr groß gemacht. Versuchen Sie mit der Maus den unteren Rand zu erwischen und ziehen Sie sie wieder nach oben!

2.1 Ist wirklich alles weg?

2.1.22. Wo ist mein Excel?

Eigentlich wollte ich nur schnell sortieren. Aber plötzlich war mein Excel weg. Okay - einen kleinen, grünen Streifen sehe ich noch - nicht am Horizont, sondern am unteren Rand.

Sie hätten Ihr Excel selbst finden können. Sie haben auf das Symbol "Sortieren" geklickt. Das Dialogfenster wurde sehr groß angezeigt. Sie können es an der Titelleiste packen und verschieben und unten rechts verkleinern. Dann sieht es wieder aus wie gewohnt.

2.1.23. Die Tabelle ist weg

Wir haben vor einigen Wochen einen neuen Systembetreuer in unserer Firma eingestellt Eigentlich ein netter Kerl, der sicherlich eine Menge Ahnung von Netzwerken und Programmiersprachen hat. Aber ich glaube, Excel kennt er nicht.

Nun ist ein Update von neuen Excel-Funktionen rausgekommen. Schreibt er. Allerdings - wenn ich Excel starte, dann sehe ich erst einmal nur den leeren Rahmen. Sonst nichts. Ich habe eine Weile überlegt, bis ich verstanden habe, dass ich eine neue Datei öffnen muss. Zum Beispiel mit [Strg] + [N]. Okay - da sind neue Symbole in der Registerkarte "Add-Ins". Aber: Was hat denn der Kollege da gemacht? Und vor allem: Wie bekomme ich das wieder weg?

Die Antwort: Schauen Sie mal bitte in Ansicht / Fenster / Einblenden nach. Wenn sich dahinter ausgeblendete Dateien (XLS oder XLSM) befinden, dann hat Ihr Kollege in das StartUp-Verzeichnis eine solche ausgeblendete Datei hinein gefügt. Sie finden den Ordner in:

C:\Users\[Ihr Name]\AppData\Roaming\Microsoft\Excel\XLSTART

Alle Dateien, die sich darin befinden, werden beim Start von Excel "angezogen", das heißt geöffnet. Wenn nun diese Datei ausgeblendet ist - nun, dann sehen Sie nichts!

Die Lösung: Sagen Sie Ihrem Kollegen, dass er die Datei als Add-In speichern soll und als Add-In einbinden soll. So kann er auch die Funktionen firmenweit verteilen, ohne dass Sie sich über ein "leeres Excel" ärgern müssen.

2.1.24. Kopflos durch Excel

Hi, ich habe mal eine Frage. Ein Großrechensystem exportiert unsere Auftragszahlen nach Excel allerdings ist dann der "Kopf weg". Warum? Kann man das verhindern? Es ist lästig - ich muss immer die Datei speichern ([Strg] + [S]), zumachen ([Alt] + [F4]), Excel und die Datei wieder aufmachen.

2.1 Ist wirklich alles weg?

Die Antwort: Einige System sind fehlerhaft programmiert oder haben mit Absicht die Multifunktionsleiste ausgeblendet. Egal was die Ursache dafür ist - wahrscheinlich kommen Sie an das Datenbanksystem nicht ran (außer Sie finden den Verantwortlichen ...). Allerdings: Mit dem Makro:

Application.ExecuteExcel4Macro "Show.Toolbar(""Ribbon"", true)"

kann man sich das Ribbon wieder anzeigen lassen. Diese Codezeile können Sie in ein Makro legen, in der persönlichen Arbeitsmappe speichern und ein Symbol dafür in die Symbolleiste für den Schnellzugriff legen.

Übrigens: Wenn Sie true durch false ersetzen, wird es wieder ausgeblendet.

2.1.25. Varus, Varus, wo sind deine Optionen?

Warum darf ich nichts in den Optionen eintragen? Habe ich keine Berechtigung? Hat mir der Systembetreuer die Optionen weggenommen - so wie Arminius den Römern die Truppen - damals ...?

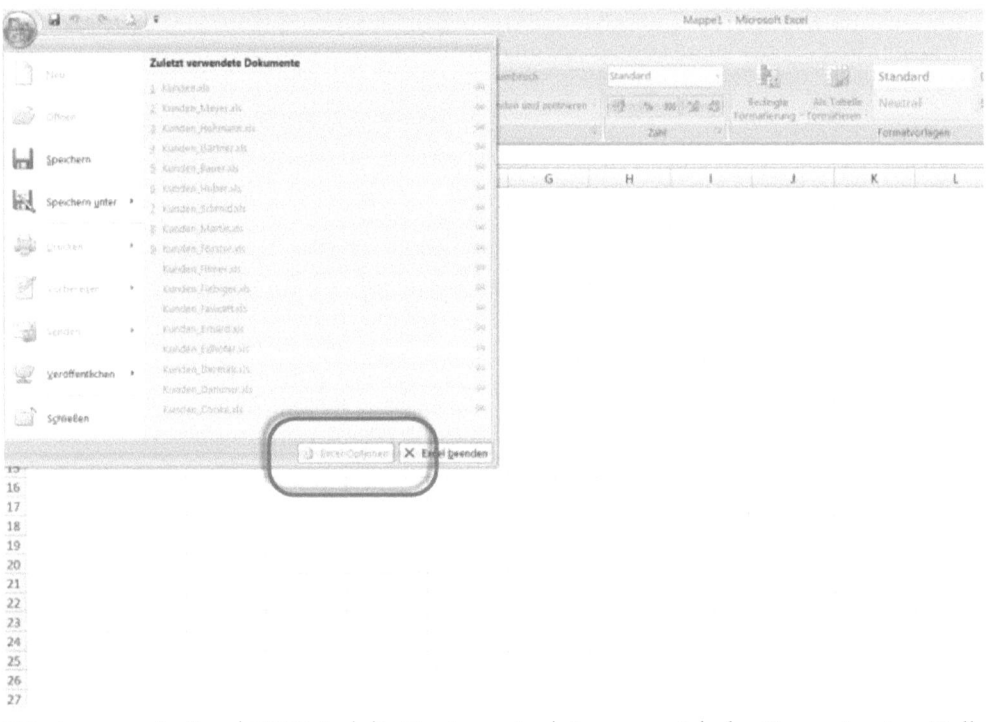

Die Antwort: In Excel 2007 sind die Optionen inaktiv, wenn sich der Cursor in einer Zelle befindet. Sie müssen erst die Eingabe beenden. Dann gelangen Sie in die Optionen. Leider

Bildverbot?

sieht man den linken Teil der Bearbeitungsleiste nicht - denn sonst würde man dort den Haken und das "x" sehen - als Zeichen dafür, dass Sie noch am Schreiben sind und die Eingabe noch nicht beendet haben.

Übrigens: In Excel 2010 und 2013 wurde das geändert - sollte sich dort der Cursor noch in einer Zelle befinden, so wird die Eingabe automatische bestätigt, wenn Sie über "Datei" in den Backstagebereich wechseln.

2.1.26. Bildverbot?

Ich weiß, dass man über Optionen / Erweitert / Optionen für diese Arbeitsmappe anzeigen die Option "Objekte anzeigen als Nichts (Objekte ausblenden)" aktivieren kann. Oder die Tastenkombination [Strg] + [6] drücken kann. Dann zeigt Excel meine Bilder weder auf dem Tabellenblatt noch auf dem Papier beim Ausdruck an.

Jedoch: Hier sehe ich das Bild in Excel - allerdings nicht bei Ausdruck. Warum?

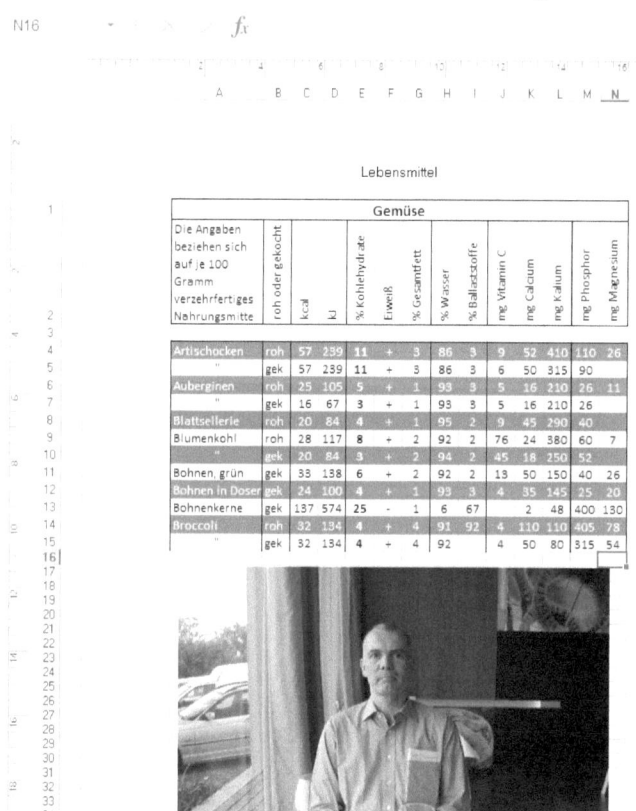

2.1 Ist wirklich alles weg?

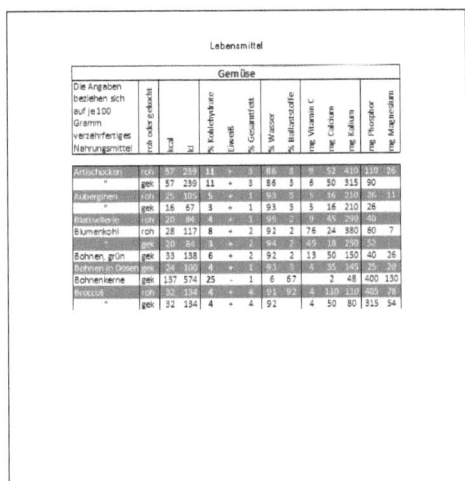

Die Antwort: Im Kontextmenü des Bildes befindet sich die Option "Größe und Eigenschaften". Dort wurde die Eigenschaft "Objekt drucken" ausgeschaltet.

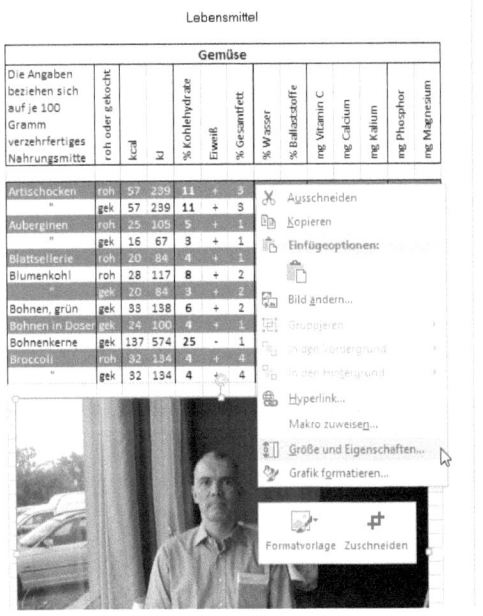

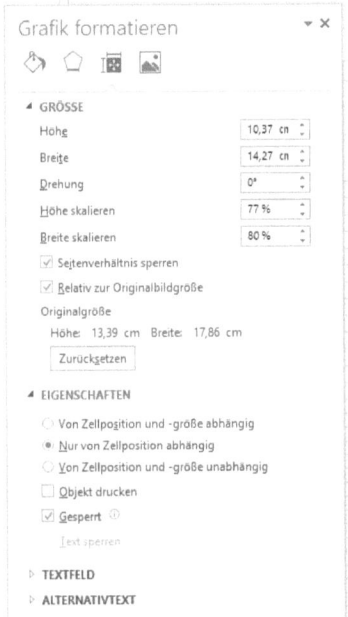

3 Oberfläche

3.1. Dateneingabe

3.1.1. Dateneingabe – und fertig!

Kennen Sie das Problem? Sie tippen in einer Zelle einen Text und stellen fest, dass Sie sich am Anfang des Textes verschrieben haben. Allerdings bewirkt die Pfeiltaste [←] nicht ein Zurücksetzen des Cursors, sondern ein Verlassen der Zelle. Die Lösung: Drücken Sie die Taste [F2]. damit wechseln Sie zwischen dem Modus "auf den Zellen" und "in den Zellen" und können sich nun innerhalb der Zelle bewegen.

Das gleiche Phänomen haben Sie auch bei der bedingten Formatierung und bei der Datenüberprüfung, wenn Sie dort mit Formeln arbeiten. Auch dort bewirkt die Pfeiltaste [←] nicht ein Zurücksetzen des Cursors nach links, sondern greift auf eine Zelle zu. Auch hier: Drücke Sie [F2]!

| | Kennen Sie das Problemm? Sie tippen in einer Zelle |

| | Kennen Sie das Problemm? Sie tippen in einer Zelle |

3.1 Dateneingabe

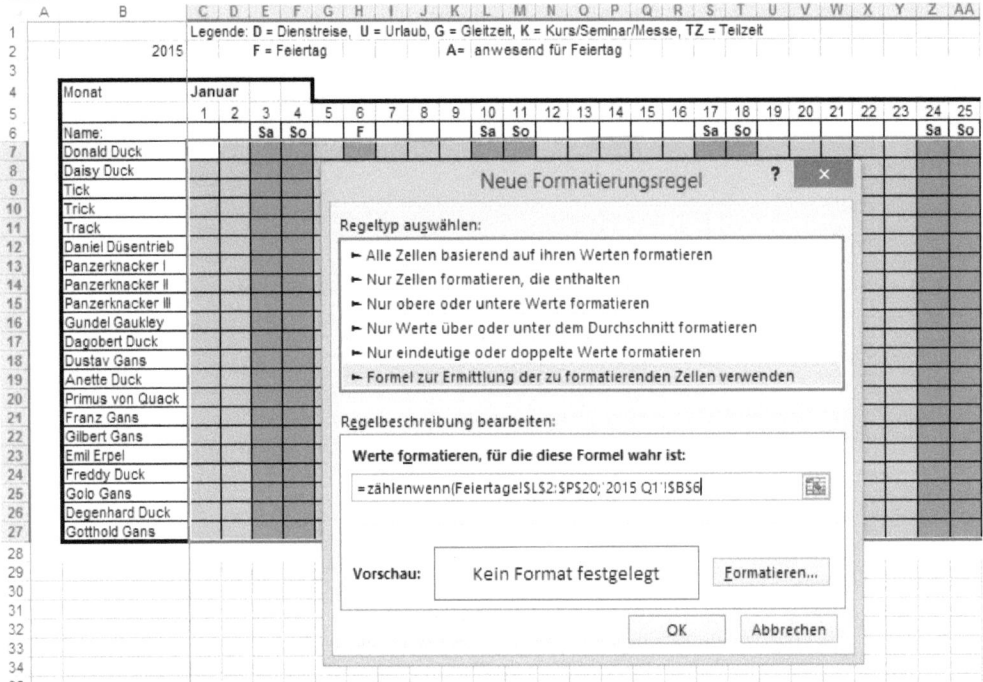

3.1.2. Text oder Zahl?

Eigentlich müsste man es sofort sehen: Texte stehen in Zellen am rechten Rand; Zahlen linksbündig. Wenn man sich vertippt, beispielsweise den Buchstaben "O" statt die Ziffer "0" oder den Buchstaben "l" statt der Ziffer "1" eingibt, kann Excel mit diesen Texten nicht rechnen.

Warum machen Menschen so etwas? Es gab einige Schreibmaschinen, auf denen gab es keine Ziffer "0" oder keine Ziffer "1". Dort musste man auf die Buchstaben "O", beziehungsweise "l" zurückgreifen.

```
=SUMME(E2:E11)
        D           E
                   12
                        23
                        34
                        45
                        56
                        67
                        78
                        89
                   90
                       392
```

3.1.3. Verschiedene Darstellungen

Nicht konsequent: Kennen Sie das? Manchmal zeigt Excel beim Rechnen so einen Rand um die Zelle, manchmal so einen:

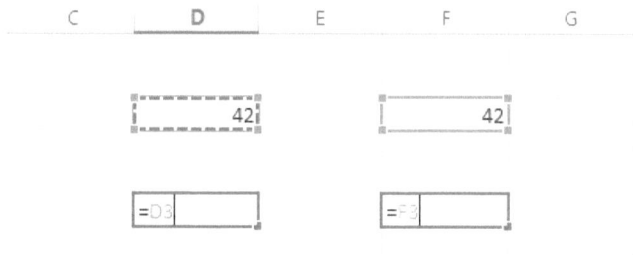

Der Grund: Je nachdem, ob Sie nach der Eingabe von "=" auf die Zelle klicken oder den Zellnamen eingeben, gestaltet er den Rand unterschiedlich. Das ist nicht konsequent!

3.1.4. Seltsamer Ausdruck

Ich habe mich einmal gewundert, weshalb bei einer Dame eine kleine Tabelle immer sehr stark verkleinert wurde. Oder umgekehrt - warum bei ihr immer so viele Leerseiten gedruckt wurden. Bis ich dahinter kam, dass sie Daten nicht mit der Taste [Entf] gelöscht hat, sondern, indem sie die Leertaste gedrückt hat. Somit stand in einer Zelle - ziemlich weit rechts außen - immer ein Leerzeichen, das man (fast) nicht mehr findet. Auf alle Fälle nicht mehr sieht!

3.1 Dateneingabe

Fazit: Tun Sie so etwas bitte nicht!

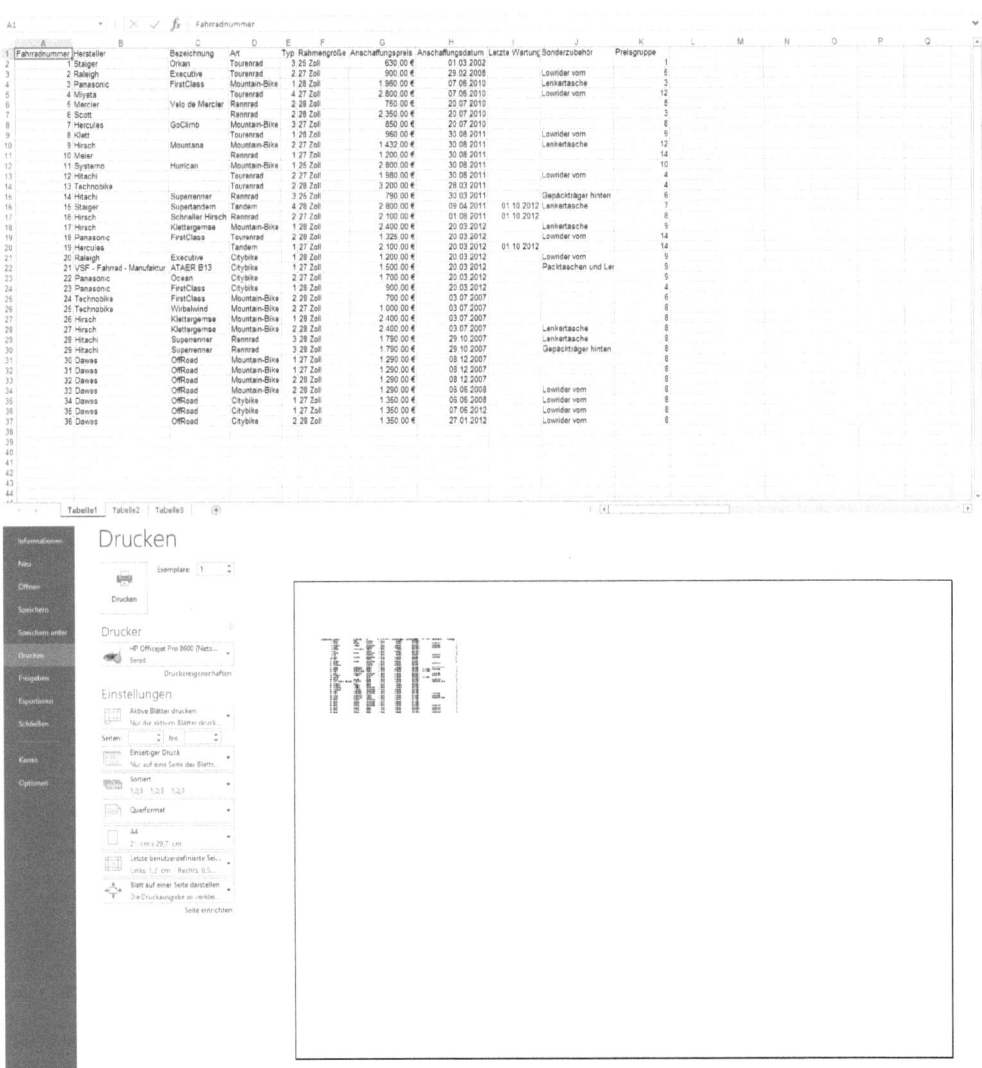

Seltsame Zahlen

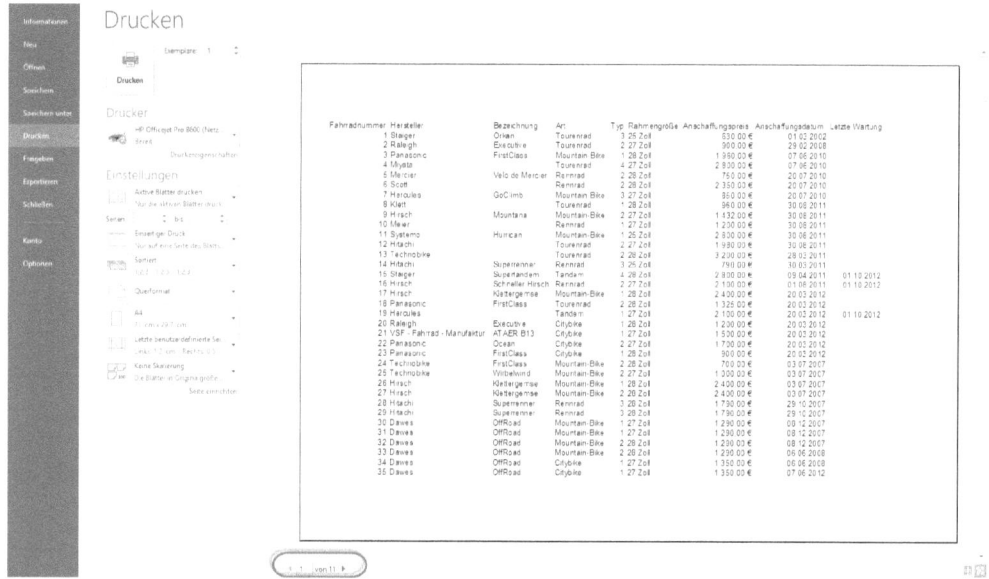

3.1.5. Seltsame Zahlen

Ein Teilnehmer hat mich gefragt, warum nach der Eingabe der Zahl 7 in einer Zelle der Wert 0,07 steht. Aus 14 macht er 0,14 und so weiter.

Ich musste eine Weile suchen, bis ich die Lösung gefunden hatte: Man kann in den Optionen einstellen:

"Dezimalkomma automatisch einfügen"

Ich frage mich - wer braucht denn diese Option - sie führt doch nur zu Fehlerquellen!

0,07

3.1 Dateneingabe

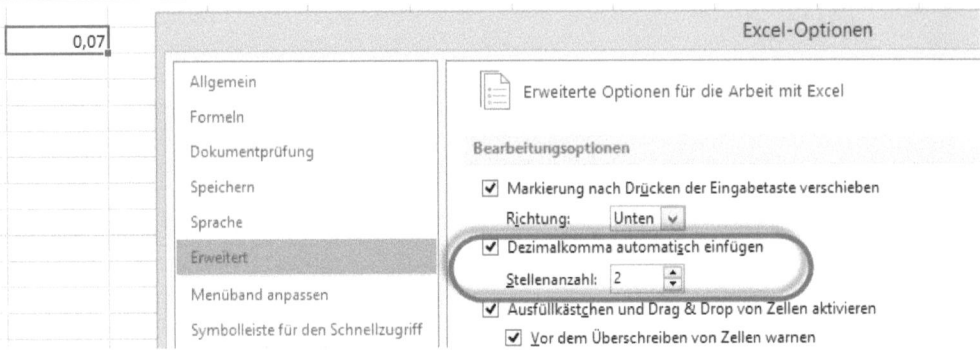

3.1.6. Excel formatiert automatisch

Doch, doch. An vielen Stellen! Probieren Sie es aus! Schreiben in drei Zellen untereinander einen beliebigen Wert. Formatieren Sie die drei Zellen, beispielsweise als Buchhaltung. Schreiben Sie nun in die unformatierte, leere Zelle direkt darunter einen weiteren Wert - und er wird so formatiert wie die drei Zellen darüber formatiert sind.

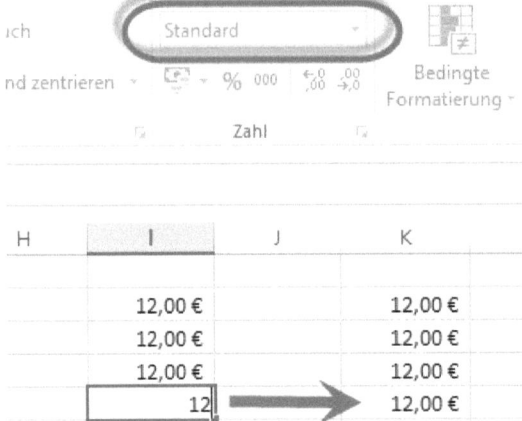

3.1.7. Die Ausführung dieses Befehls ist bei einer nicht zusammenhängenden Mehrfachmarkierung nicht möglich.

Warum darf ich plötzlich nicht mehr ausschneiden? Es ging doch sonst immer …

Sie haben die beiden Spalten B und C mit gedrückter [Strg]-Taste markiert. Deshalb interpretiert Excel das nicht als einen Bereich, sondern als zwei Bereiche. Sie dürfen nicht ausgeschnitten werden. Kopieren funktioniert übrigens …

Keine Formeln sichtbar

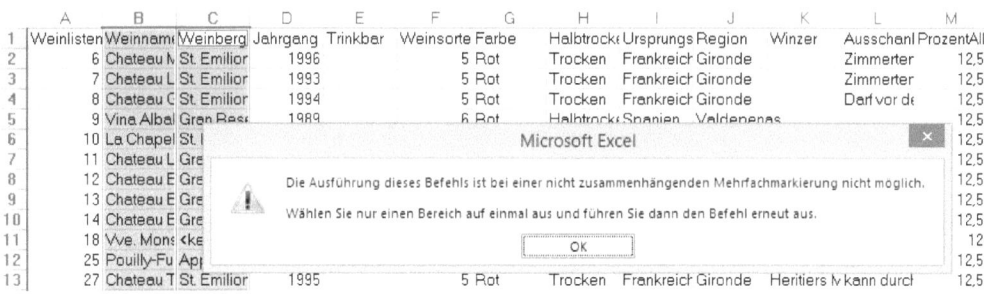

3.1.8. Keine Formeln sichtbar

Eine interessante Tabelle - aber warum sehe ich keine Formeln in der Bearbeitungsleiste?

Man kann die Formelanzeige ausblenden, indem man das gesamte Blatt (oder die Zellen, hinter denen eine Formel liegt) markiert und anschließend über Zellen formatieren / Schutz / Ausgeblendet die Formeln "versteckt". Anschließend muss man noch das Tabellenblatt schützen. Das erreicht man über Überprüfen / Änderungen / Blatt schützen.

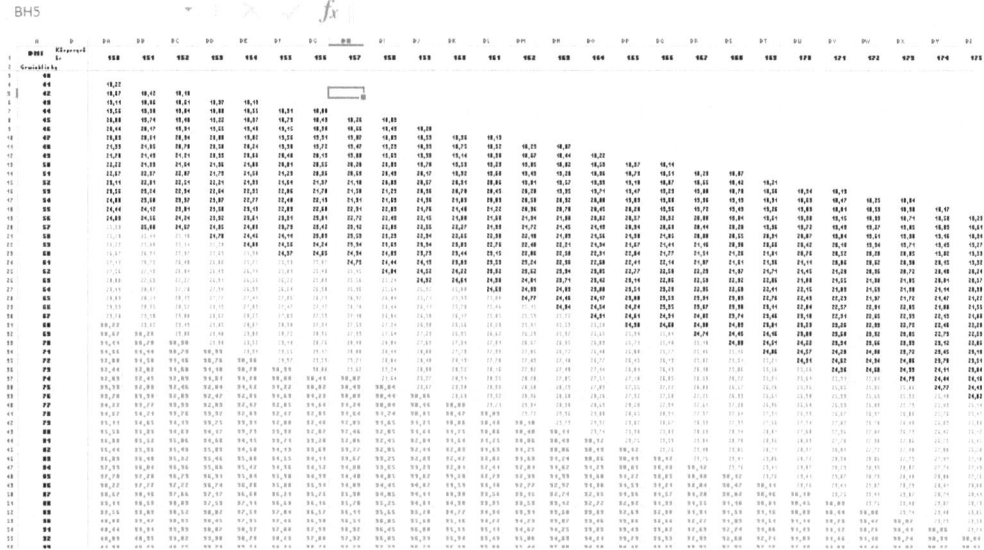

3.1 Dateneingabe

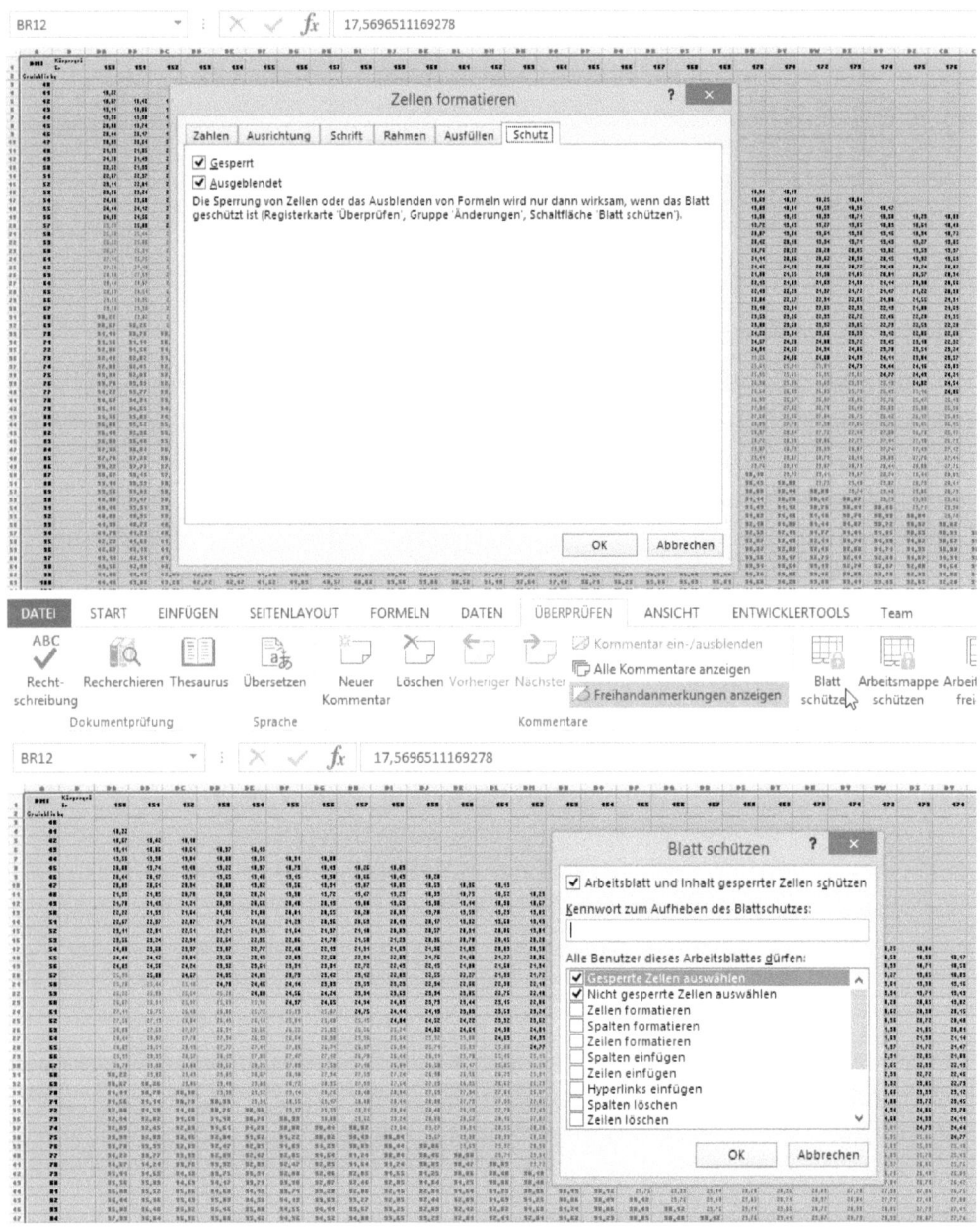

3.1.9. Aus FRA wird Frau, aus KLR wird klar, aus Weng wird wenig ...

Immer wenn ich den Lack HTP eingebe, wandelt mir Excel den Namen um in HTTP. Und aus meinem chinesischen Freund Wei macht er Wie. Ach ja - unsere Firma heißt "Weng" - immer steht wenig in der Zelle. Abgesehen davon kann ich schon gar nicht mehr Kosten- und Leistungsrechnung (KLR) eintragen - sonst steht in der Zelle KLAR.

Dies sind alles Einträge, die in der Autokorrektur hinterlegt sind. Sie finden die Autokorrektur in den Optionen / Dokumentprüfung. Dort finden Sie eine große Liste an Begriffen, die Microsoft vorschlägt. Sollte einer der Vorschläge nicht passen (siehe oben), so löschen Sie ihn aus der Liste.

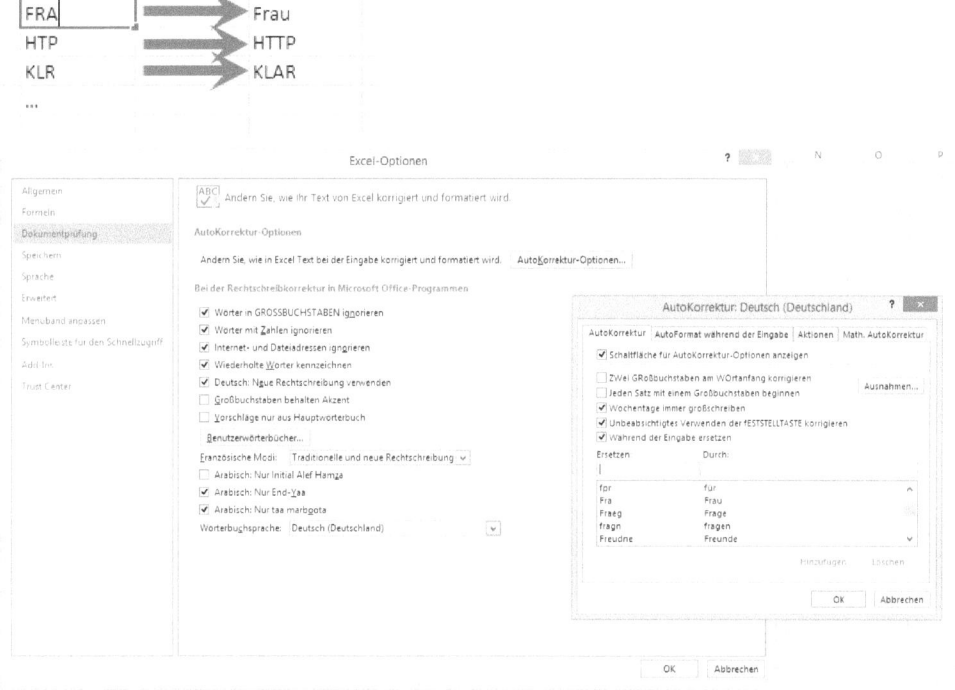

3.1.10. Die Autokorrektur ist zu kurz!

Die Autokorrektur ist praktisch, aber sie schneidet mir immer den Rest des Textes ab.

3.1 Dateneingabe

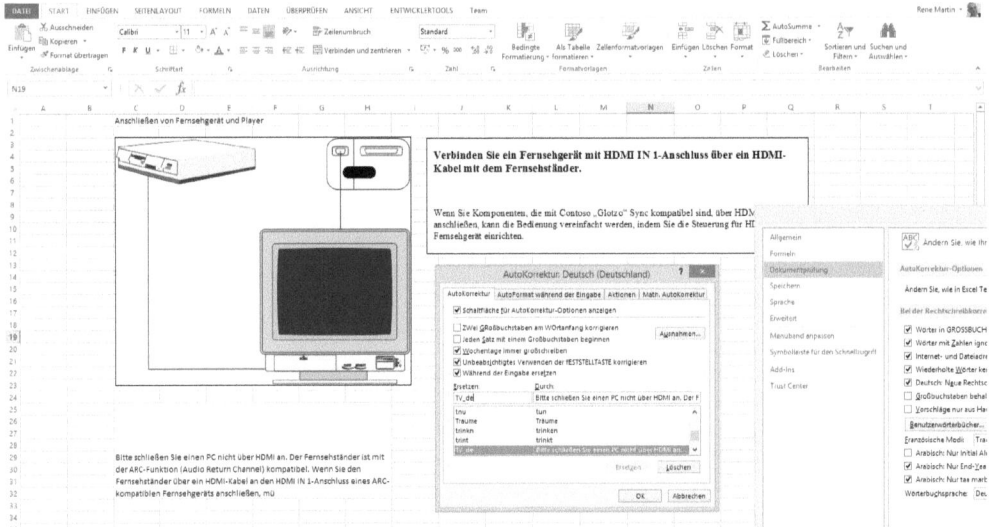

Das ist richtig: Die Autokorrektur ist auf 255 Zeichen begrenzt. Wenn Sie längeren Text haben möchten, müssen Sie zwei Texte in die Autokorrektur einfügen.

3.1.11. Wo ist das Kästchen?

Manchmal taucht das Kästchen nicht auf, mit dessen Hilfe ich eine Formel nach unten ziehen kann. Warum ist es manchmal verschwunden?

Wo ist das Kästchen?

=D8+B8

	C	D	E
crosoft-Produkten			
er ASK			

eis	Zahl d. CDs	Preis/CD	Summe	A
		2,50 €		
0 €	1	2,50 €	116,50 €	
0 €	1	2,50 €	116,50 €	
0 €	1	2,50 €	116,50 €	
0 €	1	2,50 €	116,50 €	
0 €	1	2,50 €	94,50 €	
0 €	4	10,00 €	409,00 €	
0 €	2	5,00 €	119,00 €	
0 €	2	5,00 €	119,00 €	
0 €	10	25,00 €	2.074,00 €	
0 €	2	5,00 €	89,00 €	
0 €	2	5,00 €	142,00 €	

Die Antwort: Wenn Sie getrennte Bereiche mit gedrückter [Strg]-Taste markieren, dann können sie nicht unabhängig voneinander runtergezogen werden. Excel kann nur einen einzigen zusammenhängenden Bereich runterziehen.

3.1 Dateneingabe

=C8*$D$7

C	D	E
:rosoft-Produkten		
ir ASK		
is Zahl d. CDs	Preis/CD	Summe	Ar
	2,50 €		
) € 1	2,50 €	116,50 €	
) € 1	2,50 €	116,50 €	
) € 1	2,50 €	116,50 €	
) € 1	2,50 €	116,50 €	
) € 1	2,50 €	94,50 €	
) € 4	10,00 €	409,00 €	
) € 2	5,00 €	119,00 €	
) € 2	5,00 €	119,00 €	
) € 10	25,00 €	2.074,00 €	
) € 2	5,00 €	89,00 €	
) € 2	5,00 €	142,00 €	

3.1.12. Markierung

"Manchmal klicke ich an eine andere Stelle und nicht der Cursor bewegt sich dorthin, sondern die Markierung wird bis zu dieser Stelle erweitert".

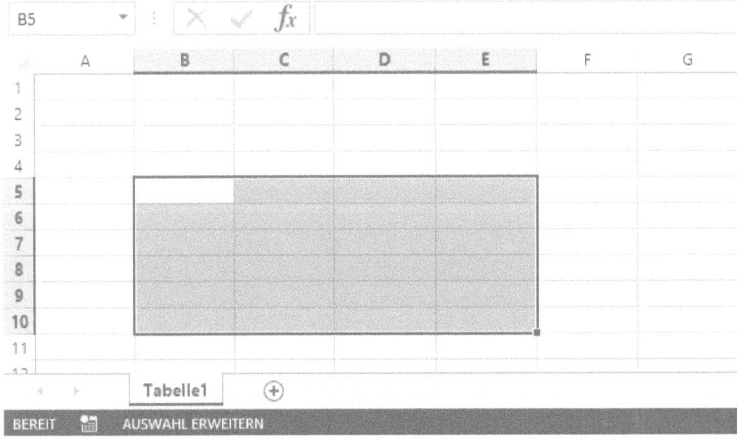

Plus

Die Antwort: Sicherlich haben Sie aus Versehen [F8] gedrückt. Damit wurde der Erweiterungsmodus aktiviert. Sie sehen es in der Statuszeile unten. Mit der Funktionstaste [F8] können Sie ihn wieder ausschalten.

3.1.13. Plus

Ich habe eine Artikelliste, in der ich in einer Kategorie etwas mit einem "+", beziehungsweise mit einem "-" kennzeichnen möchte. Manchmal will Excel rechnen, manchmal nicht. Warum?

	A	B	C	D	E	F	G	H	I
1						Gemüse			
2	Die Angaben beziehen sich auf je 100 Gramm verzehrfertiges Nahrungsmittel	roh oder gekocht	kcal	kJ	% Kohlehydrate	Eiweiß	% Gesamtfett	% Wasser	% Ballaststoffe
3									
4	Artischocken	roh	57	239	11	+	3	86	3
5	"	gek	57	239	11	+	3	86	3
6	Auberginen	roh	25	105	5		1	93	3
7	"	gek	16	67	3	+G7	1	93	3
8	Blattsellerie	roh	20	84	4	+	1	95	2
9	Blumenkohl	roh	28	117	8	+	2	92	2
10	"	gek	20	84	3	+	2	94	2
11	Bohnen, grün	gek	33	138	6	+	2	92	2
12	Bohnen in Dosen	gek	24	100	4	+	1	93	3
13	Bohnenkerne	gek	137	574	25	-	1	6	67
14	Broccoli	roh	32	134	4	+	4	91	92
15	"	gek	32	134	4	+	4	92	

Wenn Sie nach der Eingabe des Pluszeichens die Zelle mit den Pfeiltasten (→, ↓, ← oder ↑) verlassen oder wenn Sie auf eine andere Zelle klicken, vermutet Excel, dass Sie rechnen möchten. Verlassen Sie die Zelle jedoch mit der Taste [Enter], mit Tabulator oder dem Haken in der Bearbeitungsleiste, dann akzeptiert er dieses Zeichen.

3.1 Dateneingabe

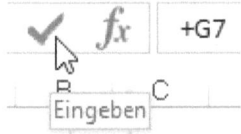

Das Gleiche Verhalten legt er bei dem Gleichheitszeichen und dem Minuszeichen an den Tag.

Wenn Sie es nicht möchten, fügen Sie vor diese Zeichen ein Hochkomma (') oder formatieren die Spalte vor der Eingabe als Text.

3.1.14. Spalten einfügen

Ich liebe die Tastenkombination [Strg]+[+]. Damit kann man leicht eine Spalte oder eine Zeile einfügen. Manchmal fügt Excel jedoch mehrere Spalten ein. Warum?

Die Antwort: Wenn sich noch etwas im Kopierspeicher befindet.

Wenn Sie beispielsweise vier Spalten markiert und kopiert haben, dann geht Excel davon aus, dass mit [Strg]+[+] nicht eine Spalte, sondern vier Spalten eingefügt werden sollen.

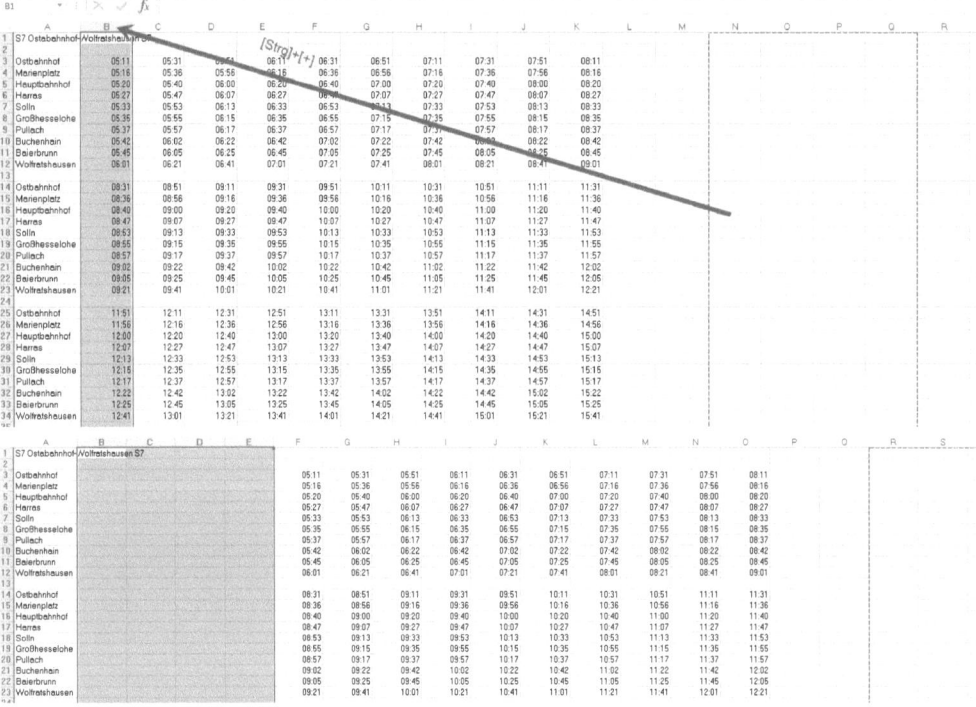

3.1.15. Hyperlinks

Wenn ich eine Internetadresse oder Mailadresse in Excel eingebe, macht Excel automatisch einen Hyperlink daraus. Damit könnte ich noch leben. Aber die Schrift wird blau und er macht einen Strich unter den Text. Das nervt!

www.excel-nervt.de

Die Antwort: Das können Sie in den Optionen in der Autokorrektur (Dokumentprüfung) ausschalten.

3.1 Dateneingabe

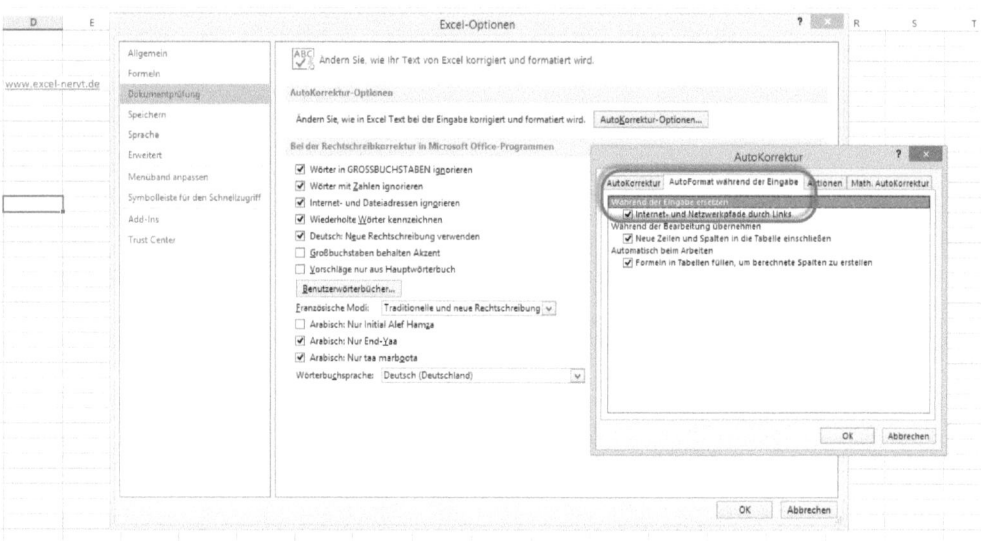

3.1.16. Name im Kommentar

Kann ich den Namen, der im Kommentar steht, standardmäßig ändern? Ich arbeite manchmal für meine Kollegin und möchte, dass dann ihr Name darin steht?

Die Antwort: Das können Sie über die Optionen in der Kategorie "Allgemein". Der Benutzername wird in den Kommentaren verwendet.

Die letzte Zelle

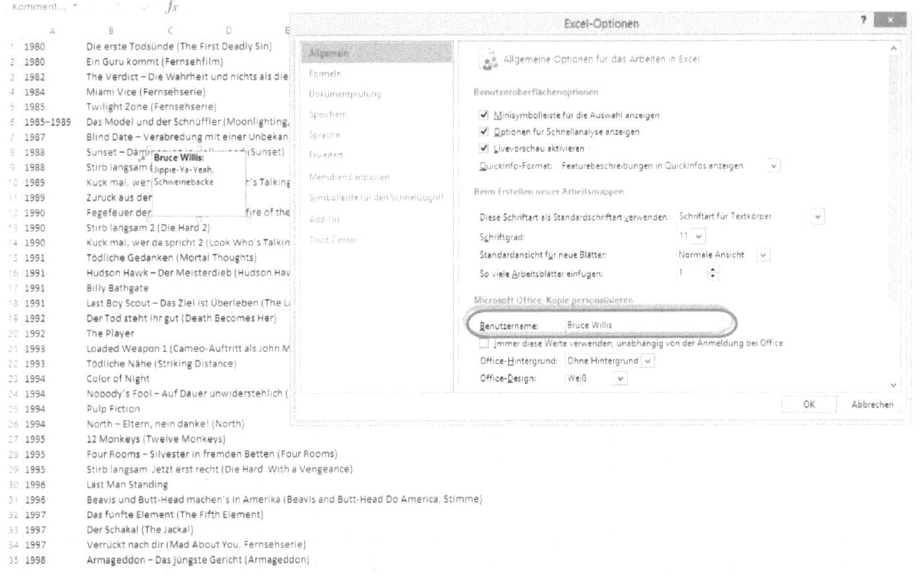

3.1.17. Die letzte Zelle

Kennen Sie das folgende Phänomen in Excel? Tragen Sie ein paar Werte ein. Beispielsweise ziehen Sie einen Wert die ersten 20 Zellen hinunter. Drücken Sie [Strg]+[Pos1] - der Cursor von Excel springt auf die Zelle A1. Drücken Sie [Strg]+[Ende], dann springt er auf die letzte Zelle unter der und rechts von der sich nichts mehr befindet. In unserem Beispiel A20.

Löschen Sie einige Zellen. Es ist gleich, ob Sie die Zeilen löschen oder ob Sie die Inhalte der Zellen löschen. Der Sprung mit [Strg]+[Ende] wird wieder auf A20 springen, obwohl dort nichts mehr steht. Das gleiche Resultat liefert das Dialogfeld Start / Bearbeiten / Suchen und Auswählen / Gehe zu / Inhalte / Letzte Zelle.

3.1 Dateneingabe

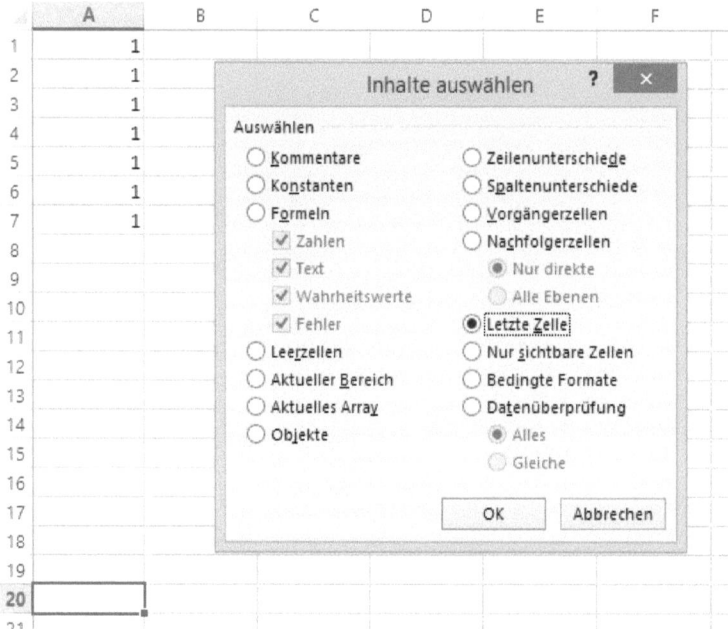

Dieses Phänomen von Excel ist schon beschrieben und kritisiert worden. Meistens kann man es lösen, wenn man die Datei speichert. Manchmal muss man die Datei mit "Speichern unter" unter dem gleichen Namen speichern.

Ich habe allerdings auch schon Fälle erlebt, bei denen der Speichermechanismus nicht die nicht mehr vorhandenen Zellen gelöscht hat - im allerschlimmsten Fall (und wenn es mir das wert ist), kopiere ich den Inhalt der Liste in ein neues Tabellenblatt.

Übrigens: Erstaunlicherweise sind die Tastenkombinationen [Strg]+[↓], [Strg]+[↑], [Strg]+[←], [Strg]+[→] (zum Bewegen) und [Strg]+[*] (zum Markieren) davon nicht betroffen.

3.1.18. Seltsamer Doppelklick

Erstaunlich: Manchmal bewirkt ein Doppelklick, dass ich "in der Zelle bin", das heißt: ich kann den Text ändern. Manchmal sitzt der Cursor dann plötzlich an einer ganz anderen Stelle.

Die Antwort auf diese Frage ist einfach: Excel hat auf den Tabellenblättern drei verschiedene Mauszeiger (ein kleines, schwarzes Kreuz (an der rechten unteren Ecke), ein großes weißes Kreuz (auf der Zelle) und einen weißen Pfeil, der nach links oben zeigt, unter dem sich ein Vierfachkreuz befindet (an jedem der vier Ränder)). Je nach Mauszeiger ändert sich das Verhalten: Ein Doppelklick auf die Zelle bewirkt, dass sich der Cursor in der Zelle befindet, ein Doppelklick auf den Rand bewirkt, dass die Position des Cursors auf die letzte oder erste Zelle versetzt wird, in der noch etwas steht. Ein Doppelklick auf das rechte, untere Kästchen bewirkt, dass die Formel (oder der Inhalt) nach unten gezogen wird.

Ebenso haben Sie beim Ziehen einen Unterschied: schwarzes Kreuz "zieht" die Formel, Pfeil verschiebt die Zelle und weißes Kreuz markiert die Zellen.

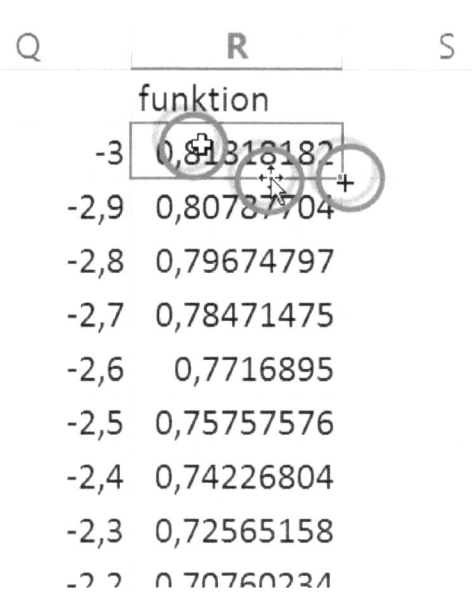

3.1.19. Autoausfüllen

Excel ist nicht konsequent. Wenn Sie in eine Zelle einen Wochentag, einen Monatsnamen, ein Datum oder eine Text-Zahl-Kombination schreiben, zählt Excel beim Herunterziehen weiter. Nur bei Zahlen schreibt Excel in jede Zelle den gleichen Wert.

3.1 Dateneingabe

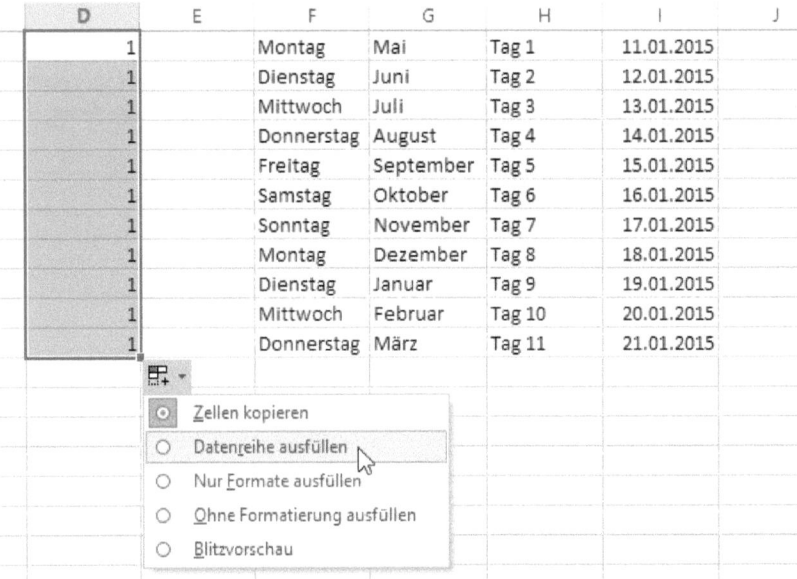

Sicherlich kennen Sie die Lösungen, wie man "weiterzählen" lassen kann:

1. Schreiben Sie die ersten beiden Werte in zwei Zellen, markieren diese und ziehen sie herunter.

2. Drücken Sie beim Herunterziehen die [Strg]-Taste.

3. Wählen Sie aus dem Smarttag die Option "Datenreihe ausfüllen".

4. Wählen Sie aus Start / Bearbeiten / Füllbereich / Reihe die Option "Linear" mit dem Inkrement 1.

Raute

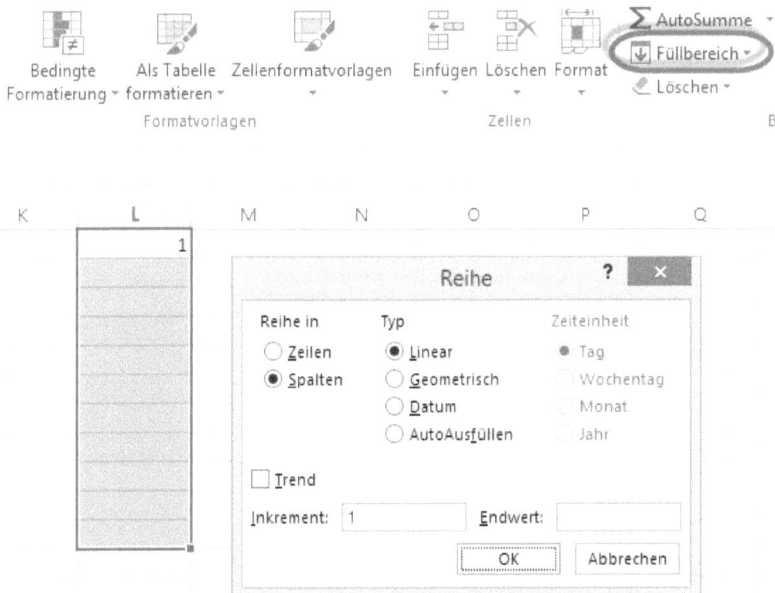

3.1.20. Raute

Vielleicht ist es albern, dieses Phänomen zu erwähnen - aber der Vollständigkeit halber und weil oft Fragen in Anfängerschulungen kommen, möchte ich es erwähnen.

Warum zeigt Excel manchmal Rauten an?

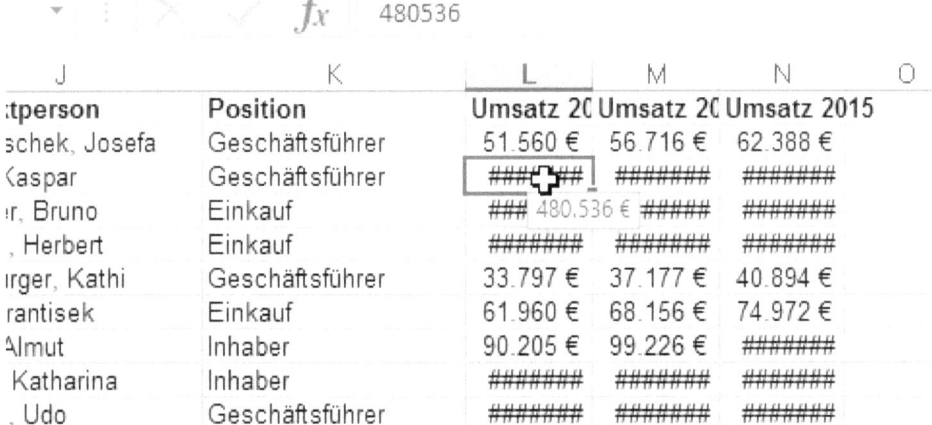

Ganz genau: Excel zeigt dann Rauten (Hashtags, Doppelkreuze, Zahlenzeichen; scherzhaft: Schweinegitter) an, wenn in einer Zelle eine formatierte Zahl steht, die nicht mehr

67

3.1 Dateneingabe

in diese Zelle passt. Es wäre fatal, wenn Excel die erste oder die letzte Ziffer der Zahl nicht anzeigen würde. Deshalb erhalten Sie das Zeichen mit einen Hinweis, lieber Anwender: Bitte verbreitern Sie die Spalte. Beispielsweise mit einem Doppelklick auf den Rand zwischen den beiden Spaltenköpfen - dann wird die Spalte optimal breit. Das heißt: Der längste Eintrag ist noch sichtbar in der Spalte.

3.1.21. Summe rechnet nicht

Die Formel stimmt - aber warum rechnet die Summe nicht?

	A	B	C	D	E
1				20,00 EUR	
2				40,00 EUR	
3				60,00 EUR	
4				80,00 EUR	
5					
6				0,00 EUR	

D6 =SUMME(D1:D4)

Erst ein Klick auf die Zellen liefert die Antwort: In den Zellen steht nicht 20, 40, 60, ... sondern 20 EUR, 40 EUR, ... - das heißt der Text "EUR" wurde in die Zelle eingetragen und nicht hinzuformatiert.

Übrigens: Manche Anwender denken, dass durch ein Ändern der Ausrichtung in rechtsbündig aus einem solchen Text eine Zahl wird. Das ist natürlich nicht der Fall!

D1 20,00 EUR

	A	B	C	D	E
1				20,00 EUR	
2				40,00 EUR	
3				60,00 EUR	
4				80,00 EUR	
5					
6				0,00 EUR	
7					

3.1.22. Seltsames Bewegen bei der Pfeiltaste

Manchmal springt der Cursor von Excel nicht eine Zeile nach unten, wenn ich die Taste [↓] drücke. Das gesamte Tabellenblatt "wandert" nach unten.

Seltsames Bewegen bei der Pfeiltaste

Wahrscheinlich haben Sie aus Versehen die Taste [Rollen] gedrückt. Dadurch scrollt der Bildschirm nach unten und nicht die Position des Cursors. Dies wird in der Statuszeile angezeigt.

3.1 Dateneingabe

3.1.23. Punkt statt Komma

Nicht lachen - auch diesen Fehler habe ich schon mehrfach gesehen. Ein Anwender vertippt sich und trägt einen Punkt statt eines Kommas ein - man muss schon genau hinschauen, damit man feststellt, dass in der Zelle E27 nicht 10,10 sondern 10.10 - also der 10. Oktober - steht. Damit man es nicht gleich sieht, habe ich die Zelle noch ein wenig formatiert ...

	A	B	C	D	E
25	Produkte				
26					
27	Einzelpreis:				10.10 €
28					
29	Menge:				1000
30					
31	Endpreis:				41.192.000,00 €

Formelleiste: E31 =E27*E29

3.1.24. Formate stimmen nicht

Komisch - eigentlich wollte ich nur schnell einen kleinen Kalender erzeugen - aber irgendwie stimmen die Formate nicht: Normalerweise müssten die Zahlen am rechten Rand der Zelle stehen und in der ersten Zelle sollte eigentlich ein formatiertes Datum zu sehen sein. Ach ja - und die Spalten sind auch viel zu breit.

A1 fx 01.02.2015

	A	B	C	D	E	F	G
1	42036						
2							
3	Montag	Dienstag	Mittwoch	Donnerstag	Freitag	Samstag	Sonntag
4							1
5	2	3	4	5	6	7	8
6	9	10	11	12	13	14	15
7	16	17	18	19	20	21	22
8	23	24	25	26	27	28	

Sie haben mit Sicherheit die Formeln angezeigt (Registerkarte Formelüberwachung). Bis Excel 2007 haben Anwender ab und zu versehentlich die Tastenkombination [Strg]+[#9] gedrückt - die wird in den Versionen 2010 und 2013 nicht mehr unterstützt. Das passierte oft denn, wenn Anwender aus Versehen statt auf [Shift]+['] drücken die Taste [Strg]+[#] erwischen. Wie auch immer es passiert ist - schalten Sie die Formelanzeige aus - sie liefert die internen Werte (statt eines formatierten Datums die dahinterstehende Zahl) und verbreitert die Spalten, damit Formeln in Spalten gut sichtbar sind.

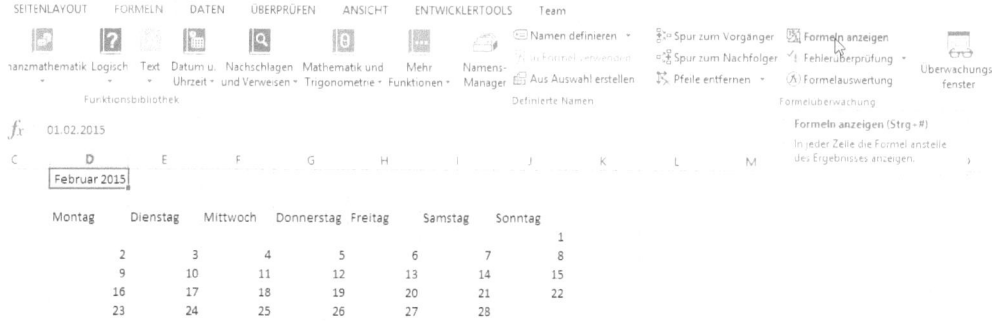

3.1.25. Komische Zeichen

Seltsam - ich wollte gerade eine Formel eingeben - aber nun stehen ganz andere Zeichen in meiner Exceltabelle. Was ist los? Ist die Tastatur kaputt? Oder mein Tastaturtreiber?

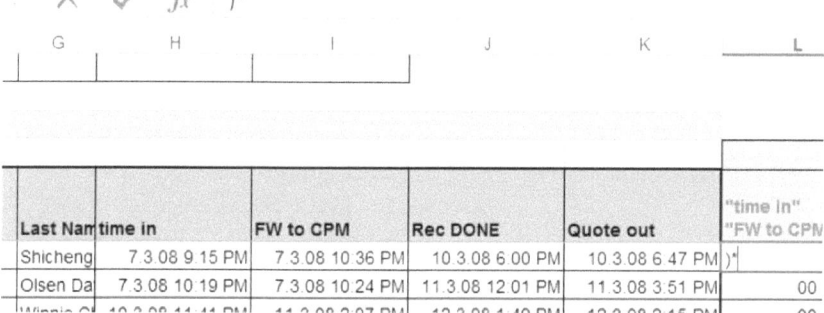

Die Antwort: Werfen Sie mal einen Blick in die Taskleiste. Ganz unten rechts! Vielleicht steht dort EN (oder eine andere Sprache) statt DE. Man kann die Sprachbelegung aus Versehen umschalten, indem man die Tastenkombination [Shift] + [Alt] drückt.

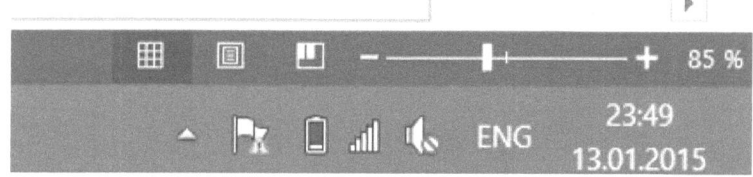

3.1.26. Drucken funktioniert nicht

Manchmal darf ich einfach nicht drucken. Warum?

3.1 Dateneingabe

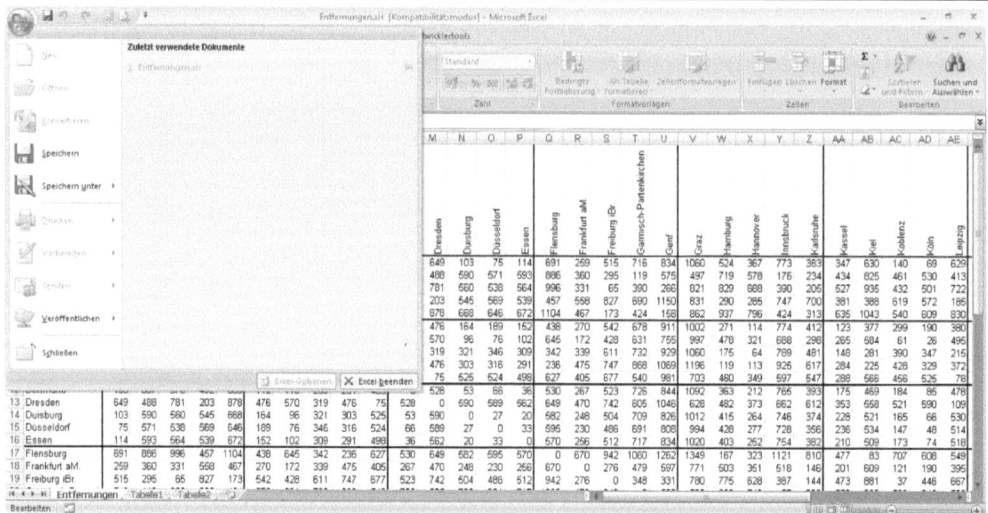

Wenn Sie in Excel 2007 eine Zelle editieren, also mit dem Cursor noch IN einer Zelle stehen, verbietet Excel das Drucken. Man sieht es leider nicht, weil das Dateimenü über der Tabelle liegt. Unterbrechen Sie den Vorgang - dann sehen Sie den Cursor, der sich in der Zelle befindet, beziehungsweise Sie sehen in der Bearbeitungsleiste den Haken und das x. Daran kann man erkennen, dass die Eingabe nicht beendet wurde.

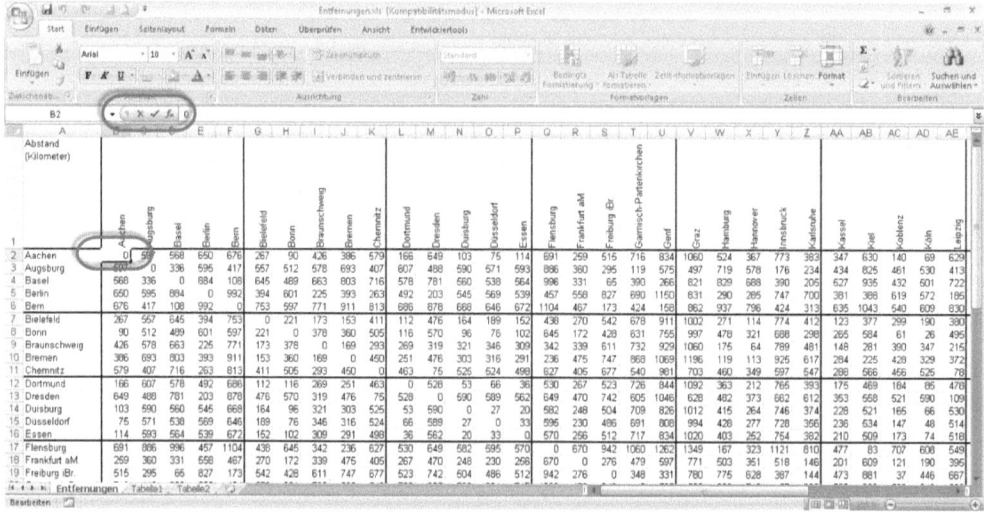

Übrigens: Microsoft hat das mit dem Backstagebereich in Excel 2010 und Excel 2013 abgeschafft - wenn Sie dort auf "Datei" klicken wird die Eingabe automatisch bestätigt.

3.1.27. Januar geht nicht

Wenn ich in meinem Excel den Text "Januar 2015" eintrage, steht Jan 15 in der Zelle. Bei meiner Kollegin lässt er den Text "Januar 2015" in Frieden. Warum?

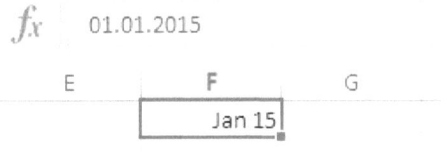

Excel "erkennt" das Datum "Januar 2015" als Datum und formatiert es um. Wahrscheinlich ist bei Ihrer Kollegin in der Ländereinstellung nicht Deutsch/Deutschland eingestellt, sondern ein anderes Land (beispielsweise Österreich). Wenn Sie den Monatsnamen in der entsprechenden Sprache eingibt (bei Österreich "Jänner 2015"), wird er auch formatiert.

3.1.28. Datenüberprüfung mit Prozent

Hallo zusammen! - Überall in Excel darf ich das Prozentzeichen eingeben; überall versteht er, dass dahinter die Rechenoperation geteilt durch 100 gemeint ist. Warum darf ich das nicht in der Datenüberprüfung?

3.1 Dateneingabe

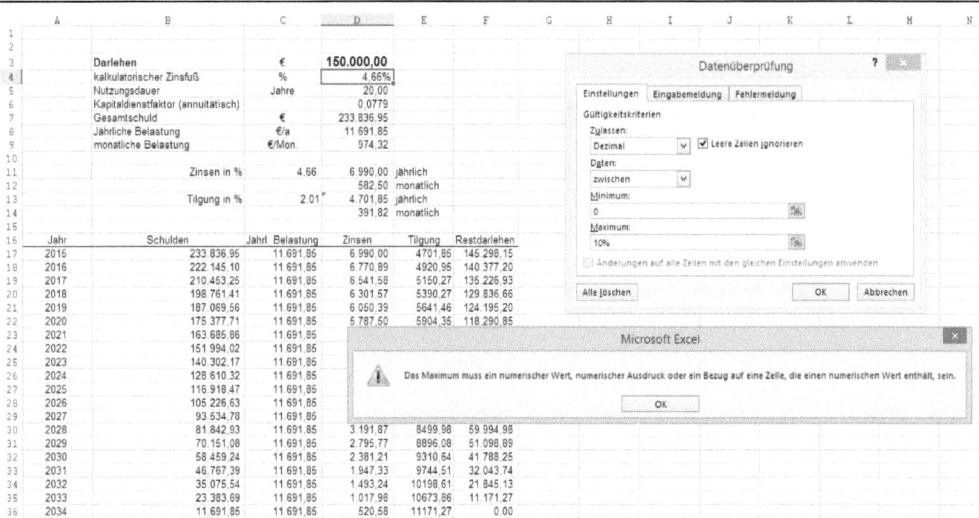

Die Frage ist berechtigt, denn es erstaunt. Sie müssen hier die Prozentzahl als Dezimalzahl eingeben, also 0,1, wenn Sie möchten, dass der Anwender nicht mehr als 10% Zinsen einträgt.

3.1.29. Zerrissene Text

Ich bin entsetzt und verzweifelt. Ein Kollege sollte eine technische Dokumentation übersetzen - nun erhalte ich eine Exceltabelle, in der in jeder Zelle Wörter oder Wortteile stehen. So kann ich das Dokument niemals weiterbearbeiten. Was kann ich tun?

Zerrissene Text

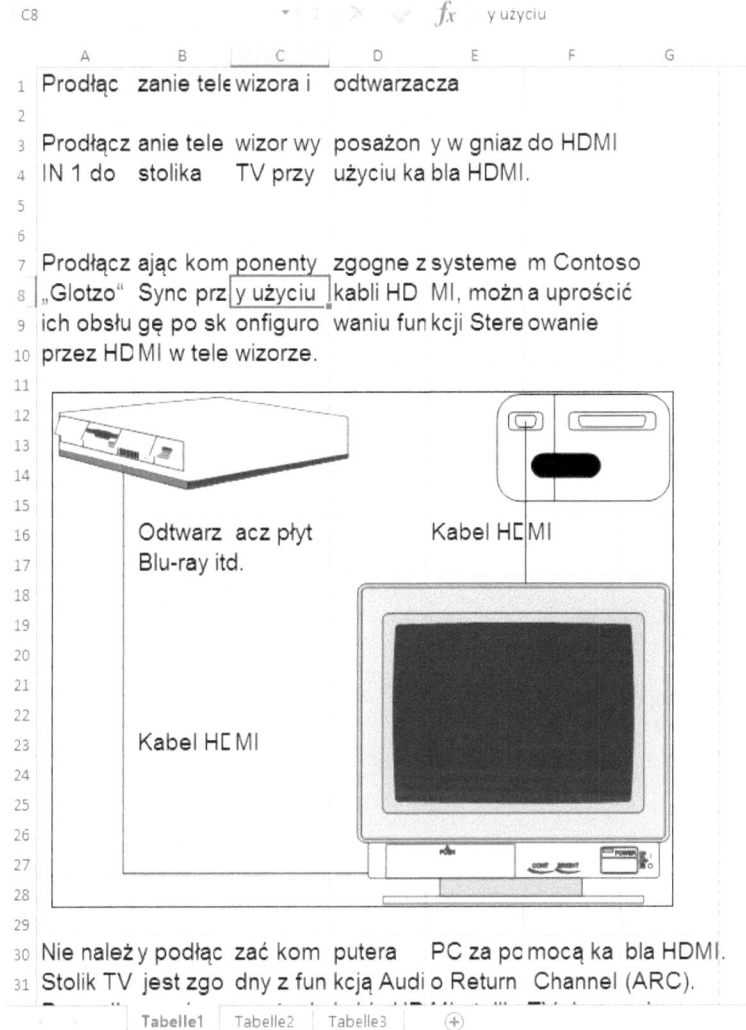

Wer macht denn so etwas? Ich würde den Kollegen ja sofort auf eine Excel-Schulung schicken!

Mit einem Klick können Sie nicht die Texte "einsammeln". Aber Sie können am Ende einer Zeile die Texte zusammenfassen mit

=A1&B1&C1&D1&E1&F1&G1

Alternative: Mit der Funktion VERKETTEN:

=VERKETTEN(A1;B1;C1;D1;E1;F1;G1)

3.1 Dateneingabe

Diese Formel nun nach unten ziehen, kopieren und als Werte einfügen.

Alternativ könnte man die Exceltabelle als Textdatei speichern und anschließend mit Suchen und Ersetzen sämtliche Semikola löschen.

Egal wie Sie es machen - Sie werden mehrere Schritte benötigen, um die Datei "zu putzen".

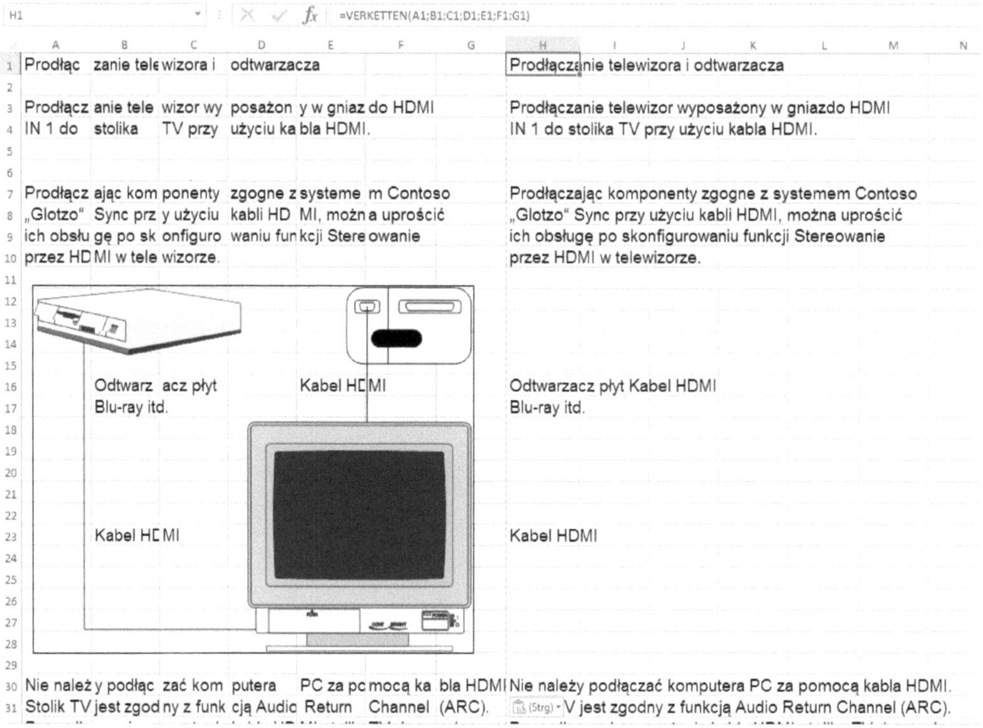

3.1.30. Wo kommt denn DER Pfeil her?

kreisch Und plötzlich sehe ich in meinem Excel einen schwarzen Pfeil! So etwas habe ich ja noch nie gesehen! WO kommt denn der her? Und wie verschwindet der denn wieder?

lach Wahrscheinlich sind Sie noch im Dialog "Seite einrichten" und wollten dort eine Wiederholungszeile festlegen. Dann wechselt der Cursor seine Gestalt zu einem Pfeil. Und den kann man über die ganze Tabelle ziehen. Ruhig Blut! Und einfach im Dialog auf "OK" klicken!

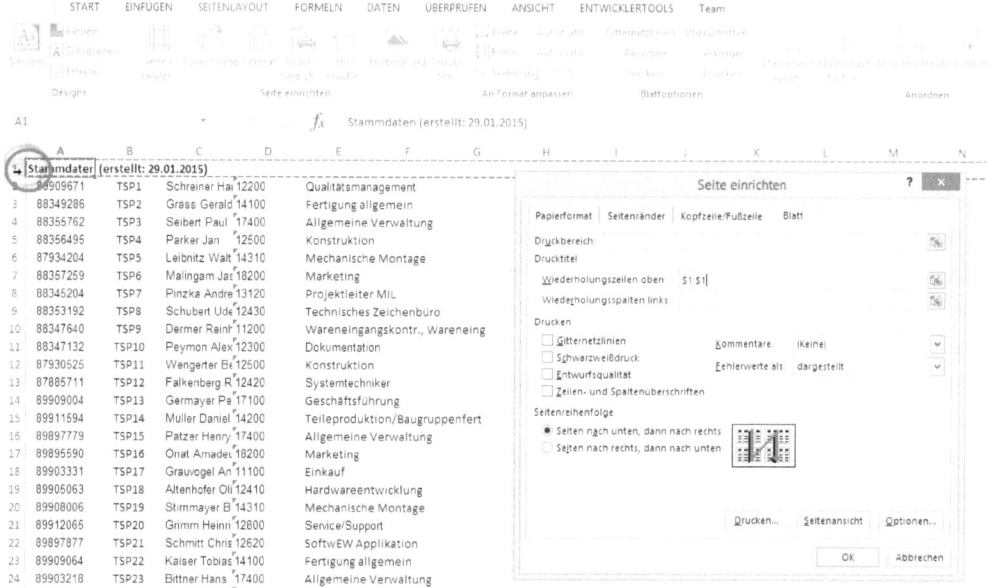

3.1.31. Falsche und richtige Schalttage

Haben Sie einmal folgende amüsante Sache versucht? Tragen Sie in eine Zelle das "falsche" Datum 29-2-2015 ein. Excel "sucht" eine interne Zahl dazu; findet keine und stellt das ganze als Text linksbündig in der Zelle dar. So weit, so klar. Wird diese Zelle nun nach unten gezogen, wird die "letzte" Zahl 2015 weiter gezählt. Auch noch klar. Allerdings existiert der 29-2-2016 (und natürlich der 29-2-2020, ...). Obwohl die Zelle mit dem Zahlenformat "Standard" formatiert ist, wandelt Excel dieses Datum nicht als Datum um. Irgendwie "merkt" er sich die Textinformation der ersten "falschen" Zelle. Erst ein Doppelklick auf die Zelle und ein Verlassen mit [Enter] oder [Tab] wandelt nun das Datum in ein Datum um.

3.1 Dateneingabe

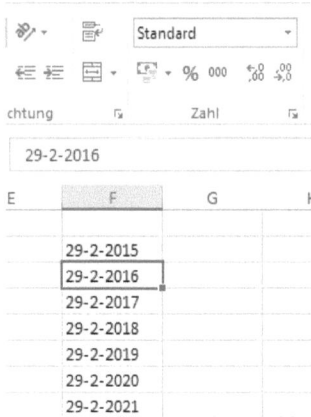

3.1.32. Autoausfüllen - gar nicht automatisch!

Es ist so unglaublich. Ich mache es genau so wie meine Kollegin: Ich trage 1. Quartal in eine Zelle ein- Bei ihr zählt er die Zahlen weiter; bei mir nicht. Ich fasse es nicht!

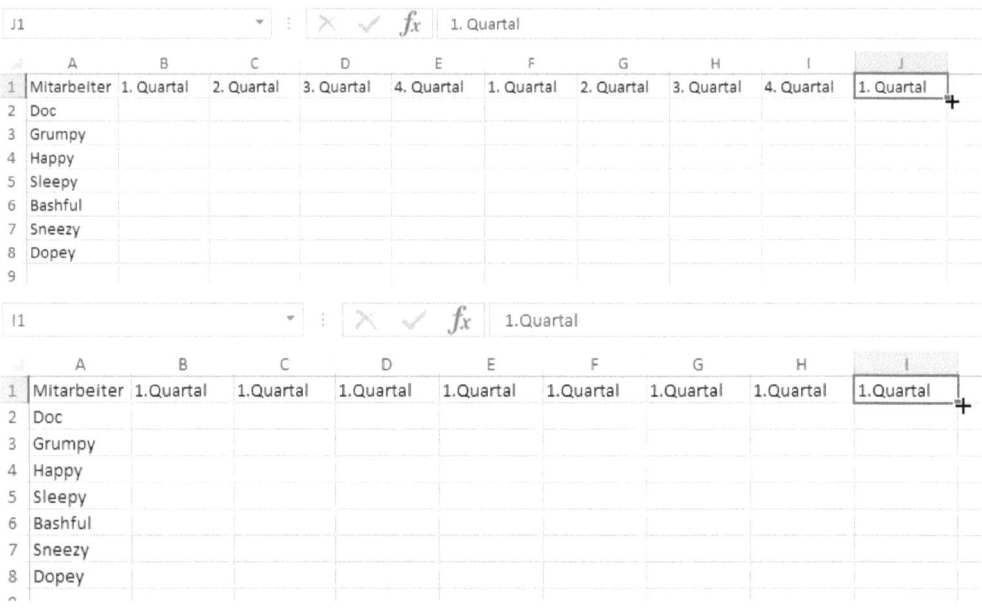

Die Lösung: Wenn Sie ganz genau hinschauen, entdecken Sie ein Leerzeichen zwischen der Zahl 1 und dem Text "Quartal". Dann "versteht" Excel die Nummer als eigenständige Zahl und zählt weiter. Fehlt jedoch das Leerzeichen, wird die Zahl als Teil des Textes identifiziert und somit nicht fortgeführt.

Ich weiß, ich weiß - es ist nicht konsequent: "Quartal1" wird ebenso weiter gezählt wie "Quartal 1".

3.1.33. Grüne Ecken

Ich weiß, dass Excel nicht alles annimmt. Wenn ich eine Telefonvorwahl oder eine Artikelnummer, die mit einer 0 beginnt, eingebe, muss ich ein Apostroph davor setzen - sonst löscht er mir die Null am Anfang. Okay. Ich weiß, dass ich das auch machen muss, wenn ein Text mit einem Gleichheitszeichen, einem Gedankenstrich oder einem Pluszeichen beginnt. Okay. Ich weiß, dass ich unsere Abteilung 2-5 und die Personalnummer 23.12 so auch nicht eintragen darf.

Was ich aber nicht verstehe, warum er manchmal grüne Ecken bringt mit dem Hinweis, dass es sich hier um eine Zahl handelt, die mit einem Apostroph beginnt, manchmal nicht:

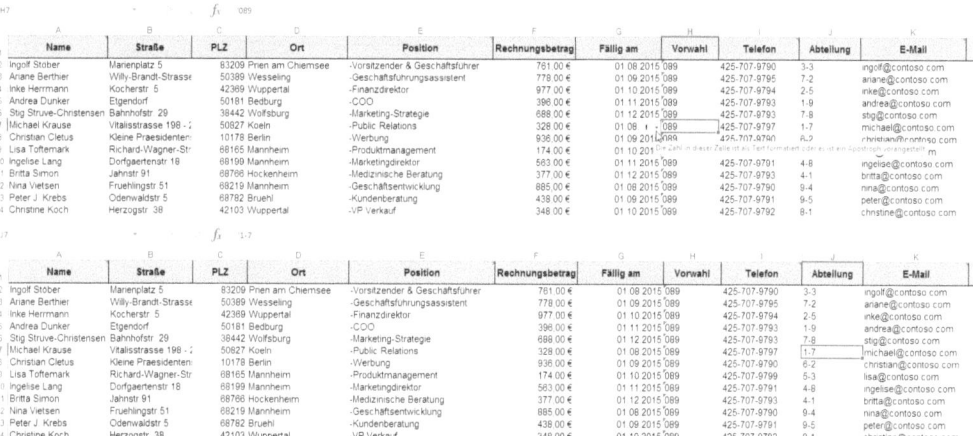

Die Antwort: Excel interpretiert die Zahl 089 als Zahl. Bei -Werbung handelt es sich um einen Text - dieser kann gar nicht in eine Zahl umgewandelt werden. Ich gebe Ihnen recht: dass er 24.12 und 1-4 nicht als DatumsZAHL erkennt, erstaunt. Sollte Ihnen die grünen Ecken nicht gefallen, können Sie diese in den Optionen / Formeln / Fehlerüberprüfung oder Regeln für die Fehlerüberprüfung ausschalten.

Mein Tipp: Lassen Sie sie eingeschaltet - denn sie können praktischen Nutzen haben.

3.1.34. Persisch? Arabisch? Hebräisch?

Guten Tag. Ich habe vor einer Weile angefangen Persisch zu lernen. Ich habe meine Vokabeln in eine Exceltabelle eingetragen. Am Wochenende habe ich voller Stolz diese Tabelle meinem persischen Freund gezeigt. Ich weiß nicht, was er gemacht hat, aber jetzt ist

3.1 Dateneingabe

alles verkehrt herum. Genauer: jetzt laufen die Buchstaben von rechts nach links (wie die arabische Schrift), die Zeilennummern stehen rechts, der Rollbalken links, die Blattregisterkarten sind jetzt auf der rechten Seite und Excel zählt von rechts nach links die Blätter hoch. Nur das Menüband sieht noch so aus wie vorher - zum Glück hat er mit die Beschriftung nicht geändert - sonst würde ich gar nichts mehr finden. Denn: so gut spreche, lese und schreibe ich nun auch wieder nicht Persisch.

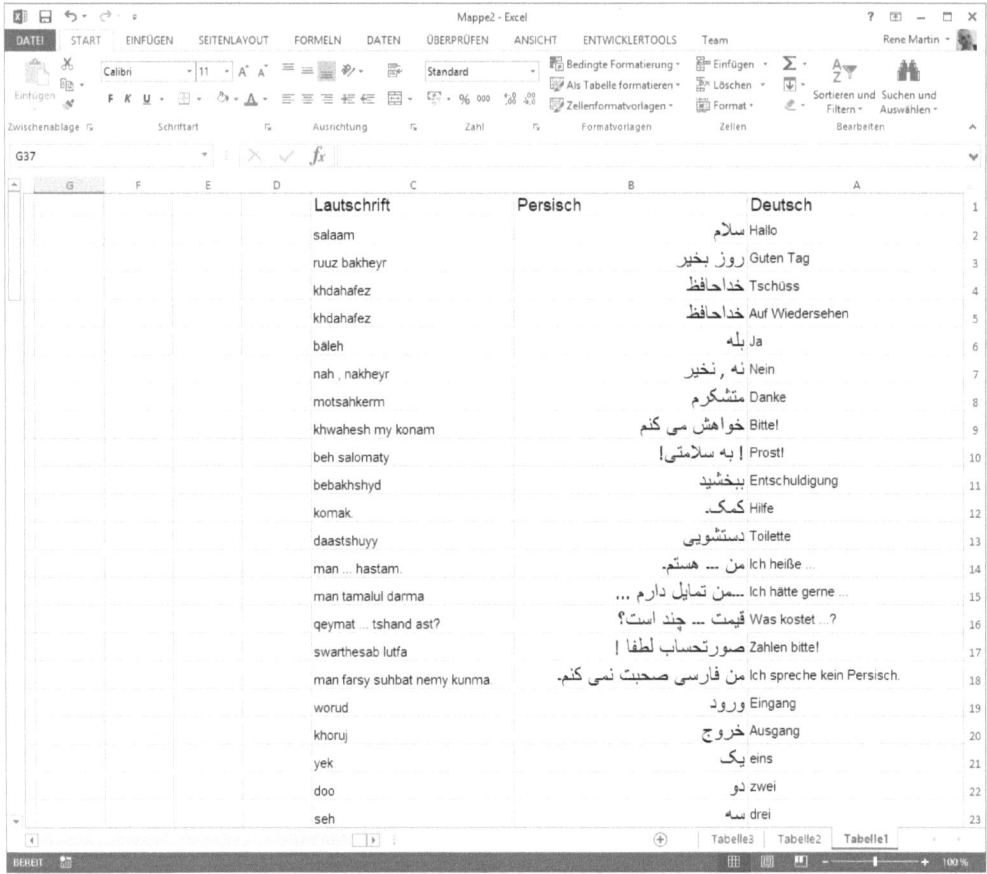

Die Antwort: Das ist doch mal was anderes! Nun - da hat Ihr Freund in den Optionen (Erweitert) die Laufrichtung des Blatts in Rechts-Nach-Links-Ansicht anzeigen lassen. Dort können Sie es wieder in gewohnter Links-Nach-Rechts-Ansicht zurück umstellen.

Warum zeigt Excel nicht die komplette Liste?

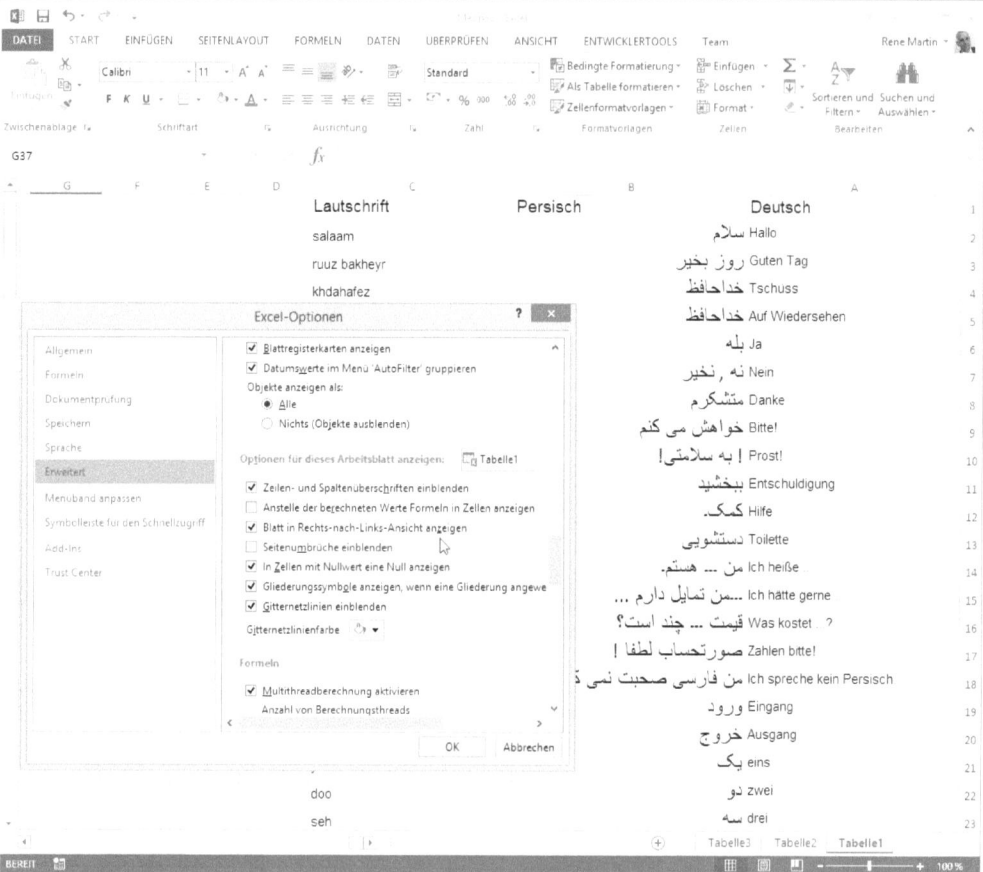

3.1.35. Warum zeigt Excel nicht die komplette Liste?

Wenn ich den Cursor unterhalb einer Liste positioniere und [Alt]+[↓] drücke, erscheint in der Auswahlliste nicht die komplette Liste der darüber stehenden Begriffe. Warum?

3.1 Dateneingabe

	A	B	C	D
31				
32	Kassel	347	434	527
33	Kiel	630	825	935
34	Koblenz	140	461	432
35	Köln	69	530	501
36	Leipzig	629	413	722
37				
38	Lübeck	578	773	883
39	Magdeburg	510	514	762
40	Mannheim	319	285	251
41	München	634	66	395
42	Münster	203	664	634
43				
44	Nürnberg	469	138	428
45	Osnabrück	260	601	691
46	Paderborn	250	510	603
47	Passau	694	251	575
48	Regensburg	573	134	459
49				
50	Rostock	696	794	1001
51	Saarbrücken	290	377	262
52	Salzburg	784	221	545
53	Stuttgart	454	161	268
54	Trier	192	475	360
55				
56	Ulm	525	78	254
57	Wien	960	522	846
58	Wiesbaden	232	379	350
59	Würzburg	366	205	436
60	Zürich	654	297	86
61				
62	Ulm			
63	Wien			
64	Wiesbaden			
65	Würzburg			
66	Zürich			

Das kann mehrere Gründe haben. Zum einen - im oberen Beispiel - befinden sich zwischen den einzelnen Gruppen Leerzeilen. Excel listet nur die Daten auf, die sich direkt darüber befinden.

Es kann aber auch sein, dass sich zu viele darüber befinden. Ich habe in eine Liste mehr als 48.500 verschiedene Namen eingefügt. Wird nun [Alt]+[↓] gedrückt, wird bis zur Zeile 36.184 aufgelistet - also nicht alle. Aber ziemlich viele!

Warum zeigt Excel nicht die komplette Liste?

	A	B	C	D
48497		10 Zwantje	Consetetur	Barbarossaplatz
48498		20 Zweer	Sadipscing	Schopenhauerst
48499		20 Zyber	Elitr	Hauptstrasse 30
48500		20 Zydi	Sed	Rennershofstr.1
48501		10 Zydre	Diam	Karthauser Str. 1
48502		10 Zydrone	Nonumy	Rathausstr.29
48503		20 Zydrunas	Eirmod	Possartstrasse 1
48504		20 Zygantas	Tempor	Pestalozzistrass
48505		20 Zygfryd	Invidunt	Falkenstr.19
48506		20 Zygimantas	Ut	Toelzer Strasse
48507		20 Zygintas	Labore	Rathausstrasse 1
48508		20 Zygmunt	Et	Fahrgasse 17
48509		20 Zyhdi	Dolore	Otto-Stabel-Str.
48510		10 Zyhra	Magna	Richmodstr. 13-
48511		10 Zyhrie	Aliquyam	Mainzer Landstr
48512		10 Zylfie	Erat	Rheingoldstr.45
48513		10 Zylfije	Sed	Max-Planck-Stra
48514		10 Zymbyle	Diam	Hohwiesenstr.1
48515		20 Zymer	Voluptua	Bahnhofstrasse
48516		10 Zymryd	At	J 2,22
48517		10 Zymryte	Vero	Hainstr. 20/24
48518		10 Zyra	Eos	Nietzschestr.24
48519		10 Zyrafete	Et	Thomaskirchhof
48520		10 Zyrie	Accusam	Kekulestrasse 3(
48521		10 Zyrjeta	Et	Marktstr. 5
48522		10 Zyta	Justo	N 4, 15
48523				
48524		Salomeia		
48525		Salomeja		
48526		Salomena		
48527		Salomia		
48528		Salomon		
48529		Salonica		
48530		Saltanat		
		Saltuk		

Das gleiche Phänomen (ein interner Cache) begegnet Ihnen auch beim Autofilter. Zwar ist er gegenüber Excel 2003 besser geworden, aber er ist dennoch begrenzt. Dort wird angezeigt, dass nicht alle Elemente aufgelistet werden. Bei mir werden mehr als 11.000 Elemente aufgelistet.

3.1 Dateneingabe

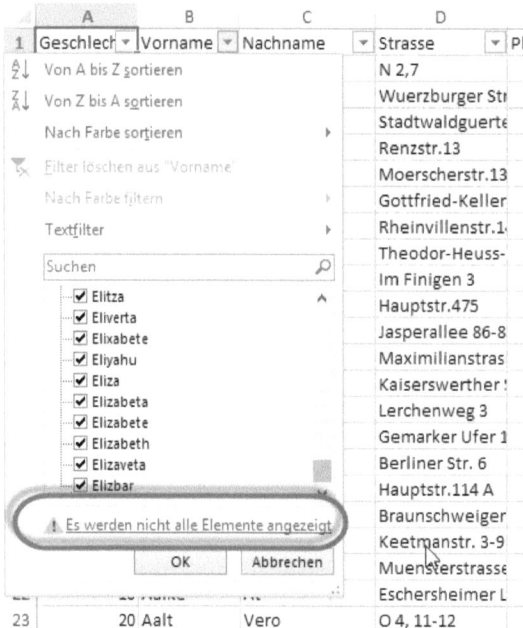

3.1.36. Doppelte Einträge in der Reihe

Ich verstehe es nicht. Ich habe eine "benutzerdefinierte Liste" erstellt. Aber wenn ich einen Begriff eingebe und herunterziehe, dann steht er zwei Mal in der Liste:

Doppelte Einträge in der Reihe

```
Deutschland
Deutschland
Frankreich
Italien
Spanien
Niederlande
Belgien
Österreich
Griechenland
Finnland
Portugal
Irland
Großbritannien
Schweden
Dänemark
Schweiz
Norwegen
Polen
Deutschland
Deutschland
Frankreich
Italien
Spanien
Niederlande
Belgien
```

Schauen Sie noch einmal die Liste in den Optionen an - sicherlich haben Sie den Begriff zwei Mal eingetragen. Jeder Begriff (hier: jedes Land!) darf nur ein Mal in der Liste auftauchen:

3.1 Dateneingabe

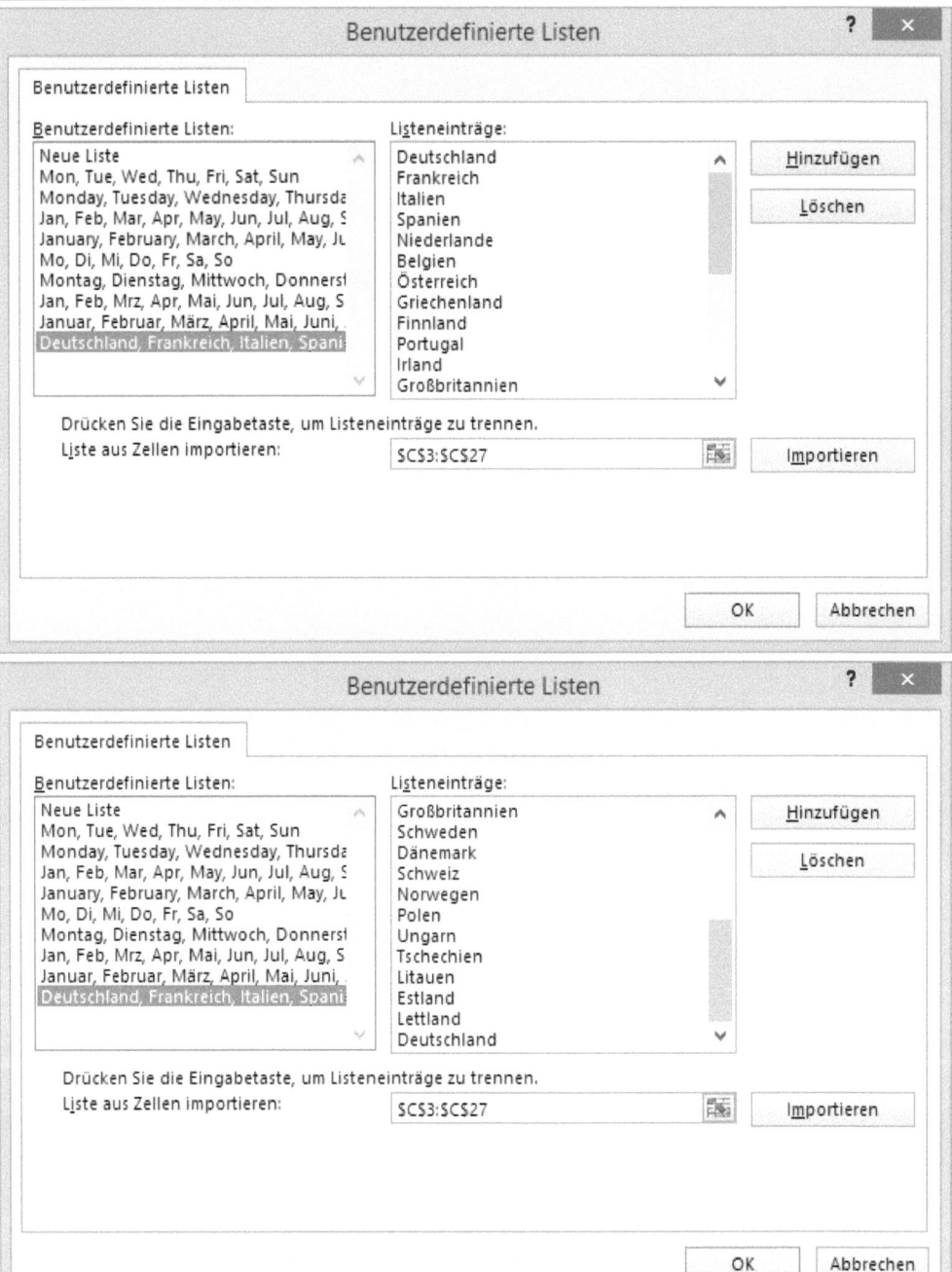

Übrigens ist erstaunlich: dass Excel mit dem letzten Begriff beginnt, wenn er zwei Mal in der Liste auftaucht - ich hätte erwartet, dass er mit dem ersten anfängt.

3.1.37. Doppelklick auf Kästchen

Das wusste ich nicht! Wenn man auf das kleine Kästchen rechts unten einen Doppelklick macht, wird die Formel in der Zelle bis ganz nach unten gezogen. das hat mir der Azubi gezeigt. Toll. Aber als ich es bei meinem Rechner ausprobiert habe, hat es nicht funktioniert. Excel hat irgendwo zwischen drin gestoppt - auf alle Fälle hat er die Formel nicht bis nach unten gezogen. Warum?

Summe	Anzahl	Endsumme
116,50 €	5	582,50 €
116,50 €	10	1.165,00 €
116,50 €	10	1.165,00 €
116,50 €		- €
94,50 €		- €
409,00 €		- €
119,00 €		- €
119,00 €		- €
2.074,00 €		- €
89,00 €	10	890,00 €
142,00 €		- €

Summe: 3.802,50 €

3.1 Dateneingabe

E	F	G	H
Summe	Anzahl	Endsumme	
€			
€ 116,50 €	5	582,50 €	
€ 116,50 €	10	1.165,00 €	
€ 116,50 €	10	1.165,00 €	
€ 116,50 €			
€ 94,50 €	4		
€ 409,00 €			
€ 119,00 €			
€ 119,00 €			
€ 2.074,00 €			
€ 89,00 €	10		
€ 142,00 €			
		2.912,50 €	

Die Antwort ist einfach: Schauen Sie sich Ihr Excel an und das Excel Ihres Azubis. Sie arbeiten mit Excel 2007; der Azubi mit Excel 2013 (das sehe ich an der Farbe der Spaltenköpfe). Bis Excel 2007 wird die Formel nur so weit nach unten gezogen wie die Spalte direkt daneben gefüllt ist. Aber Excel 2010 "überprüft" er den zusammenhängenden Bereich, übergeht Leerzellen und orientiert sich an der letzten Zeile an irgend einer Spalte. Praktisch!

3.1.38. Zu viel Text!

Die Tastenkombination [Strg]+[.], die in eine Zelle das aktuelle Datum schreibt, ist klasse. Ich verwende sie gerne. Ich habe entdeckt, dass sie auch innerhalb eines Textes funktioniert. Aber können Sie mir folgendes Phänomen erklären: Plötzlich steht ganz oft das Datum in der Zelle?

Die Antwort: Vielleicht haben Sie nicht [Strg]+[.] gedrückt, sondern aus Versehen den Finger auf den Tasten gelassen - dann wiederholt Excel die Datumsinformation mehrmals. Kann passieren ...

Vorwärts immer, rückwärts nimmer

3.1.39. Vorwärts immer, rückwärts nimmer

Was ist denn das? Seit Stunden arbeite ich an einer Datei. Wie Sie wissen - harte Männer speichern nicht! Außerdem habe ich die Rückgängig-Funktion. Aber kaum, dass ich sie mal benötigt hätte, funktioniert sie nicht. Doofes Teil!

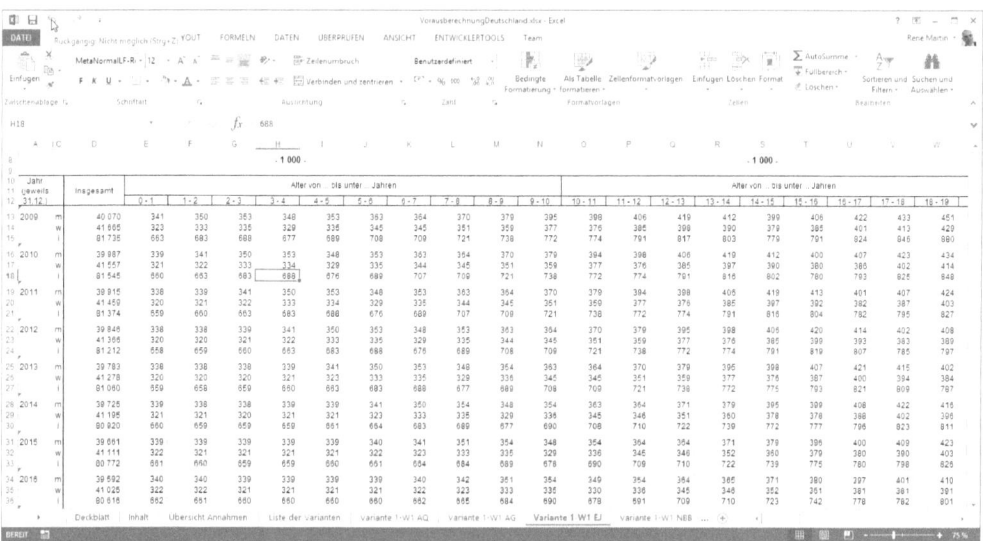

Ich weiß nicht, was Sie gemacht haben. Aber bei einigen Befehlen löscht Excel aus dem Verlauf sämtliche durchgeführten Aktionen. Beispielsweise, wenn Sie ein Tabellenblatt löschen. Sämtliche Aktionen die zuvor getätigt wurden können nun nicht mehr rückgängig gemacht werden.

3.1 Dateneingabe

3.1.40. Ein Bild sagt mehr als 1000 Zahlen - quatsch!

Hilfe! Ich weiß nicht, was mein Kollege da gemacht hat - in einer Exceltabelle ist "hinter" der Tabelle ein Bild. Das sieht zwar lustig aus, aber es nervt! Wie bekomme ich es denn wieder weg? Ich habe nachgeschaut - in der Kopfzeile ist es nicht.

Das ist hübsch! Aber sie können es über die Registerkarte "Seitenlayout" entfernen. Dort finden Sie in der Gruppe "Seite einrichten" den Befehl "Hintergrund löschen". Und mit diesem Symbol ("Hintergrund") hat Ihr Kollege das Bild auch eingefügt.

Wer suchet, der findet - Nö!

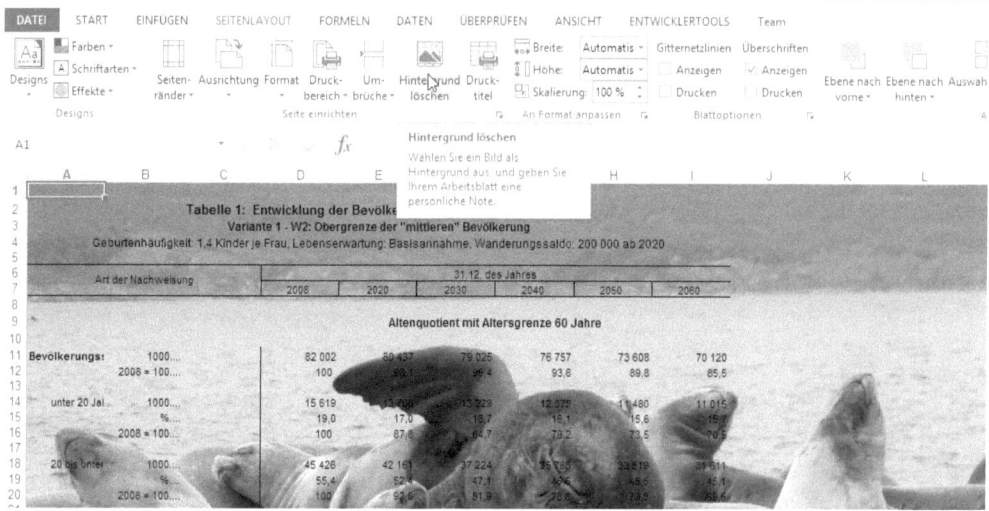

3.1.41. Wer suchet, der findet - Nö!

Ich werde noch wahnsinnig. Ich weiß, wenn ich nichts markiere, durchsucht Excel das gesamt Tabellenblatt. Wenn ich etwas markiere, durchsucht er nur den markierten Bereich. Aber leider nicht immer.

Beispiel: Ich markiere die Spalte D (Vorname) und suche dort den Text "Martin". Er springt allerdings nach F71, wo er korrekt, aber nicht gewünscht, die "Martinsgasse" findet. Woran liegt das?

Die Antwort: Öffnen Sie im Suchendialog die Optionen. Sicherlich haben Sie (von der letzten Suche) noch eingestellt, dass er nicht auf dem (aktuellen) Blatt suchen soll, sondern in der (gesamten) Arbeitsmappe, das heißt: in allen Blättern. Deshalb ignoriert er Ihre Markierung. Klar - einer hat Vorrang - hier ist es die Arbeitsmappe. Schalten Sie dort wieder auf "Blatt" um. Dann klappt die Suche im ausgewählten Bereich.

3.1.42. Warum er und nicht ich?

Ein Kollege hat mir den genialen Trick gezeigt, dass man mit einem Doppelklick auf das kleine, schwarze Kästchen rechts unten eine Formel bis nach unten ziehen kann. Toll - das spart mir viel Arbeit.

Allerdings: Warum geht das nicht bei meinem Excel?

3.1 Dateneingabe

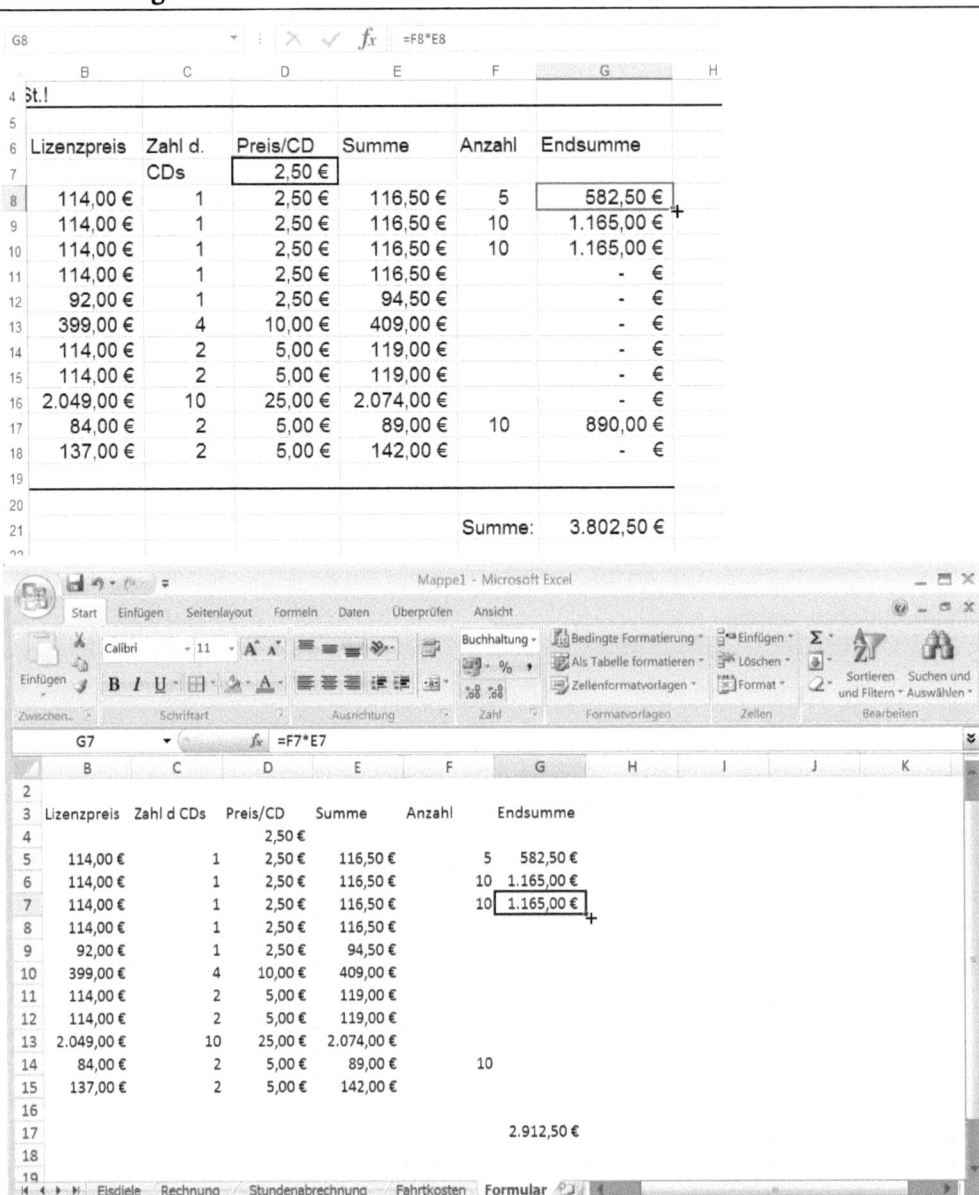

Die Antwort: Bis Excel 2007 wird bei einem Doppelklick auf das Kästchen die Formel soweit herunter gezogen, wie die Spalte links neben der Formelspalte gefüllt ist. Erst ab

Excel 2013 (Ihr Kollege verwendet Excel 2013) wird die Formel bis zum Ende des zusammenhängenden Bereiches (den Sie mit [Strg] + [*] ermitteln können) gezogen. Eine angenehme Verbesserung, die Sie im "alten" Excel leider noch nicht haben.

3.1.43. Mein Excel ist meiner Zeit voraus

Nun habe ich eine Frage. Ich habe eine Liste, in der ich Aufträge eintrage - mit Datum und Stunden und so weiter. Vor Kurzem hat mein Kollege diese Datei "in den Fingern" gehabt, etwas von "Verbesserung" gemurmelt; aber - nachdem ich die Datei nun geöffnet habe, waren sämtliche Datumsangaben um vier Jahre und einen Tag in die Zukunft verschoben. Haben Sie eine Erklärung hierfür?

		Sa	Da	Stu	
	zip-Assistent verbessert		02.01.2015	2	2
	TAM Test; Fehler Section_20		02.01.2015	2	2
	kleine Korrekturen am TAM,		05.01.2015	2	2
ier	XML und VBA		03.02.2015	1	1
ier	XML und VBA		04.02.2015	1	1
ier	XML und VBA		05.02.2015	1	1
ier	FK3_1 und FK3_1a		09.02.2015	2	2
ier	FK3_2		10.02.2015	1	1
ier	FK3_3 - FK3_5		11.02.2015	1	1
ier	FK3_5 - FK3_12a		14.02.2015	4	4
ier	Altersfreizeit		16.02.2015	2	2
	Schutz		15.02.2015	3	3
	COBAS 8000		16.02.2015	1	1
	SAL TOSOH G8; Schutz; RBN		18.02.2015	2,5	2,5
ier	AU		21.02.2015	2	2

		Sat	Dat	Stu	
	zip-Assistent verbessert		03.01.2019	2	2
	TAM Test; Fehler Section_20		03.01.2019	2	2
	kleine Korrekturen am TAM,		06.01.2019	2	2
er	XML und VBA		04.02.2019	1	1
er	XML und VBA		05.02.2019	1	1
er	XML und VBA		06.02.2019	1	1
er	FK3_1 und FK3_1a		10.02.2019	2	2
er	FK3_2		11.02.2019	1	1
er	FK3_3 - FK3_5		12.02.2019	1	1
er	FK3_5 - FK3_12a		15.02.2019	4	4
er	Altersfreizeit		17.02.2019	2	2
	Schutz		16.02.2019	3	3
	COBAS 8000		17.02.2019	1	1
	SAL TOSOH G8; Schutz; RBN		19.02.2019	2,5	2,5
er	AU		22.02.2019	2	2

Die Antwort: Ich lese es leider oft in Büchern und Internetforen; aber ich rate davon ab. Excel beginnt seine Datumsberechnungen im Jahre 1900. Das hat zur Folge, dass man weder ein Datum vor dem 01.01.1900 eingeben kann noch eine negative Uhrzeit (sie würde nun auch als Datum/Uhrzeit vor 1900 interpretiert werden). Viele umgehen nun das Problem mit negativen Uhrzeiten, indem sie das Datum im Jahre 1904 beginnen lassen

3.1 Dateneingabe

- somit könnten sie einige Stunden (und Tage) mit negativen Uhrzeiten umgehen. Das Problem dabei ist jedoch: Befinden sich in dieser Datei bereits Datumsangaben, dann werden sie um vier Jahre verschoben - der eine Tag resultiert aus den Schalttagen. Schalten Sie diese Option wieder zurück und lösen das Problem mit negativen Uhrzeiten beispielsweise mit Hilfe einer WENN-Funktion:

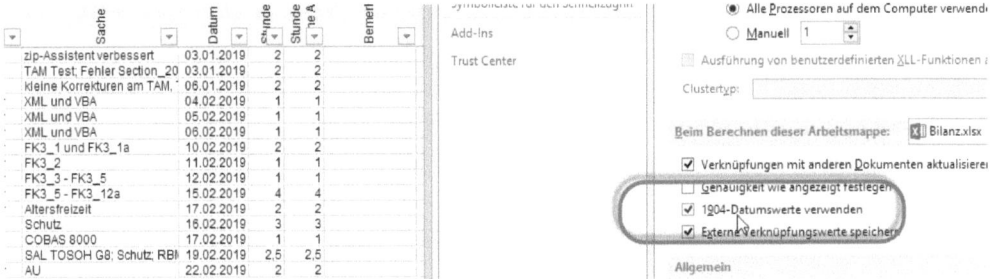

3.1.44. Hier gibt es schon Daten. Möchten Sie diese ersetzen?

Ärgerlich: Beim Ausschneiden und Einfügen fragt Excel nicht, ob er die (schon vorhandenen) Daten überschreiben darf, beim Verschieben mit der Maus (Drag & Drop) erscheint eine Warnmeldung. Nicht konsequent, oder?

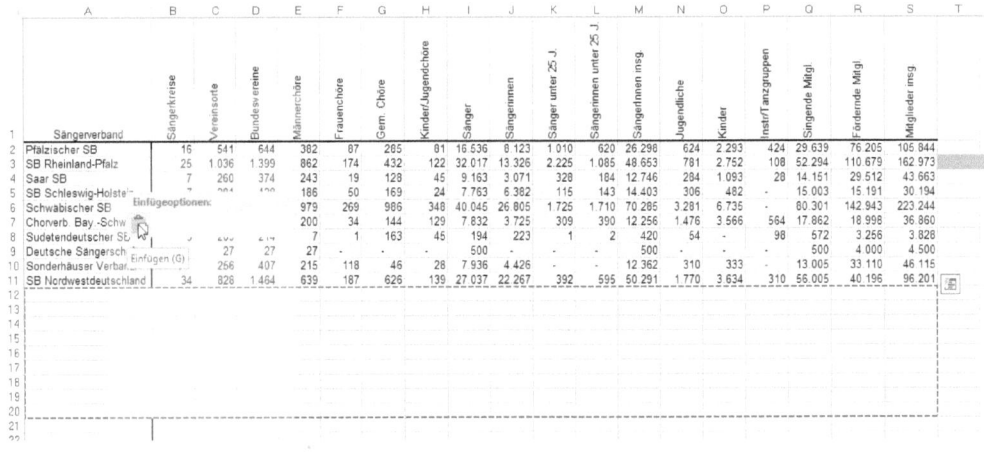

	A	B	C	D	E	F	G	H	I	J	K	L	M	N	O	P	Q	R	S
1	Sängerverband	Sängerkreise	Vereinsorte	Bundesvereine	Männerchöre	Frauenchöre	Gem. Chöre	Kinder/Jugendchöre	Sänger	Sängerinnen	Sänger unter 25 J.	Sängerinnen unter 25 J.	SängerInnen insg.	Jugendliche	Kinder	Instr/Tanzgruppen	Singende Mitgl.	Fördernde Mitgl.	Mitglieder insg.
2	Badischer SB	22	819	1.457	1.048	284	559	215	42.050	17.948	2.784	1.835	64.617	2.627	4.869	519	72.632	180.630	253.262
3	Bayerischer SB	24	331	430	212	11	214	69	8.317	4.896	433	600	14.246	1.477	1.384	268	17.374	22.151	39.525
4	Berliner SB	4	4	100	21	5	57	25	1.335	1.800	158	280	3.573	300	598	104	4.575	1.840	6.415
5	Fränkischer SB	13	1.220	1.436	797	70	684	132	31.378	15.990	1.453	1.371	50.192	1.584	2.596	454	54.826	84.462	139.288
6	SB Hamburg	6	3	83	44	12	23	12	1.690	1.402	49	49	3.190	159	246	-	3.594	2.433	6.027
7	Hessischer SB	40	1.444	1.516	920	314	628	309	38.818	22.612								7.176	214.166
8	Maintal SB	7	124	169	93	19	91	42	4.967	2.623								4.956	24.824
9	Mitteldeutscher SB	19	502	651	336	90	302	49	14.113	9.649								4.196	50.908
10	SB Nordrhein-Westfalen	60	663	3.224	2.190	351	581	239	81.408	28.271								6.946	290.732
11	SB Nordwestdeutschland	34	828	1.464	639	187	626	139	27.037	22.267								0.196	96.201
12	Pfälzischer SB	16	541	644	382	87	285	81	16.536	8.123								6.205	105.844
13	SB Rheinland-Pfalz	25	1.036	1.399	862	174	432	122	32.017	13.326								0.679	162.973
14	Saar SB	7	260	374	243	19	128	45	9.163	3.071	328	184	12.746	284	1.093	28	14.151	29.512	43.663
15	SB Schleswig-Holstein	7	281	428	186	50	169	24	7.763	6.382	115	143	14.403	306	482	-	15.003	15.191	30.194
16	Schwäbischer SB	23	1.295	1.621	979	269	986	348	40.045	26.805	1.725	1.710	70.285	3.281	6.735	-	80.301	142.943	223.244
17	Chorverb. Bay.-Schwaben	11	285	412	200	34	144	129	7.832	3.725	309	390	12.256	1.476	3.566	564	17.862	18.998	36.860
18	Sudetendeutscher SB	9	209	214	7	1	163	45	194	223	1	2	420	54	-	98	572	3.256	3.828
19	Deutsche Sängerschaft	-	27	27	27	-	-	-	500	-	-	-	500	-	-	-	500	4.000	4.500
20	Sonderhäuser Verband	-	256	407	215	118	46	28	7.936	4.426	-	-	12.362	310	333	-	13.005	33.110	46.115
21																			

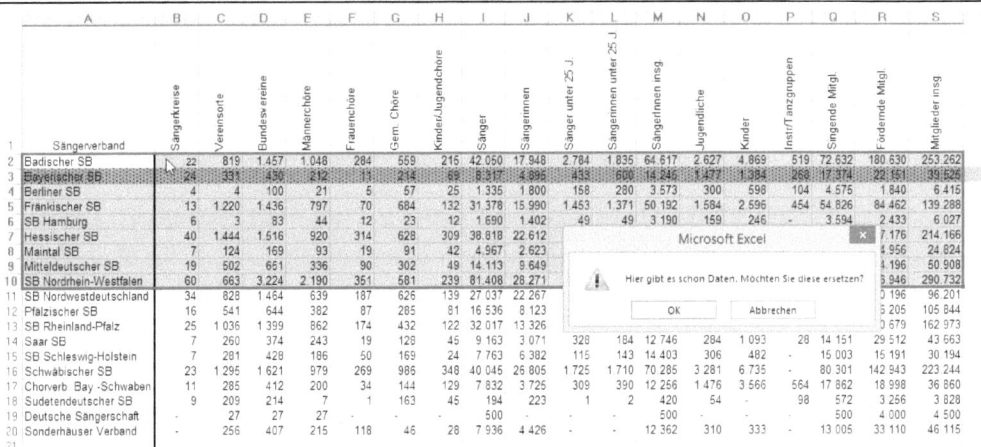

3.1.45. Varus, Varus, wo sind deine Optionen?

Warum darf ich nichts in den Optionen eintragen? Habe ich keine Berechtigung? Hat mir der Systembetreuer die Optionen weggenommen - so wie Arminius den Römern die Truppen - damals ...?

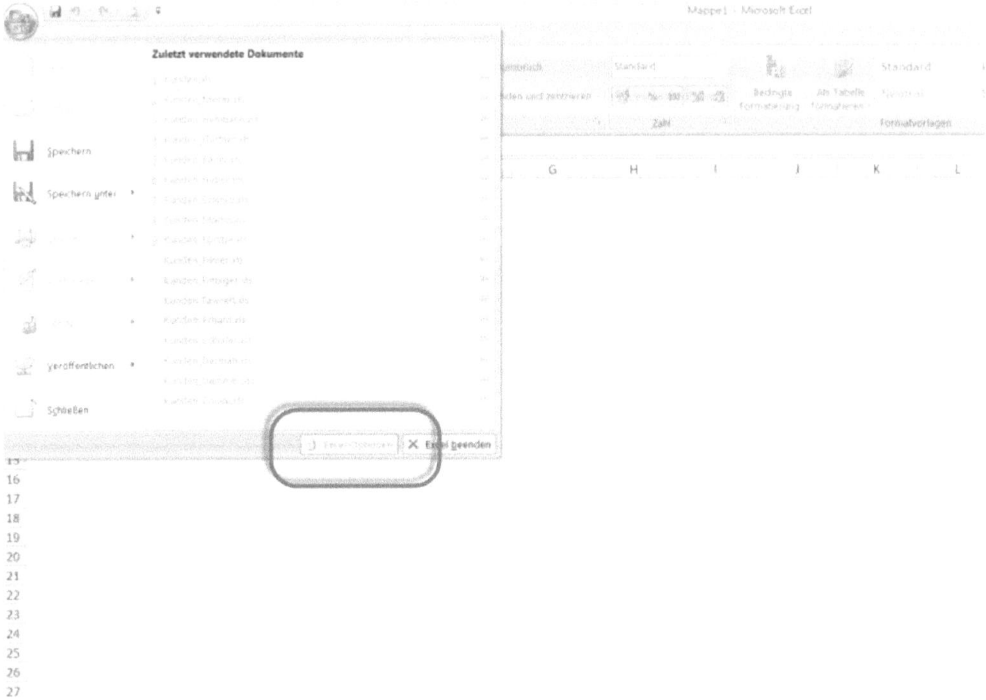

3.1 Dateneingabe

Die Antwort: In Excel 2007 sind die Optionen inaktiv, wenn sich der Cursor in einer Zelle befindet. Sie müssen erst die Eingabe beenden. Dann gelangen Sie in die Optionen. Leider sieht man den linken Teil der Bearbeitungsleiste nicht - denn sonst würde man dort den Haken und das "x" sehen - als Zeichen dafür, dass Sie noch am Schreiben sind und die Eingabe noch nicht beendet haben.

Übrigens: In Excel 2010 und 2013 wurde das geändert - sollte sich dort der Cursor noch in einer Zelle befinden, so wird die Eingabe automatische bestätigt, wenn Sie über "Datei" in den Backstagebereich wechseln.

3.1.46. Doppelklick - und schwupp - weg ist er

Wenn ich früher auf eine Zelle einen Doppelklick gemacht habe, zeigte er mit den Inhalt der Zelle, beispielsweise die Formel, an. Seit einer Weile funktioniert das nicht mehr - mit einem Doppelklick hüpft er zur Seite. Ach ja - ich bin ganz sicher, dass ich weder auf den Rand der Zelle noch auf das Kästchen einen Doppelklick gemacht habe.

H15					fx	=F15*$H$1+G15/60*$H$1		
	A	B	C	D	E	F	G	H
1	Zeiterfassungstabelle			Lohn:	22,50 €		Lohn:	22,50 €
2								
3								
4								
5	Verkäufer	Arbeitsbeginn	Arbeitsende:	Differenz:	Lohn:	Stunden	Minuten	
6	Anton	06:15	17:00	10:45	241,88 €	10	45	241,88 €
7	Bert	06:50	13:00	06:10	138,75 €	6	10	138,75 €
8	Claudia	06:10	14:10	08:00	180,00 €	8	0	180,00 €
9	Dieter	07:15	16:15	09:00	202,50 €	9	0	202,50 €
10	Erika	21:00	05:30	08:30	191,25 €	8	30	191,25 €
11	Fritz	07:00	16:25	09:25	211,88 €	9	25	211,88 €
12	Gerda	06:30	16:35	10:05	226,88 €	10	5	226,88 €
13	Hildegard	06:20	16:55	10:35	238,13 €	10	35	238,13 €
14	Ingrid	22:25	05:10	06:45	151,88 €	6	45	151,88 €
15	Jürgen	06:55	17:20	10:25	234,38 €	10	25	234,38 €
16								

	A	B	C	D	E	F	G	H
F15				fx	=STUNDE(D15)			
1	Zeiterfassungstabelle			Lohn:	22,50 €		Lohn:	22,50 €
2								
3								
4								
5	Verkäufer	Arbeitsbeginn	Arbeitsende	Differenz	Lohn:	Stunden	Minuten	
6	Anton	06:15	17:00	10:45	241,88 €	10	45	241,88 €
7	Bert	06:50	13:00	06:10	138,75 €	6	10	138,75 €
8	Claudia	06:10	14:10	08:00	180,00 €	8	0	180,00 €
9	Dieter	07:15	16:15	09:00	202,50 €	9	0	202,50 €
10	Erika	21:00	05:30	08:30	191,25 €	8	30	191,25 €
11	Fritz	07:00	16:25	09:25	211,88 €	9	25	211,88 €
12	Gerda	06:30	16:35	10:05	226,88 €	10	5	226,88 €
13	Hildegard	06:20	16:55	10:35	238,13 €	10	35	238,13 €
14	Ingrid	22:25	05:10	06:45	151,88 €	6	45	151,88 €
15	Jürgen	06:55	17:20	10:25	234,38 €	10	25	2⊕,38 €

Die Antwort: Sehen Sie mal in den Optionen nach. Sicherlich haben Sie die Option "Direkte Zellbearbeitung zulassen" ausgeschaltet.

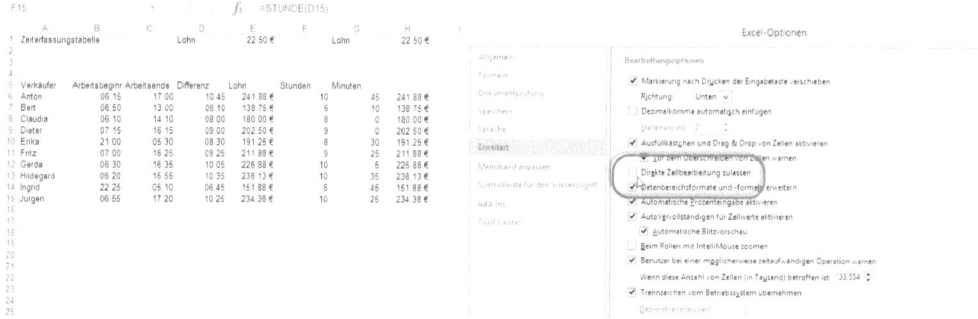

Übrigens: die Funktionstaste [F2] funktioniert immer - egal welche Option Sie eingeschaltet haben.

3.1.47. Tastenkombinationen

Ich verstehe es nicht. Wir hatten bis vor Kurzem Excel 2007. Dort konnte ich bequem mit den Tasten [Strg] + [Shift] + [1] ... [6] Zahlen formatieren. Aber irgendwie geht das nicht mehr so richtig.

Die Antwort: Stimmt in Excel 2003 und 2007 waren belegt:

[Strg] + [Shift] + [1] -> Zahl mit zwei Nachkommastellen

[Strg] + [Shift] + [2] -> Zahl; wissenschaftliche Schreibweise

[Strg] + [Shift] + [3] -> Datum

3.1 Dateneingabe

[Strg] + [Shift] + [4] -> Währung

[Strg] + [Shift] + [5] -> Prozentzahl

[Strg] + [Shift] + [6] -> Standardzahlenformat

In Excel 2010 und 2013 wurde die Tastenkombination [Strg] + [Shift] + [3] entfernt - jetzt kann man Zahlen als Datum mit [Strg] + [#] formatieren. Dafür schaltet [Strg] + [#] nicht mehr in die Formelanzeige um, wie früher. Das ist leider nicht konsequent! Ich vermute, da hat jemand bei Microsoft nicht aufgepasst. Ist das ein Trost - auch in der englischsprachigen Version funktioniert ab Excel 2010 [Strg] + [Shift] + [3] nicht mehr.

3.1.48. TEILERGEBNIS - gar kein tolles Ergebnis

Was mache ich falsch? Ich wollte - genau wie mein Kollege - Teilergebnisse in ein Tabelle einfügen. Der Assistent ist easy - dachte ich - aber das Ergebnis alles andere als cool. Oder?

TEILERGEBNIS - gar kein tolles Ergebnis

Datum	Verkäufer	Artikel	Kunde	Menge	
02.01.2015	C. Breuer	Klebeetiketten	Papier & Deco		
03.01.2015	C. Breuer	Briefpapier	Hugos Shop	12	780,00 €
	C. Breuer Ergebnis				5.633,00 €
04.01.2015	B. Weidner	Briefumschläge	Papier 2002	75	7.500,00 €
04.01.2015	B. Weidner	Briefpapier	Art & Design	30	1.650,00 €
04.01.2015	B. Weidner	Klebeetiketten	Hugos Shop	10	1.900,00 €
	B. Weidner Ergebnis				11.050,00 €
05.01.2015	E. Sauerbier	Briefpapier	Art & Design	100	6.500,00 €
05.01.2015	E. Sauerbier	Klebeetiketten	Papier 2002	10	1.800,00 €
	E. Sauerbier Ergebnis				8.300,00 €
06.01.2015	C. Breuer	Briefpapier	Hugos Shop	12	780,00 €
06.01.2015	C. Breuer	Klebeetiketten	Casarossa	15	4.650,00 €
	C. Breuer Ergebnis				5.430,00 €
07.01.2015	B. Weidner	Briefpapier	Papier 2002	20	1.400,00 €
07.01.2015	B. Weidner	Briefumschläge	Hugos Shop	45	4.950,00 €
	B. Weidner Ergebnis				6.350,00 €
10.01.2015	E. Sauerbier	Briefumschläge	Art & Design	100	10.000,00 €
10.01.2015	E. Sauerbier	Klebeetiketten	Hugos Shop	20	3.600,00 €
	E. Sauerbier Ergebnis				13.600,00 €
11.01.2015	C. Breuer	Briefpapier	Papier 2002	20	1.300,00 €
	C. Breuer Ergebnis				1.300,00 €
12.01.2015	B. Weidner	Klebeetiketten	Casarossa	50	11.500,00 €
12.01.2015	B. Weidner	Briefumschläge	Papier & Deco	55	5.225,00 €
	B. Weidner Ergebnis				16.725,00 €
13.01.2015	E. Sauerbier	Klebeetiketten	Hugos Shop	45	9.900,00 €
13.01.2015	E. Sauerbier	Briefumschläge	Papier 2002	95	9.975,00 €
	E. Sauerbier Ergebnis				19.875,00 €
14.01.2015	C. Breuer	Briefpapier	Art & Design	150	18.000,00 €
	C. Breuer Ergebnis				18.000,00 €
17.01.2015	B. Weidner	Briefpapier	Casarossa	80	3.600,00 €
	B. Weidner Ergebnis				3.600,00 €
18.01.2015	E. Sauerbier	Briefumschläge	Art & Design	75	7.500,00 €
18.01.2015	E. Sauerbier	Briefpapier	Uschi	400	26.000,00 €
18.01.2015	E. Sauerbier	Klebeetiketten	Uschi	12	2.160,00 €
	E. Sauerbier Ergebnis				35.660,00 €
19.01.2015	C. Breuer	Klebeetiketten	Hugos Shop	30	6.000,00 €
19.01.2015	C. Breuer	Briefpapier	Casarossa	60	3.900,00 €
	C. Breuer Ergebnis				9.900,00 €
20.01.2015	B. Weidner	Briefpapier	Casarossa	100	7.500,00 €
20.01.2015	B. Weidner	Briefumschläge	Papier & Deco	80	8.000,00 €

Die Antwort: Sie müssen die Daten zuerst sortieren - dann erhalten Sie ein voll cooles Ergebnis. Der Assistent sortiert leider nicht automatisch.

3.1 Dateneingabe

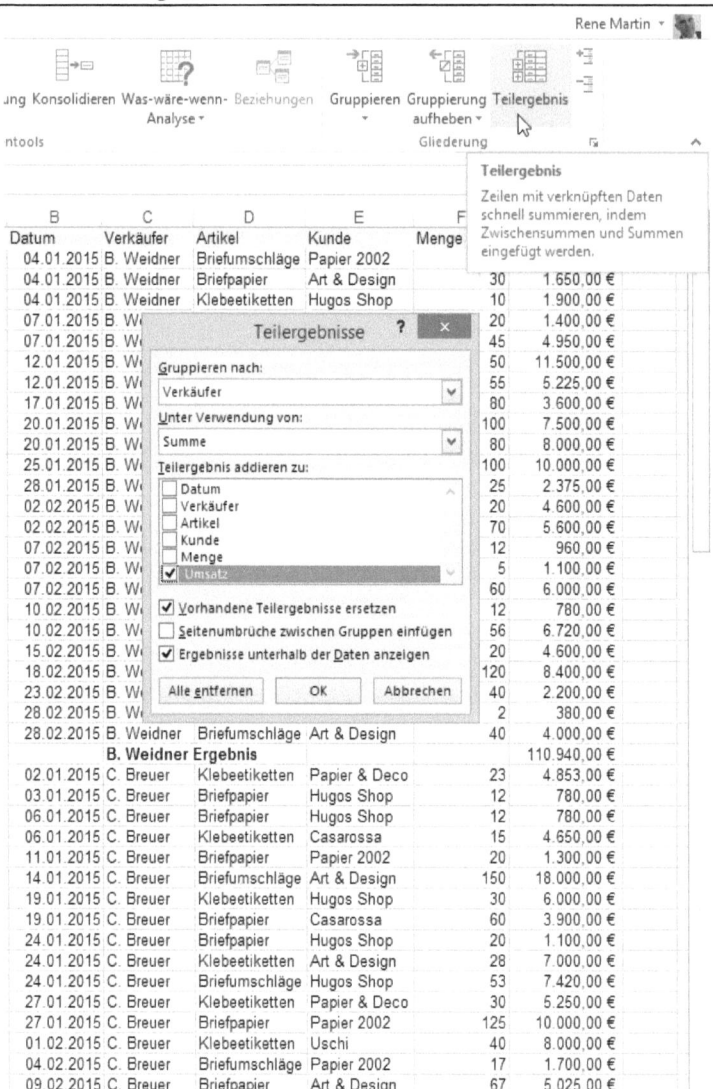

3.1.49. ich will aber alles!

Kennen Sie das Problem? Ich habe eine Exceltabelle, in der ich eine Weile arbeite. Irgendwann habe ich zufällig festgestellt, dass einige der Symbole ausgegraut sind - ich darf einfach nicht alles. Haben Sie eine Ahnung warum?

ich will aber alles!

Die Antwort: Auch in Excel 2013 werden noch immer die Excel 4.0-Makros mitgeführt. Möglicherweise haben Sie ein neues Tabellenblatt als Makroblatt erstellt (so konnte man es vor gefühlten 100.000 Jahren machen). Darin kann ich zwar Daten eintragen und rechnen, aber einige Funktionalitäten von Excel sind deaktiviert.

Sehen Sie mal im VBA-Editor ([Alt] + [F11]) nach - wenn dort das Tabellenblatt nicht aufgelistet ist, haben Sie sicherlich ein solches Makroblatt erstellt:

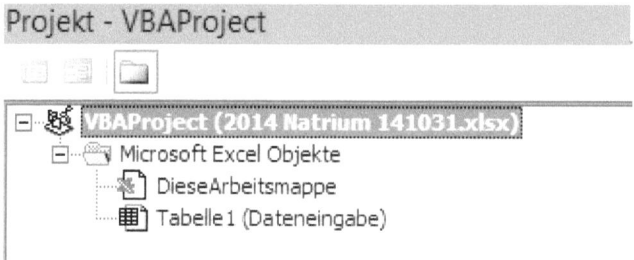

Entweder haben Sie über das Kontextmenü "Einfügen" ein solches Blatt eingefügt oder mit der Tastenkombination [Strg] + [F11] statt [Umschalt] + (F11)

3.1 Dateneingabe

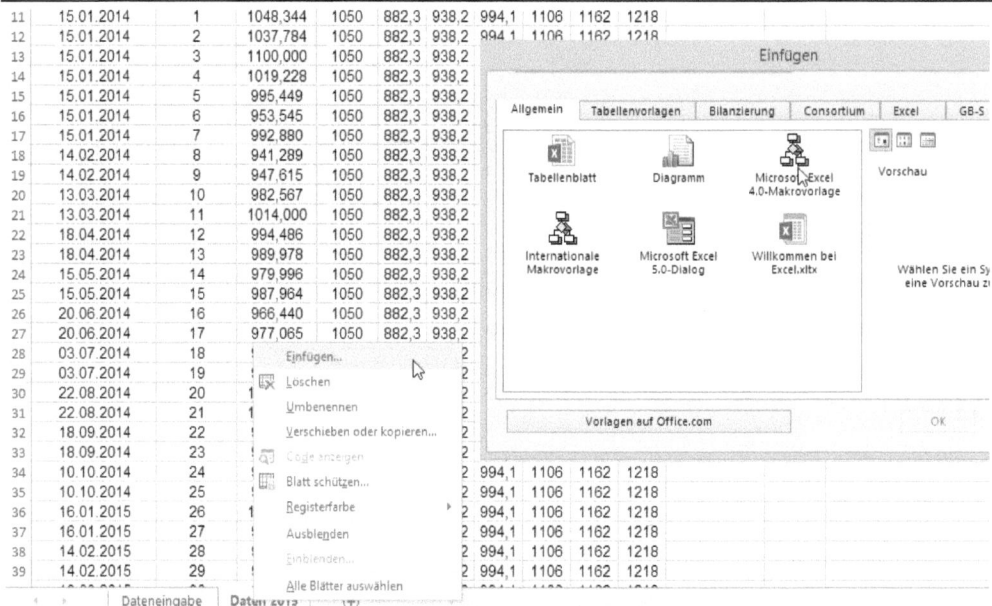

3.1.50. grau, Grau, grau sind all' die Symbole ...

Warum darf ich denn schon wieder nichts in Excel machen? Alles grau da oben?

Die Antwort: Ich entdecke eine Registerkarte "Bildtools / Format". Das deutet darauf hin, dass Sie vielleicht gerade ein Bild markiert haben; auch wenn Sie die Bildschirmansicht verschoben haben. Sehen Sie mal bitte nach.

Statuszeile - warum hat er so viele Funktionen?

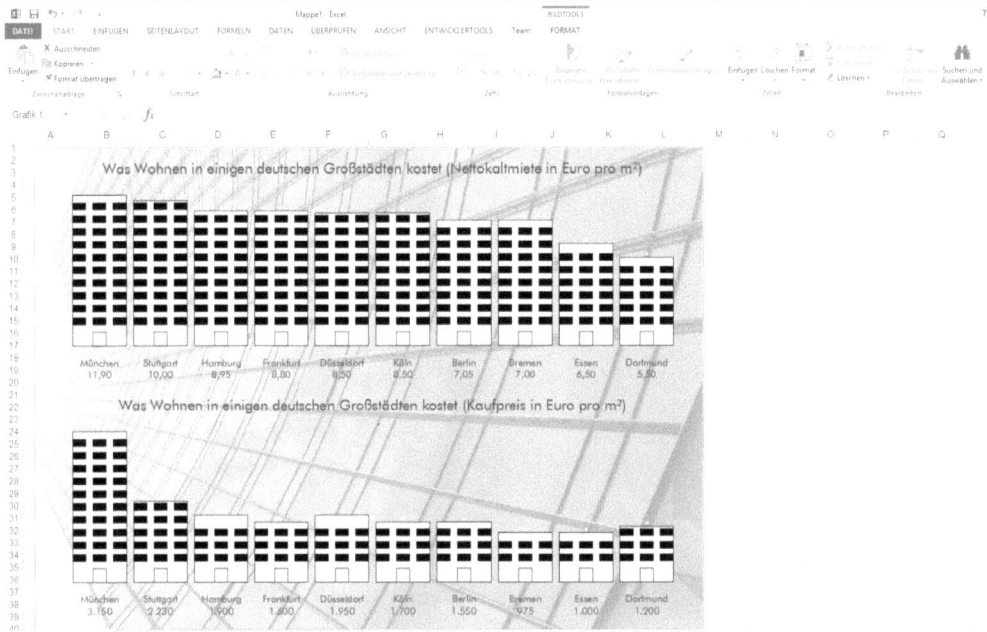

3.1.51. Statuszeile - warum hat er so viele Funktionen?

Ich sehe ab und zu meinem Kollegen über die Schulter? Er hat in der Statuszeile ganz viele Funktionen. Ich normalerweise nicht. Okay, ab und zu steht dort eine Funktion - die Summe. Warum hat er so viele?

Die Antwort: Wenn Sie nur eine Zelle markieren, "sieht Excel keinen Grund darin", diese Zahl zu summieren oder die Anzahl der gefüllten Zellen der Markierung zu zählen. Wenn sie jedoch mehrere Zellen markieren, erscheinen die Funktionen in der Statuszeile. Sie können den Umfang über das Kontextmenü erweitern.

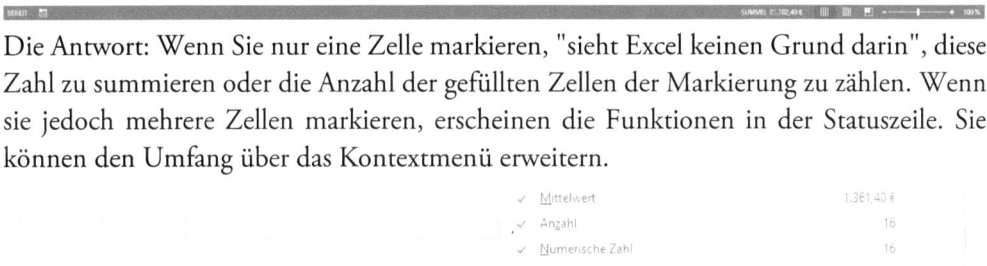

3.1 Dateneingabe

3.1.52. Slash, slash, Komma, Strich ...

Eigentlich wollte ich nur die Liste meiner Ordner in Excel eintragen. Aber es geht einfach nicht. Warum?

Die Antwort finden Sie in den Optionen (Kategorie "Erweitert"): Dort wird der Slash als Taste zum Bewegen in die Multifunktionsleiste verwendet. Das kann man ausschalten. dann können Sie auch die Liste Ihrer Ordner in Excel eintragen.

3.1.53. Sprunghaft

Hallo zusammen,

ich lege gleich mal mit meinen "Problemchen" los. Eigentlich sind es nur zwei Kleinigkeit, aber beim Arbeiten mit Excel macht mich das total Wahnsinnig

Problem 1:

Wenn ich eine Zelle bearbeite (Cursor ist also in der Zelle) und die Tab-Taste drücke passiert nichts, eigentlich sollte aber die nächste Zelle markiert werden.

Problem 2:

Nehmen wir an, im Excel-Fenster werden die Spalten A bis K angezeigt.

SOLL-Situation: Ich markiere eine Zelle in der Spalte (Beispiel: A1) und drücke anschließend die Tabulator-Taste, dann sollte die Zelle rechts neben der gerade bearbeiteten Zelle markiert werden (Bsp.: B1). So kennt es sicher jeder, ist ja auch eigentlich normal, aber bei mir ist es anders.

IST-Situation: Ich markiere eine Zelle in der Spalte A (Beispiel: A1) und drücke anschließend die Tabulator-Taste, dann wird in derselben Zeile die Zelle in der Spalte markiert, die rechts neben der Spalte liegt, die zuvor ganz rechts angezeigt wurde (Bsp.: AF11) und die jetzt markierte Zelle wird am linken Bildschirmrand ausgerichtet.

Jetzt hat vermutlich niemand verstanden, was ich meine, deshalb ein Bild im Anhang. (Achtet auf die Spalten! Es wurde NUR die Tab-Taste zwischen den beiden Screenshots gedrückt.)

Hat einer ne Ahnung wie ich das beides umstellen kann??? Das geht mir echt tierisch auf die Nerven!!!

Danke schon mal und schönen Gruß

Die Antwort: Sicherlich haben Sie in den Optionen "Alternative Bewegungstasten" eingeschaltet. Dann weist er das Verhalten auf, das Sie oben beschrieben haben:

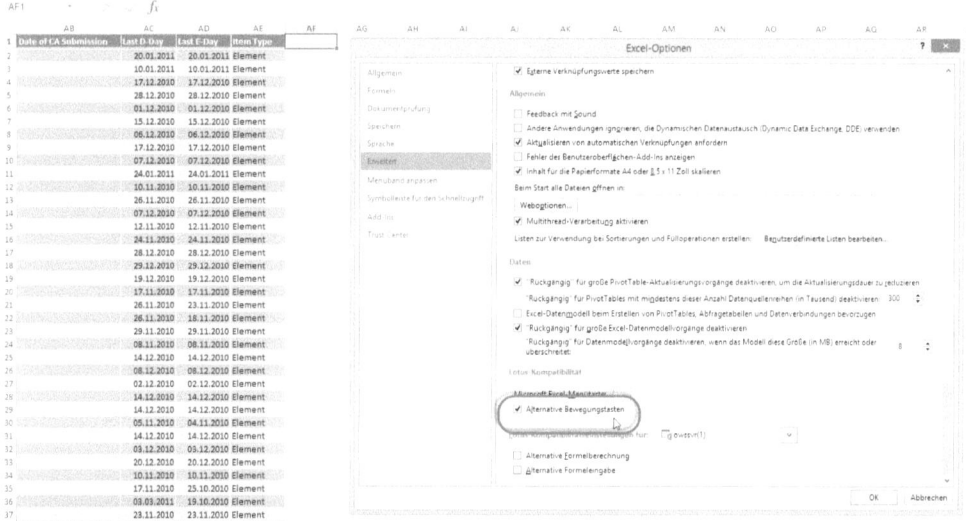

3.1.54. Doppelklick geht nicht!

Komisch! In der letzten Excelschulung habe ich gelernt, dass der Doppelklick auf das kleine untere Kästchen dafür sorgt, dass die Formel runtergezogen wird. Bei mit klappt das aber nur manchmal. Warum?

Die Antwort: Achten Sie auf den Mauszeiger. Er muss ein kleines, schwarzes Kreuz bilden. Wenn Sie den Cursor etwas zu weit rechts oder links positioniert haben, erhalten Sie ein anderes Symbol (einen weißen Pfeil oder ein dickes, weißes Kreuz). Bei einem Doppelklick, wird entweder die Position der Zelle verändert oder die Zelle editiert.

3.1 Dateneingabe

	B	C	D	E	F
	Anfangsschuld	Zins	Annuität	Tilgung	Restschuld
10	10.000,00 €	37,50 €	100,00 €	62,50 €	9.937,50 €
12	9.937,50 €	37,27 €	100,00 €	62,73 €	9.874,77 €
13	9.874,77 €	37,03 €	100,00 €	62,97 €	9.811,80 €
14	9.811,80 €	36,79 €	100,00 €	63,21 €	9.748,59 €
15	9.748,59 €	36,56 €	100,00 €	63,44 €	9.685,15 €
16	9.685,15 €	36,32 €	100,00 €	63,68 €	9.621,47 €
17	9.621,47 €	36,08 €	100,00 €	63,92 €	9.557,55 €
18	9.557,55 €	35,84 €	100,00 €	64,16 €	9.493,39 €
19	9.493,39 €	35,60 €	100,00 €	64,40 €	9.428,99 €
20	9.428,99 €	35,36 €	100,00 €	64,64 €	9.364,35 €

Achten Sie dabei auch darauf, dass die Spalte links daneben gefüllt ist. In Excel 2013 beachtet Excel den "zusammenhängenden" Bereich - das heißt: wenn "Lücken" in der Spalte links davon ist, wird die Formel so weit heruntergezogen, wie die längste Spalte daneben gefüllt ist. Excel 2007 beachtet jedoch nur die Spalte direkt daneben.

3.1.55. Manchmal nervt er

Natürlich weiß, dass ich eine Abteilungsnummer 3.2 oder Artikelnummer 12-11 als Text formatieren muss. Bei 35.1 oder 9-9-9-9 "versteht" Excel, dass es sich hierbei um kein Datum handeln kann. Aber dass Excel behauptet, ich hätte ich mich bei der Eingabe von -3.12 vertippt, das ist doch frech, oder?

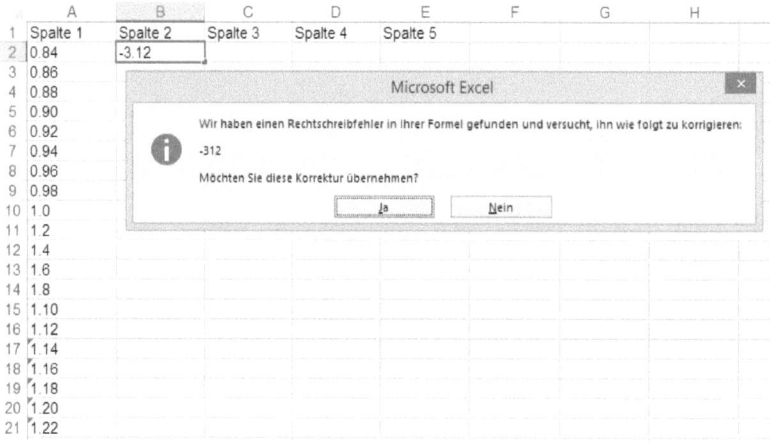

3.1.56. Kopieren und überschreiben - ohne Warnung

Erstaunlich - wenn ich eine Spalte verschiebe und über eine andere ziehe, erhalte ich eine Warnmeldung, dass Daten vorhanden sind, die überschrieben werden. Wenn ich jedoch die STRG-Taste zum Kopieren drücke, dann werden die Daten ohne Warn- und Fehlermeldung überschrieben.

Gefährlich!

	A	B	C	D	E	F	G	H	I
1	Kundennumr	Geschlecht	Titel	Mitgliedscha	Strasse	Plz	Ort	Jahresbeitra	Mitgliedscha E-M:
2	1	20		Platinum	N 2,7	68161	Mannheim	148	Platinum Ali6(
3	2	20		Platinum	Wuerzburger Strasse	63739	Aschaffenburg	148	Platinum TillG
4	3	20	Dr.	Platinum	Stadtwaldguertel 18	50931	Koeln	148	Platinum Cad
5	7	20		Platinum	Renzstr.13	68775	Ketsch	148	Platinum Ed@
6	8	20		Platinum	Moerscherstr.133	67227	Frankenthal	148	Platinum Pete
7	9	10		Platinum	Gottfried-Keller-Str. 93	01157	Dresden	148	Platinum Galil
8	10	20		Platinum	Theodor-Heuss-Platz	93051	Regensburg	148	Platinum Cair
9	11	20		Platinum	Rheinvillenstr.14	68163	Mannheim	148	Platinum Xant
10	12	10		Platinum	Im Finigen 3	28832	Achim	148	Platinum Galir
11	13	20		Platinum	Hauptstr.475	68535	Edingen-Neckarhau	148	Platinum Zack
12	14	10		Platinum	Jasperallee 86-87	38102	Braunschweig	148	Platinum Wur
13	15	10		Blue	Maximilianstrasse 18	80539	Muenchen	148	Blue Pop|
14	16	10	Prof. Dr.	Platinum	Kaiserswerther Strass	40474	Duesseldorf	148	Platinum Gah
15	17	20		Gold	Lerchenweg 3	65812	Bad Soden	172	Gold Xant
16	18	10		Blue	Gemarker Ufer 15a	42275	Wuppertal	136	Blue Wei:
17	19	10		Platinum	Berliner Str. 6	69120	Heidelberg	148	Platinum Roth
18	20	20		Platinum	Hauptstr.114 A	68259	Mannheim	148	Platinum Xeni
19	21	10		Platinum	Braunschweiger Alleet	68307	Mannheim	148	Platinum Heid
20	22	20	Dr.	Standard	Keetmanstr. 3-9	47058	Duisburg	148	Standard Xan(
21	23	20		Platinum	Muensterstrasse 30	48308	Senden	148	Platinum Frith
22	24	10		Platinum	Eschersheimer Lands	60017	Frankfurt a. M.	148	Platinum Gos
23	25	20		Platinum	O 4. 11-12	68161	Mannheim	148	Platinum Xave

3.1.57. Nicht konsequent, aber nützlich

Ist Ihnen folgendes Phänomen schon aufgefallen? Wenn Sie in eine Zelle "Mai 2015" eintragen, wird es als Datum erkannt. Excel wandelt es intern als 01.05.2015 um und zeigt Mai 15 an. Okay. Wenn Sie es herunterziehen, wäre zu erwarten, dass er das "interne Datum", also den 01. Mai weiterzählt zum 02. Mai, 03. Mai, ... Nein! Excel verwendet hier die an der Oberfläche sichtbare Formatierung Mai 15 und zählt die Monate weiter. Nicht logisch, nicht konsequent, aber praktisch!

3.1 Dateneingabe

3.1.58. Die Antwort kenn' ich wohl - allein mir fehlt die Frage

Ich weiß nicht, wann Excel das macht - logisch ist es nicht:

In der Spalte stehen Texte - lange Texte - aber einige werden durch Zahlenzeichen (Rauten) gekennzeichnet - so als wären es Zahlen, die nicht in die Zellen passen. Diese Anzeige dürfte eigentlich nicht erfolgen.

Wird eine Zelle als Buchhaltung formatiert, wird dort ein langer Text eingefügt, dann wird er manchmal als "zu lange Zahl" angezeigt. Die Lösung: man muss die Zelle(n) mit dem Zahlenformat "Standard" formatieren. Dann wird der Text wieder sichtbar dargestellt.

3.1.59. Texte erscheinen

Das ist mir ja noch nie in Excel aufgefallen:

Wird eine Zelle mit dem Zahlenformat "Buchhaltung" formatiert, trägt man dort nun den Text "xxx" ein:

so erscheint plötzlich sehr viel Text in der Zelle:

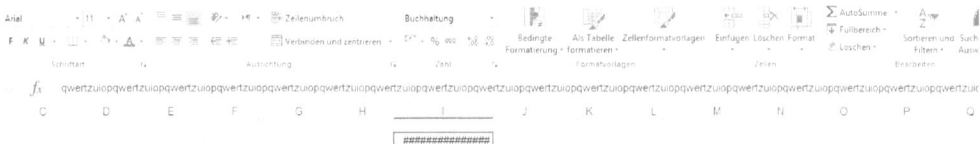

Wunder über Wunder ...

3.1.60. Ich mache nicht alle Fehler selbst ... ich gebe auch anderen eine Chance ...

meistens ...

Was habe ich denn jetzt falsch gemacht? Wenn ich "Position 1" schreibe, am Kästchen runterziehe, dann erhalte ich Position 2, Position 3, Position 4, ... Klar. Wenn ich aber "Position 2" und "Position 4" schreibe, markiere, dann müsste er doch eigentlich so weiterzählen: Position 6, Position 8, Position 10, ... Pustekuchen! Er macht etwas ganz Komisches!

Die Antwort: Wenn Sie genau hinschauen - Sie haben nicht Position 2 und Position 4 geschrieben, sondern Position 4 - deshalb interpretiert Excel die beiden Texte als unterschiedliche Texte (was sie ja auch sind) und zählt 2 - 4 - 3 - 5 - 4 - 6 - 5 - ...

Übrigens: erstaunlicherweise: bei den beiden Texten "Position 1" und "Position 2" (mit zwei Leerzeichen) übergeht Excel das doppelte Leerzeichen - DIESE beiden Texte werden als gleich angesehen - dort funktioniert es.

3.1.61. Optionen - nicht optimal!

Frage: Warum darf ich manchmal nichts in den Optionen ändern?

3.1 Dateneingabe

Die Antwort: Mit Sicherheit haben Sie die Eingabe der letzten Zelle noch nicht bestätigt. Nachdem Sie auf die Office-Schaltfläche geklickt haben, legt sich das Menü über die Bearbeitungsleiste, so dass das "x" und der Haken verdeckt sind. Also: Abbrechen, Eingabe bestätigen - dann funktioniert es.

Übrigens: In Excel 2010 und 2013 wurde dieser "Anwenderfehler" verbessert: Wenn Sie dort auf "Datei" klicken, wird automatisch die Eingabe bestätigt.

3.1.62. Wo ist das verflixte Telefon?

Ich gestehe: ich habe zirka fünf Minuten gesucht. Ich habe eine Datei erhalten, über die jemand sagte, dass in einer Zelle ein merkwürdiges Zeichen sei, das er nicht löschen könne. Mein Hinweis, dass die Funktion SÄUBERN dieses Zeichen möglicherweise "wegputzt" wurde nicht bestätigt. Ich habe mir dann die Datei schicken lassen:

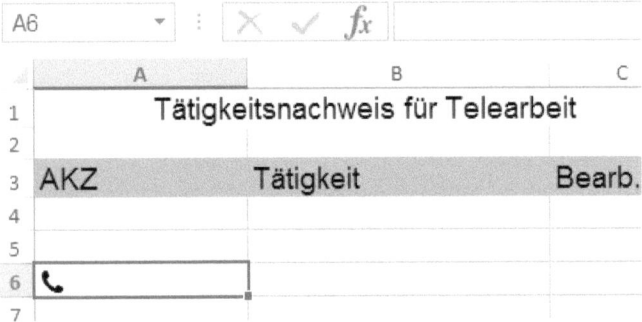

Der Blick in die Bearbeitungsleiste zeigt mir, dass die Zelle leer ist. Das Symbol steht auch nicht ein einer anderen Zelle, die mit dem Befehl "über Auswahl zentrieren" in der Zelle A6 dargestellt wird. Das Verbinden von Zellen, rechtsbündig, an der Unterkante ausrichten, ... brachte keinen Erfolg:

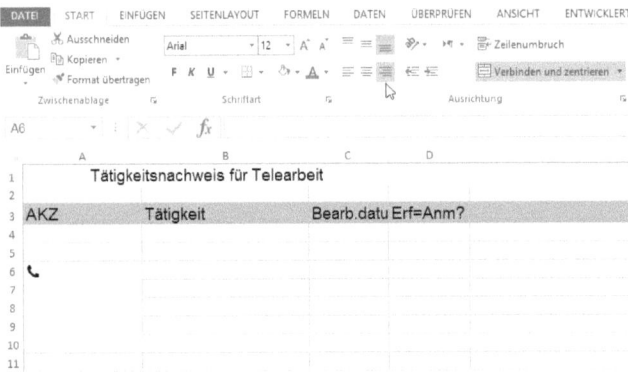

110

Wo ist das verflixte Telefon?

Das Telefon befindet sich wirklich in der Zelle wie das Einfügen von Zeilen bewies:

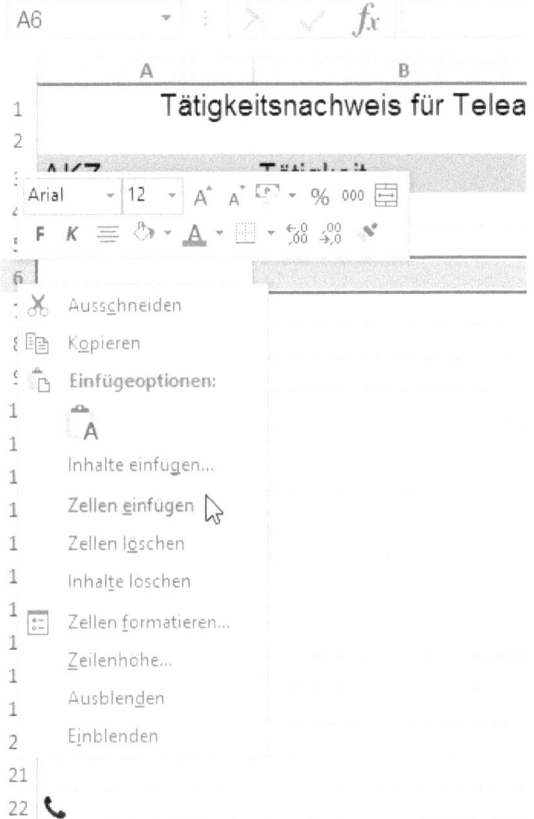

Ich gesteht: Ich habe zufällig Entdeckt, dass das Telefon kein Sonderzeichen (Wingdings?) war, sondern ein Bild, das AUF der Tabelle liegt. Der sich ändernde Mauszeiger liefert den entscheidenden Hinweis:

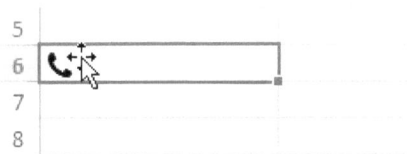

Und dann war klar: markieren und löschen!

3.1 Dateneingabe

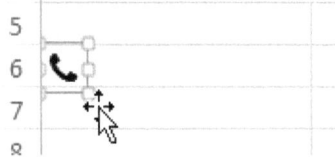

3.1.63. Wem die Stunde schlägt

Was ist denn das? Ich wollte in einer Spalte sicherstellen, dass der Anwender nur Uhrzeiten eingibt. Aber ich scheitere schon bei der Verwendung des Dialogs "Datenüberprüfung".

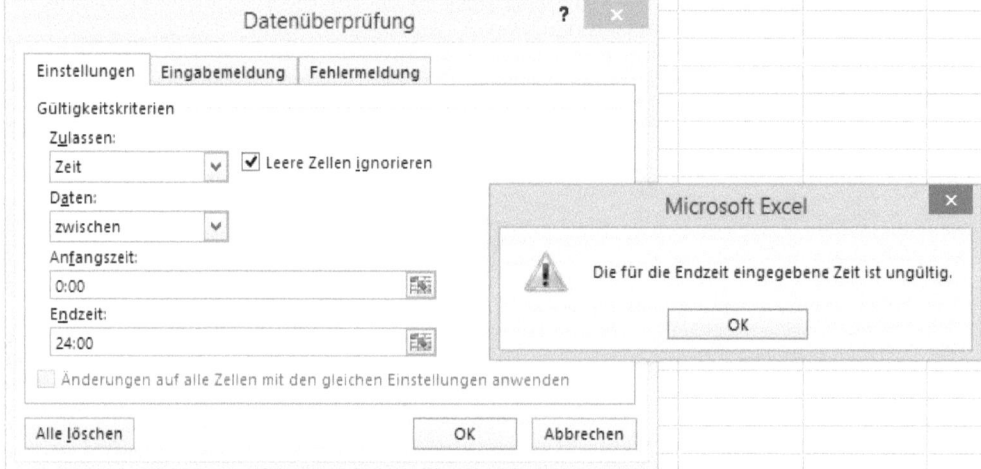

Das ist richtig und merkwürdig. Excel erlaubt bei Uhrzeiten nur Werte zwischen 0:00 und 23:59. Wenn Sie eine Spalte haben, in der Stunden eingetragen werden, beispielsweise: 40:00 oder 36:00 oder 18:00, müssen Sie auf die Option "Dezimal" zurückgreifen. Dort müssen Sie allerdings die Grenzen dezimal eintragen, also statt 48:00 (Stunden) muss der Wert 2 (Tage) eingegeben werden.

3.1.64. Wiederholen - genug ist genug

Ich liebe die Taste [F4]. Mit ihrer Hilfe kann man die letzte Aktion wiederholen. Tolle Sache. Auch [Strg]+[Y] macht das Gleiche. Aber bei [F4] muss ich nur eine Taste drücken. Allerdings: Wenn ich einen Text kopiere und einfüge, dann kann ich ihn mit Wiederholen (F4) nur noch EIN Mal wieder einfügen. Danach funktioniert der Befehl nicht! Übrigens auch nicht [Strg] + [Y].

Das ist richtig - keine Ahnung warum! Also doch mit zwei Fingern: [Strg] + [V].

3.1.65. Ihr, die ihr hier eintretet, lasst alle Hoffnung fahren

Ja, schön wär es - wenn doch wenigstens etwas reinkäme.

Warum lässt mich Excel nicht in das Namensfeld, damit ich dort den Zellnamen (beispielsweise A1) eintragen kann, um den Cursor dorthin zu setzen?

Die Antwort sehen Sie rechts neben dem Namensfeld. Dort erkenne ich an dem "x" und dem Haken, dass Sie noch am Schreiben sind, das heißt, noch nicht die Eingabe abgeschlossen haben. Deshalb dürfen Sie auch nicht die Position des Cursors ändern.

3.1.66. denke nie gedacht zu haben, ...

Ich verstehe es nicht ganz. Ich gehe davon aus, dass ich bei 2,50 nur 2,5 eingeben muss. Klar. Bei der Uhrzeit halb zehn dachte ich, dass es genügt 9:3 einzugeben. Pustekuchen! Excel macht 09:03 (Uhr) aus dieser Eingabe. HIER muss ich wohl 9:30 eingeben.

Tja!

3.1.67. Automatische Rechtschreibprüfung

Ich vermisse die automatische Rechtschreibprüfung in Excel. Wo kann ich sie denn einschalten? In Word ist sie immer automatisch da.

3.1 Dateneingabe

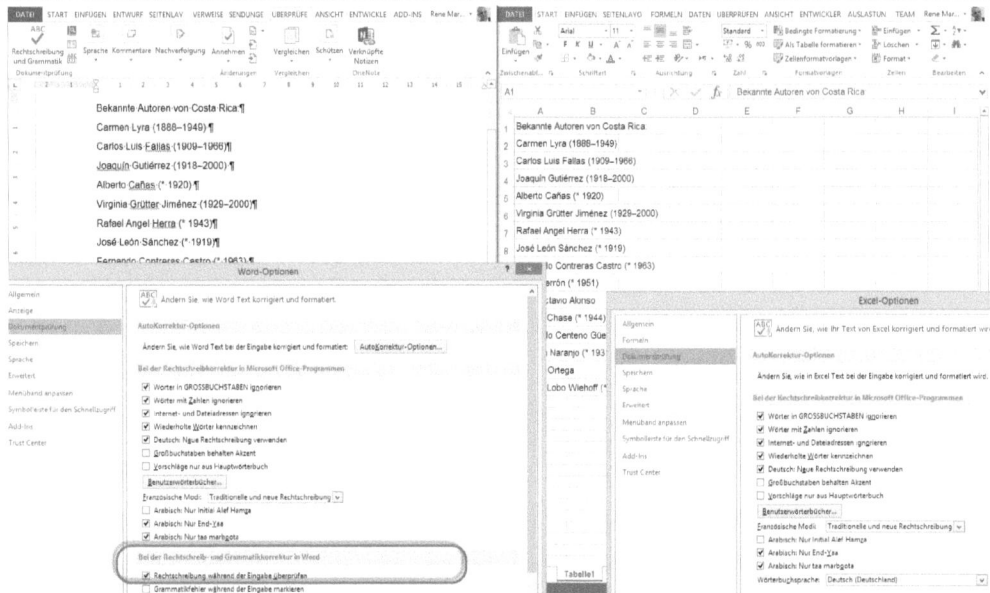

Die Antwort finden Sie in den Optionen / Dokumentprüfung. Während man in Word dort die "Rechtschreibung während der Eingabe überprüfen" kann, gibt es dafür in Excel leider keinen Schalter. Sie müssen also die "manuelle" Rechtschreibung (Registerkarten "Überprüfen" oder [F7] im Nachhinein über das Dokument laufen lassen.

3.1.68. Komische Uhrzeit

Ich wollte nur einen S-Bahn-Fahrplan erstellen. Da die S-Bahn alle 20 Minuten fährt, habe ich zwei Spalten mit den Uhrzeiten eingetragen, markiert und rübergezogen. Aber irgendwie will der nicht ...

	A	B	C	D	E	F	G	H
1	S7 Ostbahnhof-Wolfratshausen S7							
2								
3	Ostbahnhof	05:11	05:31	05:51	05:71	05:91	05:111	05:131
4	Marienplatz	05:16	05:36	05:56	05:76	05:96	05:116	05:136
5	Hauptbahnhof	05:20	05:40	05:60	05:80	05:100	05:120	05:140
6	Harras	05:27	05:47	05:67	05:87	05:107	05:127	05:147
7	Solln	05:33	05:53	05:73	05:93	05:113	05:133	05:153
8	Großhesselohe	05:35	05:55	05:75	05:95	05:115	05:135	05:155
9	Pullach	05:37	05:57	05:77	05:97	05:117	05:137	05:157
10	Buchenhain	05:42	06:02	05:42	06:02	05:42	06:02	05:42
11	Baierbrunn	05:45	06:05	05:45	06:05	05:45	06:05	05:45
12	Wolfratshausen	06:01	06:21	06:41	06:61	06:81	06:101	06:121

Die Antwort können Sie selbst erkennen: Sie haben keine Uhrzeiten eingetragen, sondern diese als Text gekennzeichnet ('05:11 statt 05:11). Deshalb erkennt Excel diese nicht als Uhrzeiten und zählt nur die "Zahlen" weiter.

3.1.69. Mein Gedächtnis ist schlecht. - Wie schlecht? - Wie schlecht ist was?

Ich verstehe es nicht. Kennen Sie einen Rat?

Ich habe eine Tabelle mit Abteilungsnummern. Da einige Abteilungen in der Form 4.2.2 oder 3.1.5 vorliegen, muss ich sie als Text formatieren oder ein Apostroph voranstellen. Soweit so gut.

Da ich das Apostroph nicht mag, ignoriere ich den "Fehler" (es ja kein Fehler).

Telefon	Abteilung	E-Mail
425-707-9790	1.3.1	ingolf@contoso.com
425-707-9795	1.4.1c	ariane@contoso.com
425-707-9794	1.4.1c	inke@contoso.com
425-707-9793	1.4.1c	andrea@contoso.com
425-707-9793	1.4.1c	stig@contoso.com
425-707-9797	2.2.4	michael@contoso.com
425-707-9790	4.1.1	christian@contoso.com
425-707-9799		
425-707-9791		
425-707-9793		
425-707-9790		
425-707-9791		
425-707-9792		
425-707-9791		
425-707-9790		
425-707-9792	1.4.1c	jan@contoso.com

Kontextmenü:
- Datumswert mit nur zweistelliger Jahreszahl
- XX in 19XX umwandeln
- XX in 20XX umwandeln
- Fehler ignorieren
- In Bearbeitungsleiste bearbeiten
- Optionen zur Fehlerüberprüfung...

Sieht prima aus:

3.1 Dateneingabe

Telefon	Abteilung	E-Mail
425-707-9790	1.3.1	ingolf@contoso.com
425-707-9795	1.4.1c	ariane@contoso.com
425-707-9794	1.4.1c	inke@contoso.com
425-707-9793	1.4.1c	andrea@contoso.com
425-707-9793	1.4.1c	stig@contoso.com
425-707-9797	2.2.4	michael@contoso.com
425-707-9790	4.1.1	christian@contoso.com
425-707-9799	3.2.2a	lisa@contoso.com
425-707-9791	3.2.2a	ingelise@contoso.com
425-707-9793	3.2.2a	britta@contoso.com
425-707-9790	3.2.2a	nina@contoso.com
425-707-9791	3.2.2a	peter@contoso.com
425-707-9792	1.4.1c	christine@contoso.com

Allerdings: Sobald ich die Abteilungsnummer ändere - beispielsweise von 4.1.1 zu 4.1.5 - erscheint das grüne Eck von Neuem. Ich wollte doch den Fehler ignorieren:

Telefon	Abteilung	E-Mail
425-707-9790	1.3.1	ingolf@contoso.com
425-707-9795	1.4.1c	ariane@contoso.com
425-707-9794	1.4.1c	inke@contoso.com
425-707-9793	1.4.1c	andrea@contoso.com
425-707-9793	1.4.1c	stig@contoso.com
425-707-9797	2.2.4	michael@contoso.com
425-707-9790	4.1.5	christian@contoso.com
425-707-9799	3.2.2a	lisa@contoso.com
425-707-9791	3.2.2a	ingelise@contoso.com
425-707-9793	3.2.2a	britta@contoso.com
425-707-9790	3.2.2a	nina@contoso.com
425-707-9791	3.2.2a	peter@contoso.com
425-707-9792	1.4.1c	christine@contoso.com

Die Antwort: Excel hat nur die globale Einstellung: "Fehlerüberprüfung nicht aktivieren" in den Optionen oder kann lokal einen Fehler zu ignorieren. Sobald der Inhalt geändert wird, wird die Fehlerüberprüfung wieder aktiviert. DAS kann man leider nicht abstellen - das heißt: es gibt keine Option HIER bitte nicht mehr fragen. Das heißt: Sie müssen sich leider für eine der beiden Varianten entscheiden: IMMER deaktivieren oder lokal ausschalten, und wenn die Informationen geändert werden, dann erneut ausschalten.

3.1.70. Was du heute kannst besorgen, ...

Ich liebe die Tastenkombination [Strg]+[.], mit der ich ein Datum in eine Zelle einfügen kann. Sogar, wenn ich Text in die Zelle schreibe, also beispielsweise "überprüft am [Strg]+[.]".

Seltsam - ich kann in einem Kommentar diese Tastenkombination verwenden, aber nicht in der Kopfzeile oder Fußzeile. Ich möchte nicht die Funktion "Datum" verwenden, da dies das aktuelle Datum einfügt. Ich hätte gerne das Datum festgeschrieben und mit dem Umweg über das Tippen des Datums erspart.

Das ist richtig: an einigen wenigen Stellen funktioniert sie - an vielen leider nicht. Dazu gehören:

- Kopf- und Fußzeile
- Suchen und Ersetzen
- Formen
- SmartArts
- Textfelder

Dafür funktioniert die Tastenkombination in Diagrammen und Kommentaren.

3.1.71. Ich sehe was, was du nicht siehst ...

Können Sie mir helfen? Ich dachte, ich hätte es gefunden. In den Optionen in Excel gibt es den Befehl "Steuerzeichen anzeigen". Ich dachte, dass man damit die Leerzeichen (und Zeilenschaltungen) anzeigen lassen kann. Aber Pustekuchen - geht wohl doch nicht. Oder mache ich etwas falsch?

3.1 Dateneingabe

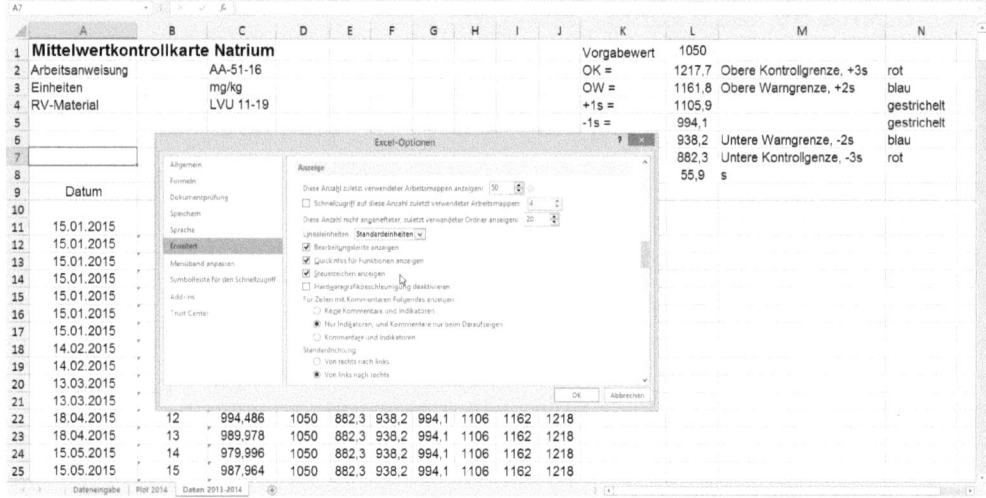

Nicht ganz. Normalerweise ist diese Option in Excel ausgeblendet.

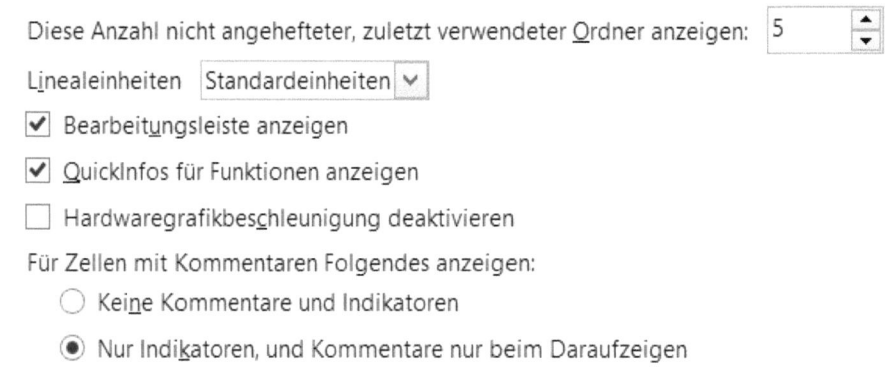

Sie sehen sie nur, wenn Sie mit Schriften arbeiten, die von rechts nach links laufen: Arabisch, Hebräisch, Persisch und andere. Dann wird der Cursor angezeigt - mit einem Haken, der verdeutlicht, dass nun die Textlaufrichtung von rechts nach links eingestellt wurde. Die Leerzeichen kann man auch in Excel 2016 leider noch immer nicht sichtbar machen.

3.1.72. Armbruch, Beinbruch, Zeilenumbruch

Hilfe!

Ich habe eine Exceltabelle, in der mein Kollege häufig Zeilenumbrüche - also [ALT] + [Return] eingefügt hat. Wie kann ich die ganz schnell löschen?

3.1 Dateneingabe

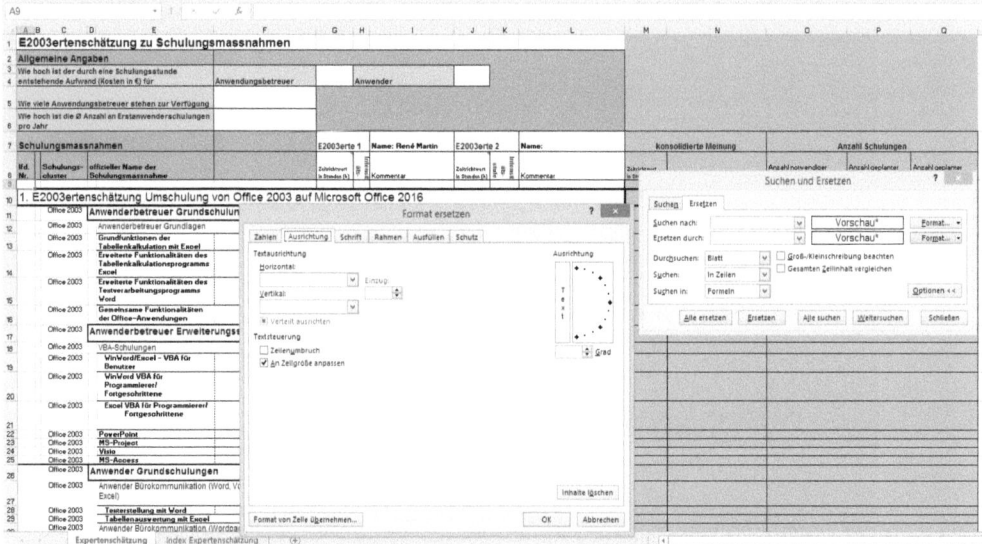

Die Antwort: Sie können im Ersetzen-Dialog (Registerkarte Start / Bearbeiten / Suchen und Auswählen oder: [STRG] + [H]) auch nach Formatierungen suchen. Erstaunlicherweise findet Excel die Zeilenumbrüche, wenn Sie die Formatierung in der Registerkarte "Ausrichtung" aktivieren. Und löscht sie, wenn Sie bei "Ersetzen" explizit den Zeilenumbruch ausschalten UND die Option "An Zellgröße anpassen" einschalten.

3.1.73. Alles oder nichts?

Hallo Leute,

ist euch das schon einmal aufgefallen: die allseits funktionierende Tastenkombination [Strg] + [A] macht "merkwürdige Dinge in Excel, wenn der Bereich nicht zusammenhängend ist. In den folgenden Screenshots befindet sich der Cursor in den Zellen A1, A2, A3, A4 und A5. Danach wurde [Strg] + [A] gedrückt. Jeweils mit einem anderen Resultat. Ich kann noch keine Gesetzmäßigkeit finden, wann Excel was markiert.

Fazit: Also doch lieber [Strg] + [Leertaste] und anschließend [Shift] + [Leertaste]. Das klappt (soweit ich sehen kann) immer.

Blumen/Texte pflücken während der Fahrt verboten

	A	B	C	D	E	F	G	H	I	J	K	L	M	N
1						Gemüse								
2														
3	Die Angaben beziehen sich auf je 100 Gramm verzehrfertiges Nahrungsmittel	roh oder gekocht	kcal	kJ	% Kohlehydrate	Eiweiß	% Gesamtfett	% Wasser	% Ballaststoffe	mg Vitamin C	mg Calcium	mg Kalium	mg Phosphor	mg Magnesium
4														
5	Artischocken	roh	57	239	11	+	3	86	3	9	52	410	110	26
6	"	gek	57	239	11	+	3	86	3	6	50	315	90	
7	Auberginen	roh	25	105	5	+	1	93	3	5	16	210	26	11
8	"	gek	16	67	3	+	1	93	3	5	16	210	26	
9	Blattsellerie	roh	20	84	4	+	1	95	2	9	45	290	40	
10	Blumenkohl	roh	28	117	8	+	2	92	2	76	24	380	60	7
11	"	gek	20	84	3	+	2	94	2	45	18	250	52	
12	Bohnen, grün	gek	33	138	6	+	2	92	2	13	50	150	40	26
13	Bohnen in Dose	gek	24	100	4	+	1	93	3	4	35	145	25	20
14	Bohnenkerne	gek	137	574	25	-	1	6	67		2	48	400	130
15	Broccoli	roh	32	134	4	+	4	91	92	4	110	110	405	78
16	"	gek	32	134	4	+	4	92		4	50	80	315	54
17	Champignons	roh	24	100	3	+	3	86	3	9	52	410	110	26
18	Champignons	gek	25	105	3	1	2	86	3	6	50	315	90	
19	Chicorée	roh	16	67	2	+	1	93	3	5	16	210	26	11
20	Chinakohl	roh	16	67	2	+	1	93	3	5	16	210	26	
21	Eierschwämme,	roh	23	96	3	1	2	95	2	9	45	290	40	
22	Eierschwämme	gek	34	142	5	1	1	92	2	76	24	380	60	7
23	Endivien	roh	17	71	2	+	2	94	2	45	18	250	52	
24	Erbsen, frisch	roh	93	389	14	1	7	92	2	13	50	150	40	26
25	Erbsen, Dose	gek	66	276	11	+	4	93	3	4	35	145	25	20
26	Erbsen, trocken	roh	370	1549	61	1	23	6	67		2	48	400	130
27	Erbsen&Rüebli,	gek	65	272	12	+	3	91	92	4	110	110	405	78
28	Fenchel	roh	50	209	9	+	2	92		4	50	80	315	54
29	Gurken/Gewürzg	gek	10	42	1	+	1	86	3	9	52	410	110	26
30	Kabis	roh	26	109	4	+	2	86	3	6	50	315	90	

3.1.74. Blumen/Texte pflücken während der Fahrt verboten

Meine Kollegin hat häufig lange Texte in einer Exceltabelle. Ich würde gerne die Texte aufteilen und zwar so, dass die erste Zelle bis zum rechten Rand gefüllt ist, der "Rest" dann in der Zelle daneben steht. Geht das?

3.1 Dateneingabe

Ich fürchte, dass das, was Sie möchten, so nicht funktioniert. Excel hat keine Methode zu erkennen, ob die Zelle/Spalte "voll" ist. Da Sie mit einer Nichtproportionalschrift schreiben, sind die Buchstaben unterschiedlich breit - das "W" ist breiter als das "i". Man kann mit dem Assistenten "Text in Spalten" den Text zerpflücken - allerdings nach einer festen Anzahl Zeichen. Das bewirkt, dass die übrigen Texte länger oder kürzer sind.

Ebenso Funktionen, beispielsweise

=LINKS(A2;65)

=TEIL(A2;66;9999) (der Rest)

oder RECHTS, ...

Das Ergebnis wird allerdings nicht besser:

3.1.75. Excel zieht seine Kreise

Wir alle wissen, dass die einzelnen Produkte von Microsoft Office nicht konsistent sind - unterschiedliche Tastenkombinationen, Funktionalitäten, die Dialogfelder sehen völlig unterschiedlich aus, inkonsistente Bedienung, ... Und so ist es verständlich, wenn Anwender sich im Anwendungsprogramm x das wünschen, was sie in y kennen und lieben. Und dann enttäuscht sind, wenn es diese Sache nicht gibt.

Wir alle kennen die Frage, ob man in Word- oder PowerPoint-Tabellen Zahlen als Währung formatieren kann. Natürlich nicht. Eben fragte mich ein Freund, ob man denn eine Wordtabelle transponieren könne - er hat nach dem Erstellen gemerkt, dass es besser wäre, die Monate oben als Überschrift und die Länder dagegen als Zeilenbeschriftungen einzutragen und nicht umgekehrt. Sorry, geht nicht, war meine Antwort: nach Excel kopieren, dort transponieren und wieder zurück nach Word. Tja. Aber schön, dass wir mal darüber gesprochen haben.

3.2. Fehlermeldungen

3.2.1. Seitenansicht

Ein seltsames Phänomen in Excel 2010.

Bei bestimmten Formatierungen zeigt Excel bei Datei / Drucken nicht mehr die Seitenansicht. Man muss sie über eine Schaltfläche aktivieren.

Leider habe ich bis jetzt noch nicht des Rätsels Lösung gefunden. Ich vermute stark - ein Bug in Excel 2010.

3.2 Fehlermeldungen

3.2.2. Pivottabelle - geht nicht!

Oft werde ich gefragt, was die Fehlermeldung "Der Datenquellenverweis ist ungültig" bedeutet. Warum man keine Pivottabelle erstellen kann. Die Antwort liegt meistens darin begründet, dass sich der Cursor außerhalb der Datenquelle (der Liste) befindet und Excel somit keine Tabelle "findet".

Lösung: Entweder den Cursor zuvor in die Liste setzen oder im Dialogfeld den Bereich auswählen.

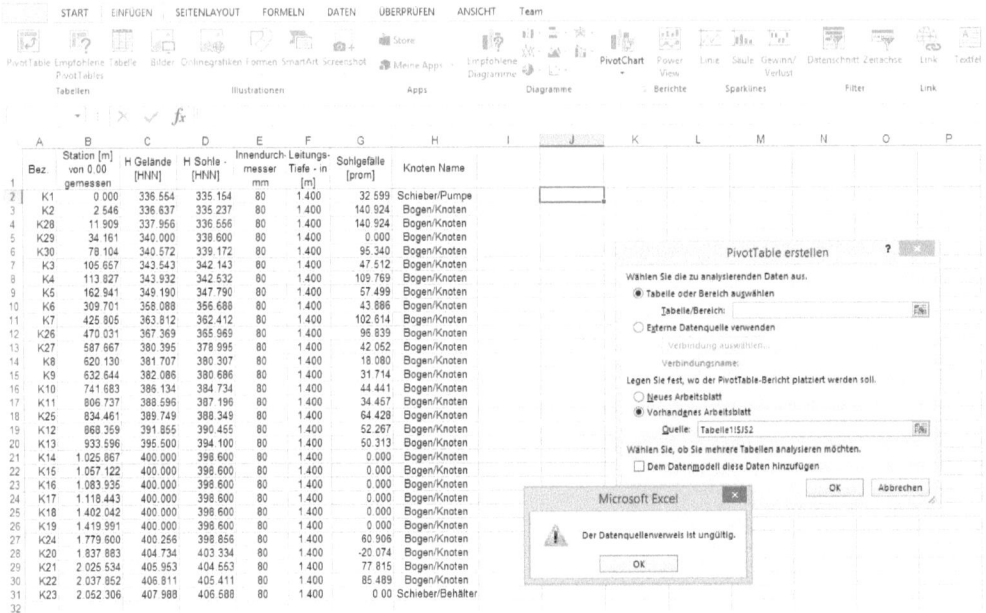

3.2.3. "Dieser Name wird bereits verwendet."

Eine seltsame Fehlermeldung - eigentlich ist klar, was gemeint ist, oder?

Ein Blatt wird so benannt wie ein Blatt, das bereits existiert. Wenn Sie herausfinden möchten, welche Blattnamen bereits in der Mappe vergeben wurden, können Sie mit der rechten Maustaste auf die Pfeile neben den Blattregistern klicken - in einer Liste werden sämtliche Blattnamen angezeigt - schon seit vielen Excel-Versionen.

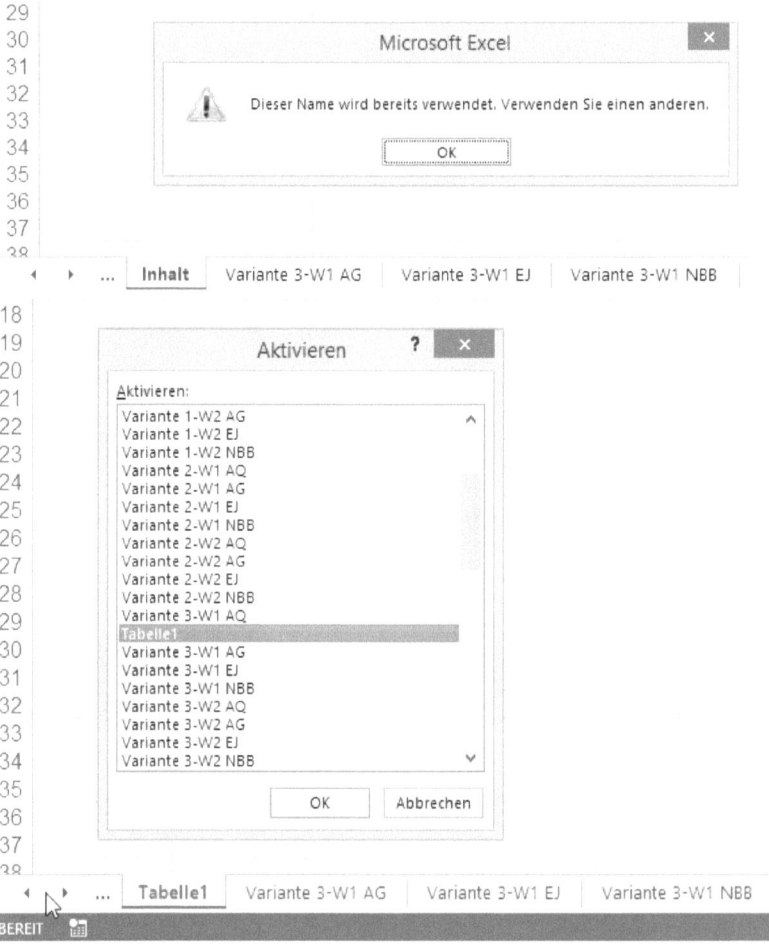

125

3.2 Fehlermeldungen

3.2.4. Einfügen nicht möglich

Haben Sie das einmal versucht? Schreiben Sie in die letzte Zelle der Zeile 1, also in Zelle XFD1 einen Wert. Versuchen Sie nun irgendwo eine Spalte einzufügen - das wird natürlich nicht funktionieren und mit einer Fehlermeldung quittiert werden.

Klar: Beim Einfügen von Spalten werden neue Spalten vor die aktuelle Spalte eingefügt und beim Einfügen von Zeilen werden neue Zeilen vor die aktuelle Zeile eingefügt. Deshalb wird alles nach rechts, beziehungsweise nach unten verschoben.

Fazit: Füllen Sie Excel nicht "randvoll"!

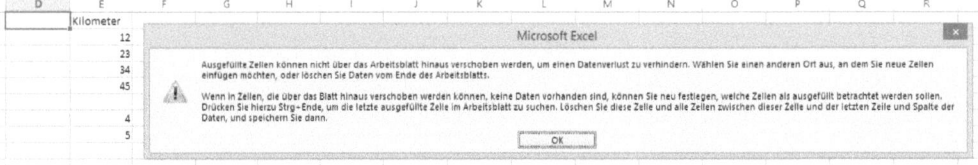

3.2.5. Für diese Aktion müssen alle verbundenen Zellen dieselbe Größe haben

Beim Sortieren erscheint eine "lustige" Fehlermeldung statt dem Ergebnis der Sortierung.

Der Grund: einige der Zellen sind verbunden (hier: der Vorgesetzte). Dadurch werden aus mehreren Zellen jeweils eine Zelle. Diese kann nun nicht sortiert werden.

Die Lösung: Markieren Sie das gesamte Arbeitsblatt und heben mit einem Klick den Zellverbund aller Zellen wieder auf.

Rote Ellipsen

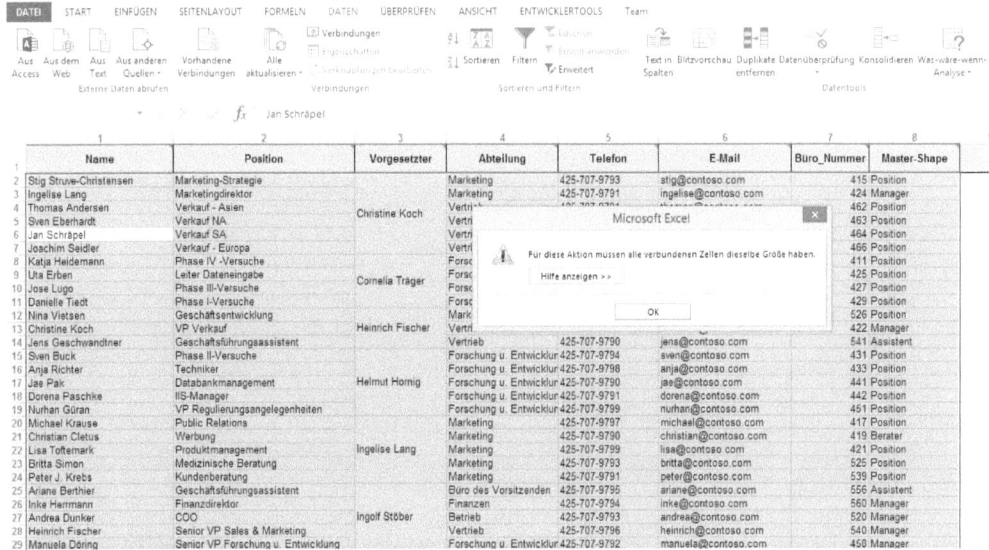

3.2.6. Rote Ellipsen

Oh Gott, da hat jemand rote Ellipsen in Excel reingemacht - die bekomme ich nicht mehr weg!

Klar - da hat jemand eine Datenüberprüfung (Gültigkeit) eingeschaltet und sämtliche Werte anzeigen lassen, die nicht dieser Datenüberprüfung standhalten. Ebenso können Sie die Datenüberprüfung wieder ausschalten:

Daten / Datentools / Datenüberprüfung / Gültigkeitskreise löschen

3.2 Fehlermeldungen

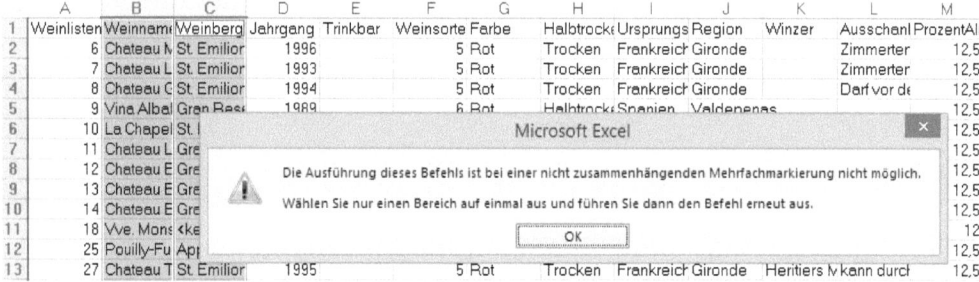

3.2.7. Die Ausführung dieses Befehls ist bei einer nicht zusammenhängenden Mehrfachmarkierung nicht möglich.

Warum darf ich plötzlich nicht mehr ausschneiden? Es ging doch sonst immer ...

Sie haben die beiden Spalten B und C mit gedrückter [Strg]-Taste markiert. Deshalb interpretiert Excel das nicht als einen Bereich, sondern als zwei Bereiche. Sie dürfen nicht ausgeschnitten werden. Kopieren funktioniert übrigens ...

Der Befehl konnte für den ausgewählten Zellbereich nicht ausgeführt werden. Markieren Sie eine einzelne Zelle innerhalb eines Datenbereichs, und versuchen Sie es dann erneut.

3.2.8. Der Befehl konnte für den ausgewählten Zellbereich nicht ausgeführt werden. Markieren Sie eine einzelne Zelle innerhalb eines Datenbereichs, und versuchen Sie es dann erneut.

Das Sortieren und Filtern geht nicht mehr. Warum?

Der Cursor sitzt außerhalb des Bereichs, den Sie sortieren oder filtern möchten. Übrigens: Auch der Assistent "Teilergebnis" funktioniert nicht mehr.

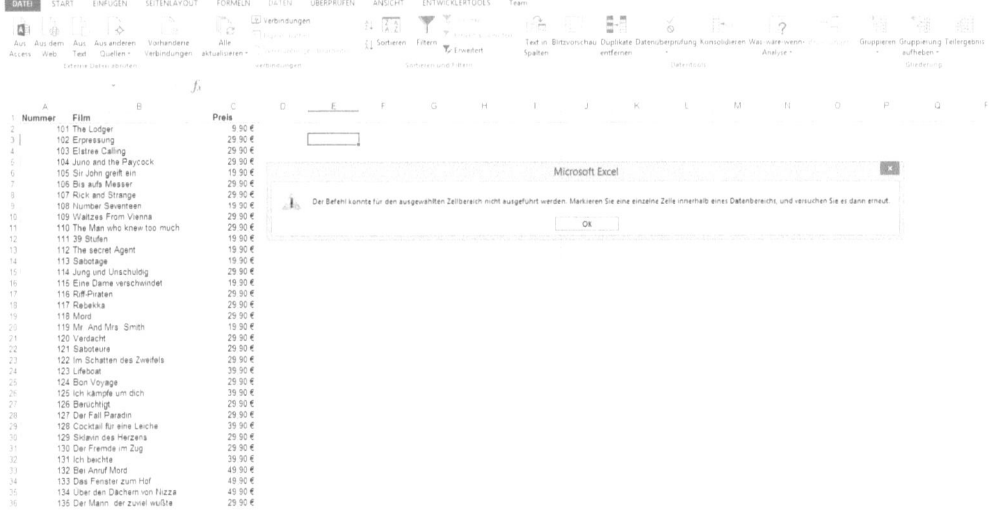

3.2.9. Teile eines Arrays können nicht geändert werden.

Warum kann ich eine Formel nicht löschen?

Ein Blick in die Bearbeitungsleiste zeigt, dass es sich hier um eine Array-Formel oder um eine Matrixformel handelt. Man erkennt das an den geschweiften Klammern um die Funktion. Hier wurden mehrere Zellen markiert und die Funktion TREND wurde mit der Tastenkombination [Shift]+[Strg]+[Enter] beendet. Alle Zellen bilden eine Formel - man kann nicht einen Teil herauslöschen (übrigens auch keine Zeile einfügen). Sie müssen den gesamten Bereich markieren und dann löschen.

3.2 Fehlermeldungen

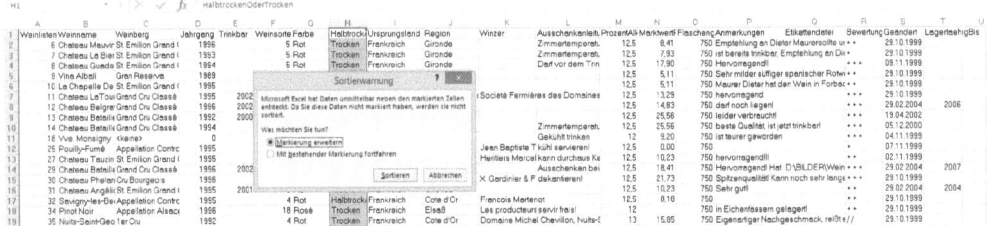

3.2.10. Microsoft Excel hat Daten unmittelbar neben den markierten Zellen entdeckt. Da Sie diese Daten nicht markiert haben, werden sie nicht sortiert.

Warum bringt Excel manchmal beim Sortieren so eine merkwürdige Fehlermeldung?

Die Antwort: Markieren Sie bitte nichts, wenn Sie sortieren. Setzen Sie nur den Cursor auf ein Feld, dessen Spalte Sie sortieren möchten und klicken anschließend auf das Symbol A↓Z (oder Z↓A). Wenn Sie markieren, stellt Excel die Frage, ob Sie nur diese Spalte sortieren möchten - die Daten links und rechts bleiben so stehen - das ist fatal und meistens nicht gewünscht!

3.2.11. Es wurden keine Daten zur Analyse markiert

Während die Assistenten sortieren, filtern, Pivottable, Teilergebnis und Diagramme voraussetzen, dass sich der Cursor auf einer Zelle innerhalb des Bereiches befindet, verlangt

Das Verbinden von Zellen wird mit einer Fehlermeldung begleitet

der Assistent "Text in Spalten" dass die eine Spalte markiert wurde. Wenn nicht, wird es mit einer Fehlermeldung quittiert.

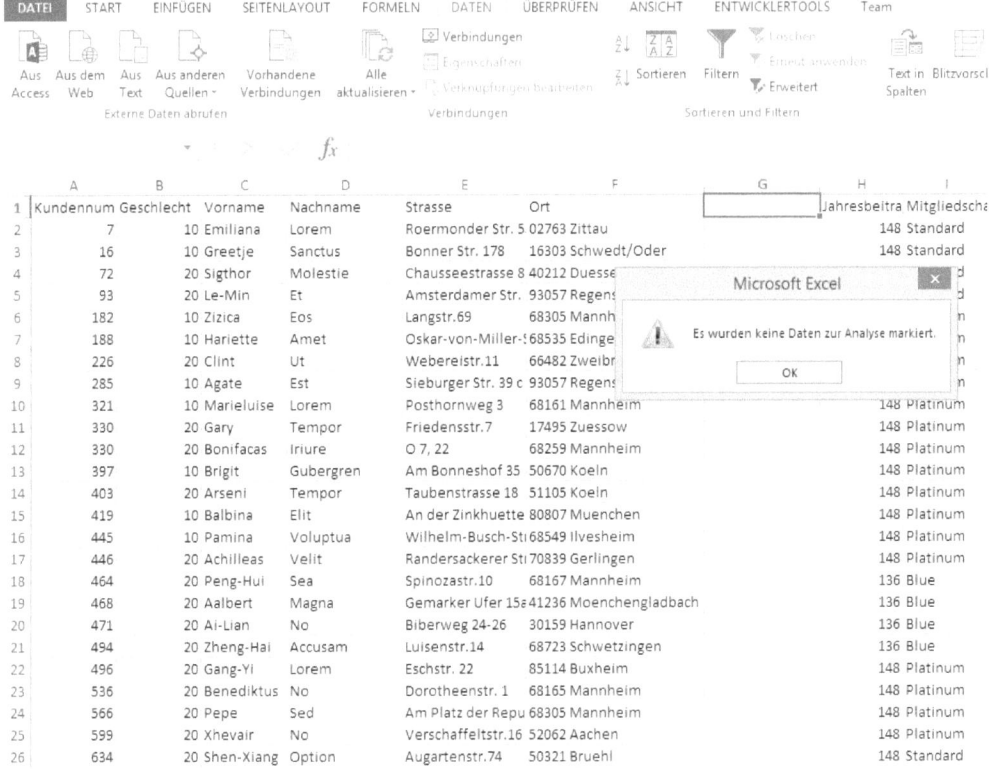

3.2.12. Das Verbinden von Zellen wird mit einer Fehlermeldung begleitet

Beim Verbinden von Zellen bleibt nur der Wert der obersten, linken Zelle erhalten, alle anderen Werte werden verworfen.

lautet die Fehlermeldung die manchmal erscheint, wenn ich Zellen verbinden möchte.

Der Grund: In einer der Zellen steht ein Wert. Vielleicht außerhalb des sichtbaren Bereiches. Deshalb warnt Excel davor, dass dieser Wert überschrieben wird.

3.2 Fehlermeldungen

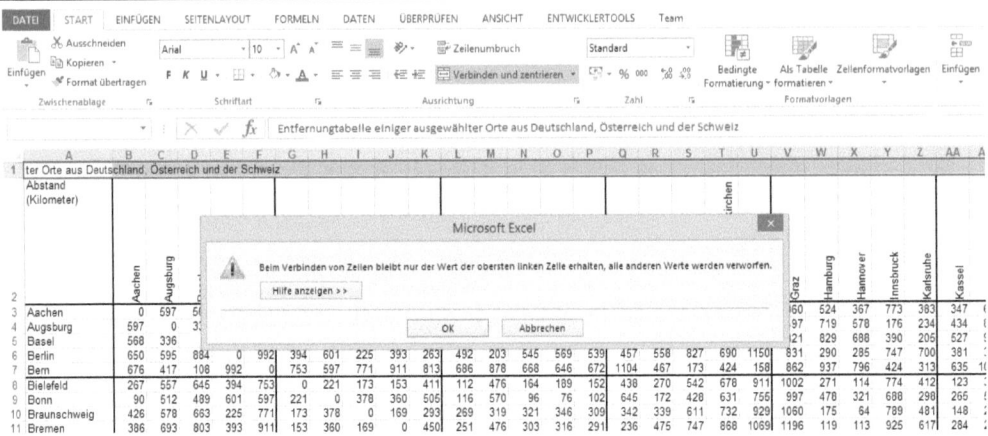

3.2.13. Zugriffsschutzeinstellung

Was bedeutet denn diese Fehlermeldung? Das ist meine Datei - die liegt hier auf meiner Festplatte - Ehrenwort!

Das ist eine "uralte" Datei - sie wurde in einer Version von Excel vor 97 erstellt (vielleicht Excel 5.0). Diese Warnmeldungen können Sie einstellen. Und Sie können natürlich noch immer mit dieser Datei arbeiten!

3.2.14. Warum darf ich nicht kopieren?

Beim Kopieren eines Tabellenblattes in eine andere Datei erhalte ich eine merkwürdige Fehlermeldung:

"Die Blätter können von Excel nicht in die Zielarbeitsmappe eingefügt werden, da sie eine geringere Anzahl von Zeilen und Spalten enthält als die Quellarbeitsmappe."

Warum darf ich nicht kopieren?

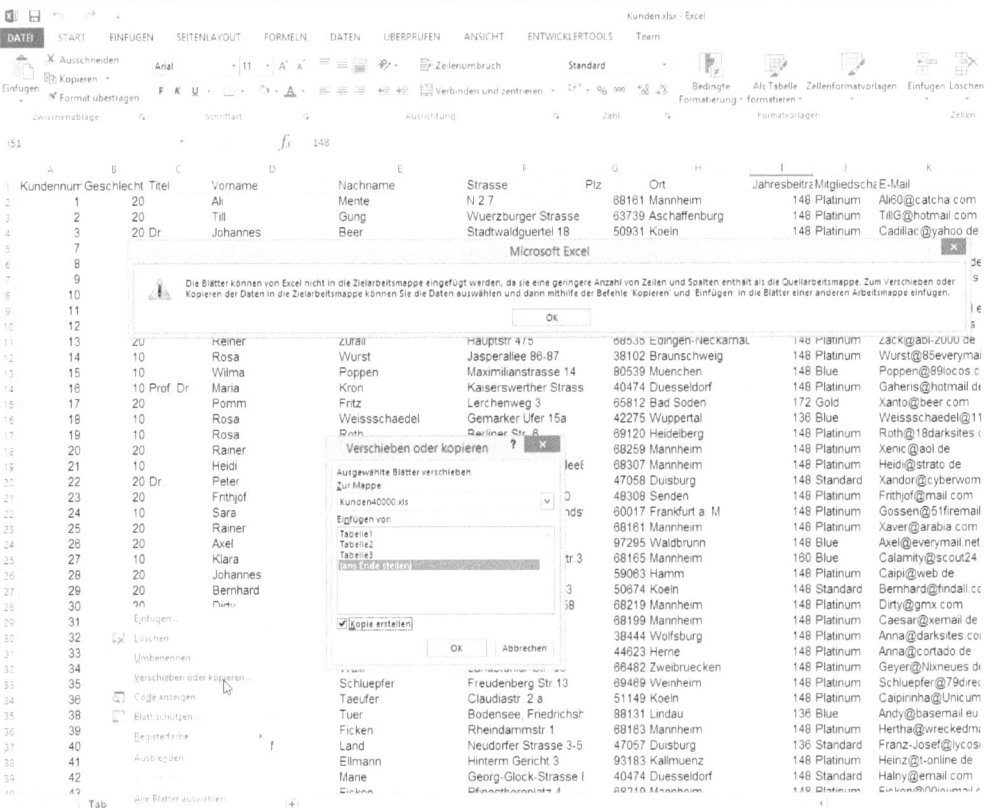

Die Antwort ist einfach: Sie versuchen ein Tabellenblatt auf einer Excel-2013-xlsx-Tabelle in eine Excel-2003-xls zu kopieren. Das kann nicht gehen, weil Excel 2013 mehr als 1.000.000 Zeilen hat, Excel 2003 nur etwas mehr als 65.000. Der zweite Satz des Meldungsfensters beschreibt die Lösung:

"Zum Verschieben oder Kopieren der Daten in die Zielarbeitsmappe können Sie die Daten auswählen und dann mithilfe der Befehle 'Kopieren' und 'Einfügen' in die Blätter einer anderen Arbeitsmappe einfügen."

3.2 Fehlermeldungen

3.2.15. Seltsame Meldungen

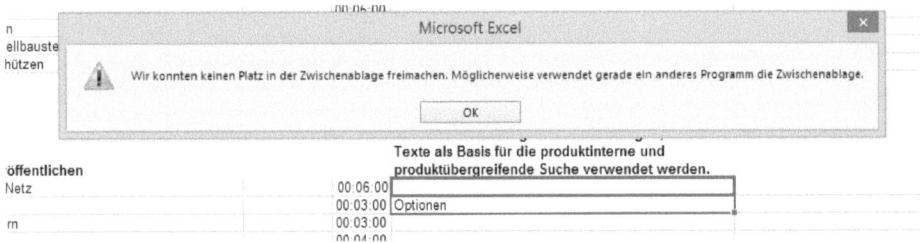

Ich bin manchmal schon verblüfft, welche Meldungsfenster Excel von Zeit zu Zeit ans Tageslicht bringt. Und niemand weiß, was sie bedeuten. Immerhin - ebenso schnell wie sie auftauchen verschwinden sie auch wieder. Natürlich konnte ich den Inhalt der Zelle verschieben ...

3.2.16. Excel kann leider keine zwei Arbeitsmappen mit gleichem Namen zugleich öffnen.

Was heißt denn das schon wieder? Ich will doch nur eine Datei aufmachen?

Die Antwort: Sie haben bereits eine Datei geöffnet, die so heißt wie die Datei, die Sie nun öffnen möchten. Auch wenn die zweite Datei in einem anderen Ordner oder in einem anderen Laufwerk liegt - "In Excel können leider keine zwei Arbeitsmappen geöffnet sein, die unter dem gleichen Namen gespeichert sind".

3.2.17. Excel stürzt ab!

Schrecklich! Ich habe gestern in einem Excelblog gelesen, dass man in Excel 2013 Exceldaten auf Bing Maps in einer Landkarte anzeigen lassen kann (Einfügen / Apps). Das wollte ich auch - aber Excel stürzt mir ab. Immer und immer wieder. Haben Sie einen Rat?

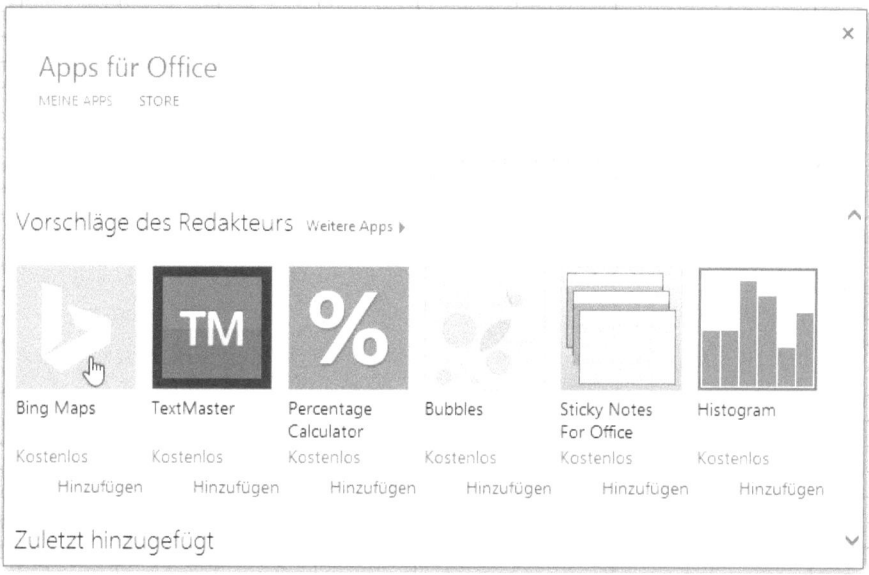

Die Antwort: Tja. *Schulterzucken* - Keine Ahnung ... sorry ....

3.2.18. Transponieren - nicht nur in der Musik

Ich erhalte oft Listen. Dummerweise sind häufig Zeilen und Spalten vertauscht. Ich weiß, dass man sie transponieren kann. Ich habe es genauso gemacht wie immer: markiert, kopiert, Inhalte einfügen / Transponieren. Aber heute kommt eine merkwürdige Fehlermeldung. Warum?

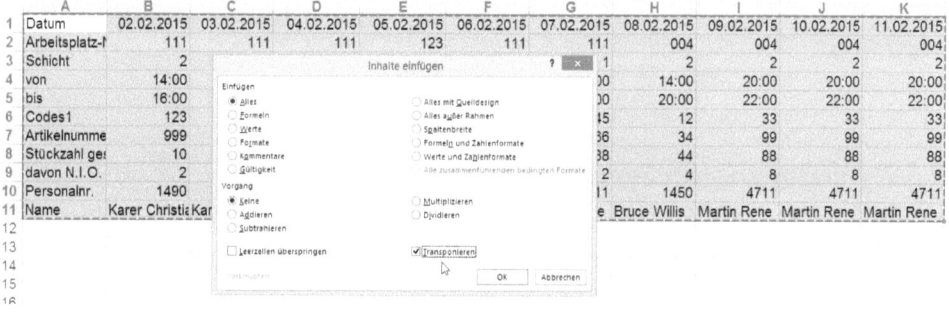

3.2 Fehlermeldungen

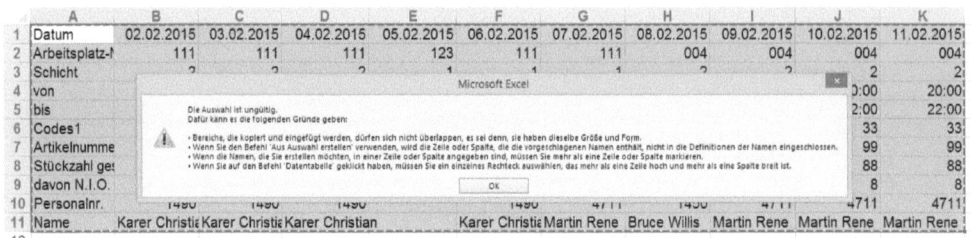

Die Antwort: Sie dürfen die Daten, die Sie transponieren, nicht an die gleiche Stelle einfügen, an der sich die Daten befinden. Sie müssen sie an eine andere Stelle kopieren. Die Auswahl spielt dabei keine Rolle.

Übrigens: Hier ist Excel nicht konsequent: beim Inhalte Einfügen darf ich auch an der gleichen Stelle die Inhalte einfügen, beispielsweise, wenn ich die Formeln durch die Werte ersetzen möchte. Aber nur bei diesem Punkt nicht. Also: Andere Stelle und alte Daten löschen ... marsch, marsch!

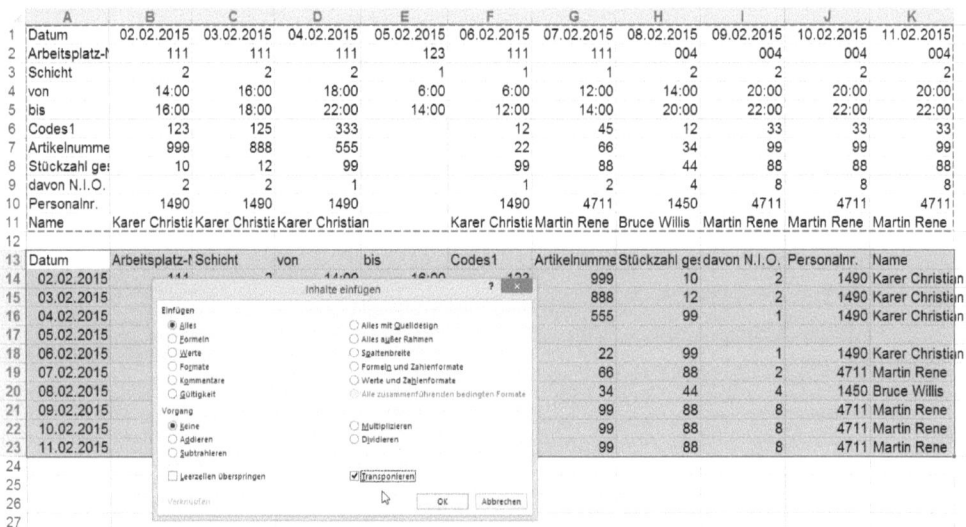

3.2.19. Mindestens ein Symboldatenbereich überlappt

Was sagt mir dieser Hinweis: "Mindestens ein Symboldatenbereich überlappt. Passen Sie die Werte des Symboldatenbereichs an, sodass die Bereiche nicht überlappen."

Wenn das die Lösung ist will ich lieber mein Problem zurück...

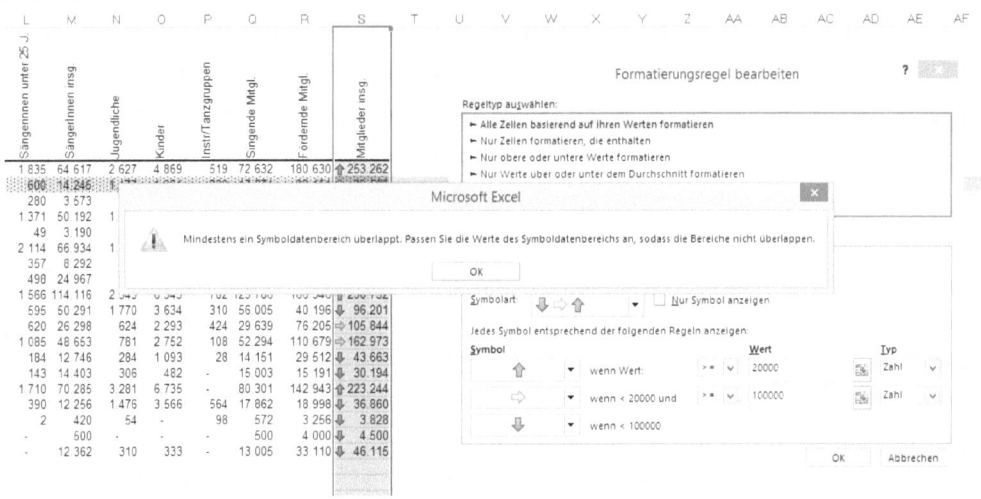

Die Antwort: Wenn Sie genau diese Daten anschauen, stellen Sie fest, dass Sie für die grünen Pfeile als Bedingung >= 20000 eingetragen haben. Für die gelben jedoch >=100000. Ein Tippfehler? Die Bedingte Formatierung verlangt eine absteigende Wertereihenfolge, beispielsweise:

>=200.000

>=100.000

3.2.20. Wenn das die Lösung ist will ich lieber mein Problem zurück...

Eigentlich wollte ich nur einen Hyperlink einfügen. Doch dann habe ich gemerkt, dass sämtliche Symbole der Registerkarte "Einfügen" ausgegraut sind. Nicht nur Hyperlink - ich darf auch keine Diagramme mehr erstellen.

Ein Blick in die anderen Registerkarten lässt mich erschauern: Auch dort ist einiges inaktiv:

3.2 Fehlermeldungen

Die Antwort: Hätten Sie genau hingeschaut, hätten Sie festgestellt, dass neben dem Dateinamen in der Titelleiste der Text "Freigegeben" steht. Das bedeutet: Jemand hat über Überprüfen / Änderungen die Option Änderungen nachverfolgen eingestellt. Sie verbietet einige Aktionen, beispielsweise das Einfügen von Diagrammen, von Zeilen und Spalten, von Hyperlinks, ...

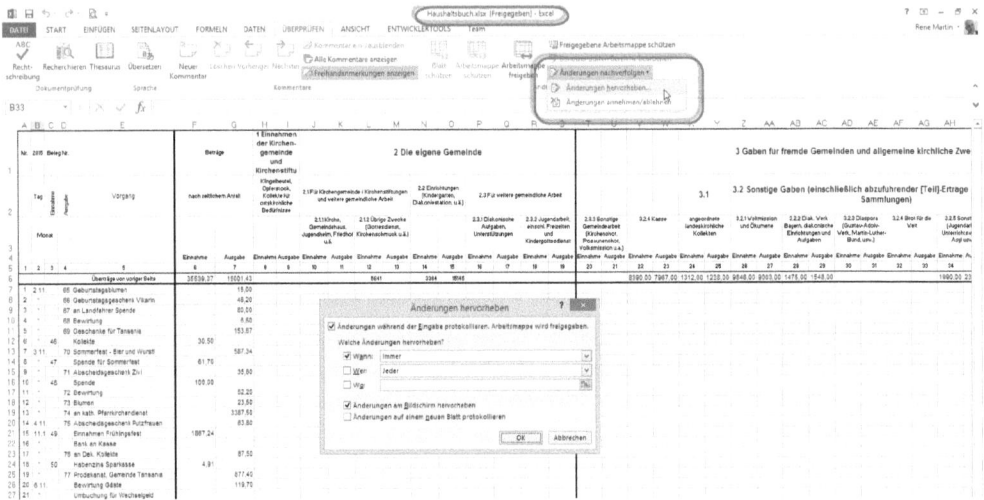

3.2.21. Solver

Ich habe in einer Firma im Rahmen einer Excel-Schulung den Solver installiert. Nach einem Neustart von Excel erhalte ich folgende zwei Meldungen, beim Klick auf die Registerkarte "Daten". Vor allem die zweite besticht durch ihre Aussagekraft. Ich habe den Solver danach wieder deinstalliert.

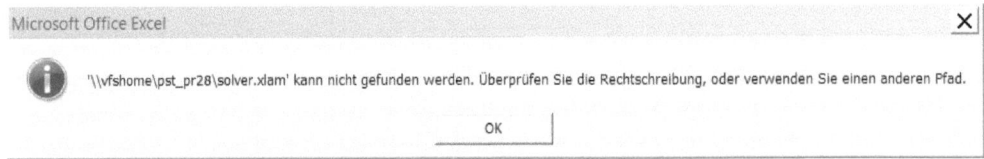

3.2.22. Bedingte Formatierung kaputt

Hallo Herr Martin,

in einer Datei darf ich die Bedingte Formatierung nicht verwenden. Warum?

Wenn Sie alle Zellen aus einer Excel-Arbeitsmappe in die aktuelle Arbeitsmappe einfügen möchten, müssen Sie die Daten in die erste Zelle (A1 oder Z1S1) einfügen.

Die Antwort finden Sie in der Titelzeile: Sie haben die Datei freigegeben (Registerkarte "Überprüfen"). Entweder - oder - übrigens einige andere Funktionen (Zellen verbinden, dynamische Tabelle, Zeilen und Spalten einfügen, ...) funktionieren in diesem Modus auch nicht.

3.2.23. Wenn Sie alle Zellen aus einer Excel-Arbeitsmappe in die aktuelle Arbeitsmappe einfügen möchten, müssen Sie die Daten in die erste Zelle (A1 oder Z1S1) einfügen.

Ich habe ja schon viel gesehen - aber DIESE Fehlermeldung kenne ich nicht. Was heißt DAS?

Die Antwort: Sie haben alle Zellen eins Tabellenblattes kopiert (links oben in die Ecke zwischen A und 1 geklickt). Diese 1.048.576 Zeilen und 16.384 Spalten versucht auf ein zweites Arbeitsblatt einzufügen. Allerdings haben Sie dort nicht die Zelle A1 ausgewählt, sondern eine andere, beispielsweise A2. Nun hat Excel "nur" noch 1.048.575 Zeilen zur Verfügung - in diese kann es jedoch die 1.048.576 Zeilen nicht einfügen. Daher diese Meldung.

3.2.24. drum prüfe, wer sich ewig bindet ...

Hi,

eigentlich wollte ich nur die Datenüberprüfung ändern. Und nun so eine seltsame Fehlermeldung:

3.3 Kommentare

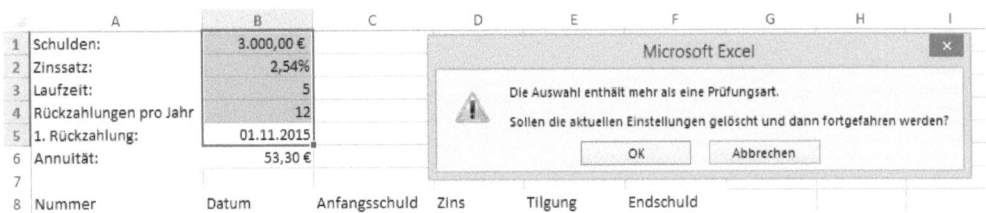

Die Meldung hat ihre Berechtigung. Wahrscheinlich liegen unter den markierten Zellen verschiedene Datenüberprüfungen / Gültigkeiten:

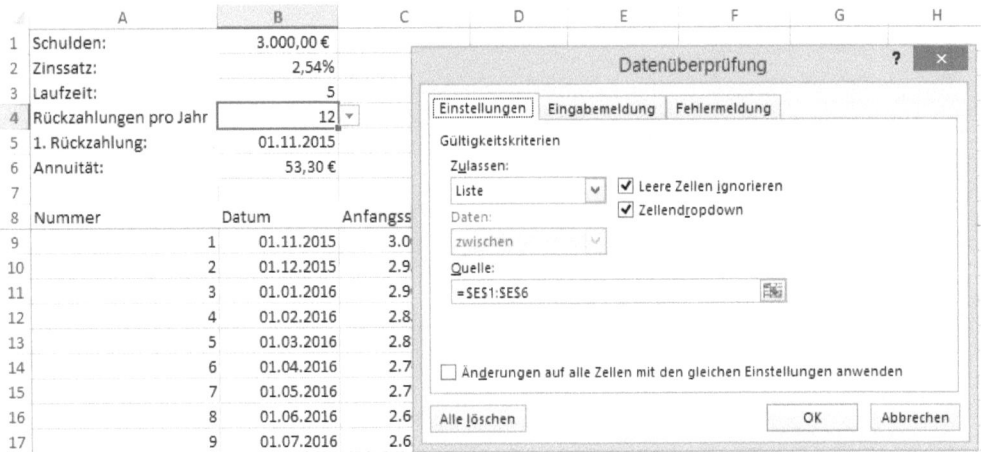

3.3. Kommentare

3.3.1. Kommentare werden nicht gedruckt

Obwohl eingestellt ist, dass Kommentare ausgedruckt werden, so erscheinen sie dennoch nicht auf dem Papier.

Es gibt zwei Varianten, wie man Kommentare drucken kann - entweder auf einem neuen Blatt (fälschlicherweise beschriftet mit "am Ende des Blattes") oder "wie auf dem Blatt angezeigt". Letzteres bedeutet, dass die Kommentare eingeblendet werden müssen - nur dann erscheinen Sie auf dem Blatt.

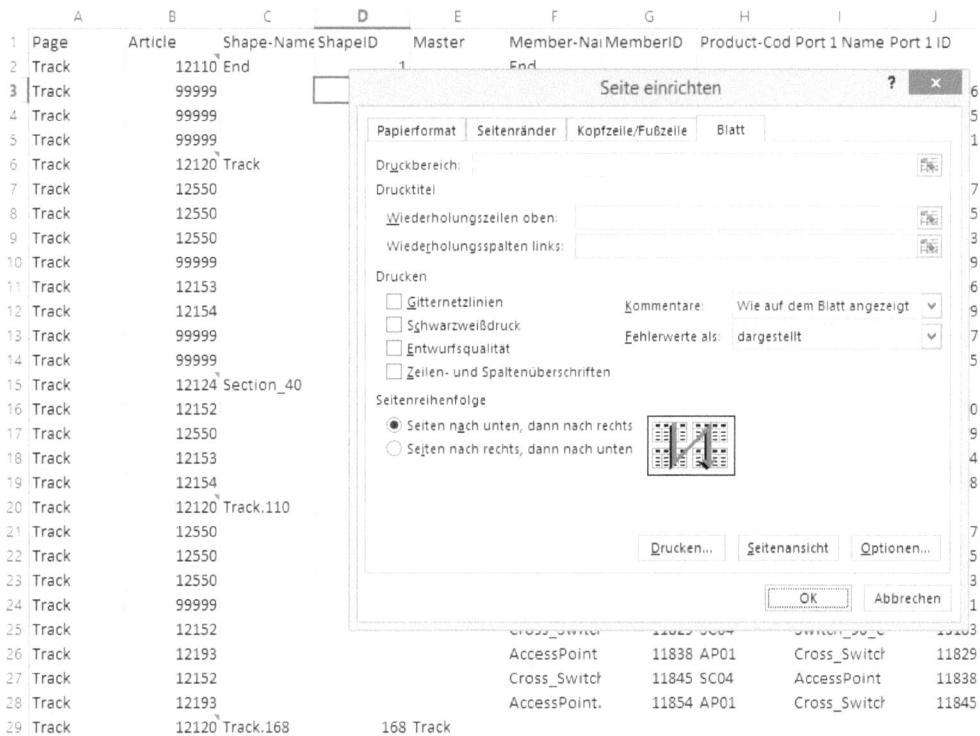

3.3.2. Name im Kommentar

Kann ich den Namen, der im Kommentar steht, standardmäßig ändern? Ich arbeite manchmal für meine Kollegin und möchte, dass dann ihr Name darinsteht?

Die Antwort: Das können Sie über die Optionen in der Kategorie "Allgemein". Der Benutzername wird in den Kommentaren verwendet.

3.3 Kommentare

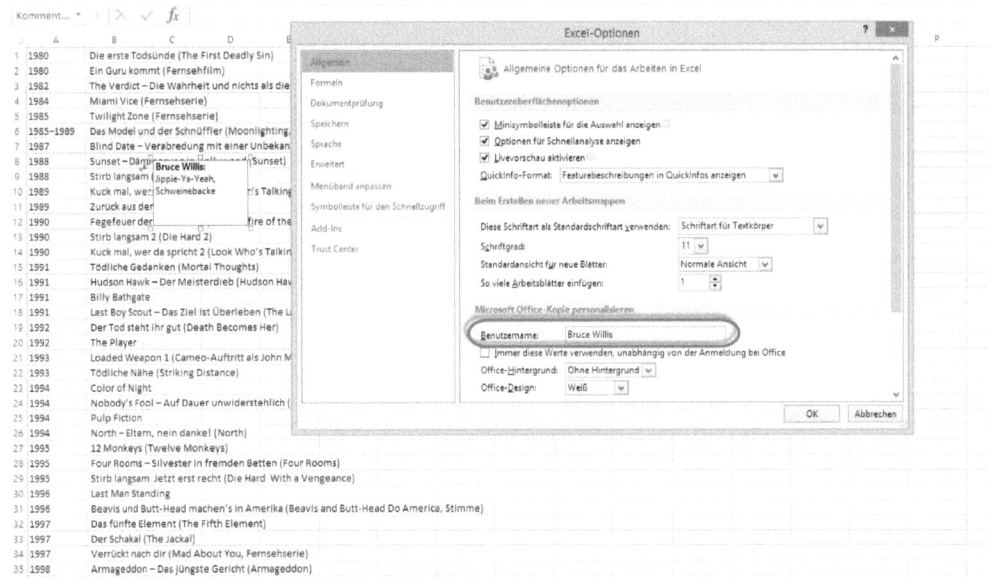

3.3.3. Kommentare

Okay, ich weiß eine ganze Menge über Excel. Aber manchmal bin ich sehr erstaunt. Beispielsweise über diesen Kommentar, den ich in eine Zelle eingefügt habe. Er lässt sich einfach nicht mehr anzeigen. Weder beim Darüberfahren mit der Maus, noch beim Einblenden oder Bearbeiten. Zwar wird er mit der Datei gedruckt, wenn ich es einstelle, aber nicht angezeigt. Merkwürdig ...

Kommentare

ktionen statt Inhalt →

r → Einstellungen
ol in Symbolleiste für

derungsansicht
- BurgerKing

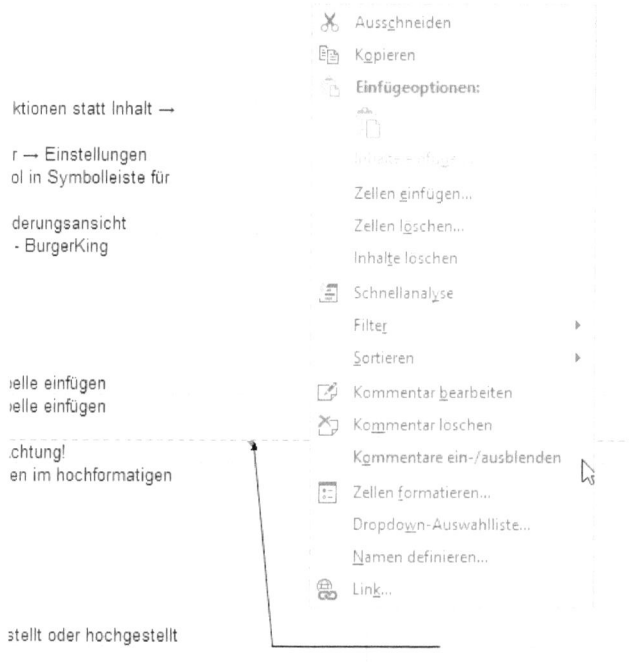

elle einfügen
elle einfügen

chtung!
en im hochformatigen

stellt oder hochgestellt

3.3 Kommentare

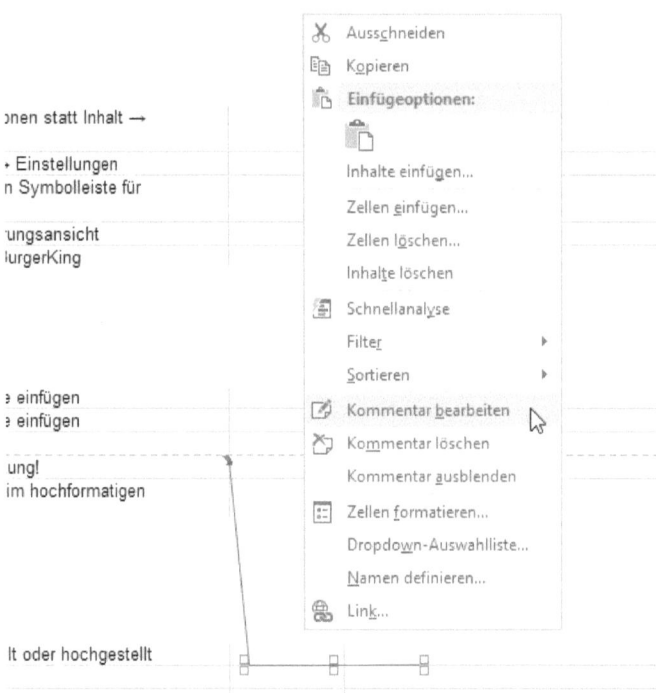

3.3.4. Komische Kommentare

Das ist ein seltsamer Kommentar in meiner Tabelle. Wenn ich mit der Maus über die Zelle fahre, sehe ich nur einen Strich in der Landschaft. Was ist passiert?

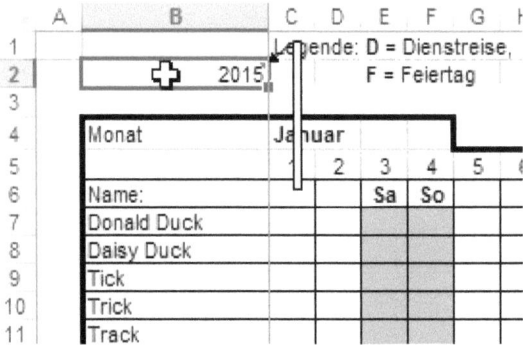

Wahrscheinlich sind Sie aus Versehen auf den Rand des Kommentars gekommen und haben ihn zusammengeschoben. Das kann passieren. Lassen Sie ihn (über das Kontextmenü) wieder anzeigen und ziehen ihn dann wieder in die Breite. Dann sehen Sie den Inhalt.

144

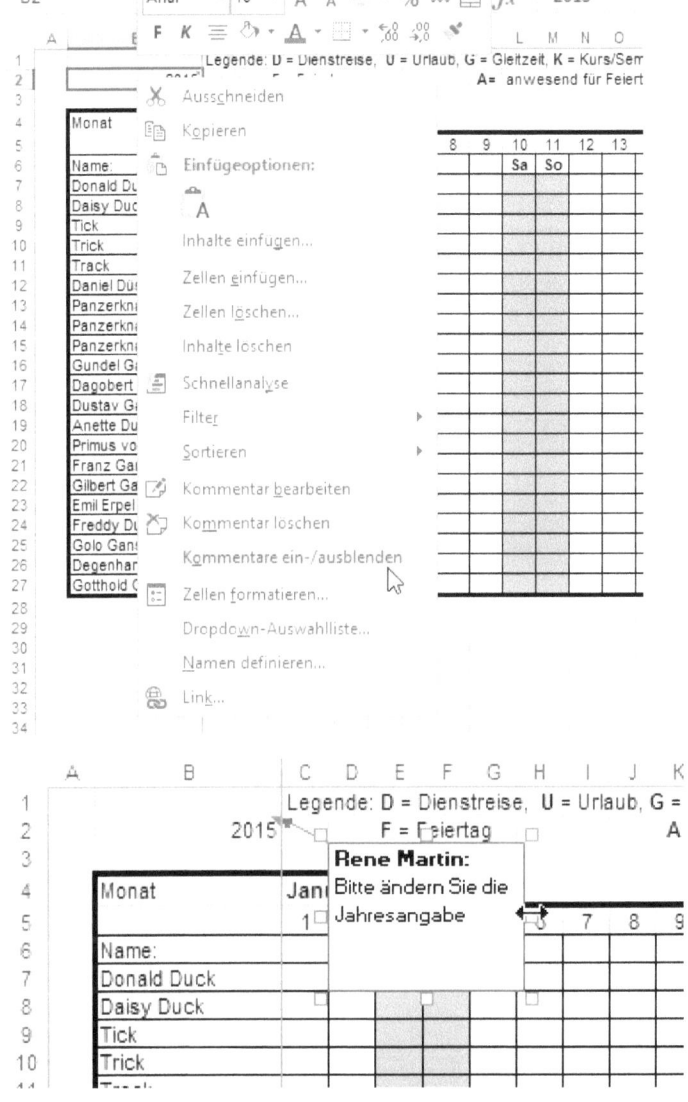

3.3.5. Mini-Kommentar

Manchmal sehe ich so einen kleinen Kommentar. Warum?

3.4 Datenaustausch

Die Antwort: Wenn Sie einen Kommentar in die erste Zeile einfügen, diese Zeile fixieren und befinden sich nun weiter unten im Tabellenblatt, dann schafft es Excel nicht, den gesamten Kommentar anzuzeigen.

Die Lösung: Fügen Sie entweder den Kommentar in eine andere Zelle ein oder heben Sie die Fixierung auf. Oder blenden Sie den Kommentar ein und vergrößern ihn nun "per Hand" mit der Maus.

3.4. **Datenaustausch**

3.4.1. **Datenaustausch klappt nicht**

Beim Datenaustausch werden einige Werte "zerschossen".

Problem: Da Excel einige Zeichen nach Gutdünken interpretiert, kann ein Punkt oder ein Gedankenstrich in ein Datum verwandelt werden, ein E in eine Zahl der wissenschaftlichen Schreibweise ...

Wenn Sie das Problem häufig haben (beispielsweise beim Kopieren von Word-Tabellen nach Excel), sollten Sie die Tabellen in tabulatorgetrennte Texte verwandeln, die Datei als Text speichern und beim Importieren darauf achten, dass die Spalten als Text importiert werden (das heißt: dass das Textformat unterlegt wird). Dann klappt es:

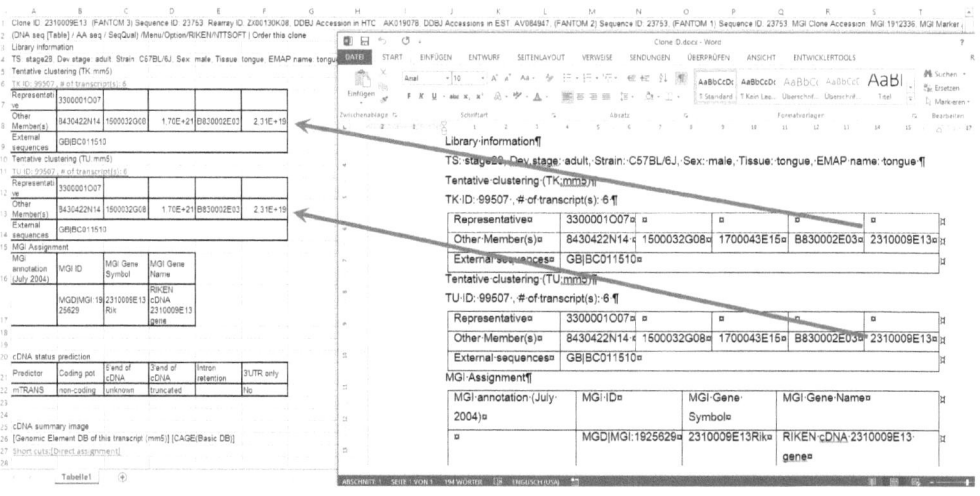

Datenaustausch klappt nicht

Library information¶
TS: stage28, Dev.stage: adult, Strain: C57BL/6J, Sex: male, Tissue: tongue, EMAP name: tongue ¶
Tentative clustering (TK:mm5)¶
TK ID: 99507, # of transcript(s): 6 ¶
   Representative → 3300001O07 → → → → ¶
   Other Member(s) → 8430422N14 → 1500032G08 → 1700043E15 → B830002E03 → 2310009E13¶
   External sequences → GB|BC0...

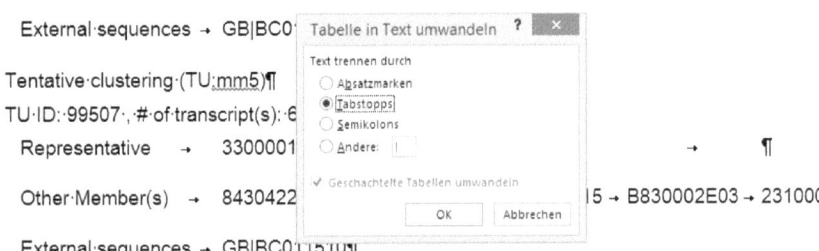

Tentative clustering (TU:mm5)¶
TU ID: 99507, # of transcript(s): 6
   Representative → 3300001... → ¶
   Other Member(s) → 8430422... ...5 → B830002E03 → 2310009E13¶
   External sequences → GB|BC011510¶

MGI Assignment¶

MGI annotation (July 2004)	MGI ID	MGI Gene Symbol	MGI Gene Name
	MGD|MGI:1925629	2310009E13Rik	RIKEN cDNA 2310009E13 gene

cDNA status prediction¶

Predictor	Coding pot.	5'end of cDNA	3'end of cDNA	Intron retention	3'UTR only
mTRANS	non-	unknown	truncated		No

147

3.4 Datenaustausch

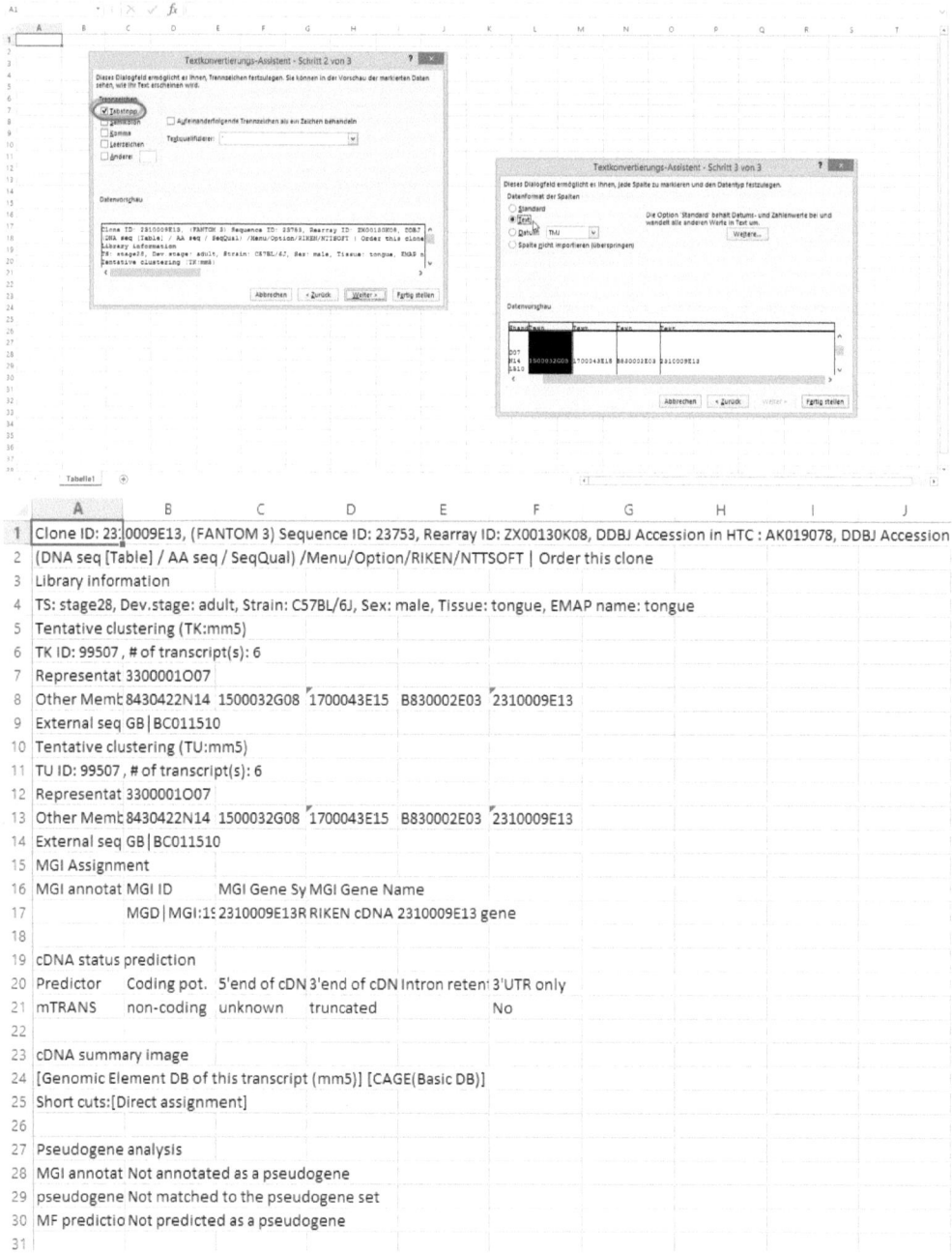

3.4.2. Diagramme nach PowerPoint

Beachten Sie Folgendes:

Wenn Sie ein Diagramm von Excel nach PowerPoint kopieren, wird nicht nur das Diagramm mit seinen Daten nach PowerPoint kopiert, sondern die gesamte Datei. Man kann Einblick in ALLE Daten nehmen, indem man in PowerPoint auf "Daten bearbeiten" klickt.

Es kann Vorteile haben - es kann aber auch sehr gefährlich sein.

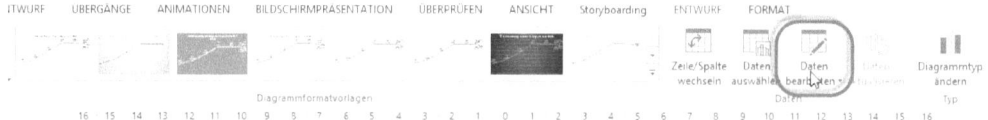

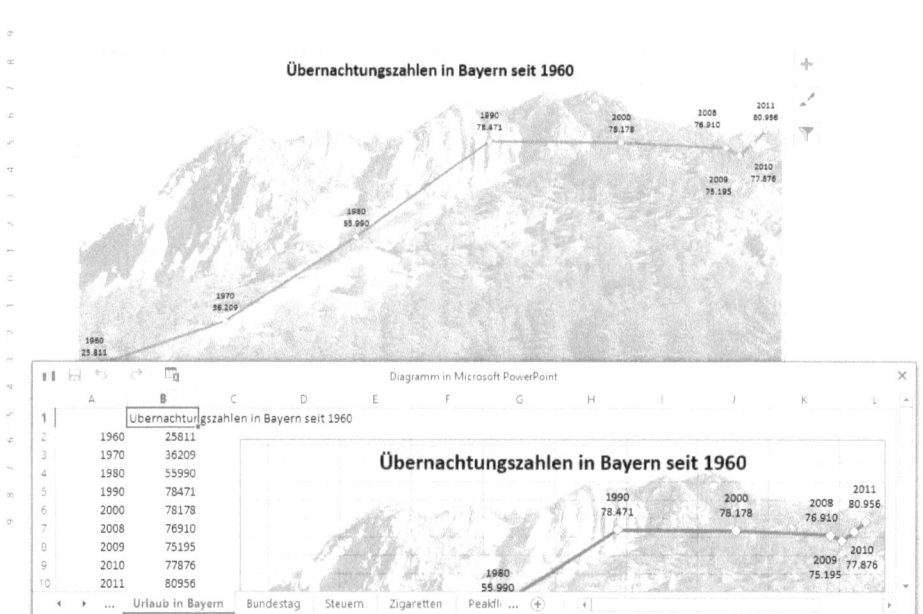

3.4.3. Summe funktioniert nicht

Sehr geehrter Herrn Martin,

In der Excel Tabelle die im Anhang beigefügt ist, bekommen wir Daten von unsere EDV (sehe Sheet 1 vor Verarbeitung). Ich gehe dann in „DATA" und „Text to Columns" und

3.4 Datenaustausch

spalte diese Tabelle so, dass sie nach diesen Schritten wie im 2. Sheet (Daten nach Verarbeitung) aussieht.

Das Problem liegt indem einige Zahlen immer noch so erscheinen „1 150,000" und keine weitere Formatierung möglich ist. Da ich auch eine Summe daraus ziehen möchte.

Wie kann man dieses Problem lösen?

	A	B	C	D	E	F	G	H	I	J	K
1	EP 09651423.1	;031	;EP2009006711	;20-11-2009;	45,000	;EUR;P*	;00714554	;			;
2	EP 05677633.3	;022	;056776333	;02-12-2009;	75,000	;EUR;P*	;00001577	;			;
3	EP 09642055.7	;001	;EP2009055412	;21-12-2009;	62,000	;EUR;P*	;00012707	;			;
4	EP 09665179.5	;027	;EP2009016133	;21-12-2009;	115,400	;EUR;P*	;00062174	;			;
5	EP 09673911.1	;520	;EP2009013211	;21-12-2009;	20,000	;EUR;P*	;00012709	;			;
6	EP 09615119.4	;027	;EP2009011651	;06-01-2010;	150,000	;EUR;P*	;00506349	;			;
7	EP 07611161.1	;002	;076111611	;11-01-2010;	1 150,000	;EUR;P*	;00001499	;			;
8	EP 07611161.1	;005	;076111611	;11-01-2010;	500,000	;EUR;P*	;00001499	;			;
9	EP 07611161.1	;001	;076111611	;11-01-2010;	1 405,000	;EUR;P*	;00001499	;			;
10	EP 07611161.1	;020	;076111611	;11-01-2010;	170,000	;EUR;P*	;00001499	;			;
11	EP 07611161.1	;123	;076111611	;11-01-2010;	1 116,500	;EUR;P*	;00001499	;			;
12	EP 09667030.7	;027	;EP2009001065	;12-01-2010;	65,000	;EUR;P*	;00035079	;			;
13	EP 04615100.4	;029	;EP2004010612	;15-09-2005;	120,000	;EUR;P	;00577796	;			;
14	EP 04615100.4	;029	;046151004	;13-01-2010;	40,000	;EUR;P*	;00055342	;			;
15	EP 05702355.6	;029	;057023556	;13-01-2010;	40,000	;EUR;P*	;00055343	;			;
16	EP 09701152.1	;022	;EP2009007644	;15-01-2010;	75,000	;EUR;P*	;00029540	;			;
17	EP 06615217.4	;022	;066152174	;17-01-2010;	75,000	;EUR;P*	;00031201	;			;
18	EP 06730091.9	;022	;067300919	;17-01-2010;	75,000	;EUR;P*	;00031202	;			;
19	EP 07737151.1	;022	;077371511	;17-01-2010;	75,000	;EUR;P*	;00031216	;			;

	A	B	C	D	E	F	G
1	PCT/EP2012/057947	070	EP2012057947	03.07.2012	40,00	EUR	P*
2	EP 12001019.4	001	120010194	26.07.2012	200,00	EUR	P*
3	EP 12001019.4	002	120010194	26.07.2012	1 115,000	EUR	P*
4	EP 12001019.4	015	120010194	26.07.2012	450,00	EUR	P*
5	EP 12001019.4	055	120010194	26.07.2012	40,00	EUR	P*
6	EP 00275161.4	041	2751614	30.07.2012	1 350,000	EUR	P*
7	EP 12001011.1	001	120010111	06.09.2012	200,00	EUR	P*
8	EP 12001011.1	002	120010111	06.09.2012	1 115,000	EUR	P*
9	EP 09753112.6	034	97531126	20.09.2012	555,00	EUR	P*
10	EP 07770171.1	035	77701711	01.10.2012	665,00	EUR	P*
11	EP 11109694.5	031	111096945	11.10.2012	995,00	EUR	P*
12	EP 12006196.2	001	120061962	16.10.2012	200,00	EUR	P*
13	EP 12006196.2	002	120061962	16.10.2012	1 115,000	EUR	P*
14	EP 12006196.2	015	120061962	16.10.2012	225,00	EUR	P*
15	EP 09133926.5	034	91339265	30.10.2012	555,00	EUR	P*
16	EP 12006361.2	001	120063612	01.11.2012	200,00	EUR	P*
17	EP 12006361.2	002	120063612	01.11.2012	1 115,000	EUR	P*
18	EP 12006361.2	501	120063612	01.11.2012	74,00	EUR	P*
19	PCT/EP2102/057352	029	EP2102057352	06.12.2012	50,00	EUR	P*
20	PCT/GB1999/003006	044	GB1999003006	21.12.2012	1 495,000	EUR	P*
21	PCT/GB1999/003006	104	GB1999003006	21.12.2012	647,00	EUR	P*
22	EP 11101957.4	001	111019574	29.12.2012	200,00	EUR	P*

Die Antwort: Dummerweise liefert Ihr System die Spalte E so, dass nach dem Tausenderwert als Tausendertrennzeichen ein Leerzeichen verwendet wird. Diese müssen Sie löschen.

SAP & co

Ich würde die Spalte (hier E) markieren und dann mit Home / Find & Replace (ganz rechts) das Leerzeichen (einfach ein Blank eintippen) durch nichts ersetzen.

3.4.4. SAP & co

Kennen Sie SAP? Das ist mein Freund!

Nein - das war sehr ironisch. Jeder, der häufig Daten aus SAP exportiert, kennt sicherlich das Problem: Ab und zu werden Textinformationen unter die Zellen geschoben. Das sieht man erstaunlicherweise nicht - die Zellen sind als "Standard" formatiert. Oft erkennt man es daran, dass die Zahlen linksbündig in der Zelle stehen. Spätestens wenn Sie mit den Zahlen weiterrechnen möchten oder wenn Sie die Zahlen sortieren oder filtern oder als zahlen formatieren möchten ... stellen Sie fest, dass Excel Ihnen nun einen Strich durch die Rechnung macht.

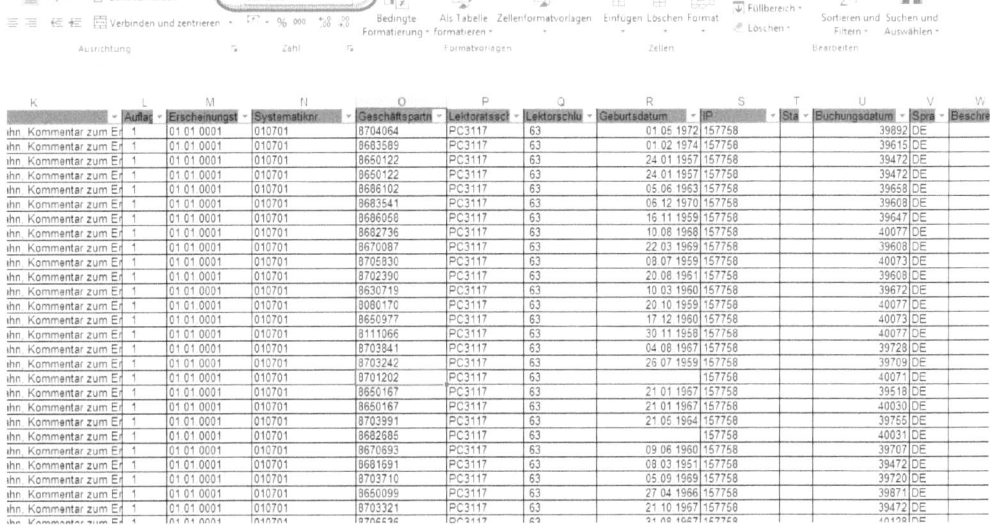

Ich habe für dieses Problem folgende Lösungen gefunden:

1. Wenn Sie Glück haben und das kleine grüne Dreieck sehen zur Fehlerüberprüfung, können Sie darüber die Texte in Zahlen zurückkonvertieren.

3.4 Datenaustausch

2. Wenn Sie nur einige wenige Zellen haben, können Sie auf die Zelle einen Doppelklick machen (oder mit [F2] die Zelle editieren und anschließend wieder mit [Enter] beenden. Dann "greift" sich Excel das korrekte Zahlenformat.

3. Sie können in einer Hilfsspalte daneben den Wert der Zelle mit 1 multiplizieren (=O2*1). Die Formel herunterziehen, kopieren und die Inhalte als Werte einfügen.

4. Das Gleiche erledigt auch die Funktion =WERT

5. Oder Sie markieren die Spalten und verwenden den Assistenten "Text in Spalten", den Sie im Register "Daten" finden. Geben Sie dort ein absurdes Trennzeichen ein (beispielsweise eine ~); ein Trennzeichen, das es natürlich in den Zahlen nicht gibt. Dann überschreibt er die Werte mit sich selbst und "greift sich" das korrekte, das heißt das darunterliegende Zahlenformat.

6. Die Zahl 1 in eine leere Zelle schreiben. Die Zelle kopieren, den Text-Zahl-Bereich markieren und mit Inhalten einfügen / Multiplizieren (Kontextmenü) "darüberklatschen". Das Ergebnis ist das Gleiche wie in Punkt 2 oder 3 oder 5 - Excel greift sich nun das korrekte Zahlenformat.

Zur Ehrenrettung von SAP sei angemerkt: Viele mir bekannte Datenbanksysteme, die da heißen DATEV, KISS, ORBIS, EBIS und andere "schieben" manchmal (nicht immer!) Textformate unter Zahlen beim Export nach Excel.

3.4.5. Komische Zeichen

Da habe ich etwas aus dem Internet in eine Exceltabelle eingefügt - und nun sind so komische Zeichen drin. Kann ich die ganz schnell entfernen?

	A	B	C	D	E	F
1			US-Dollar	1,1844		
2			Englisches Pfund	0,7812		
3		→	Schweizer Franken	1,2012		
4		→	Japanischer Yen	140,8451		
5		→	Russischer Rubel	73,5294		
6		→	Indische Rupie	73,5294		
7		→	Polnischer Zloty	4,268		
8		→	Tschechische Krone	28,169		
9		→	Dänische Krone	7,4405		
10		→	Kanadischer Dollar	1,4055		
11		→	Neuseel. Dollar	1,5117		
12		→	Taiwanischer Dollar	37,7358		
13		→	Australischer Dollar	1,4438		
		→	Äyptisches	8,4674		

Die "komischen Zeichen" sind Grafiken, die von der Internetseite nach Excel kopiert wurden. Sie können schnell alle diese Zeichen markieren, indem Sie über Start / Bearbeiten / Suchen und Auswählen / Gehe zu / Inhalte die Option "Objekte" auswählen. Dann werden sie alle markiert und können mit einem Klick entfernt werden.

3.4 Datenaustausch

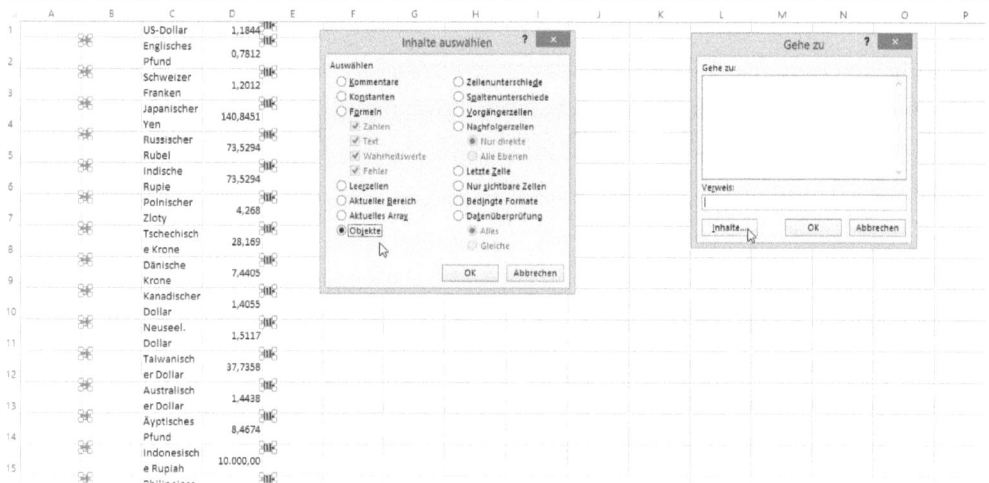

3.4.6. Word-Serienbriefe

Seltsam - wenn ich einen Word-Serienbrief erstelle, verwendet Excel seltsame Formate. Das heißt: bei formatierten Geldbeträgen muss ich das Format "per Hand" in Word eintragen; Datumsinformationen sehen ganz merkwürdig aus. Ich weiß, man kann in Word mit Feldfunktionen - aber muss das sein?

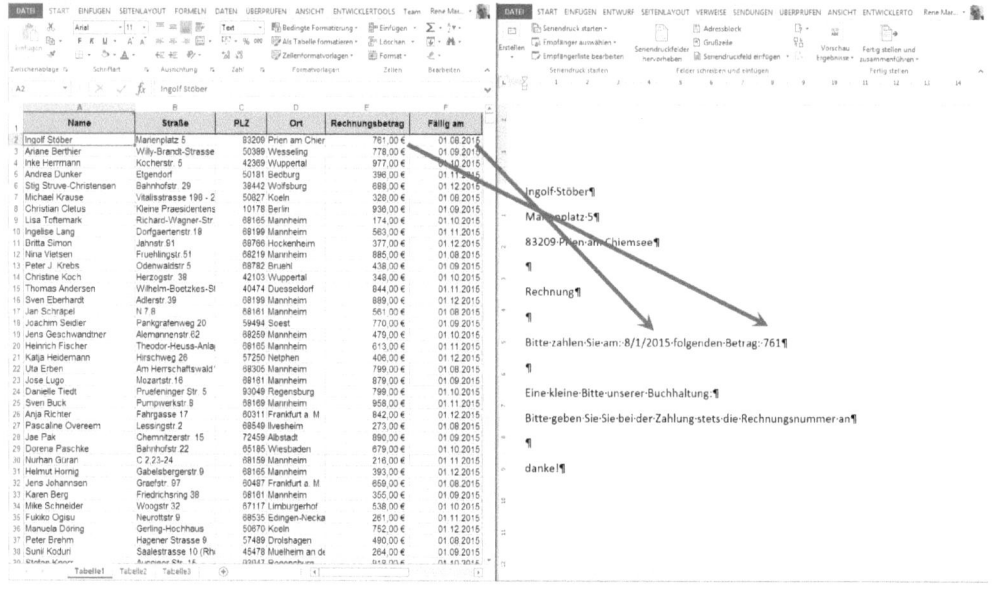

Word-Serienbriefe

Die Antwort: Ich weiß nicht, warum in Word diese Option als Standard deaktiviert ist. Wenn Sie in Word in den Optionen / Erweitert / Allgemein die "Dateiformatkonvertierung beim Öffnen bestätigen" einschalten und beim nächsten Serienbrief sich alle Datenquellen anzeigen lassen, nun aber nicht OLE, sondern DDE wählen, dann übernimmt Word brav die Excel-Zahlenformate.

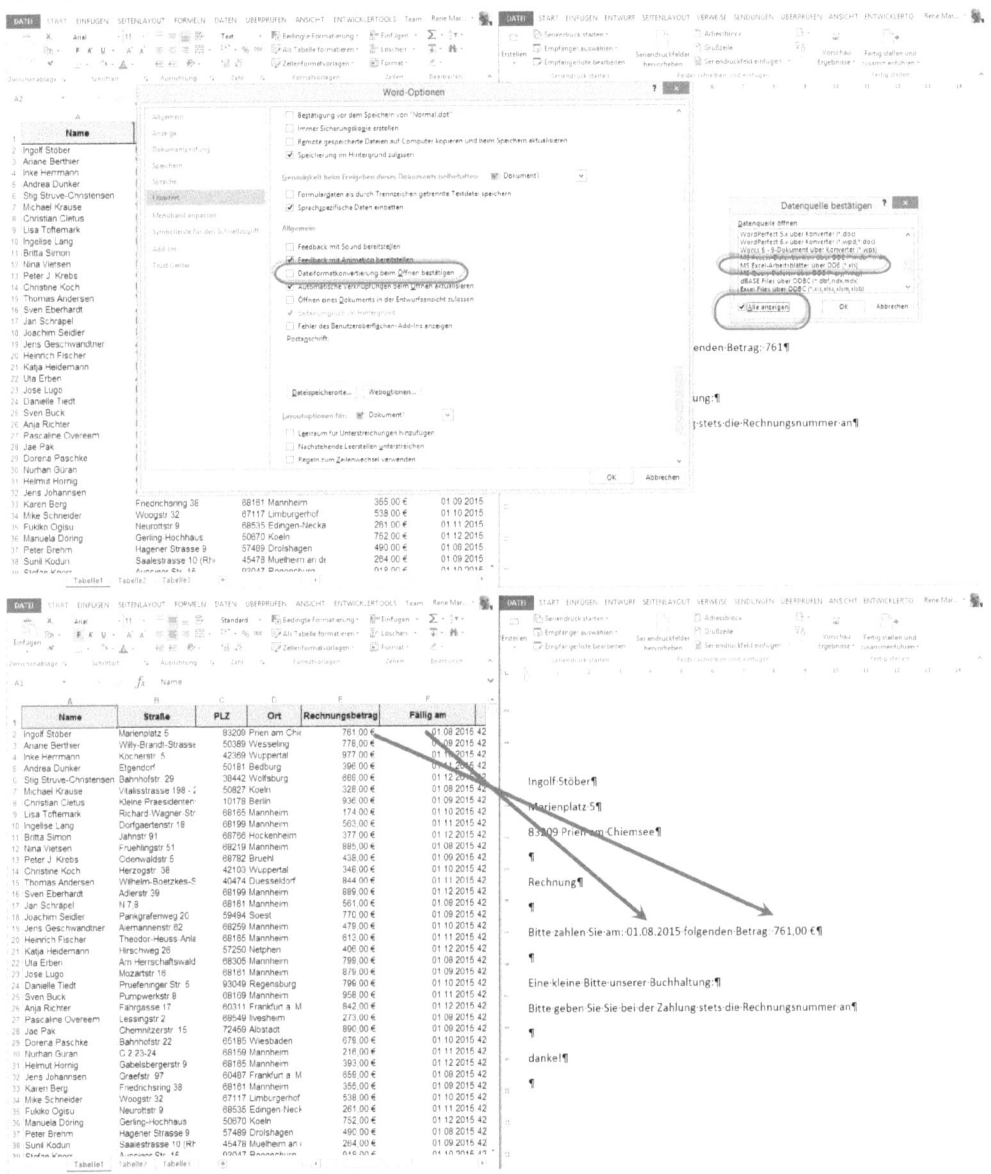

3.4 Datenaustausch

3.4.7. Visio

Es ist wunderbar, dass Visio einen Assistenten zur Verfügung stellt, mit dem man leicht die Daten, die man in Visio an die Shapes gebunden hat, exportieren kann. Leider haben unsere Büros Nummer, wie beispielsweise 1-18, 2-22 oder 4-07. Nach dem Export nach Excel wandelt Excel die Daten leider in Datumsinformationen um. Kann man das verhindern?

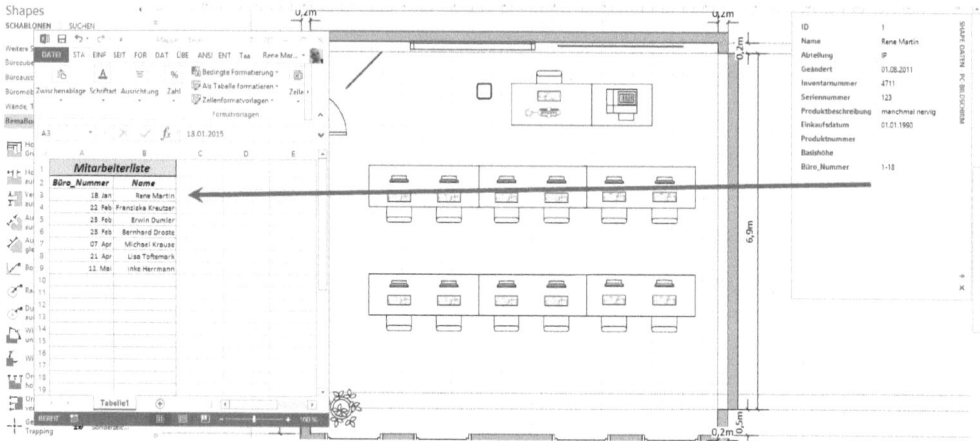

Da Sie den Assistenten nicht "aufbrechen" können, müssten Sie ihn entweder nachprogrammieren (was sehr mühsam ist) oder vor der Büronummer ein Hochkomma (') eingeben. Dann wird die Information als Text übergeben. Das ist leider in vielen anderen Systemen auch der Fall - Excel interpretiert einige Zeichen so wie er sie versteht und nicht so, wie Sie es gerne hätten.

3.4.8. Warum darf ich nicht kopieren?

Beim Kopieren eines Tabellenblattes in eine andere Datei erhalte ich eine merkwürdige Fehlermeldung:

"Die Blätter können von Excel nicht in die Zielarbeitsmappe eingefügt werden, da sie eine geringere Anzahl von Zeilen und Spalten enthält als die Quellarbeitsmappe."

Komische Zeichen

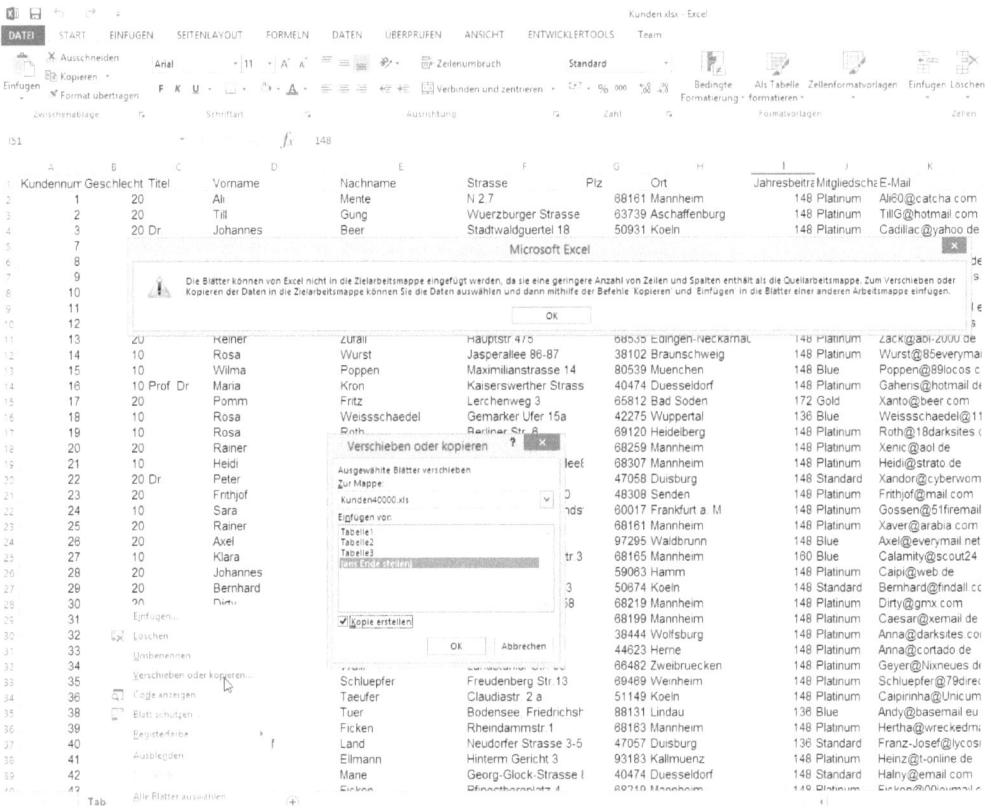

Die Antwort ist einfach: Sie versuchen ein Tabellenblatt auf einer Excel-2013-xlsx-Tabelle in eine Excel-2003-xls zu kopieren. Das kann nicht gehen, weil Excel 2013 mehr als 1.000.000 Zeilen hat, Excel 2003 nur etwas mehr als 65.000. Der zweite Satz des Meldungsfensters beschreibt die Lösung:

"Zum Verschieben oder Kopieren der Daten in die Zielarbeitsmappe können Sie die Daten auswählen und dann mithilfe der Befehle 'Kopieren' und 'Einfügen' in die Blätter einer anderen Arbeitsmappe einfügen."

3.4.9. Komische Zeichen

Ich erhalte von einem Datenbanksystem manchmal Excellisten, in denen seltsame Zeichen drin sind. Frage: Was haben die in meinen Listen zu suchen und wie bekomme ich die da wieder raus?

3.4 Datenaustausch

Die Antwort: Manche System verwenden intern nichtdruckbare Zeichen, also Zeichen, die einen ASCII-Code haben, der kleiner als 32 ist. Sie werden in Excel als Kästchen dargestellt.

Die Funktion SÄUBERN (eng.: CLEAN) putzt diese Zeichen raus. Da sie aber oft als Trennzeichen verwendet werden, würde ich zuerst herausfinden, welchen ASCII-Code sie haben. Dies kann man mit der Funktion CODE herausfinden. Wenn Sie die Nummer wissen, können Sie mit

=WECHSELN(J2;ZEICHEN(8);"*")

das fehlerhafte Zeichen durch ein anderes ersetzen lassen. Dabei steht 8 für die Nummer, die Sie gefunden haben: ZEICHEN(8) erzeugt dieses nichtdruckbare Zeichen und "*" ist ein beliebiges Zeichen, das Sie verwenden können - natürlich können Sie auch ein ";" oder ein "/" benutzen.

3.4.10. Excel -> Text -> Excel

Ich exportiere eine Exceltabelle in eine Textdatei oder eine csv-Datei. Manchmal kann ich sie wieder in Excel importieren - manchmal nicht.

Excel -> Text -> Excel

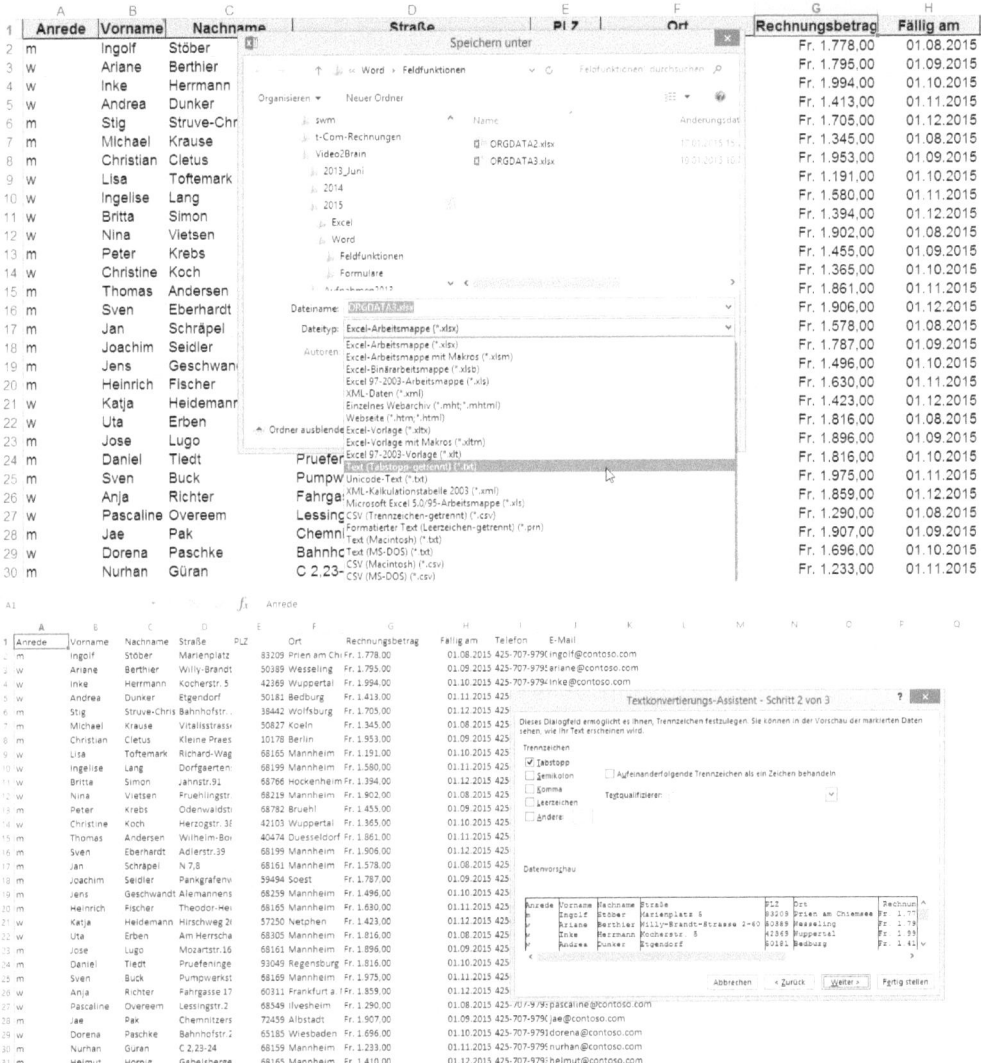

Das ist ein großes Problem. Leider kann man in Excel keine genauen Exportspezifikationen festlegen - das heißt - wie das Datum und Zahlen (Tausendertrennzeichen, Dezimaltrennzeichen, Formatierungen, ...) exportiert werden sollen. Man muss stets ein wenig "probieren" - ob alles mitgenommen wird - Zahlen, Datumsangaben, Umlaute, ...

Machen Sie die Probe aus Exempel und exportieren Sie die Datei in die verschiedenen Textformate - Sie werden sich wundern ...

3.4 Datenaustausch

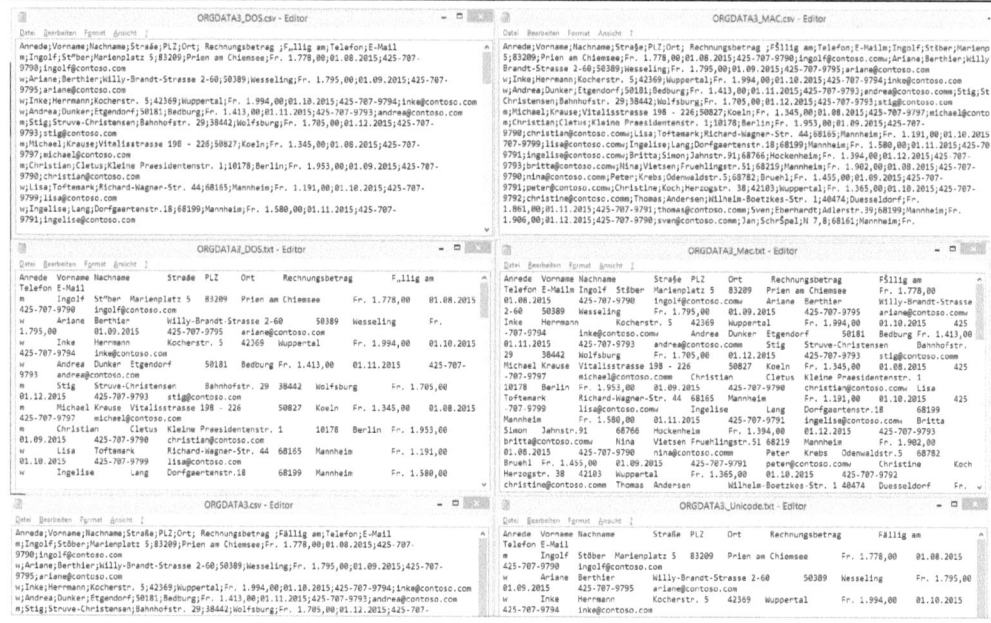

3.4.11. Access

Unser System liefert Exceltabellen, die wir in Access importieren möchten. Kann man in Access einstellen, dass die Dateien nicht eine, sondern mehrere Überschriftszeilen haben?

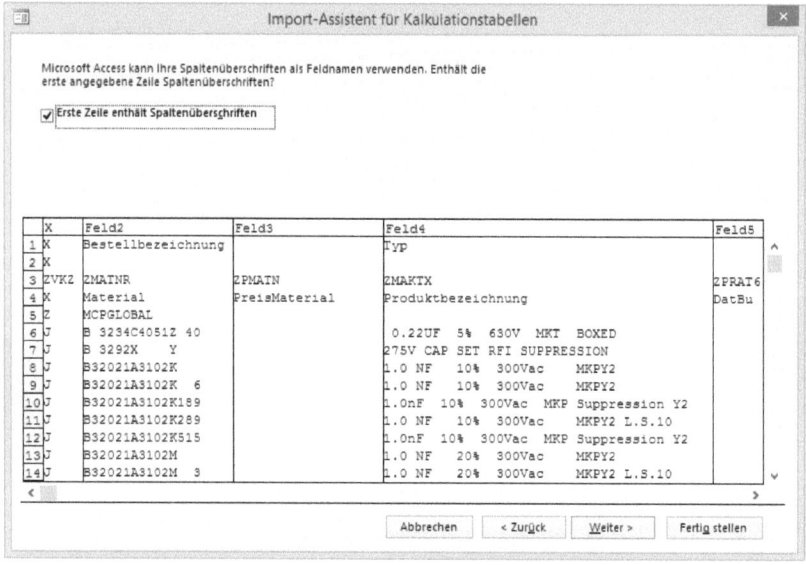

Die Antwort - Nein - die Daten müssen zuvor in Excel aufbereitet werden. Wenn Sie regelmäßig Daten importieren, dann sollten Sie sich ein Programm schreiben (lassen), das Ihnen diese Datenaufbereitung vornimmt.

3.4.12. Bin ich nicht kompatibel?

Warum zeigt Excel in der Statuszeile "Kompatibilitätsmodus" an? - Ich habe die Datei doch als Excel 2013 im XLSX-Format gespeichert?

Filmliste.xlsx [Kompatibilitätsmodus] - Excel

Die Antwort: Wenn Sie eine XLS-Datei öffnen und in der aktuellen Version (XLSX) speichern, so hat Excel die Datei noch nicht "konvertiert". das können Sie beispielsweise daran erkennen - das Tabellenblatt hat "nur" 65.536 Zeilen. Erst wenn Sie die Datei schließen und wieder öffnen, haben Sie den vollen Umfang von 1.048.576 Zeilen zur Verfügung.

3.4.13. Plötzlich Datum ...

Hallo Herr Martin,

ich hatte bei Ihnen im Jahr 2013 einen Excel Kurs ;)

Leider bin ich jetzt an meine Grenzen gestoßen… :(

Habe von einem Kunden aus China „.txt" Dateien mit sehr vielen Daten erhalten. (siehe Anhang)

Diese wollte ich nun ins Excel importieren um die Daten entsprechend grafisch (Kurve, Diagramme) darzustellen.

Die ersten 54 Zeilen werden auch korrekt importiert (dargestellt). Jedoch ab Zeile 55 Spalte 1 stellt er die „ursprünglichen" Daten teilweise als Datumsformat dar.

Ich möchte jedoch alle Zellen als reine Daten (Zahl) im Excel haben.

Vielleicht können Sie mir helfen?

Besten Dank im Voraus J

3.4 Datenaustausch

46	0.84	-3.12	0.43	0.07	-0.03
47	0.86	-3.22	0.49	0.07	-0.01
48	0.88	-3.03	0.45	0.09	-0.14
49	0.90	-2.72	0.48	-0.03	-0.07
50	0.92	-2.64	0.44	-0.06	-0.08
51	0.94	-2.41	0.42	0.10	0.02
52	0.96	-2.19	0.42	-0.06	0.01
53	0.98	-2.12	0.42	-0.02	-0.03
54	1.00	-1.91	0.42	-0.13	-0.11
55		01. Feb -2.00	0.41	0.02	0.05
56		01. Apr -1.84	0.38	-0.05	-0.03
57		01. Jun -1.43	0.37	0.01	0.14
58		01. Aug -1.32	0.34	-0.01	0.01
59		01. Okt -1.09	0.35	0.08	-0.02
60		01. Dez -0.97	0.33	-0.10	0.06
61		Jan 14 -0.73	0.30	-0.10	-0.01
62		Jan 16 -0.74	0.29	0.13	0.13
63		Jan 18 -0.26	0.36	-0.12	0.06
64		Jan 20 -0.10	0.27	0.08	0.04
65		Jan 22 -0.06	0.29	-0.02	-0.00
66		Jan 24 0.14	0.25	0.11	0.14
67		Jan 26 0.40	0.24	0.01	-0.08
68		Jan 28 0.47	0.23	-0.06	0.02
69		Jan 30 0.73	0.21	-0.05	0.07
70		Jan 32 0.70	0.17	0.03	-0.08
71		Jan 34	01. Apr 0.13	-0.12	-0.00
72		Jan 36	Jan 20 0.10	0.11	-0.02
73		Jan 38	Jan 39 0.13	0.03	-0.04
74		Jan 40	Jan 63 0.10	0.05	-0.15
75		Jan 42	Jan 61 0.09	-0.04	-0.01

Hallo Herr N.,

Sie müssen beim Importieren der Liste beim letzten Schritt angeben, dass die Informationen nicht als Datum (Standard) interpretiert werden sollen, sondern als Text. Dann klappt es.

Das gleiche Ergebnis haben Sie, wenn Sie in eine Zelle 0.84 eintragen. Nichts passiert, weil Excel das nicht als Datum „versteht". Jedoch bei 1.2 „denkt" er, dass es hierbei um ein Datum handelt. Die Lösung: VORHER als Text formatieren:

	A	B	C	D	E
1	Spalte 1	Spalte 2	Spalte 3	Spalte 4	Spalte 5
2	0.84	-3.12	0.43	0.07	-0.03
3	0.86	-3.22	0.45	0.09	-0.01
4	0.88	-3.32	0.47	0.11	-0.01
5	0.90	-3.42	0.49	0.13	-0.03
6	0.92	-3.52	0.51	0.15	-0.05
7	0.94	-3.62	0.53	0.17	-0.07
8	0.96	-3.72	0.55	0.19	-0.09
9	0.98	-3.82	0.57	0.21	-0.11
10	1.0	-3.92	0.59	0.23	-0.13
11	1.2	-3.102	0.61	0.25	-0.15
12	1.4	-3.112	0.63	0.27	-0.17
13	1.6	-3.122	0.65	0.29	-0.19
14	1.8	-3.132	0.67	0.31	-0.21
15	1.10	-3.142	0.69	0.33	-0.23
16	1.12	-3.152	0.71	0.35	-0.25
17	1.14	-3.162	0.73	0.37	-0.27
18	1.16	-3.172	0.75	0.39	-0.29
19	1.18	-3.182	0.77	0.41	-0.31
20	1.20	-3.192	0.79	0.43	-0.33
21	1.22	-3.202	0.81	0.45	-0.35
22					

3.4.14. Today is only yesterday's tomorrow

Hallo Herr Martin,

ich erhalte regelmäßig Daten von einem System (ORBIS). Diese muss ich anschließend filtern. Nun passiert es regelmäßig, dass er in Den Spalten, in denen sich ein Datum befindet, nicht "Datumsfilter" anzeigt, sondern "Textfilter". Ich benötige aber Datumsfilter. Was ist da los?

3.5 Merkwürdig übersetzt

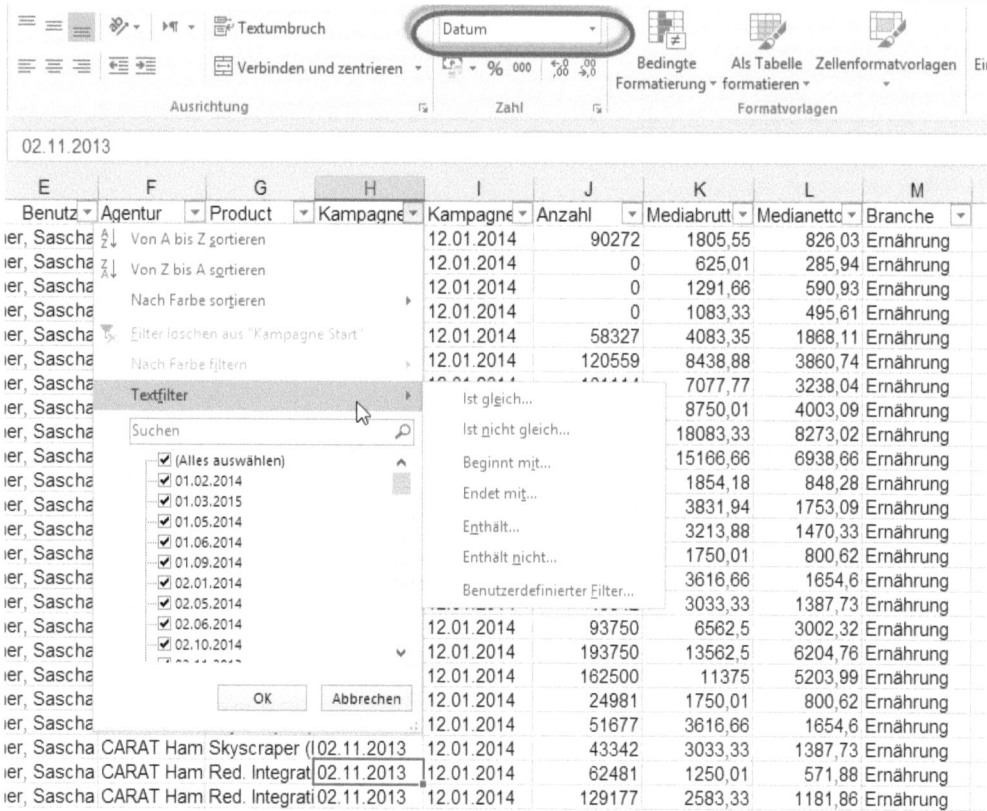

Die Antwort: Viele Datenbanksystem "schieben" beim Excelexport Text unter die Zahlen oder Datumsangaben. Erstaunlicherweise kann man das weder sehen noch per Formatierung ändern.

Die Lösung: Sie müssen diese "falsche" Datumsspalte markieren und mit dem Assistenten Daten / Text in Spalten in das überführen, was eigentlich drin ist.

Weitere Lösungsansätze finden Sie in meinem Artikel "SAP & co"

3.5. Merkwürdig übersetzt

3.5.1. Fenster :: Fixieren

Ist Ihnen folgender Übersetzungsfehler in Excel 2010 aufgefallen? Dort befinden sich im Register "Ansicht" zwei Mal das Symbol "Einfrieren". Das linke von beiden ist ein Übersetzungsfehler - der englische Text "Zoom to Selection" wurde dort falsch mit "Einfrieren"

(Freeze) übersetzt. In der Version 2013 und 2016 ist es dann wieder korrekt. Übrigens heißt dort "Freeze" nun wieder "Fixieren" und nicht mehr "Einfrieren":

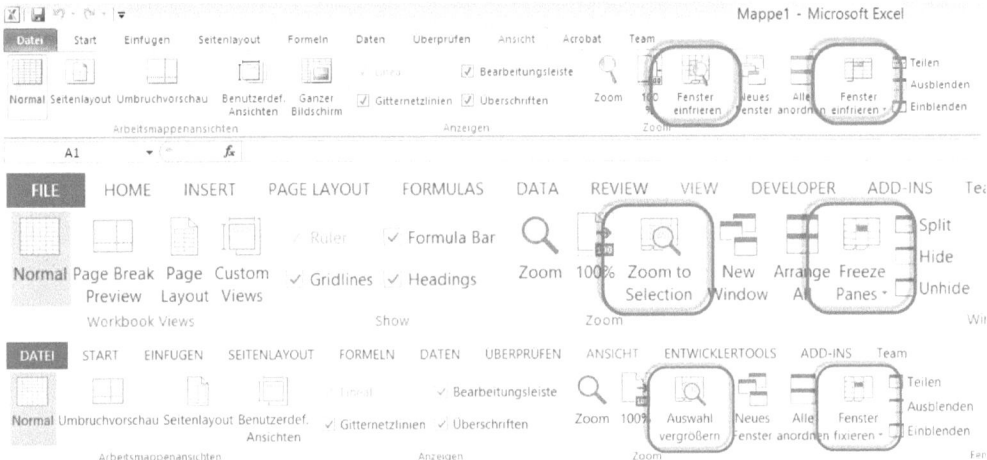

3.5.2. Anzahl | Anzahl2

Recht unglücklich wurden die beiden englischen Begriffe COUNT und COUNTA übersetzt: Die Funktionen heißen auf deutsch "Zählen" und "Zählen2". Die Hilfe liefert eine Erklärung:

Anzahl berechnet, wie viele Zellen in einem Bereich Zahlen enthalten.

Anzahl2 zählt die Anzahl nicht leerer Zellen in einem Bereich (also Texte und Zahlen)

In der Statusleiste dagegen heißen diese beiden Funktionen Anzahl und Numerische Zahl. Dabei entspricht die Funktion Anzahl in der Statusleiste der Funktion Anzahl2 beim Rechnen ...

3.5 Merkwürdig übersetzt

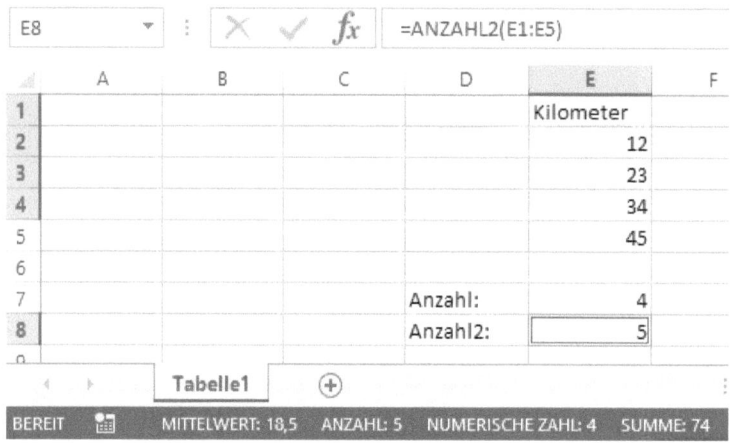

3.5.3. Quelle der Pivottabelle

Haben Sie sich auch gefragt, warum Excel das Ziel der Pivottabelle "Quelle" nennt? Nun, das ist eine schräge Übersetzung aus dem englischen. Dort wurde der Dialog der Pivottable mit "Location" übersetzt, also Zielort und nicht Quellbereich ...

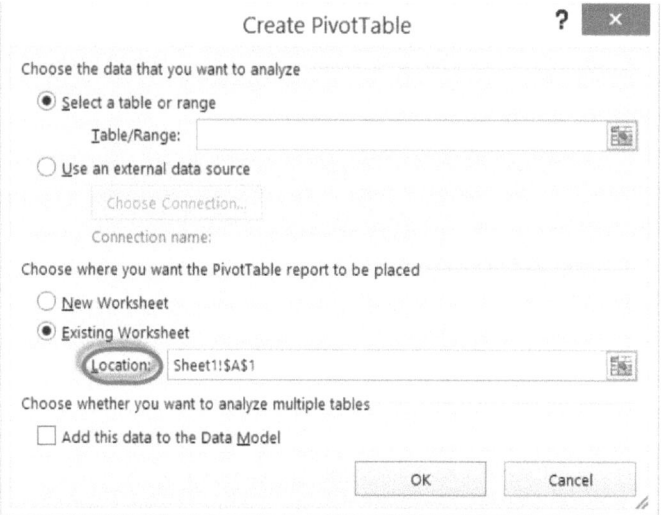

Datenüberprüfung oder Gültigkeit?

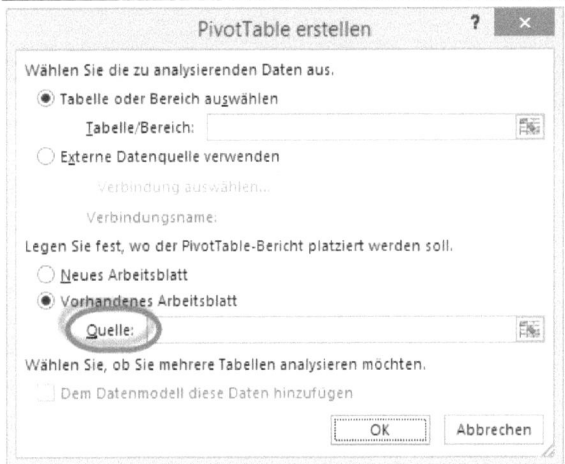

3.5.4. Datenüberprüfung oder Gültigkeit?

Von Excel 2003 zu 2007 wurde die Gültigkeit in Datenüberprüfung umbenannt.

Jedoch hat der Übersetzer vergessen, beim Assistenten "Inhalte einfügen" dies auch zu übersetzen.

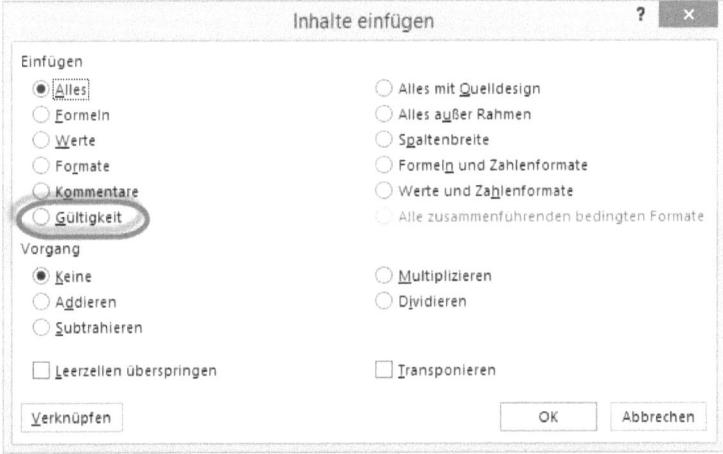

3.5.5. Blatt, Tabellenblatt oder Arbeitsblatt?

Sicherlich nicht das Schlimmste, aber es erzeugt ein Schmunzeln:

Konsequent ist es nicht, wenn Excel mal von Blatt, mal von Tabellenblatt und dann wieder von Arbeitsblatt spricht ...

167

3.5 Merkwürdig übersetzt

3.5.6. Komische Überschriften

Ups - plötzlich steht in der ersten Zeile statt A, B, C, ... die Zahl 1, 2, 3. Was ist passiert?

Man kann diese Einstellung in den Optionen / Formeln wieder ausschalten. Sie heißt Z1S1-Bezugsart.

Übrigens würde Excel nun statt =C3 schreiben: =ZS(-9). Und statt =SUMME(G2:G30) steht nun in der Zelle: =SUMME(Z(-9)S(-3):Z(19)S(-3))

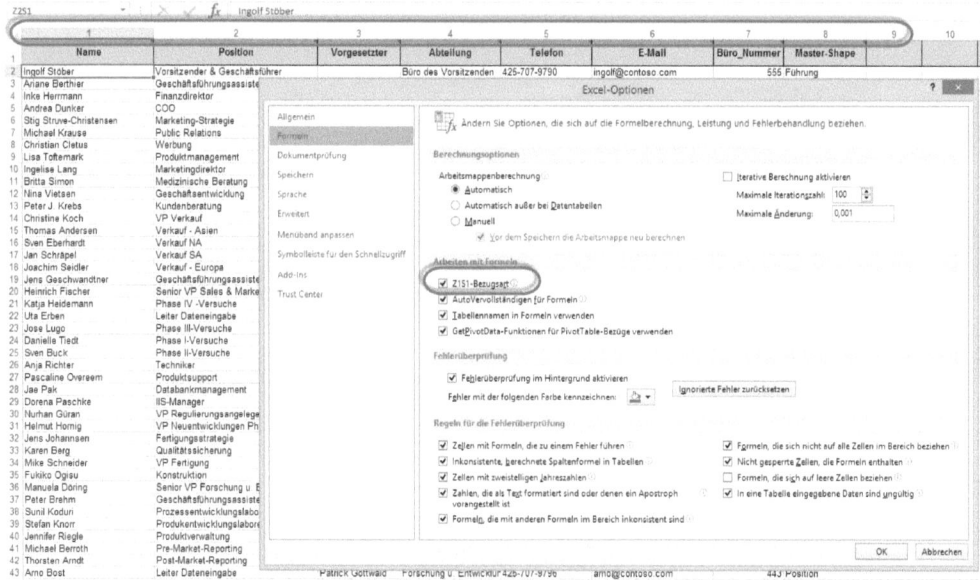

3.5.7. Glätten und Trim

Während die Erklärung für die Funktion Trim im englischsprachigen Excel lautet:

"Removes all spaces from a text string except for single spaces between words."

heißt die Erklärung auf Deutsch:

"Löscht Leerzeichen in einem Text"

Der zweite Teil wurde unterschlagen, so dass man annehmen könnte, dass Glätten aus "Rene Martin" ein "ReneMartin" macht, was natürlich nicht der Fall ist. Um das Leerzeichen zwischen meinem Vornamen und Nachnamen zu entfernen muss man die Funktion WECHSELN (SUBSTITUTE) verwenden.

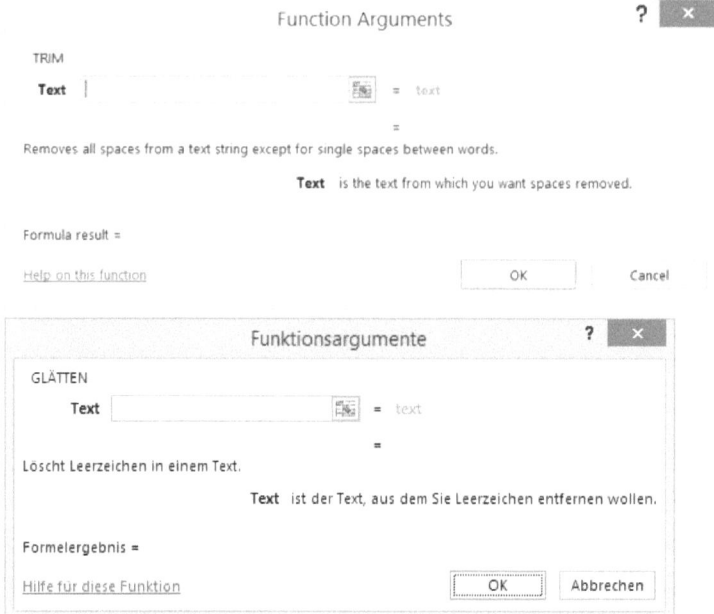

3.5.8. VLOOKUP und SVERWEIS

Die Erklärung des letzten Parameters "Range_Lookup", der vielen Anwendern Schwierigkeiten bereitet, lautet im englischsprachigen Excel:

"[...]is a logical value: to find the closest match in the first column (sorted in ascending order) = TRUE or omitted; find an exact match = FALSE"

Im Deutschen dagegen:

"[...] gibt an, ob eine genaue Übereinstimmung gefunden werden soll: WAHR = aus der aufsteigend sortierten Reihenfolge der Werte wird der Wert zurückgegeben, der am dichtesten am gesuchten Wert liegt; Falsch = es wird eine genaue Übereinstimmung angenommen"

Dabei stellen sich mir folgende Fragen:

1. Warum wird das nicht korrekt erklärt? Weder im Englischen noch im Deutschen? "the closest match" ist genauso falsch wie "der am dichtesten am gesuchten Wert liegt".

2. Warum schneidet Excel seit der Version 2007 den letzten Teil der Erklärung ab. Hat das noch keiner gemerkt?

3.5 Merkwürdig übersetzt

3. Warum wird "to find the closest match" übersetzt mit "gibt an, ob eine genaue Übereinstimmung gefunden werden soll" - "closest" ist nicht "genau" sondern "ungefähr". Somit ist die deutsche Übersetzung zur englischen spiegelverkehrt. Und das, seit ich Excel kenne (seit Excel 4.0)

Auf http://office.microsoft.com/de-de/excel-help/sverweis-HP005209335.aspx lese ich:

"[...]

Wenn dieser Parameter WAHR ist oder weggelassen wird, wird eine ungefähre Entsprechung zurückgegeben. Wenn keine genaue Entsprechung gefunden wird, wird der nächstgrößere Wert zurückgegeben, der kleiner als Suchkriterium ist.

Die Werte in der ersten Spalte von Matrix müssen aufsteigend sortiert sein. Andernfalls gibt SVERWEIS möglicherweise nicht den korrekten Wert zurück. Sie können die Werte aufsteigend sortieren, indem Sie im Menü Daten auf Sortieren klicken und Aufsteigend auswählen. Unter Standardsortierreihenfolgen finden Sie weitere Informationen.

Auf https://support.office.com/de-at/article/SVERWEIS-0bbc8083-26fe-4963-8ab8-93a18ad188a1 lese ich:

"Wenn Bereich_Verweis entweder WAHR oder nicht belegt ist, wird eine genaue oder ungefähre Entsprechung zurückgegeben. Wird keine genaue Entsprechung gefunden, wird der nächstgrößere Wert zurückgegeben, der kleiner als ist."

Warum so umständlich? Warum nicht beispielsweise so:

"Ist dieser Wert WAHR und es wird kein dem Suchkriterium entsprechender Wert gefunden, wird der nächstkleinere Wert (das heißt der Wert aus der darüberliegenden Zeile) ausgegeben. Ist der Wert FALSCH und es wird kein dem Suchkriterium entsprechender Wert gefunden, wird eine Fehlermeldung erzeugt."

Erklärungstext nicht aussagekräftig

3.5.9. Erklärungstext nicht aussagekräftig

Zugegeben: An vielen Stellen sind die Erklärungen in Excel schon recht gut. Und verständlich. Es ist klar, was gemeint ist. An einigen Stellen jedoch wundere ich mich sehr und schüttle den Kopf. Auch hier hilft ein Blick in die englische Oberfläche von Excel nicht - auch dort steht nichts, was die Zahlen bedeuten. Erst ein Blick in die Hilfe erklärt, welche Bedeutung die Konstanten in den Funktionen TEILERGEBNIS (SUBTOTAL) und VERGLEICH (MATCH) haben:

3.5 Merkwürdig übersetzt

Erklärungstext nicht aussagekräftig

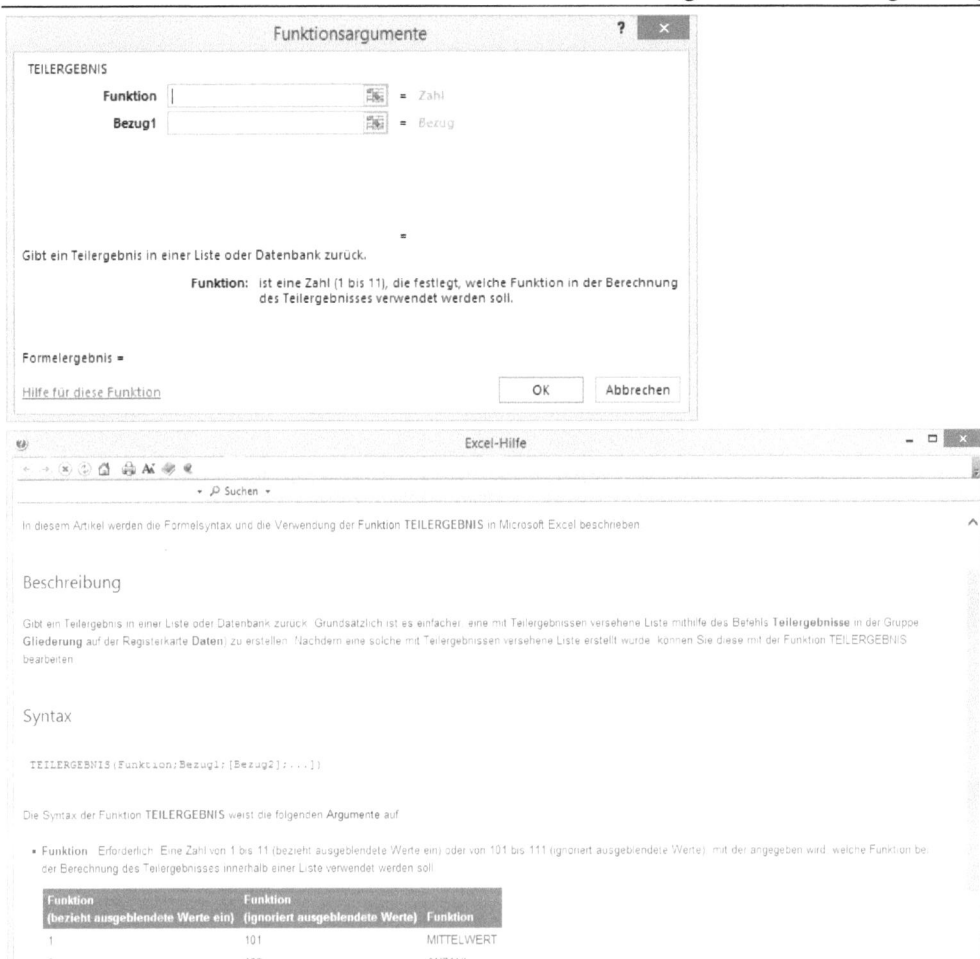

3.5 Merkwürdig übersetzt

3.5.10. Eine Linie ist eine Linie ist eine Linie

Nicht, dass es wichtig wäre, aber es amüsiert. Ist Ihnen aufgefallen, wie viele verschiedene Begriffe eine Linie in Excel hat?

* Beim Formatieren von Zellen werden sie "Rahmenlinien" genannt.

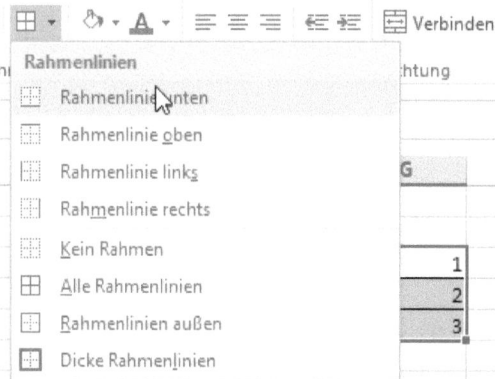

* Bei Autoformen und Diagrammen steht im Register "Format" der Begriff "Formkontur"

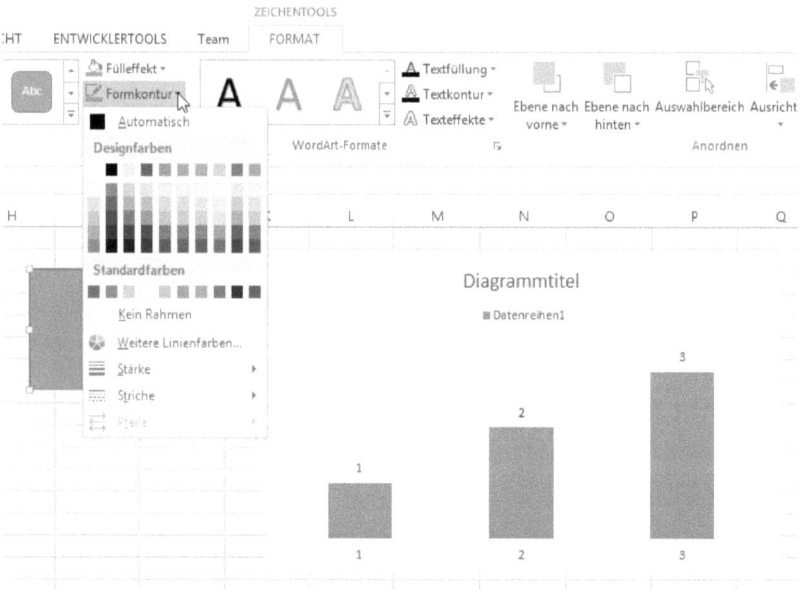

* Der Aufgabenbereich nennt sie bei Autoformen "Linie"

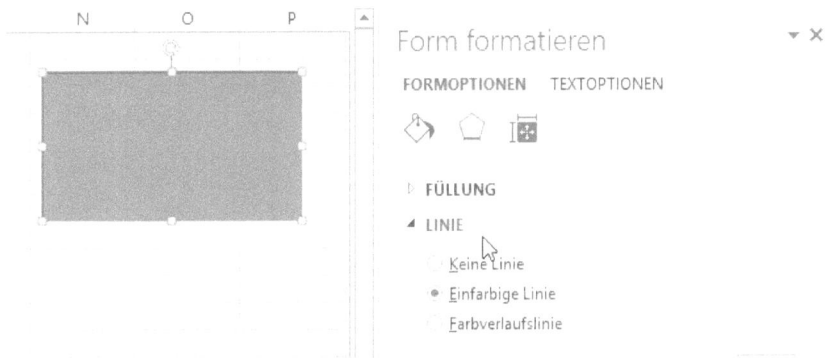

* und bei Diagrammen heißt es Rahmen.

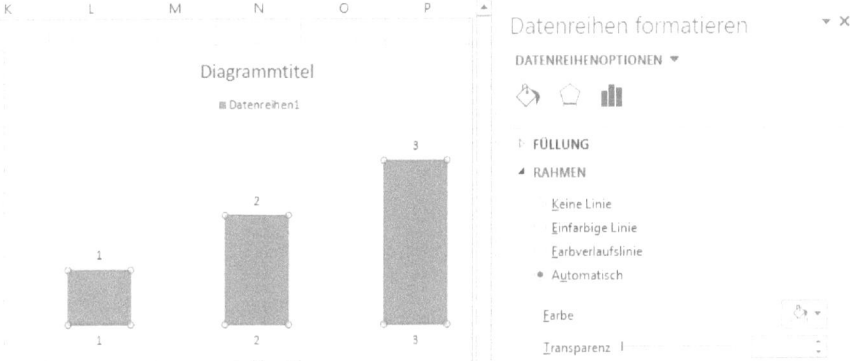

3.5.11. Markieren Sie den Zielbereich!

Wenn ich mehrere Zellen markiere, steht in der Statuszeile, dass ich den Zielbereich markieren soll. Ich habe vor ein paar Tagen festgestellt, dass das gar nicht richtig ist - es genügt, wenn ich eine Zelle - genau: die linke, obere Zelle markiere. Dann fügt Excel die Kopie ab dieser Zelle nach unten und nach rechts ein.

Warum sagt Excel so etwas, wenn es nicht richtig ist?

3.5 Merkwürdig übersetzt

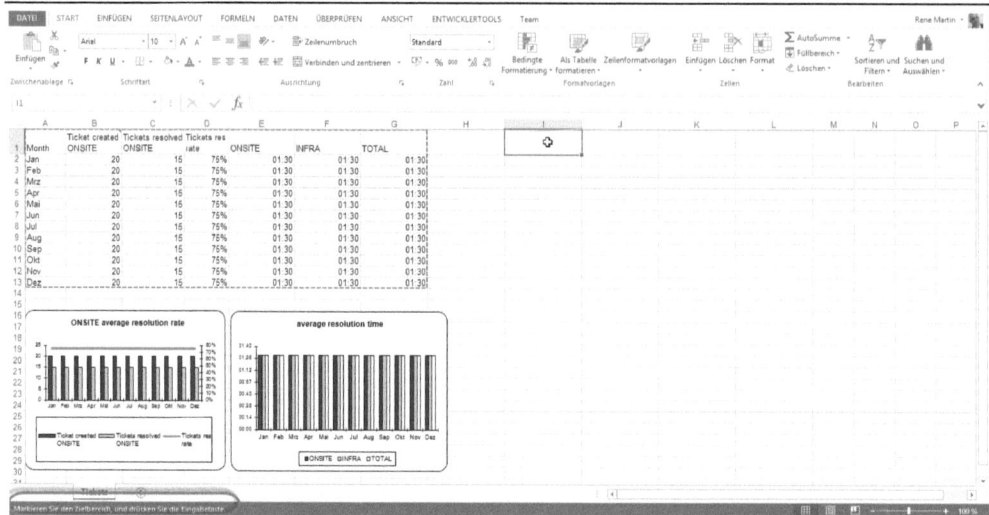

Vielleicht ist es nicht glücklich aus dem Englischen übersetzt. Dort steht in der Statuszeile "Select destination" - also nur das Ziel und nicht der Zielbereich. Ich hätte es sicherlich auch anders übersetzt ... aber nun gut!

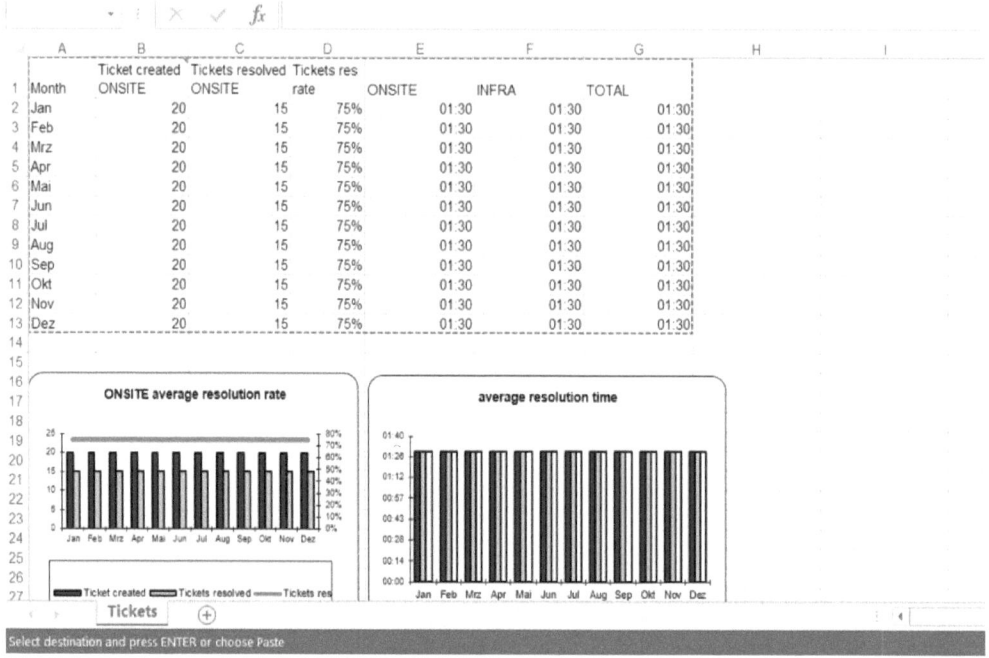

3.5.12. Getrennte Daten

Ich habe genau aufgepasst, was meine Kollegin macht. Wenn wir einen Download von unserem System erhalten, muss eine Spalte in zwei Teile zergliedert werden. Dazu hilft der Assistent "Text in Spalten". Den finde ich im Register "Daten".

Aber: Als ich es das erste Mal selbst versuchen wollte, bin ich ins Grübeln gekommen. Der Assistent wollte von mir wissen, ob die Daten eine feste Breite haben (sicherlich nicht!) oder ob sie getrennt sind. Natürlich sind sie noch nicht getrennt - sonst würde ich sie doch nicht trennen wollen. Ich habe mal abgebrochen - vielleicht können Sie mir ja helfen, was ich tun soll.

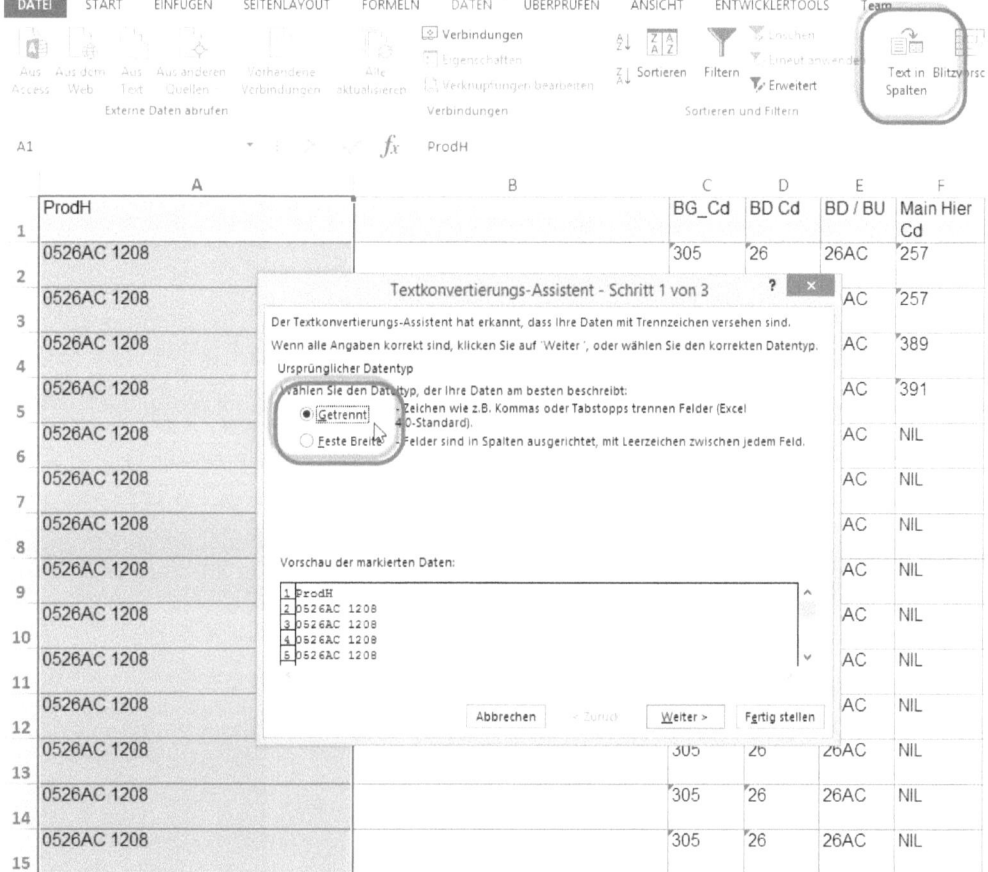

Die Antwort: Die Option "getrennt" war schon richtig. Auch hier wurde etwas verwirrend übersetzt, beziehungsweise beschriftet. Ich hätte es wahrscheinlich beschriftet mit: "gibt es

3.5 Merkwürdig übersetzt

ein Trennzeichen anhand dem Excel erkennen kann, wo die Daten getrennt werden sollen" (oder ähnliches). Im englischen Original ist es auch nicht so dolle beschriftet - auch hier könnte die Sprachabteilung nochmal drüber:

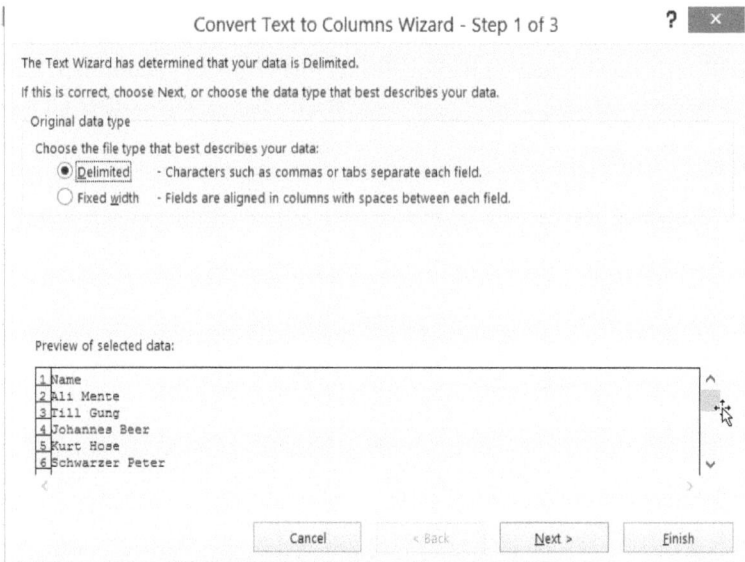

"Choose the file type that best describes your data: Delimited - Characters such as commas or tabs separate each field."

3.5.13. Warum da und nicht woanders?

Warum ist eigentlich die DatenÜBERPRÜFUNG in der Registerkarte DATEN und nicht in der Registerkarte ÜBERPÜFEN? Und wo wir gerade dabei sind - warum wanderte die Pivottabelle, pardon: die PivotTable von Daten zu EINFÜGEN? Da gehört sie doch wirklich nicht hin ...

Nun zum einen wird man es niemals allen Benutzern recht machen. Zum anderen - ich weiß es nicht. Und kenne auch keinen, den ich fragen kann. Nehmen Sie es als excelgegeben hin ...

3.5.14. Einfügen, einfügen - immer nur einfügen ...

Ich habe gestern eine Excelschulung besucht. Der Trainer hat immer gesagt "klicken Sie auf Einfügen!" Ich habe immer falsch geklickt. Warum hat er das nicht richtig gesagt?

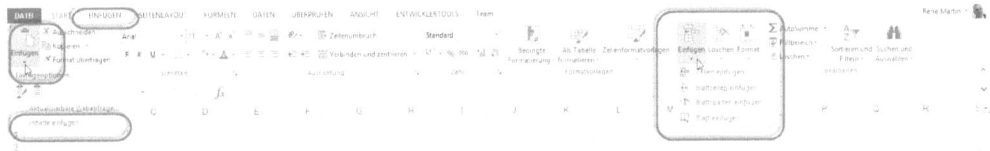

Das ist ein sprachliches Problem ... An mehreren Stellen verwendet Excel den Begriff "Einfügen". Eigentlich hätte der Trainer genau sagen müssen - "Klicken Sie auf die Registerkarte "Einfügen" oder Klicken Sie im Register "Start" in der Gruppe "Zwischenablage" auf das Symbol "Einfügen" oder: Klicken Sie im Register "Start" in der Gruppe "Zellen" auf den Befehl "Einfügen / Blatt einfügen" oder ähnliches.

Übrigens: Kopieren und Einfügen heißt im Englischen Copy & Paste - also eigentlich (hinein)kleben - wurde also im Deutschen anders übersetzt. Deshalb findet sich in der englischen Multifunktionsleiste nur zwei Mal der Befehl "Einfügen" - als Beschriftung einer Registerkarte und als Symbol im Register "Home".

Umgekehrt: Auch "Seitenlayout" gibt es als Registerkarte und als Symbol (in "Ansicht") - im Englischen "Page Layout". Auch "Überprüfen" und "Datenüberprüfung" kann man leicht verwechseln ... (im Englischen: "Review" und "Data Validation" ...)

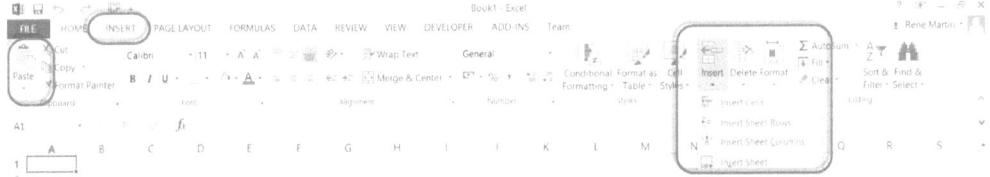

3.5.15. kann Spuren von Erdnüssen und anderen Nüssen enthalten

Hallo zusammen.

Ich erhalte eine Excelliste mit Postleitzahlen von einem bestimmten System. Dummerweise werden die Zahlen mit dem Zahlenformat "Standard" gespeichert, so dass bei den deutschen Postleitzahlen, die mit einer 0 beginnen (beispielsweise Dresden) diese entfernt wird. Nun habe ich mit einer Formel

=TEXT(G2;"00000")

dieses Problem bereinigt und kann die Liste prima für meine Word-Serienbriefe verwenden. Zum Glück lässt diese Formel die Postleitzahlen aus Österreich und der Schweiz in

3.5 Merkwürdig übersetzt

Ruhe, weil sich dort ein Text (A, bzw. CH) in der Zelle befindet. Trotzdem macht es mich stutzig, weil dort steht

"... auf eine Zelle, die einen numerischen Wert enthält."

A-1012 enthält doch auch einen numerischen Wert, oder?

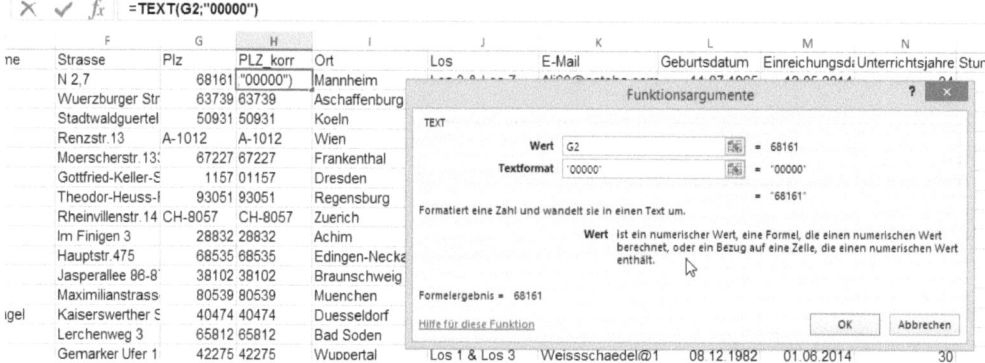

Die Antwort: die Übersetzung ist nicht ganz glücklich - gemeint ist: in der Zelle steht ein numerischer Wert - kein Text-Zahl-Gemisch - das ist für Excel ein Text.

3.5.16. anders ausgedrückt

Es ist sicherlich nicht das größte Problem in Excel. Aber inkonsistente Bezeichnungen amüsieren mich immer wieder in alle Microsoft-Produkten.

Ist Ihnen schon aufgefallen, dass im Autofilter "ist gleich" im Dialog bezeichnet wird mit "entspricht" im Dialog aufgelistet?

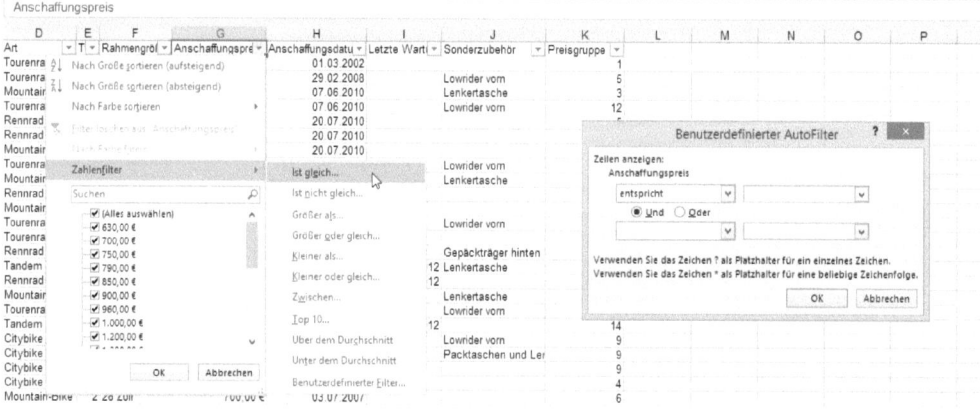

3.6. Symbole falsch beschriftet

3.6.1. deutsch :: englisch

Ab und zu beschriftet Excel einige der Symbole auf Englisch? Haben Sie das schon einmal gesehen? Beispielsweise aus "fett" wird "bold", aus "kursiv" wird "italic" oder das 1.000-Trennzeichen wird nicht "europäisch" dargestellt, sondern US-amerikanisch:

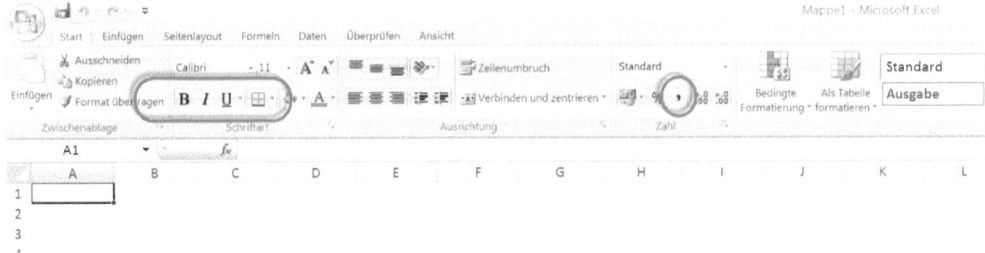

Die Lösung: Ändern Sie die Auflösung Ihres Bildschirmes von 150% auf beispielsweise 100%:

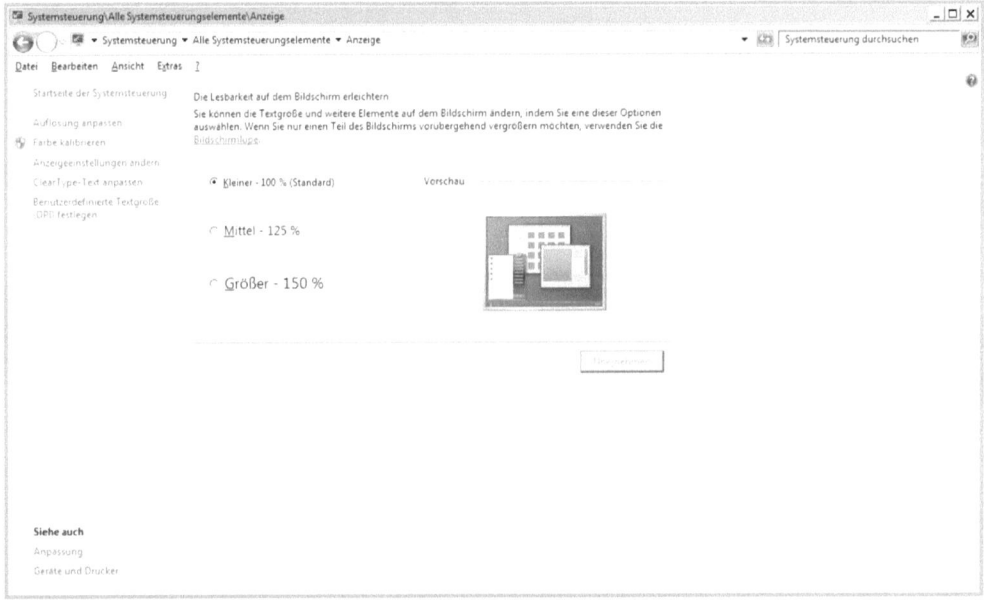

Dann erhalten Sie wieder die Oberfläche in "deutscher Sprache":

3.6 Symbole falsch beschriftet

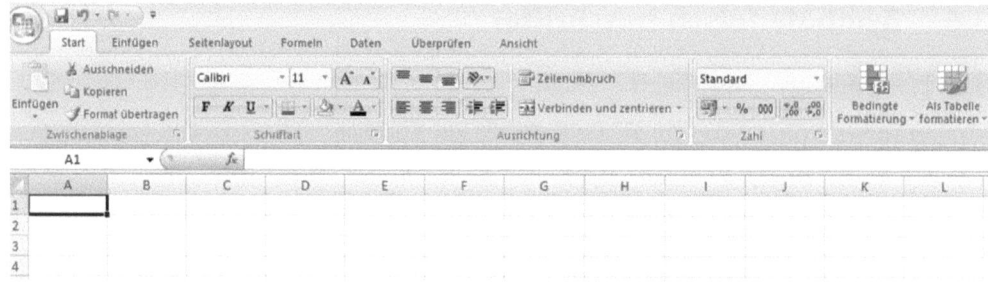

3.6.2. [Strg]+[#]

Warum funktioniert die Tastenkombination [Strg]+[#] nicht? Oder mache ich etwas falsch?

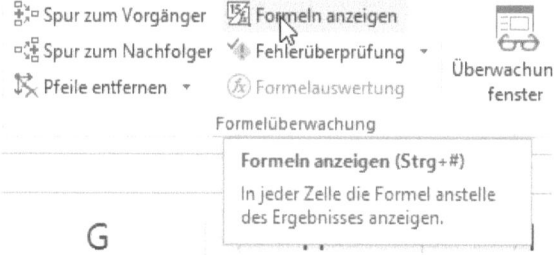

Sie haben recht – in Excel 2010 und Excel 2013 funktioniert [Strg]+[#] nicht mehr. In Excel 2007 ging es noch. Ich weiß nicht warum, ich weiß nur, dass man nun auf das Symbol klicken muss …

3.6.3. Gültigkeit und Datenüberprüfung

Warum spricht Excel manchmal von "Gültigkeit", an anderen Stellen von "Datenüberprüfung"?

Gruseliges Excel!

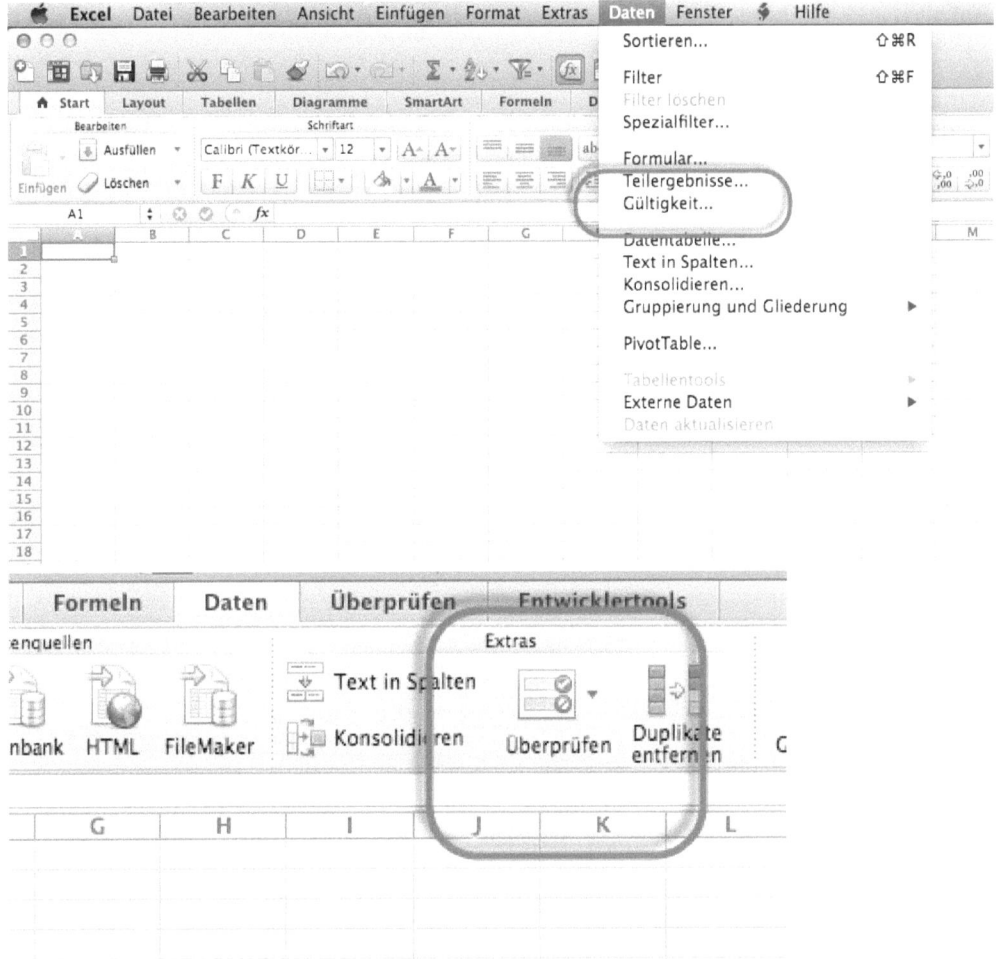

Die Antwort: das Betriebssystem "zieht" sich ein Menü, das noch die alten Beschriftungen von Excel 2003 verwendet. Andererseits wurde das Menüband von Microsoft übernommen - nach der Konvention von ungefähr Excel 2007. Das im Wechsel von Excel 2003 zu Excel 2007 die Gültigkeit in (Daten)überprüfung umbenannt wurde, findet sich nun in Excel die alte Beschriftung und die neue. Das ist nicht gerade konsistent ...

3.6.4. Gruseliges Excel!

Ich habe einen Kollegen. Man könnte ihn liebevoll Quatschkopf oder Frechdachs nennen oder sich über seine Späße freuen. Man kann es aber auch anders sehen - das möchte ich hier nun doch nicht schreiben.

3.6 Symbole falsch beschriftet

Auf alle Fälle: Vor kurzem war er an meinem Rechner und hat etwas verstellt. Immer wenn ich Excel öffne, dann sehe ich folgendes Excel. Natürlich kann ich alte Dateien öffnen und damit arbeiten - aber für neue Dateien - das geht gar nicht! Was hat er denn gemacht? Und: wie bekomme ich es wieder weg?

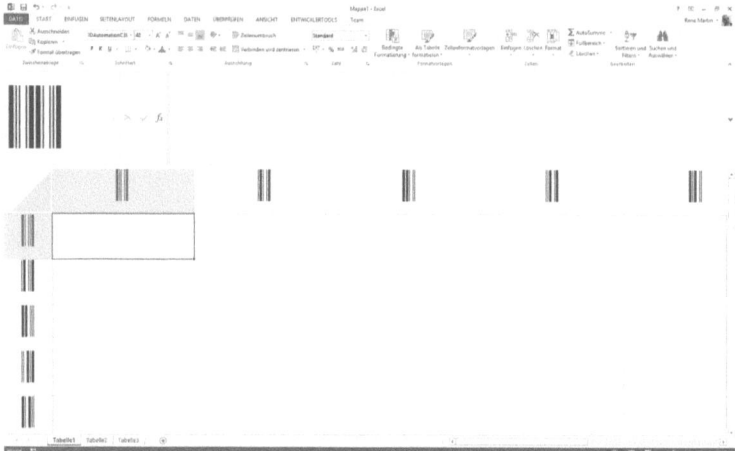

Die Antwort: Wenn Sie genau hinschauen, stellen Sie fest, dass eine sehr merkwürdige Schrift eingestellt ist. Die Schrift wirkt sich nicht nur auf die Zellen aus, sondern auch auf die Zeilen- und Spaltenköpfe. Netterweise nicht auf das Menüband.

Wechseln Sie in die Optionen und legen Sie dort "diese Schriftart fest, die Sie als Standardschriftart verwenden" möchten.

Gruseliges Excel!

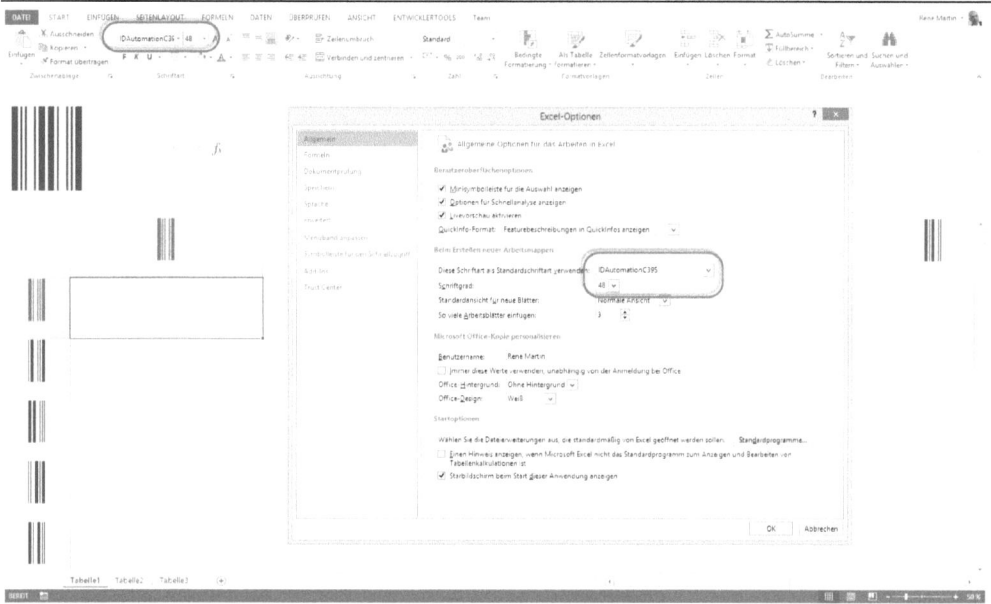

4 Formate

4.1. Zellformate

4.1.1. Rahmenlinie von links oder von rechts?

Es gibt einen Unterschied, ob eine Linie von rechts an eine Spalte formatiert wird oder von links an die Spalte rechts daneben:

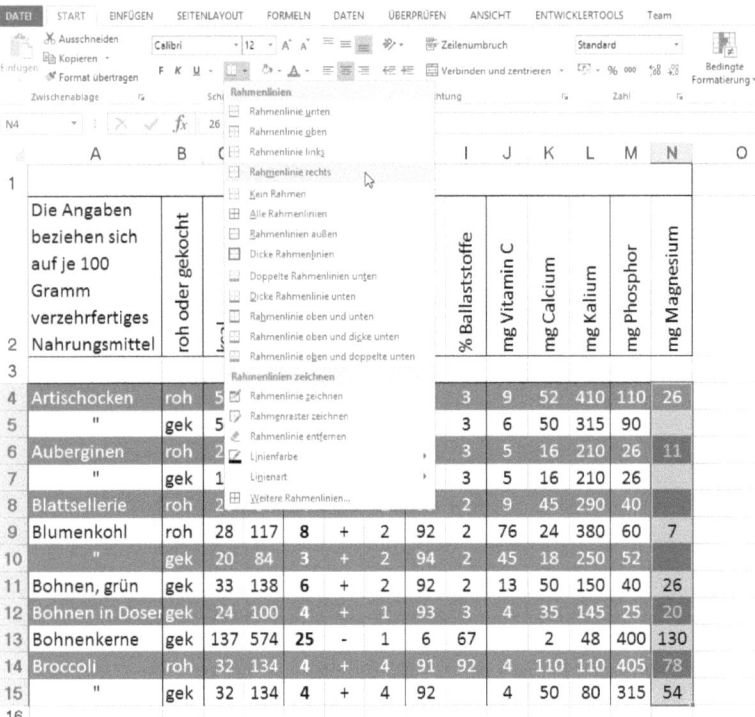

Rahmenlinie von links oder von rechts?

A	B	C	D	E	F	G	H	I	J	K	L	M	N
Die Angaben beziehen sich auf je 100 Gramm verzehrfertiges Nahrungsmittel	roh oder gekocht							% Ballaststoffe	mg Vitamin C	mg Calcium	mg Kalium	mg Phosphor	mg Magnesium
Artischocken	roh	5						3	9	52	410	110	26
"	gek	5						3	6	50	315	90	
Auberginen	roh	2						3	5	16	210	26	11
"	gek	1						3	5	16	210	26	
Blattsellerie	roh	2						2	9	45	290	40	
Blumenkohl	roh	28	117	8	+	2	92	2	76	24	380	60	7
"	gek	20	84	3	+	2	94	2	45	18	250	52	
Bohnen, grün	gek	33	138	6	+	2	92	2	13	50	150	40	26
Bohnen in Dose	gek	24	100	4	+	1	93	3	4	35	145	25	20
Bohnenkerne	gek	137	574	25	-	1	6	67		2	48	400	130
Broccoli	roh	32	134	4	+	4	91	92	4	110	110	405	78
"	gek	32	134	4	+	4	92		4	50	80	315	54

4.1 Zellformate

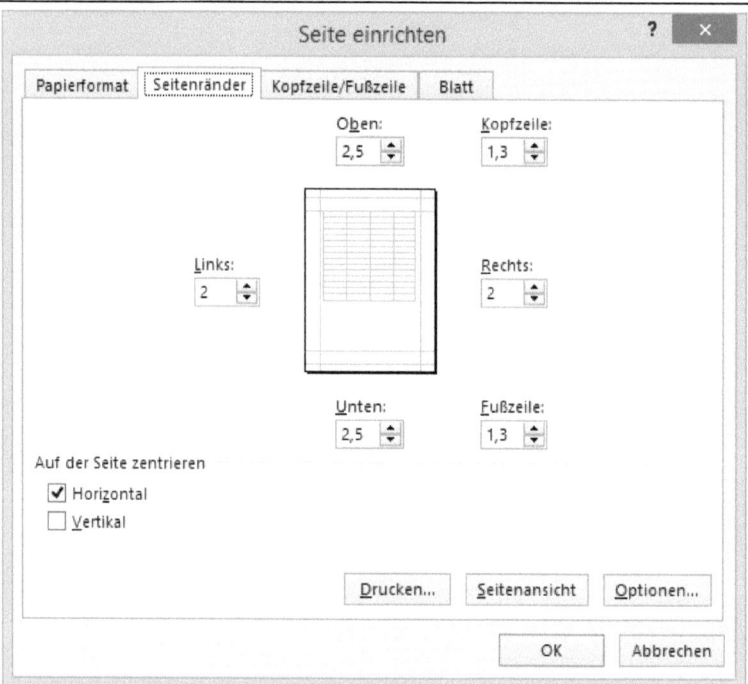

Dann steht die gesamte Tabelle entweder genau in der Mitte des Papiers oder die vermeintlich leere Spalte wird noch mit hinzugefügt:

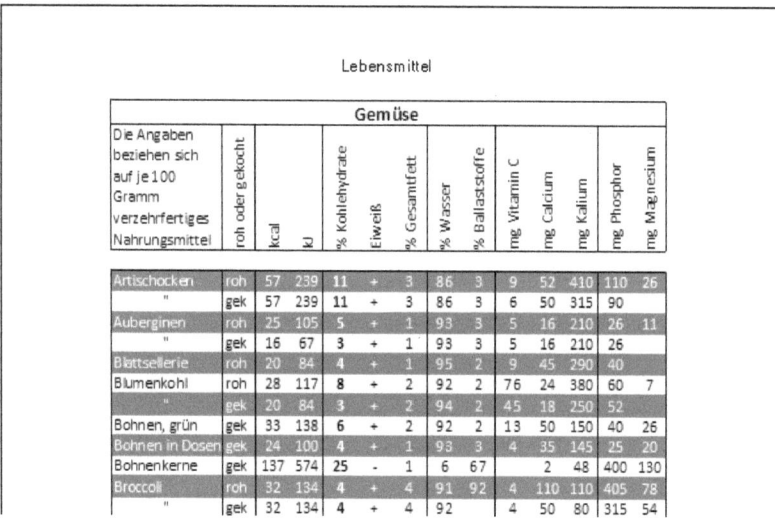

Zellen können nicht verbunden werden

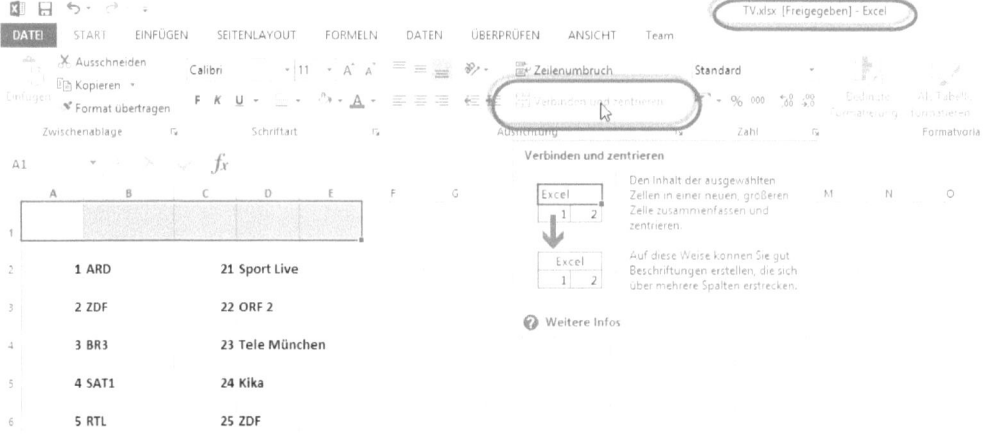

4.1.2. Zellen können nicht verbunden werden

Auf dem Tabellenblatt liegt kein Schutz; Zellen können formatiert werden aber nicht verbunden.

Ein Blick in die Titelzeile liefert die Lösung: Die Datei ist freigegeben - deshalb kann jede Zelle von verschiedenen Anwendern bearbeitet werden. Umgekehrt bedeutet das: Zellen können nicht zu einer Zelle verbunden werden.

4.1 Zellformate

4.1.3. Die Überschrift ist weg

Ich wollte nur schnell die Überschrift formatieren - genauer - über die Auswahl zentrieren - schwupps - ist sie weg.

Die Antwort: Markieren Sie nicht die ganze Zeile, sondern nur die Zellen, über die die Überschrift zentriert werden soll. Wenn Sie alle Zeilen markieren, wird der Inhalt von A1 in Mitte der 16.384 Spalten gestellt - also ziemlich weit rechts.

Übrigens kann man das wieder auflösen mit einem erneuten Klick auf das Symbol "Verbinden und zentrieren".

Hinweis: Sie können auch alle Zellen markieren und alle Verbindungen aufheben, indem Sie auf dieses Symbol klicken.

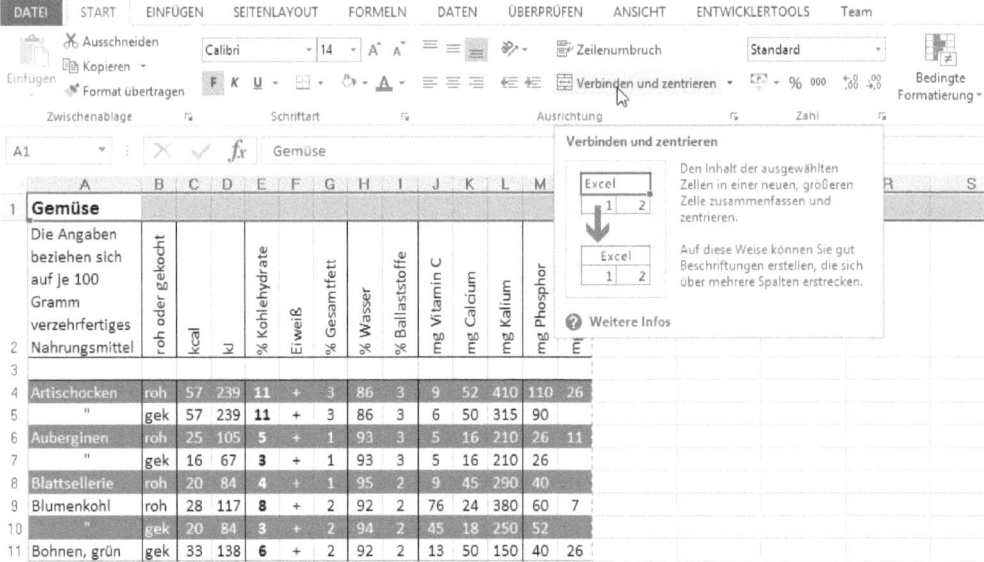

4.1.4. Gitternetzlinien

Manchmal werde ich gefragt, warum Excel ab und zu die Gitternetzlinien druckt und manchmal nicht.

Nun - die Antwort findet sich im Dialogfeld "Seite einrichten". Dort kann auf dem Register "Blatt" (früher: "Tabelle") eingestellt werden, dass die Gitternetzlinien immer gedruckt werden. Unabhängig von der Formatierung.

Gitternetzlinien

Firmenname	Ort	Region	Bestellungen
Alusia GmbH	Wiesbaden	Mitte	21
Alusia GmbH	Wiesbaden	Mitte	84
Autohaus Schulze	München	Süd	4
Autohaus Schulze	München	Süd	12
Autohaus Schulze	München	Süd	4
Buch-Huber	Nürnberg	Süd	5
Buch-Huber	Nürnberg	Süd	2
Buch-Huber	Nürnberg	Süd	3
Colorino GmbH	Mainz	Mitte	40
Colorino GmbH	Mainz	Mitte	10
Colorino GmbH	Mainz	Mitte	5
Fliesen-Maier	Hamburg	Nord	3
Fliesen-Maier	Hamburg	Nord	3
Fliesen-Maier	Hamburg	Nord	3
Heinze & Söhne	München	Süd	23
Heinze & Söhne	München	Süd	4
Klemm-Schließanlagen	Kiel	Nord	450
Klemm-Schließanlagen	Kiel	Nord	460
Möbel-Wolther	Frankfurt	Mitte	8
Möbel-Wolther	Frankfurt	Mitte	8
Ostermann & Co	Hamburg	Nord	4
Ostermann & Co	Hamburg	Nord	3
Ostermann & Co	Hamburg	Nord	3

4.1 Zellformate

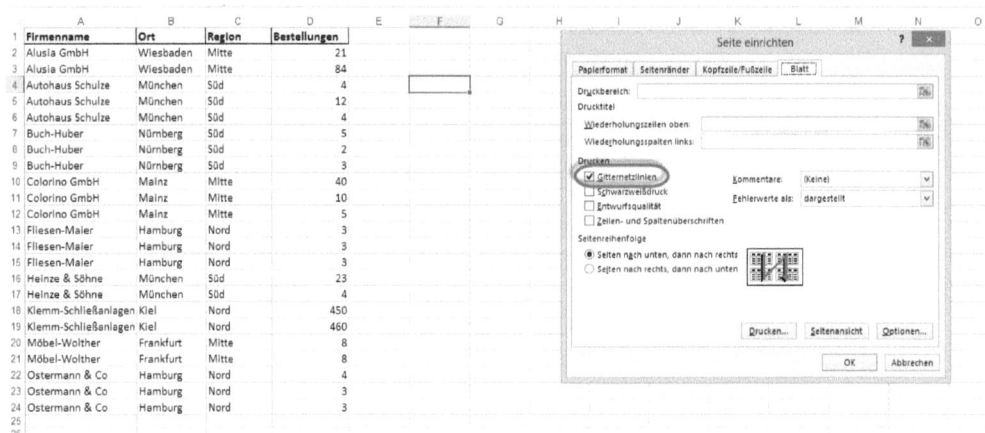

4.1.5. Krakeliger Text

Manchmal steht der Text sehr "krakelig" in einer Zelle. Warum?

Mit Sicherheit wurde beim Ausrichten der Schriftposition nicht 0° oder 90° gewählt, sondern eine andere Zahl.

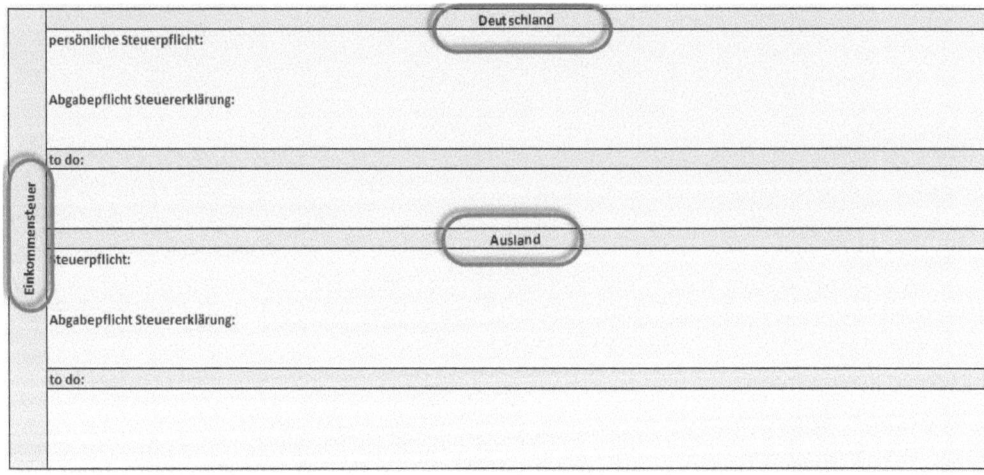

Buchhaltung vs Währung

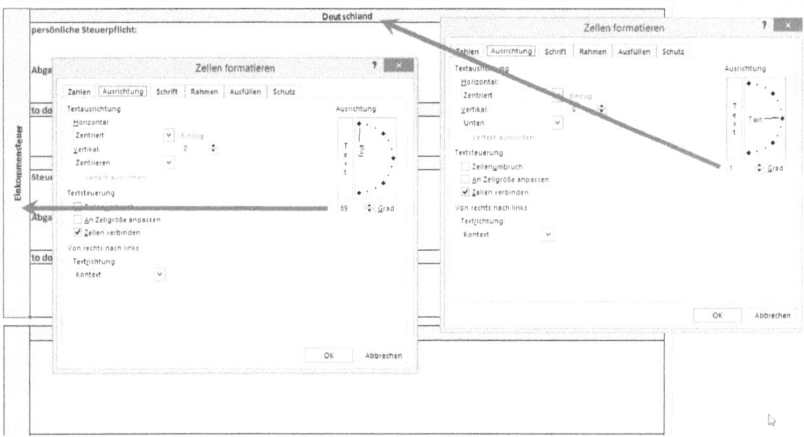

4.1.6. Buchhaltung vs Währung

Nicht dass es wichtig wäre, aber es verblüfft: Wird eine Zahl über die Kategorie "Buchhaltung" formatiert, kann man sie nicht zentrieren. "Währung" und zentrieren ist dagegen möglich.

4.1 Zellformate

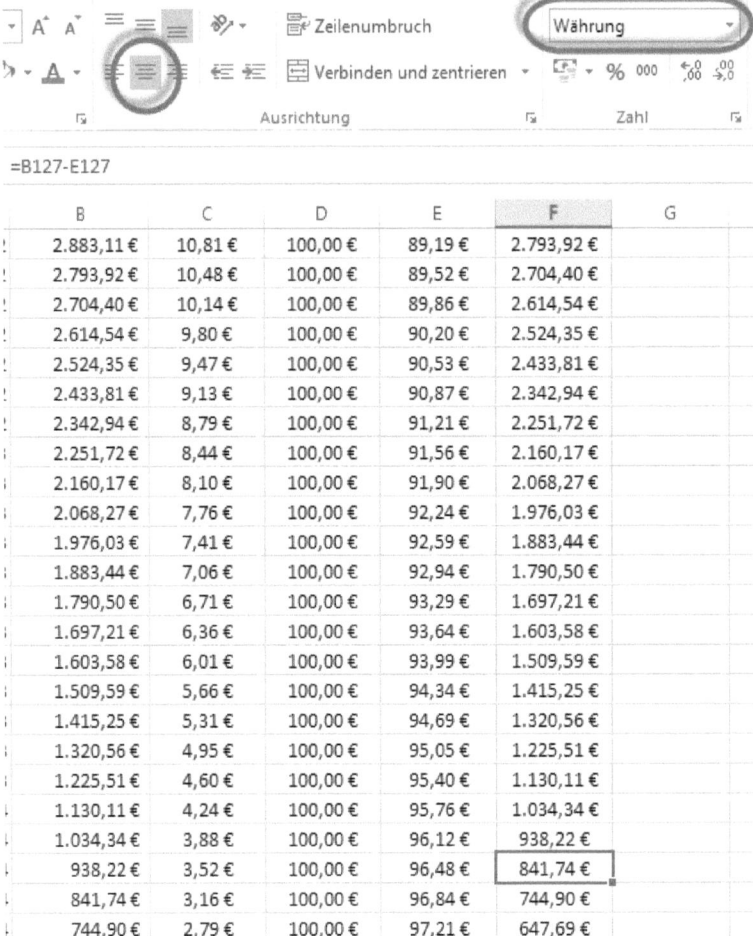

194

Gitternetz wird ausgedruckt - obwohl nicht gewünscht

B	C	D	E	F
2.883,11 €	10,81 €	100,00 €	89,19 €	2.793,92 €
2.793,92 €	10,48 €	100,00 €	89,52 €	2.704,40 €
2.704,40 €	10,14 €	100,00 €	89,86 €	2.614,54 €
2.614,54 €	9,80 €	100,00 €	90,20 €	2.524,35 €
2.524,35 €	9,47 €	100,00 €	90,53 €	2.433,81 €
2.433,81 €	9,13 €	100,00 €	90,87 €	2.342,94 €
2.342,94 €	8,79 €	100,00 €	91,21 €	2.251,72 €
2.251,72 €	8,44 €	100,00 €	91,56 €	2.160,17 €
2.160,17 €	8,10 €	100,00 €	91,90 €	2.068,27 €
2.068,27 €	7,76 €	100,00 €	92,24 €	1.976,03 €
1.976,03 €	7,41 €	100,00 €	92,59 €	1.883,44 €
1.883,44 €	7,06 €	100,00 €	92,94 €	1.790,50 €
1.790,50 €	6,71 €	100,00 €	93,29 €	1.697,21 €
1.697,21 €	6,36 €	100,00 €	93,64 €	1.603,58 €
1.603,58 €	6,01 €	100,00 €	93,99 €	1.509,59 €
1.509,59 €	5,66 €	100,00 €	94,34 €	1.415,25 €
1.415,25 €	5,31 €	100,00 €	94,69 €	1.320,56 €
1.320,56 €	4,95 €	100,00 €	95,05 €	1.225,51 €
1.225,51 €	4,60 €	100,00 €	95,40 €	1.130,11 €
1.130,11 €	4,24 €	100,00 €	95,76 €	1.034,34 €
1.034,34 €	3,88 €	100,00 €	96,12 €	938,22 €
938,22 €	3,52 €	100,00 €	96,48 €	841,74 €
841,74 €	3,16 €	100,00 €	96,84 €	744,90 €
744,90 €	2,79 €	100,00 €	97,21 €	647,69 €

4.1.7. Gitternetz wird ausgedruckt - obwohl nicht gewünscht

Ich gestehe - ich habe eine Weile gesucht. Obwohl die Option Gitternetzlinien drucken im Dialogfeld "Seite einrichten" nicht eingeschaltet war, wurden überall Gitternetzlinien ausgedruckt, wie die Seitenansicht demonstriert.

Was hat der Anwender gemacht? Ich vermute, er wollte schnell alle Zellfarben eliminieren, indem er nicht die Option "keine Füllung" verwendet hat, sondern die Hintergrundfarbe weiß. Dadurch werden die Gitternetzlinien nicht mehr angezeigt. Nun - man kann sie ja einfärben ... und sich dann wundern, warum ALLE Linien grau ausgedruckt werden.

4.1 Zellformate

	Protokoll Tagesablauf Gebietsleiter:									
						Mittagspause von.................bis........................				
	Datum:_____					Geschäftsessen von.................bis........................				
						mit:_____				
	Abfahrt von.................. um........................ Uhr					Sonstiges..				
	Ankunft bei Kunde:................. in:.............					Ankunft bei Kunde:................. in:.............				
	um:................ Uhr					um:................ Uhr				
	CKAG	fr. Präger	AH	ZLD	ZLS	Sonst.	CKAG	fr. Präger	AH	ZLD	ZLS	Sonst.
	Allgemeine Beratung	Dauer _____ Min.					Allgemeine Beratung	Dauer _____ Min.			
	Standortanalyse	Dauer _____ Min.					Standortanalyse	Dauer _____ Min.			
	Auftragsannahme	Dauer _____ Min.					Auftragsannahme	Dauer _____ Min.			
	Verkaufsberatung	Dauer _____ Min.					Verkaufsberatung	Dauer _____ Min.			
	Plaketten						Plaketten				
	Kennzeichenrahmen						Kennzeichenrahmen				
	Platinen						Platinen				
	Maschinen						Maschinen				
	Neukundenakquise	Dauer _____ Min.					Neukundenakquise	Dauer _____ Min.			
	Auslieferung	Dauer _____ Min.					Auslieferung	Dauer _____ Min.			
	Reklamation	Dauer _____ Min.					Reklamation	Dauer _____ Min.			
	Maschinendefekt/Wartung	Dauer _____ Min.					Maschinendefekt/Wartung	Dauer _____ Min.			
	Verprägunglisten	Dauer _____ Min.					Verprägunglisten	Dauer _____ Min.			
	Schrottentsorgung	Dauer _____ Min.					Schrottentsorgung	Dauer _____ Min.			
	Müllentsorgung	Dauer _____ Min.					Müllentsorgung	Dauer _____ Min.			
	Sonstiges_____	Dauer _____ Min.					Sonstiges_____	Dauer _____ Min.			
	Abfahrt Kunde um ....Uhr					Abfahrt Kunde um ....Uhr				
	Ankunft bei Kunde:................. in:.............					Ankunft bei Kunde:................. in:.............				
	um:................ Uhr					um:................ Uhr				
	CKAG	fr. Präger	AH	ZLD	ZLS	Sonst.	CKAG	fr. Präger	AH	ZLD	ZLS	Sonst.
	Allgemeine Beratung	Dauer _____ Min.					Allgemeine Beratung	Dauer _____ Min.			
	Standortanalyse	Dauer _____ Min.					Standortanalyse	Dauer _____ Min.			

Gitternetz wird ausgedruckt - obwohl nicht gewünscht

Protokoll Tagesablauf Gebietsleiter: _____

Datum: _____	Mittagspause von _____ bis _____
	Geschäftsessen von _____ bis _____
	mit _____
Abfahrt von _____ um _____ Uhr	Sonstiges

Ankunft bei Kunde: _____ in: _____
um: _____ Uhr

Ankunft bei Kunde: _____ in: _____
um: _____ Uhr

CKAG	fr Präger	AH	ZLO	ZLB	Sonst		CKAG	fr Präger	AH	ZLO	ZLB	Sonst
Allgemeine Beratung	Dauer _____ Min						Allgemeine Beratung	Dauer _____ Min				
Standortanalyse	Dauer _____ Min						Standortanalyse	Dauer _____ Min				
Auftragsannahme	Dauer _____ Min						Auftragsannahme	Dauer _____ Min				
Verkaufsberatung	Dauer _____ Min						Verkaufsberatung	Dauer _____ Min				
Plaketten							Plaketten					
Kennzeichenrahmen							Kennzeichenrahmen					
Platinen							Platinen					
Maschinen							Maschinen					
Neukundenakquise	Dauer _____ Min						Neukundenakquise	Dauer _____ Min				
Auslieferung	Dauer _____ Min						Auslieferung	Dauer _____ Min				
Reklamation	Dauer _____ Min						Reklamation	Dauer _____ Min				
Maschinendefekt/Wartung	Dauer _____ Min						Maschinendefekt/Wartung	Dauer _____ Min				
Verprägunglisten	Dauer _____ Min						Verprägunglisten	Dauer _____ Min				
Schrottentsorgung	Dauer _____ Min						Schrottentsorgung	Dauer _____ Min				
Müllentsorgung	Dauer _____ Min						Müllentsorgung	Dauer _____ Min				
Sonstiges_____	Dauer _____ Min						Sonstiges_____	Dauer _____ Min				

Abfahrt Kunde um _____ Uhr

Abfahrt Kunde um _____ Uhr

Ankunft bei Kunde: _____ in: _____
um: _____ Uhr

Ankunft bei Kunde: _____ in: _____
um: _____ Uhr

CKAG	fr Präger	AH	ZLO	ZLB	Sonst		CKAG	fr Präger	AH	ZLO	ZLB	Sonst
Allgemeine Beratung	Dauer _____ Min						Allgemeine Beratung	Dauer _____ Min				
Standortanalyse	Dauer _____ Min						Standortanalyse	Dauer _____ Min				
Auftragsannahme	Dauer _____ Min						Auftragsannahme	Dauer _____ Min				
Verkaufsberatung	Dauer _____ Min						Verkaufsberatung	Dauer _____ Min				
Plaketten							Plaketten					
Kennzeichenrahmen							Kennzeichenrahmen					
Platinen							Platinen					
Maschinen							Maschinen					
Neukundenakquise	Dauer _____ Min						Neukundenakquise	Dauer _____ Min				
Auslieferung	Dauer _____ Min						Auslieferung	Dauer _____ Min				
Reklamation	Dauer _____ Min						Reklamation	Dauer _____ Min				
Maschinendefekt/Wartung	Dauer _____ Min						Maschinendefekt/Wartung	Dauer _____ Min				
Verprägunglisten	Dauer _____ Min						Verprägunglisten	Dauer _____ Min				
Schrottentsorgung	Dauer _____ Min						Schrottentsorgung	Dauer _____ Min				
Müllentsorgung	Dauer _____ Min						Müllentsorgung	Dauer _____ Min				
Sonstiges_____	Dauer _____ Min						Sonstiges_____	Dauer _____ Min				

Abfahrt Kunde um _____ Uhr

Abfahrt Kunde um _____ Uhr

4.1 Zellformate

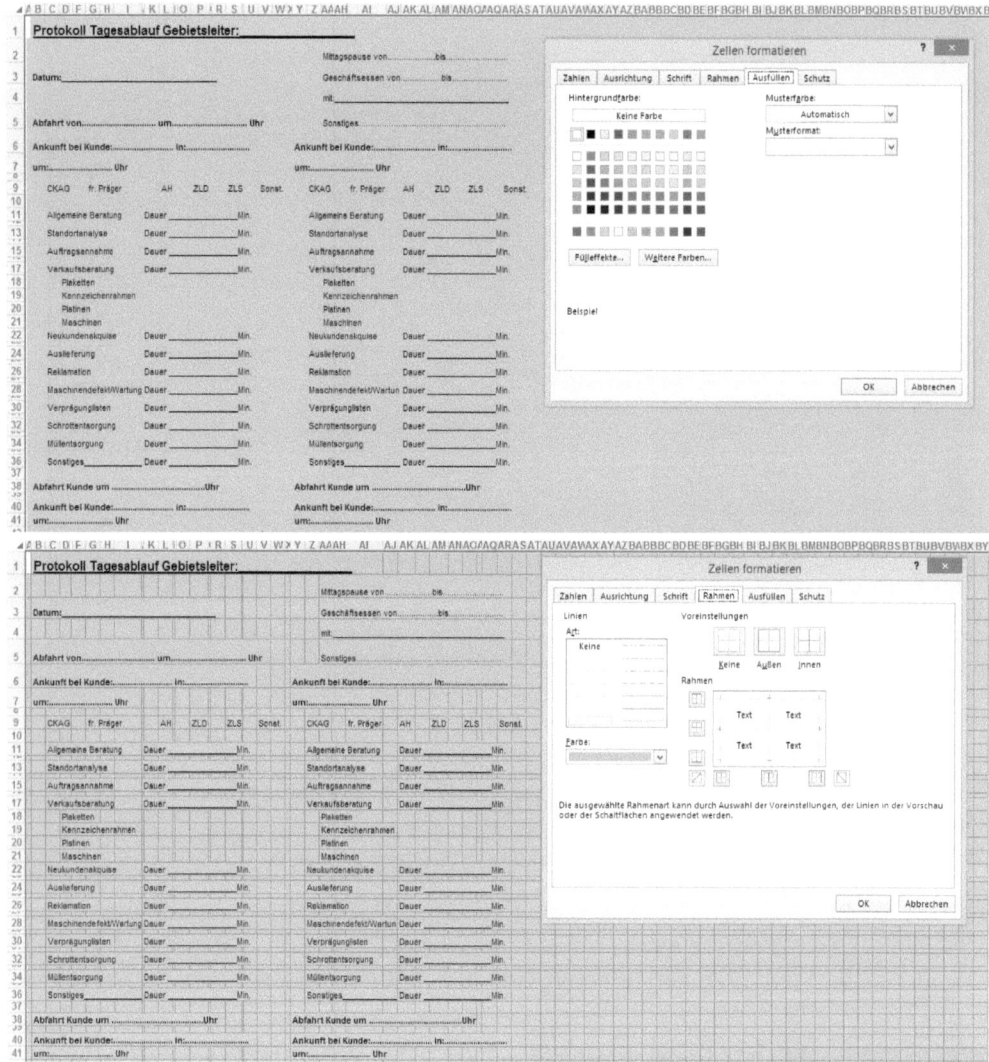

4.1.8. Blaue Pfeile

Oh Gott, da hat jemand blaue Pfeile in mein Dokument gemacht. Wie bekomme ich die wieder heraus?

Da wollte jemand nachverfolgen oder visualisieren wie Excel rechnet. Das kann man über Formeln / Formelüberwachung / Spur zum Nachfolger oder Spur zum Vorgänger. Und ebenso können Sie die Pfeile wieder entfernen - mit dem Symbol "Pfeile entfernen".

Bedingte Formatierung funktioniert nicht

Übrigens: sie würden auch verschwinden, wenn Sie die Datei schließen und wieder öffnen würden.

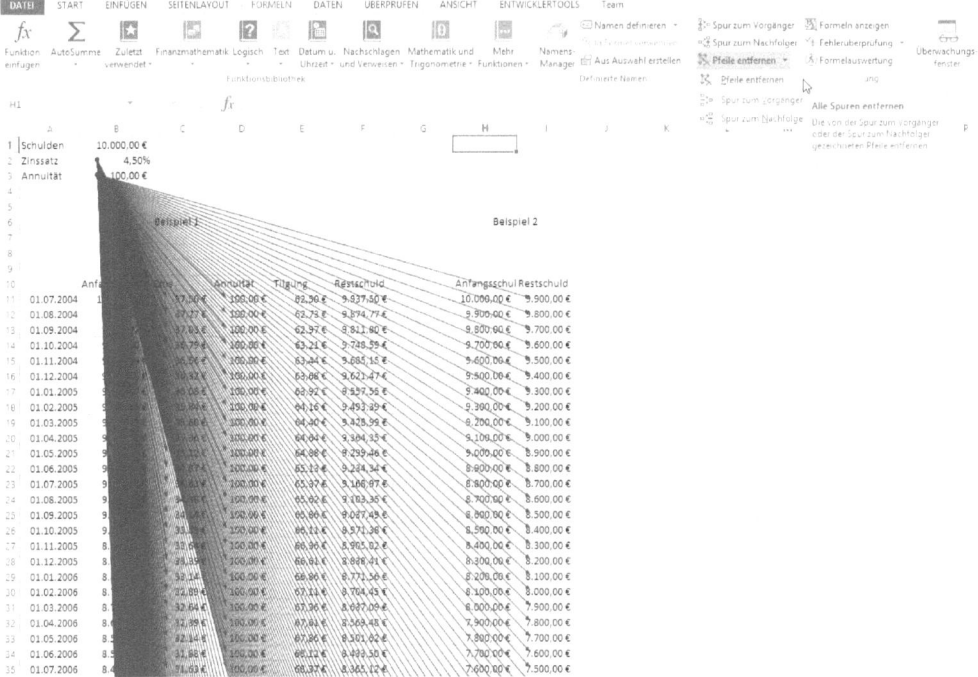

4.1.9. Bedingte Formatierung funktioniert nicht

Jetzt habe ich schon mehrmals die bedingte Formatierung eingeschaltet - aber sie funktioniert einfach nicht. Oder nicht richtig!

Das Problem liegt darin, dass ein Einschalten der bedingten Formatierung nicht bereits vorhandene bedingte Formate löscht. Sie bleiben bestehen. Welche der Bedingungen Excel verwendet, kann man leicht einsehen unter Start / Formatvorlagen / Bedingte Formatierung / Regeln verwalten / Dieses Arbeitsblatt.

4.1 Zellformate

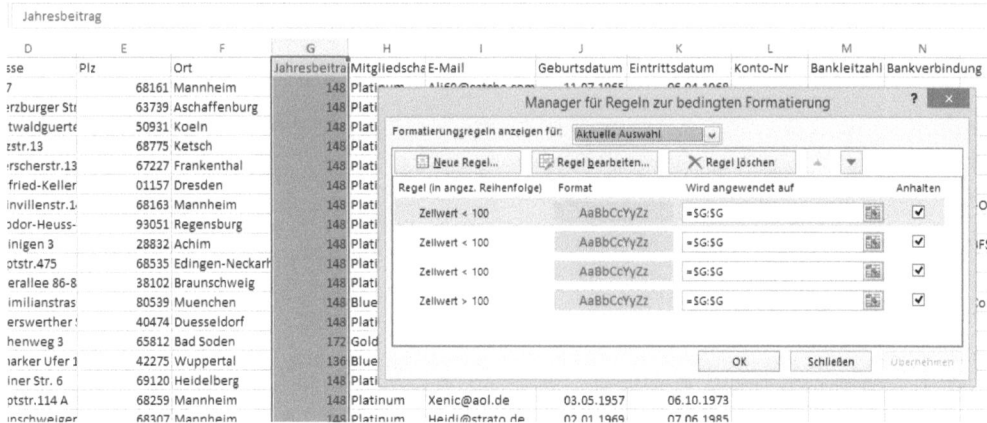

4.1.10. Das Verbinden von Zellen wird mit einer Fehlermeldung begleitet

Beim Verbinden von Zellen bleibt nur der Wert der obersten, linken Zelle erhalten, alle anderen Werte werden verworfen.

lautet die Fehlermeldung die manchmal erscheint, wenn ich Zellen verbinden möchte.

Der Grund: In einer der Zellen steht ein Wert. Vielleicht außerhalb des sichtbaren Bereiches. Deshalb warnt Excel davor, dass dieser Wert überschrieben wird.

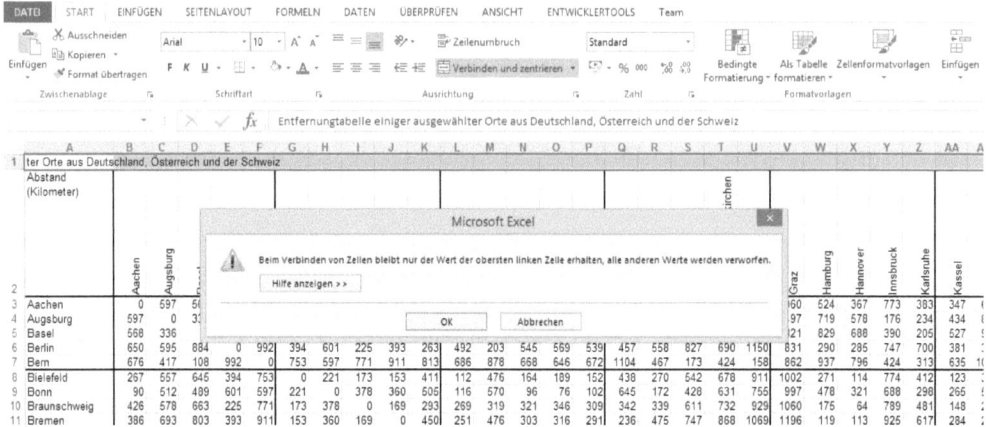

4.1.11. Kompatibilitätsprüfung

Warum erhalte ich eine Meldung nach der Kompatibilitätsprüfung?

Muster-Inhaltsverzeichnis

Wenn eine Datei im Format *.xls (also in Excel 2003) erstellt wurde und Sie diese Datei im gleichen Format speichern möchten, müssen Sie ein paar Dinge beachten:

Excel unterstützt im Format *.xls nicht alle Funktionalitäten, die in *.xlsx vorhanden sind. Dazu gehören:

- Farben
- Tabellenformatvorlagen
- Bedingte Formatierungen
- Formeln mit einer bestimmten Länge
- Formeln mit einer bestimmten Tiefe
- Bestimmte Formeln (SUMMEWENNS, ZÄHLENWENNS, WENNFEHLER, ...)
- Maximal Anzahl der Spalten und Zeilen (65.536 Zeilen x 255 Spalten)
- Pivottabellen

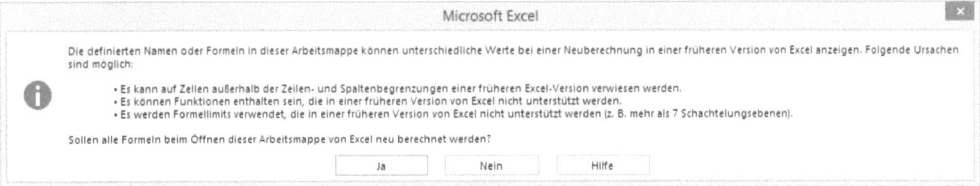

4.1 Zellformate

Mein Tipp: Werfen Sie einen Blick in die Liste der Dinge, die verloren gehen würden. Vor allen Formeln werden unwiderruflich gelöscht!

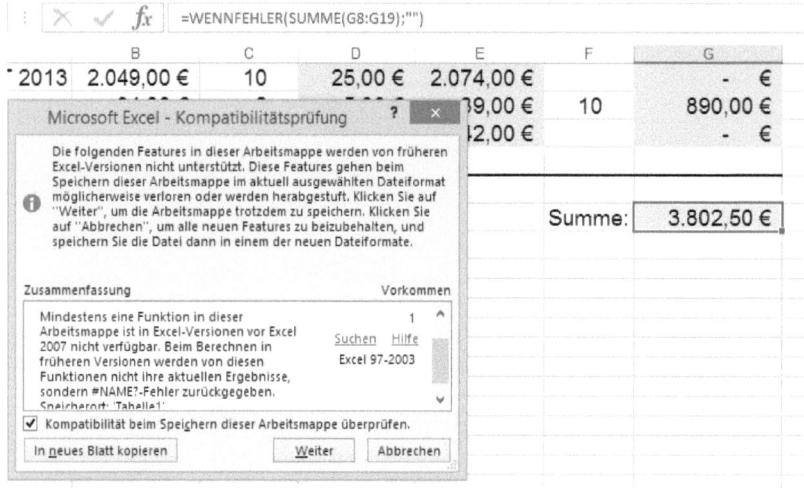

Würden Sie diese Datei in Excel 2003 öffnen, wäre die Formel weg!

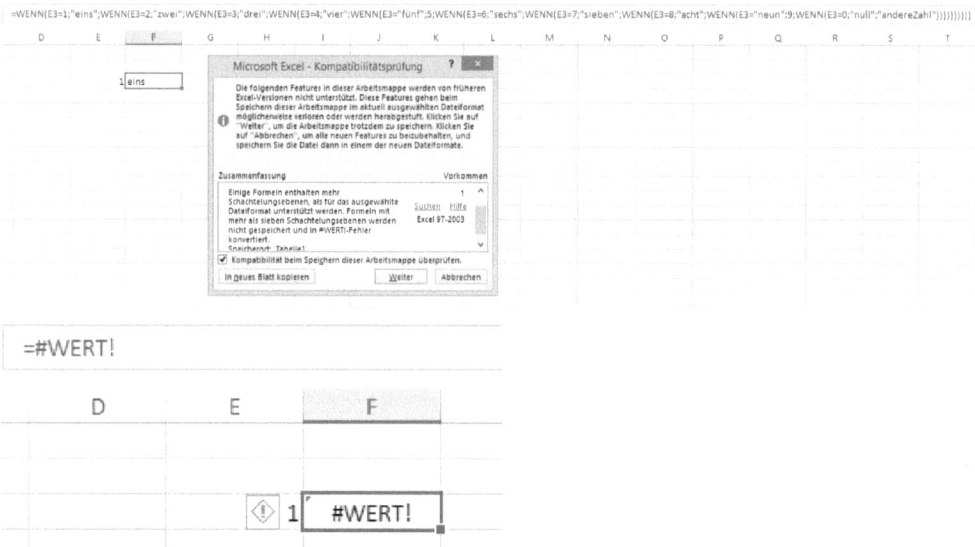

4.1.12. Registerkarten fehlen

Ich möchte eine Zelle formatieren aber manchmal fehlen mir bestimmte Registerkarten.

Formate gehen nicht weg!

Sie befinden sich innerhalb der Zelle im Schreibmodus und nicht "auf der Zelle". Man kann in der Bearbeitungsleiste erkennen - dort sind Haken und x sichtbar. Die müssen erst den Dialog abbrechen, die Eingabe beenden und dann können Sie die Zelle wie gewünscht formatieren.

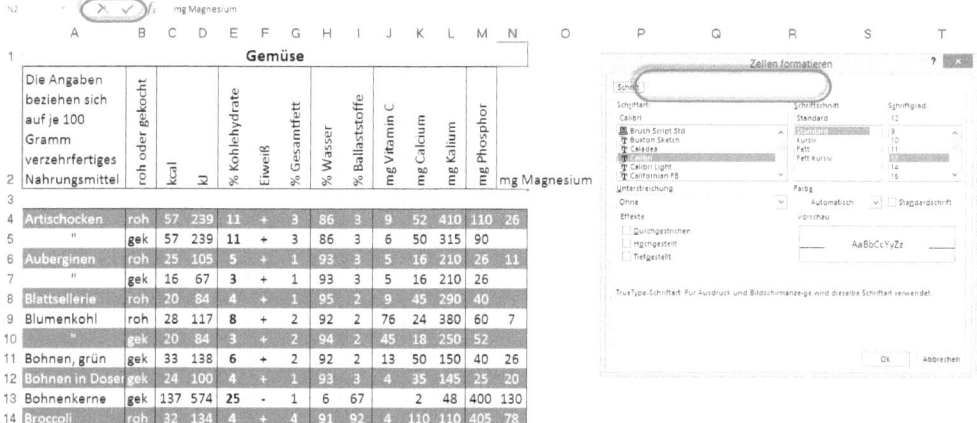

4.1.13. Formate gehen nicht weg!

Jetzt versuche ich es schon seit einer halben Stunde - ich bekomme einfach die blaue Hintergrundfarbe nicht weg. Ist da etwas einprogrammiert?

4.1 Zellformate

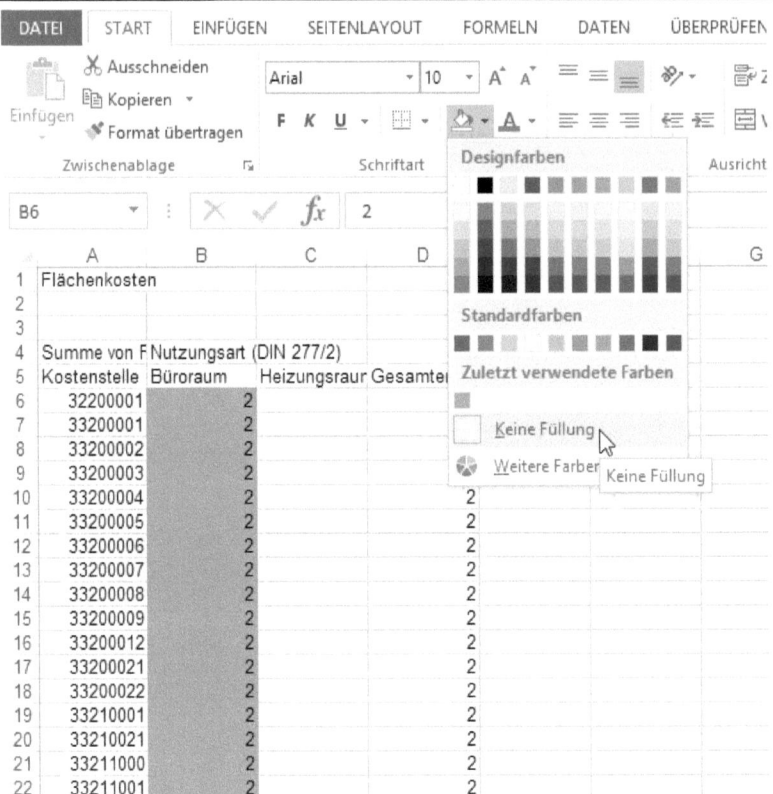

Schauen Sie mal in der Bedingten Formatierung nach (Start / Formatvorlagen / Bedingte Formatierung). Vielleicht wurde die blaue Farbe als Regel eingestellt. Man kann sie so entfernen oder auch über Start / Bearbeiten / Löschen / Formate löschen.

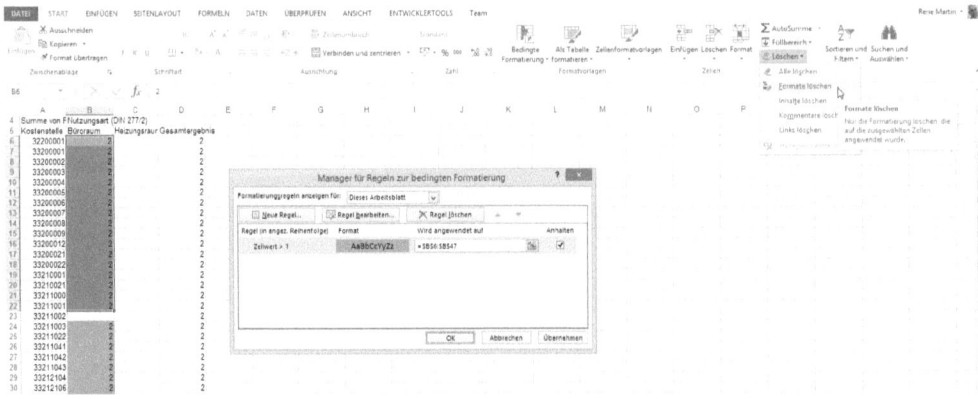

4.1.14. Die bedingte Formatierung funktioniert nicht

Warum kann ich nicht mit der bedingten Formatierung bestimmte Länder hervorheben?

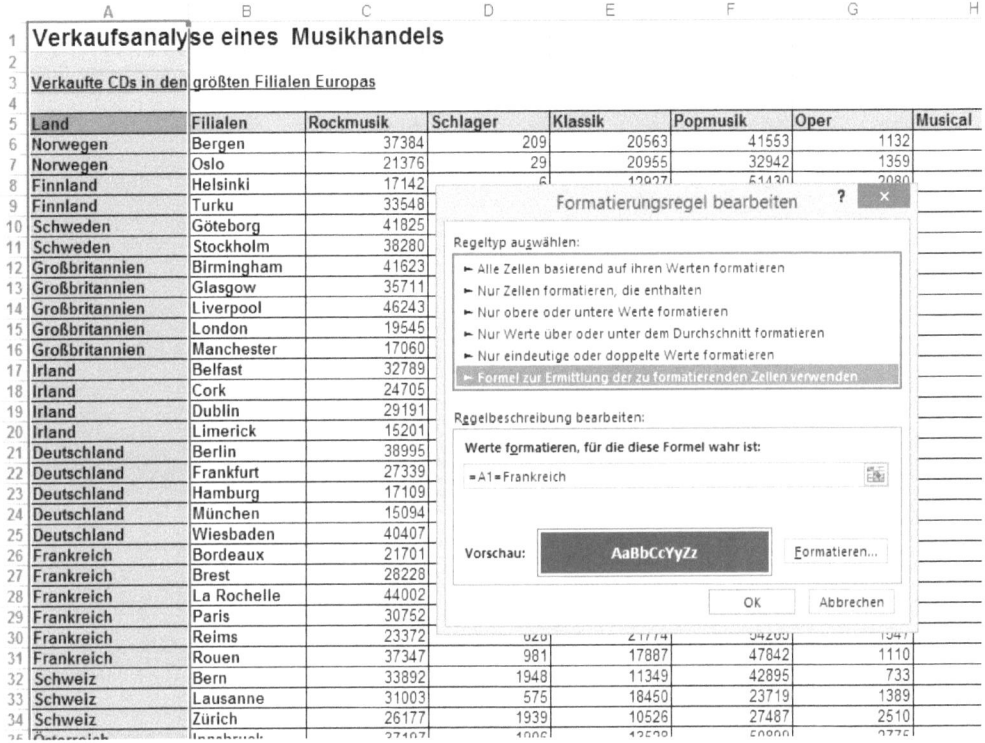

Wenn Sie eine Formel verwenden, die einen Zelle mit einem Text vergleicht, muss der Text in Anführungszeichen geschrieben werden. Dann funktioniert es:

4.1 Zellformate

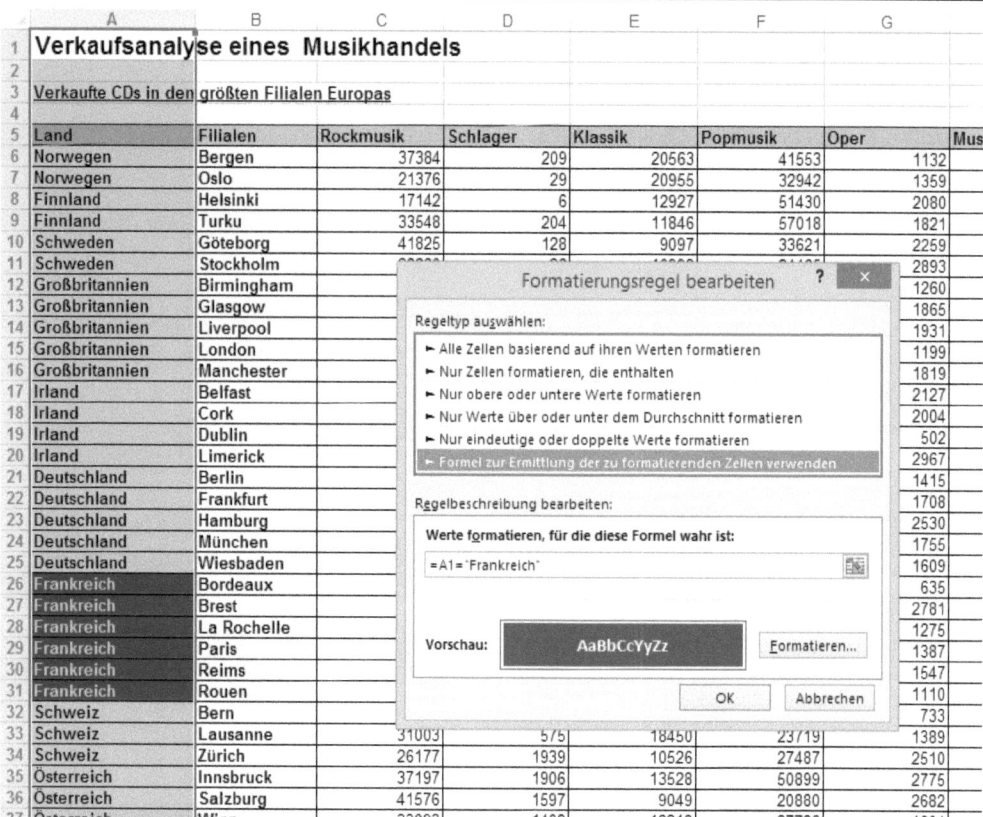

Zugegeben: An vielen Stellen ist Excel nicht konsequent. Wenn Sie sich die Texte über die "Regeln zum Hervorheben von Zellen" anzeigen lassen, müssen - ja DÜRFEN - Sie KEINE Anführungszeichen setzen:

Keine bedingte Formatierung

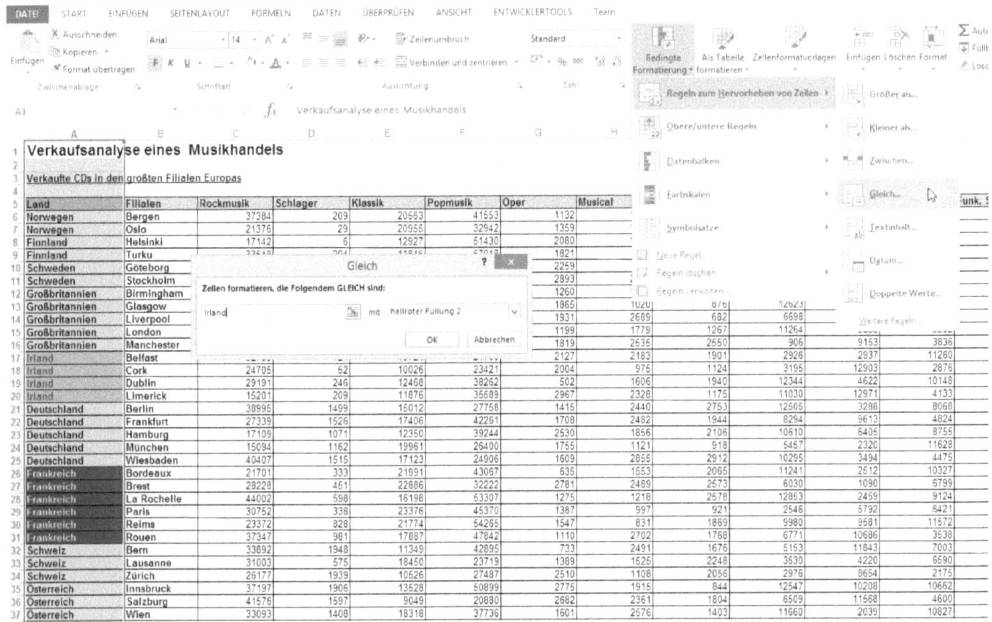

4.1.15. Keine bedingte Formatierung

Mein Kollege hat in Excel eine bedingte Formatierung eingeschaltet. In meinem Excel taucht sie aber nicht auf:

4.1 Zellformate

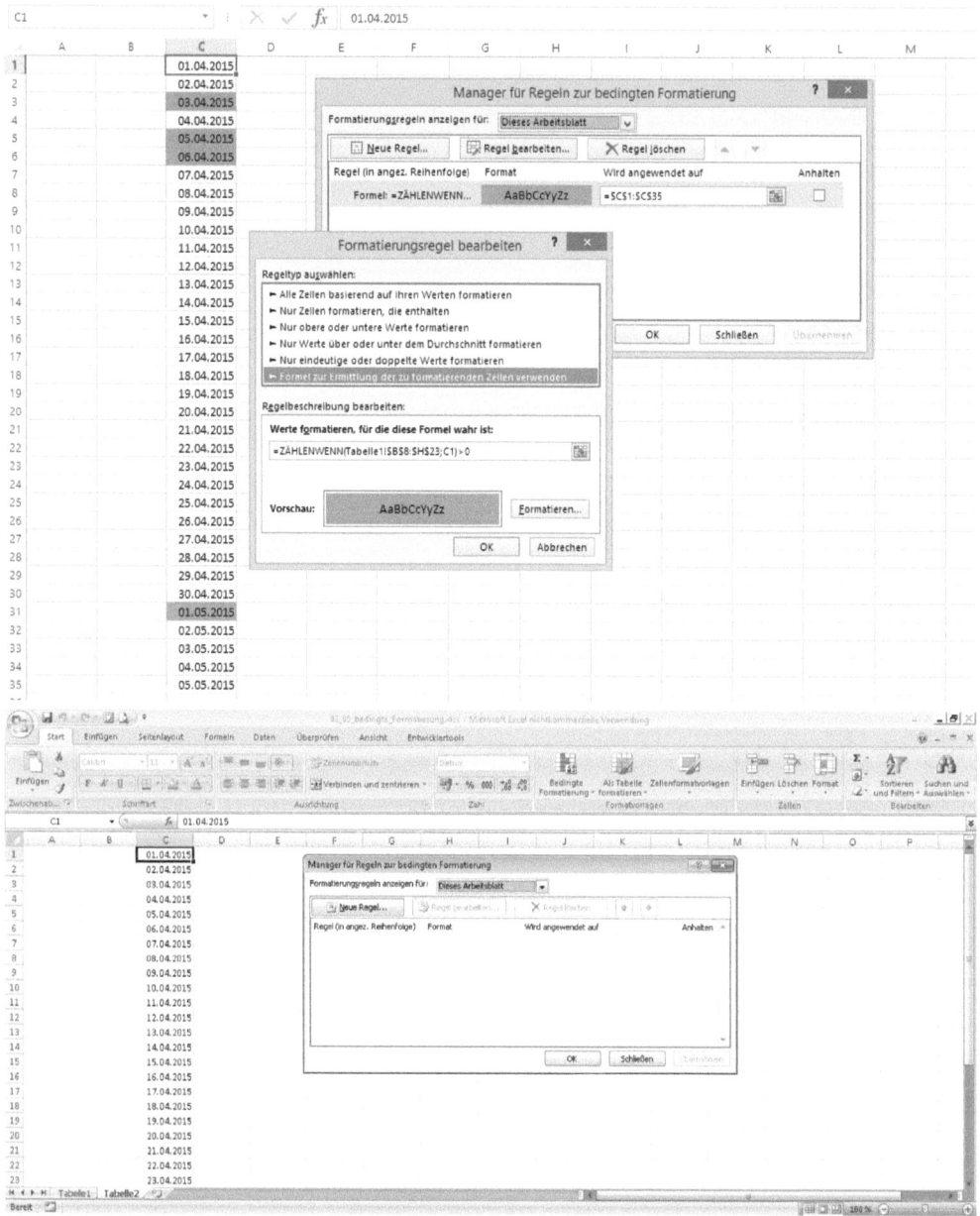

Die Antwort: Der Kollege hat die bedingte Formatierung in Excel 2013 erstellt. In Excel 2007 konnte eine bedingte Formatierung noch nicht per Verweis auf ein anderes Tabellenblatt arbeiten - man musste dazu einen Namen erstellen; dann hat es in Excel 2007

funktioniert. Erst ab Excel 2010 konnte man direkt in der bedingten Formatierung auf ein anderes Tabellenblatt zugreifen.

Da Ihr Kollege nun eine Formel erstellt hat (=ZÄHLENWENN(Tabelle1!...) wird diese Formel (und damit auch die bedingte Formatierung) gelöscht, wenn Sie diese Datei in Excel 2007 öffnen.

4.1.16. Alles so winzig hier

Da war ein Kollege an meinem Rechner - die alten Exceltabellen hat er nicht kaputt gemacht, aber sobald ich eine neue Datei erstellen will ist alles so winzig hier. Auch wenn ich den Zoom auf riesig stelle - klein bleibt klein - Excel wächst einfach nicht mehr. Was hat der böse Kollege (den ich auf den Mond schießen könnte), denn kaputt gemacht?

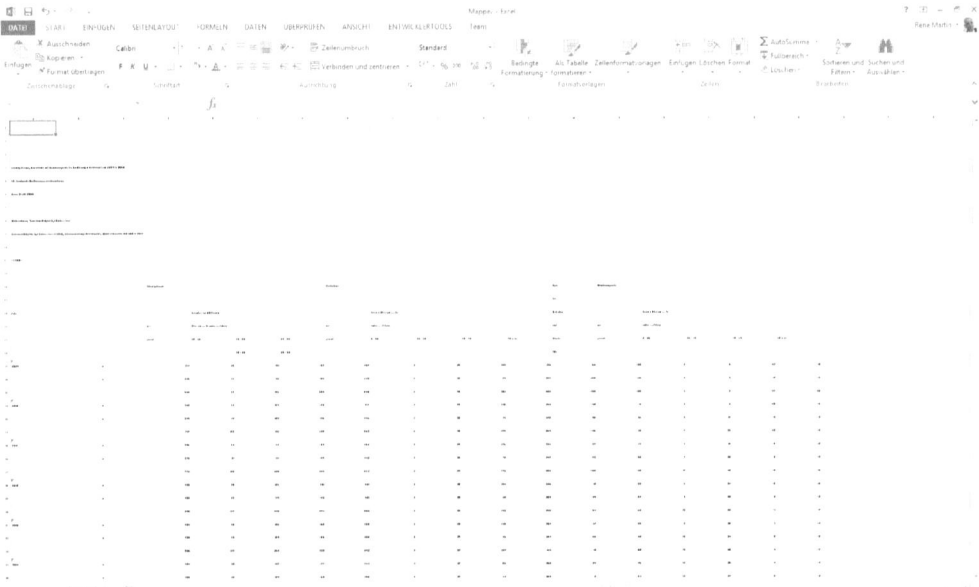

Die Antwort: Sicherlich wollte er in den Optionen die Standardschriftgröße auf 11 stellen und hat sich vertippt ... Dort können Sie den Schriftgrad wieder auf eine vernünftige Zahl (10, 11 oder 12) zurücksetzen. Diese Änderung wirkt sich auf alle neuen Dokumente aus - nicht auf die bereits erstellten.

4.1 Zellformate

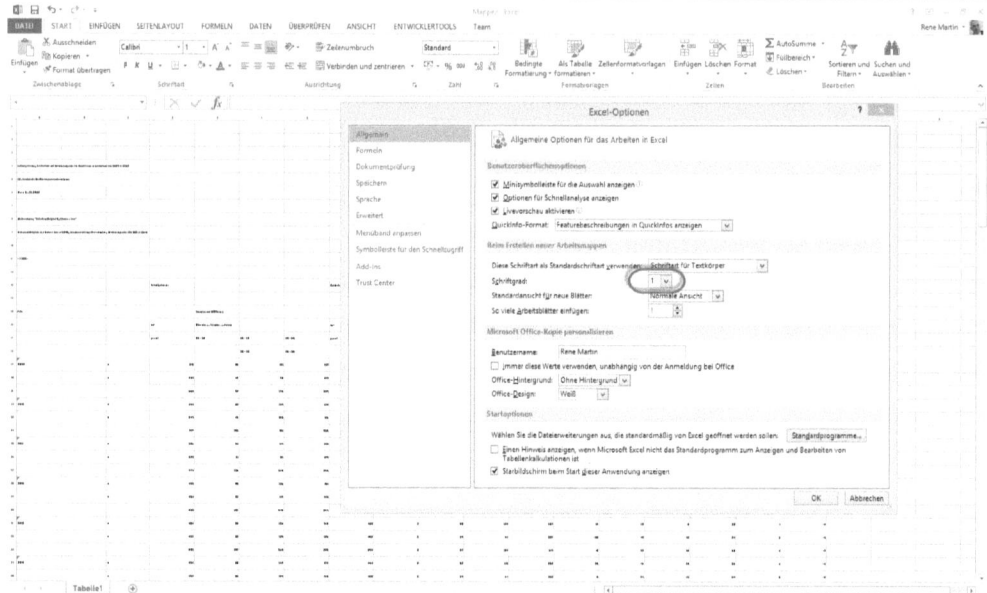

4.1.17. Schrift viel zu klein

Ich verstehe es mal wieder nicht! Ich formatiere nun schon seit einer halben Stunde die Schriftgröße - aber der Text wird einfach nicht größer? Darf der nicht wachsen?

Zu viel Text!

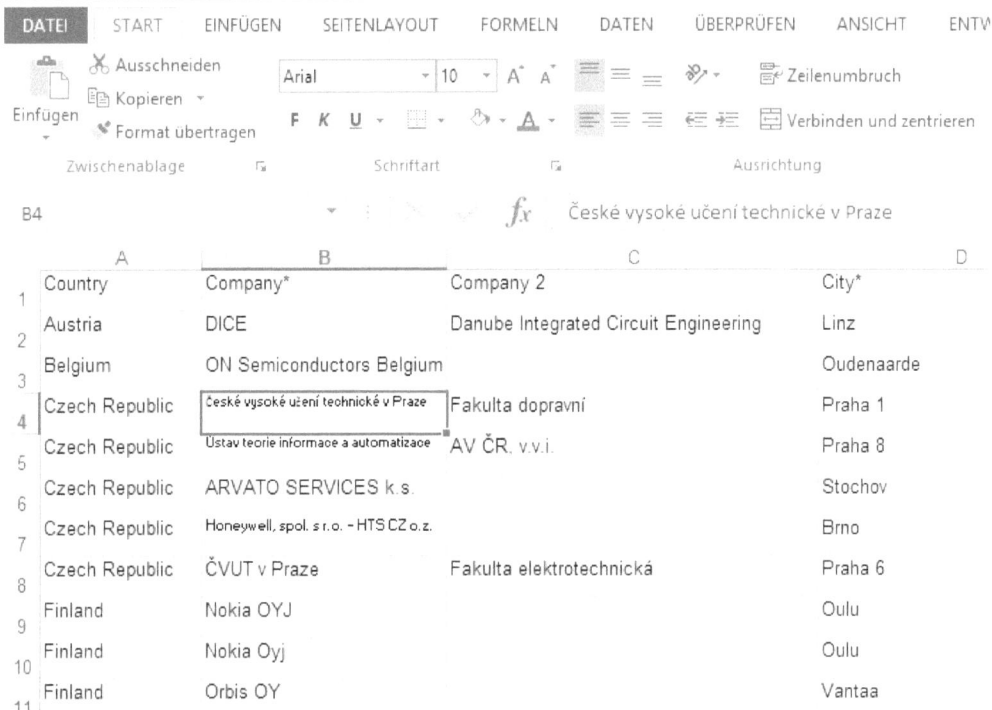

Schauen Sie mal bitte bei der Zellformatierung in der Registerkarte "Ausrichtung" nach. Vielleicht wurde dort die Option "An Zellgröße anpassen" aktiviert. Damit wird der Text so klein formatiert, dass er noch ganz in der Zelle steht. Das heißt: kleiner als Arial, 10 Punkt.

4.1.18. Zu viel Text!

Seltsam! Ich schreibe ein Wort in eine Zelle und dann steht es mehrmals drin. Wie von Geisterhand ...

4.1 Zellformate

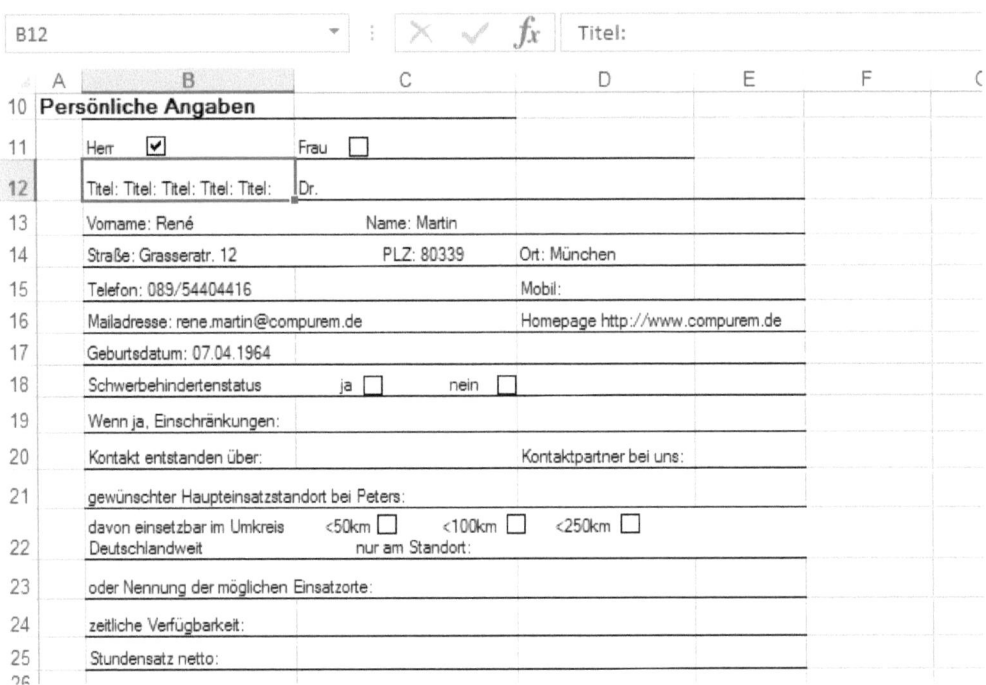

Die Antwort: Mit Sicherheit wurde beim Zellenformatieren / Registerkarte Ausrichtung die Option "horizontal ausfüllen" eingeschaltet. Dann wird der Text über die ganze Spalte Spaltenbreite wiederholt.

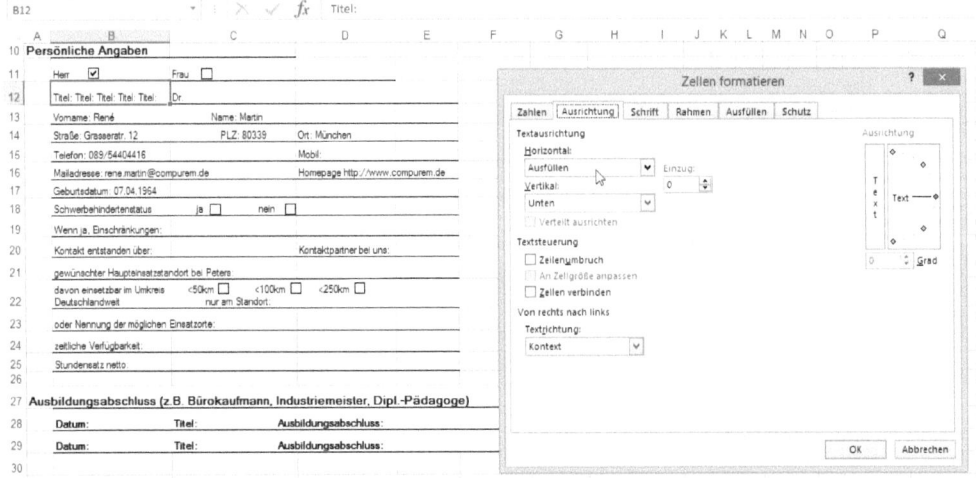

4.1.19. Die bedingte Formatierung zeigt nicht alle Farben!

Ich verstehe es nicht. Ich wollte in der bedingten Formatierung mehrere Farben verwenden. Konkret: Wenn der BMI < 18, soll eine Farbe gewählt werden. Klappt! Wenn der BMI > 25, dann hätte ich gerne eine Schriftfarbe Rot. Klappt auch. Wenn der Wert aber > 30 möchte ich zur Schriftfarbe noch eine Hintergrundfarbe. Klappt nicht! Ich habe nachgeschaut - der Haken "Anhalten" ist nicht eingeschaltet! Was mache ich falsch?

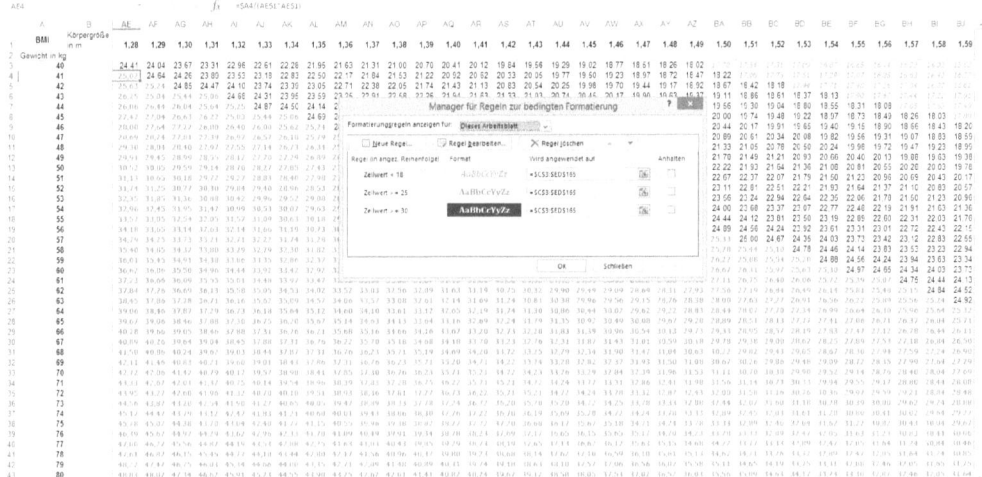

Excel hat bei der bedingten Formatierung eine merkwürdige Anomalie. Probe auf Exempel. Erstellen Sie Ihre Tabelle neu. Dann müsste alles klappen. Ändern Sie die Hintergrundfarbe der zweiten Bedingung. Dann wird diese Hintergrundfarbe verwendet. Das ist verständlich - einer muss gewinnen - in diesem Beispiel gewinnt die zweite Option. Ändern Sie die Hintergrundfarbe nun wieder auf "Keine Farbe", so wird nun diese Option verwendet und nicht die Farbe der dritten Bedingung.

Lösung 1: Löschen Sie die zweite Bedingung und erstellen Sie sie neu.

Lösung 2: Ändern Sie die Bedingung von: Zellwert > 25 in Zellenwert zwischen 25 und 30. Und verwenden Sie die Schriftfarbe ein weiteres Mal bei der dritten Bedingung (Zellwert > 30)

4.1 Zellformate

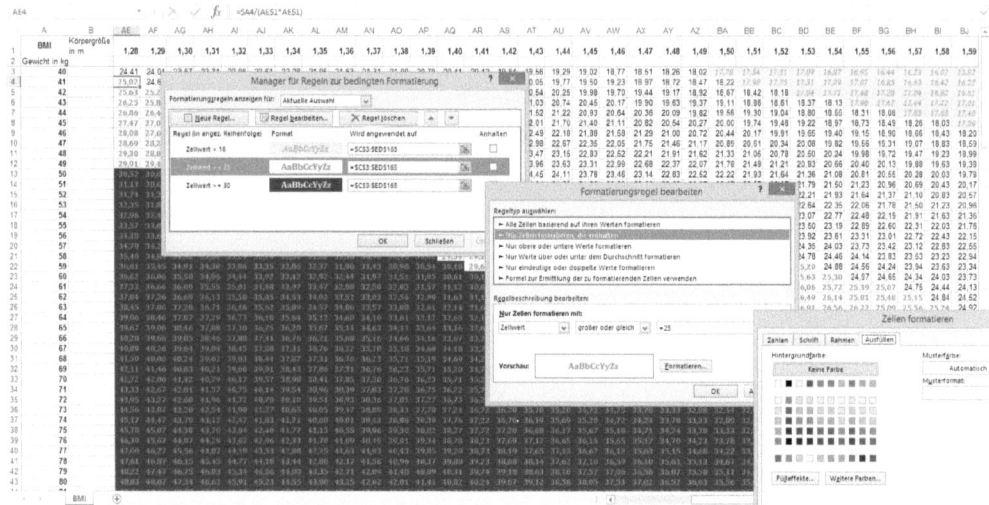

4.1.20. Alles zerrupft!

Hallo zusammen. Ich habe mir vor einer Weile eine tolle Entfernungstabelle erstellt, die ich häufig für Entfernungsberechnungen heranziehe. Nun wollte ich einige Zeilen einfügen. Dabei hat mir Excel die Tabelle ganz schön zerrupft:

Die Antwort: Wenn Sie genau hinschauen - die Tabelle ist eigentlich nicht zerstört. Durch das Einfügen der Zeilen hat Excel jedoch die Linien entweder oben stehen lassen oder nach

Alles zerrupft!

unten versetzt. Warum das? Testen wir Excel. Markieren Sie einige Zellen und fügen UNTER die Zellen eine Linie ein (entweder über das Symbol in Start oder Zellen formatieren / Rahmen.

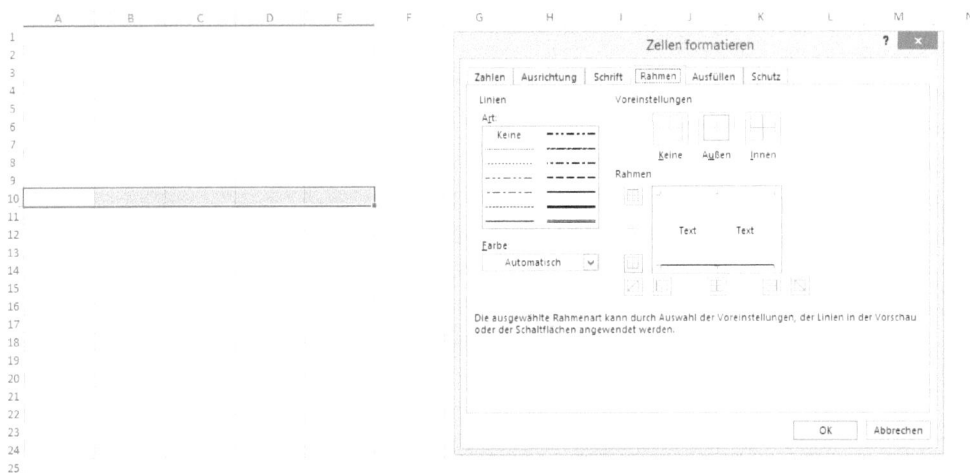

Markieren Sie einige Zellen daneben, aber eine Zeile tiefer, und fügen dort Linie DARÜBER ein.

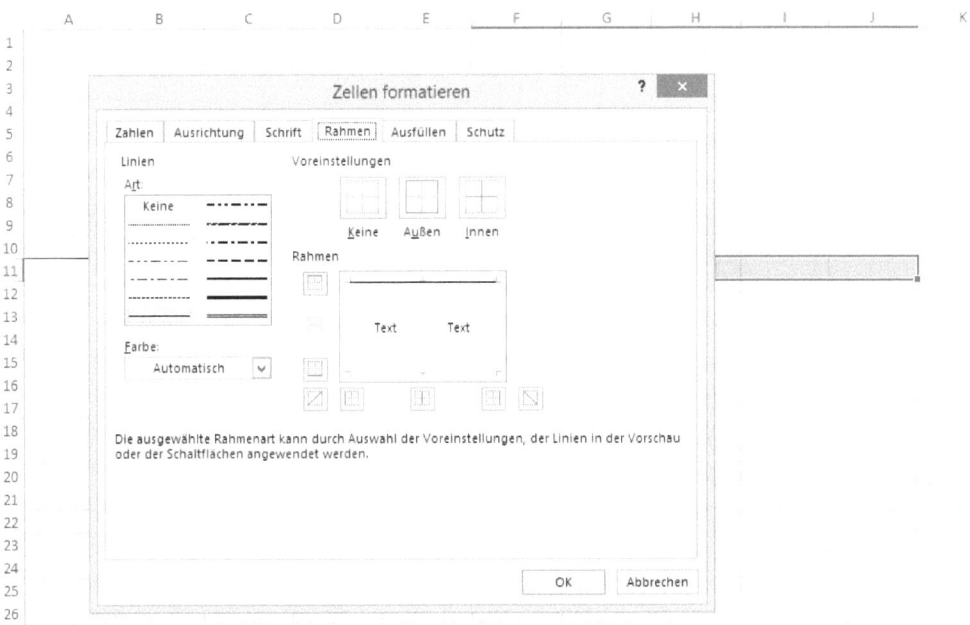

4.1 Zellformate

Es sieht aus, als wäre es eine durchgezogene Linie. Fügen Sie nun eine Zeile ein (Kontextmenü oder [Strg]+[+]:

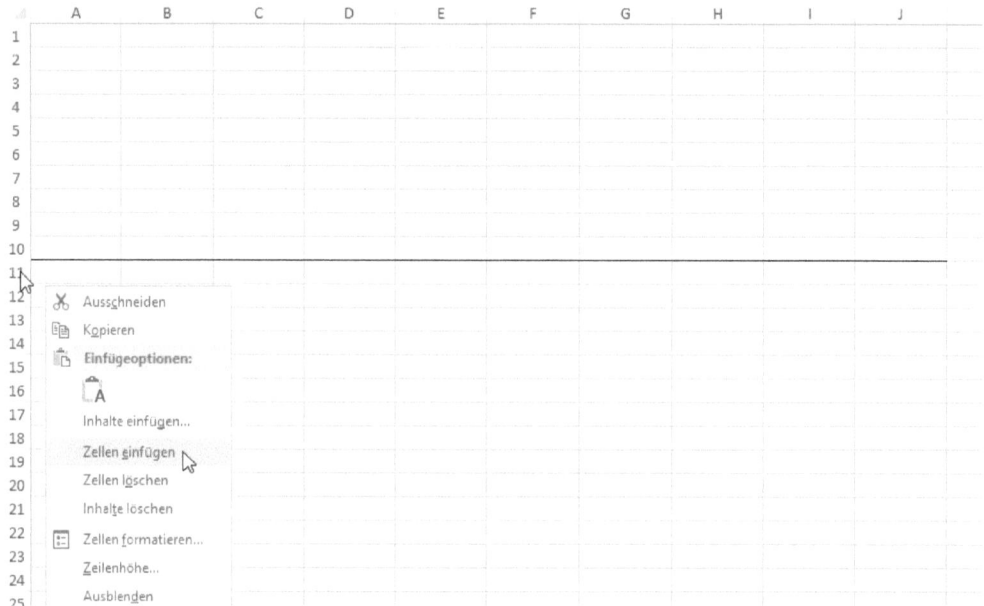

Nun erkennt man deutlich, dass die eine Linie mit nach unten genommen wird, die andere bleibt. Und das ist bei Ihrer Linie auch passiert.

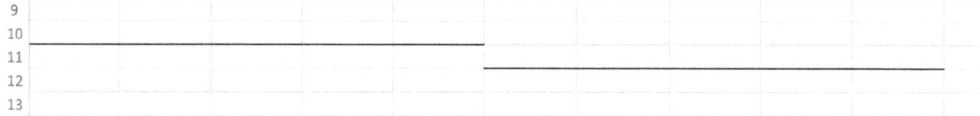

4.1.21. In der Mitte und doch nicht in der Mitte

Ich verstehe es nicht. Ich möchte drei Überschriften jeweils in die Mitte der Spalte bringen. Ein Klick auf das Symbol zentriert sie, aber zusätzlich erscheint eine Frage:

"Beim Verbinden von Zellen bleibt nur der Wert der obersten linken Zelle erhalten, alle anderen Werte werden verworfen."

Vorhin war es noch da - ich schwör' s!

Die Antwort: Ja, ja, ich weiß: einige Symbole sind nicht so glücklich beschriftet. Im Register "Start" befinden sich zwei "verbinden"-Symbole - genauer: "verbinden" und "verbinden und zentrieren". Während das erste Symbol die Inhalte jeweils in einer Zelle zentriert, macht das zweite Symbol eine "große" Zelle aus allen Zellen und zentriert den Inhalt darin. Stehen nun in den markierten Zellen mehrere Texte oder Zahlen werden sie gelöscht.

Sie haben recht: Zuerst wird der Inhalt in jeder Zelle zentriert angezeigt (was nicht ganz logisch ist) und nach dem Bestätigen werden alle Zellinhalte gelöscht - bis auf einen. Einer gewinnt eben!

4.1.22. Vorhin war es noch da - ich schwör' s!

Wo ist denn mein Symbol "Linien"? Oder hieß es "Rahmen"? Vorhin habe ich es doch noch verwendet?

4.1 Zellformate

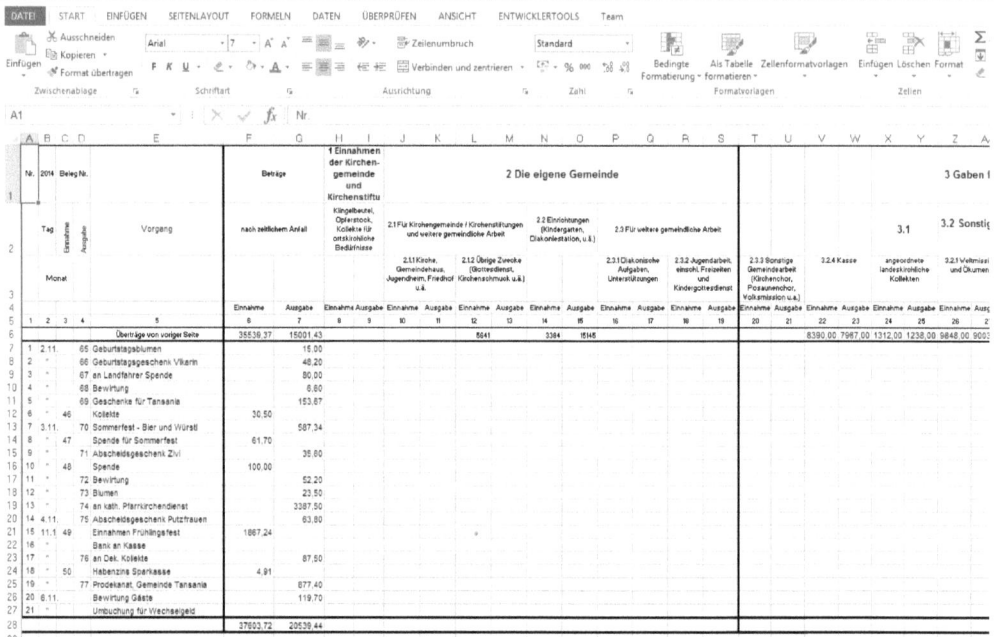

Die Antwort: Wenn Sie das Kombinationsfeld "Rahmenlinien" aufklappen und ein anderes Symbol, beispielsweise "Rahmenlinie entfernen" wählen, dann wird dieses angezeigt. Sie müssen die Liste wieder aufklappt - dann finden Sie alle Rahmeneinstellungen.

Text drehen

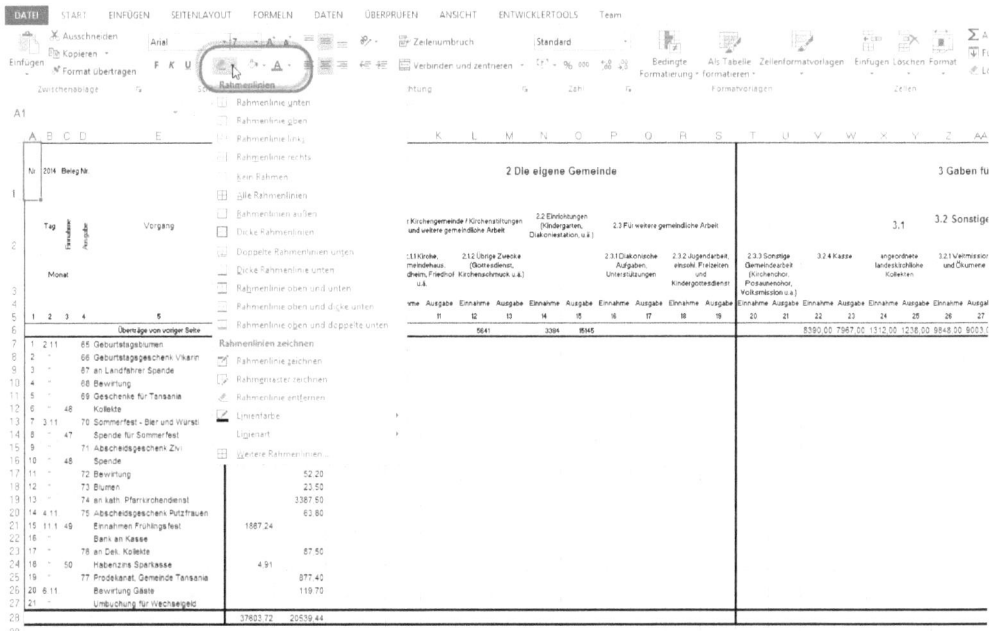

4.1.23. Text drehen

Manchmal geht es, manchmal nicht ... Sagen Sie mal - warum darf ich den Text nicht drehen? Oder genauer - nur von oben nach unten laufen lassen, aber nicht um 90° drehen? Ich habe schon nachgeschaut - Schutzmechanismen sind keine drin ...

4.1 Zellformate

Die Antwort finden Sie, wenn Sie den Zellen-formatieren-Dialog ansehen:

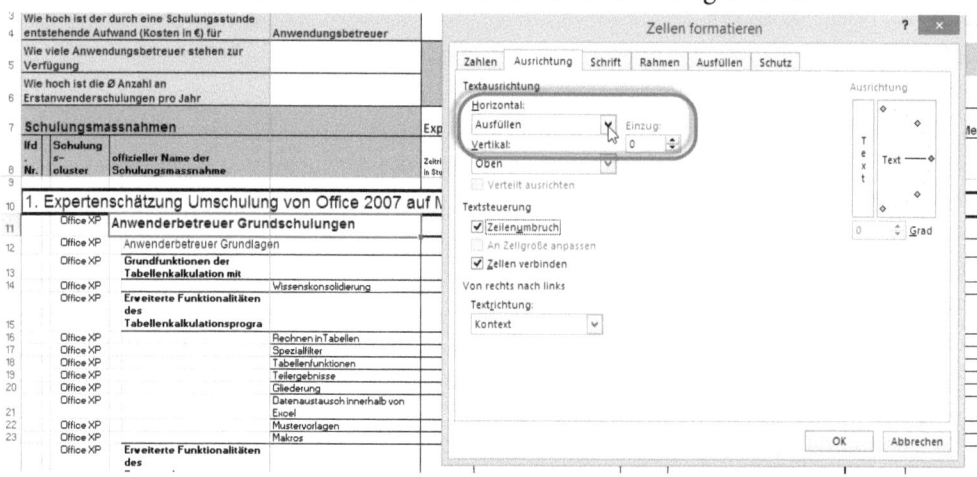

Aus irgendeinem Grund haben Sie (oder ein anderer Anwender) die Option "Textausrichtung: Horizontal - Ausfüllen" eingeschaltet - diese Option verbietet den Text in der Zelle zu drehen.

4.1.24. Mindestens ein Symboldatenbereich überlappt

Was sagt mir dieser Hinweis: "Mindestens ein Symboldatenbereich überlappt. Passen Sie die Werte des Symboldatenbereichs an, sodass die Bereiche nicht überlappen."

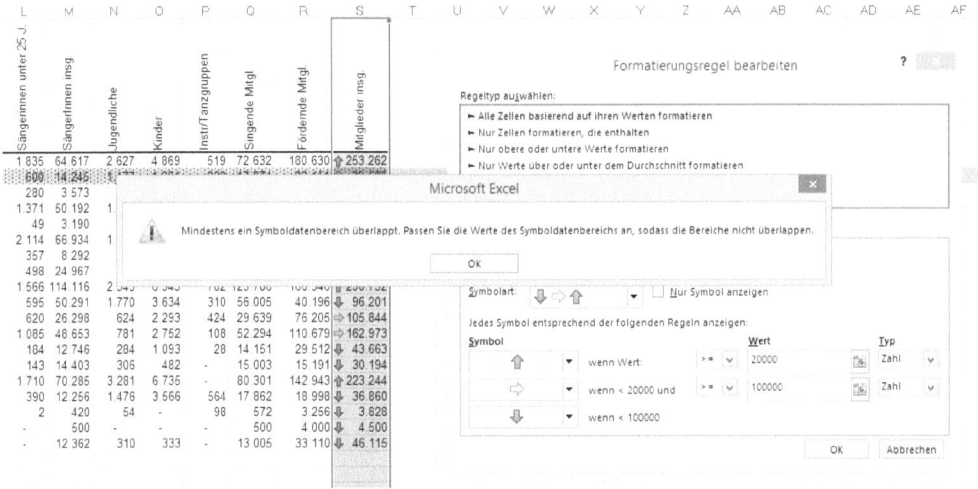

Die Antwort: Wenn Sie genau diese Daten anschauen, stellen Sie fest, dass Sie für die grünen Pfeile als Bedingung >= 20000 eingetragen haben. Für die gelben jedoch >=100000. Ein Tippfehler? Die Bedingte Formatierung verlangt eine absteigende Wertereihenfolge, beispielsweise:

>=200.000

>=100.000

4.1.25. Kleine Symbole würden mir genügen ...

Schade, dass ich die Symbole in der bedingten Formatierung nicht verkleinern kann:

4.1 Zellformate

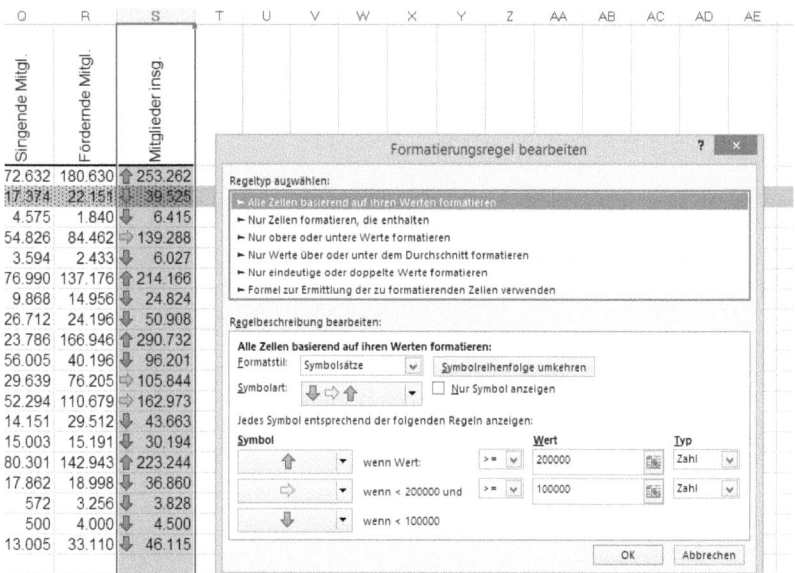

Die Antwort: Doch - es funktioniert mit einem Trick. Sie können eine Spalte einfügen und dort die Werte mit der Formel =S2 wiederholen. Dort schalten Sie die bedingte Formatierung mit den Symbolen ein und formatieren die Schriftfarbe Weiß. Anschließend verkleinern Sie die Spaltenbreite:

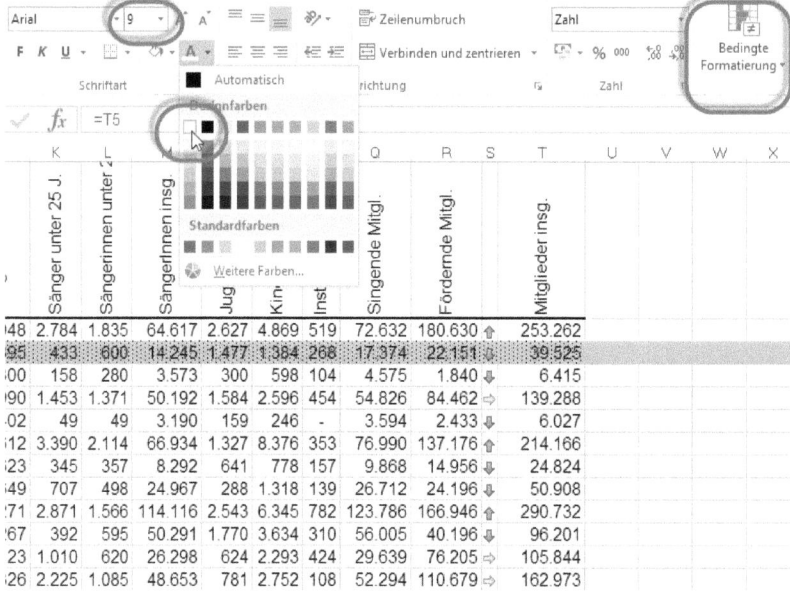

4.1.26. Sag mir wo die Zahlen sind ... wo sind sie geblieben?

Ich verstehe es nicht. Ich habe eine "alte" Datei gefunden und geöffnet und sehe dort in einer Zelle die Jahreszahl 1991. Ich finde sie nicht. Und: löschen kann ich sie auch nicht! Helft mir - wo ist die Zahl geblieben?

	A	B	C	D	E	F	G	H	I	J
32	Paasche-Preisindex									
33										
34	Jahr			1990			1991		1992	
35		Preis	Menge	Pt*Mt	Preis	Menge	Pt*Mt	Preis	Menge	Pt*Mt
36	Wein	4,75	8,3	41,33	5,15	8,1	44,81	5,35	8,7	46,55
37	Bier	2,65	15,7	50,09	2,95	17,5	55,76	2,85	18,9	53,87
38	Schnaps	9,33	1,8	20,53	10,25	2,1	22,55	12,45	2,2	27,39
39	Sonstiges	7,72	2,3	18,53	7,55	2,1	18,12	8,15	2,4	19,56
40	Summe		28,1	130,5		29,8	141,2		32,2	147,4
41	Schnitt	4,0517			4,386			4,576		

Die Antwort: Das muss eine sehr alte Excel-Datei sein! In Excel 5.0 gab es noch nicht den Befehl "Zellen verbinden". Dort musste man eine Zelle "über eine Auswahl zentrieren". Das war mühsam und oft schwierig nachzuvollziehen. Sie finden diese Option in der Ausrichtung:

4.1.27. Ingroup-Verhalten

Hallo Herr Martin,

ich habe gelernt, dass man mit gedrückter [Strg]-Taste oder [Shift]-Taste mehrere Tabellenblätter markieren kann und gleichzeitig auf diesen Blättern arbeiten kann. Ich habe auch gelernt, dass ich dort die Ausrichtung eines Textes in mehreren Zellen auf mehreren Blättern gleichzeitig ändern kann, ebenso die Spaltenbreite, einen Text einfügen, die Kopfzeile verändern, die Hintergrundfarbe und noch einiges mehr.

Allerdings: Die Schriftfarbe kann ich nicht ändern, oder?

4.1 Zellformate

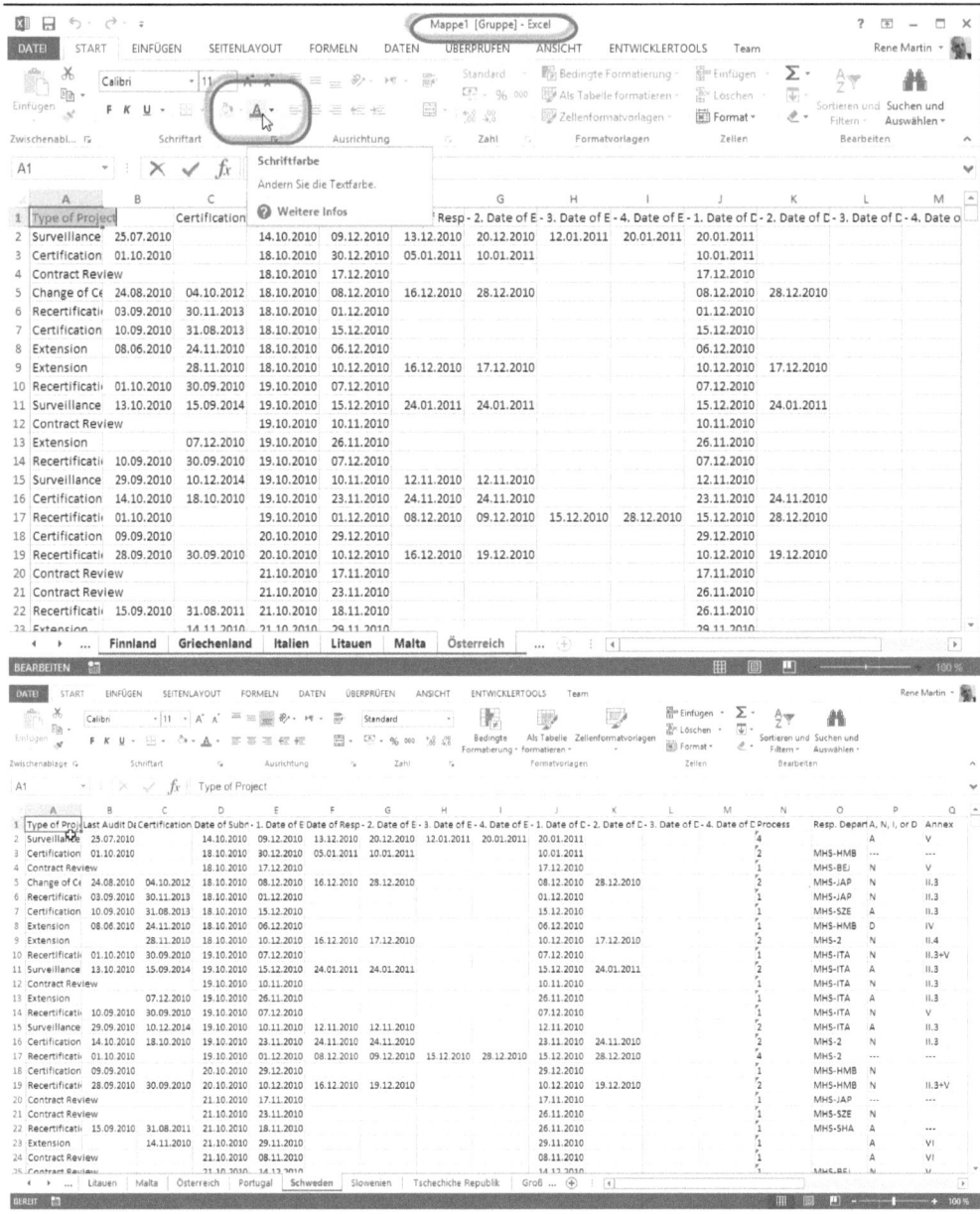

Die Antwort: Sie haben zwar alle Blätter markiert, haben dann aber auf dem Blatt "Österreich" die Zelle editiert... Das heißt: Text in der Zelle markiert und formatiert. DAS dürfen

Sie nicht! Sie müssen "auf" der Zelle "sitzen" und die Schriftfarbe ändern - dann funktioniert es auch!

4.1.28. Die goldene Mitte - ist das nicht gerade

Was mache ich falsch? Ich habe eine Spalte zentriert - aber so richtig mittig ist das nicht gerade, was ich in der Spalte Eiweiß sehe, wo die Plus-Zeichen stehen ...

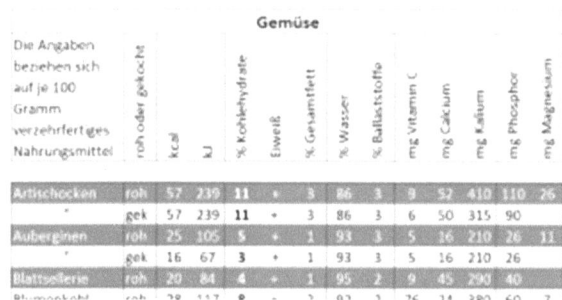

Die Antwort: Sie haben hinter einigen der Plus-Zeichen ein Leerzeichen eingegeben - deshalb werden nun zwei Zeichen zentriert, so dass einige der Zeichen etwas verschoben sind.

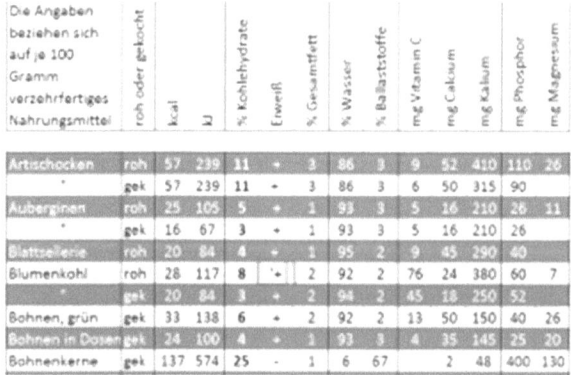

4.1.29. Armbruch, Beinbruch, Zeilenumbruch

Hilfe!

Ich habe eine Exceltabelle, in der mein Kollege häufig Zeilenumbrüche - also [ALT] + [Return] eingefügt hat. Wie kann ich die ganz schnell löschen?

4.1 Zellformate

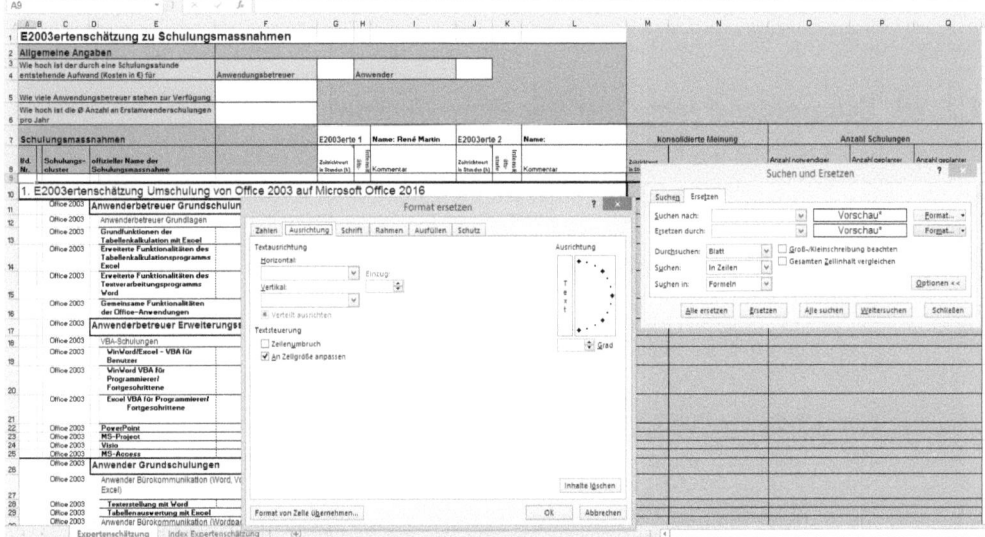

Die Antwort: Sie können im Ersetzen-Dialog (Registerkarte Start / Bearbeiten / Suchen und Auswählen oder: [STRG] + [H]) auch nach Formatierungen suchen. Erstaunlicherweise findet Excel die Zeilenumbrüche, wenn Sie die Formatierung in der Registerkarte "Ausrichtung" aktivieren. Und löscht sie, wenn Sie bei "Ersetzen" explizit den Zeilenumbruch ausschalten UND die Option "An Zellgröße anpassen" einschalten.

4.1.30. Verbinden verboten!

Hallo Herr Martin,

ich weiß nicht, welches Walnusshirn die Gruppen zusammengefasst hat. Also warum ein Mensch die Zellen der ersten Spalte miteinander verbunden hat. So kann ich die Liste nicht sortieren und nicht filtern. Egal - ich würde das schnell wieder rausmachen. Geht schnell? Ihr Lieblingssatz ist doch "zack - zack!"

Verbinden verboten!

	A	B	C	D	E	F
				C112		Martin
1	Kategorie	Titel	Autor	ISBN		
86		ASP.NET mit VB.NET Kochb	Lorenz	3-446-22331-2		
87		Borland Delphi 7 - Grundlager	Doberenz, Kowalski	3-446-22316-9		
88		Visual C# .NET -- Grundlagen	Doberenz, Kowalski	3-446-22021-6		
89		ASP.NET mit C# Kochbuch	Lorenz	3-446-22235-9		
90		Visual Basic.NET -- Grundlag	Doberenz, Kowalski	3-446-22024-0		
91		GUI-Programmierung mit Qt	Borkner-Delcarlo	3-446-22054-2		
92		Programmieren lernen mit C	Zeiner	3-446-21596-4		
93		Visual Basic 6 -- Kochbuch	Doberenz, Kowalski	3-446-19592-0		
94		Das C-Lösungsbuch	Tondo, Gimpel	3-446-15946-0		
95		Programmieren in C	Kernighan, Ritchie	3-446-15497-3		
96		Das C-Lernbuch	Plum	3-446-14165-0		
97		PHP objektorientiert	Lavin	3-446-40762-6		
98		Rapid Web Development mit	Wirdemann, Baustert	3-446-40932-7		
99		Ajax	Gehtland, Galbraight, Almaer	3-446-40630-1		
100		JavaServer Faces	Müller	3-446-40677-8		
101	Scriptsprachen	Echt coole Perl Skripte	Oualline	3-446-40683-2		
102		PHP 5 - Kochbuch	Krause	3-446-22736-9		
103		PHP 5 - Grundlagen und Profi	Krause	3-446-40334-5		
104		PHP 5 -- Das Update	Krause	3-446-22949-3		
105		Programmieren lernen in PHP	Krause	3-446-22737-7		
106		XML	Ammelburger	3-446-22562-5		
107		Programmieren in Perl	Krienke	3-446-22013-5		
108		Scriptsprachen für dynamisch	Dehnhardt	3-446-21413-5		
109		3D-Spieleprogrammierung mit	Scherfgen	3-446-40596-8		
110	Anwendungs	C++ für Spieleprogrammierer	Kalista	3-446-40332-9		
111		Spieleprogrammierung Gems	Kirmse	3-446-22944-2		
112		VBA-Programmierung unter E	Martin	3-446-22898-5		
113		Typografie und Layout für digi	Kommer, Mersin	3-446-21399-6		
114		Cash Code	Tritsch, Kohlhammer	3-446-40755-3		
115		Der Systemtest	Sneed, Baumgartner, Seidl	3-446-40793-6		
116		Requirements-Engineering un	Rupp, SOPHIST GROUP	3-446-40509-7		
117		Einfach generieren	Klar, Klar	3-446-40448-1		
118		Agile Webentwicklung mit Ra	Thomas, Heinemeier Hansson	3-446-40486-4		
119		Ship it!	Richardson, Gwaltney	3-446-40425-2		
120		UML 2 glasklar	Jeckle, Queins, Zengler, Rupp, Hahn	3-446-22923-3		
121		Software-Projektkalkulation	Sneed	3-446-40005-2		
122		Software Engineering mit Del	Kämpfen	3-446-22948-5		
123		Effektive Software-Architektur	Starke	3-446-22846-2		
124	wareentwicklung	Software Engineering	Pomberger, Pree	3-446-22429-7		
125		Komponentenbasierte Softwa	Andresen	3-446-22915-9		
126		Lehr- und Übungsbuch Softwa	Forbrig, Kerner	3-446-22578-1		
127		Mensch-Computer-Interaktion	Heinecke	3-446-22591-9		
128		Softwaretechnik in C und C++	Isernhagen, Helmke	3-446-22715-6		

Die Antwort: Ja. Markieren Sie das gesamte Tabellenblatt. Klicken Sie dann auf die Schaltfläche "Verbinden und zentrieren". Dann sind alle verbundenen Zellen nicht mehr verbunden. Möglicherweise müssen Sie dann noch die Texte über alle Zellen hinunterziehen, beziehungsweise -kopieren.

4.2 Zahlenformate

	A	B	C	D	E
1	Kategorie	Titel	Autor	ISBN	
86		ASP.NET mit VB.NET Kochb	Lorenz	3-446-22331-2	
87		Borland Delphi 7 - Grundlager	Doberenz, Kowalski	3-446-22316-9	
88		Visual C#.NET -- Grundlagen	Doberenz, Kowalski	3-446-22021-6	
89		ASP.NET mit C# Kochbuch	Lorenz	3-446-22235-9	
90		Visual Basic.NET -- Grundlag	Doberenz, Kowalski	3-446-22024-0	
91		GUI-Programmierung mit Qt	Borkner-Delcarlo	3-446-22054-2	
92		Programmieren lernen mit C	Zeiner	3-446-21596-4	
93		Visual Basic 6 -- Kochbuch	Doberenz, Kowalski	3-446-19592-0	
94		Das C-Lösungsbuch	Tondo, Gimpel	3-446-15946-0	
95		Programmieren in C	Kernighan, Ritchie	3-446-15497-3	
96		Das C-Lernbuch	Plum	3-446-14165-0	
97		PHP objektorientiert	Lavin	3-446-40762-6	
98		Rapid Web Development mit I	Wirdemann, Baustert	3-446-40932-7	
99		Ajax	Gehtland, Galbraight, Almaer	3-446-40630-1	
100		JavaServer Faces	Müller	3-446-40677-8	
101		Echt coole Perl Skripte	Oualline	3-446-40683-2	
102		PHP 5 - Kochbuch	Krause	3-446-22736-9	
103		PHP 5 - Grundlagen und Profi	Krause	3-446-40334-5	
104		PHP 5 -- Das Update	Krause	3-446-22949-3	
105		Programmieren lernen in PHF	Krause	3-446-22737-7	
106		XML	Ammelburger	3-446-22562-5	
107		Programmieren in Perl	Krienke	3-446-22013-5	
108		Scriptsprachen für dynamisch	Dehnhardt	3-446-21413-5	
109		3D-Spieleprogrammierung mit	Scherfgen	3-446-40596-8	
110		C++ für Spieleprogrammierer	Kalista	3-446-40332-9	
111		Spieleprogrammierung Gems	Kirmse	3-446-22944-2	
112		VBA-Programmierung unter E	Martin	3-446-22898-5	
113		Typografie und Layout für digi	Kommer, Mersin	3-446-21399-6	
114		Cash Code	Tritsch, Kohlhammer	3-446-40755-3	
115		Der Systemtest	Sneed, Baumgartner, Seidl	3-446-40793-6	
116		Requirements-Engineering un	Rupp, SOPHIST GROUP	3-446-40509-7	

4.2. Zahlenformate

4.2.1. Plötzlich stehen andere Zahlen in der Zelle

Ich schreibe eine Zahl in eine Zelle, beispielsweise 500. Plötzlich steht eine andere Zahl in der Zelle. Warum passiert das manchmal?

Die Antwort ist leicht: in der Zelle hat sich schon etwas befunden; beispielsweise ein Datum. Wenn Sie die Taste [Entf] drücken, wird zwar der Inhalt gelöscht, nicht aber die Formatierung. Man kann es erkennen, indem man auf die Registerkarte "Start" wechselt und einen Blick in die Gruppe "Zahlen" wirft. Dort steht das Zahlenformat. Schwierig wird es allerdings, wenn im Kombinationsfeld "Benutzerdefiniert" steht. Das kann alles Mögliche bedeuten. Wurde beispielsweise 2.5 eingegeben, so interpretiert Excel dies als benutzerdefiniertes Datum bestehend aus Tag und Monat. So wird nun 500 dargestellt - als 500. Tag seit "Beginn von Excel" - seit dem 01. Januar 1900.

Plötzlich stehen andere Zahlen in der Zelle

Sie bekommen das weg, indem Sie aus dem Kombinationsfeld das Zahlenformat "Standard" wählen. Oder "alles löschen" dann wird Inhalt und Format gelöscht.

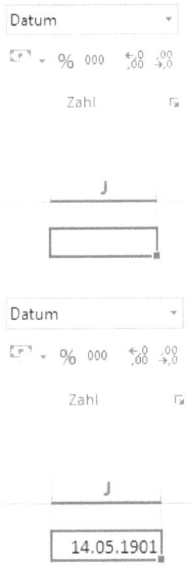

Die Zelle ist benutzerdefiniert formatiert.

4.2 Zahlenformate

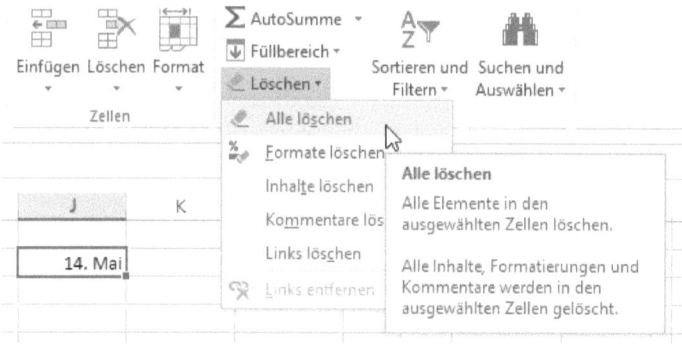

4.2.2. Excel formatiert automatisch

Doch, doch. An vielen Stellen! Probieren Sie es aus! Schreiben in drei Zellen untereinander einen beliebigen Wert. Formatieren Sie die drei Zellen, beispielsweise als Buchhaltung. Schreiben Sie nun in die unformatierte, leere Zelle direkt darunter einen weiteren Wert - und er wird so formatiert wie die drei Zellen darüber formatiert sind.

4.2.3. Ort und Datum kann nicht kombiniert werden

Die Formel

="Hamburg, "&HEUTE()

funktioniert nicht.

Stimmt. Beim Verketten von Texten (übrigens würde die Funktion Verketten das gleiche Ergebnis liefern), wird nicht die formatierte Datumsinformation verwendet, sondern der interne Wert des Datums. Lösung schafft die Funktion:

Ort und Datum kann nicht kombiniert werden

="Hamburg, "&TEXT(HEUTE();"TT.MM.JJJJ")

Oder ein benutzerdefiniertes Datumsformat.

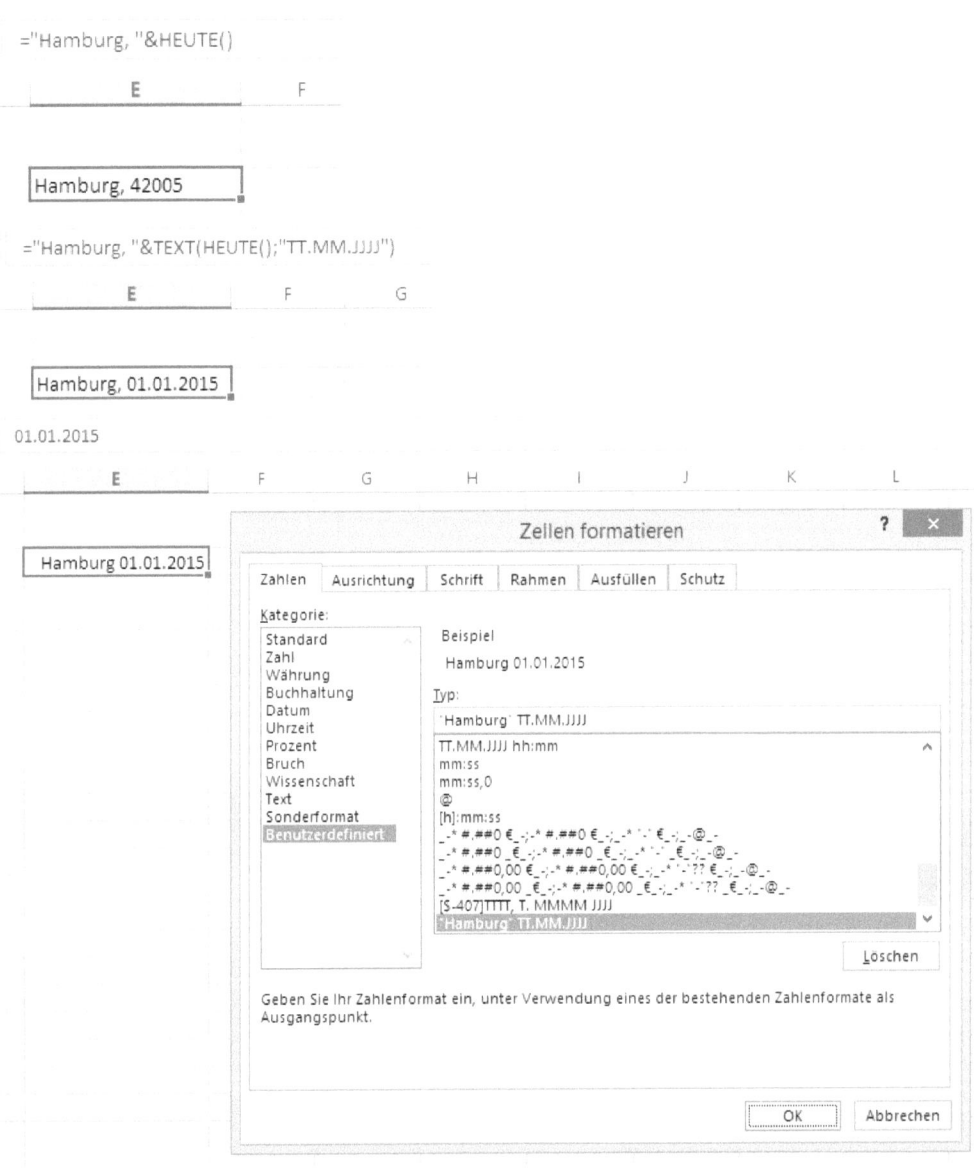

4.2 Zahlenformate

4.2.4. Datum funktioniert nicht

Ich wollte Datumsangaben im ISO-Format, also: jjjj-mm-tt formatieren, aber es funktioniert nicht.

Die Antwort: Excel unterscheidet (fast) an keiner Stelle zwischen Groß- und Kleinschreibung - eine der wenigen Stellen ist die Formatierung des Monats. Hier muss man ein großes "M" schreiben. Ein kleines "m" ist reserviert für Minuten.

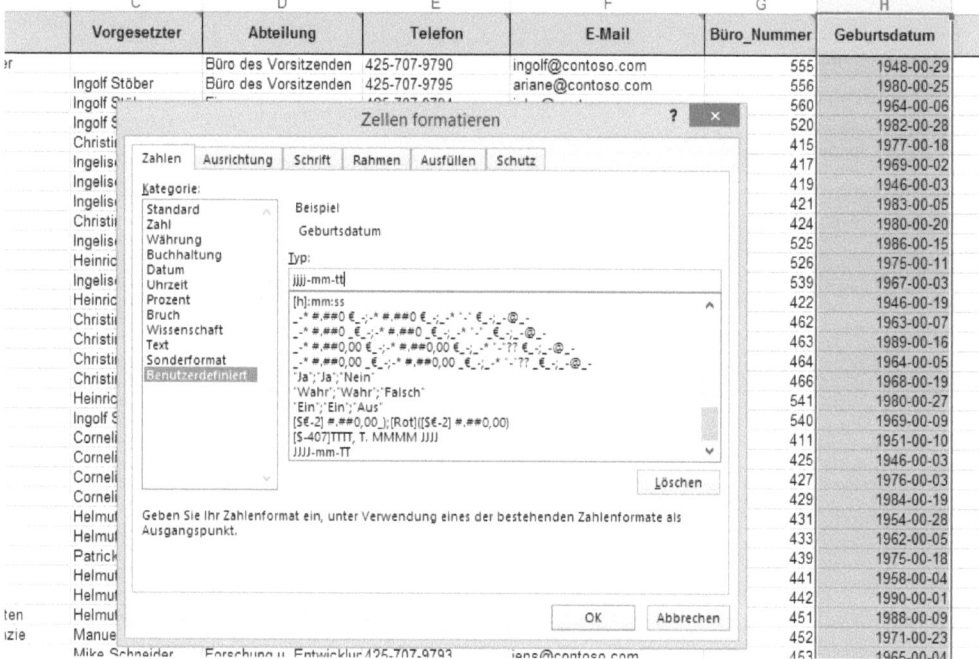

4.2.5. Buchhaltung vs Währung

Nicht dass es wichtig wäre, aber es verblüfft: Wird eine Zahl über die Kategorie "Buchhaltung" formatiert, kann man sie nicht zentrieren. "Währung" und zentrieren ist dagegen möglich.

Buchhaltung vs Währung

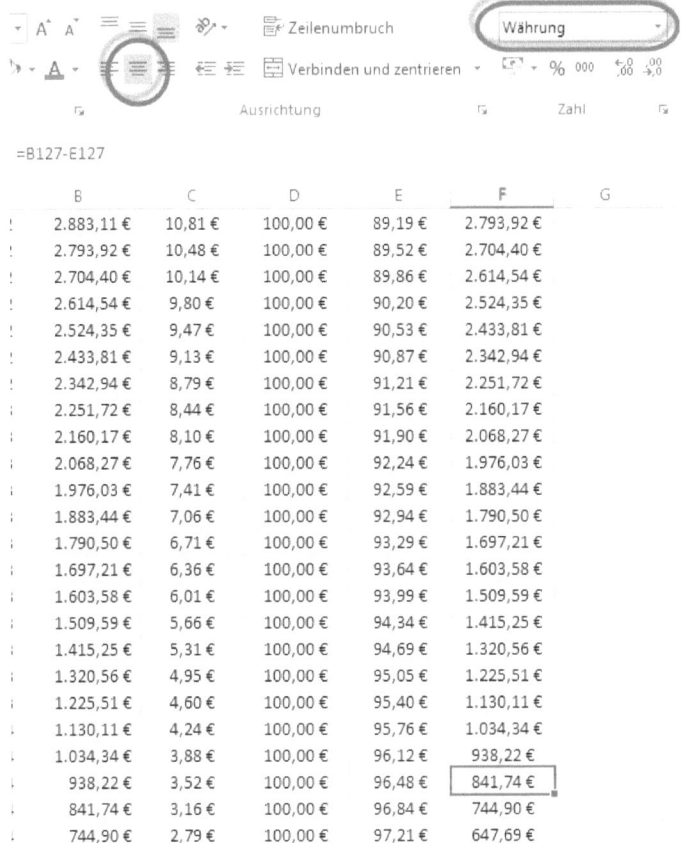

=B127-E127

	B	C	D	E	F	G
	2.883,11 €	10,81 €	100,00 €	89,19 €	2.793,92 €	
	2.793,92 €	10,48 €	100,00 €	89,52 €	2.704,40 €	
	2.704,40 €	10,14 €	100,00 €	89,86 €	2.614,54 €	
	2.614,54 €	9,80 €	100,00 €	90,20 €	2.524,35 €	
	2.524,35 €	9,47 €	100,00 €	90,53 €	2.433,81 €	
	2.433,81 €	9,13 €	100,00 €	90,87 €	2.342,94 €	
	2.342,94 €	8,79 €	100,00 €	91,21 €	2.251,72 €	
	2.251,72 €	8,44 €	100,00 €	91,56 €	2.160,17 €	
	2.160,17 €	8,10 €	100,00 €	91,90 €	2.068,27 €	
	2.068,27 €	7,76 €	100,00 €	92,24 €	1.976,03 €	
	1.976,03 €	7,41 €	100,00 €	92,59 €	1.883,44 €	
	1.883,44 €	7,06 €	100,00 €	92,94 €	1.790,50 €	
	1.790,50 €	6,71 €	100,00 €	93,29 €	1.697,21 €	
	1.697,21 €	6,36 €	100,00 €	93,64 €	1.603,58 €	
	1.603,58 €	6,01 €	100,00 €	93,99 €	1.509,59 €	
	1.509,59 €	5,66 €	100,00 €	94,34 €	1.415,25 €	
	1.415,25 €	5,31 €	100,00 €	94,69 €	1.320,56 €	
	1.320,56 €	4,95 €	100,00 €	95,05 €	1.225,51 €	
	1.225,51 €	4,60 €	100,00 €	95,40 €	1.130,11 €	
	1.130,11 €	4,24 €	100,00 €	95,76 €	1.034,34 €	
	1.034,34 €	3,88 €	100,00 €	96,12 €	938,22 €	
	938,22 €	3,52 €	100,00 €	96,48 €	841,74 €	
	841,74 €	3,16 €	100,00 €	96,84 €	744,90 €	
	744,90 €	2,79 €	100,00 €	97,21 €	647,69 €	

4.2 Zahlenformate

B	C	D	E	F
2.883,11 €	10,81 €	100,00 €	89,19 €	2.793,92 €
2.793,92 €	10,48 €	100,00 €	89,52 €	2.704,40 €
2.704,40 €	10,14 €	100,00 €	89,86 €	2.614,54 €
2.614,54 €	9,80 €	100,00 €	90,20 €	2.524,35 €
2.524,35 €	9,47 €	100,00 €	90,53 €	2.433,81 €
2.433,81 €	9,13 €	100,00 €	90,87 €	2.342,94 €
2.342,94 €	8,79 €	100,00 €	91,21 €	2.251,72 €
2.251,72 €	8,44 €	100,00 €	91,56 €	2.160,17 €
2.160,17 €	8,10 €	100,00 €	91,90 €	2.068,27 €
2.068,27 €	7,76 €	100,00 €	92,24 €	1.976,03 €
1.976,03 €	7,41 €	100,00 €	92,59 €	1.883,44 €
1.883,44 €	7,06 €	100,00 €	92,94 €	1.790,50 €
1.790,50 €	6,71 €	100,00 €	93,29 €	1.697,21 €
1.697,21 €	6,36 €	100,00 €	93,64 €	1.603,58 €
1.603,58 €	6,01 €	100,00 €	93,99 €	1.509,59 €
1.509,59 €	5,66 €	100,00 €	94,34 €	1.415,25 €
1.415,25 €	5,31 €	100,00 €	94,69 €	1.320,56 €
1.320,56 €	4,95 €	100,00 €	95,05 €	1.225,51 €
1.225,51 €	4,60 €	100,00 €	95,40 €	1.130,11 €
1.130,11 €	4,24 €	100,00 €	95,76 €	1.034,34 €
1.034,34 €	3,88 €	100,00 €	96,12 €	938,22 €
938,22 €	3,52 €	100,00 €	96,48 €	841,74 €
841,74 €	3,16 €	100,00 €	96,84 €	744,90 €
744,90 €	2,79 €	100,00 €	97,21 €	647,69 €

4.2.6. Excel summiert Uhrzeiten nicht richtig

Doch. Aber Excel schafft den Sprung in den neuen Tag, also über die 24-Stunden-Grenze nicht.

Die Lösung: Sie müssen die Uhrzeit vom Typ [h]:ss formatieren. Oder in der Kategorie "Uhrzeit" finden Sie ein Beispiel "37:30:50". Das macht das Gleiche.

Excel summiert Uhrzeiten nicht richtig

				f_x	=SUMME(F4:F25)
	B	C	D	E	F
	Wochentag	Datum	kommt	geht	insgesamt
	Donnerstag	01.01.2015	7:00	14:42	7:42
	Freitag	02.01.2015	7:45	14:00	6:15
	Montag	05.01.2015	22:00	6:15	8:15
	Dienstag	06.01.2015	18:00	2:30	8:30
	Mittwoch	07.01.2015	13:00	16:20	3:20
	Donnerstag	08.01.2015	6:00	14:50	8:50
	Freitag	09.01.2015	19:00	0:30	5:30
	Montag	12.01.2015	7:00	14:42	7:42
	Dienstag	13.01.2015	23:00	16:10	17:10
	Mittwoch	14.01.2015	23:00	16:30	17:30
	Donnerstag	15.01.2015	23:00	15:30	16:30
	Freitag	16.01.2015	2:00	14:42	12:42
	Montag	19.01.2015	2:30	14:42	12:12
	Dienstag	20.01.2015	1:00	15:55	14:55
	Mittwoch	21.01.2015	8:35	15:40	7:05
	Donnerstag	22.01.2015	21:00	7:30	10:30
	Freitag	23.01.2015	21:00	2:00	5:00
	Montag	26.01.2015	21:00	23:00	2:00
	Dienstag	27.01.2015	8:00	16:10	8:10
	Mittwoch	28.01.2015	7:55	16:30	8:35
	Donnerstag	29.01.2015	7:55	14:25	6:30
	Freitag	30.01.2015	7:00	14:42	7:42
					10:35

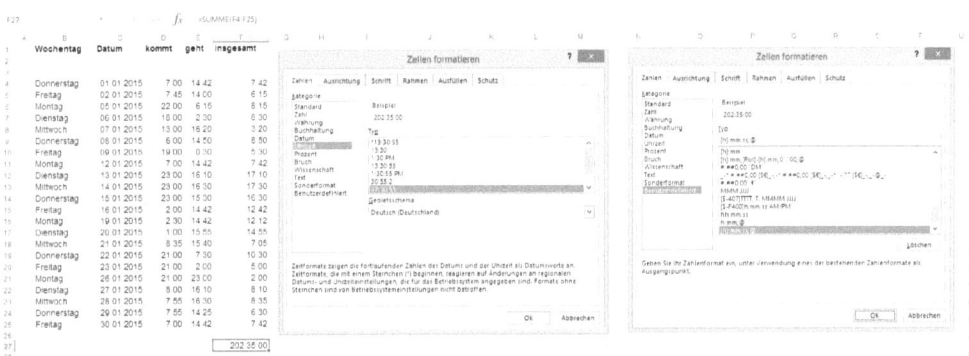

4.2 Zahlenformate

4.2.7. Am Komma ausrichten

Kann man eigentlich Zahlen (Messwerte), die eine unterschiedliche Anzahl am Nachkommastellen haben, am Komma ausrichten?

Klar - man muss sie folgendermaßen formatieren:

#,?????

(Die Anzahl der "?" entspricht der Anzahl der sichtbaren Nachkommastellen)

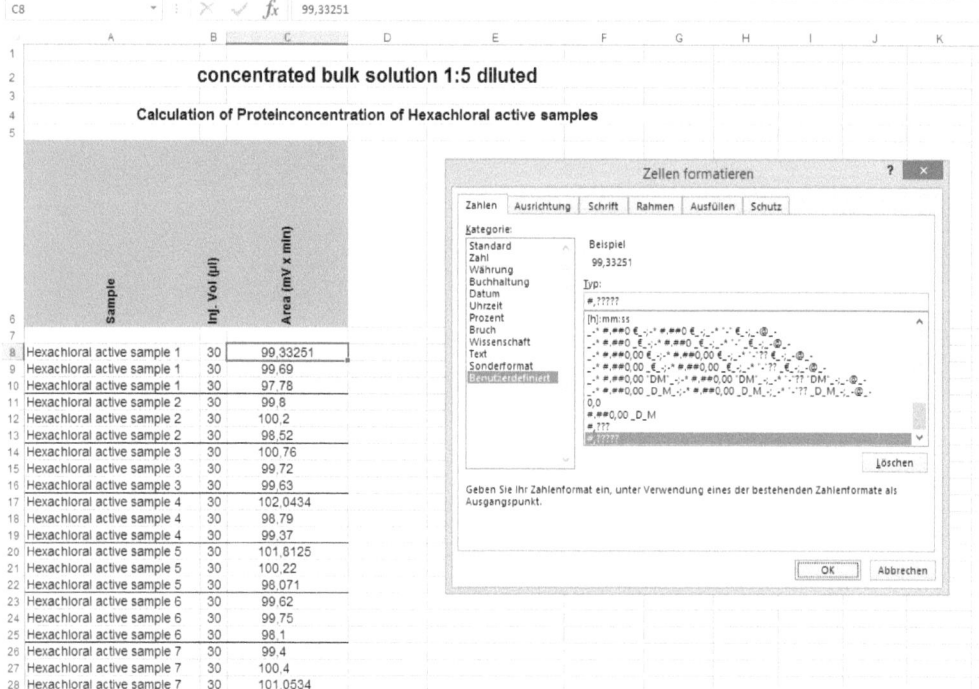

4.2.8. Prozente werden falsch berechnet

Warum rechnet Excel manchmal falsch mit Prozentwerten?

Prozente werden falsch berechnet

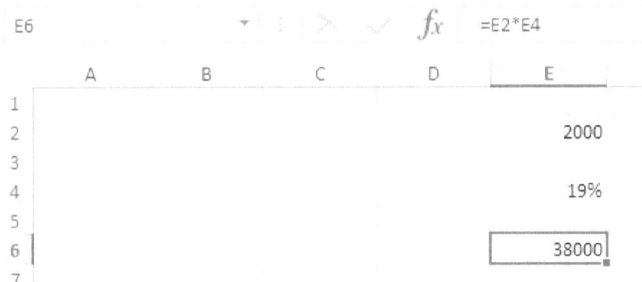

Ein Blick auf die Zelle, in der die vermeintlichen 19% stehen, liefert die Antwort. In dieser Zelle stehen nicht 19%, sondern die Zahl 19. In der Gruppe "Zahl" wird angezeigt, dass diese Zelle "benutzerdefiniert" formatiert wurde. Ein Blick in die Zahlenformate liefert schließlich das Ergebnis: Der Anwender hat nicht 19% in die Zelle eingetragen oder die Zahl 0,19 als Prozent formatiert, sondern hat die Zahl 19 eingetragen und hinter diese Zahl benutzerdefiniert ein Prozentzeichen formatiert (so wie man m² oder kg formatieren kann). Deshalb rechnet Excel natürlich mit der Zahl 19 und "übergeht" das Prozentzeichen.

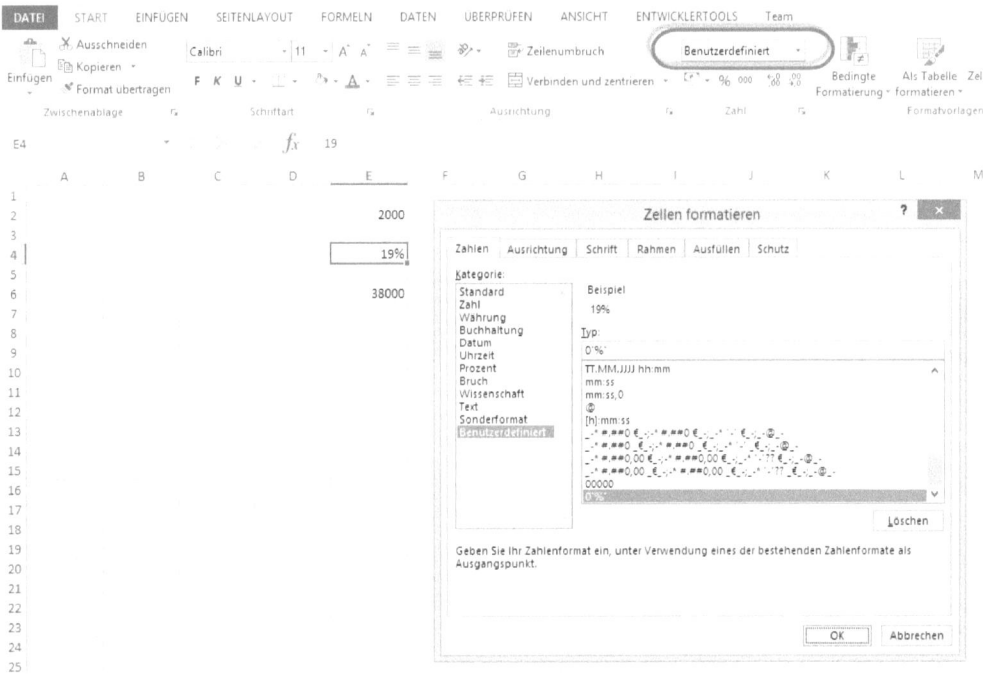

4.2 Zahlenformate

4.2.9. Seltsame Datumsangaben

Ich habe mal nachgeschaut: Heute, am 07. Januar 2015 verwendet Excel intern die Zahl 42.011. Das erhalte ich, wenn ich die Zelle als Standard formatiere. In meinem openOffice und libreOffice genauso. Allerdings ist der 1. Januar 1900 bei Excel die Zahl 1, in openOffice und libreOffice die Zahl 2. Kann mir das mal einer erklären?

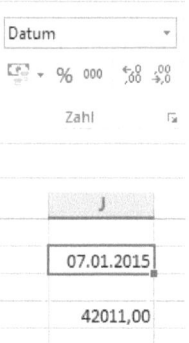

Das ist ganz einfach. Da hat einer nicht aufgepasst! Jedes Jahr, das durch vier teilbar ist, ist ein Schaltjahr. Alle Hundert Jahre ist kein Schaltjahr, alle 400 haben wir wieder ein Schaltjahr. Das heißt: 2016, 2020 und 2024 werden wir ein Schaltjahr haben, im Jahre 2000 hatten wir eines, aber nicht 1900. Die Macher von Excel haben das übersehen. Wenn Sie den 29.02.1900 eingeben, dann erhalten sie ein gültiges Datum, was Sie daran erkennen können, dass die Zahl rechtsbündig steht. Die Macher von openOffice/libreOffice haben dies richtig erkannt und dieses Datum weggelassen. Nun, da Excel im Jahre 1900 anfängt, sind also die ersten beiden Monate falsch. Also: geben Sie keine Datumsangaben zwischen dem 1.Januar 1900 und dem 28.Februar 1900 ein. Aber das haben Sie sowieso nicht vor, oder?

4.2.10. Excel rechnet falsch

Manchmal stimmt die Summe nicht. Was ist los?

Excel rechnet falsch

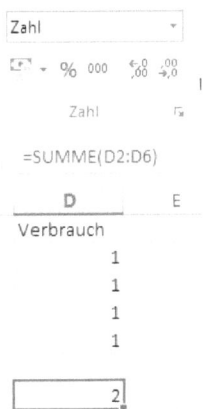

Der Blick in die Gruppe "Zahl" auf das Zahlenformat "Zahl" macht stutzig. Ein genauer Blick darauf, wie die Zelle formatiert ist und welcher Wert eigentlich in der Zelle steht, ergibt, dass die Zahl 0,6 ohne Dezimalstellen formatiert wurde. Die Lösung: Lassen Sie sich (mehr) Dezimalstellen anzeigen. Excel rechnet mit dem Wert, der sich in der Zelle befindet und nicht mit dem Wert, den Sie sehen.

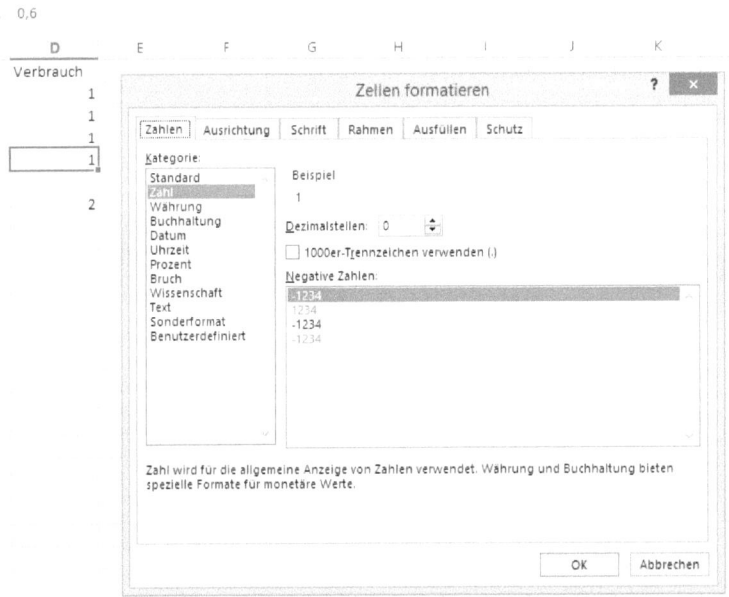

4.2 Zahlenformate

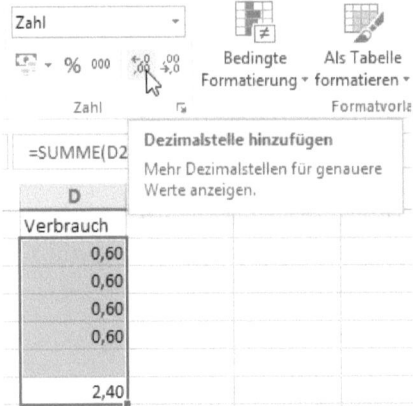

4.2.11. Summe funktioniert nicht

Sehr geehrter Herrn Martin,

In der Excel Tabelle die im Anhang beigefügt ist, bekommen wir Daten von unsere EDV (sehe Sheet 1 vor Verarbeitung). Ich gehe dann in „DATA" und „Text to Columns" und spalte diese Tabelle so, dass sie nach diesen Schritten wie im 2. Sheet (Daten nach Verarbeitung) aussieht.

Das Problem liegt indem einige Zahlen immer noch so erscheinen „1 150,000" und keine weitere Formatierung möglich ist. Da ich auch eine Summe daraus ziehen möchte.

Wie kann man dieses Problem lösen?

	A	B	C	D	E	F	G	H	I	J	K
1	EP 09651423.1	;031	;EP2009006711	;20-11-2009;		45,000	;EUR;P*	;00714554	;		
2	EP 05677633.3	;022	;056776333	;02-12-2009;		75,000	;EUR;P*	;00001577	;		
3	EP 09642055.7	;001	;EP2009055412	;21-12-2009;		62,000	;EUR;P*	;00012707	;		
4	EP 09665179.5	;027	;EP2009016133	;21-12-2009;		115,400	;EUR;P*	;00062174	;		
5	EP 09673911.1	;520	;EP2009013211	;21-12-2009;		20,000	;EUR;P*	;00012709	;		
6	EP 09615119.4	;027	;EP2009011651	;06-01-2010;		150,000	;EUR;P*	;00506349	;		
7	EP 07611161.1	;002	;076111611	;11-01-2010;		1 150,000	;EUR;P*	;00001499	;		
8	EP 07611161.1	;005	;076111611	;11-01-2010;		500,000	;EUR;P*	;00001499	;		
9	EP 07611161.1	;001	;076111611	;11-01-2010;		1 405,000	;EUR;P*	;00001499	;		
10	EP 07611161.1	;020	;076111611	;11-01-2010;		170,000	;EUR;P*	;00001499	;		
11	EP 07611161.1	;123	;076111611	;11-01-2010;		1 116,500	;EUR;P*	;00001499	;		
12	EP 09667030.7	;027	;EP2009001065	;12-01-2010;		65,000	;EUR;P*	;00035079	;		
13	EP 04615100.4	;029	;EP2004010612	;15-09-2005;		120,000	;EUR;P	;00577796	;		
14	EP 04615100.4	;029	;046151004	;13-01-2010;		40,000	;EUR;P*	;00055342	;		
15	EP 05702355.6	;029	;057023556	;13-01-2010;		40,000	;EUR;P*	;00055343	;		
16	EP 09701152.1	;022	;EP2009007644	;15-01-2010;		75,000	;EUR;P*	;00029540	;		
17	EP 06615217.4	;022	;066152174	;17-01-2010;		75,000	;EUR;P*	;00031201	;		
18	EP 06730091.9	;022	;067300919	;17-01-2010;		75,000	;EUR;P*	;00031202	;		
19	EP 07737151.1	;022	;077371511	;17-01-2010;		75,000	;EUR;P*	;00031216	;		

	A	B	C	D	E	F	G
1	PCT/EP2012/057947	070	EP2012057947	03.07.2012	40,00	EUR	P*
2	EP 12001019.4	001	120010194	26.07.2012	200,00	EUR	P*
3	EP 12001019.4	002	120010194	26.07.2012	1 115,000	EUR	P*
4	EP 12001019.4	015	120010194	26.07.2012	450,00	EUR	P*
5	EP 12001019.4	055	120010194	26.07.2012	40,00	EUR	P*
6	EP 00275161.4	041	2751614	30.07.2012	1 350,000	EUR	P*
7	EP 12001011.1	001	120010111	06.09.2012	200,00	EUR	P*
8	EP 12001011.1	002	120010111	06.09.2012	1 115,000	EUR	P*
9	EP 09753112.6	034	97531126	20.09.2012	555,00	EUR	P*
10	EP 07770171.1	035	77701711	01.10.2012	665,00	EUR	P*
11	EP 11109694.5	031	111096945	11.10.2012	995,00	EUR	P*
12	EP 12006196.2	001	120061962	16.10.2012	200,00	EUR	P*
13	EP 12006196.2	002	120061962	16.10.2012	1 115,000	EUR	P*
14	EP 12006196.2	015	120061962	16.10.2012	225,00	EUR	P*
15	EP 09133926.5	034	91339265	30.10.2012	555,00	EUR	P*
16	EP 12006361.2	001	120063612	01.11.2012	200,00	EUR	P*
17	EP 12006361.2	002	120063612	01.11.2012	1 115,000	EUR	P*
18	EP 12006361.2	501	120063612	01.11.2012	74,00	EUR	P*
19	PCT/EP2102/057352	029	EP2102057352	06.12.2012	50,00	EUR	P*
20	PCT/GB1999/003006	044	GB1999003006	21.12.2012	1 495,000	EUR	P*
21	PCT/GB1999/003006	104	GB1999003006	21.12.2012	647,00	EUR	P*
22	EP 11101957.4	001	111019574	29.12.2012	200,00	EUR	P*

Die Antwort: Dummerweise liefert Ihr System die Spalte E so, dass nach dem Tausenderwert als Tausendertrennzeichen ein Leerzeichen verwendet wird. Diese müssen Sie löschen. Ich würde die Spalte (hier E) markieren und dann mit Home / Find & Replace (ganz rechts) das Leerzeichen (einfach ein Blank eintippen) durch nichts ersetzen.

4.2.12. Summe rechnet falsch

Auf den ersten Blick rechnet die Summe falsch.

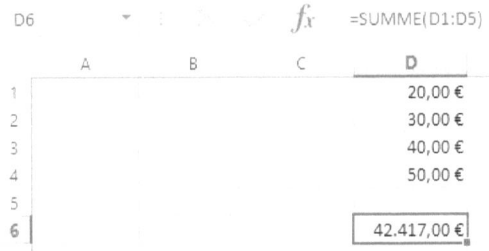

Aber wenn man die Werte der Zellen genauer anschaut, dann fällt sofort auf, dass ein Datum als TT formatiert wurde. Oder genauer: Man sieht nur die Tageszahl des Datums:

4.2.13. Punkt statt Komma

Nicht lachen - auch diesen Fehler habe ich schon mehrfach gesehen. Ein Anwender vertippt sich und trägt einen Punkt statt eines Kommas ein - man muss schon genau hinschauen, damit man feststellt, dass in der Zelle E27 nicht 10,10 sondern 10.10 - also der

10. Oktober - steht. Damit man es nicht gleich sieht, habe ich die Zelle noch ein wenig formatiert ...

	A	B	C	D	E
25	Produkte				
26					
27	Einzelpreis:				10.10 €
28					
29	Menge:				1000
30					
31	Endpreis:				41.192.000,00 €

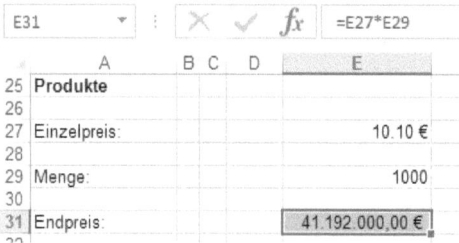

4.2.14. Warum kann ich keine m²?

Ich habe von einer Kollegin eine Datei mit den Flächenangaben von Räumen geschickt bekommen. Sie hat dort benutzerdefiniert die Zahl als 0,00 "m²" formatiert. Wie mache ich das?

	A	B	C	D	E	F	G	
1	Gebäude	Geschoss	Raumnummer	Raumbeschreibung	Kostenstelle	Abteilung	Flächengröße	Flächengröße
2	Gebäude 1	EG	1	Büro	32200001		19,28 m²	
3	Gebäude 1	EG	2	Büro	33200001		39,27 m²	
4	Gebäude 1	EG	3	Büro	33200002		15,30 m²	
5	Gebäude 1	EG	4	Büro	33200003		21,48 m²	
6	Gebäude 1	EG	5	Büro	33200004		33,68 m²	
7	Gebäude 1	EG	6	Büro	33200005		3,41 m²	
8	Gebäude 1	EG	7	Büro	33200006		14,27 m²	
9	Gebäude 1	EG	8	Büro	33200007		36,53 m²	
10	Gebäude 1	EG	9	Büro	33200008		15,50 m²	
11	Gebäude 1	EG	10	Büro	33200009		31,89 m²	
12	Gebäude 1	EG	11	Büro	33200012		0,92 m²	
13	Gebäude 1	EG	12	Büro	33200021		6,69 m²	
14	Gebäude 1	EG	13	Büro	33200022		5,34 m²	
15	Gebäude 1	EG	14	Büro	33210001		22,31 m²	
16	Gebäude 1	EG	15	IT-Büro	33210021		16,07 m²	
17	Gebäude 1	EG	16	Büro	33211000		14,34 m²	
18	Gebäude 1	EG	17	Büro	33211001		9,63 m²	
19	Gebäude 1	EG	18	Kopierraum	33211002		22,46 m²	
20	Gebäude 1	EG	19	Büro	33211003		7,01 m²	
21	Gebäude 1	EG	20	Büro	33211022		39,15 m²	
22	Gebäude 1	EG	21	Büro	33211041		35,25 m²	
23	Gebäude 1	EG	22	Büro	33211042		21,25 m²	
24	Gebäude 1	EG	23	Büro	33211043		7,63 m²	
25	Gebäude 1	EG	24	Büro	33212104		20,18 m²	
26	Gebäude 1	EG	25	Büro	33212106		24,89 m²	
27	Gebäude 1	EG	26	Büro	33212107		8,75 m²	
28	Gebäude 1	EG	27	Büro	33212108		15,07 m²	

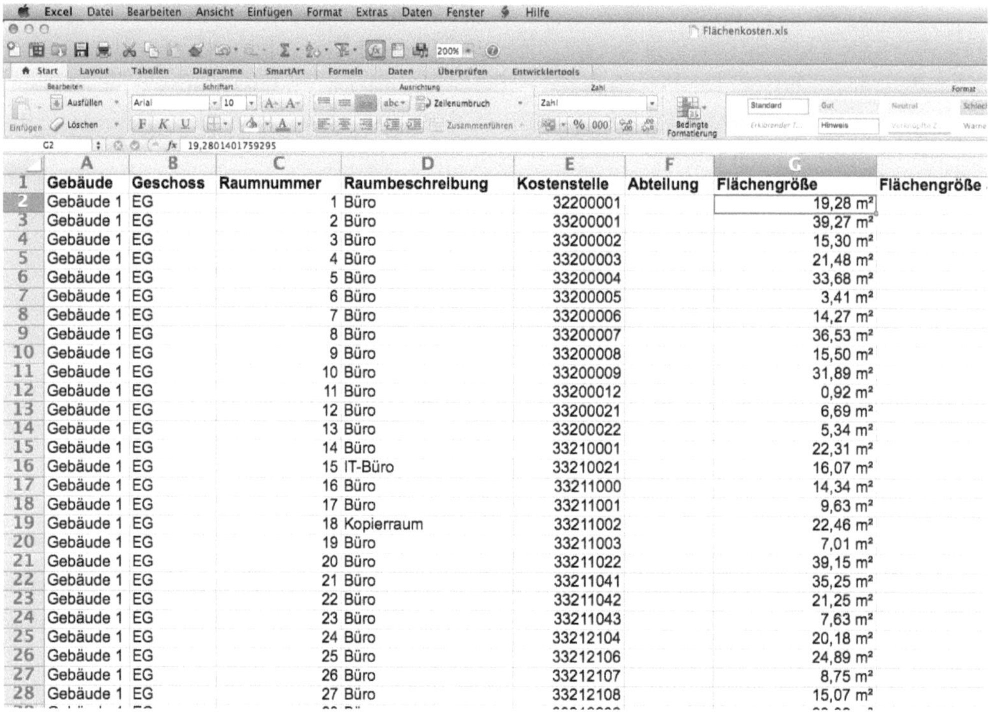

Die Antwort: Sie können das leider nicht. Der Macintosh unterstützt leider nicht die beiden hochgestellten Sonderzeichen ² und ³ im Standardzeichensatz. Erstaunlicherweise -

wenn Sie dieses Format auf andere Zellen desselben Tabellenblattes, auf ein anderes Tabellenblatt oder in eine andere Datei kopieren - dann funktioniert es. Aber in einer neuen, leeren Datei können Sie nur als 0,00 "qm" formatieren.

4.2.15. Gleich ist nicht gleich

Seltsam - ich habe zwei identische Tabellen - aber einige der Werte unterscheiden sich trotzdem. Warum?

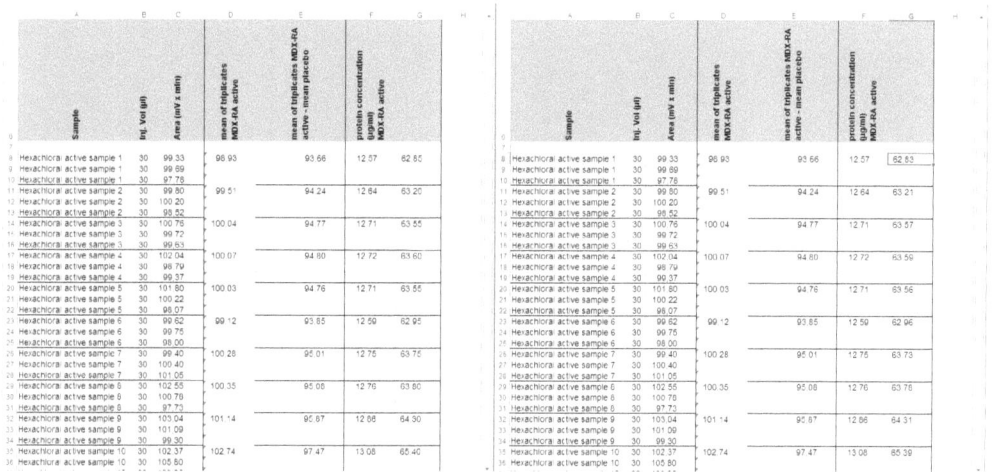

Die Antwort: Schauen Sie mal in den Optionen nach. Möglicherweise wurde in einer der beiden Dateien die Option "Genauigkeit wie angezeigt festlegen" eingeschaltet. Das bewirkt, dass Dezimalstellen, die nicht angezeigt werden, beim Rechnen auch nicht zur Kenntnis genommen werden.

4.2 Zahlenformate

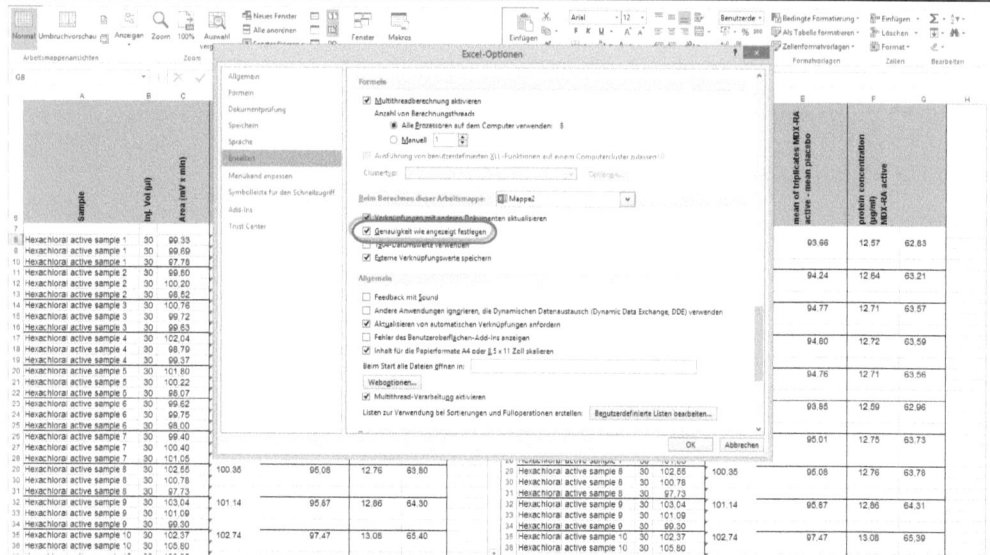

Achtung: Diese Option ist gefährlich! Machen Sie Probe aufs Exempel. Schreiben Sie einige Dezimalzahlen in mehrere Zellen, beispielsweise 0,1234. Formatieren Sie sie auf wenige Nachkommastellen. Schalten nun die Option "Genauigkeit wie angezeigt festlegen" ein. Versuchen Sie nun die Nachkommastellen wieder durch Formatieren anzeigen zu lassen - sie sind weg! Das heißt: würde jemand aus Versehen eine Zahl formatieren, wären die Werte geändert!

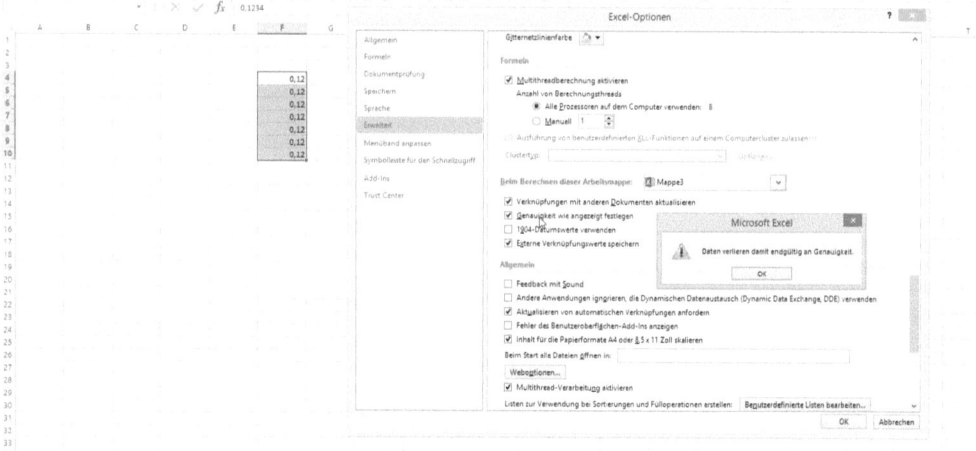

Januar geht nicht

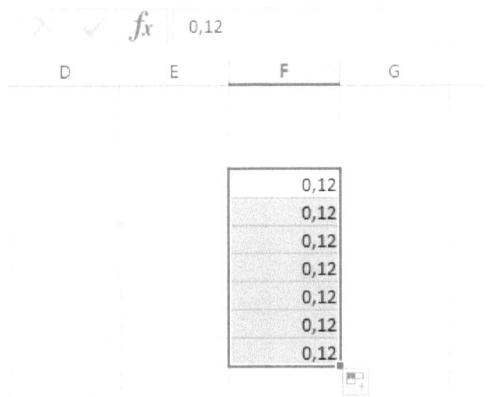

4.2.16. Januar geht nicht

Wenn ich in meinem Excel den Text "Januar 2015" eintrage, steht Jan 15 in der Zelle. Bei meiner Kollegin lässt er den Text "Januar 2015" in Frieden. Warum?

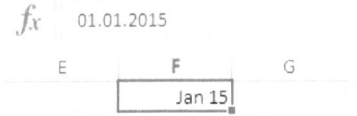

Excel "erkennt" das Datum "Januar 2015" als Datum und formatiert es um. Wahrscheinlich ist bei Ihrer Kollegin in der Ländereinstellung nicht Deutsch/Deutschland eingestellt, sondern ein anderes Land (beispielsweise Österreich). Wenn Sie den Monatsnamen in der entsprechenden Sprache eingibt (bei Österreich "Jänner 2015"), wird er auch formatiert.

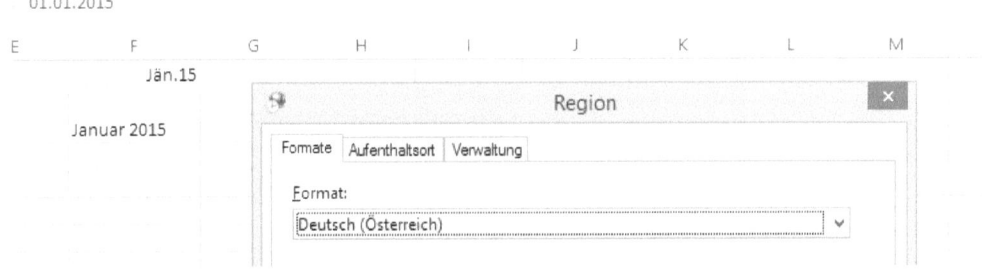

4.2 Zahlenformate

4.2.17. Währungen am Rande

Ich verstehe es einfach nicht - manchmal stehen Geldbeträge am rechten Rand, manchmal sind sie ein wenig eingerückt. Kann mir das mal einer erklären?

Rechnungsbetrag		Coaching	Thema	Prog stun
2	833,00 €	x	XML	
2	1.499,40 €		Excel	
3	1.785,00 €		Excel VBA	
3,5	2.499,00 €	x	Excel	
4	2.998,80 €		Excel	
2	833,00 €	x	XML	
1	476,00 €	x	Outlook	
6	2.856,00 €		Excel	
0,5	238,00 €		PowerPoint	
2	952,00 €		Excel	
2	1.428,00 €		Excel	
1	476,00 €		Office 2007	
0,5	357,00 €	x	SQL	
	1.785,00 €			
2	952,00 €		PowerPoint	
2	1.904,00 €		Visio	
	1.761,20 €		Visio VBA	
3	1.249,50 €	x	Excel VBA	
1	380,80 €	x	Word	
1	476,00 €	x	Visio	
2	952,00 €		Excel	
3	1.249,50 €	x	Access	
1	357,00 €	x		
0,5	476,00 €		Excel	
1	400,00 €		Calc	
1	400,00 €		Calc	
6	4.498,20 €		Excel	
3	1.428,00 €	x	Access	

Excel stellt zwei Varianten für Währungen zur Verfügung: Währung und Buchhaltung. Wenn Sie Währung wählen, steht die Währungszahl immer am rechten Rand, bei Buchhaltung bleibt eine kleine Lücke zum rechten Rand. Lösung: Markieren Sie die Spalte und wählen Sie nur eines der beiden Formate.

4.2.18. [Strg]+[,]

In der letzten Excel-Schulung habe ich gelernt, dass man mit der Tastenkombination [Strg]+[,] (oder auch mit [Strg]+[;]) die Information von der darüber liegenden Zelle wiederholen kann. Bei "Hexachloral active sample 1" und bei "30" hat es prima geklappt - eine tolle Tastenkombination, die Kopieren und Einfügen spart. Allerdings - beim Datum und bei der Uhrzeit - sehr seltsam, was hier passiert. DAS steht bestimmt nicht drüber!

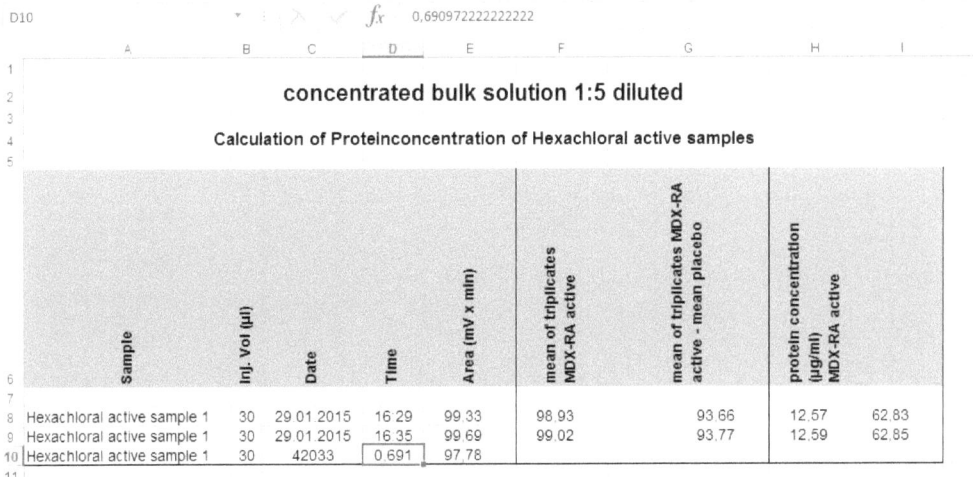

Die Antwort: Die leeren Zellen sind mit dem Zahlenformat "Standard" formatiert. Wenn Sie nun das Datum und die Uhrzeit in diese so formatierte Zelle schreiben, übernimmt Excel leider nur den Wert - man muss die Zelle noch als Datum und Uhrzeit formatieren. Hier ist [Strg]+[,] gegenüber kopieren und einfügen sicherlich kein Gewinn.

Sie könnten entweder die Spalte als Datum, beziehungsweise Uhrzeit vorformatieren - dann klappt [Strg]+[,]. Oder Sie ziehen die obere Zelle mit gedrückter [Strg]-Taste am Rand herunter - mit Drag & Drop kann man sie auch kopieren.

4.2.19. Falsche und richtige Schalttage

Haben Sie einmal folgende amüsante Sache versucht? Tragen Sie in eine Zelle das "falsche" Datum 29-2-2015 ein. Excel "sucht" eine interne Zahl dazu; findet keine und stellt das Ganze als Text linksbündig in der Zelle dar. So weit, so klar. Wird diese Zelle nun nach unten gezogen, wird die "letzte" Zahl 2015 weiter gezählt. Auch noch klar. Allerdings existiert der 29-2-2016 (und natürlich der 29-2-2020, ...). Obwohl die Zelle mit dem Zahlenformat "Standard" formatiert ist, wandelt Excel dieses Datum nicht als Datum um. Irgendwie "merkt" er sich die Textinformation der ersten "falschen" Zelle. Erst ein Doppelklick auf die Zelle und ein Verlassen mit [Enter] oder [Tab] wandelt nun das Datum in ein Datum um.

4.2 Zahlenformate

4.2.20. Wo ist das Minuszeichen?

Seltsam! Man hat mich schon mal penibel genannt - trotzdem: es ist mir wichtig! In einer Spalte steht das Minuszeichen am linken Rand, in einer Spalte steht es direkt vor der Zahl. Ich möchte, dass es immer vor der Zahl steht. Geht das?

Die Antwort: Sowohl beim Zahlenformat "Zahl" als auch bei "Währung" wird das Minuszeichen direkt vor die Zahl gestellt. Bei der Kategorie "Buchhaltung" jedoch steht es am Anfang der Zelle. Sie müssen die einzelnen Spalten also auf die gleiche Art und Weise formatieren, beispielsweise als Währung.

4.2.21. Die Antwort kenn' ich wohl - allein mir fehlt die Frage

Ich weiß nicht, wann Excel das macht - logisch ist es nicht:

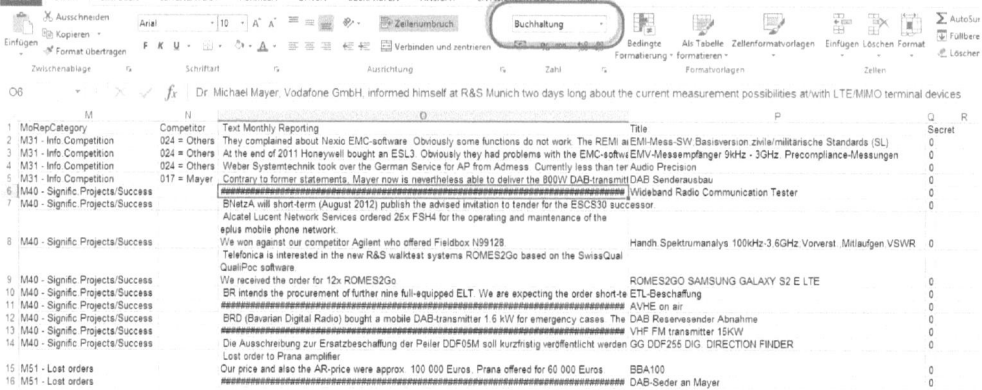

Die Phönizier haben das Geld erfunden – aber warum so wenig? (Johann Nepomuk Nestroy)

In der Spalte stehen Texte - lange Texte - aber einige werden durch Zahlenzeichen (Rauten) gekennzeichnet - so als wären es Zahlen, die nicht in die Zellen passen. Diese Anzeige dürfte eigentlich nicht erfolgen.

Wird eine Zelle als Buchhaltung formatiert, wird dort ein langer Text eingefügt, dann wird er manchmal als "zu lange Zahl" angezeigt. Die Lösung: man muss die Zelle(n) mit dem Zahlenformat "Standard" formatieren. Dann wird der Text wieder sichtbar dargestellt.

4.2.22. Die Phönizier haben das Geld erfunden – aber warum so wenig? (Johann Nepomuk Nestroy)

oder: warum sehe ich kein Euro-Symbol, obwohl ich die Zellen als "Buchhaltung" oder "Währung" formatiert habe?

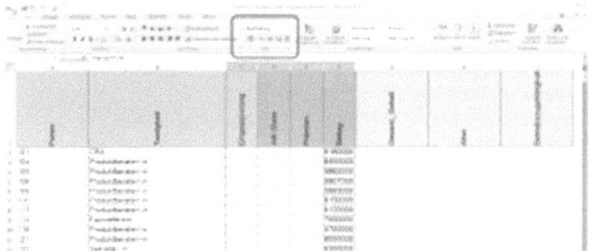

Die Antwort: Sie lassen sich in der Tabelle gerade die Formeln anzeigen - dadurch werden sämtliche Zahlenformate NICHT angezeigt, also auch kein Währungssymbol.

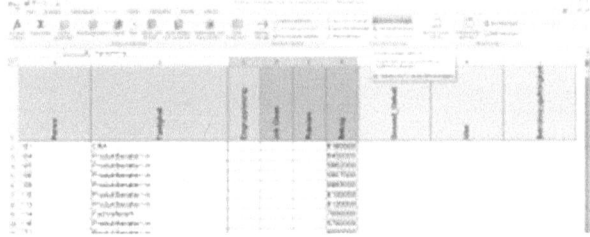

4.2.23. So will ich das nicht!

Ich verstehe es nicht: meine Zelle J2 ist mit dem Zahlenformat "Standard" formatiert, wie man deutlich sehen kann. Sobald ich jedoch den Wert für den Cash-Flow (23) eintrage, macht mir Excel 23% daraus. Ist das normal?

4.2 Zahlenformate

E	F	G	H	I	J	K
2011	2012	2013	2014	2015	Cash-Flow	Gewinn
6,21%	24,74%	1,90%	94,39%	51,67%	23	
25,84%	33,61%	64,00%	29,21%	41,14%		
92,49%	59,66%	53,41%	90,61%	85,36%		
79,95%	44,92%	66,14%	48,94%	70,98%		
80,73%	91,68%	94,04%	42,00%	9,31%		
71,59%	31,83%	20,03%	15,50%	45,32%		
97,11%	73,98%	85,54%	49,24%	71,23%		
55,40%	64,03%	17,70%	6,55%	76,13%		
88,55%	72,32%	27,84%	30,64%	38,22%		
20,95%	7,86%	10,90%	36,80%	71,34%		
81,50%	61,35%	62,41%	83,29%	13,62%		
58,18%	2,19%	64,02%	26,34%	81,48%		
20,21%	1,77%	67,23%	57,65%	28,19%		
3,22%	67,26%	14,20%	87,36%	68,59%		

E	F	G	H	I	J	K
2011	2012	2013	2014	2015	Cash-Flow	Gewinn
6,21%	24,74%	1,90%	94,39%	51,67%	23,00%	
25,84%	33,61%	64,00%	29,21%	41,14%		
92,49%	59,66%	53,41%	90,61%	85,36%		
79,95%	44,92%	66,14%	48,94%	70,98%		
80,73%	91,68%	94,04%	42,00%	9,31%		
71,59%	31,83%	20,03%	15,50%	45,32%		
97,11%	73,98%	85,54%	49,24%	71,23%		
55,40%	64,03%	17,70%	6,55%	76,13%		
88,55%	72,32%	27,84%	30,64%	38,22%		
20,95%	7,86%	10,90%	36,80%	71,34%		
81,50%	61,35%	62,41%	83,29%	13,62%		
58,18%	2,19%	64,02%	26,34%	81,48%		
20,21%	1,77%	67,23%	57,65%	28,19%		
3,22%	67,26%	14,20%	87,36%	68,59%		

Die Antwort: In den Zellen links neben J1 stehen mehrere Zahlen, die bereits als Prozent formatiert sind. Excel "vermutet", dass es sich bei dem neuen Wert auch um einen Prozentwert handelt. Diese "Hilfe" kann man leider nicht abschalten - die einzige Lösung: die Formatierung in Nachhinein ändern oder im Vorfeld auf explizit Zahl, bzw. Währung/Buchhaltung formatieren.

4.2.24. Ist heute schon der 33.?

Was habe ich falsch gemacht? Ich wollte das heutige Datum in der Form Jahr - Monat - Tag darstellen, aber Excel macht aus dem Tag die Zahl 33?

Die Antwort: Wenn Sie das benutzerdefinierte Zahlenformat anschauen, dann sehen Sie beim Tag nicht "TT", sondern "T T". Zwischen den beiden Ts befindet sich ein Leerzeichen. Deshalb wird der Tag zwei Mal angezeigt - nicht als 03. Oktober, sondern als 3 3. Oktober.

4.2.25. Heute hier morgen dort ...

Ich verstehe es nicht. Ich habe eine Spalte vom Typ "Text" formatiert und trage dort unsere Abteilungsnummern ein. Ich muss sie als Text formatieren, weil wir Nummern in der Form 4.2, aber auch 4.4.4 oder 3.1.2 haben. Excel würde aus allen Abteilungsnummern ein Datum machen. Erstaunlicherweise zeigt er nur bei den Abteilungen der x und x.x.x eine Fehlerüberprüfung (ein grünes Eck) an. Interessant, nicht wahr?

4.2 Zahlenformate

H	I	J	K	L	M
Personalnur	Geschlecht	Abteilung	Titel	Vorname	Nachname
164	20	4.4.1		Rolf	Seeliger
165	20	4.1		Ralf	Schmid
166	10	1.1.		Maria	Mueller
167	10	1.1		Anna	Volksfuersorge
168	20	1.1		Sigurd	Sauter
169	10	2.2.0		Susanne	Stamm-Lauer
170	10	1.1	Dr.	Doreen	Krug
171	20	3.1	Prof. Dr.	Bruno	Berberich-Ludolf
172	20	3.3.3		Frank	Gies
173	20	3.1.2		Hans	Hehmann
174	20	3.2	Prof. Dr.	Peter	Schaefer
175	20	4.4.1	Prof. Dr.	Norbert	Richter
176	20	4.1		Norbert	Resetka
177	10	1.1.		Rosa	Obermaier
178	20	1.1		Ernst	Lauer

Ja, wirklich interessant. Übrigens: Wenn Sie in eine Zelle die Abteilungsnummer mit einem Hochkomma eingeben, also: '3.1.1 erhalten Sie auch eine Fehlerüberprüfung, bei 3.1 nicht.

4.2.26. jetzt oder nie!

Das ist seltsam: Ich kenne die beiden Tastenkombinationen [Strg] + [.] und [Strg] + [:]. Damit wird das aktuelle Datum und die aktuelle Uhrzeit in die Zelle geschrieben. Was mich jedoch erstaunt ist, dass die erste Zelle als "Datum" formatiert wird, die zweite "benutzerdefiniert". Warum?

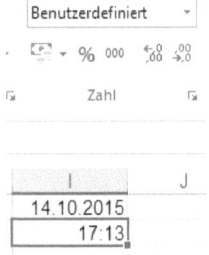

Zugegeben: das ist ein bisschen verwirrend. Allerdings: Wenn Sie die Uhrzeit mit 14:00 eintragen, wie sie auch "benutzerdefiniert" formatiert - in der Form "hh:mm". Das Format "Uhrzeit" setzt Stunde:Minute:Sekunde voraus. Wenn Sie es so eingeben, wird es als "Uhrzeit" formatiert. Sonst eben "benutzerdefiniert". Übrigens erhalten Sie auch das Zahlenformat "benutzerdefiniert", wenn Sie ein Datum in der Form 24-12 oder 24.12 eintragen.

4.2.27. Mag der keine Schweizer?

Hallo zusammen.

Ich brauche nochmal Ihre Hilfe. Ich habe in einer Tabelle Postleitzahlen. Damit Excel die deutschen Postleitzahlen, die mit einer führenden "0" beginnen, als solche darstellt, habe ich die Funktion TEXT verwendet. Klappt prima.

Ich habe diese Funktion erweitert, damit er mir das Länderkennzeichen "D" mit der PLZ anzeigt:

=TEXT(G2;"D-00000")

Nachname	Strasse	Plz	Ort	Land	PLZ_gesamt	Jahre
Mente	N 2,7	68161	Mannheim	D	=TEXT(G2;"D-00000")	
Graf	Wuerzburger Str	63739	Aschaffenburg	D	D-63739	
Rine	Stadtwaldguertel	50931	Koeln	D	D-50931	
Kopf	Renzstr.13	1012	Wien	A	D-01012	
Peter	Moerscherstr.13	67227	Frankenthal	D	D-67227	
Beer	Gottfried-Keller-S	1157	Dresden	D	D-01157	
Elefant	Theodor-Heuss-I	93051	Regensburg	D	D-93051	
Kappe	Rheinvillenstr.14	8057	Zuerich	CH	D-08057	
Wilde	Im Finigen 3	28832	Achim	D	D-28832	
Scherz	Hauptstr.475	68535	Edingen-Neckarha	D	D-68535	

Wenn ich jedoch mit einer WENN-Funktion überprüfe, ob Österreich oder Schweiz, dann zickt er bei der Schweiz. Warum? Österreich geht doch auch. Die Funktion lautet:

=WENN(I2="D";TEXT(G2;"D-00000");WENN(I2="CH";TEXT(G2;"CH-0000"));TEXT(G2;"A-0000")))

4.2 Zahlenformate

`=WENN(I2="D";TEXT(G2;"D-00000");WENN(I2="CH";TEXT(G2;"CH-0000");TEXT(G2;"A-0000")))`

Nachname	Strasse	Plz	Ort	Land	PLZ_gesamt
Mente	N 2,7	68161	Mannheim	D	D-68161
Graf	Wuerzburger Str	63739	Aschaffenburg	D	D-63739
Rine	Stadtwaldguertel	50931	Koeln	D	D-50931
Kopf	Renzstr.13	1012	Wien	A	A-1012
Peter	Moerscherstr.13	67227	Frankenthal	D	D-67227
Beer	Gottfried-Keller-S	1157	Dresden	D	D-01157
Elefant	Theodor-Heuss-l	93051	Regensburg	D	D-93051
Kappe	Rheinvillenstr.14	8057	Zuerich	CH	#WERT!
Wilde	Im Finigen 3	28832	Achim	D	D-28832
Scherz	Hauptstr.475	68535	Edingen-Neckarha	D	D-68535
Bolika	Jasperallee 86-8	38102	Braunschweig	D	D-38102

Die Antwort: bei den benutzerdefinierten Zahlenformaten sind einige Zeichen reserviert: T, M, J für Tag, Monat und Jahr, H, m, S für Stunde, Minute, Sekunde und einige andere. "D" und "A" und "C" zufälligerweise nicht - aber eben der Buchstabe "H". Sie müssen DIESEN Text in Anführungszeichen setzen. Da die Funktion TEXT das Format allerdings schon in Anführungszeichen verlangt, müssen die Anführungszeichen doppelt geschrieben werden - dann interpretiert Excel sie als einfaches Anführungszeichen. Es geht also so:

`=WENN(I2="D";TEXT(G2;"D-00000");WENN(I2="CH";TEXT(G2;"""CH""-0000");TEXT(G2;"A-0000")))`

`=WENN(I2="D";TEXT(G2;"D-00000");WENN(I2="CH";TEXT(G2;"""CH-0000""");TEXT(G2;"A-0000")))`

Nachname	Strasse	Plz	Ort	Land	PLZ_gesamt
Mente	N 2,7	68161	Mannheim	D	D-68161
Graf	Wuerzburger Str	63739	Aschaffenburg	D	D-63739
Rine	Stadtwaldguertel	50931	Koeln	D	D-50931
Kopf	Renzstr.13	1012	Wien	A	A-1012
Peter	Moerscherstr.13	67227	Frankenthal	D	D-67227
Beer	Gottfried-Keller-S	1157	Dresden	D	D-01157
Elefant	Theodor-Heuss-l	93051	Regensburg	D	D-93051
Kappe	Rheinvillenstr.14	8057	Zuerich	CH	CH-8057
Wilde	Im Finigen 3	28832	Achim	D	D-28832
Scherz	Hauptstr.475	68535	Edingen-Neckarha	D	D-68535

4.2.28. Komische Uhrzeit

Ich wollte nur einen kleinen S-Bahn-Fahrplan erstellen. Da die S-Bahn alle 20 Minuten fährt, habe ich zwei Spalten mit den Uhrzeiten eingetragen, markiert und rübergezogen. Aber irgendwie will der nicht ...

	A	B	C	D	E	F	G	H
1	S7 Ostbahnhof-Wolfratshausen S7							
2								
3	Ostbahnhof	05:11	05:31	05:51	05:71	05:91	05:111	05:131
4	Marienplatz	05:16	05:36	05:56	05:76	05:96	05:116	05:136
5	Hauptbahnhof	05:20	05:40	05:60	05:80	05:100	05:120	05:140
6	Harras	05:27	05:47	05:67	05:87	05:107	05:127	05:147
7	Solln	05:33	05:53	05:73	05:93	05:113	05:133	05:153
8	Großhesselohe	05:35	05:55	05:75	05:95	05:115	05:135	05:155
9	Pullach	05:37	05:57	05:77	05:97	05:117	05:137	05:157
10	Buchenhain	05:42	06:02	05:42	06:02	05:42	06:02	05:42
11	Baierbrunn	05:45	06:05	05:45	06:05	05:45	06:05	05:45
12	Wolfratshausen	06:01	06:21	06:41	06:61	06:81	06:101	06:121
13								
14								

Die Antwort können Sie selbst erkennen: Sie haben keine Uhrzeiten eingetragen, sondern diese als Text gekennzeichnet ('05:11 statt 05:11). Deshalb erkennt Excel diese nicht als Uhrzeiten und zählt nur die "Zahlen" weiter.

4.3. Zeilen und Spalten

4.3.1. Die Überschrift ist weg

Ich wollte nur schnell die Überschrift formatieren - genauer - über die Auswahl zentrieren - schwupps - ist sie weg.

Die Antwort: Markieren Sie nicht die ganze Zeile, sondern nur die Zellen, über die die Überschrift zentriert werden soll. Wenn Sie alle Zeilen markieren, wird der Inhalt von A1 in Mitte der 16.384 Spalten gestellt - also ziemlich weit rechts.

Übrigens kann man das wieder auflösen mit einem erneuten Klick auf das Symbol "Verbinden und zentrieren".

Hinweis: Sie können auch alle Zellen markieren und alle Verbindungen aufheben, indem Sie auf dieses Symbol klicken.

4.3 Zeilen und Spalten

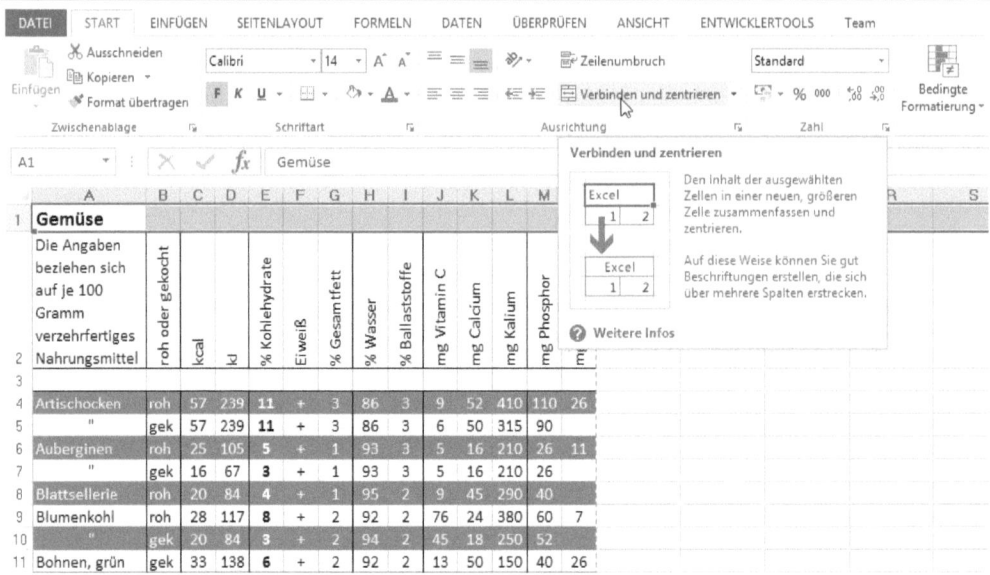

4.3.2. Eine Spalte ist zu breit

Alle Spalten wurden markiert und mit einem Doppelklick zwischen die Spaltenköpfe auf optimale Breite gestellt. Dummerweise habe ich übersehen, dass irgendwo weiter hinten eine Spalte sehr viel Text enthält - ich gelange weder "hinter" diese Spalte, noch kann ich sie mit der Maus verkleinern.

Die Lösung: Markieren Sie diese Spalte (oder alle Spalten) und ändern die Spaltenbreite über das Kontextmenü. Dabei entspricht die Einheit "Zeichen in der Zelle" - also 10 ist beispielsweise ein guter Wert, um wieder den Überblick zu erhalten.

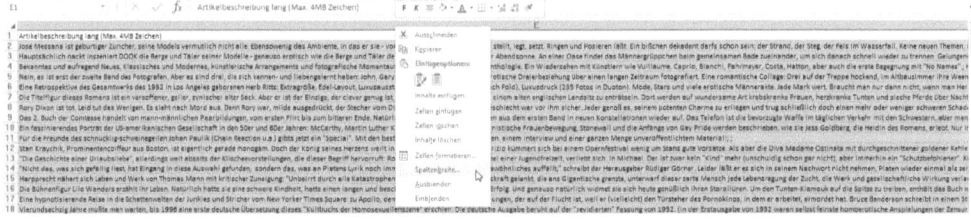

4.3.3. Stripset

Was bitte sind Stripsets in Pivottabellen und warum funktionieren sie nicht?

Die Antwort: Nur ein Stripset einzuschalten nützt nichts. Man muss noch zusätzlich "Verbundene Zeilen" (oder "verbundene Spalten" aktivieren!

Spalten einfügen

4.3.4. Spalten einfügen

Ich liebe die Tastenkombination [Strg]+[+]. Damit kann man leicht eine Spalte oder eine Zeile einfügen. Manchmal fügt Excel jedoch mehrere Spalten ein. Warum?

Die Antwort: Wenn sich noch etwas im Kopierspeicher befindet.

Wenn Sie beispielsweise vier Spalten markiert und kopiert haben, dann geht Excel davon aus, dass mit [Strg]+[+] nicht eine Spalte, sondern vier Spalten eingefügt werden sollen.

4.3 Zeilen und Spalten

4.3.5. Spaltenbreite

Seltsam - manchmal zeigt mir Excel die Spaltenbreite in cm, manchmal in einer anderen (merkwürdigen) Maßeinheit. Warum?

4.3 Zeilen und Spalten

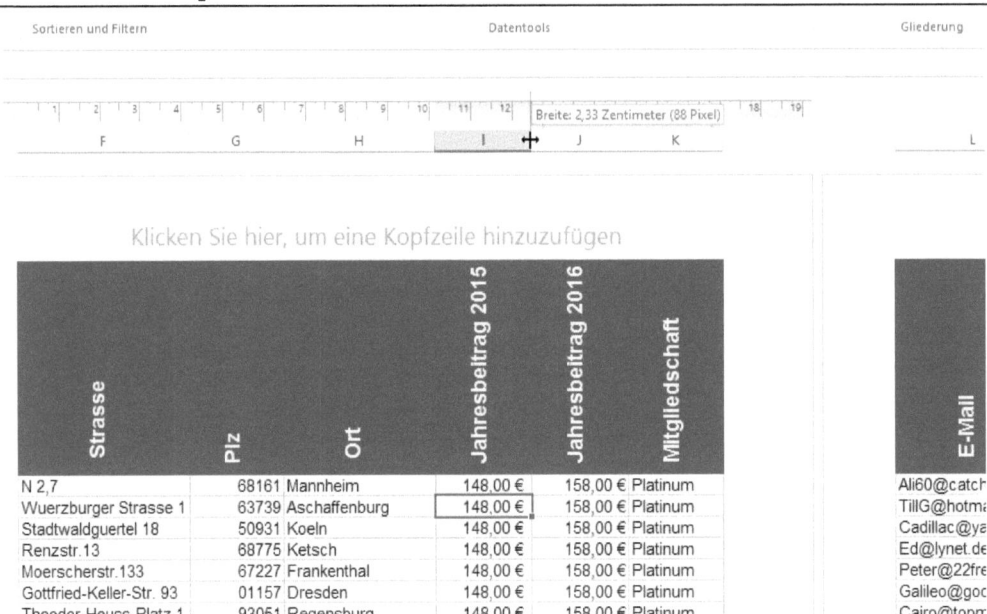

Die Antwort: Das ist nicht konsistent in Excel. Wenn Sie die Normalansicht eingeschaltet haben (Ansicht / Arbeitsmappenansichten / Normal - oder das Symbol rechts unten) verwendet Excel als interne Einheit em - eine Setzerheit. Das bedeutet: 11 Buchstaben "m" der Standardschrift passen nebeneinander in die Zelle. Zugegeben - eine absurde Maßeinheit in Excel (in gesetzten Texten, beispielsweise in Word taucht diese Einheit auch auf - dort gehört sie hin - aber nicht in Excel). In der Seitenlayout-Ansicht (Ansicht / Arbeitsmappenansichten / Seitenlayout - oder das Symbol rechts unten) verwendet Excel dagegen als interne Einheit cm.

Übrigens: das gleiche Phänomen erhalten Sie, wenn Sie sich die Spaltenbreite (über das Kontextmenü oder Start / Zellen / Format / Spaltenbreite) anzeigen lassen:

Spaltenbreite

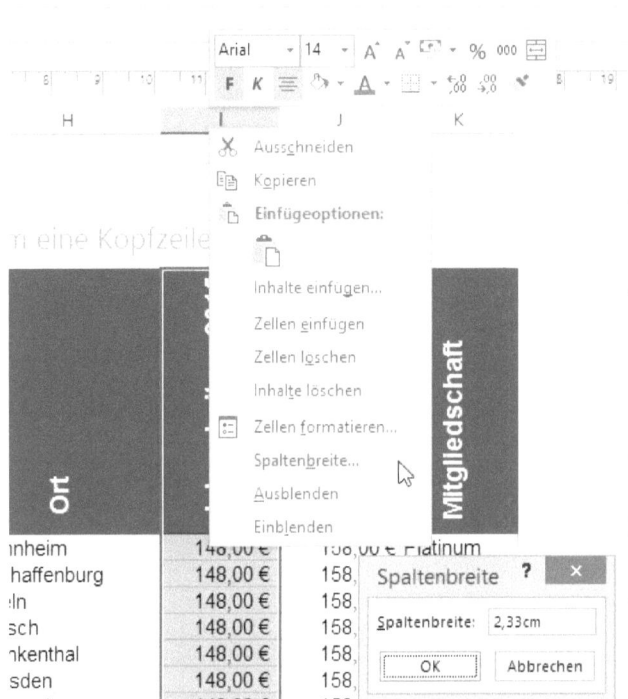

4.3 Zeilen und Spalten

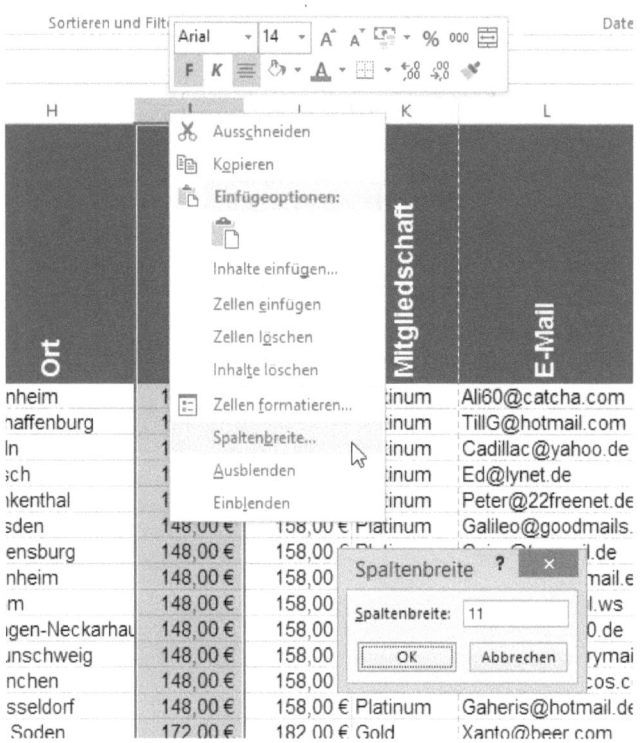

4.3.6. Einblenden funktioniert nicht

Es ist ein seltsam Ding um Excel - manchmal kann ich partout Spalten nicht mehr einblenden. Obwohl sie offensichtlich ausgeblendet sind. Weder mit der Maus noch über den Befehl "Einblenden" funktioniert das.

Spalte A wurde ausgeblendet

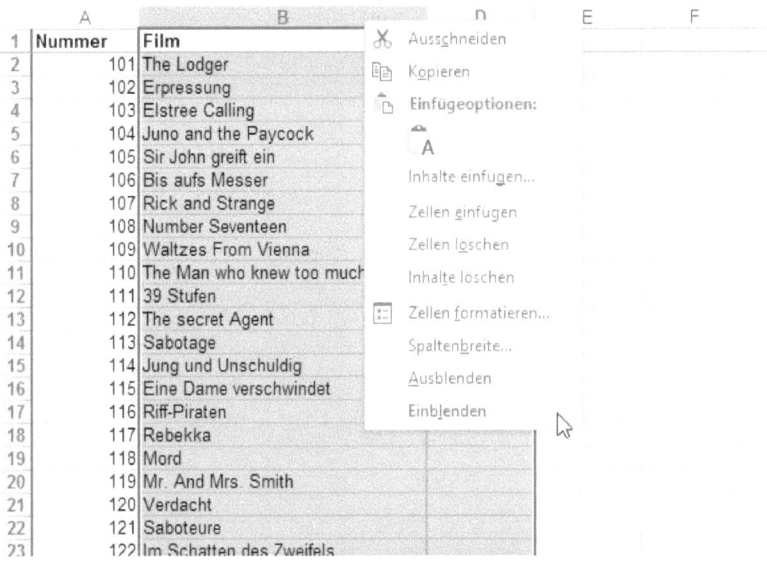

Der Grund: Wahrscheinlich wurde die Spalte gar nicht ausgeblendet. Machen Sie Probe aufs Exempel: Markieren Sie eine Spalte und formatieren Sie die Spalte auf eine Breite von 0,05. Für Excel ist sie nicht ausgeblendet - nur sehr schmal - nur leider sehen Sie den Spalteninhalt nicht mehr.

Die Lösung: Markieren Sie die Spalte links und rechts davon und weisen sie den drei (!) Spalten eine Breite von beispielsweise 10 (Zeichen) zu. Dann ist die vermeintlich ausgeblendete Spalte wieder sichtbar.

4.3.7. Spalte A wurde ausgeblendet

Ich habe dummerweise die Spalte A ausgeblendet. Wie kann ich sie wieder einblenden? Wenn ich B markiere - das klappt einfach nicht ...

4.3 Zeilen und Spalten

						Eingetragene Urlaubstage:			
				Festnetz		2012	2013	2014	2015
						27	16	22	
						19	27	21	
						33	17	23	
						32	32	32	
						35	23	30	
						20	33	30	
						31	22	35	
						16	32	35	
						26	20	15	
						35	28	15	
						22	24	20	
						31	17	16	
						30	16	29	
						18	28	30	
						21	35	26	
						29	15	28	
						27	31	31	
						33	20	22	
						31	24	21	
						21	35	15	
						30	27	17	

Sie haben recht - normalerweise markiert man die Spalte vor und nach der ausgeblendeten Spalte und kann sie so wieder einblenden. In diesem Falle können Sie ja nicht die Spalte vor Spalte A markieren. Die Lösung: Markieren Sie alles, also klicken Sie mit der Maus in das Kästchen zwischen "B" und "1" und blenden nun alle ausgeblendeten Spalten wieder ein. Möglicherweise werden nun Spalten eingeblendet, die Sie gar nicht einblenden wollten - sorry - diese müssen Sie dann wieder ausblenden. Oder Sie versuche mit der Maus den Rand zu schieben ...

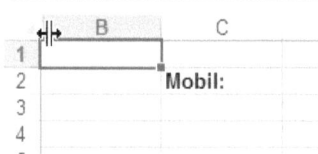

4.3.8. Verbinden verboten

Hallo zusammen.

Warum darf ich nicht verbinden? Bei dem Text "Festhallen" hat es ja irgendwie funktioniert ...

Verbinden verboten

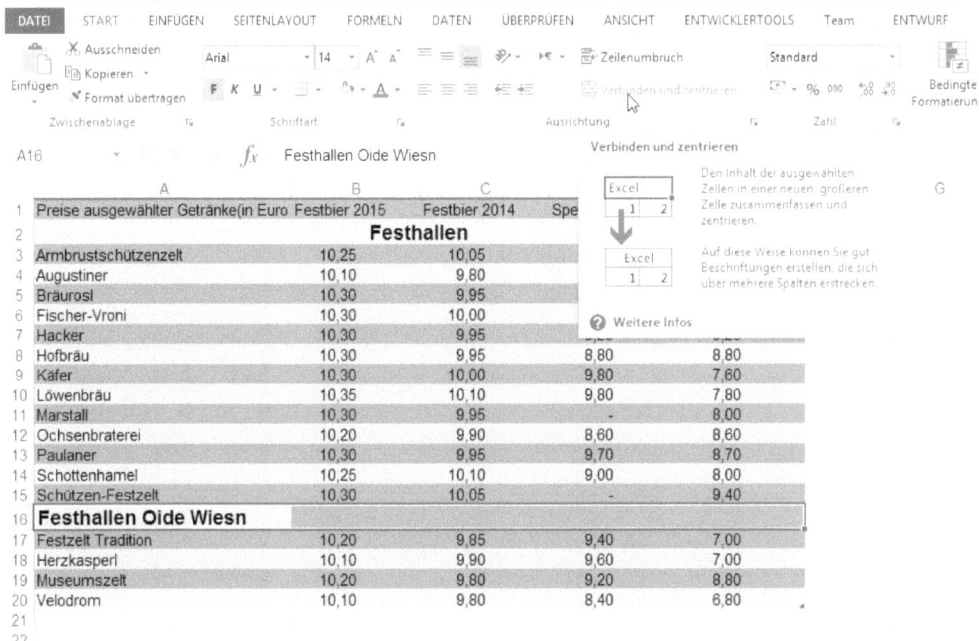

Die Antwort: Schauen Sie mal genau hin: Die Tabelle ist als "Tabelle" formatiert - das heißt: Excel hält den Bereich zusammen. Und: bei den oberen Zellen wurde nicht verbunden, sondern im Dialog "Ausrichtung" wurde die Option "Über Auswahl zentrieren" verwendet.

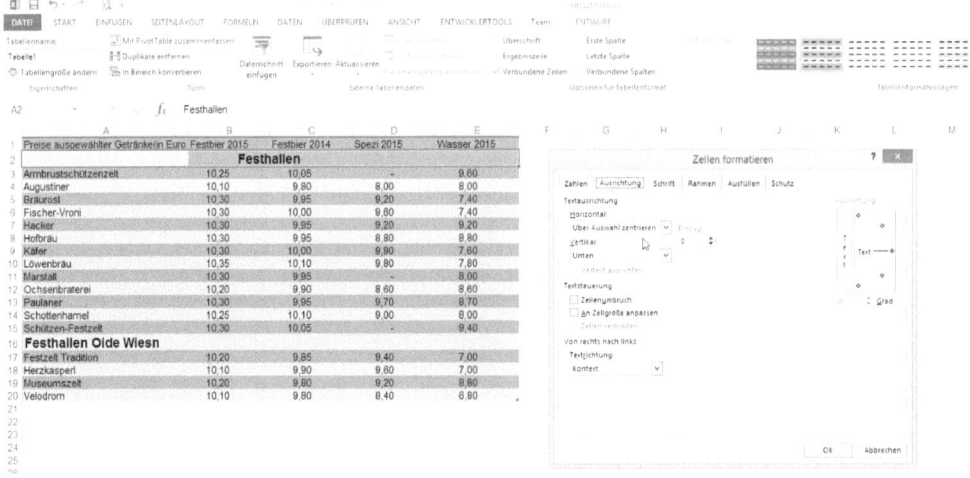

4.4. Drucken und Seitenlayout

4.4.1. Seitenlayout

Kann es sein, dass die sogenannte Ansicht / Seitenlayout alles Mögliche anzeigt, aber nicht das Seitenlayout?

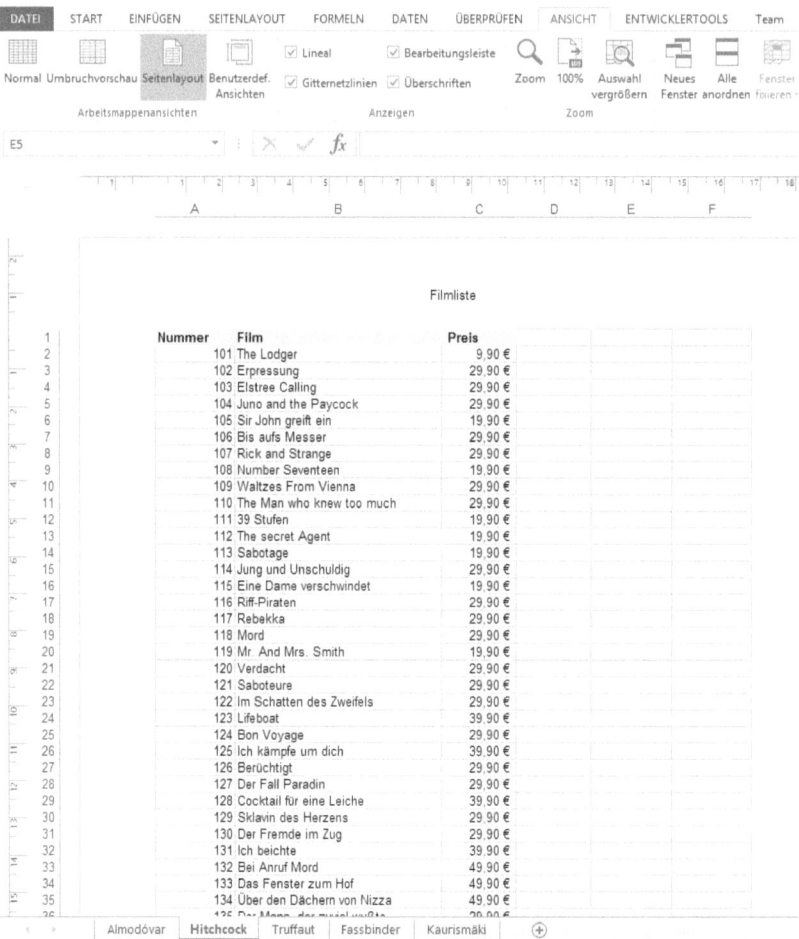

Ganz so heftig würde ich die Seitenlayout-Ansicht nicht kritisieren. Aber ich geben Ihnen zum Teil recht: Man sieht dort nicht, ob die Gitternetzlinien gedruckt werden. Man sie nicht, ob die Tabelle horizontal und/oder vertikal zentriert wurde. Man sieht zwar, dass alles auf einer Seite steht, aber nicht, ob die Option anpassen 1 Seite breit / 1 Seite hoch aktiviert wurde.

4.4.2. Bild geht nicht weg

Das ist nicht komisch, was der Kollege da gemacht hat. Ich arbeite seit einer Weile in einer Excel-Datei - erst beim Drucken entdecke ich, dass ein Bild mit der Tabelle ausgedruckt wird. Ich sehe es aber nicht. Wenn ich es über Start / Bearbeiten / Suchen und Auswählen / Gehe zu / Inhalte / Objekte suche - dann findet er auch kein Bild. Was kann ich nur tun?

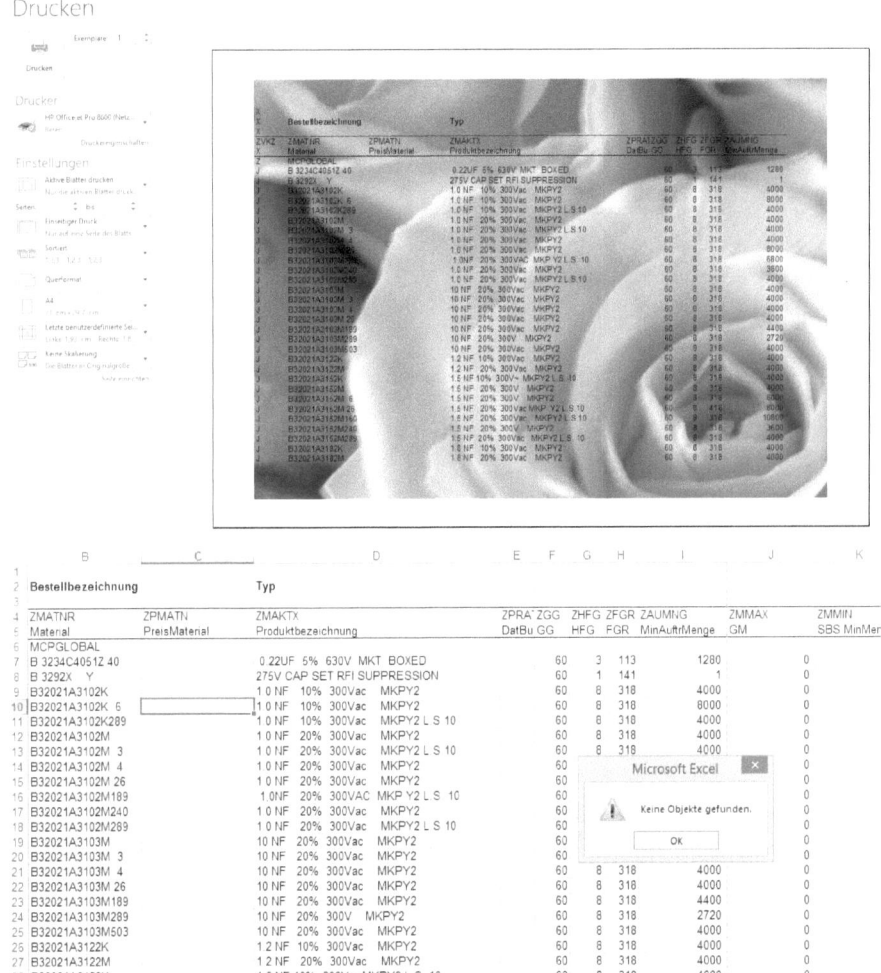

Die Antwort: Wechseln Sie in die Seitenlayout-Ansicht (Ansicht / Arbeitsmappenansichten / Seitenlayout). Dort sehen Sie das Bild (auch wenn Sie es dort so nicht finden können). Wechseln Sie in die Kopfzeile (oder Fußzeile). Sie sehen dort den Text "&[Grafik]". Wenn Sie ihn markieren können Sie das Bild löschen.

4.4 Drucken und Seitenlayout

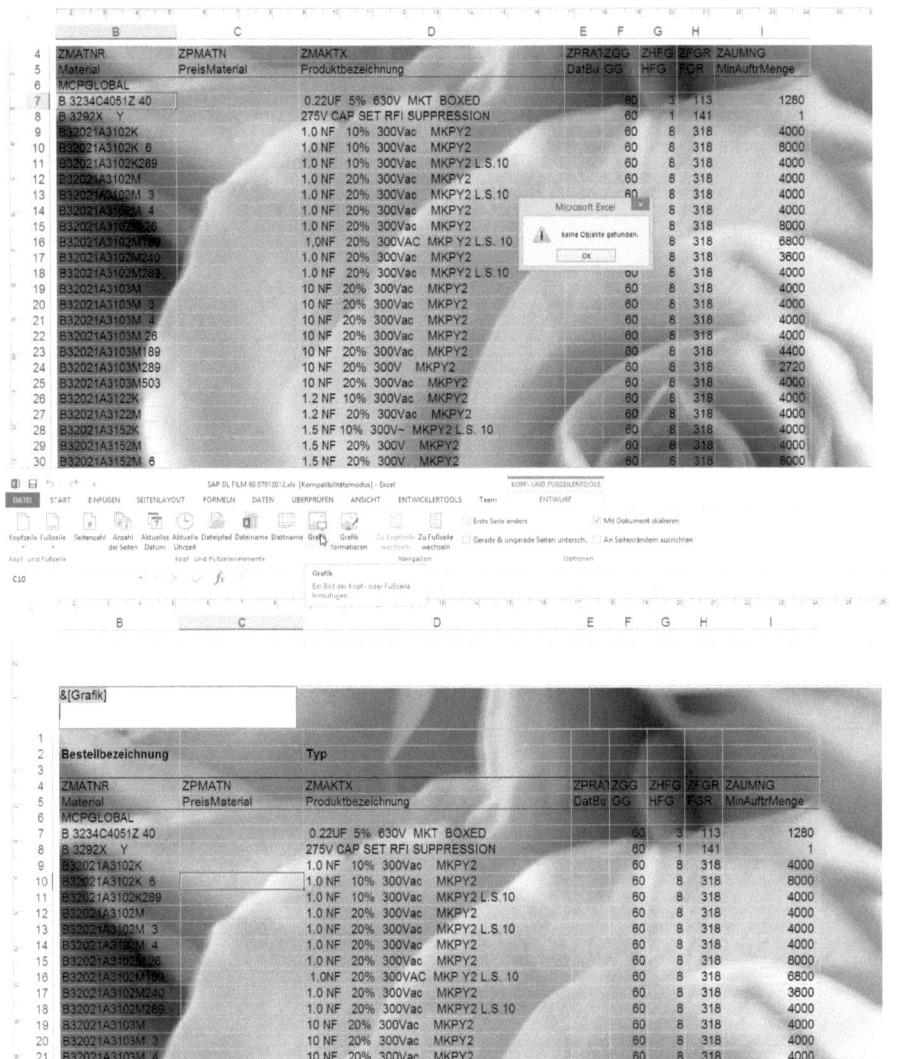

4.4.3. Seite einrichten funktioniert nicht komplett

Das ist seltsam - manchmal sind einige Felder beim "Seite einrichten" ausgegraut. Keine Chance! Was mache ich falsch?

Seite einrichten funktioniert nicht komplett

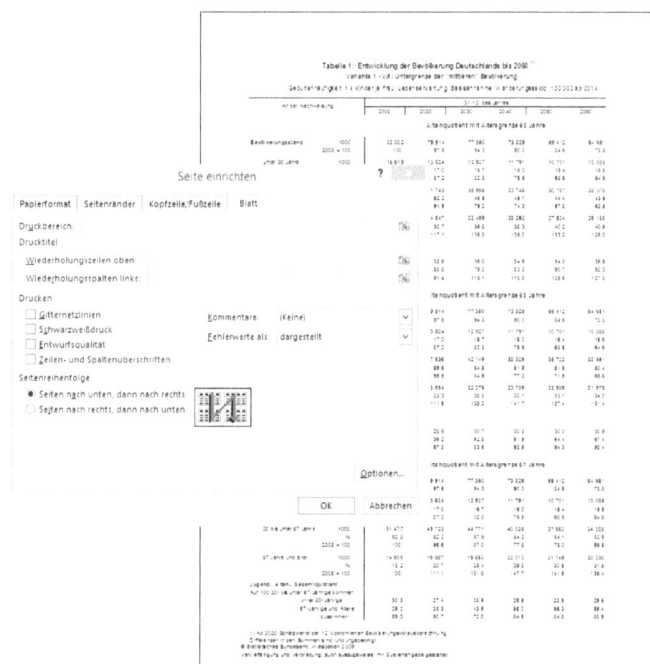

4.4 Drucken und Seitenlayout

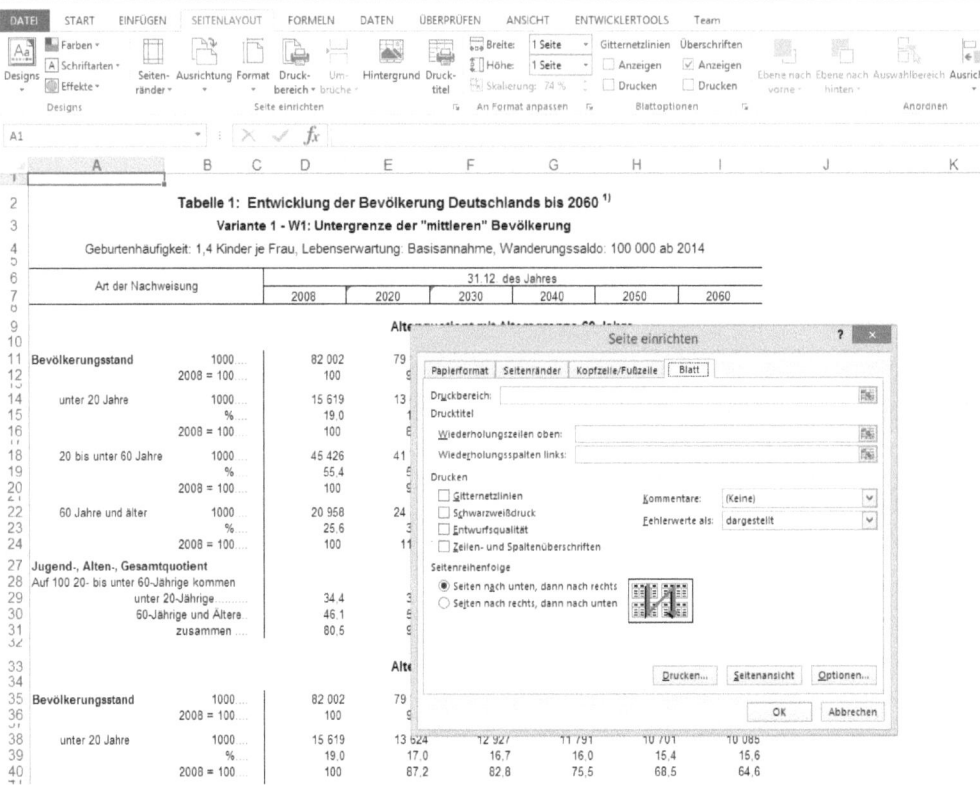

Die Antwort: Wenn Sie über Drucken / Seite einrichten in das gleichnamige Dialogfeld wechseln, sind im Register "Blatt" (in älteren Excel-Versionen: "Tabelle") der Druckbereich und die Wiederholungszeilen, beziehungsweise Wiederholungsspalten inaktiv. Ich habe versucht eine Begründung dafür zu finden - ich weiß keine. Damit Sie diese beiden Dinge eintragen können, müssen Sie über das Register Seitenlayout in "Seite einrichten" wechseln.

4.4.4. Alles so winzig hier

Da war ein Kollege an meinem Rechner - die alten Exceltabellen hat er nicht kaputt gemacht, aber sobald ich eine neue Datei erstellen will ist alles so winzig hier. Auch wenn ich den Zoom auf riesig stelle - klein bleibt klein - Excel wächst einfach nicht mehr. Was hat der böse Kollege (den ich auf den Mond schießen könnte), denn kaputt gemacht?

Alles so winzig hier

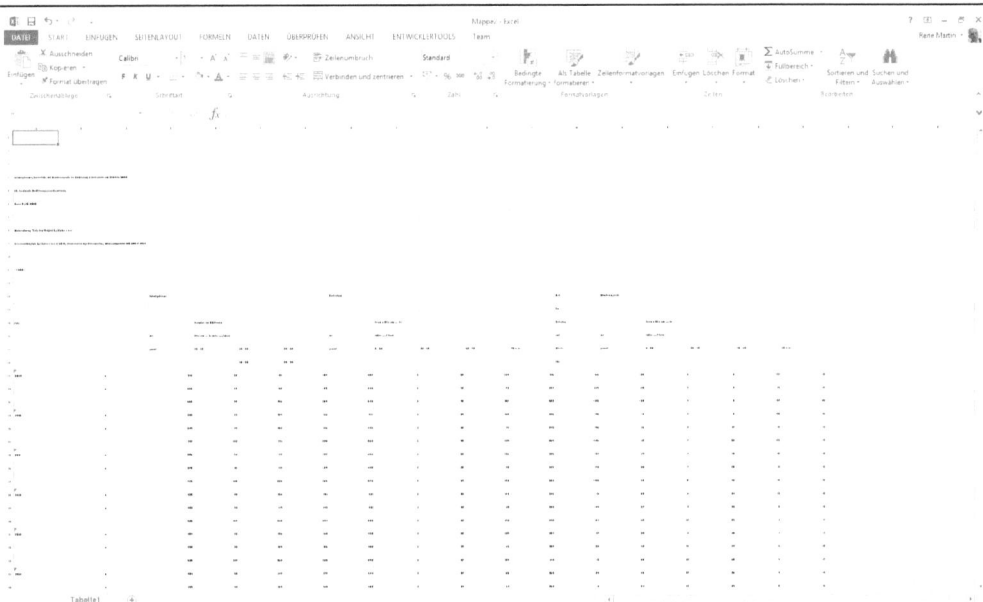

Die Antwort: Sicherlich wollte er in den Optionen die Standardschriftgröße auf 11 stellen und hat sich vertippt ... Dort können Sie den Schriftgrad wieder auf eine vernünftige Zahl (10, 11 oder 12) zurücksetzen. Diese Änderung wirkt sich auf alle neuen Dokumente aus - nicht auf die bereits erstellten.

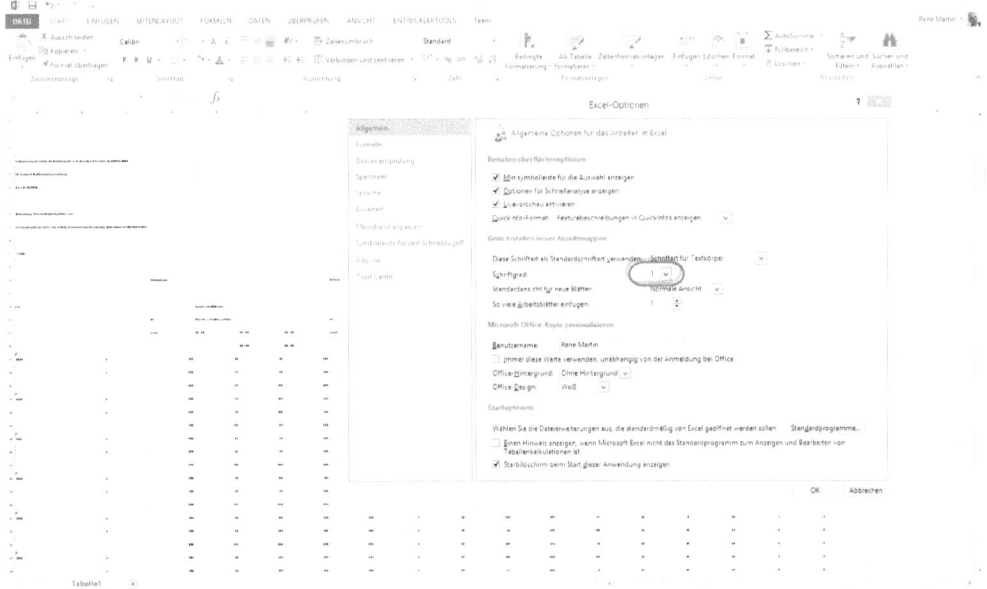

4.4 Drucken und Seitenlayout

4.4.5. Drucken druckt merkwürdig

Hallo zusammen. Ich bin ja nicht ganz verblödet - aber irgendetwas läuft beim Drucken schief. Die Tabelle sieht so aus:

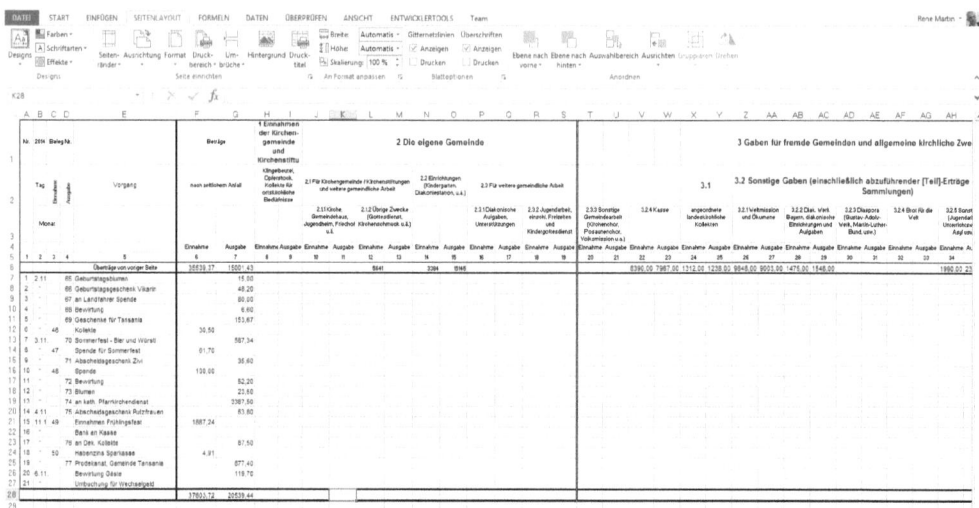

Und in der Seitenansicht so:

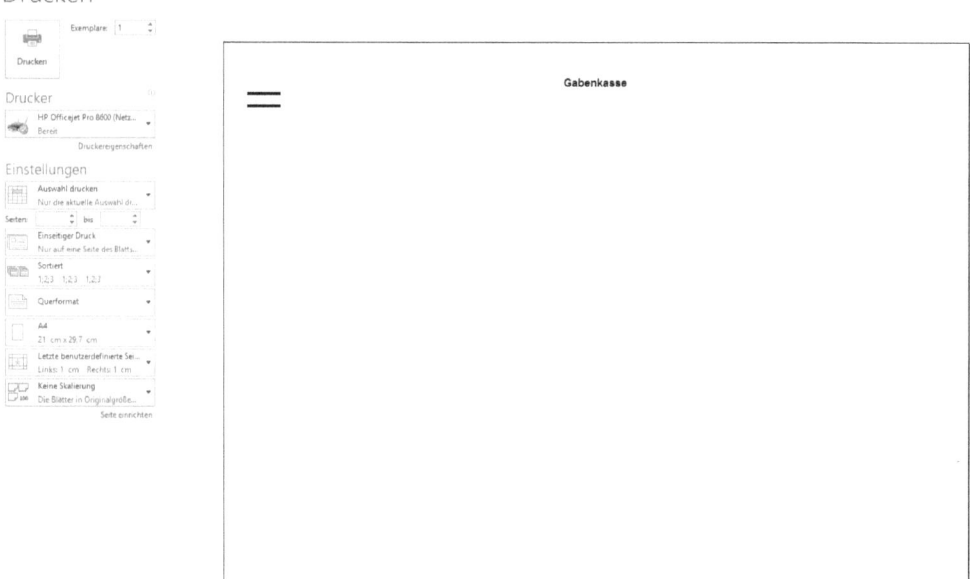

Ich wage ja gar nicht zu drucken ... Wer weiß, was dann auf dem Papier zu sehen ist.

Aktive Blätter drucken?

Die Antwort: Wenn Sie im Druckdialog genau hinschauen - Sie haben dort die Option "Auswahl drucken" gewählt - nun - dann wird eben nur die eine (gerade ausgewählte Zelle) gedruckt ...

4.4.6. Aktive Blätter drucken?

Warum fragt Excel eigentlich, ob er die "aktiven Blätter" drucken soll? Ich möchte doch nur das eine (von mir aus aktive) Blatt drucken? Früher - bis Excel 2007 hat er mich gefragt, ob ich die "ausgewählten Blätter" drucken möchte?

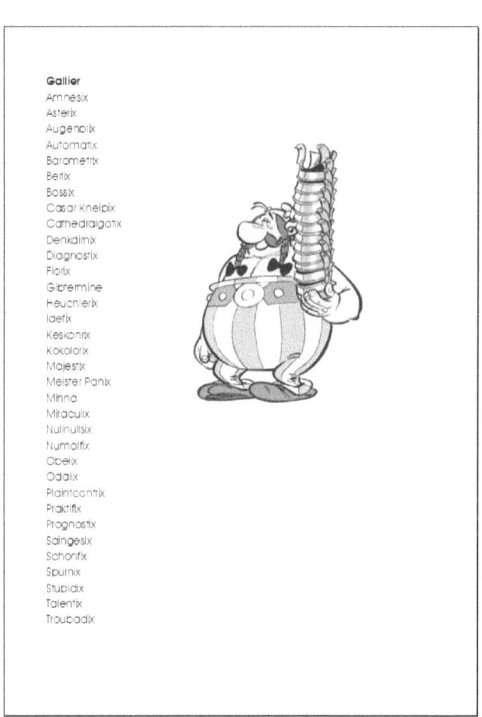

Die Antwort: Sprachlich ist das nicht ganz clever formuliert. Man kann in einer Datei mehrere Tabellenblätter mit gedrückter [Shift] oder [Strg]-Taste markieren. DANN handelt es sich um "aktive" Blätter. Bei einem Blatt hätte man den Drucken-Dialog vielleicht mit "aktives Blatt drucken" beschriften sollen.

4.4 Drucken und Seitenlayout

4.4.7. Wo sind meine Seitenränder?

Wir haben vor Kurzem in unserer Firma von Excel 2007 auf Excel 2013 umgestellt (okay - das ganze Office-Paket - aber vor allem Excel interessiert mich). Im "alten" Excel (so alt war das gar nicht) gab es in der Seitenansicht ein ach so praktisches Symbol für die Seitenränder. Warum hat Microsoft das weggenommen? Das war doch nützlich!

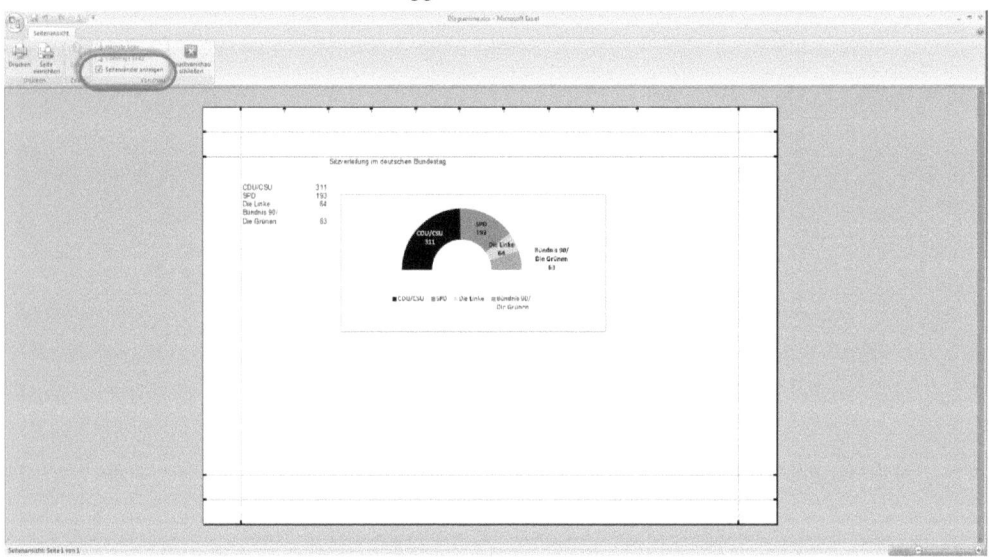

Die Antwort: Sie haben es nicht weggenommen. Sie haben es nur sehr, sehr gut versteckt (es soll ja nicht gleicht jeder sofort sehen ...). Sie finden dieses Symbol jetzt RECHTS UNTEN in der Ecke.

4.4.8. Seite einrichten - nur teilweise möglich

Hey! Verstehe ich nicht! Beim Seite einrichten sind Teile ausgegraut. Warum darf ich nicht die ganze Seite einrichten?

Fühlst du nicht an meinen Linien, Dass ich Eins und doppelt bin?

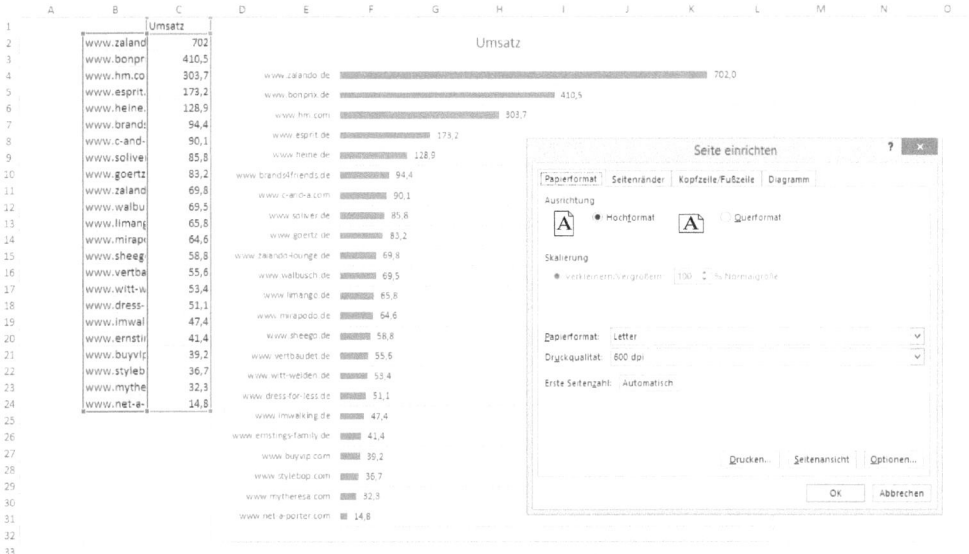

Klar - wenn Sie ein Diagramm markieren, geht Excel davon aus, dass Sie nur das Diagramm ausdrucken möchten. Und DAFÜR stehen einige Teile des Seite Einrichtens nicht zur Verfügung, beispielsweise "auf der Seite zentrieren" oder "skalieren". Sie hätten das übrigens selbst entdecken können - das letzte Register ist mit "Diagramm" beschriftet und nicht mit "Tabelle", beziehungsweise "Blatt".

4.4.9. Fühlst du nicht an meinen Linien, Dass ich Eins und doppelt bin?

Okay, mir gefällt es ja auch nicht. Aber der Pfarrer unserer Gemeinde möchte unbedingt Linien für sein Kassenbuch, das ich in Excel erstellen soll. Nicht nur das - er möchte auch fette Linien. Sieht ja nach Trauerrand, nach Todesanzeige aus. Sei's drum - des Menschen Willen ist sein Himmelreich. Aber trotzdem: Die Linie in Spalte S soll natürlich auf Seite 1 rechts und auf Seite 2 links erscheinen. Sie erscheint aber nur auf der zweiten Seite. Kann man einstellen, dass sie "beidseitig" gedruckt wird?

4.4 Drucken und Seitenlayout

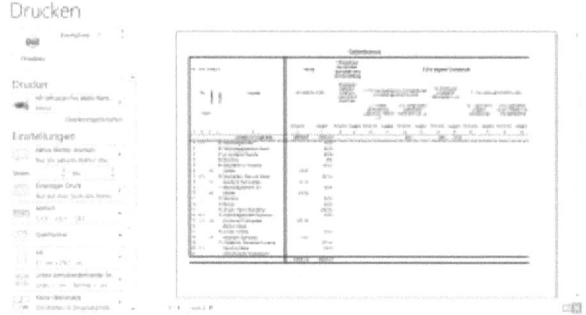

Die Antwort: Bei Linien "zickt" Excel ab und zu. Vor allem ist mir aufgefallen, wenn Sie ältere Exceldateien in einer neueren Version öffnen, macht er ab und zu Schwierigkeiten. Dennoch - man kann es in den Griff bekommen. Markieren Sie die Spalte und entfernen Sie die Linie. Markieren Sie die andere Spalte (bei Ihnen Spalte T) und fügen dort eine andere Linie (bspw. eine dünnere) ein. Markieren Sie nun Spalte S und fügen hier wieder die dicke Linie ein. Und nun noch einmal bei der zweiten Spalte. Möglicherweise müssen Sie dieses Verfahren zwei oder drei Mal anwenden - irgendwann "versteht" Excel, dass Sie die Linie auf beiden Seiten haben möchten.

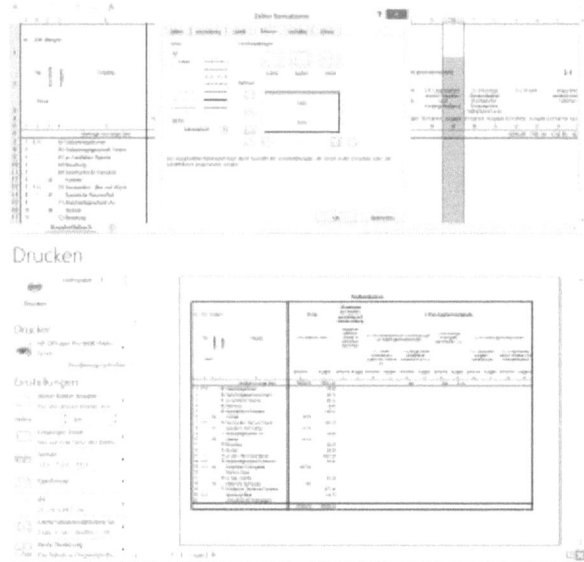

Linien verschwinden

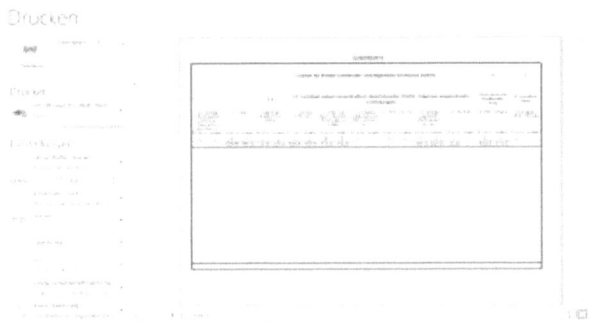

4.4.10. Linien verschwinden

Komisch - in der Seitenlayoutansicht werden die Linien angezeigt, in der Seitenansicht (Drucken) dagegen nicht. Gibt es eine Erklärung dafür?

	A	B	C	D	E	F	G	H	I	J	K	L	M	N
							Lebensmittel							
1							Gemüse							
2		Die Angaben beziehen sich auf je 100 Gramm verzehrfertiges Nahrungsmittel	roh oder gekocht	kcal	kJ	% Kohlehydrate	Eiweiß	% Gesamtfett	% Wasser	% Ballaststoffe	mg Vitamin C	mg Calcium	mg Kalium	mg Phosphor	mg Magnesium
3														
4		Artischocken	roh	57	239	11	+	3	86	3	9	52	410	110	26
5		"	gek	57	239	11	+	3	86	3	6	50	315	90	
6		Auberginen	roh	25	105	5	+	1	93	3	5	16	210	26	11
7		"	gek	16	67	3	+	1	93	3	5	16	210	26	
8		Blattsellerie	roh	20	84	4	+	1	95	2	9	45	290	40	
9		Blumenkohl	roh	28	117	8	+	2	92	2	76	24	380	60	7
10		"	gek	20	84	3	+	2	94	2	45	18	250	52	
11		Bohnen, grün	gek	33	138	6	+	2	92	2	13	50	150	40	26

4.4 Drucken und Seitenlayout

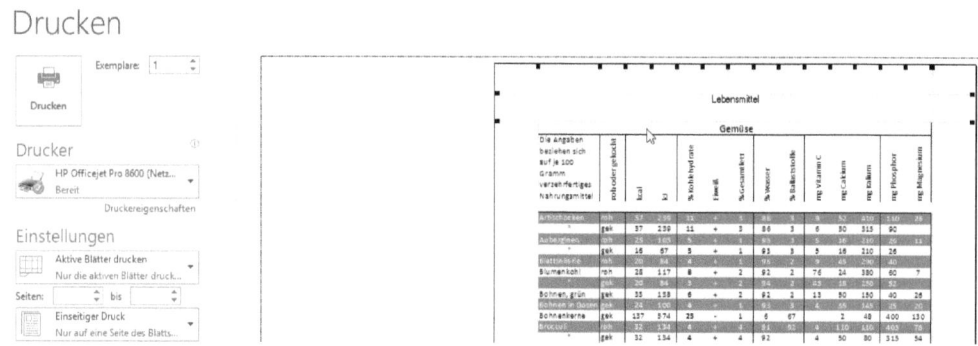

Die Antwort: Sie lassen sich in der Seitenansicht die Seitenränder anzeigen. Diese überlagern die Linien der Tabelle:

4.4.11. Wahrscheinlich ist dir Frage zu schön, um sie mit einer Antwort kaputt zu machen.

Warum ist manchmal in der "alten" Seitenansicht der Zoom inaktiv?

Wo ist der Seitenumbruch?

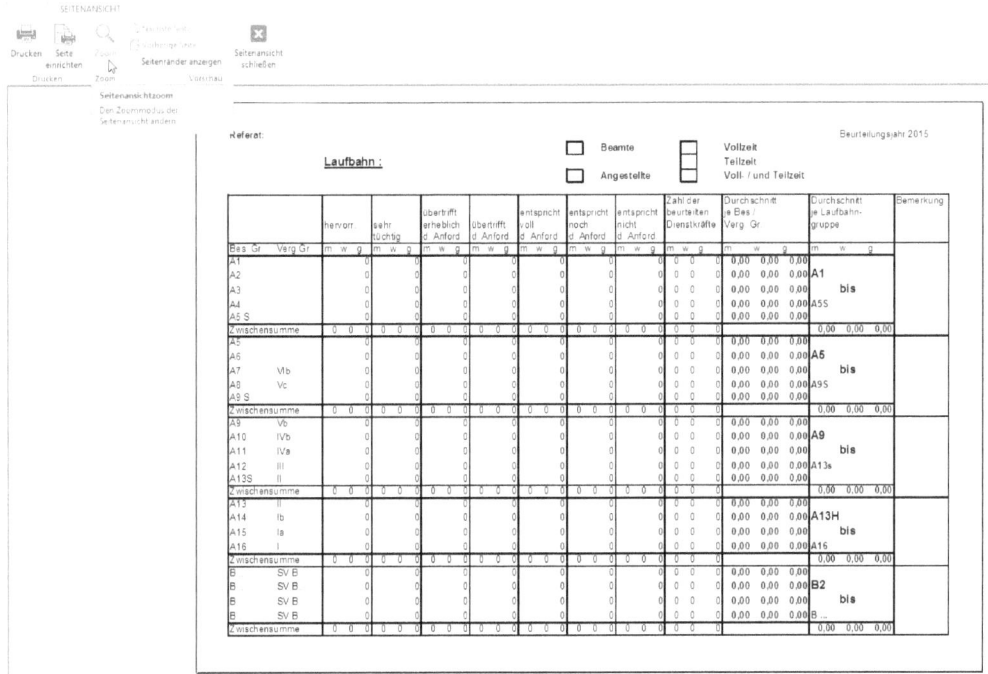

Die Antwort: Beim Querformat ist er inaktiv - wurde die Seitenorientierung auf Querformat geändert ....

4.4.12. Wo ist der Seitenumbruch?

Normalerweise wird der Seitenumbruch als Linie auf dem Tabellenblatt angezeigt. Manchmal allerdings nicht. Warum?

4.4 Drucken und Seitenlayout

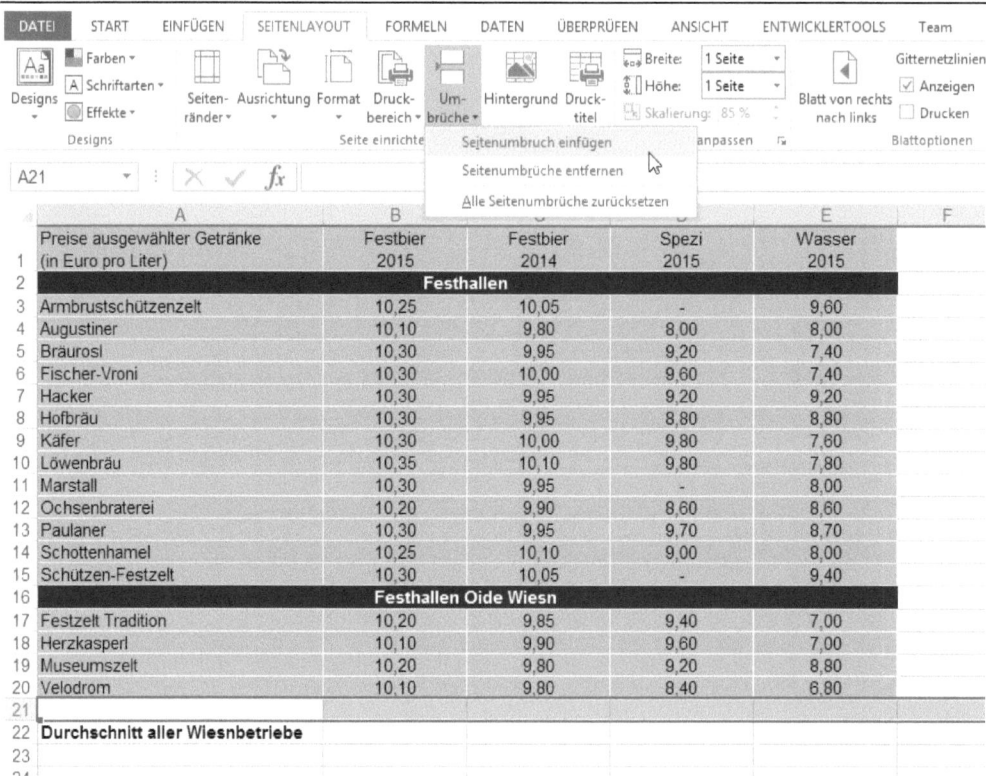

Die Antwort: Einige Dinge in Excel lassen sich nicht miteinander kombinieren. Beispielsweise das Anpassen auf eine Seite (im Dialog "Seite einrichten") und der manuelle Seitenumbruch. Es gilt: entweder - oder.

4.4.13. Seitenansicht

In Word geht das doch auch! Wo ist denn in Excel der Schalter in der Seitenansicht, mit dessen Hilfe ich mir mehrere Seiten anzeigen lassen kann?

Seitenansicht

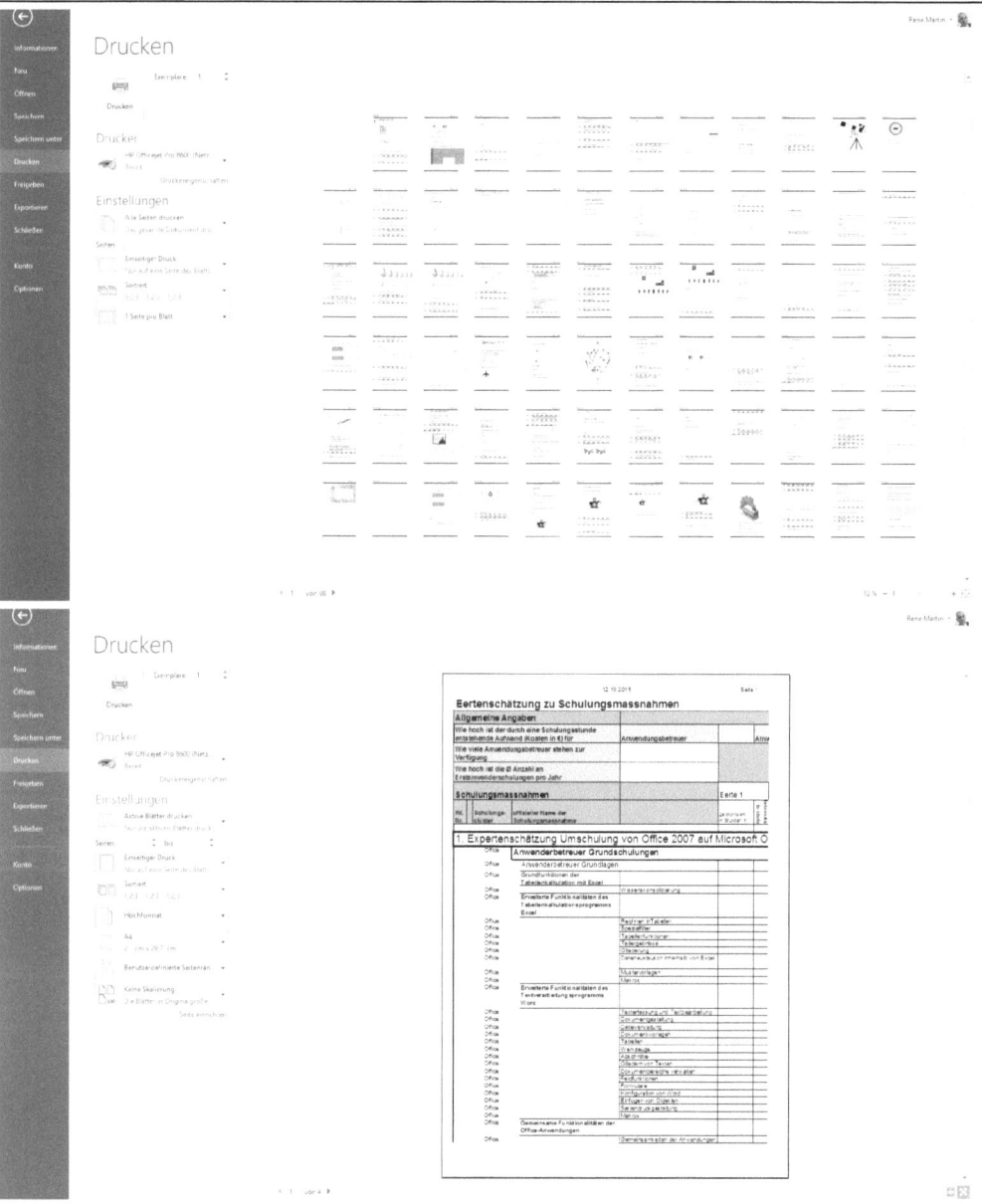

Die Antwort: Sorry, aber Excel stellt seit vielen Versionen bei der Seitenansicht nur eine Seite dar. Jedoch haben Sie die Möglichkeit über die Ansicht "Seitenlayout" oder ""Umbruchvorschau" sich mehrere Seiten nebeneinander darstellen zu lassen:

4.4 Drucken und Seitenlayout

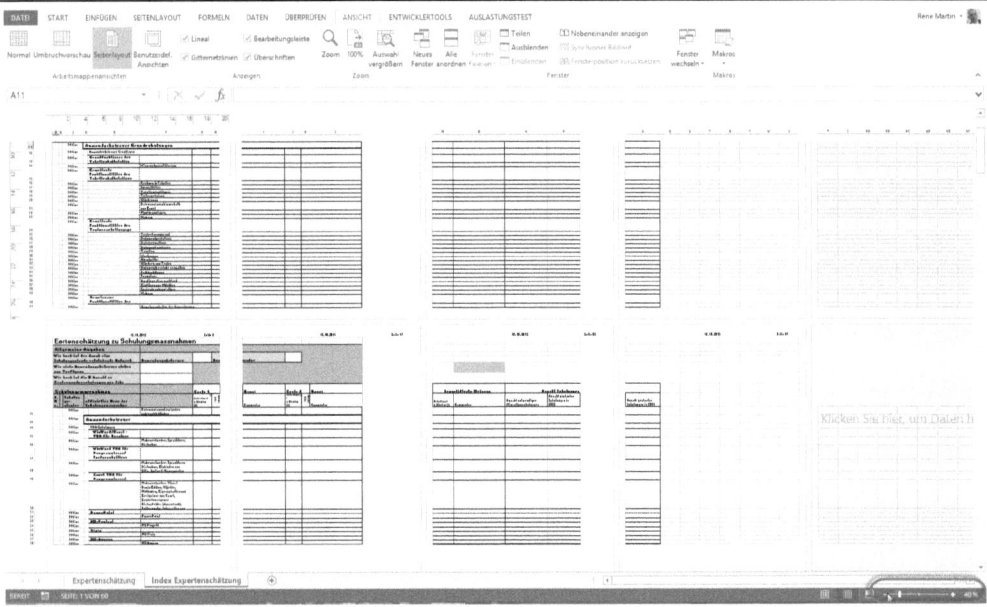

4.4.14. Fehlerquellen

Zuerst hatte ich einen anderen Verdacht. Ich wurde gefragt, warum der Drucktitel und die Wiederholungszeilen im Dialog "Seite einrichten" nicht aktiv sind. Alle anderen Optionen in den vier Registerkarten kann man ein- und ausschalten.

Fehlerquellen

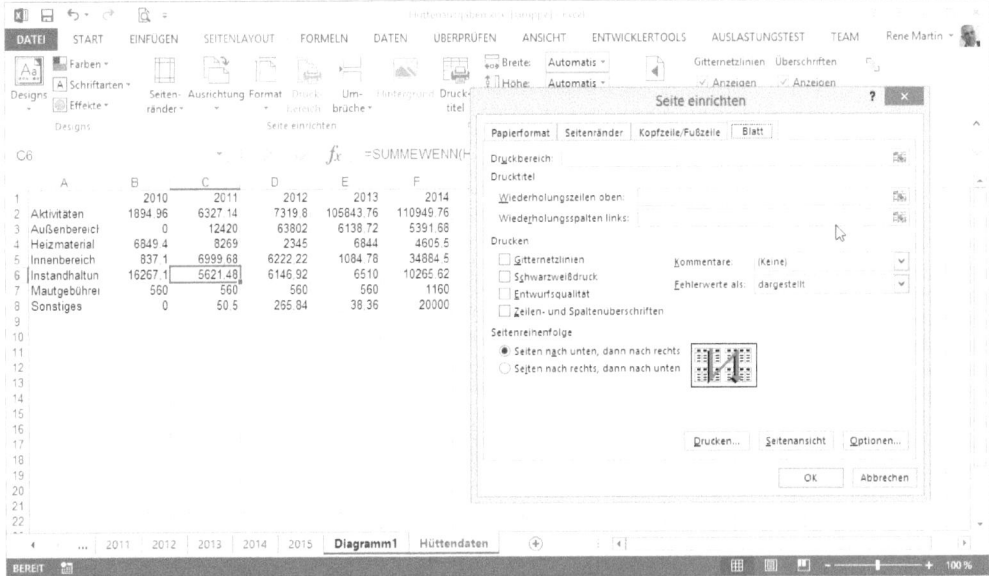

Ich hatte zuerst die Vermutung, dass der Anwender über den Seitenansichtsdialog zu "Seite einrichten" gewechselt ist. Dann sah ich in der Titelzeile "Gruppe". Ein Blick auf die Registerkarten bestätigten meine Vermutung: Anwender hatte aus Versehen zwei Registerkarten markiert. Klar - man kann auf mehreren Tabellen Kopfzeile und Seitenausrichtung ändern, die Seitenränder und Gitternetzlinien einschalten, aber natürlich keinen Druckbereich und Wiederholungszeilen. Klingt irgendwie logisch.

5 Formeln und Funktionen

5.1. Excel rechnet falsch

5.1.1. SUMME vs. + | PRODUKT vs. * | QUOTIENT vs. /

Ist Ihnen aufgefallen, dass der Rechenoperator + etwas Anderes macht als die Funktion SUMME? Dass * anders rechnet als die Funktion PRODUKT? Dass die Funktion QUOTIENT etwas Anderes berechnet als der Divisionsoperator / wird schnell klar - QUOTIENT liefert den ganzzahligen Anteil einer Division.

Bei Summe und +, beziehungsweise Produkt und * ist der Unterschied nicht ganz so offensichtlich:

Summe und Produkt übergeht Texte, während + und * einen Fehler (#WERT) liefern. Der Operator * interpretiert eine leere Zelle als Wert 0, während die Funktion Produkt diese übergeht.

Also Achtung: + ist nicht das Gleiche wie Summe in Excel, * nicht das Gleiche wie * und / schon gar nicht das Gleiche wie Quotient.

Übrigens - bei dem selten verwendeten Rechenoperator ^ rechnet Excel offensichtlich genauso wie mit der Funktion POTENZ.

B	C	D	E	F	G	H	I	J
	+	Summe		*	Produkt		/	Quotient
	3	3		3	3		3	3
	4	4		4	4		4	4
Ergebnis:	7	7		12	12		0,75	0
	drei	drei		drei	drei		drei	drei
	4	4		4	4		4	4
Ergebnis:	#WERT!	4		#WERT!	4		#WERT!	#WERT!
		4	4	4	4		4	4
		4	4	4	4		4	4
Ergebnis:	4	4		0	4		0	0

AutoSumme funktioniert nicht

	B	C	D	E	F	G	H	I	J
		+	Summe		*	Produkt		/	Quotient
		3	3		3	3		3	3
		4	4		4	4		4	4
Ergebnis:		=C2+C3	=SUMME(D2:D3)		=F2*F3	=PRODUKT(G2:G3)		=I2/I3	=QUOTIENT(J2;J3)
		drei	drei		drei	drei		drei	drei
		4	4		4	4		4	4
Ergebnis:		=C8+C9	=SUMME(D8:D9)		=F8*F9	=PRODUKT(G8:G9)		=I8/I9	=QUOTIENT(J8;J9)
		4	4		4	4		4	4
Ergebnis:		=C14+C15	=SUMME(D14:D15)		=F14*F15	=PRODUKT(G14:G15)		=I14/I15	=QUOTIENT(J14;J15)

5.1.2. AutoSumme funktioniert nicht

Ein Klick auf die Schaltfläche AutoSumme und - nichts passiert. Nun: Die Antwort ist schnell gefunden: Wenn sich der Cursor in der Zelle befindet, kann die Funktion AutoSumme nicht aktiviert werden. Man sieht es am blinkenden Cursor. Die Eingabe muss abgebrochen oder bestätigt werden - dann funktioniert es.

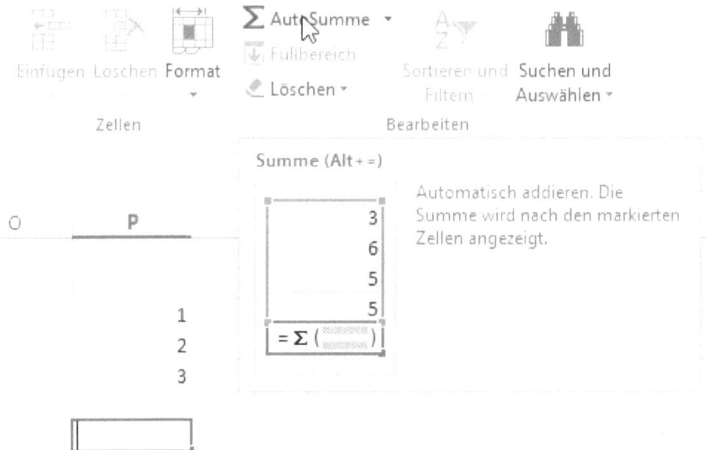

5.1.3. Rechenungenauigkeit

Excel ist schon oft dafür kritisiert worden - er rechnet zirka ab der 15. Stelle nach dem Komma falsch. Denn eigentlich müsste die Formel

=5*(0,5-0,4-0,1)

0 liefern - dagegen erhält man einen Rundungsfehler.

5.1 Excel rechnet falsch

	fx	=5*(0,5-0,4-0,1)	
C	D		E
	-1,38778E-16		

5.1.4. Text oder Zahl?

Eigentlich müsste man es sofort sehen: Texte stehen in Zellen am rechten Rand; Zahlen linksbündig. Wenn man sich vertippt, beispielsweise den Buchstaben "O" statt die Ziffer "0" oder den Buchstaben "l" statt der Ziffer "1" eingibt, kann Excel mit diesen Texten nicht rechnen.

Warum machen Menschen so etwas? Es gab einige Schreibmaschinen, auf denen gab es keine Ziffer "0" oder keine Ziffer "1". Dort musste man auf die Buchstaben "O", beziehungsweise "l" zurückgreifen.

=SUMME(E2:E11)	
D	E
	l2
	23
	34
	45
	56
	67
	78
	89
	9O
	392

5.1.5. Summe rechnet falsch

Offensichtlich rechnet die Summe falsch. Man muss nicht gut kopfrechnen können, um das festzustellen.

Die Lösung: zwei Zeilen (18 und 19) sind ausgeblendet. Dort verbergen sich die Zahlen, die zu der falschen Summe führen.

Die Antwort: Alles markieren und alle Zeilen einblenden. Dann sieht man die Zahlen, mit denen Excel rechnet.

Summe rechnet falsch

D27			=SUMME(D2:D26)	
	A	B	C	D
1	Firmenname	Ort	Region	Bestellungen
2	Alusia GmbH	Wiesbaden	Mitte	21
3	Alusia GmbH	Wiesbaden	Mitte	84
4	Autohaus Schulze	München	Süd	4
5	Autohaus Schulze	München	Süd	12
6	Autohaus Schulze	München	Süd	4
7	Buch-Huber	Nürnberg	Süd	5
8	Buch-Huber	Nürnberg	Süd	2
9	Buch-Huber	Nürnberg	Süd	3
10	Colorino GmbH	Mainz	Mitte	40
11	Colorino GmbH	Mainz	Mitte	10
12	Colorino GmbH	Mainz	Mitte	5
13	Fliesen-Maier	Hamburg	Nord	3
14	Fliesen-Maier	Hamburg	Nord	3
15	Fliesen-Maier	Hamburg	Nord	3
16	Heinze & Söhne	München	Süd	23
17	Heinze & Söhne	München	Süd	4
20	Möbel-Wolther	Frankfurt	Mitte	8
21	Möbel-Wolther	Frankfurt	Mitte	8
22	Ostermann & Co	Hamburg	Nord	4
23	Ostermann & Co	Hamburg	Nord	3
24	Ostermann & Co	Hamburg	Nord	3
25				
26				
27			Summe	1162
28				

5.1 Excel rechnet falsch

D27				=SUMME(D2:D26)
	A	B	C	D
1	Firmenname	Ort	Region	Bestellungen
2	Alusia GmbH	Wiesbaden	Mitte	21
3	Alusia GmbH	Wiesbaden	Mitte	84
4	Autohaus Schulze	München	Süd	4
5	Autohaus Schulze	München	Süd	12
6	Autohaus Schulze	München	Süd	4
7	Buch-Huber	Nürnberg	Süd	5
8	Buch-Huber	Nürnberg	Süd	2
9	Buch-Huber	Nürnberg	Süd	3
10	Colorino GmbH	Mainz	Mitte	40
11	Colorino GmbH	Mainz	Mitte	10
12	Colorino GmbH	Mainz	Mitte	5
13	Fliesen-Maier	Hamburg	Nord	3
14	Fliesen-Maier	Hamburg	Nord	3
15	Fliesen-Maier	Hamburg	Nord	3
16	Heinze & Söhne	München	Süd	23
17	Heinze & Söhne	München	Süd	4
20	Möbel-Wolther	Frankfurt	Mitte	8
21	Möbel-Wolther	Frankfurt	Mitte	8
22	Ostermann & Co	Hamburg	Nord	4
23	Ostermann & Co	Hamburg	Nord	3
24	Ostermann & Co	Hamburg	Nord	3
25				
26				
27			Summe	1162
28				

5.1.6. Excel rechnet nicht mehr, beziehungsweise rechnet falsch

Was ist los - Excel will nicht mehr rechnen. Am Anfang hat es funktioniert ...

Schauen Sie in der Registerkarte "Formeln" nach, ob die Berechnungsoptionen auf "manuell" gestellt wurde. Wenn ja, so wird die Berechnung zwar beim Erstellen der Formel durchgeführt, aber beim Ändern der Werte nicht aktualisiert. Ändern Sie diese Option auf "automatisch" oder aktualisieren Sie das Ganze mit der Funktionstaste [F9].

=SUMME(E2:E9)

C	D	E	F	G	H
		Oktober	November	Dezember	
	Berlin	260000	10000	160000	
	Hamburg	620000	40000	630000	
	München	190000	500000	230000	
	Köln	270000	470000	630000	
	Leipzig	700000	820000	880000	
	Stuttgart	980000	160000	850000	
	Frankfurt	710000	840000	210000	
		373	284	359	

Spur zum Vorgänger   Formeln anzeigen   Neu berechnen
Spur zum Nachfolger Fehlerüberprüfung   Überwachungs- Berechnungs-
Pfeile entfernen   Formelauswertung   fenster   optionen ▼   Blatt berechnen
           Formelüberwachung
                                                        Automatisch
                                                        Automatisch außer bei Datentabellen
                                                    ✓   Manuell

B	C	D	E	F	G
			Oktober	November	Dezember
		Berlin	260000	10000	160000
		Hamburg	620000	40000	630000
		München	190000	500000	230000
		Köln	270000	470000	630000
		Leipzig	700000	820000	880000
		Stuttgart	980000	160000	850000
		Frankfurt	710000	840000	210000
			373	284	359

5.1.7. Ein perfider Fehler

Man muss in großen Dateien schon lange suchen, bis man diesen Fehler findet. Die Summe rechnet mit einer vermeintlich leeren Zelle. In der Zelle steht eine Zahl - sie ist allerdings mit einer weißen Schriftfarbe formatiert.

=SUMME(E2:E6)   1000

E
Ausgaben
12
23
34
45
1114

E
Ausgaben
12
23
34
45
1114

5.1 Excel rechnet falsch

5.1.8. Summe rechnet falsch

Man braucht schon ein sehr gutes Auge, um auf Anhieb erkennen zu können, warum Excel hier falsch rechnet.

Ein Tipp: Wenn man mit dem Mauszeiger über den Bereich streichen, fällt auf, dass er seine Gestalt bei der Zahl 3 ändert. Ein Klick darauf ertappt den "Bösewicht": Auf der Zelle liegt ein weißes Textfeld, in dem die Zahl 3 steht. Darunter steht natürlich eine andere Zahl.

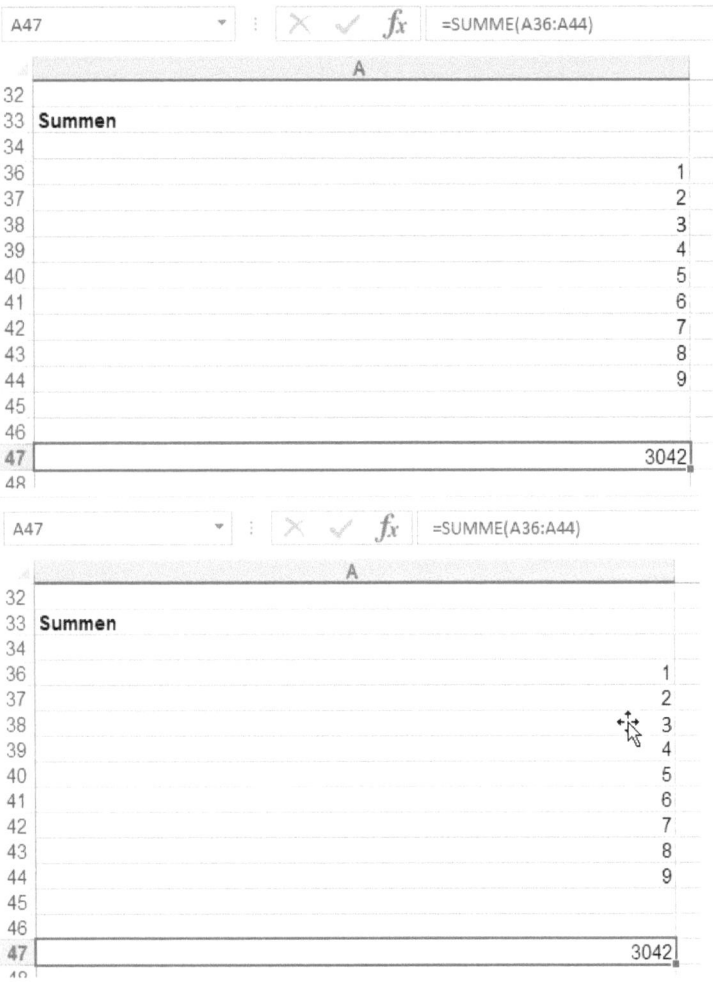

Excel summiert Uhrzeiten nicht richtig

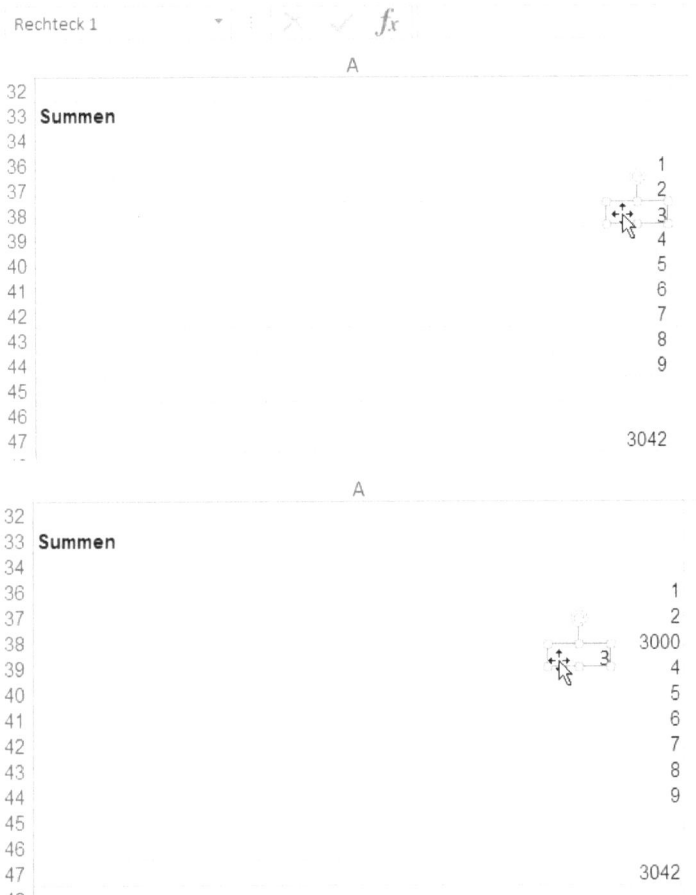

5.1.9. Excel summiert Uhrzeiten nicht richtig

Doch. Aber Excel schafft den Sprung in den neuen Tag, also über die 24-Stunden-Grenze nicht.

Die Lösung: Sie müssen die Uhrzeit vom Typ [h]:ss formatieren. Oder in der Kategorie "Uhrzeit" finden Sie ein Beispiel "37:30:50". Das macht das Gleiche.

5.1 Excel rechnet falsch

	=SUMME(F4:F25)

Wochentag	Datum	kommt	geht	insgesamt
Donnerstag	01.01.2015	7:00	14:42	7:42
Freitag	02.01.2015	7:45	14:00	6:15
Montag	05.01.2015	22:00	6:15	8:15
Dienstag	06.01.2015	18:00	2:30	8:30
Mittwoch	07.01.2015	13:00	16:20	3:20
Donnerstag	08.01.2015	6:00	14:50	8:50
Freitag	09.01.2015	19:00	0:30	5:30
Montag	12.01.2015	7:00	14:42	7:42
Dienstag	13.01.2015	23:00	16:10	17:10
Mittwoch	14.01.2015	23:00	16:30	17:30
Donnerstag	15.01.2015	23:00	15:30	16:30
Freitag	16.01.2015	2:00	14:42	12:42
Montag	19.01.2015	2:30	14:42	12:12
Dienstag	20.01.2015	1:00	15:55	14:55
Mittwoch	21.01.2015	8:35	15:40	7:05
Donnerstag	22.01.2015	21:00	7:30	10:30
Freitag	23.01.2015	21:00	2:00	5:00
Montag	26.01.2015	21:00	23:00	2:00
Dienstag	27.01.2015	8:00	16:10	8:10
Mittwoch	28.01.2015	7:55	16:30	8:35
Donnerstag	29.01.2015	7:55	14:25	6:30
Freitag	30.01.2015	7:00	14:42	7:42
				10:35

5.1.10. SUMME rechnet nicht

Kann ich mit der Summe nicht mehrere getrennte Bereiche addieren?

SUMME rechnet nicht

Doch. Aber die Bereiche werden nicht mit einem Leerzeichen, sondern mit einem Semikolon (;) getrennt.

Also - nicht so:

=SUMME(G5:G18 G30:G42 G56:G71 G80:G93)

sondern so:

=SUMME(G5:G18;G30:G42;G56:G71;G80:G93)

Übrigens: das Leerzeichen hat auch eine Funktion - es bedeutet: Schnittmenge. Man könnte berechnen:

=SUMME(C5:H21 G5:G26)

Damit würde die Summe über die Zelle G1:G21 gezogen werden.

Meine Empfehlung - tun Sie das nicht - das versteht kein Mensch, was Sie da tun! Und: wenn die Schnittmenge leer ist, quittiert Excel dies mit der Fehlermeldung #NULL!

Vorname	Qual.	WB	Std.	Vbe	40
Angela	J	1	40	1.000	
Annelies	J	1	40	1.000	
Elke	N	1	35	0.875	
Iris	N	1	35	0.875	
Katja	N	1	35	0.875	
Katrin	N	1	35	0.875	
Patrick	N	1	35	0.875	
Raphaela	N	1	35	0.875	
Silke	J	1	40	1.000	
Sylvia	J	1	40	1.000	
Ulla	N	1	35	0.875	
Ulrike	J	1	40	1.000	
Ursula	J	1	35	0.875	
Veronika	N	1	35	0.875	
Personen				12,875	

Bereich	Mit Qualifikation		Ohne Qualifikation		Gesamt	
	Personen	Vbe	Personen	Vbe	Personen	Vbe
B 1	6	5.875	8		14	
B 2	6	5.625	7		13	
B 3	7	6.875	10		17	
B 4	8	6.375	7		15	
B 5	8	7.5	7		15	
Übergr	4	3.75	1		5	
Verw.	4	3.75	1		5	
Aushilfen	1	1	1		2	
	44		42		86	

Zur Beachtung: Wenn eine Mitarbeiterin wegen Schwangerschaft oder Erziehungsjahres vorübergehend ausfällt, müssen in der Spalte **Qual.** das "J" bzw. das "N" und in der Spalte **Std.** die Stundenzahl entfernt werden. Bei Wiederaufnahme der Tätigkeit sind die Daten neu einzugeben.

Entsprechend der qualifizierten Mitarbeiter (J in Spalte D) der linken Bereichsliste sollen die Summen der Vbe (Spalte G) aller Mitarbeiter des jeweiligen Bereiches in Spalte "M", und die der unqualifizierten Mitarbeiter (N in Spalte D) in Spalte "O" erfaßt werden.

Vorname	Qual.	WB	Std.	Vbe	40
Bärbel	N	2	35	0.875	
Bianka	J	2	35	0.875	
Gisela	N	2	35	0.875	
Gudrun	J	2	40	1.000	
Jana	J	2	35	0.875	
Karin	J	2	35	0.875	
Katrin	N	2	30	0.750	
Katrin	J	2	40	1.000	
Maecel	J	2	40	1.000	
Susann	N	2	35	0.875	
Sylvia	N	2	35	0.875	
Ursel	N	2	35	0.875	
Verona	N	2	35	0.875	

 #NULL!

5.1 Excel rechnet falsch

`=SUMME(G5:G18;G30:G42;G56:G71;G80:G93)`

Vorname	Qual.	WB	Std.	Vbe		40
Angela	J	1	40	1,000		
Annelies	J	1	40	1,000		
Elke	N	1	36	0,875		
Iris	N	1	35	0,875		
Katja	N	1	35	0,875		
Katrin	N	1	35	0,875		
Patrick	N	1	35	0,875		
Raphaela	N	1	35	0,875		
Silke	J	1	40	1,000		
Sylvia	J	1	40	1,000		
Ulla	N	1	35	0,875		
Ulrike	J	1	40	1,000		
Ursula	J	1	35	0,875		
Veronika	N	1	35	0,875		
Personen				12,875		

Bereich	Mit Qualifikation		Ohne Qualifikation		Gesamt	
	Personen	Vbe	Personen	Vbe	Personen	Vbe
B 1	6	5,875	8		14	
B 2	6	5,625	7		13	
B 3	7	6,875	10		17	
B 4	8	6,375	7		15	
B 5	8	7,5	7		15	
Übergr.	4	3,75	1		5	
Verw.	4	3,75	1		5	
Aushilfen	1	1	1		2	
	44		42		86	

Zur Beachtung: Wenn eine Mitarbeiterin wegen Schwangerschaft oder Erziehungsjahres vorübergehend ausfällt, müssen in der Spalte **Qual.** das "J" bzw. das "N" und in der Spalte **Std.** die Stundenzahl entfernt werden.
Bei Wiederaufnahme der Tätigkeit sind die Daten neu einzugeben.

Entsprechend der qualifizierten Mitarbeiter (J in Spalte D) der linken Bereichsliste sollen die Summen der Vbe (Spalte G) aller Mitarbeiter des jeweiligen Bereiches in Spalte "M", und die der unqualifizierten Mitarbeiter (N in Spalte D) in Spalte "O" erfaßt werden.

52,250

Vorname	Qual.	WB	Std.	Vbe		40
Bärbel	N	2	35	0,875		
Bianka	J	2	35	0,875		
Gisela	N	2	35	0,875		
Gudrun	J	2	40	1,000		
Jana	J	2	35	0,875		
Karin	J	2	35	0,875		
Katrin	N	2	30	0,750		
Katrin	J	2	40	1,000		
Maecel	J	2	40	1,000		
Susann	N	2	35	0,875		
Sylvia	N	2	35	0,875		
Ursel	N	2	35	0,875		
Verona	N	2	35	0,875		

SUMME rechnet nicht

1 Vbe =	40,0	Stdn. wöchentlich			Blatt 1
Vorname	Qual.	WB	Std.	Vbe	40
Angela	J	1	40	1,000	
Annelies	J	1	40	1,000	
Elke	N	1	35	0,875	
Iris	N	1	35	0,875	
Katja	N	1	35	0,875	
Katrin	N	1	35	0,875	
Patrick	N	1	35	0,875	
Raphaela	N	1	35	0,875	
Silke	J	1	40	1,000	
Sylvia	J	1	40	1,000	
Ulla	N	1	35	0,875	
Ulrike	J	1	40	1,000	
Ursula	J	1	35	0,875	
Veronika	N	1	35	0,875	
Personen				12,875	

Zusammenfassung (Personen und Vb			
Bereich	Mit Qualifikation		
	Personen	Vbe	Pe
B 1	6	5,875	
B 2	6	5,625	
B 3	7	6,875	
B 4	8	6,375	
B 5	8	7,5	
Übergr.	4	3,75	
Verw.	4	3,75	
Aushilfen	1	1	
	44		

Zur Beachtung: Wenn eine Mitarbeiterin we
 vorübergehend ausfällt, mü
 und in der Spalte **Std.** die
 Bei Wiederaufnahme der T

Entsprechend der qualifizierten Mitarbeite
die Summen der Vbe (Spalte G) aller Mi
und die der unqualifizierten Mitarbeiter (N

Vorname	Qual.	WB	Std.	Vbe	40
Bärbel	N	2	35	0,875	

=SUMME(C5 H21 G5 G26)

295

5.1 Excel rechnet falsch

	1 Vbe =	40,0	Stdn. wöchentlich		Blatt 1	40
Vorname	Qual.	WB	Std.	Vbe		
Angela	J	1	40	1,000		
Annelies	J	1	40	1,000		
Elke	N	1	35	0,875		
Iris	N	1	35	0,875		
Katja	N	1	35	0,875		
Katrin	N	1	35	0,875		
Patrick	N	1	35	0,875		
Raphaela	N	1	35	0,875		
Silke	J	1	40	1,000		
Sylvia	J	1	40	1,000		
Ulla	N	1	35	0,875		
Ulrike	J	1	40	1,000		
Ursula	J	1	35	0,875		
Veronika	N	1	35	0,875		
Personen				12,875		

Zusammenfassung (Per

Bereich	Mit Qualifi
	Personen
B 1	6
B 2	6
B 3	7
B 4	8
B 5	8
Übergr.	4
Verw.	4
Aushilfen	1
	44

Zur Beachtung: Wenn eine
vorüberget
und in der
Bei Wieder

Entsprechend der qualifizi
die Summen der Vbe (Sp
und die der unqualifizierter

Vorname	Qual.	WB	Std.	Vbe	40
Böchel	N	2	35	0,875	

12,875

5.1.11. Prozente werden falsch berechnet

Warum rechnet Excel manchmal falsch mit Prozentwerten?

E6				fx	=E2*E4
	A	B	C	D	E
1					
2					2000
3					
4					19%
5					
6					38000
7					

Ein Blick auf die Zelle, in der die vermeintlichen 19% stehen, liefert die Antwort. In dieser Zelle stehen nicht 19%, sondern die Zahl 19. In der Gruppe "Zahl" wird angezeigt, dass diese Zelle "benutzerdefiniert" formatiert wurde. Ein Blick in die Zahlenformate liefert schließlich das Ergebnis: Der Anwender hat nicht 19% in die Zelle eingetragen oder die Zahl 0,19 als Prozent formatiert, sondern hat die Zahl 19 eingetragen und hinter diese

Excel rechnet falsch

Zahl benutzerdefiniert ein Prozentzeichen formatiert (so wie man m² oder kg formatieren kann). Deshalb rechnet Excel natürlich mit der Zahl 19 und "übergeht" das Prozentzeichen.

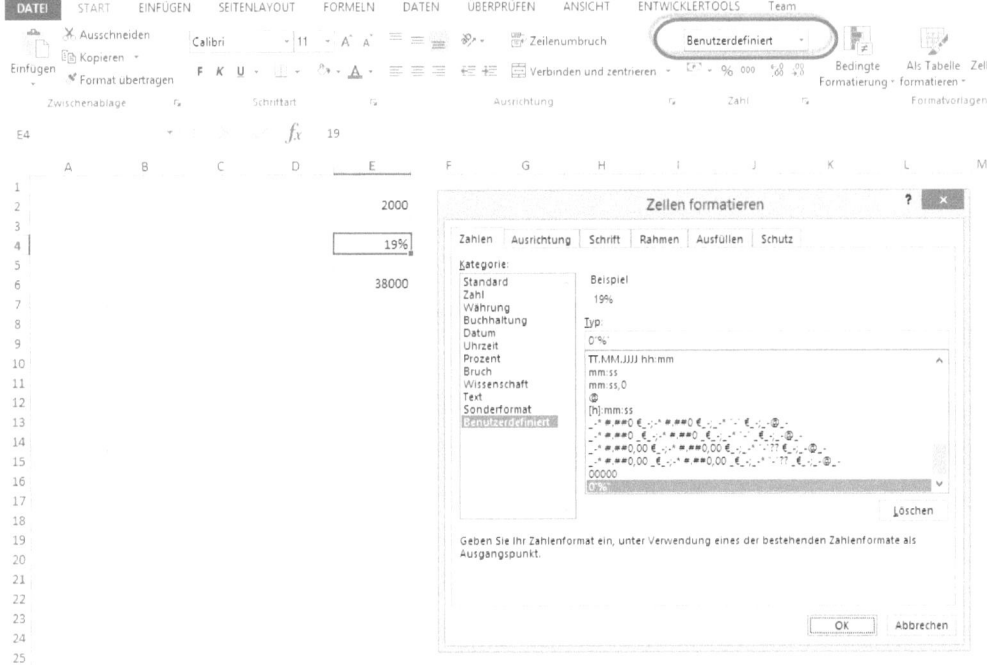

5.1.12. Excel rechnet falsch

Manchmal stimmt die Summe nicht. Was ist los?

5.1 Excel rechnet falsch

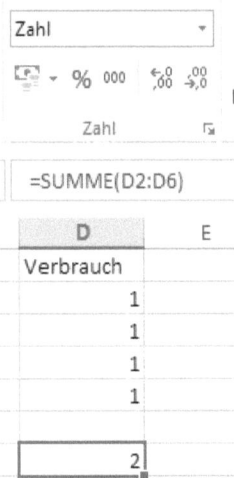

Der Blick in die Gruppe "Zahl" auf das Zahlenformat "Zahl" macht stutzig. Ein genauer Blick darauf, wie die Zelle formatiert ist und welcher Wert eigentlich in der Zelle steht, ergibt, dass die Zahl 0,6 ohne Dezimalstellen formatiert wurde. Die Lösung: Lassen Sie sich (mehr) Dezimalstellen anzeigen. Excel rechnet mit dem Wert, der sich in der Zelle befindet und nicht mit dem Wert, den Sie sehen.

Excel rechnet falsch

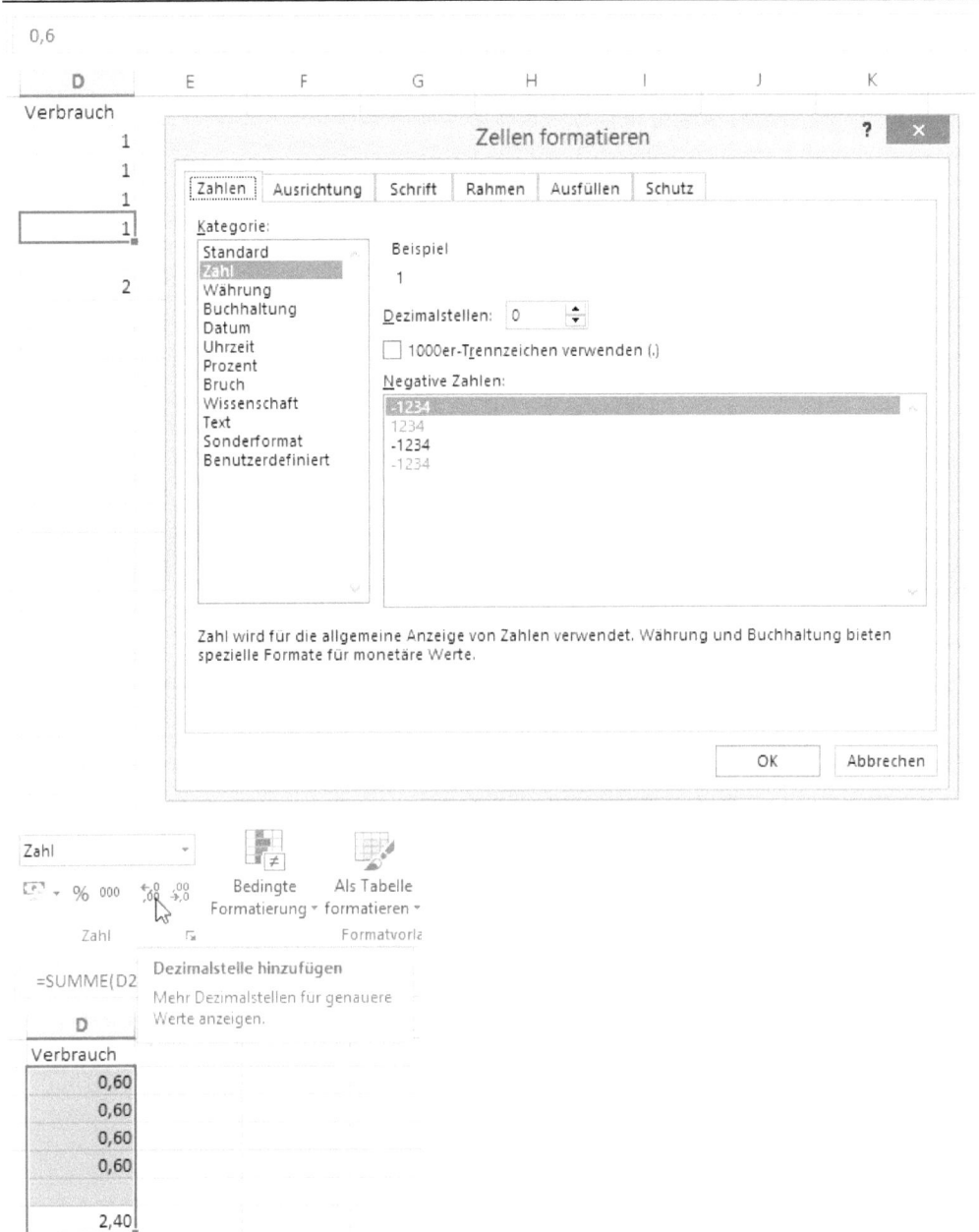

5.1 Excel rechnet falsch

5.1.13. Formel liefert falsches Ergebnis

Ich habe eine Formel genauso abgeschrieben, wie ich sie im Internet gefunden habe - aber sie rechnet falsch. Ich bin Widder - kein Stier!

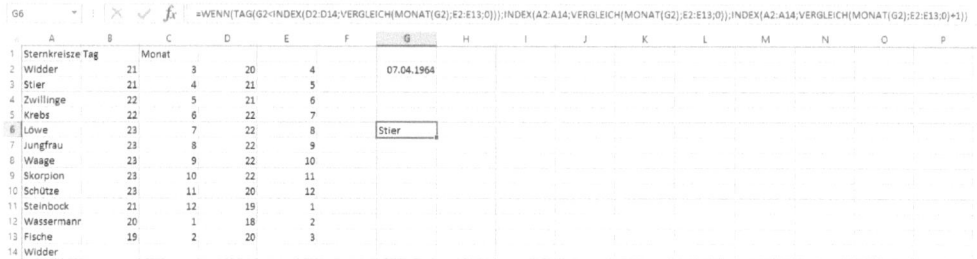

Entweder ist ein Denkfehler in der Formel, aber wenn sie an anderer Stelle funktioniert, dann muss sie wohl korrekt sein. Möglicherweise wurden die Klammern falsch gesetzt. Wenn Sie auf die Zelle klicken, in der sich die Formel befindet und den Funktionsassistenten f(x) aufrufen, dann sehen Sie die Teile der Formel mit ihren Ergebnissen. Nun können Sie in der Eingabezeile auf die einzelnen Formeln klicken und sehen so, wo der Fehler steckt (in diesem Beispiel wurde die Klammer nach der Funktion TAG falsch gesetzt. Die korrekte Formel muss lauten:

=WENN(TAG(G2)<INDEX(D2:D14;VERGLEICH(MONAT(G2);E2:E13;0));
INDEX(A2:A14;VERGLEICH(MONAT(G2);E2:E13;0));INDEX(A2:A14;
VERGLEICH(MONAT(G2);E2:E13;0)+1))

5.1.14. Summe funktioniert nicht

Sehr geehrter Herrn Martin,

In der Excel Tabelle die im Anhang beigefügt ist, bekommen wir Daten von unsere EDV (sehe Sheet 1 vor Verarbeitung). Ich gehe dann in „DATA" und „Text to Columns" und

Summe funktioniert nicht

spalte diese Tabelle so, dass sie nach diesen Schritten wie im 2. Sheet (Daten nach Verarbeitung) aussieht.

Das Problem liegt indem einige Zahlen immer noch so erscheinen „1 150,000" und keine weitere Formatierung möglich ist. Da ich auch eine Summe daraus ziehen möchte.

Wie kann man dieses Problem lösen?

	A	B	C	D	E	F	G	H	I	J	K
1	EP 09651423.1	;031	;EP2009006711	;20-11-2009;		45,000	;EUR;P*;00714554	;			
2	EP 05677633.3	;022	;056776333	,02-12-2009;		75,000	;EUR;P*;00001577	;			
3	EP 09642055.7	;001	;EP2009055412	;21-12-2009;		62,000	;EUR;P*;00012707	;			
4	EP 09665179.5	;027	;EP2009016133	;21-12-2009;		115,400	;EUR;P*;00062174	;			
5	EP 09673911.1	;520	;EP2009013211	;21-12-2009;		20,000	;EUR;P*;00012709	;			
6	EP 09615119.4	;027	;EP2009011651	;06-01-2010;		150,000	;EUR;P*;00506349	;			
7	EP 07611161.1	;002	;076111611	;11-01-2010;		1 150,000	;EUR;P*;00001499	;			
8	EP 07611161.1	;005	;076111611	;11-01-2010;		500,000	;EUR;P*;00001499	;			
9	EP 07611161.1	;001	;076111611	;11-01-2010;		1 405,000	;EUR;P*;00001499	;			
10	EP 07611161.1	;020	;076111611	;11-01-2010;		170,000	;EUR;P*;00001499	;			
11	EP 07611161.1	;123	;076111611	;11-01-2010;		1 116,500	;EUR;P*;00001499	;			
12	EP 09667030.7	;027	;EP2009001065	;12-01-2010;		65,000	;EUR;P*;00035079	;			
13	EP 04615100.4	;029	;EP2004010612	;15-09-2005;		120,000	;EUR;P ;00577796	;			
14	EP 04615100.4	;029	;046151004	;13-01-2010;		40,000	;EUR;P*;00055342	;			
15	EP 05702355.6	;029	;057023556	;13-01-2010;		40,000	;EUR;P*;00055343	;			
16	EP 09701152.1	;022	;EP2009007644	;15-01-2010;		75,000	;EUR;P*;00029540	;			
17	EP 06615217.4	;022	;066152174	;17-01-2010;		75,000	;EUR;P*;00031201	;			
18	EP 06730091.9	;022	;067300919	;17-01-2010;		75,000	;EUR;P*;00031202	;			
19	EP 07737151.1	;022	;077371511	;17-01-2010;		75,000	;EUR;P*;00031216	;			

	A	B	C	D	E	F	G
1	PCT/EP2012/057947	070	EP2012057947	03.07.2012	40,00	EUR	P*
2	EP 12001019.4	001	120010194	26.07.2012	200,00	EUR	P*
3	EP 12001019.4	002	120010194	26.07.2012	1 115,000	EUR	P*
4	EP 12001019.4	015	120010194	26.07.2012	450,00	EUR	P*
5	EP 12001019.4	055	120010194	26.07.2012	40,00	EUR	P*
6	EP 00275161.4	041	2751614	30.07.2012	1 350,000	EUR	P*
7	EP 12001011.1	001	120010111	06.09.2012	200,00	EUR	P*
8	EP 12001011.1	002	120010111	06.09.2012	1 115,000	EUR	P*
9	EP 09753112.6	034	97531126	20.09.2012	555,00	EUR	P*
10	EP 07770171.1	035	77701711	01.10.2012	665,00	EUR	P*
11	EP 11109694.5	031	111096945	11.10.2012	995,00	EUR	P*
12	EP 12006196.2	001	120061962	16.10.2012	200,00	EUR	P*
13	EP 12006196.2	002	120061962	16.10.2012	1 115,000	EUR	P*
14	EP 12006196.2	015	120061962	16.10.2012	225,00	EUR	P*
15	EP 09133926.5	034	91339265	30.10.2012	555,00	EUR	P*
16	EP 12006361.2	001	120063612	01.11.2012	200,00	EUR	P*
17	EP 12006361.2	002	120063612	01.11.2012	1 115,000	EUR	P*
18	EP 12006361.2	501	120063612	01.11.2012	74,00	EUR	P*
19	PCT/EP2102/057352	029	EP2102057352	06.12.2012	50,00	EUR	P*
20	PCT/GB1999/003006	044	GB1999003006	21.12.2012	1 495,000	EUR	P*
21	PCT/GB1999/003006	104	GB1999003006	21.12.2012	647,00	EUR	P*
22	EP 11101957.4	001	111019574	29.12.2012	200,00	EUR	P*

Die Antwort: Dummerweise liefert Ihr System die Spalte E so, dass nach dem Tausenderwert als Tausendertrennzeichen ein Leerzeichen verwendet wird. Diese müssen Sie löschen.

5.1 Excel rechnet falsch

Ich würde die Spalte (hier E) markieren und dann mit Home / Find & Replace (ganz rechts) das Leerzeichen (einfach ein Blank eintippen) durch nichts ersetzen.

5.1.15. ZÄHLENWENN zählt falsch

Warum zählt die Funktion ZÄHLENWENN (und auch SUMMEWENN) manchmal falsch?

	A	B	C	D
				=ZÄHLENWENN(D1:D22;"China")
1				Österreich
2				Brasilien
3				Kanada
4				China
5				Indien
6				Indonesien
7				Japan
8				Malaysia
9				Mexiko
10				Russland
11				Südafrika
12				Spanien
13				Großbritannien
14				Vereinigte Staaten
15				Österreich
16				Brasilien
17				Kanada
18				China
19				Indien
20				Indonesien
21				Japan
22				Malaysia
23				
24				1

Die Antwort auf diese Frage findet man, wenn man die Spalte rechtsbündig formatiert. Dann sieht man, dass "China" beim zweiten Mal mit einem Leerzeichen eingegeben wurde.

=ZÄHLENWENN(D1:D22;"China")

D
Österreich
Brasilien
Kanada
China
Indien
Indonesien
Japan
Malaysia
Mexiko
Russland
Südafrika
Spanien
Großbritannien
Vereinigte Staaten
Österreich
Brasilien
Kanada
China
Indien
Indonesien
Japan
Malaysia

1

5.1.16. SVERWEIS klappt nur manchmal

In den ersten Zeilen rechnet der SVERWEIS noch richtig, aber dann gibt es Fehler.

5.1 Excel rechnet falsch

	J2			fx	=SVERWEIS(I2;A1:B14;2;FALSCH)					
	A	B	C	D	E	F	G	H	I	J
1	USD	1,1844						Betrag	Währung	Kurs
2	GBP	0,7812						4.252	CAD	1,4055
3	CHF	1,2012						4.780	CZK	28,169
4	JPY	140,8451						3.143	DKK	7,4405
5	RUB	73,5294						2.228	CAD	1,4055
6	INR	73,5294						4.988	EGP	8,4674
7	PLN	4,268						4.108	JPY	#NV
8	CZK	28,169						9.964	RUB	#NV
9	DKK	7,4405						4.214	USD	#NV
10	CAD	1,4055						3.650	CZK	#NV
11	NZD	1,5117						9.212	GBP	#NV
12	TWD	37,7358						3.296	EGP	8,4674
13	AUD	1,4438						8.911	JPY	#NV
14	EGP	8,4674						7.466	AUD	1,4438
15								2.959	RUB	#NV
16								4.557	TWD	#NV
17								9.750	RUB	#NV
18								3.351	CZK	#NV
19								6.698	TWD	#NV
20								9.897	NZD	#NV
21								6.154	PLN	#NV
22								7.758	JPY	#NV
23								859	JPY	#NV
24								7.313	INR	#NV

Eigentlich müssten Sie den Fehler selbst finden können, wenn Sie die Formel anschauen. Der Bereich (hier: A1:B14) wurde nicht fixiert. Das bedeutet: er "wandert" beim Herunterziehen mit nach unten. Was passiert, können Sie leicht überprüfen, wen Sie auf eine Zelle doppelklicken, die sich weiter unten befindet.

Wandeln Sie also A1:B14 in $A$1:$B$14 um (oder verwenden einen Namen für diesen Bereich)

5.1.17. Summe rechnet falsch

Auf den ersten Blick rechnet die Summe falsch.

Aber wenn man die Werte der Zellen genauer anschaut, dann fällt sofort auf, dass ein Datum als TT formatiert wurde. Oder genauer: Man sieht nur die Tageszahl des Datums:

5.1 Excel rechnet falsch

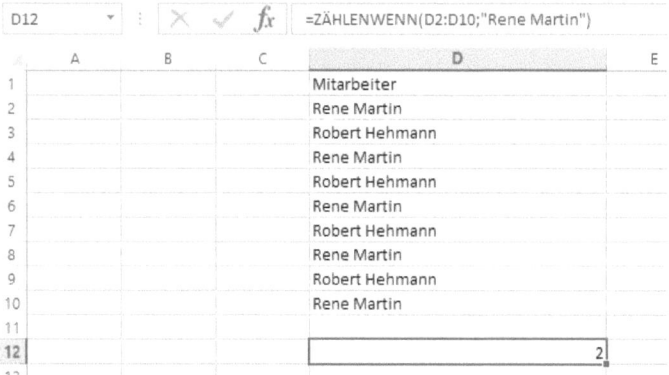

5.1.18. ZÄHLENWENN zählt zu wenig

Warum ermittelt die Funktion ZÄHLENWENN (und SUMMEWENN) nicht die richtige Zahl?

Man muss sich die einzelnen Daten ansehen. In der Bearbeitungsleiste stellt man fest, dass in einigen der Texte noch weitere Informationen ("München") stehen (sie wurden übrigens weiß formatiert). Man hätte auch durch ein Ändern der Ausrichtung auf rechtsbündig feststellen können, dass hinter dem angezeigten Text noch etwas steht.

Fast alle Rechnungen sind falsch

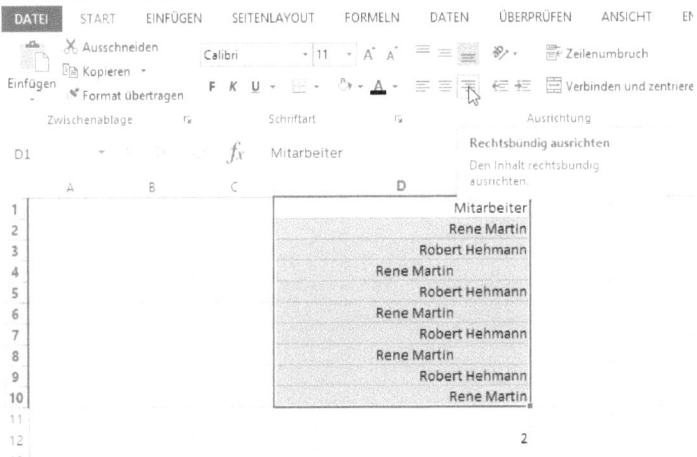

Übrigens: =ZÄHLENWENN(D2:D10;"Rene Martin*") hätte die korrekte Anzahl ermittelt.

5.1.19. Fast alle Rechnungen sind falsch

Warum rechnet Excel in der ersten Zelle richtig, in fast allen anderen Zellen falsch?

5.1 Excel rechnet falsch

C4 =B4*B1

	A	B	C	D	E	F	G	H	I	J	K	L	M
1	Kilometerpauschale	0,52 €											
2													
3			Anton		Berti		Conni		Det		Edi		Fritzchen
4	01.10.2015	101 km	52,52 €	142 km	73,84 €	81 km	42,12 €	106 km	55,12 €	57 km	29,64 €	82 km	42,64 €
5	02.10.2015	15 km	- €	132 km	- €	42 km	- €	61 km	- €	147 km	- €	3 km	- €
6	03.10.2015	139 km	#WERT!	119 km	#WERT!	13 km	#WERT!	25 km	#WERT!	130 km	#WERT!	88 km	#WERT!
7	04.10.2015	143 km	########	81 km	8.181,00 €	129 km	########	23 km	2.323,00 €	134 km	########	120 km	########
8	05.10.2015	119 km	1.785,00 €	122 km	1.830,00 €	110 km	1.650,00 €	112 km	1.680,00 €	80 km	1.200,00 €	134 km	2.010,00 €
9	06.10.2015	110 km	########	91 km	########	114 km	########	48 km	6.672,00 €	16 km	2.224,00 €	56 km	7.784,00 €
10	07.10.2015	105 km	########	78 km	########	128 km	########	94 km	########	58 km	8.294,00 €	86 km	########
11	08.10.2015	108 km	########	17 km	2.023,00 €	6 km	714,00 €	24 km	2.856,00 €	48 km	5.712,00 €	136 km	########
12	09.10.2015	149 km	########	77 km	8.470,00 €	38 km	4.180,00 €	126 km	########	15 km	1.650,00 €	94 km	########
13	10.10.2015	2 km	210,00 €	64 km	6.720,00 €	54 km	5.670,00 €	63 km	6.615,00 €	74 km	7.770,00 €	65 km	6.825,00 €
14	11.10.2015	130 km	########	64 km	6.912,00 €	89 km	9.612,00 €	29 km	3.132,00 €	97 km	########	79 km	8.532,00 €
15	12.10.2015	108 km	########	146 km	########	66 km	9.834,00 €	105 km	########	23 km	3.427,00 €	5 km	745,00 €
16	13.10.2015	139 km	278,00 €	50 km	100,00 €	144 km	288,00 €	94 km	188,00 €	144 km	288,00 €	63 km	126,00 €
17	14.10.2015	54 km	7.020,00 €	74 km	9.620,00 €	100 km	########	122 km	########	64 km	8.320,00 €	13 km	1.690,00 €
18	15.10.2015	110 km	########	129 km	########	37 km	3.996,00 €	124 km	########	20 km	2.160,00 €	10 km	1.080,00 €
19	16.10.2015	10 km	1.390,00 €	105 km	########	109 km	########	136 km	########	69 km	9.591,00 €	8 km	1.112,00 €
20	17.10.2015	0 km	- €	49 km	2.646,00 €	126 km	6.804,00 €	103 km	5.562,00 €	66 km	3.564,00 €	26 km	1.404,00 €
21	18.10.2015	116 km	########	42 km	4.620,00 €	134 km	########	107 km	########	102 km	########	116 km	########
22	19.10.2015	138 km	1.380,00 €	123 km	1.230,00 €	111 km	1.110,00 €	95 km	950,00 €	86 km	860,00 €	9 km	90,00 €
23	20.10.2015	50 km	- €	116 km	- €	105 km	- €	15 km	- €	138 km	- €	0 km	- €
24	21.10.2015	9 km	1.044,00 €	105 km	########	10 km	1.160,00 €	138 km	########	116 km	########	30 km	3.480,00 €
25	22.10.2015	43 km	5.934,00 €	41 km	5.658,00 €	27 km	3.726,00 €	149 km	########	104 km	########	14 km	1.932,00 €
26	23.10.2015	143 km	7.150,00 €	112 km	5.600,00 €	74 km	3.700,00 €	23 km	1.150,00 €	104 km	5.200,00 €	9 km	450,00 €
27	24.10.2015	139 km	1.251,00 €	48 km	432,00 €	35 km	315,00 €	3 km	27,00 €	62 km	558,00 €	30 km	270,00 €
28	25.10.2015	20 km	860,00 €	124 km	5.332,00 €	31 km	1.333,00 €	80 km	3.440,00 €	97 km	4.171,00 €	8 km	344,00 €
29	26.10.2015	144 km	########	69 km	9.867,00 €	115 km	########	41 km	5.863,00 €	51 km	7.293,00 €	101 km	########
30	27.10.2015	111 km	########	123 km	########	10 km	1.390,00 €	77 km	########	4 km	556,00 €	39 km	5.421,00 €
31	28.10.2015	1 km	20,00 €	53 km	1.060,00 €	22 km	440,00 €	112 km	2.240,00 €	37 km	740,00 €	124 km	2.480,00 €
32	29.10.2015	61 km	8.784,00 €	147 km	########	41 km	5.904,00 €	73 km	########	60 km	8.640,00 €	63 km	9.072,00 €
33	30.10.2015	37 km	4.107,00 €	15 km	1.665,00 €	116 km	########	37 km	4.107,00 €	100 km	########	80 km	8.880,00 €
34	31.10.2015	70 km	70,00 €	82 km	82,00 €	12 km	12,00 €	70 km	70,00 €	124 km	124,00 €	3 km	3,00 €

Wenn ich diese Frage höre, gibt es eigentlich nur eine Antwort - irgendetwas stimmt mit relativ/absolut nicht. Wenn Sie die Formel anschauen, die in C4 steht:

=B4*B1

dann müssten Sie erkennen, dass Sie eigentlich B1 fixieren müssen. Am besten, indem Sie den Cursor vor den Buchstaben B, zwischen B und 1 oder hinter die Zeilennummer 1 setzen und dann [F4] drücken. So wandelt Excel den relativen Bezug in einen absoluten (festen) Bezug um und schreibt:

=B4*$B$1

Formel runterziehen - dann klappt es:

	A	B	C	D	E	F	G	H	I	J	K	L	M
						fx	=B4*$B$1						
1	Kilometer-pauschale	0,52 €											
2													
3		Anton		Berti		Conni		Det		Edi		Fritzchen	
4	01.10.2015	101 km	52,52 €	142 km	73,84 €	81 km	42,12 €	106 km	55,12 €	57 km	29,64 €	82 km	42,64 €
5	02.10.2015	15 km	7,80 €	132 km	68,64 €	42 km	21,84 €	61 km	31,72 €	147 km	76,44 €	3 km	1,56 €
6	03.10.2015	139 km	72,28 €	119 km	61,88 €	13 km	6,76 €	25 km	13,00 €	130 km	67,60 €	88 km	45,76 €
7	04.10.2015	143 km	74,36 €	81 km	42,12 €	129 km	67,08 €	23 km	11,96 €	134 km	69,68 €	120 km	62,40 €
8	05.10.2015	119 km	61,88 €	122 km	63,44 €	110 km	57,20 €	112 km	58,24 €	80 km	41,60 €	134 km	69,68 €
9	06.10.2015	110 km	57,20 €	91 km	47,32 €	114 km	59,28 €	48 km	24,96 €	16 km	8,32 €	56 km	29,12 €
10	07.10.2015	105 km	54,60 €	78 km	40,56 €	128 km	66,56 €	94 km	48,88 €	58 km	30,16 €	86 km	44,72 €
11	08.10.2015	108 km	56,16 €	17 km	8,84 €	6 km	3,12 €	24 km	12,48 €	48 km	24,96 €	136 km	70,72 €
12	09.10.2015	149 km	77,48 €	77 km	40,04 €	38 km	19,76 €	126 km	65,52 €	15 km	7,80 €	94 km	48,88 €
13	10.10.2015	2 km	1,04 €	64 km	33,28 €	54 km	28,08 €	63 km	32,76 €	74 km	38,48 €	65 km	33,80 €
14	11.10.2015	130 km	67,60 €	64 km	33,28 €	89 km	46,28 €	29 km	15,08 €	97 km	50,44 €	79 km	41,08 €
15	12.10.2015	108 km	56,16 €	146 km	75,92 €	66 km	34,32 €	105 km	54,60 €	23 km	11,96 €	5 km	2,60 €
16	13.10.2015	139 km	72,28 €	50 km	26,00 €	144 km	74,88 €	94 km	48,88 €	144 km	74,88 €	63 km	32,76 €
17	14.10.2015	54 km	28,08 €	74 km	38,48 €	100 km	52,00 €	122 km	63,44 €	64 km	33,28 €	13 km	6,76 €
18	15.10.2015	110 km	57,20 €	129 km	67,08 €	37 km	19,24 €	124 km	64,48 €	20 km	10,40 €	10 km	5,20 €
19	16.10.2015	10 km	5,20 €	105 km	54,60 €	109 km	56,68 €	136 km	70,72 €	69 km	35,88 €	8 km	4,16 €
20	17.10.2015	0 km	- €	49 km	25,48 €	126 km	65,52 €	103 km	53,56 €	66 km	34,32 €	26 km	13,52 €
21	18.10.2015	116 km	60,32 €	42 km	21,84 €	134 km	69,68 €	107 km	55,64 €	102 km	53,04 €	116 km	60,32 €
22	19.10.2015	138 km	71,76 €	123 km	63,96 €	111 km	57,72 €	95 km	49,40 €	86 km	44,72 €	9 km	4,68 €
23	20.10.2015	50 km	26,00 €	116 km	60,32 €	105 km	54,60 €	15 km	7,80 €	138 km	71,76 €	0 km	- €
24	21.10.2015	9 km	4,68 €	105 km	54,60 €	10 km	5,20 €	138 km	71,76 €	116 km	60,32 €	30 km	15,60 €
25	22.10.2015	43 km	22,36 €	41 km	21,32 €	27 km	14,04 €	149 km	77,48 €	104 km	54,08 €	14 km	7,28 €
26	23.10.2015	143 km	74,36 €	112 km	58,24 €	74 km	38,48 €	23 km	11,96 €	104 km	54,08 €	9 km	4,68 €
27	24.10.2015	139 km	72,28 €	48 km	24,96 €	35 km	18,20 €	3 km	1,56 €	62 km	32,24 €	30 km	15,60 €
28	25.10.2015	20 km	10,40 €	124 km	64,48 €	31 km	16,12 €	80 km	41,60 €	97 km	50,44 €	8 km	4,16 €
29	26.10.2015	144 km	74,88 €	69 km	35,88 €	115 km	59,80 €	41 km	21,32 €	51 km	26,52 €	101 km	52,52 €
30	27.10.2015	111 km	57,72 €	123 km	63,96 €	10 km	5,20 €	77 km	40,04 €	4 km	2,08 €	39 km	20,28 €
31	28.10.2015	1 km	0,52 €	53 km	27,56 €	22 km	11,44 €	112 km	58,24 €	37 km	19,24 €	124 km	64,48 €
32	29.10.2015	61 km	31,72 €	147 km	76,44 €	41 km	21,32 €	73 km	37,96 €	60 km	31,20 €	63 km	32,76 €
33	30.10.2015	37 km	19,24 €	15 km	7,80 €	116 km	60,32 €	37 km	19,24 €	100 km	52,00 €	80 km	41,60 €
34	31.10.2015	70 km	36,40 €	82 km	42,64 €	12 km	6,24 €	70 km	36,40 €	124 km	64,48 €	3 km	1,56 €

5.1.20. Excel rechnet falsch

Bei meinem Kollegen funktioniert es - auf meinem Rechner aber nicht!

Ein Kollege hat auf seinem Rechner eine Formel programmiert, die bei einem Geburtstagskind "happy birthday" anzeigt. Wenn ich diese Datei bei mir öffne, dann sehe ich zwar die Geburtstagskinder aber auch noch viele andere. Warum?

5.1 Excel rechnet falsch

J2 =WENN(TEXT(I2;"DD-MM")=TEXT(HEUTE();"DD-MM");"happy birthday";"")

	A	B	C	D	E	F	G	H	I	J
1	Mitgliedsnum	Geschlecht	Titel	Name	Straße	Plz	Ort	Jahresbeitrag	Geburtsdatum	Geburtstag
2	1	20		Achim Adelm	Oppelner Str.	65123	Karlsruhe	148	24.02.1948	
3	2	20		Achim Adler	Ahornstr.64	68542	Heddesheim	148	03.06.1951	
4	3	20		Achim Bauer	Vangerowstr.	68542	Heidelberg	148	11.07.1954	
5	7	20		Achim Hutter	Luitpoldstr.25	67112	Mutterstadt	148	10.01.1962	happy birthday
6	8	20		Adam Bauer	Seckenh.Hau	68239	Mannheim	148	27.02.1945	
7	9	20		Adam Allianz	Wichernstr.2(	68526	Ladenburg	148	04.11.1953	
8	10	20		Adam Senkpi	Johann Seb.E	69493	Hirschberg	148	01.02.1962	
9	11	20		Adam Franke	Hauptstr.330	68535	Edingen-Necl	148	25.01.1962	happy birthday
10	12	10		Adelheid Ber	Robert Koch	68519	Viernheim	148	24.09.1941	
11	14	10		Adelheid Bey	Fr.Ebertstr.24	69207	Sandhausen	148	17.10.1954	
12	16	20		Adolf Bilfinge	Ernststr.	68259	Mannheim	148	04.01.1937	happy birthday
13	17	20		Adolf Blust-B	Eislebener W	68309	Mannheim	148	21.05.1960	
14	19	20		Adolf Boehm	Trommstr. 5	68163	Mannheim	148	18.01.1961	happy birthday
15	20	20		Adolf Bothe	Viernheimer \	68307	Mannheim	148	19.08.1963	
16	21	10		Agnes Boveri	Lameystr.25/	68165	Mannheim	148	09.12.1954	
17	24	10		Agnes Breini	Augustaanla	68165	Mannheim	148	29.05.1956	
18	25	20		Alban Breun	Renzstr.11/1	68161	Mannheim	196	22.06.1955	
19	27	20		Albert Brod	Leopoldstr.23	80807	Muenchen	148	13.01.1934	happy birthday
20	28	20		Albert Buche	Frhr.-Von-Ste	69517	Gorxheimerta	148	08.08.1934	
21	29	20		Albert Heid	Kriegsstr. 11	76135	Karlsruhe	148	02.08.1936	

Die Formel sieht folgendermaßen aus:

=WENN(TEXT(I2;"DD-MM")=TEXT(HEUTE();"DD-MM");"happy birthday";"")

Wenn Sie genau hinschauen, fällt auf, dass das Datum in der Form DD-MM formatiert wurde, also day und month. Mit Sicherheit verwendet der Kollege eine englischsprachige Excelversion. Dort benutzt Excel DMY statt TMJ. Da diese Formatangabe als Text in Anführungszeichen in der Formel steht, wird sie nicht übersetzt (anders als beispielsweise die Formeln - aus SUM wird SUMME, aus VLOOKUP wird SVERWEIS, ... Entweder Sie korrigieren die Formel in:

=WENN(TEXT(I2;"TT-MM")=TEXT(HEUTE();"TT-MM");"happy birthday";"")

oder Sie schreiben es ohne die Funktion TEXT, die leider nicht mehrsprachig ist:

=WENN(UND(TAG(I2)=TAG(HEUTE());MONAT(I2)=MONAT(HEUTE()));"happy birthday";"")

=WENN(TEXT(I2;"TT-MM")=TEXT(HEUTE();"TT-MM");"happy birthday";"")

D	E	F	G	H	I	J	K	L	M	N	O	P	Q	R
Name	Straße	Plz	Ort	Jahresbeitrag	Geburtsdatum	Geburtstag		Geburtstag						
Achim Adelm	Oppelner Str.	65123	Karlsruhe	148	24.02.1948			=WENN(UND(TAG(I2)=TAG(HEUTE());MONAT(I2)=MONAT(HEUTE()));"happy birthday";"")						
Achim Adler	Ahornstr.64	68542	Heddesheim	148	03.06.1951									
Achim Bauer	Vangerowstr.	68542	Heidelberg	148	11.07.1954									
Achim Hutter	Luitpoldstr.25	67112	Mutterstadt	148	10.01.1962									
Adam Bauer	Seckenh.Hau	68239	Mannheim	148	27.02.1945									
Adam Allianz	Wichernstr.2(	68526	Ladenburg	148	04.11.1953									
Adam Senkpi	Johann Seb.E	69493	Hirschberg	148	01.02.1962									
Adam Franke	Hauptstr.330	68535	Edingen-Necl	148	25.01.1962									
Adelheid Ber	Robert Koch	68519	Viernheim	148	24.09.1941									
Adelheid Bey	Fr.Ebertstr.24	69207	Sandhausen	148	17.10.1954									
Adolf Bilfinge	Ernststalerstr	68259	Mannheim	148	04.01.1937									
Adolf Blust-B	Eislebener W	68309	Mannheim	148	21.05.1960									
Adolf Boehm	Trommstr. 5	68163	Mannheim	148	18.01.1961									
Adolf Bothe	Viernheimer \	68307	Mannheim	148	19.08.1963									
Agnes Boveri	Lameystr.25/	68165	Mannheim	148	09.12.1954									
Agnes Breini	Augustaanla	68165	Mannheim	148	29.05.1956									
Alban Breun	Renzstr.11/1	68161	Mannheim	196	22.06.1955									
Albert Brod	Leopoldstr.23	80807	Muenchen	148	13.01.1934	happy birthda	happy birthday							
Albert Buche	Frhr.-Von-Ste	69517	Gorxheimerta	148	08.08.1934									
Albert Heid	Kriegsstr. 11	76135	Karlsruhe	148	02.08.1936									
Albert Chwat	Goethestr 26	69514	Laudenbach	148	23.09.1936									

5.1.21. Zählenwenn rechnet nicht

Warum rechnet die Funktion ZÄHLENWENN (übrigens auch SUMMEWENN) manchmal nicht?

B53 f_x =ZAHLENWENN(A53;A5:A51)

	A	B	C	D	E
17	Irland	Belfast	32789	121	15721
18	Irland	Cork	24705	52	10026
19	Irland	Dublin	29191	246	12468
20	Irland	Limerick	15201	209	11876
21	Deutschland	Berlin	38995	1499	15012
22	Deutschland	Frankfurt	27339	1526	17406
23	Deutschland	Hamburg	17109	1071	12350
24	Deutschland	München	15094	1162	19961
25	Deutschland	Wiesbaden	40407	1515	17123
26	Frankreich	Bordeaux	21701	333	21991
27	Frankreich	Brest	28228	451	22886
28	Frankreich	La Rochelle	44002	598	16198
29	Frankreich	Paris	30752	338	23376
30	Frankreich	Reims	23372	828	21774
31	Frankreich	Rouen	37347	981	17887
32	Schweiz	Bern	33892	1948	11349
33	Schweiz	Lausanne	31003	575	18450
34	Schweiz	Zürich	26177	1939	10526
35	Österreich	Innsbruck	37197	1906	13528
36	Österreich	Salzburg	41576	1597	9049
37	Österreich	Wien	33093	1408	18318
38	Italien	Genua	33114	29	11935
39	Italien	Milano	33600	205	9237
40	Italien	Napoli	19634	161	11694
41	Italien	Parma	34577	246	17789
42	Italien	Rom	26829	185	16771
43	Italien	Torino	36781	53	12673
44	Spanien	Barcelona	48743	130	12842
45	Spanien	Granada	39393	210	21786
46	Spanien	Madrid	42026	19	14938
47	Spanien	Malaga	16116	17	18503
48	Spanien	Sevilla	32600	202	22081
49	Portugal	Porto	43082	11	20159
50	Griechenland	Athen	42239	230	23153
51	Griechenland	Kreta	30062	39	12173
52					
53	Deutschland		0		
54					

Schauen Sie die Funktion genau an. ZÄHLENWENN (und auch SUMMEWENN) verlangt als Reihenfolge zuerst WO wird etwas gesucht und anschließend WAS wird gesucht. Wenn Sie die Reihenfolge vertauschen, zählt er, wie oft der Bereich in der einen Zelle vorkommt und liefert kein Ergebnis.

5.1 Excel rechnet falsch

5.1.22. Leerzeichen finden

Hallo. Ich habe schon eine ganze Weile gesucht, bis ich herausgefunden habe, warum er die gallischen Tiere falsch zählt. Eigentlich müsste die Formel ANZAHL2 die Zahl 2 ergeben und nicht 4:

Leerzeichen finden

Die Antwort habe ich nach langem Suchen gefunden: In einigen Zellen habe ich aus Versehen ein Leerzeichen eingegeben. Klar - das sehe ich nicht; das wird als Text mitgezählt.

Aber nun meine Frage: Wenn ich die Liste filtere - warum zeigt der Autofilter nicht an, dass einige Zellen Leerzeichen enthalten?

5.1 Excel rechnet falsch

Die Antwort: Ja - Sie haben recht - der Autofilter übergeht zum Glück (oder leider?) die Leerzeichen. Der Vorteil: "Asterix" und "Asterix " (mit einem Leerzeichen am Ende) werden vom Filter als gleicher Text behandelt. Der Nachteil: Der Filter hilft nicht diese Leerzeichen, die an anderen Stellen Probleme verursachen, aufzufinden.

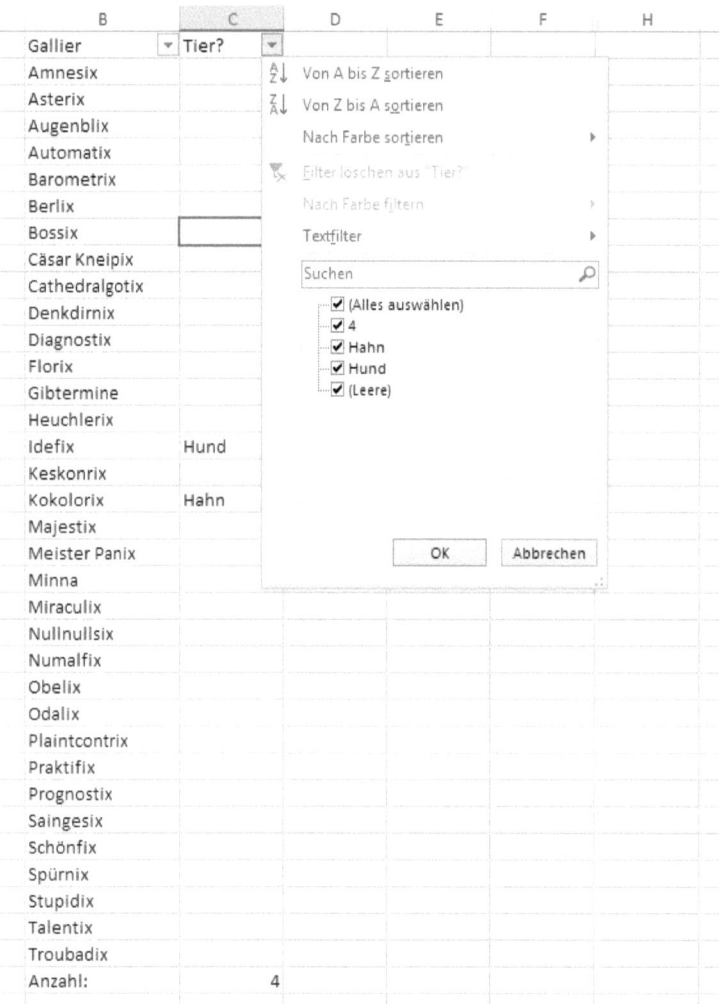

Man kann die Texte mit Suchen ([Strg]+[F]) auffinden. Oder mit Funktionen:
=LÄNGE(C2)
=WENN(LINKS(C2;1)=" ";"x";"")

Oder mit [Strg]+[↓] können Sie den Cursor nach unten versetzen; er springt nun zur ersten Zelle, in der etwas steht; stoppt also auch bei den Zellen, die mit einem Leerzeichen gefüllt sind.

5.1.23. Texte zerschneiden

Ich habe in der letzten Excelschulung gelernt, dass man mit Textfunktionen Texte "manipulieren" kann. Das wollte ich ausprobieren.

Ich habe eine Liste mit Vor- und Zunamen. Die Vornamen löse ich mit:

=LINKS(A2;FINDEN(" ";A2)-1)

heraus. Klappt prima. Bei den Nachnamen bei der Formel

=RECHTS(A2;FINDEN(" ";A2)-1)

macht er aber bei einigen Namen Blödsinn. Warum?

	A	B	C
1	Vor- und Zuname	Vorname	Zuname
2	Achim Adelmann	Achim	lmann
3	Achim Adler	Achim	Adler
4	Achim Bauerr	Achim	auerr
5	Achim Hutten	Achim	utten
6	Adam Bauer	Adam	auer
7	Adam Allianz	Adam	ianz
8	Adam Senkpiel-Bechererer	Adam	erer
9	Adam Franken	Adam	nken
10	Adelheid Bergdolt	Adelheid	Bergdolt
11	Adelheid Beythan	Adelheid	Beythan
12	Adolf Bilfinger	Adolf	inger
13	Adolf Blust-Barber	Adolf	arber
14	Adolf Boehmer	Adolf	ehmer
15	Adolf Bothe	Adolf	Bothe
16	Agnes Boveri	Agnes	overi
17	Agnes Breinig	Agnes	einig
18	Alban Breun	Alban	Breun
19	Albert Brod	Albert	t Brod
20	Albert Buchert	Albert	uchert
21	Albert Heid	Albert	t Heid

Das Problem: Die Funktion FINDEN (oder auch SUCHEN) findet einen Text innerhalb eines anderen VON LINKS. Das bedeutet: Sie schneiden aus dem Text VON RECHTS so viele Buchstaben heraus wie der Vorname lang ist. Das kann zufälligerweise funktionieren, normalerweise aber nicht. Sie lösen das Problem entweder mit der Gesamtanzahl der Buchstaben LÄNGE:

5.1 Excel rechnet falsch

=RECHTS(A2;LÄNGE(A2)-FINDEN(" ";A2))

oder mit der Funktion TEIL, die ab einem bestimmten Zeichen herausschneidet:

=TEIL(A2;FINDEN(" ";A2)+1;999)

(zugegeben: die Zahl 999 ist "geschummelt" - Sie schneiden nach dem Leerzeichen 999 (oder eine noch höhere Anzahl Buchstaben heraus) - aber es funktioniert)

Oder Sie löschen die ersten Buchstaben weg:

=ERSETZEN(A2;1;FINDEN(" ";A2);"")

All das funktioniert.

	A	B	C	D	E	F	G
1	Vor- und Zuname	Vorname	Zuname				
2	Achim Adelmann	Achim	lmann	Adelmann	Adelmann	Adelmann	
3	Achim Adler	Achim	Adler	Adler	Adler	Adler	
4	Achim Bauerr	Achim	auerr	Bauerr	Bauerr	Bauerr	
5	Achim Hutten	Achim	utten	Hutten	Hutten	Hutten	
6	Adam Bauer	Adam	auer	Bauer	Bauer	Bauer	
7	Adam Allianz	Adam	ianz	Allianz	Allianz	Allianz	
8	Adam Senkpiel-Bechererer	Adam	erer	Senkpiel-Becl	Senkpiel-Becl	Senkpiel-Bechererer	
9	Adam Franken	Adam	nken	Franken	Franken	Franken	
10	Adelheid Bergdolt	Adelheid	Bergdolt	Bergdolt	Bergdolt	Bergdolt	
11	Adelheid Beythan	Adelheid	Beythan	Beythan	Beythan	Beythan	
12	Adolf Bilfinger	Adolf	inger	Bilfinger	Bilfinger	Bilfinger	
13	Adolf Blust-Barber	Adolf	arber	Blust-Barber	Blust-Barber	Blust-Barber	

5.1.24. Tempus fugit: Ihr Video2Brain-Training: Excel 2013: Tipps, Tricks Troubleshooting - Frage zur Zeitberechnung

Sehr geehrter Herr Dr. Martin,

ich habe Ihr o. g. Training sehr interessiert durchgearbeitet (fast alles) und finde es auch äußerst hilfreich.

Nun habe ich folgendes Problem bei Ihrem Punkt Excel-Rechnen mit Uhrzeiten.

Ich habe eine Tabelle, in die Studierende Ihre Arbeitsstunden dokumentieren müssen. Wenn ich alles genau so formatiere wie Sie es in Ihrem Film gezeigt haben, sind die noch nicht ausgefüllten Zellen bei 24:00 Stunden. Eine Summenberechnung führt zu sehr hohen Stundenwerten. Eigentlich müsste ja 0:00 drin stehen, doch tut es bei der Berechnung mit 1-C3+B2 (Beispiel) nicht.

Bei einer Tabelle wie der Ihren im Film ist das kein Problem, da sie vollständig ausgefüllt ist. Bei meiner nicht ausgefüllten Tabelle ist es leider ein Problem. Vielleicht könnten Sie mir hier helfen. Wahrscheinlich gibt es auch da einen kleinen Trick mit großer Wirkung.

Tempus fugit: Ihr Video2Brain-Training: Excel 2013: Tipps, Tricks Troubleshooting - Frage zur Zeitberechnung

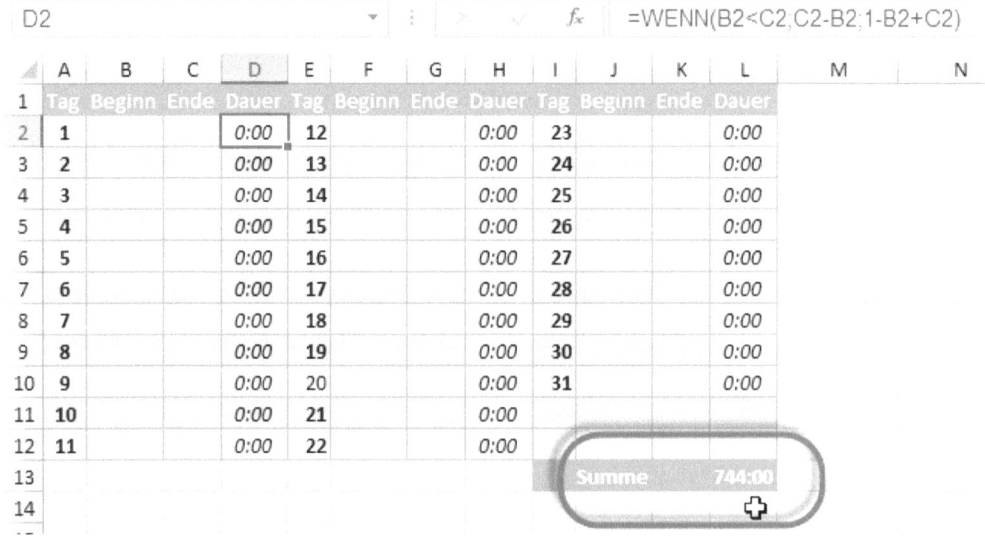

Sehr geehrte Frau P.,

habe ich das SO in meinem Video gezeigt? Dann ist mir ein Fehlerchen unterlaufen. Asche auf mein Haupt! Peinlich!

In der Zelle D2 stand die Formel:

=WENN(B2<C2;C2-B2;1-B2+C2)

Wenn B2 und C2 leer sind, dann ist B2 nicht kleiner als C2 – also wird gerechnet: 1 (Tag) – keine Uhrzeit – keine Uhrzeit → also: 1 Tag.

Die Formel müsste korrekt lauten:

=WENN(B2<=C2;C2-B2;1-B2+C2)

dann klappt es.

schöne Grüße

Rene Martin

5.2 Fehlermeldungen

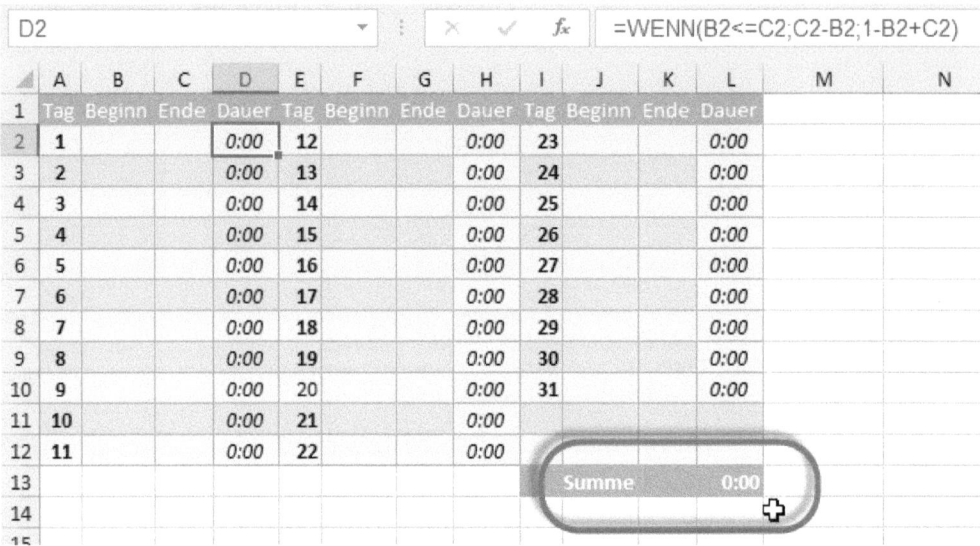

5.2. Fehlermeldungen

5.2.1. Summe klappt nicht

Man muss schon zwei Mal hinschauen, um den Fehler zu erkennen.

Keine Formel in Excel, keine Berechnung erlaubt ein Leerzeichen. Und hier wurde zwischen der Summe und der Klammer ein Leerzeichen eingegeben. Excel quittiert das mit einer Fehlermeldung.

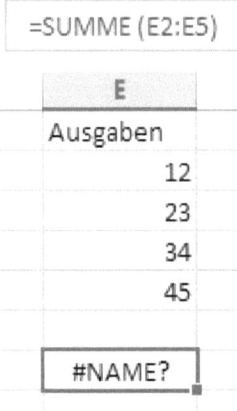

5.2.2. Sie haben zu viele Argumente für diese Funktion eingegeben

Nun, diese Fehlermeldung taucht auf, wenn Sie eine Formel per Hand schreiben. Tipp: Versuchen Sie nicht die gesamte, komplexe Funktion auf einmal zu erstellen, sondern Schritt für Schritt. Und verwenden Sie den Funktionsassistenten am Anfang, damit solche Fehler nicht unterlaufen. Dann sie sind schwierig zu lokalisieren.

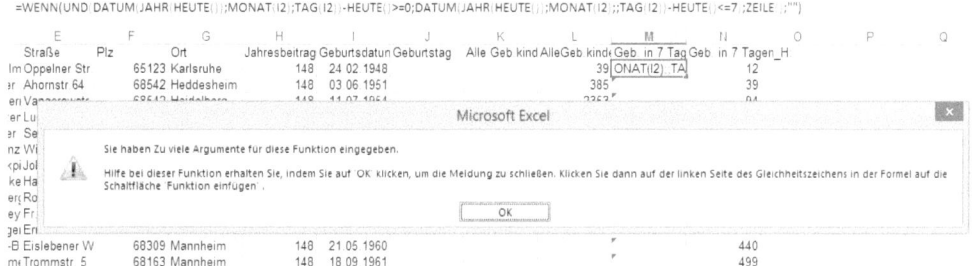

5.2.3. In Ihrer Formel fehlt eine Klammer

Nun, diese Fehlermeldung taucht auf, wenn Sie eine Formel per Hand schreiben. Tipp: Versuchen Sie nicht die gesamte, komplexe Funktion auf einmal zu erstellen, sondern Schritt für Schritt. Und verwenden Sie den Funktionsassistenten am Anfang, damit solche Fehler nicht unterlaufen. Dann sie sind schwierig zu lokalisieren.

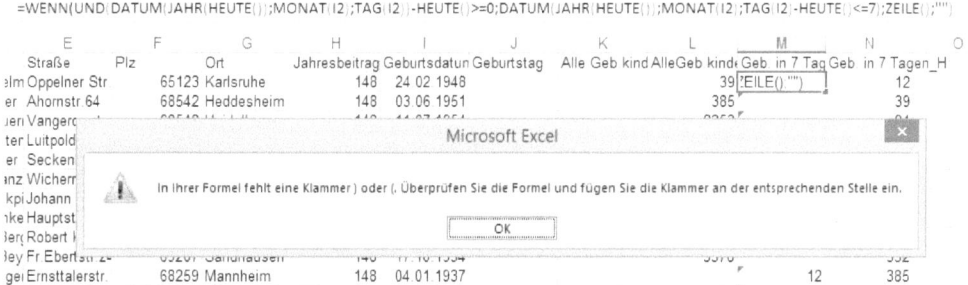

5.2.4. SUMME rechnet nicht

Kann ich mit der Summe nicht mehrere getrennte Bereiche addieren?

Doch. Aber die Bereiche werden nicht mit einem Leerzeichen, sondern mit einem Semikolon (;) getrennt.

Also - nicht so:

=SUMME(G5:G18 G30:G42 G56:G71 G80:G93)

sondern so:

5.2 Fehlermeldungen

=SUMME(G5:G18;G30:G42;G56:G71;G80:G93)

Übrigens: das Leerzeichen hat auch eine Funktion - es bedeutet: Schnittmenge. Man könnte berechnen:

=SUMME(C5:H21 G5:G26)

Damit würde die Summe über die Zelle G1:G21 gezogen werden.

Meine Empfehlung - tun Sie das nicht - das versteht kein Mensch, was Sie da tun! Und: wenn die Schnittmenge leer ist, quittiert Excel dies mit der Fehlermeldung #NULL!

fx =SUMME(G5:G18 G30:G42 G56:G71 G80:G93)

Vorname	Qual.	WB	Std.	Vbe	40
Angela	J	1	40	1,000	
Annelies	J	1	40	1,000	
Elke	N	1	35	0,875	
Iris	N	1	35	0,875	
Katja	N	1	35	0,875	
Katrin	N	1	35	0,875	
Patrick	N	1	35	0,875	
Raphaela	N	1	35	0,875	
Silke	J	1	40	1,000	
Sylvia	J	1	40	1,000	
Ulla	N	1	35	0,875	
Ulrike	J	1	40	1,000	
Ursula	J	1	35	0,875	
Veronika	N	1	35	0,875	
Personen				12,875	

Bereich	Mit Qualifikation		Ohne Qualifikation		Gesamt	
	Personen	Vbe	Personen	Vbe	Personen	Vbe
B 1	6	5,875	8		14	
B 2	6	5,625	7		13	
B 3	7	6,875	10		17	
B 4	8	6,375	7		15	
B 5	8	7,5	7		15	
Übergr.	4	3,75	1		5	
Verw.	4	3,75	1		5	
Aushilfen	1	1	1		2	
	44		42		86	

Zur Beachtung: Wenn eine Mitarbeiterin wegen Schwangerschaft oder Erziehungsjahres vorübergehend ausfällt, müssen in der Spalte **Qual.** das "J" bzw. das "N" und in der Spalte **Std.** die Stundenzahl entfernt werden.
Bei Wiederaufnahme der Tätigkeit sind die Daten neu einzugeben.

Entsprechend der qualifizierten Mitarbeiter (J in Spalte D) der linken Bereichsliste sollen die Summen der Vbe (Spalte G) aller Mitarbeiter des jeweiligen Bereiches in Spalte "M", und die der unqualifizierten Mitarbeiter (N in Spalte D) in Spalte "O" erfaßt werden.

 #NULL!

Vorname	Qual.	WB	Std.	Vbe	40
Bärbel	N	2	35	0,875	
Bianka	J	2	35	0,875	
Gisela	N	2	35	0,875	
Gudrun	J	2	40	1,000	
Jana	J	2	35	0,875	
Karin	J	2	35	0,875	
Katrin	N	2	30	0,750	
Katrin	J	2	40	1,000	
Maecel	J	2	40	1,000	
Susann	N	2	35	0,875	
Sylvia	N	2	35	0,875	
Ursel	N	2	35	0,875	
Verona	N	2	35	0,875	

SUMME rechnet nicht

`fx   =SUMME(G5:G18;G30:G42;G56:G71;G80:G93)`

Vorname	Qual.	WB	Std.	Vbe	40
Angela	J	1	40	1.000	
Annelies	J	1	40	1.000	
Elke	N	1	35	0.875	
Iris	N	1	35	0.875	
Katja	N	1	35	0.875	
Katrin	N	1	35	0.875	
Patrick	N	1	35	0.875	
Raphaela	N	1	35	0.875	
Silke	J	1	40	1.000	
Sylma	J	1	40	1.000	
Ulla	N	1	35	0.875	
Ulrike	J	1	40	1.000	
Ursula	J	1	35	0.875	
Veronika	N	1	35	0.875	
Personen				12,875	

Bereich	Mit Qualifikation		Ohne Qualifikation		Gesamt	
	Personen	Vbe	Personen	Vbe	Personen	Vbe
B 1	6	5.875	8		14	
B 2	6	5.625	7		13	
B 3	7	6.875	10		17	
B 4	8	6.375	7		15	
B 5	8	7.5	7		15	
Übergr.	4	3.75	1		5	
Verw.	4	3.75	1		5	
Aushilfen	1	1	1		2	
	44		42		86	

Zur Beachtung: Wenn eine Mitarbeiterin wegen Schwangerschaft oder Erziehungsjahres vorübergehend ausfällt, müssen in der Spalte **Qual.** das "J" bzw. das "N" und in der Spalte **Std.** die Stundenzahl entfernt werden
Bei Wiederaufnahme der Tätigkeit sind die Daten neu einzugeben.

Entsprechend der qualifizierten Mitarbeiter (J in Spalte D) der linken Bereichsliste sollen die Summen der Vbe (Spalte G) aller Mitarbeiter des jeweiligen Bereiches in Spalte "M" und die der unqualifizierten Mitarbeiter (N in Spalte D) in Spalte "O" erfaßt werden

Vorname	Qual.	WB	Std.	Vbe	40
Bärbel	N	2	35	0.875	
Bianka	J	2	35	0.875	
Gisela	N	2	35	0.875	
Gudrun	J	2	40	1.000	
Jana	J	2	35	0.875	
Karin	J	2	35	0.875	
Katrin	N	2	30	0.750	
Katrin	J	2	40	1.000	
Maecel	J	2	40	1.000	
Susann	N	2	35	0.875	
Sylma	N	2	35	0.875	
Ursel	N	2	35	0.875	
Verona	N	2	35	0.875	

52.250

5.2 Fehlermeldungen

1 Vbe =	40,0	Stdn. wöchentlich			Blatt 1
Vorname	Qual.	WB	Std.	Vbe	40
Angela	J	1	40	1,000	
Annelies	J	1	40	1,000	
Elke	N	1	35	0,875	
Iris	N	1	35	0,875	
Katja	N	1	35	0,875	
Katrin	N	1	35	0,875	
Patrick	N	1	35	0,875	
Raphaela	N	1	35	0,875	
Silke	J	1	40	1,000	
Sylvia	J	1	40	1,000	
Ulla	N	1	35	0,875	
Ulrike	J	1	40	1,000	
Ursula	J	1	35	0,875	
Veronika	N	1	35	0,875	
Personen				12,875	

Zusammenfassung (Personen und Vb		
Bereich	Mit Qualifikation	
	Personen	Vbe
B 1	6	5,875
B 2	6	5,625
B 3	7	6,875
B 4	8	6,375
B 5	8	7,5
Übergr.	4	3,75
Verw.	4	3,75
Aushilfen	1	1
	44	

Zur Beachtung: Wenn eine Mitarbeiterin we
vorübergehend ausfällt, m(
und in der Spalte **Std.** die
Bei Wiederaufnahme der T

Entsprechend der qualifizierten Mitarbeite
die Summen der Vbe (Spalte G) aller Mi
und die der unqualifizierten Mitarbeiter (N

=SUMME(C5 H21 G5 G26)

Vorname	Qual.	WB	Std.	Vbe	40
Bärbel	N	2	35	0,875	

1 Vbe =	40,0	Stdn. wöchentlich			Blatt 1
Vorname	Qual.	WB	Std.	Vbe	40
Angela	J	1	40	1,000	
Annelies	J	1	40	1,000	
Elke	N	1	35	0,875	
Iris	N	1	35	0,875	
Katja	N	1	35	0,875	
Katrin	N	1	35	0,875	
Patrick	N	1	35	0,875	
Raphaela	N	1	35	0,875	
Silke	J	1	40	1,000	
Sylvia	J	1	40	1,000	
Ulla	N	1	35	0,875	
Ulrike	J	1	40	1,000	
Ursula	J	1	35	0,875	
Veronika	N	1	35	0,875	
Personen				12,875	

Zusammenfassung (Per	
Bereich	Mit Qualifik
	Personen
B 1	6
B 2	6
B 3	7
B 4	8
B 5	8
Übergr.	4
Verw.	4
Aushilfen	1
	44

Zur Beachtung: Wenn eine
vorübergeh
und in der
Bei Wieder

Entsprechend der qualifizi
die Summen der Vbe (Sp
und die der unqualifizierter

12,875

Vorname	Qual.	WB	Std.	Vbe	40
Bärbel	N	2	35	0,875	

5.2.5. Excel multipliziert nicht

Warum klappt die Multiplikation nicht?

Auf manchen Tastaturen sieht das Multiplikationszeichen über dem Zahlenblock auch wie der Buchstabe "x". Sie dürfen eine Formel jedoch nicht in der Form

=F8xE8

eingeben, weil Excel das "x" als Buchstaben interpretiert.

Richtig:

=F8*E8

Übrigens: Auch die Division wird mit dem Schrägstrich "/" durchgeführt und nicht mit einem Doppelpunkt, wie wir es in der Schule gelernt haben.

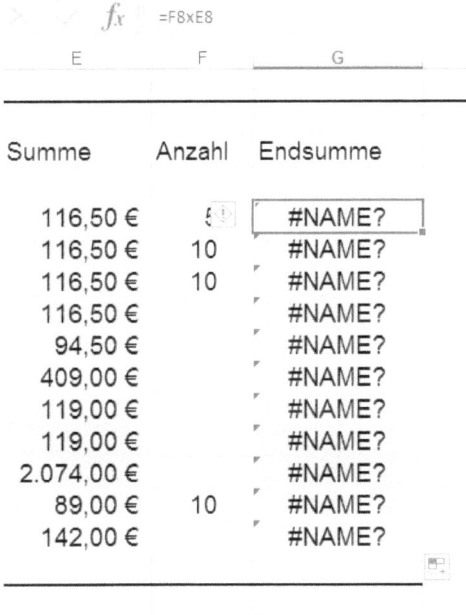

5.2.6. #DIV/0

Was bedeutet #DIV/0?

Entweder haben Sie durch eine Zelle geteilt, in der sich kein Wert befindet oder in der der Wert Null steht. Die Division durch 0 ist nicht erlaubt - in Excel nicht und in der Mathematik auch nicht.

5.2 Fehlermeldungen

Nicht nur bei der Division taucht dieser Fehler auf, auch bei einigen anderen Funktionen, beispielsweise MITTELWERT. Befinden sich noch keine Werte im Eingabeformular, dann rechnet MITTELWERT = SUMME (0) / ANZAHL (0) und liefert 0 / 0 = #DIV/0. Man kann dies mit der Funktion WENNFEHLER abfangen. Bis Excel 2003 musste man die Funktion WENN(ISTFEHLER(... hierfür verwenden.

5.2.7. Warum funktioniert ODER nicht in Wenn-Funktionen?

Die Funktion

=WENN((G2>180)ODER(I2="Platinum");G2+20;G2+10)

Kompatibilitätsprüfung

wird mit einer Fehlermeldung quittiert. Alle Kunden, die entweder Platinum-Mitglieder sind oder jetzt schon mehr als 180 Euro bezahlen, sollen demnächst 20 Euro mehr Jahresbeitrag bezahlen - die übrigen erhalten eine Erhöhung von 10 Euro.

Die Antwort: UND und ODER sind in Excel keine Verknüpfungsoperatoren (wie beispielsweise in Programmiersprachen), sondern Funktionen. Und Funktionen müssen immer VOR den Argumenten geschrieben werden, also so:

=WENN(ODER(G2>180;I2="Platinum");G2+20;G2+10)

beziehungsweise:

=WENN(UND(G2>180;I2="Platinum");G2+20;G2+10)

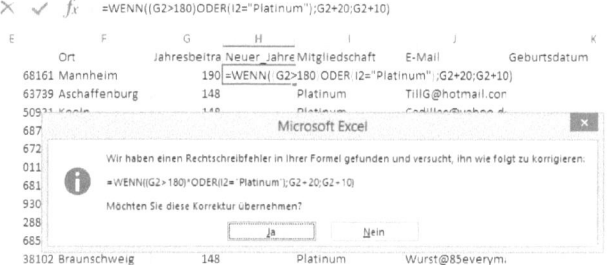

5.2.8. Kompatibilitätsprüfung

Warum erhalte ich eine Meldung nach der Kompatibilitätsprüfung?

Wenn eine Datei im Format *.xls (also in Excel 2003) erstellt wurde und Sie diese Datei im gleichen Format speichern möchten, müssen Sie ein paar Dinge beachten:

5.2 Fehlermeldungen

Excel unterstützt im Format *.xls nicht alle Funktionalitäten, die in *.xlsx vorhanden sind. Dazu gehören:

- Farben
- Tabellenformatvorlagen
- Bedingte Formatierungen
- Formeln mit einer bestimmten Länge
- Formeln mit einer bestimmten Tiefe
- Bestimmte Formeln (SUMMEWENNS, ZÄHLENWENNS, WENNFEHLER, ...)
- Maximal Anzahl der Spalten und Zeilen (65.536 Zeilen x 255 Spalten)
- Pivottabellen

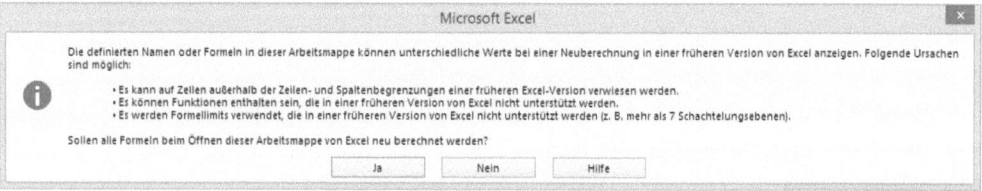

Mein Tipp: Werfen Sie einen Blick in die Liste der Dinge, die verloren gehen würden. Vor allen Formeln werden unwiderruflich gelöscht!

Würden Sie diese Datei in Excel 2003 öffnen, wäre die Formel weg!

#BEZUG!

5.2.9. #BEZUG!

Warum erhalte ich manchmal den Fehler #BEZUG! ?

Das kann verschiedenen Ursachen haben:

1. Entweder Sie kopieren eine Formel an eine Stelle wo sie nicht mehr "richtig rechnen kann". Beispielsweise findet die Summe keine drei Zellen oberhalb und kann deshalb nicht drei Werte summieren:

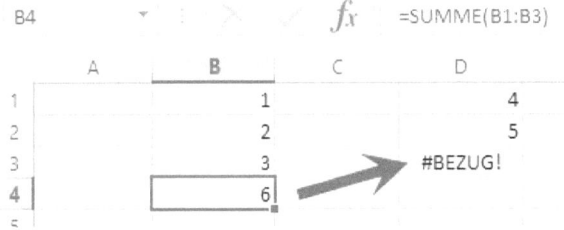

2. Eine Formel greift auf eine Zelle zu (beispielsweise auf Zelle C1). Wird nun die Spalte C gelöscht, dann "findet" die Formel keinen Wert mehr und meldet #BEZUG!

5.2 Fehlermeldungen

B	C	D	E	F	G	H
1	2	2			1	#BEZUG!
2	4	8			2	#BEZUG!
3	6	18			3	#BEZUG!
4	8	32			4	#BEZUG!
5	10	50			5	#BEZUG!
6	12	72			6	#BEZUG!
7	14	98			7	#BEZUG!

Formel: =B1*C1

Das heißt: #BEZUG! wird immer dann angezeigt, wenn man eine Formel so kopiert oder verschiebt, dass sie nun nicht mehr rechnen kann. Oder eine Spalte so löscht oder einfügt, dass eine Formel nicht mehr "erkennen" kann, wo der Wert liegt, mit dem sie ursprünglich gerechnet hat.

5.2.10. Excel rechnet nicht

Excel rechnet nicht. Warum?

D5: =D1*D3

	A	B	C	D	E
1				2.000,00 €	
2					
3				19%	
4					
5				- €	
6					

Ein Blick in die Statuszeile hätte genügt: Dort steht, dass in D3 ein Zirkelbezug steht. Und wenn man sich die Formel genauer anschaut, wird klar, dass D3 auf D5 zugreift, D5 jedoch wiederum auf D3. Das darf nicht sein!

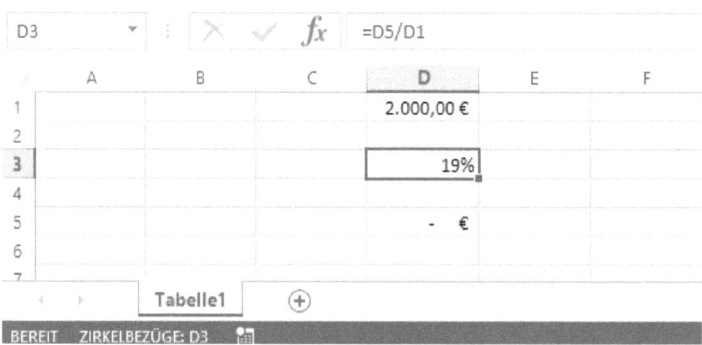

D3: =D5/D1

	A	B	C	D	E	F
1				2.000,00 €		
2						
3				19%		
4						
5				- €		
6						
7						

BEREIT   ZIRKELBEZÜGE: D3

Meine Empfehlung: Zirkelbezüge sind schwierig zu finden. Wenn Sie einen Zirkelbezug haben, erhalten Sie immer eine Fehlermeldung. Unterbrechen Sie die weitere Arbeit und machen sich auf die Suche nach der Quelle. Denn sonst resultieren weitere Fehler aus dem Zirkelbezug.

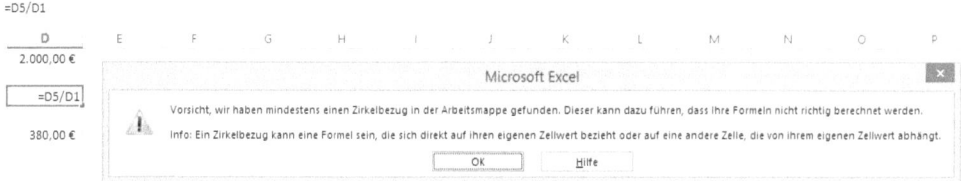

5.2.11. #BEZUG!

Ich weiß nicht mehr, was ich gemacht habe. Ich sollte in einer Tabelle einer Kollegin die Formel für den Unterstützungsbeitrag unserer Firma anpassen. Irgendwann entdecke ich jedoch in einer Zelle die Fehlermeldung #BEZUG! Kann ich den Fehler lokalisieren? Oder die Formel wieder auf eine korrekte Form bringen?

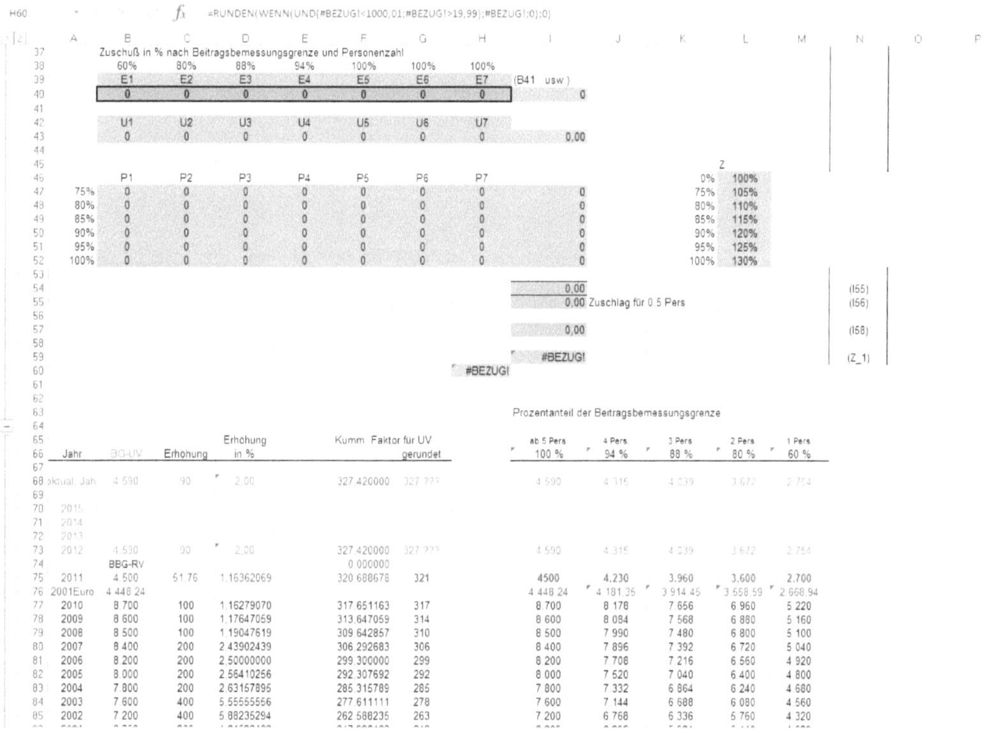

5.2 Fehlermeldungen

Die Antwort: Leider nein! Wahrscheinlich haben Sie irgendwo etwas gelöscht (beispielsweise eine Zeile), die an anderer Stelle noch verwendet wurde. Menschen rechnen oft kreuz und quer in Excel; schreiben irgendwelche Konstanten in irgendwelche Zellen. Fremde Tabellenblätter zu analysieren ist schwierig und mühsam:

Tipp 1: Speichern Sie die Originaldatei unter einem anderen Namen ab.

Tipp 2: Bevor Sie etwas löschen, von dem Sie denken, dass es nicht mehr benötigt wird - überprüfen Sie mit der Spur zum Nachfolger, ob irgendwo eine andere Formel mit dieser weiter rechnet.

5.2.12. SVERWEIS rechnet nicht

Seit einer Weile arbeite ich mit dem SVERWEIS. Ich habe ihn schon recht gut verstanden. Aber manchmal rechnet er nicht richtig. Warum?

Dazu muss man sich die Formel genau ansehen:

=SVERWEIS(K2;$A$1:$A$32;3;FALSCH)

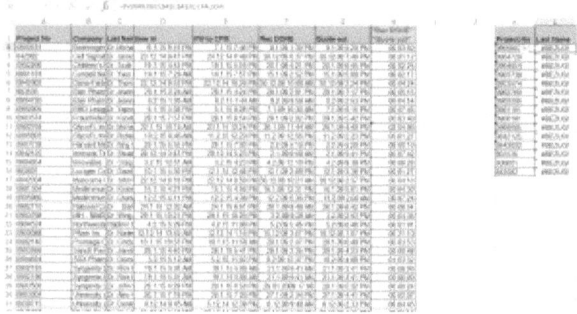

Sie suchen den Wert, der in der Zelle K2 steht in der Spalte A - genauer in den Zellen A1 bis A32. Soweit so gut. Sie möchten den Wert der dritten Spalte (3), also den Last Name wissen. Sie müssen den Bereich ändern: Es ist richtig - Sie suchen zwar in A1:A32, aber in der Spalte A steht nicht der Wert den Sie haben möchten. Sie müssen in der Matrix (in der Informationstabelle, in der die Daten gesucht werden), auch den Bereich einschließen, in dem sich die Daten befinden, also Spalte C. Sie können dabei gerne übers Ziel schießen, beispielsweise:

=SVERWEIS(K2;$A$1:$H$32;3;FALSCH)

Dann funktioniert es.

5.2.13. Formel rechnet nicht

Ich habe eine Datei erhalten, die angeblich bei meinem Kollegen richtig rechnet. Bei mir sehe ich jedoch nur Fehler. Was habe ich falsch gemacht?

Sie haben alles richtig gemacht. Ein genauer Blick auf die Formeln zeigt, dass auf einem anderen Rechner mit der Funktion Ostersonntag gerechnet wurde. Diese Funktion gibt es nicht in Excel. Wenn Ihr Kollege sagt, dass diese Formel bei ihm funktioniert, kann es zwei Gründe haben:

1. Entweder er hat ein Add-In programmiert (oder programmieren lassen) oder zumindest installiert, das diese Formel (Ostersonntag) zur Verfügung stellt. Zwar rechnet die Formel korrekt auf seinem Rechner, aber wird nun die Datei weitergegeben, rechnet die Funktion nicht mehr richtig auf einem anderen Rechner.

2. Er hat in einem anderen Programm gearbeitet, beispielsweise in openOffice.org oder in libreOffice. Dort existiert diese Funktion (einige der wenigen Funktionen die es in ooo oder libreOffice, aber nicht in Excel gibt). Die Datei kann als *.XLS gespeichert und weitergegeben werden. Beim Öffnen - Fehlermeldung!

Die Lösung: Sie müssen entweder das Add-In installieren oder die Formel auf Ihrem Rechner nachprogrammieren.

5.2.14. #ZAHL!

Manchmal - wenn auch recht selten - erhalte ich die Fehlermeldung #ZAHL! Wann passiert denn das?

Vor allem bei mathematischen Funktionen kann dieser Fehler auftreten. Es gibt einige Funktionen, die lassen nur einen bestimmten Wertebereich zu - sonst können sie nicht

5.2 Fehlermeldungen

rechnen, weil sie im reellen nicht definiert sind. Beispielsweise verlangt Wurzel, Logarithmus und Fakultät eine positive Zahl, Arcsin und Arccos sind für Zahlen im Bereich [-1;+1] definiert. GGT und KGV sind nur für positive, ganze Zahlen definiert.

Erhalten sie negative Werte (beispielsweise WURZEL(-1) so ist #ZAHL! das Ergebnis.

Ebenso wachsen einige Funktionen sehr schnell. Mit FAKULTÄT(171) sprengt die Grenzen von Excel - Fakultät(170) ergibt 7,2574 x 10^{306}. Mehr geht nicht. Auch mit der Funktion Potenz kommt man an die Grenzen von Excel.

5.2.15. Seltsame Funktion

Eine Kollegin von mir hat einen tollen Kalender erstellt. Wenn ich ihn mir jedoch genauer ansehe, dann finde ich dort seltsame Funktionen (_xlfn.ISOWEEKNUM). Sie sind nicht in einem Add-In vorhanden, hat mir die Kollegin gesagt. Ich finde die Funktionen auch nicht im Funktionsassistenten. Was passiert denn hier?

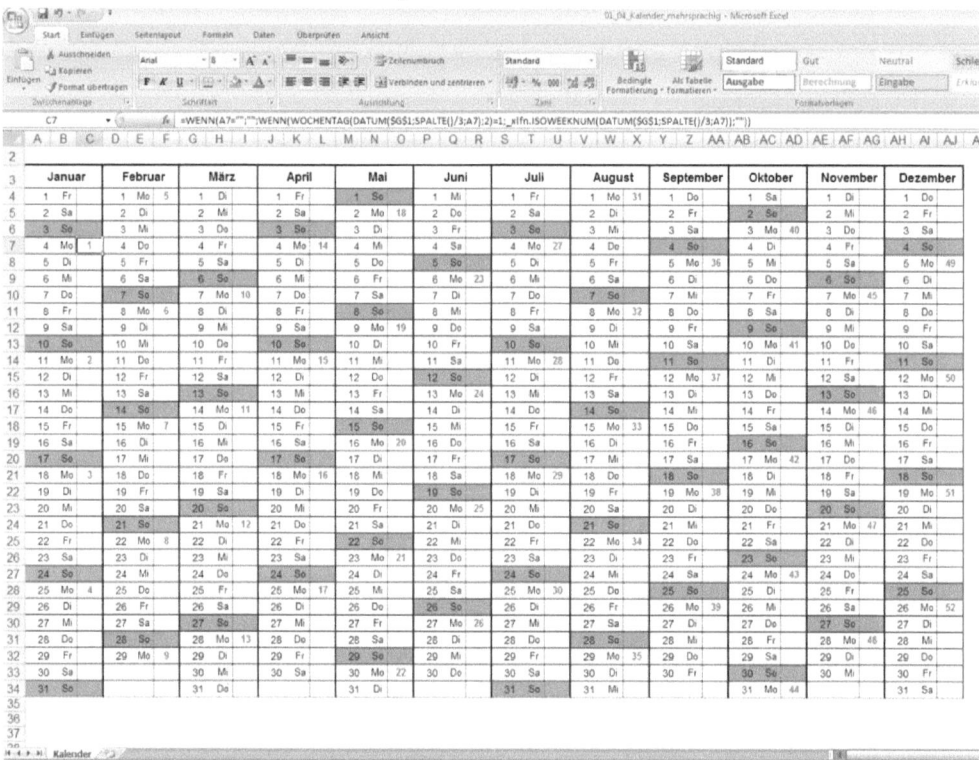

Die Antwort: Mit jeder Excel-Version kommen einige, wenige, neue Funktionen hinzu. Da Excel seit der Version 2007 das (fast) identische Dateiformat XLSX unterstützt, haben

Sie ein kleines Problemchen. In Excel 2013 wurde beispielsweise die Funktion ISOKALENDERWOCHE eingeführt. Diese Funktion gab es in Excel 2007 und 2010 noch nicht. Wenn nun das entsprechende Servicepack auf Ihrem Rechner installiert ist oder wenn Excel 2013 installiert ist, kann diese neue Funktion verwendet werden, obwohl sie eigentlich gar nicht auf Ihrem Rechner installiert wird. Leider wird nicht der Name ISO-KALENDERWOCHE angezeigt, sondern: _xlfn.ISOWEEKNUM.

5.2.16. TE - und ich erhalte kein Teilergebnis

Hallo zusammen,

Wenn ich eine Formel (per Tastatur) eingeben will, z. B. =Teilergebnis(...), dann zeigt mir Excel nach zwei Buchstaben auch schon die richtige Formel in einem Feld an, die ich dann mit den Cursor-Tasten auswählen kann. Wie kann ich diese Auswahl dann aber übernehmen (ohne Maus wohlgemerkt). Wenn ich nach =Te die ENTER drücke, weil dich die richtige Formel ausgewählt habe, speichert Excel nur eben =Te und erkennt es als Namen, den es natürlich nicht gibt, Ausgabe in Zelle : #Name? wie kann man denn per Tastatur die richtige Formel auswählen und bestätigen?

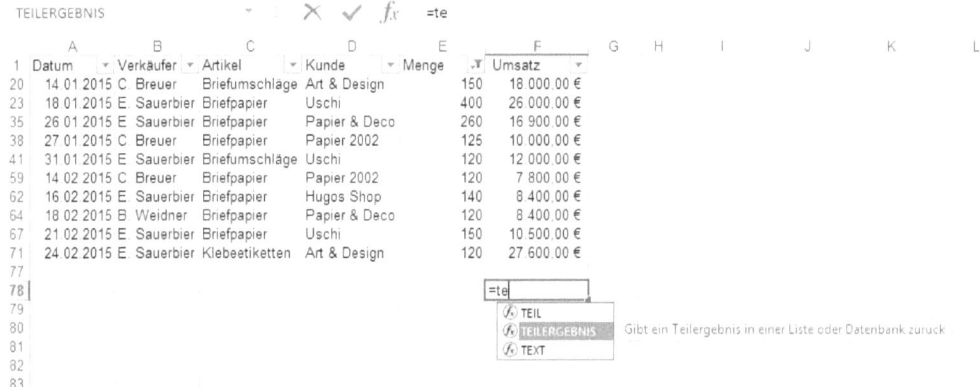

Die Antwort: Drücken Sie nicht die [Enter]-Taste, sondern die Tabulatortaste. Dann übernimmt Excel diese Funktion. Von Andreas Theos stammt noch der Tipp: "...und nach dem TAB noch STRG + A für den Formeldialog ;-)" - danke!

5.2.17. Wir haben ein Problem bei dieser Formel festgestellt.

Das ist schön, dass Excel ein Problem bei dieser Formel feststellt - aber das hilft mir leider nicht weiter. Haben Sie eine Erklärung?

5.2 Fehlermeldungen

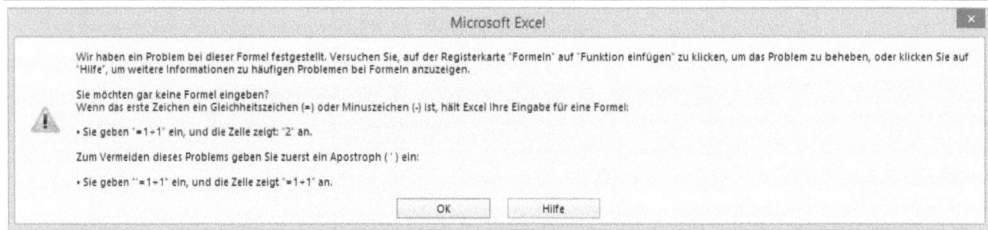

Hierfür kann es sicherlich mehrere Ursachen geben. Dummer Tipp: Versuchen Sie es noch einmal! Vielleicht haben Sie einfach [Enter] gedrückt oder mit der Maus auf [OK] geklickt ohne etwas einzugeben, beziehungsweise zu markieren:

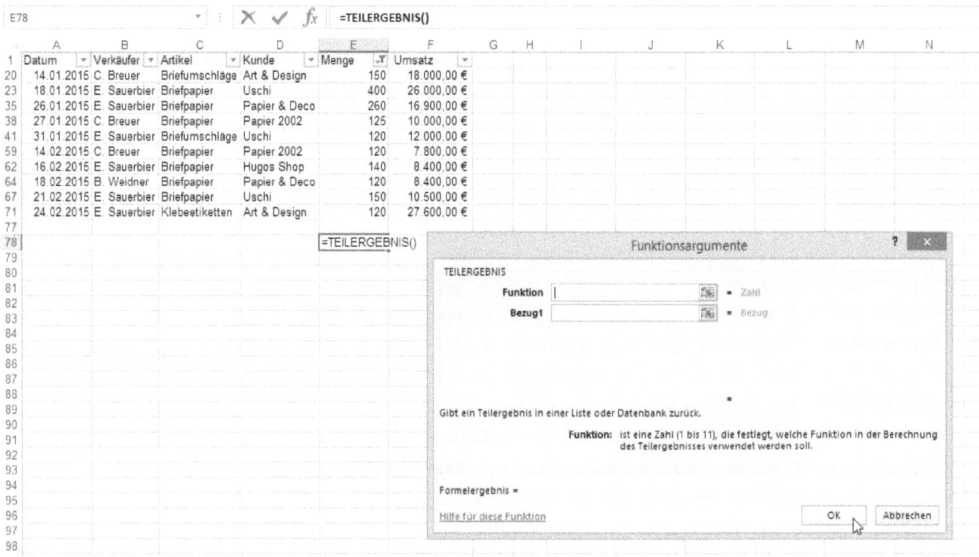

5.2.18. Kann INDIREKT keine Tabellen?

Hallo. Ich habe eine Frage. Ich weiß, dass Excel nicht alles kann. Aber fragen kann man ja mal.

Ich habe für meinen Chef eine Liste in Excel erstellt. Habe über Erstellen / Tabelle eine Tabelle daraus gemacht. So weit, so gut.

Ich klicke in eine andere Zelle nebenan und erzeuge eine Summe:

Die Formel lautet:

=SUMME(Tabelle1[April])

Über ein Dropdownfeld kann man die Monate auswählen:

> Geld ist nichts. Aber viel Geld, das ist etwas anderes. (Georg Bernard Shaw)

Und nun meine Frage. Eigentlich liebe ich die Funktion INDIREKT. Eine prima Sache. Aber kann sie nicht diese Formel zusammenbauen? Etwas so:

=SUMME("Tabelle1["&INDIREKT("O2")&"]")

Die Antwort: Nein - nicht ganz - Sie müssen die Anführungszeichen anders setzen und INDIREKT VOR den gesamten Text stellen. Wenn Sie Formel wie folgt zusammenbauen, dann klappt es:

=SUMME(INDIREKT("Tabelle1["&O2&"]"))

5.2.19. Geld ist nichts. Aber viel Geld, das ist etwas anderes. (Georg Bernard Shaw)

Es ist schon ein seltsames Ding um Excel. Trägt man in eine Zelle den Text WAHR ein und multipliziert diese Zelle (genauer: den Wert dieser Zelle) mit 1, so erhält man 1. Bei FALSCH lautet das Ergebnis 0. Das bedeutet, dass WAHR = 1 und FALSCH = 0.

Eben. In vielen Funktionen, die die beiden Parameter 0 oder 1 verlangen, kann man auch WAHR und FALSCH eingeben. Und umgekehrt.

Beispielsweise SVERWEIS. Oder RMZ. Analog: ZINS, ZZR, BW.

Jedoch: =KUMZINSZ(2,5%/12;12*10;50000;1;10;1) berechnet korrekt -901,01. Allerdings liefert =KUMZINSZ(2,5%/12;12*10;50000;1;10;WAHR)

einen Fehler. Bei KAPZ und ZINSZ darf ich bei dem Parameter F die beiden Werte 1 oder WAHR (beziehungsweise 0 oder FALSCH) eintragen. Muss ich das verstehen?

5.3. Merkwürdige Formeln

5.3.1. Ort und Datum kann nicht kombiniert werden

Die Formel

="Hamburg, "&HEUTE()

funktioniert nicht.

Stimmt. Beim Verketten von Texten (übrigens würde die Funktion Verketten das gleiche Ergebnis liefern), wird nicht die formatierte Datumsinformation verwendet, sondern der interne Wert des Datums. Lösung schafft die Funktion:

="Hamburg, "&TEXT(HEUTE();"TT.MM.JJJJ")

Oder ein benutzerdefiniertes Datumsformat.

5.3 Merkwürdige Formeln

="Hamburg, "&HEUTE()

E	F
Hamburg, 42005	

="Hamburg, "&HEUTE()

E	F
Hamburg, 42005	

="Hamburg, "&TEXT(HEUTE();"TT.MM.JJJJ")

E	F	G
Hamburg, 01.01.2015		

Wenn mit Platzhalter

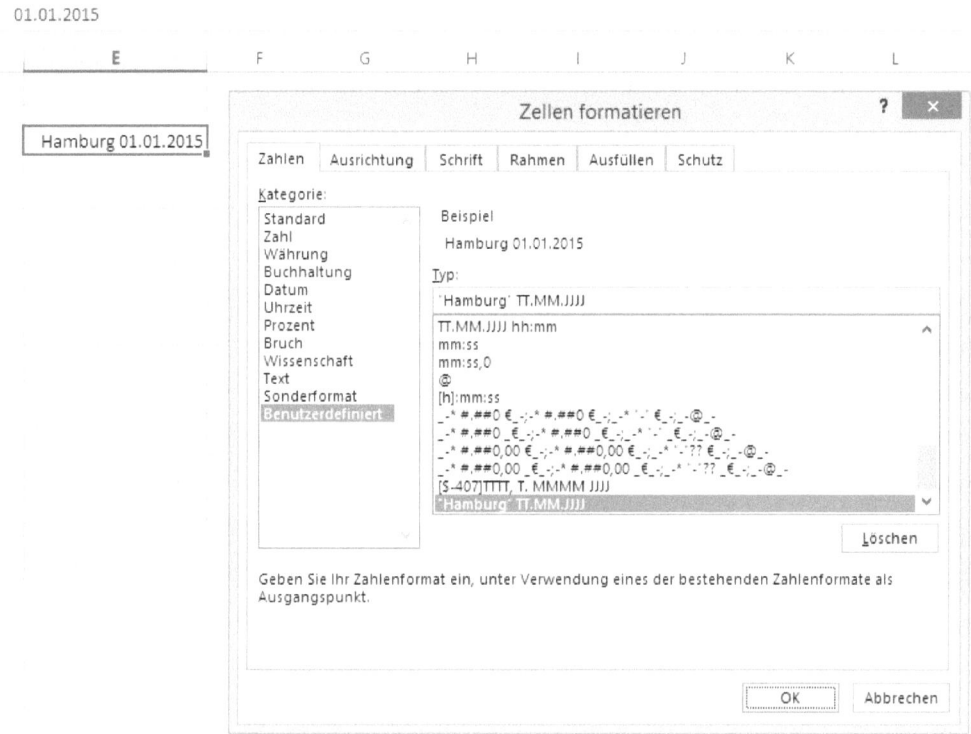

5.3.2. Wenn mit Platzhalter

Was mache ich falsch? SUMMEWENN und ZÄHLENWENN können die beiden Platzhalter * und ? verarbeiten, die Funktion WENN jedoch nicht?

Richtig - erstaunlicherweise kann WENN keinen Platzhalter verarbeiten - man muss hier mit

=WENN(LINKS(I5;1)="P";G5+20;G5+10)

arbeiten.

5.3 Merkwürdige Formeln

=ZÄHLENWENN(I:I;"P*")

D	E	F	G	H	I
	Summe der Platinum-Jahresbeiträge:	4.383.896,00 €			
	Anzahl der Platinum-Mitglieder:	29.624			
se	Plz	Ort	Jahresbeitrag		Mitgliedscha
	68161	Mannheim	148,00 €	158,00 €	Platinum
rzburger Str	63739	Aschaffenburg	148,00 €	158,00 €	Platinum
waldguerte	50931	Koeln	148,00 €	158,00 €	Platinum
str.13	68775	Ketsch	148,00 €	158,00 €	Platinum
scherstr.13	67227	Frankenthal	148,00 €	158,00 €	Platinum
ried-Keller	01157	Dresden	148,00 €	158,00 €	Platinum
villenstr.1	68163	Mannheim	148,00 €	158,00 €	Platinum
dor-Heuss-	93051	Regensburg	148,00 €	158,00 €	Platinum
nigen 3	28832	Achim	148,00 €	158,00 €	Platinum
tstr.475	68535	Edingen-Neckarhause	148,00 €	158,00 €	Platinum
erallee 86-8	38102	Braunschweig	148,00 €	158,00 €	Platinum
milianstras	80539	Muenchen	148,00 €	158,00 €	Blue
rswerther	40474	Duesseldorf	148,00 €	158,00 €	Platinum
enweg 3	65812	Bad Soden	172,00 €	182,00 €	Gold

=WENN(I5="P*";G5+20;G5+10)

D	E	F	G	H	I
	Summe der Platinum-Jahresbeiträge:	4.383.896,00 €			
	Anzahl der Platinum-Mitglieder:	29.624			
se	Plz	Ort	Jahresbeitrag		Mitgliedscha
	68161	Mannheim	148,00 €	158,00 €	Platinum
rzburger Str	63739	Aschaffenburg	148,00 €	158,00 €	Platinum
waldguerte	50931	Koeln	148,00 €	158,00 €	Platinum
str.13	68775	Ketsch	148,00 €	158,00 €	Platinum
scherstr.13	67227	Frankenthal	148,00 €	158,00 €	Platinum
ried-Keller	01157	Dresden	148,00 €	158,00 €	Platinum
villenstr.1	68163	Mannheim	148,00 €	158,00 €	Platinum
dor-Heuss-	93051	Regensburg	148,00 €	158,00 €	Platinum
nigen 3	28832	Achim	148,00 €	158,00 €	Platinum
tstr.475	68535	Edingen-Neckarhause	148,00 €	158,00 €	Platinum
erallee 86-8	38102	Braunschweig	148,00 €	158,00 €	Platinum
milianstras	80539	Muenchen	148,00 €	158,00 €	Blue
rswerther	40474	Duesseldorf	148,00 €	158,00 €	Platinum
enweg 3	65812	Bad Soden	172,00 €	182,00 €	Gold
arker Ufer 1	42275	Wuppertal	136,00 €	146,00 €	Blue

5.3.3. Seltsame Datumsangaben

Ich habe mal nachgeschaut: Heute, am 07. Januar 2015 verwendet Excel intern die Zahl 42.011. Das erhalte ich, wenn ich die Zelle als Standard formatiere. In meinem openOffice und libreOffice genauso. Allerdings ist der 1. Januar 1900 bei Excel die Zahl 1, in openOffice und libreOffice die Zahl 2. Kann mir das mal einer erklären?

Das ist ganz einfach. Da hat einer nicht aufgepasst! Jedes Jahr, das durch vier teilbar ist, ist ein Schaltjahr. Alle Hundert Jahre ist kein Schaltjahr, alle 400 haben wir wieder ein Schaltjahr. Das heißt: 2016, 2020 und 2024 werden wir ein Schaltjahr haben, im Jahre 2000 hatten wir eines, aber nicht 1900. Die Macher von Excel haben das übersehen. Wenn Sie den 29.02.1900 eingeben, dann erhalten sie ein gültiges Datum, was Sie daran erkennen können, dass die Zahl rechtsbündig steht. Die Macher von openOffice/libreOffice haben dies richtig erkannt und dieses Datum weggelassen. Nun, da Excel im Jahre 1900 anfängt, sind also die ersten beiden Monate falsch. Also: geben Sie keine Datumsangaben zwischen dem 1.Januar 1900 und dem 28.Februar 1900 ein. Aber das haben Sie sowieso nicht vor, oder?

5.3.4. Teile und herrsche ...

TEILERGEBNIS. Ich versteh mal wieder gar nichts. Ich habe eine Liste. Darunter stehen drei Funktionen:

=SUMME(C2:C42)

=TEILERGEBNIS(9;C2:C42)

5.3 Merkwürdige Formeln

=TEILERGEBNIS(109;C2:C42)

Drei Mal erhalte ich den Wert 20.205.490.

	A	B	C
1	Nummer	Stadt	Einwohner
29	28	Braunschweig	248.867
30	29	Chemnitz	243.248
31	30	Kiel	239.526
32	31	Krefeld	235.076
33	32	Halle (Saale)	232.963
34	33	Magdeburg	231.525
35	34	Freiburg im Breisgau	224.191
36	35	Oberhausen	212.945
37	36	Lübeck	210.232
38	37	Erfurt	204.994
39	38	Rostock	202.735
40	39	Mainz	199.237
41	40	Kassel	195.530
42			
43			
44		SUMME	20.205.490
45		TEILERGEBNIS - 9	20.205.490
46		TEILERGEBNIS - 109	20.205.490

Zelle C45: =TEILERGEBNIS(9;C2:C42)

So weit, so klar. Wenn ich nun filtere, liefert TEILERGEBNIS mit der 9 das Gleiche wie TEILERGEBNIS mit der 109. Natürlich einen anderen Wert wie die Summe.

	A	B	C
1	Nummer	Stadt	Einwohner
2	1	Berlin	3.460.725
3	2	Hamburg	1.786.448
4	3	München	1.353.186
5	4	Köln	1.007.119
42			
43			
44		SUMME	20.205.490
45		TEILERGEBNIS - 9	7.607.478
46		TEILERGEBNIS - 109	7.607.478

Zelle C45: =TEILERGEBNIS(9;C2:C42)

Ich schaue in die Hilfe, um den Unterschied zwischen der Konstante 9 und 109 - beides Mal die Funktion SUMME zu ermitteln. Dort lese ich:

"ist eine Zahl von 1 bis 11 (bezieht ausgeblendete Werte ein) oder von 101 bis 111 (ignoriert ausgeblendete Werte), die festlegt, welche Funktion bei der Berechnung des Teilergebnisses innerhalb einer Liste verwendet werden soll." HÄ? Ich habe doch ausgeblendet. Trotzdem ist das Ergebnis das Gleiche!

TEILERGEBNIS-Funktion

Gibt ein Teilergebnis in einer Liste oder Datenbank zurück. Grundsätzlich ist es einfacher, eine mit Teilergebnissen versehene Liste mithilfe des Befehls **Teilergebnisse** in der Gruppe **Gliederung** auf der Registerkarte **Daten**) zu erstellen. Nachdem eine solche mit Teilergebnissen versehene Liste erstellt wurde, können Sie diese mit der Funktion TEILERGEBNIS bearbeiten.

Syntax

TEILERGEBNIS(Funktion; Bezug1; Bezug2; ...)

Funktion   ist eine Zahl von 1 bis 11 (bezieht ausgeblendete Werte ein) oder von 101 bis 111 (ignoriert ausgeblendete Werte), die festlegt, welche Funktion bei der Berechnung des Teilergebnisses innerhalb einer Liste verwendet werden soll.

Funktion (bezieht ausgeblendete Werte ein)	Funktion (ignoriert ausgeblendete Werte)	Funktion
1	101	MITTELWERT
2	102	ANZAHL
3	103	ANZAHL2
4	104	MAX
5	105	MIN
6	106	PRODUKT
7	107	STABW
8	108	STABWN
9	109	SUMME
10	110	VARIANZ
11	111	VARIANZEN

Die Antwort: "ausgeblendete Werte" ist unglücklich formuliert. Excel meint die Zelle, die SIE ausgeblendet haben (beispielsweise mit der rechten Maustaste oder [Strg] + [9]). Er bezieht sich dabei nur auf "manuell" ausgeblendete Zellen oder durch Gruppierung ausgeblendete Zellen, aber nicht auf ausgeblendete Zellen durch Filtern!

5.3 Merkwürdige Formeln

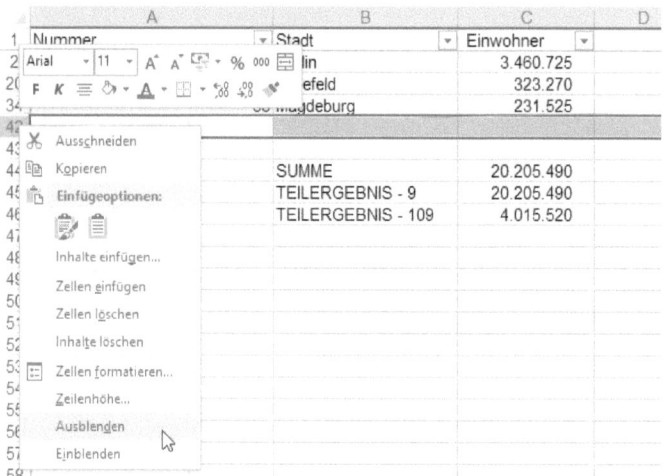

5.3.5. Function not found

Warum finde ich die Funktion nicht? Ein Kollege hat in einer Abrechnungstabelle für Kopierer unserer Firma eine Funktion DATEDIF eingefügt, die offensichtlich die Anzahl der Monate zwischen Vertragsbeginn und Vertragsende berechnet. Allerdings - in der Liste der Funktionen taucht sie nicht auf. Wo ist sie denn?

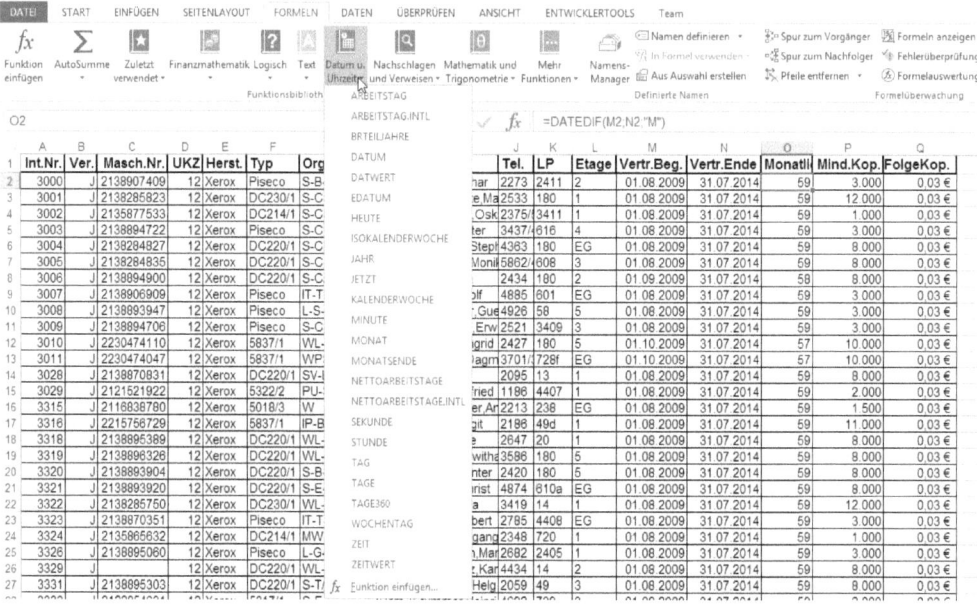

Die Antwort: Stimmt! Diese Funktion finden Sie nicht in der Liste der Funktionen im Funktionskatalog. Sie wurde aus Kompatibilitätsgründen zu Lotus 1-2-3 aufgenommen. Seit 2003 wurde diese Tabellenkalkulation nicht mehr weiterentwickelt, 2014 wurde der Support sogar eingestellt. Trotzdem finden sich noch immer ein paar Relikte von Lotus 1-2-3 in Excel. Zum Beispiel diese Funktion. Und: Wenn Sie auf das Symbol für den Funktionsassistenten f(x) klicken erhalten Sie die Funktionsargumente im Assistenten.

5.3.6. Da fehlt doch was!

Ein Kollege von mir hat mir eine Formel in Excel erstellt. Ich verstehe die Formel aber nicht. Im dritten WENN-Teil fehlt doch ein Teil, oder?

5.3 Merkwürdige Formeln

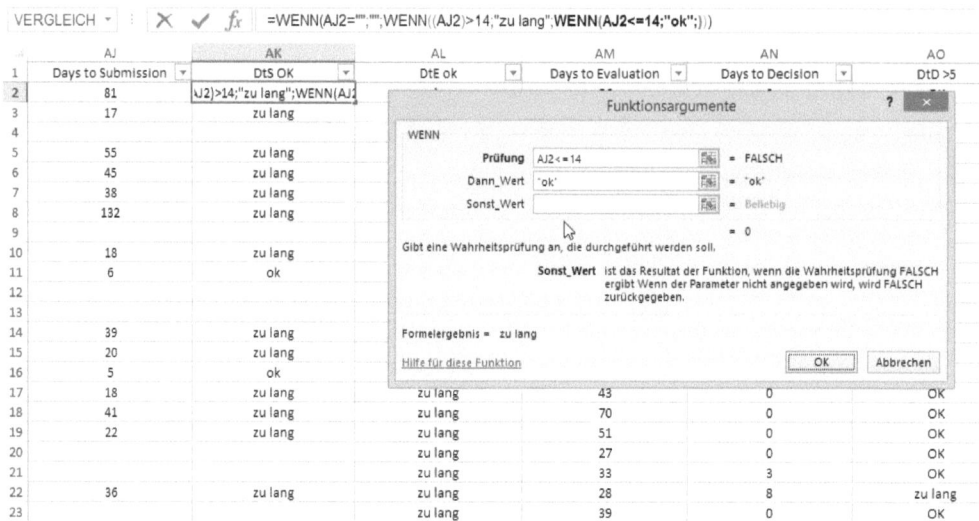

Die Antwort: Schauen wir uns die Formel mal genauer an:

=WENN(AJ2="";"";WENN((AJ2)>14;"zu lang";WENN(AJ2<=14;"ok";)))

Der erste Teil ist klar (=WENN(AJ2="";"")): Wenn die Zelle AJ2 leer ist, dann bleibe ich selbst auch leer. Prima.

Im zweiten Teil wird überprüft, ob in AJ2 ein Wert größer als 14 steht:

WENN((AJ2)>14;"zu lang"

Wenn das erfüllt ist, so liefert die Formel den Text "zu lang". Nun wollte der Kollege überprüfen, ob der Wert kleiner oder gleich 14 ist. Er hat dies mit einer weiteren WENN-Funktion realisiert. Das ist nicht falsch, aber überflüssig.

Ich würde die Formel folgendermaßen schreiben:

=WENN(AJ2="";"";WENN((AJ2)>14;"zu lang";"ok"))

Sie liefert das gleiche Ergebnis und ist viel kürzer.

AK2				f_x	=WENN(AJ2="";"";WENN((AJ2)>14;"zu lang";"ok"))		

	AJ	AK	AL	AM
1	Days to Submission	DtS OK	DtE ok	Days to Evaluation
2	81	zu lang	zu lang	56
3	17	zu lang	zu lang	73
4			zu lang	60
5	55	zu lang	zu lang	51
6	45	zu lang	zu lang	44
7	38	zu lang	zu lang	58
8	132	zu lang	zu lang	49
9			zu lang	53
10	18	zu lang	zu lang	49
11	6	ok	zu lang	57
12			zu lang	22
13			zu lang	38
14	39	zu lang	zu lang	49

5.3.7. Inhalte einfügen - nicht ganz

Ey - ich bin so genervt! Ich weiß, dass ich eine Spalte, in der sich Formeln befinden, kopieren kann und dann über "Inhalte einfügen" die Formeln in Werte verwandeln kann. Aber was macht die Schweinebacke? - Richtig: Völliger Blödsinn!!! Schreibt einfach ANDERE Formeln rein. Das kann's doch wohl nicht sein"

5.3 Merkwürdige Formeln

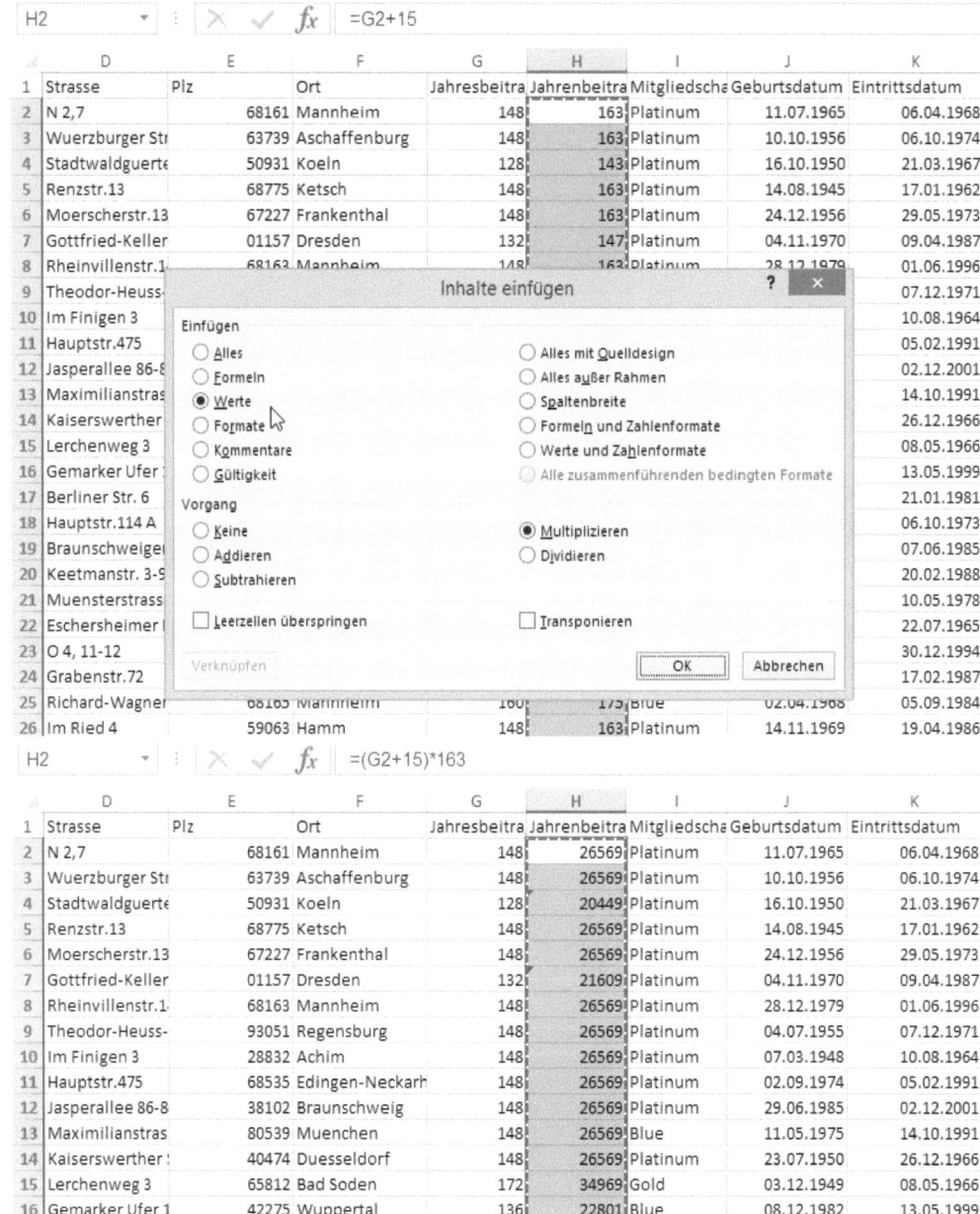

Die Antwort: Du hast aus Versehen die Option "Multiplizieren" gewählt - DIE muss ausgeschaltet werden - auf "Vorgang: Keine". Dann funktioniert es auch.

Kein Kommentar? - Doch

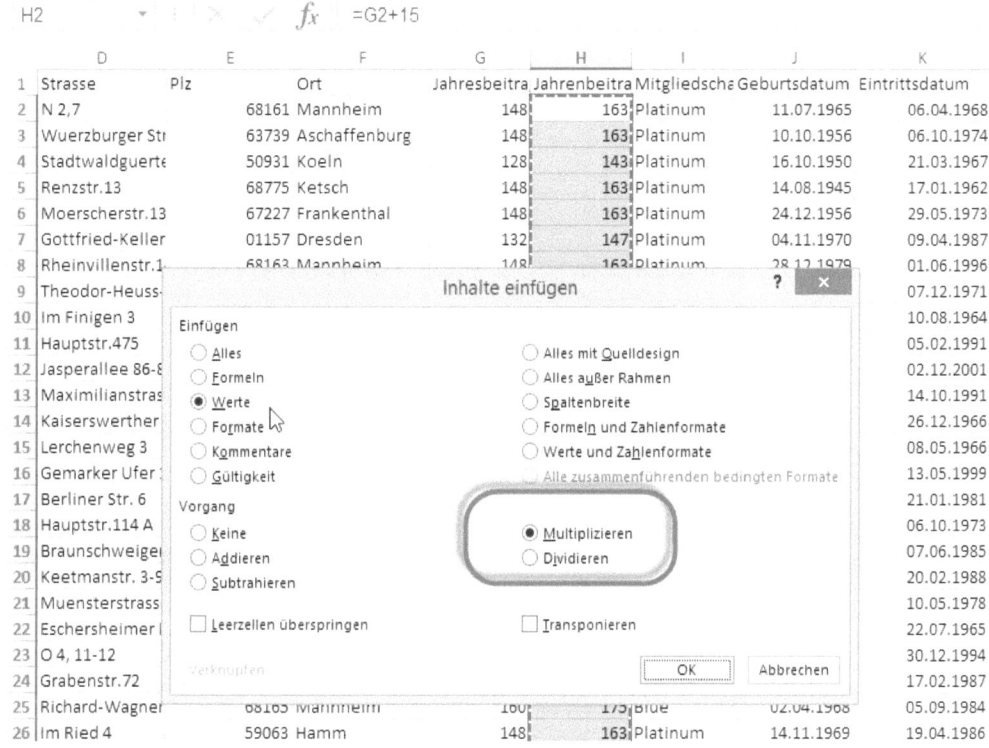

5.3.8. Kein Kommentar? - Doch

Okay - übersichtlicher wird die Formel sicherlich nicht, aber man kann mit der Funktion N etwas hineinkommentieren. Zu Erläuterung: N("Beliebiger Text") liefert den Wert 0. Und an den entsprechenden Stellen in einer Funktion kann man so etwas kommentieren. Einem Teilnehmer meiner Schulung gefiel dies heute sehr.

5.3 Merkwürdige Formeln

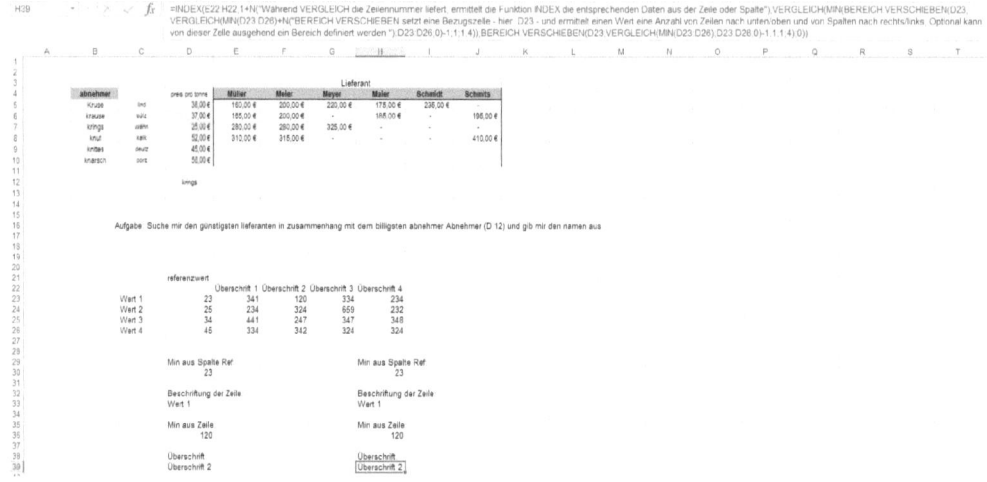

5.3.9. Mal links, mal oben

Ist Ihnen folgender erklärbarer, aber auf den ersten Blick verwirrender Algorithmus aufgefallen?

In einer Exceltabelle befindet sich ein Zahlenblock. Klickt man in der er ersten Zelle daneben auf das Summensymbol, schlägt Excel die Reihe links daneben als Bereich vor. Eine Zelle tiefer wird ebenfalls die Zeile daneben vorgeschlagen. In der dritten Zeile jedoch die beiden Zahlen (also die Summen) darüber.

	A	B	C	D	E	F
1	Name	1. Vierteljahr	2. Vierteljahr	3. Vierteljahr	4. Vierteljahr	Summe
2	Roth	24.596,00 €	75.632,00 €	54.459,00 €	37.442,00 €	=SUMME(B2:E2)
3	Blau	31.936,00 €	71.961,00 €	71.367,00 €	78.581,00 €	
4	Schwartz	24.370,00 €	24.208,00 €	10.027,00 €	72.135,00 €	
5	Grün	72.150,00 €	11.072,00 €	61.524,00 €	15.392,00 €	
6	Gelblich	68.891,00 €	69.592,00 €	39.458,00 €	60.619,00 €	
7	Braun	40.944,00 €	26.074,00 €	68.913,00 €	57.781,00 €	

	A	B	C	D	E	F
1	Name	1. Vierteljahr	2. Vierteljahr	3. Vierteljahr	4. Vierteljahr	Summe
2	Roth	24.596,00 €	75.632,00 €	54.459,00 €	37.442,00 €	192.129,00 €
3	Blau	31.936,00 €	71.961,00 €	71.367,00 €	78.581,00 €	=SUMME(B3:E3)
4	Schwartz	24.370,00 €	24.208,00 €	10.027,00 €	72.135,00 €	
5	Grün	72.150,00 €	11.072,00 €	61.524,00 €	15.392,00 €	
6	Gelblich	68.891,00 €	69.592,00 €	39.458,00 €	60.619,00 €	
7	Braun	40.944,00 €	26.074,00 €	68.913,00 €	57.781,00 €	

	A	B	C	D	E	F
1	Name	1. Vierteljahr	2. Vierteljahr	3. Vierteljahr	4. Vierteljahr	Summe
2	Roth	24.596,00 €	75.632,00 €	54.459,00 €	37.442,00 €	192.129,00 €
3	Blau	31.936,00 €	71.961,00 €	71.367,00 €	78.581,00 €	253.845,00 €
4	Schwartz	24.370,00 €	24.208,00 €	10.027,00 €	72.135,00 €	=SUMME(F2:F3)
5	Grün	72.150,00 €	11.072,00 €	61.524,00 €	15.392,00 €	
6	Gelblich	68.891,00 €	69.592,00 €	39.458,00 €	60.619,00 €	
7	Braun	40.944,00 €	26.074,00 €	68.913,00 €	57.781,00 €	

Der Algorithmus, der dahintersteckt, ist klar: Excel überprüft zuerst die Zellen darüber. Befindet sich keine Zahlen darin, werden die Zellen links neben der aktuellen Zelle geprüft (F2). Bei F3 erkennt Excel die Summe darüber und schlägt die gleiche Formel erneut vor. Würde in der Zelle darüber keine Funktion, sondern eine Zahl stehen, würde diese vorgeschlagen werden. In der dritten Zelle F4 werden zwei Formeln über der aktuellen Zelle (mit Zahlen als Ergebnis) erkannt und nun diese vorgeschlagen.

5.3.10. Datum - Datümmer? - Data? - Daten? - ...

Einfache Frage - einfache Antwort: Wenn Zellen markiert werden, in denen sich Datumsangaben befinden, summiert Excel die internen seriellen Zahlen. Das kann erstaunen und vielleicht verwirren ...

5.3 Merkwürdige Formeln

Ort	Jahresbeitra	Mitgliedscha	E-Mail	Geburtsdatum	Eintrittsdatum
Mannheim	148	Platinum	Ali60@catcha.com	11.07.1965	06.04.1968
Aschaffenburg	148	Platinum	TillG@hotmail.cor	10.10.1956	06.10.1974
Koeln	148	Platinum	Cadillac@yahoo.d	16.10.1950	21.03.1967
Ketsch	148	Platinum	Ed@lynet.de	14.08.1945	17.01.1962
Frankenthal	148	Platinum	Peter@22freenet.	24.12.1956	29.05.1973
Dresden	148	Platinum	Galileo@goodmai	04.11.1970	09.04.1987
Mannheim	148	Platinum	Xantus@basemail	28.12.1979	01.06.1996
Regensburg	148	Platinum	Cairo@topmail.de	04.07.1955	07.12.1971
Achim	148	Platinum	Galino@gomail.w	07.03.1948	10.08.1964
Edingen-Neckarh	148	Platinum	Zack@abi-2000.de	02.09.1974	05.02.1991
Braunschweig	148	Platinum	Wurst@85everym	29.06.1985	02.12.2001
Muenchen	148	Blue	Poppen@89locos.	11.05.1975	14.10.1991
Duesseldorf	148	Platinum	Gaheris@hotmail.	23.07.1950	26.12.1966
Bad Soden	172	Gold	Xanto@beer.com	03.12.1949	08.05.1966
Wuppertal	136	Blue	Weissschaedel@1	08.12.1982	13.05.1999
Heidelberg	148	Platinum	Roth@18darksites	18.08.1971	21.01.1981
Mannheim	148	Platinum	Xenic@aol.de	03.05.1957	06.10.1973
Mannheim	148	Platinum	Heidi@strato.de	02.01.1969	07.06.1985
Duisburg	148	Standard	Xandor@cyberwo	17.09.1971	20.02.1988
Senden	148	Platinum	Frithjof@mail.cor	05.12.1961	10.05.1978
Frankfurt a. M.	148	Platinum	Gossen@51firema	16.02.1949	22.07.1965
Mannheim	148	Platinum	Xaver@arabia.cor	27.07.1978	30.12.1994

Mittelwert: 07.08.1971 Anzahl: 40 Numerische Zahl: 40 Summe: 25.01.4764

5.3.11. Feiertage wären klasse

Vor ein paar Tagen erreichte mich folgende Anfrage:

Sehr geehrte Damen und Herren,

zu dem in Betreff genannten Thema haben wir noch eine Frage: Die Videoanleitung zum Erstellen eines Internationalen Kalenders konnten wir gut nutzen. In dieser Anleitung wird u.a. geschildert, wie man Feiertage durch eine bedingte Formatierung farblich hervorhebt. Ganz schick wäre es noch, wenn zu diesem farblich markierten Feiertag auch automatisch der Feiertagsname mit angezeigt werden könnte. Ein entsprechendes Tabellenblatt mit diesen Informationen wurde im Verlaufe der Anleitung angelegt. Bei festen Feiertagen wie Neujahr. 1. Mai etc., könnte man dies händisch lösen, doch bei variablen Feiertagen wie Ostern und Pfingsten etc. wäre es wünschenswert, wenn diese gleich automatisch mit angezeigt werden. Leider wurde in dieser Videoanleitung nicht darauf eingegangen. Mit welcher Funktion kann der Feiertagsname automatisch angezeigt werden? Danke schon vorab für Ihre Hilfe.

Mit freundlichen Grüßen / with best regards

#####

Feiertage wären klasse

Zur Info: Ich habe einen Kalender erstellt, der - nach Änderung des Jahres die Feiertage farblich kennzeichnet. Das klappt mit der bedingten Formatierung und der Funktion ZÄHLENWENN gut und einfach. Die Feiertage (hier: die bayrischen) habe ich auf ein zweites Tabellenblatt ausgelagert.

	A	B	C	D	E	F	G	H
		B8			f_x	=DATUM(B1;4;25-B5-B7)		
2	a	114	115	116	117	118	119	120
3	b	0	1	2	3	4	5	6
4	c	0	0	0	1	1	1	2
5	d	4	15	26	7	18	0	10
6	e	28	28	29	29	29	29	30
7	f	1	5	3	2	6	4	3
8	Ostersonntag	20.04.2014	05.04.2015	27.03.2016	16.04.2017	01.04.2018	21.04.2019	12.04.2020
9	Ostersonntag	20.04.2014	05.04.2015	27.03.2016	16.04.2017	01.04.2018	21.04.2019	12.04.2020
10	Karfreitag	18.04.2014	03.04.2015	25.03.2016	14.04.2017	30.03.2018	19.04.2019	10.04.2020
11	Ostermontag	21.04.2014	06.04.2015	28.03.2016	17.04.2017	02.04.2018	22.04.2019	13.04.2020
12	Christi Himmelfahrt	29.05.2014	14.05.2015	05.05.2016	25.05.2017	10.05.2018	30.05.2019	21.05.2020
13	Pfingstsonntag	08.06.2014	24.05.2015	15.05.2016	04.06.2017	20.05.2018	09.06.2019	31.05.2020
14	Pfingstmontag	09.06.2014	25.05.2015	16.05.2016	05.06.2017	21.05.2018	10.06.2019	01.06.2020
15	Fronleichnam	19.06.2014	04.06.2015	26.05.2016	15.06.2017	31.05.2018	20.06.2019	11.06.2020
16	Neujahr	01.01.2014	01.01.2015	01.01.2016	01.01.2017	01.01.2018	01.01.2019	01.01.2020
17	Heilige 3 Könige	06.01.2014	06.01.2015	06.01.2016	06.01.2017	06.01.2018	06.01.2019	06.01.2020
18	Tag der Arbeit	01.05.2014	01.05.2015	01.05.2016	01.05.2017	01.05.2018	01.05.2019	01.05.2020
19	Tag der deutschen	03.10.2014	03.10.2015	03.10.2016	03.10.2017	03.10.2018	03.10.2019	03.10.2020
20	Reformationstag	31.10.2014	31.10.2015	31.10.2016	31.10.2017	31.10.2018	31.10.2019	31.10.2020
21	Allerheiligen	01.11.2014	01.11.2015	01.11.2016	01.11.2017	01.11.2018	01.11.2019	01.11.2020
22	1. Weihnachtsfeiertag	25.12.2014	25.12.2015	25.12.2016	25.12.2017	25.12.2018	25.12.2019	25.12.2020
23	2. Weihnachtsfeiertag	26.12.2014	26.12.2015	26.12.2016	26.12.2017	26.12.2018	26.12.2019	26.12.2020

5.3 Merkwürdige Formeln

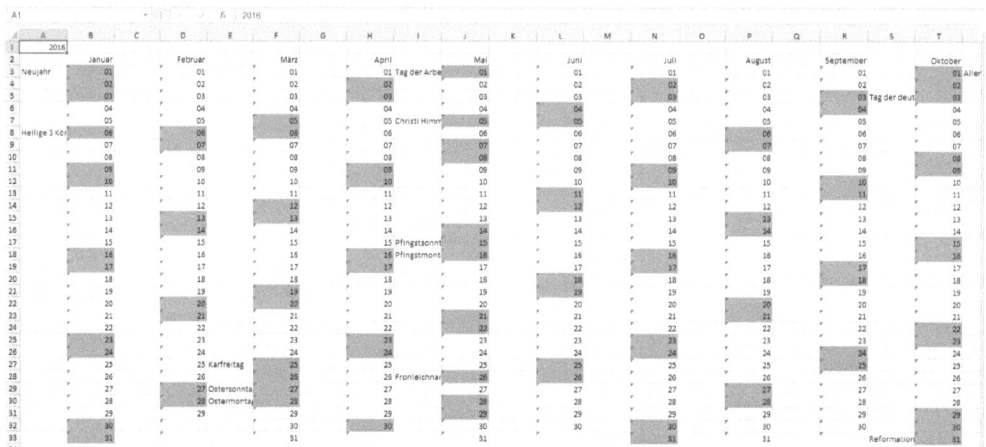

Ich habe zirka eine halbe Stunde benötigt, damit die Feiertage angezeigt werden - eine hübsche kleine Fingerübung:

Wer knobelt mit? Den ersten Kalender könnt Ihr unter "http://www.excel-nervt.de/03_03_Jahreskalender_Feiertage.xlsx" herunterladen.

Viel Spaß im neuen Jahr mit Excel :: Rene

5.4. Excel rechnet gar nicht mehr

5.4.1. Zirkelbezug

Ich gestehe - ich habe den Fehler nicht gleich gesehen. Warum rechnet die Summe in der Zelle D21 nicht? Zuerst dachte ich, dass ein falsches Format unter der Zelle liegt, dass die automatische Berechnung ausgeschaltet wurde, dass der Bezug nicht korrekt ist, dass die Formel fehlerhaft eingegeben wurde. War alles nicht der Fall.

Dann fiel mein Blick in die Statuszeile - in der Zelle D1 befand sich eine Zelle mit einem Zirkelbezug. Zu meiner Ehrenrettung - diese Zelle war außerhalb des sichtbaren Bereiches. Deshalb habe ich nicht gleich die 0 gesehen, die der Zirkelbezug liefert.

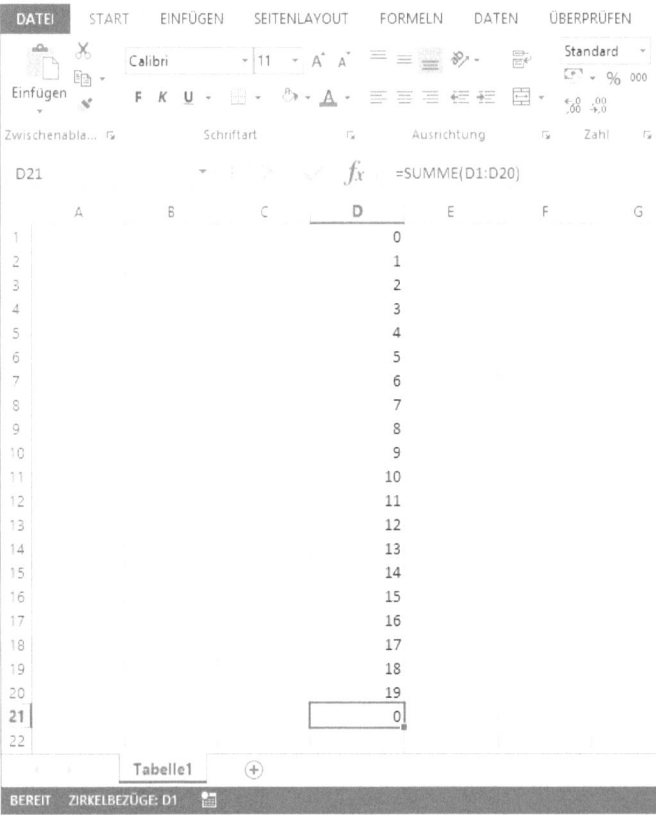

5.4.2. Excel rechnet nicht mehr, beziehungsweise rechnet falsch

Was ist los - Excel will nicht mehr rechnen. Am Anfang hat es funktioniert ...

5.4 Excel rechnet gar nicht mehr

Schauen Sie in der Registerkarte "Formeln" nach, ob die Berechnungsoptionen auf "manuell" gestellt wurde. Wenn ja, so wird die Berechnung zwar beim Erstellen der Formel durchgeführt, aber beim Ändern der Werte nicht aktualisiert. Ändern Sie diese Option auf "automatisch" oder aktualisieren Sie das Ganze mit der Funktionstaste [F9].

5.4.3. Excel rechnet nicht

Das kann nicht sein - diese Formel muss ein Ergebnis liefern. Das Resultat lautet jedoch: 0.

Der Fehler liegt in der falschen Formatierung. Natürlich ergibt die Funktion STABWN (Standardabweichung) ein Ergebnis - allerdings 0,15- Da die Zahl als Ganzzahl ohne Nachkommastellen formatiert ist, sieht man leider nur den Wert 0 und nicht das korrekte Ergebnis 0,15.

	A	B	C	D	E	F	G	H
37	Hexachloral active sample 10	30	100.06					
38								
39	mean						63.69	
40	SD						0.69	
41	%CV						1.09%	
42								
43	MDX-RA placebo 1	30	5.52		slope	248.12		
44	MDX-RA placebo 1	30	5.39		intercept	0.13		
45	MDX-RA placebo 1	30	5.51		coeffitient of regression	1.00		
46	MDX-RA placebo 2	30	5.19					
47	MDX-RA placebo 2	30	5.32					
48	MDX-RA placebo 2	30	5.36					
49	MDX-RA placebo 3	30	5.08					
50	MDX-RA placebo 3	30	5.3					
51	MDX-RA placebo 3	30	5.27					
52	MDX-RA placebo 4	30	5.22					
53	MDX-RA placebo 4	30						
54	MDX-RA placebo 4	30						
55	MDX-RA placebo 5	30	5.03					
56	MDX-RA placebo 5	30	5.12					
57	MDX-RA placebo 5	30	5.21					
58								
59								
60	mean of 10 MDX-RA placebos		5.27					
61	SD of MDX-RA placebo (0.15)		0					
62	%CV		2.76%					
63								

5.4.4. Excel kann keine Stunden summieren

Ein Klick auf das Symbol "Autosumme" und Excel weigert sich Stunden zu summieren. Dabei sind doch Uhrzeiten auch Zahlen - die muss er doch summieren können.

Die Antwort: Aus irgend einem Grund weigert sich Excel bei Uhrzeiten die Summe anzuwenden. Markieren Sie die Uhrzeiten - dann werden sie summiert. Keine Ahnung, warum er sich bei Uhrzeiten sträubt zu rechnen ...

5.4 Excel rechnet gar nicht mehr

5.4.5. SVERWEIS funktioniert nicht

Obwohl alles richtig ist, klappt der SVERWEIS nicht.

Die Lösung des Problems heißt Text uns Zahl. In der linken Hälfte der Liste sind die Postleitzahlen als Text formatiert (linksbündig), auf der rechten Seite als Zahl (rechtsbündig). Deshalb "behauptet" Excel, dass die Postleitzahl nicht vorhanden (#NV) ist.

Die Lösung: Wandeln Sie die Zahlen in Texte um; beispielsweise mit der Funktion TEXT.

Excel multipliziert nicht

5.4.6. Excel multipliziert nicht

Warum klappt die Multiplikation nicht?

Auf manchen Tastaturen sieht das Multiplikationszeichen über dem Zahlenblock auch wie der Buchstabe "x". Sie dürfen eine Formel jedoch nicht in der Form

=F8xE8

eingeben, weil Excel das "x" als Buchstaben interpretiert.

Richtig:

=F8*E8

Übrigens: Auch die Division wird mit dem Schrägstrich "/" durchgeführt und nicht mit einem Doppelpunkt, wie wir es in der Schule gelernt haben.

5.4 Excel rechnet gar nicht mehr

	E	F	G	H
			=F8xE8	
	Summe	Anzahl	Endsumme	
	116,50 €		#NAME?	
	116,50 €	10	#NAME?	
	116,50 €	10	#NAME?	
	116,50 €		#NAME?	
	94,50 €		#NAME?	
	409,00 €		#NAME?	
	119,00 €		#NAME?	
	119,00 €		#NAME?	
	2.074,00 €		#NAME?	
	89,00 €	10	#NAME?	
	142,00 €		#NAME?	
		Summe:	#NAME?	

5.4.7. AutoSumme funktioniert nicht

Ich habe es nun schon mehrmals versucht - die Autosumme geht nicht.

Auch wenn jede Formel und Funktion mit einem Gleichheitszeichen beginnt, auch wenn Sie bei den Grundrechenarten das Gleichheitszeichen per Hand eintragen müssen, so verlangt das Symbol AutoSumme jedoch NICHT, dass Sie das Gleichheitszeichen eintragen. Sie müssen entweder die Formel per Hand eintragen:

=SUMME(G2:G12)

oder Sie setzen den Cursor auf eine leere Zelle und klicken anschließend auf das Symbol AutoSumme. Dann funktioniert es.

Excel rechnet nicht

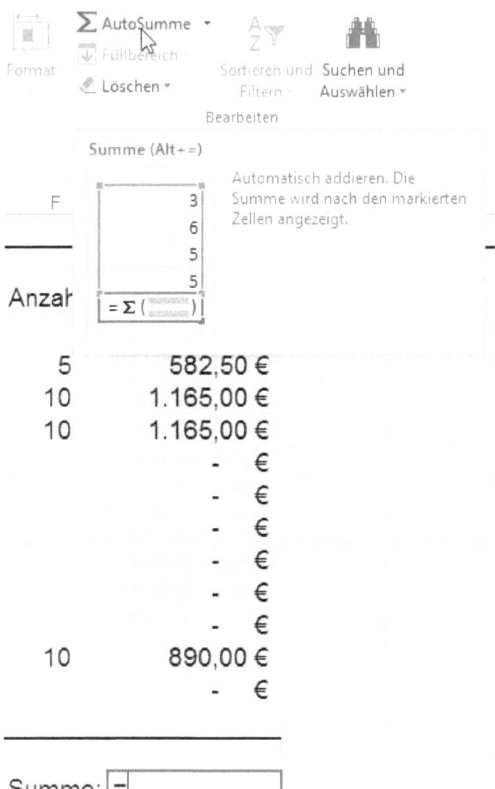

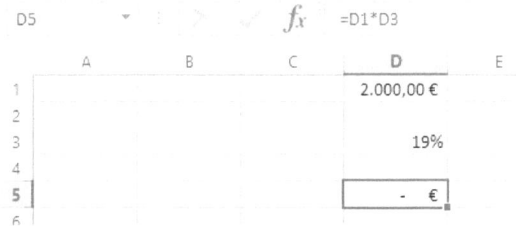

5.4.8. Excel rechnet nicht

Excel rechnet nicht. Warum?

Ein Blick in die Statuszeile hätte genügt: Dort steht, dass in D3 ein Zirkelbezug steht. Und wenn man sich die Formel genauer anschaut, wird klar, dass D3 auf D5 zugreift, D5 jedoch wiederum auf D3. Das darf nicht sein!

5.4 Excel rechnet gar nicht mehr

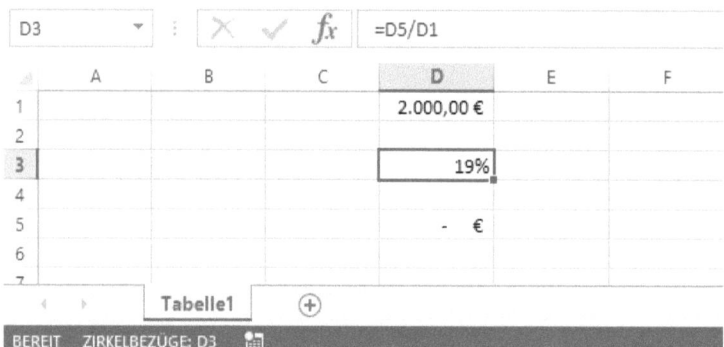

Meine Empfehlung: Zirkelbezüge sind schwierig zu finden. Wenn Sie einen Zirkelbezug haben, erhalten Sie immer eine Fehlermeldung. Unterbrechen Sie die weitere Arbeit und machen sich auf die Suche nach der Quelle. Denn sonst resultieren weitere Fehler aus dem Zirkelbezug.

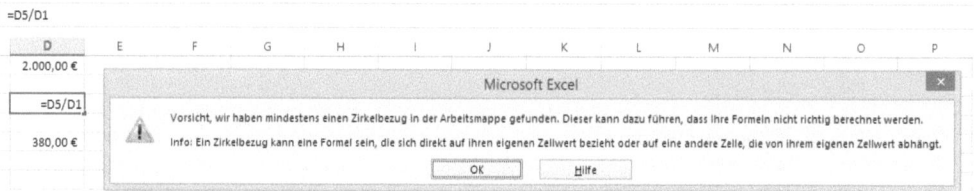

5.4.9. SAP & co

Kennen Sie SAP? Das ist mein Freund!

Nein - das war sehr ironisch. Jeder, der häufig Daten aus SAP exportiert, kennt sicherlich das Problem: Ab und zu werden Textinformationen unter die Zellen geschoben. Das sieht man erstaunlicherweise nicht - die Zellen sind als "Standard" formatiert. Oft erkennt man es daran, dass die Zahlen linksbündig in der Zelle stehen. Spätestens wenn Sie mit den Zahlen weiterrechnen möchten oder wenn Sie die Zahlen sortieren oder filtern oder als zahlen formatieren möchten ... stellen Sie fest, dass Excel Ihnen nun einen Strich durch die Rechnung macht.

SAP & co

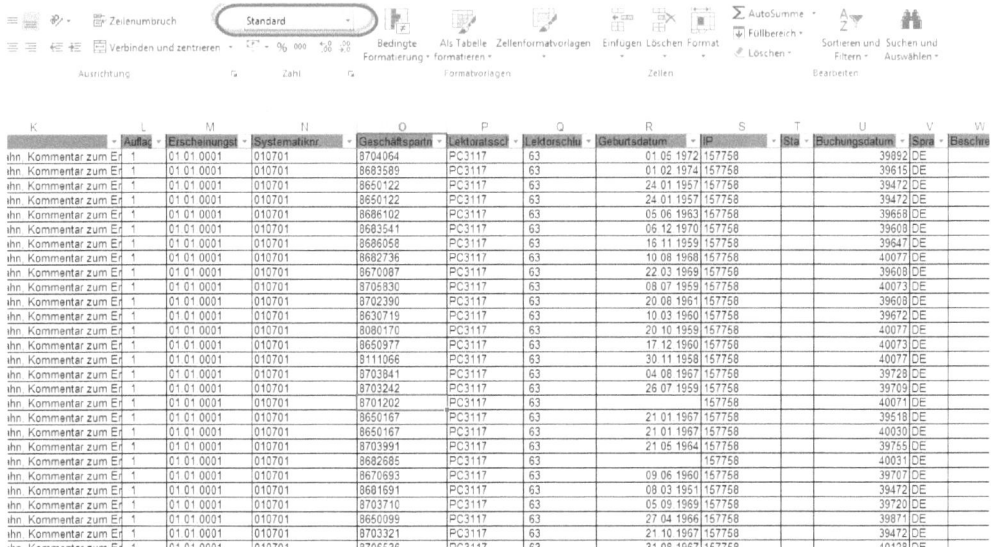

Ich habe für dieses Problem folgende Lösungen gefunden:

1. Wenn Sie Glück haben und das kleine grüne Dreieck sehen zur Fehlerüberprüfung, können Sie darüber die Texte in Zahlen zurückkonvertieren.

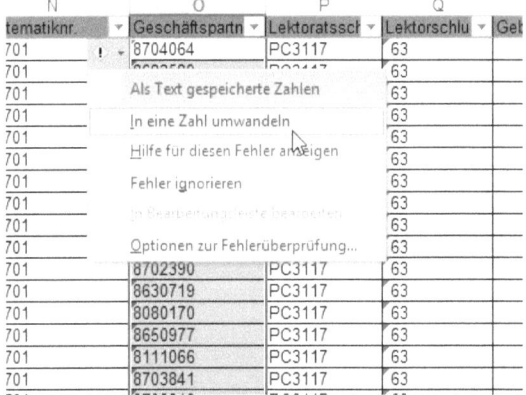

2. Wenn Sie nur einige wenige Zellen haben, können Sie auf die Zelle einen Doppelklick machen (oder mit [F2] die Zelle editieren und anschließend wieder mit [Enter] beenden. Dann "greift" sich Excel das korrekte Zahlenformat.

3. Sie können in einer Hilfsspalte daneben den Wert der Zelle mit 1 multiplizieren (=O2*1). Die Formel herunterziehen, kopieren und die Inhalte als Werte einfügen.

4. Das Gleiche erledigt auch die Funktion =WERT

5.4 Excel rechnet gar nicht mehr

5. Oder Sie markieren die Spalten und verwenden den Assistenten "Text in Spalten", den Sie im Register "Daten" finden. Geben Sie dort ein absurdes Trennzeichen ein (beispielsweise eine ~); ein Trennzeichen, das es natürlich in den Zahlen nicht gibt. Dann überschreibt er die Werte mit sich selbst und "greift sich" das korrekte, das heißt das darunterliegende Zahlenformat.

6. Die Zahl 1 in eine leere Zelle schreiben. Die Zelle kopieren, den Text-Zahl-Bereich markieren und mit Inhalten einfügen / Multiplizieren (Kontextmenü) "darüberklatschen". Das Ergebnis ist das Gleiche wie in Punkt 2 oder 3 oder 5 - Excel greift sich nun das korrekte Zahlenformat.

Zur Ehrenrettung von SAP sei angemerkt: Viele mir bekannte Datenbanksysteme, die da heißen DATEV, KISS, ORBIS, EBIS und andere "schieben" manchmal (nicht immer!) Textformate unter Zahlen beim Export nach Excel.

5.4.10. Summe rechnet nicht

Im Excel-Kurs habe ich gelernt, wie man eine Summe bildet. Aber bei mir funktioniert das nicht:

Die Antwort ist einfach. Sie haben eine englischsprachige Oberfläche. Sie müssen natürlich SUM statt SUMME eingeben, AVERAGE statt MITTELWERT, IF statt WENN, VLOOKUP statt SVERWEIS und so weiter ...

5.4.11. #BEZUG!

Ich weiß nicht mehr, was ich gemacht habe. Ich sollte in einer Tabelle einer Kollegin die Formel für den Unterstützungsbeitrag unserer Firma anpassen. Irgendwann entdecke ich jedoch in einer Zelle die Fehlermeldung #BEZUG! Kann ich den Fehler lokalisieren? Oder die Formel wieder auf eine korrekte Form bringen?

Summe rechnet nicht

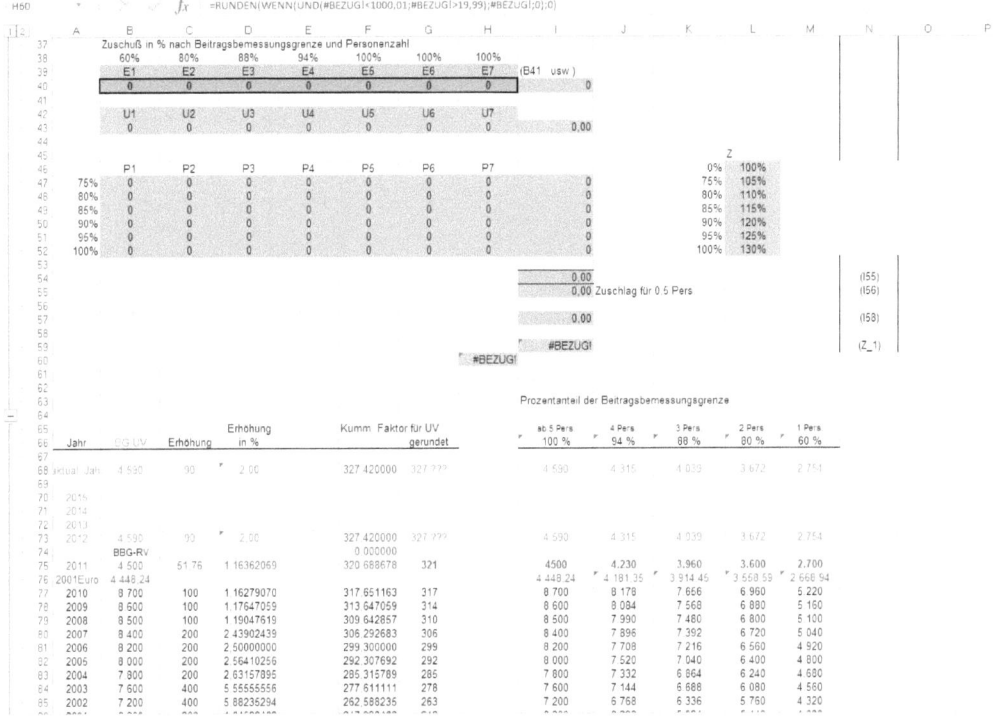

Die Antwort: Leider nein! Wahrscheinlich haben Sie irgendwo etwas gelöscht (beispielsweise eine Zeile), die an anderer Stelle noch verwendet wurde. Menschen rechnen oft kreuz und quer in Excel; schreiben irgendwelche Konstanten in irgendwelche Zellen. Fremde Tabellenblätter zu analysieren ist schwierig und mühsam:

Tipp 1: Speichern Sie die Originaldatei unter einem anderen Namen ab.

Tipp 2: Bevor Sie etwas löschen, von dem Sie denken, dass es nicht mehr benötigt wird - überprüfen Sie mit der Spur zum Nachfolger, ob irgendwo eine andere Formel mit dieser weiter rechnet.

5.4.12. Summe rechnet nicht

Die Formel stimmt - aber warum rechnet die Summe nicht?

5.4 Excel rechnet gar nicht mehr

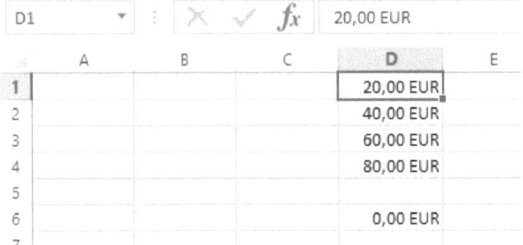

Erst ein Klick auf die Zellen liefert die Antwort: In den Zellen steht nicht 20, 40, 60, ..., sondern 20 EUR, 40 EUR, ... - das heißt der Text "EUR" wurde in die Zelle eingetragen und nicht hinzuformatiert.

Übrigens: Manche Anwender denken, dass durch ein Ändern der Ausrichtung in rechtsbündig aus einem solchen Text eine Zahl wird. Das ist natürlich nicht der Fall!

5.4.13. SVERWEIS rechnet nicht

Seit einer Weile arbeite ich mit dem SVERWEIS. Ich habe ihn schon recht gut verstanden. Aber manchmal rechnet er nicht richtig. Warum?

Dazu muss man sich die Formel genau ansehen:

=SVERWEIS(K2;$A$1:$A$32;3;FALSCH)

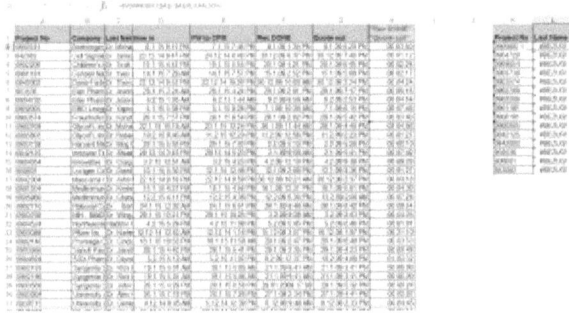

Sie suchen den Wert, der in der Zelle K2 steht in der Spalte A - genauer in den Zellen A1 bis A32. Soweit so gut. Sie möchten den Wert der dritten Spalte (3), also den Last Name wissen. Sie müssen den Bereich ändern: Es ist richtig - Sie suchen zwar in A1:A32, aber in der Spalte A steht nicht der Wert den Sie haben möchten. Sie müssen in der Matrix (in der Informationstabelle, in der die Daten gesucht werden), auch den Bereich einschließen, in dem sich die Daten befinden, also Spalte C. Sie können dabei gerne übers Ziel schießen, beispielsweise:

=SVERWEIS(K2;$A$1:$H$32;3;FALSCH)

Dann funktioniert es.

5.4.14. Excel ohne Nullen

Bei meinem Kollegen ist alles irgendwie anders. Ich weiß auch nicht warum!

Ich habe die Datei genauso nachgebaut wie bei ihm; aber er zeigt mir bei der Formel nicht als Ergebnis den Wert "0", sondern gar nichts. Haben Sie eine Erklärung?

			f_x	=E12*F12		
B		C	D	E	F	G
MWSt.!						
Lizenzpreis		Zahl d. CDs	Preis/CD	Summe	Anzahl	Endsumme
			2,50 €			
114,00 €		1	2,50 €	116,50 €	5	582,50 €
114,00 €		1	2,50 €	116,50 €	10	1.165,00 €
114,00 €		1	2,50 €	116,50 €	10	1.165,00 €
114,00 €		1	2,50 €	116,50 €		
92,00 €		1	2,50 €	94,50 €		
399,00 €		4	10,00 €	409,00 €		
114,00 €		2	5,00 €	119,00 €		
114,00 €		2	5,00 €	119,00 €		
2.049,00 €		10	25,00 €	2.074,00 €		
84,00 €		2	5,00 €	89,00 €	10	890,00 €
137,00 €		2	5,00 €	142,00 €		
					Summe:	3.802,50 €

Klar. Bei Ihnen ist mit Sicherheit die Option "In Zellen mit Nullwerten eine Null anzeigen" ausgeschaltet. Deshalb wird beim Zahlenformat Standard, Zahl oder Währung nichts angezeigt, wenn die Formel den Wert 0 berechnet. Übrigens: "Buchhaltung" würde hier "- €" anzeigen.

5.4 Excel rechnet gar nicht mehr

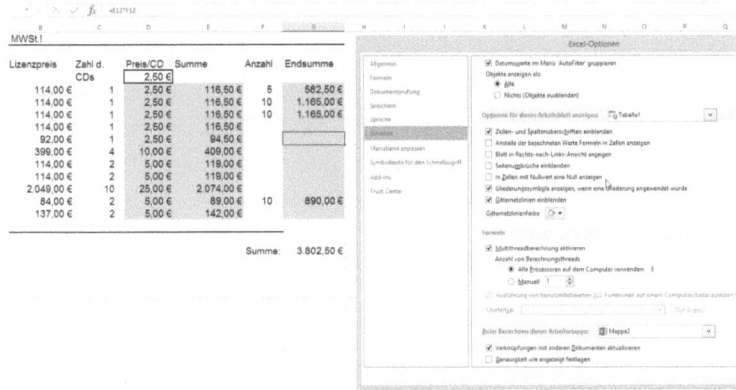

5.4.15. Einsam bist du klein aber gemeinsam ...

Geht das nicht?

Ich habe eine Liste. darin befinden sich in einer Spalte Vornamen, in einer anderen Nachnamen. Das Verketten mit

=D2&E2

klappt hervorragend. Aber - darf ich denn kein Leereichen zwischen Vor- und Nachname schreiben. Ohne - das wäre schon ganz schön doof.

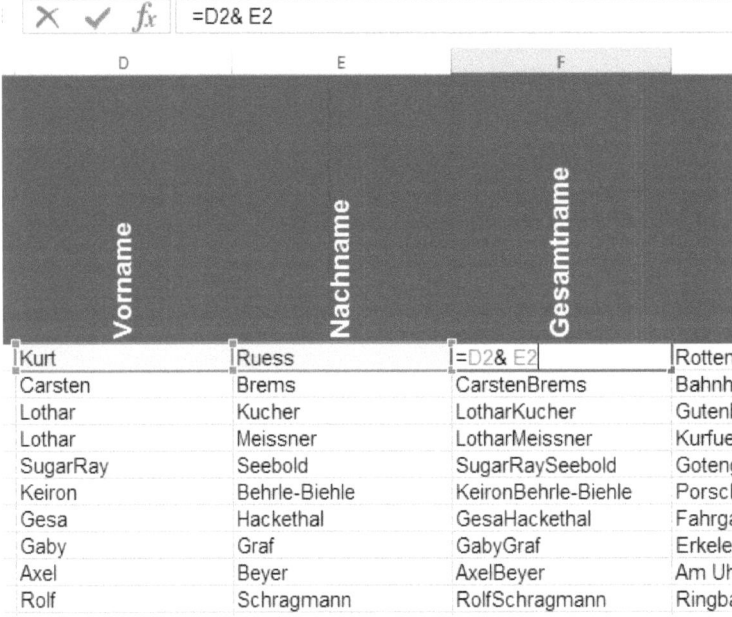

366

Ohne einen einzigen Feiertag

Die Antwort: Natürlich geht es. Aber Sie dürfen nicht das Leerzeichen direkt eingeben, sondern müssen es als Leerzeichen kennzeichnen. Also so

=D2&" "&E2

Dann funktioniert es. Und: Vergessen Sie nicht das zweite Verkettungszeichen "&"!

Übrigens: Ich finde es erstaunlich, dass Excel das Leerzeichen akzeptiert - eigentlich sind Leerzeichen in Formeln verboten und werden mit einer Fehlermeldung quittiert!

5.4.16. Ohne einen einzigen Feiertag

Warum klappt das nicht? Ich habe versucht - genau wie im Internet erklärt - einen Kalender zu erstellen. Ich habe die Feiertage berechnet und versuche auf meinem Kalender die Feiertage mit der Funktion ZAEHLENWENN anzeigen zu lassen. Aber er tut es nicht. Nicht einen einzigen Feiertag!

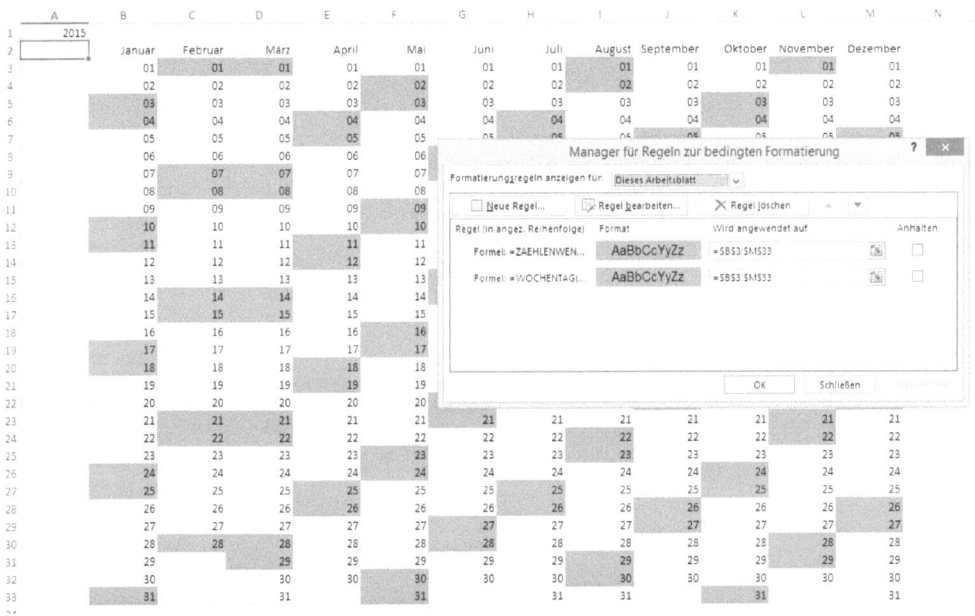

Die Antwort: Sie haben statt ZÄHLENWENN ZAEHLENWENN geschrieben. Erstaunlicherweise übergeht die bedingte Formatierung Tippfehler in den Funktionsnamen und - liefert gar nichts!

5.4 Excel rechnet gar nicht mehr

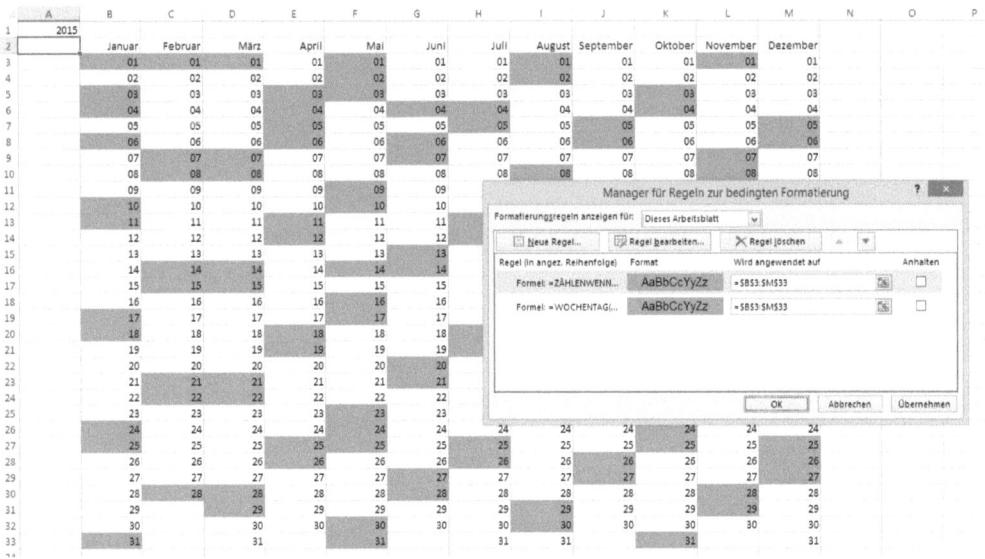

5.4.17. Neugier ist die erste Stufe zur Hölle.

Ich will das auch sehen. Wenn mein Kollege die Funktion ZÄHLENWENN verwendet, sieht er bereits im Dialog das Ergebnis:

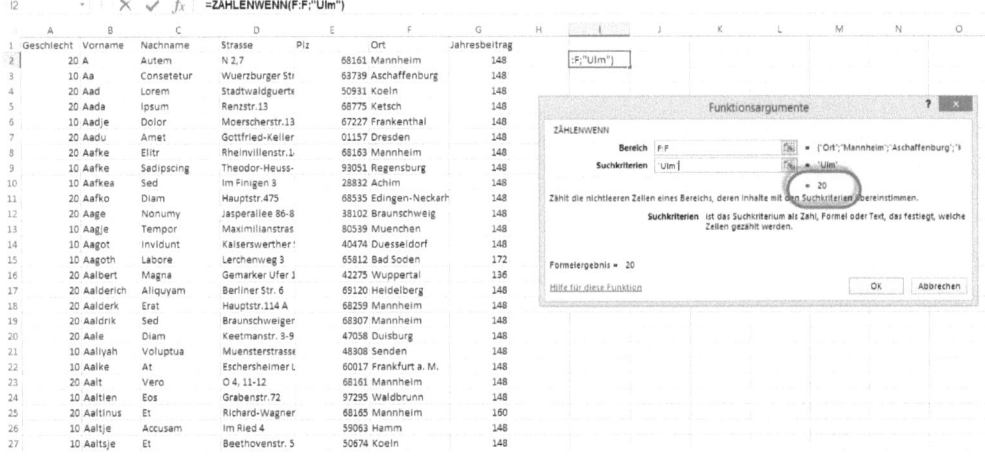

Bei mir jedoch nicht:

Ich finde den Fehler nicht - aber ich habe doch alles richtig gemacht!

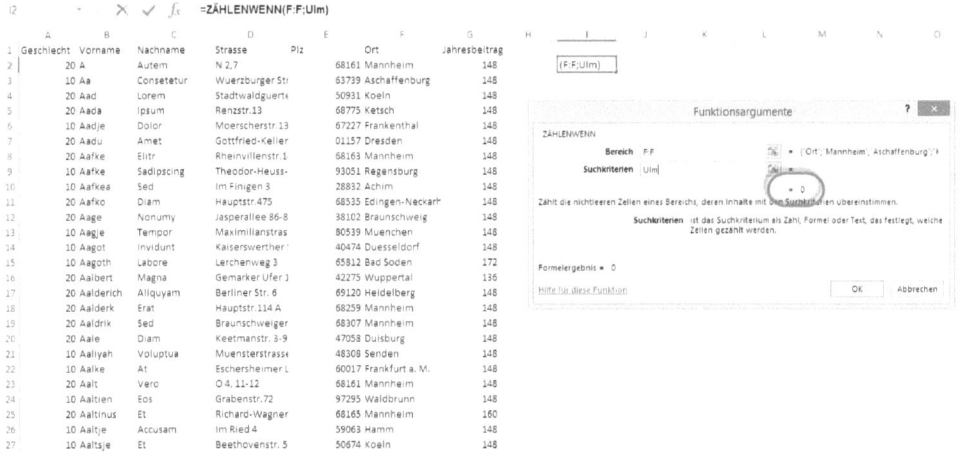

Erst wenn ich den Assistenten mit OK bestätige, steht das richtige Ergebnis in der Zelle. Warum bei mir nicht?

Die Antwort: Ihr Kollege sucht den Ort, indem er dort bereits die Anführungszeichen setzt. Sie haben keine Anführungszeichen eingegeben - de Text - hier Ulm - wird noch nicht als Text erkannt. Erst beim Bestätigen interpretiert der Funktionsassistent die drei Buchstaben Ulm als Text und ermittelt dann das richtige Ergebnis (und schreibt die Anführungszeichen in die Formel).

5.4.18. Ich finde den Fehler nicht - aber ich habe doch alles richtig gemacht!

Hallo Herr Martin,

ich habe die Formel abgeschrieben, die Sie in Ihren Buch veröffentlicht haben. Ich wollte aus einer Entfernungsliste die Distanz zweier Orte ermitteln. Aber es klappt einfach nicht!

Ist da ein Fehler in der Formel?

5.4 Excel rechnet gar nicht mehr

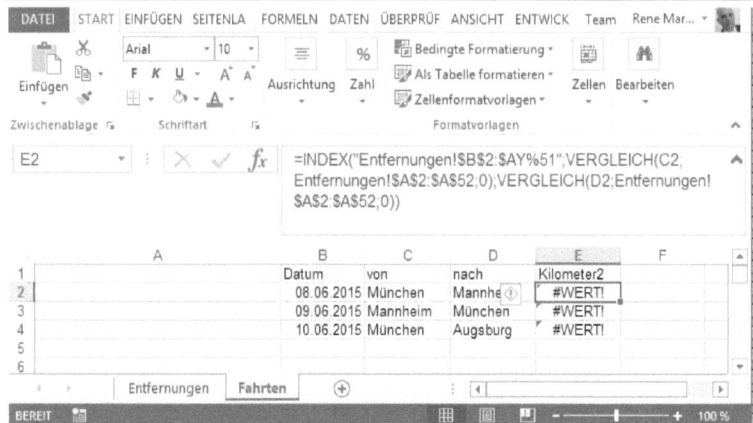

Die Antwort: Sie müssen ganz genau hinschauen. Wahrscheinlich sind Sie beim Abtippen der Formel eine Taste zu weit nach links gerutscht und haben fälschlicherweise statt eines $-Zeichens ein %-Zeichen getippt. Excel quittiert das mit einem Fehler!

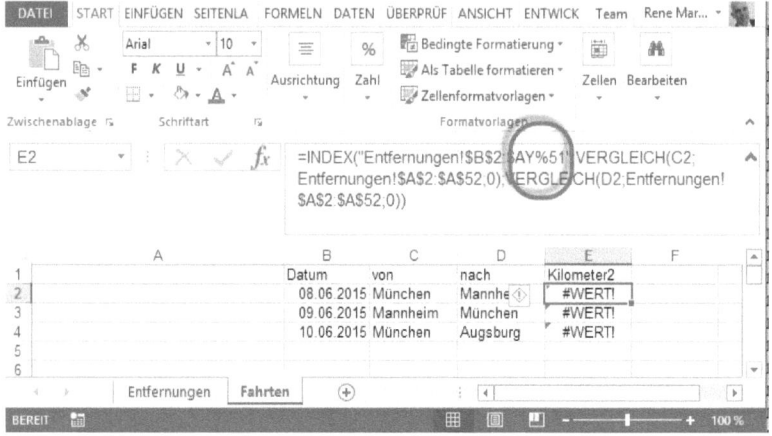

5.4.19. "Komm, wir gehen Pilze finden" (Janosch)

Hallo - und ich würde gerne Formeln finden. Ich weiß, dass auf der Tabelle Formeln liegen - beispielsweise in den Zellen J6:J12. Aber Excel findet sie nicht!

"Komm, wir gehen Pilze finden" (Janosch)

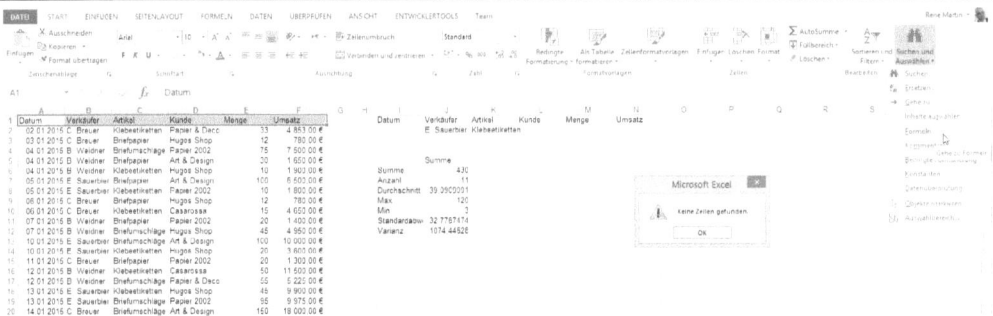

Die Antwort: Sie dürfen nur eine Zelle auswählen! In Ihrem Beispiel haben Sie die Zellen A1:F1 ausgewählt (was man aufgrund der grünen Farbe nicht sehr deutlich sieht). Und DORT findet Excel KEINE Formeln. Also: Markierung auflösen - dann wird die Suche mit Erfolg gekrönt.

6 Listen

6.1. Text in Spalten

6.1.1. Hier gibt es schon Daten. Möchten Sie diese ersetzen?

Eine merkwürdige Fehlermeldung, die auftritt, wenn Sie den Assistenten "Text in Spalten" verwenden, den Sie im Register "Daten" finden. Er kann zwei Ursachen haben:

1. Einige der Texte haben mehrere Trennzeichen und würden tatsächlich Daten überschreiben (hier im Beispiel "Peter J. Krebs", dessen Nachname in der Spalte "Position" stehen würde.

2. Es befinden sich Formatierungen in den Zellen, beispielsweise in Zeile 1 - die lila Hintergrundfarbe. Das genügt für Excel um von "Daten" auszugehen.

Tipp: Wenn Sie unsicher sind, kopieren Sie die Spalte auf ein leeres Tabellenblatt und trennen dort die Daten. Schauen Sie sich dann das Ergebnis an.

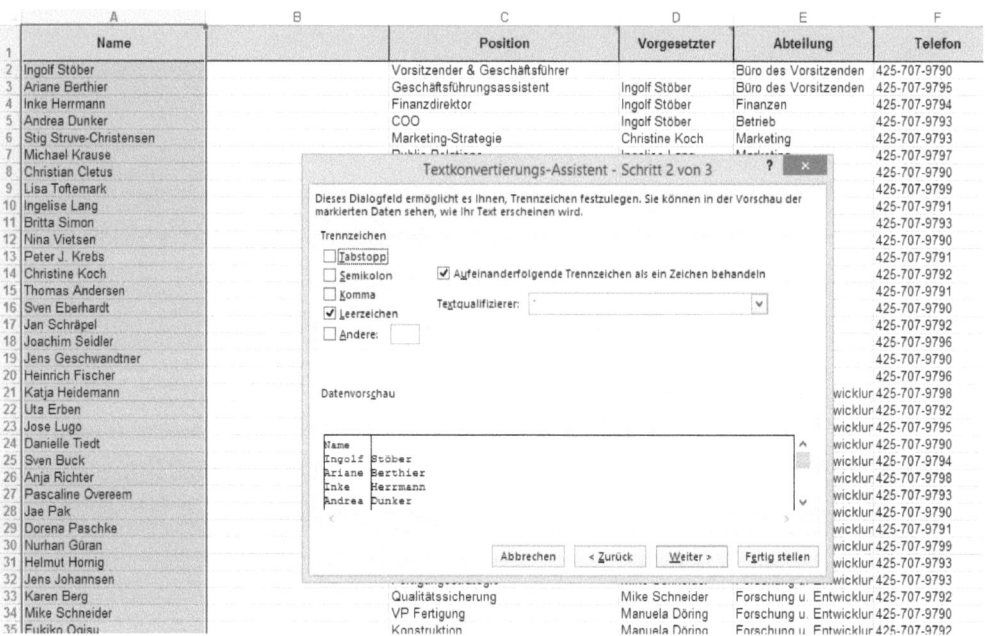

Es wurden keine Daten zur Analyse markiert

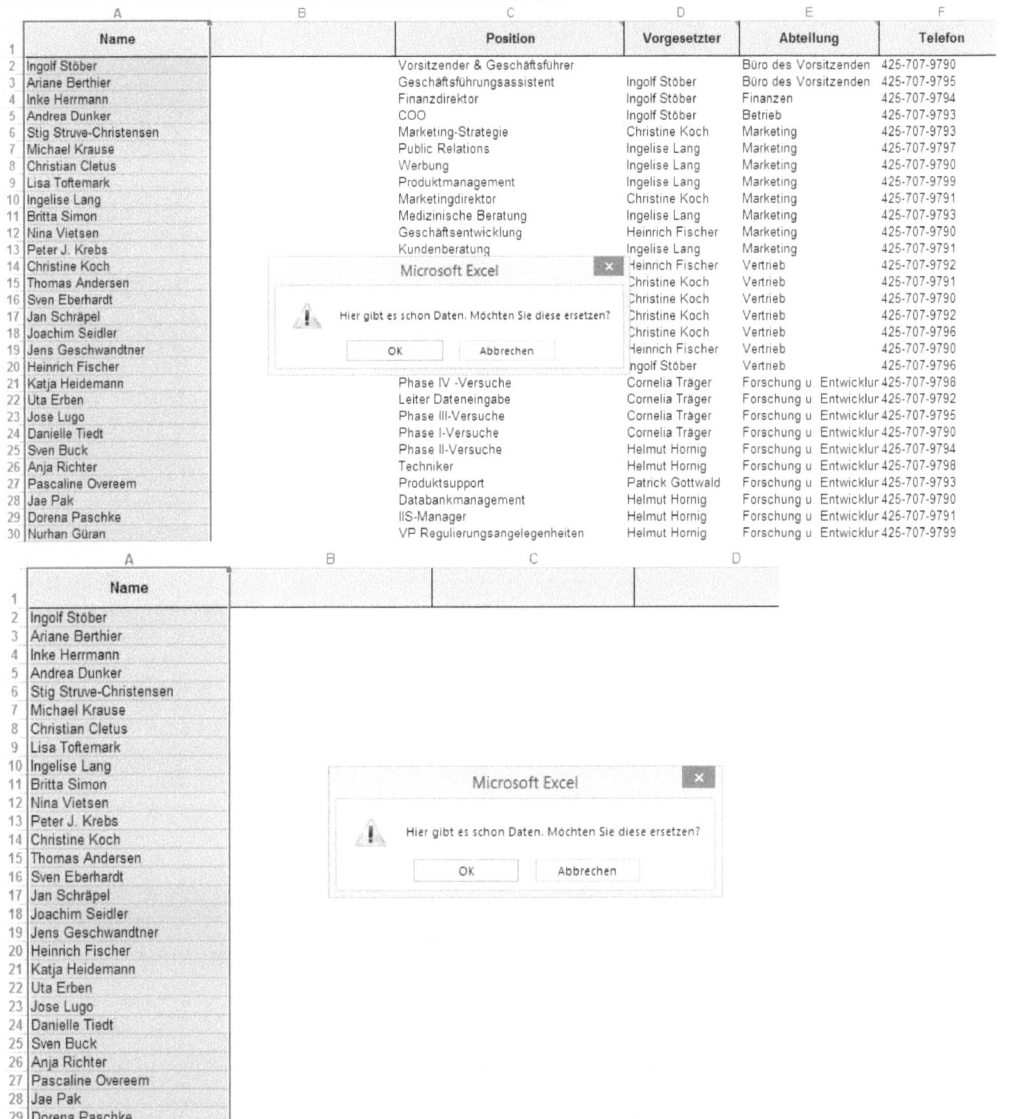

6.1.2. Es wurden keine Daten zur Analyse markiert

Der Assistent Daten / Text in Spalten wartet mit einer merkwürdigen Fehlermeldung auf. Was ist los?

Nun - er setzt voraus, dass Daten markiert werden - normalerweise eine Spalte. Dann klappt es.

6.1 Text in Spalten

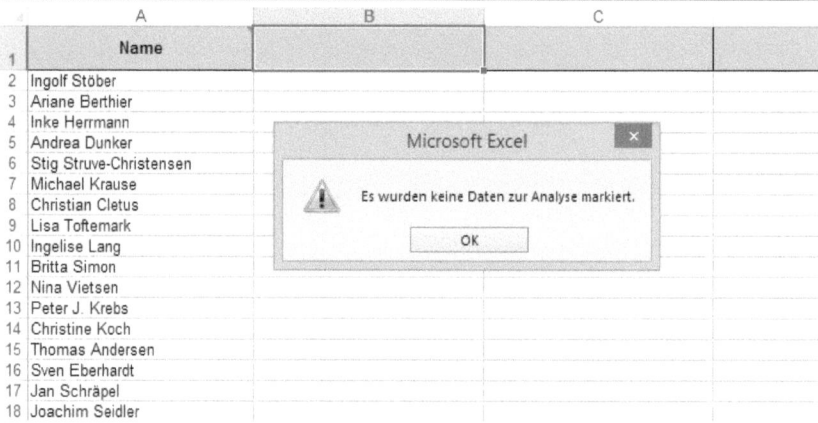

6.1.3. Die Ausführung dieses Befehls ist bei einer nicht zusammenhängenden Mehrfachmarkierung nicht möglich

Eigentlich klar - der Assistent Daten / Text in Spalten funktioniert nur dann, wenn nur EINE Spalte markiert ist.

Übrigens: Er funktioniert auch dann nicht, wenn Teile der Spalte einzeln mit der [Strg]-Taste markiert wurden.

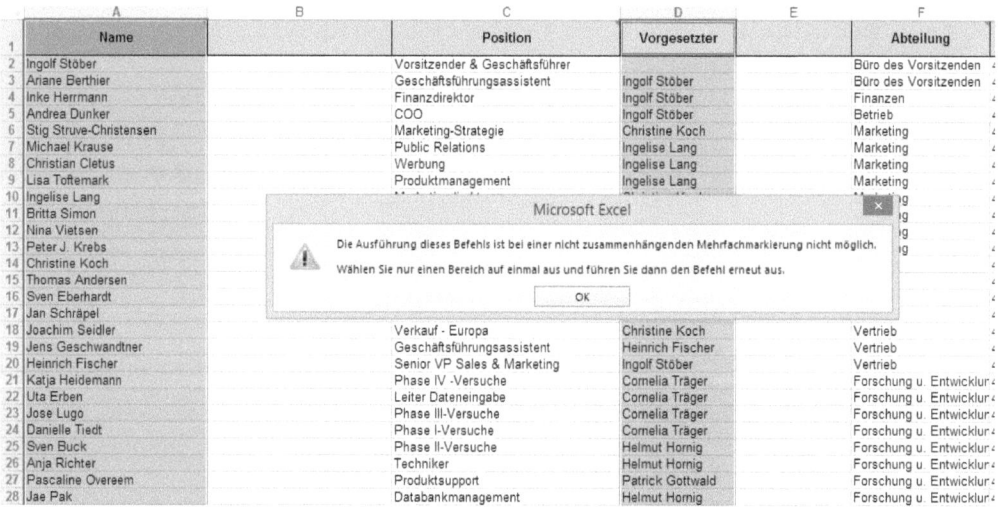

Es wurden keine Daten zur Analyse markiert

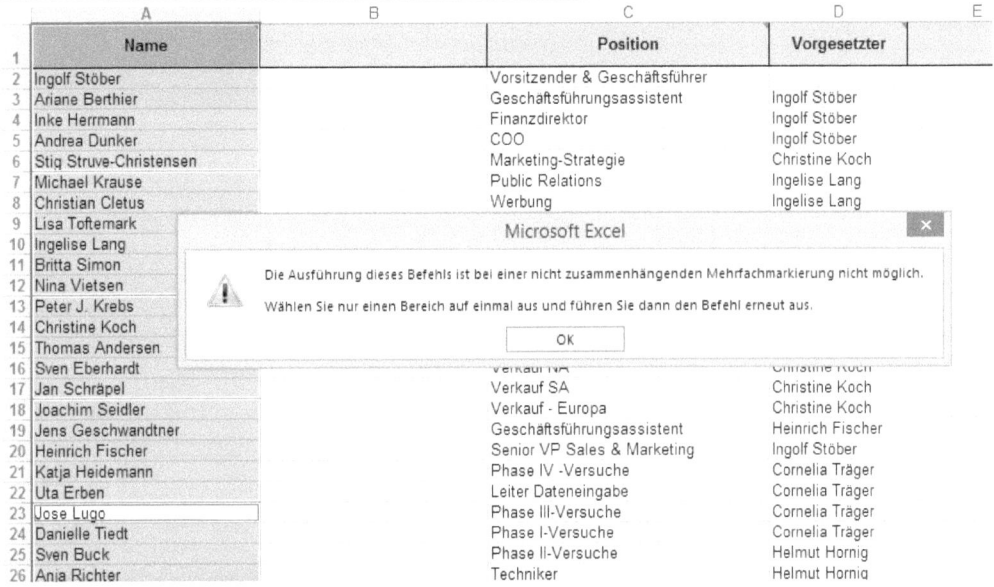

6.1.4. Es wurden keine Daten zur Analyse markiert

Während die Assistenten sortieren, filtern, Pivottable, Teilergebnis und Diagramme voraussetzen, dass sich der Cursor auf einer Zelle innerhalb des Bereiches befindet, verlangt der Assistent "Text in Spalten" dass die eine Spalte markiert wurde. Wenn nicht, wird es mit einer Fehlermeldung quittiert.

6.1 Text in Spalten

6.1.5. Summe funktioniert nicht

Sehr geehrter Herrn Martin,

In der Excel Tabelle die im Anhang beigefügt ist, bekommen wir Daten von unsere EDV (sehe Sheet 1 vor Verarbeitung). Ich gehe dann in „DATA" und „Text to Columns" und spalte diese Tabelle so, dass sie nach diesen Schritten wie im 2. Sheet (Daten nach Verarbeitung) aussieht.

Das Problem liegt indem einige Zahlen immer noch so erscheinen „1 150,000" und keine weitere Formatierung möglich ist. Da ich auch eine Summe daraus ziehen möchte.

Wie kann man dieses Problem lösen?

"Trennen" trennt traurig

	A	B	C	D	E	F	G	H	I	J	K
1	EP 09651423.1	;031	;EP2009006711	;20-11-2009;	45,000	;EUR	;P*	;00714554	;		
2	EP 05677633.3	;022	;056776333	;02-12-2009;	75,000	;EUR	;P*	;00001577	;		
3	EP 09642055.7	;001	;EP2009055412	;21-12-2009;	62,000	;EUR	;P*	;00012707	;		
4	EP 09665179.5	;027	;EP2009016133	;21-12-2009;	115,400	;EUR	;P*	;00062174	;		
5	EP 09673911.1	;520	;EP2009013211	;21-12-2009;	20,000	;EUR	;P*	;00012709	;		
6	EP 09615119.4	;027	;EP2009011651	;06-01-2010;	150,000	;EUR	;P*	;00506349	;		
7	EP 07611161.1	;002	;076111611	;11-01-2010;	1 150,000	;EUR	;P*	;00001499	;		
8	EP 07611161.1	;005	;076111611	;11-01-2010;	500,000	;EUR	;P*	;00001499	;		
9	EP 07611161.1	;001	;076111611	;11-01-2010;	1 405,000	;EUR	;P*	;00001499	;		
10	EP 07611161.1	;020	;076111611	;11-01-2010;	170,000	;EUR	;P*	;00001499	;		
11	EP 07611161.1	;123	;076111611	;11-01-2010;	1 116,500	;EUR	;P*	;00001499	;		
12	EP 09667030.7	;027	;EP2009001065	;12-01-2010;	65,000	;EUR	;P*	;00035079	;		
13	EP 04615100.4	;029	;EP2004010612	;15-09-2005;	120,000	;EUR	;P	;00577796	;		
14	EP 04615100.4	;029	;046151004	;13-01-2010;	40,000	;EUR	;P*	;00055342	;		
15	EP 05702355.6	;029	;057023556	;13-01-2010;	40,000	;EUR	;P*	;00055343	;		
16	EP 09701152.1	;022	;EP2009007644	;15-01-2010;	75,000	;EUR	;P*	;00029540	;		
17	EP 06615217.4	;022	;066152174	;17-01-2010;	75,000	;EUR	;P*	;00031201	;		
18	EP 06730091.9	;022	;067300919	;17-01-2010;	75,000	;EUR	;P*	;00031202	;		
19	EP 07737151.1	;022	;077371511	;17-01-2010;	75,000	;EUR	;P*	;00031216	;		

	A	B	C	D	E	F	G
1	PCT/EP2012/057947	070	EP2012057947	03.07.2012	40,00	EUR	P*
2	EP 12001019.4	001	120010194	26.07.2012	200,00	EUR	P*
3	EP 12001019.4	002	120010194	26.07.2012	1 115,000	EUR	P*
4	EP 12001019.4	015	120010194	26.07.2012	450,00	EUR	P*
5	EP 12001019.4	055	120010194	26.07.2012	40,00	EUR	P*
6	EP 00275161.4	041	2751614	30.07.2012	1 350,000	EUR	P*
7	EP 12001011.1	001	120010111	06.09.2012	200,00	EUR	P*
8	EP 12001011.1	002	120010111	06.09.2012	1 115,000	EUR	P*
9	EP 09753112.6	034	97531126	20.09.2012	555,00	EUR	P*
10	EP 07770171.1	035	77701711	01.10.2012	665,00	EUR	P*
11	EP 11109694.5	031	111096945	11.10.2012	995,00	EUR	P*
12	EP 12006196.2	001	120061962	16.10.2012	200,00	EUR	P*
13	EP 12006196.2	002	120061962	16.10.2012	1 115,000	EUR	P*
14	EP 12006196.2	015	120061962	16.10.2012	225,00	EUR	P*
15	EP 09133926.5	034	91339265	30.10.2012	555,00	EUR	P*
16	EP 12006361.2	001	120063612	01.11.2012	200,00	EUR	P*
17	EP 12006361.2	002	120063612	01.11.2012	1 115,000	EUR	P*
18	EP 12006361.2	501	120063612	01.11.2012	74,00	EUR	P*
19	PCT/EP2102/057352	029	EP2102057352	06.12.2012	50,00	EUR	P*
20	PCT/GB1999/003006	044	GB1999003006	21.12.2012	1 495,000	EUR	P*
21	PCT/GB1999/003006	104	GB1999003006	21.12.2012	647,00	EUR	P*
22	EP 11101957.4	001	111019574	29.12.2012	200,00	EUR	P*

Die Antwort: Dummerweise liefert Ihr System die Spalte E so, dass nach dem Tausenderwert als Tausendertrennzeichen ein Leerzeichen verwendet wird. Diese müssen Sie löschen. Ich würde die Spalte (hier E) markieren und dann mit Home / Find & Replace (ganz rechts) das Leerzeichen (einfach ein Blank eintippen) durch nichts ersetzen.

6.1.6. "Trennen" trennt traurig

Lieber Herr Martin,

6.1 Text in Spalten

eine allerletzte Frage (bestimmt die allerletzte!). Wir haben bei Ihnen im Kurs gelernt, dass man mit dem Assistenten "Daten trennen" Daten auseinander pflücken kann. Aber manchmal will er einfach nicht. Können Sie mir das erklären?

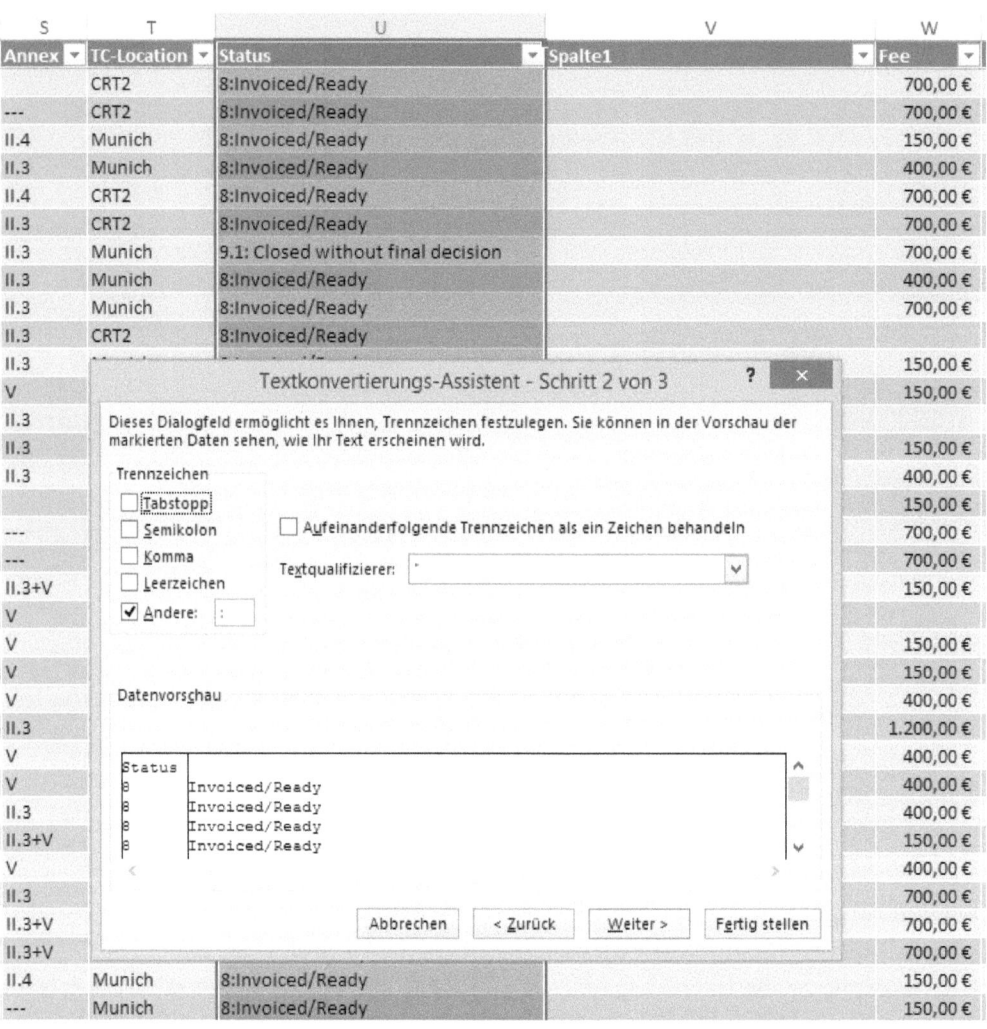

"Trennen" trennt traurig

09.01.2015

Resp. Department	A, N, I, or D	Annex	TC-Location	Status	Spalte1
MHS-HMB	A		CRT2	8	Invoiced/Ready
MHS-HMB	N	---	CRT2	8	Invoiced/Ready
AMP-3	A	II.4	Munich	8	Invoiced/Ready
NAM-5	N	II.3	Munich	8	Invoiced/Ready
MHS-HMB	N	II.4	CRT2	8	Invoiced/Ready
MHS-BEJ	N	II.3	CRT2	8	Invoiced/Ready
MHS-HMB	A	II.3	Munich	09. Jan	Closed without final decision
MHS-HMB	A	II.3	Munich	8	Invoiced/Ready
MHS-FA	A	II.3	Munich	8	Invoiced/Ready
MHS-ITA	A	II.3	CRT2	8	Invoiced/Ready
AMP-2	A	II.3	Munich	8	Invoiced/Ready
MHS-JAP	A	V	Tokyo	8	Invoiced/Ready
NAM-4	N	II.3	CRT2	8	Invoiced/Ready

Klar - kann ich! In der einen Zelle steht "9.1: Closed without final decision", in der anderen "8:Invoiced/Ready". Wenn Sie den Doppelpunkt als Trennzeichen anlegen erhalten Sie "9.1", beziehungsweise "8". Dummerweise wird jedoch "9.1" als Datum interpretiert - genauer als 09. Januar in diesem Jahr 2015. Excel stellt es als "09. Jan" dar.

Die Lösung 1: Im letzten Schritt des Assistenten können Sie festlegen, dass diese Spalte als Text formatiert werden soll. Dann lässt Excel das vermeintliche Datum in Frieden.

6.1 Text in Spalten

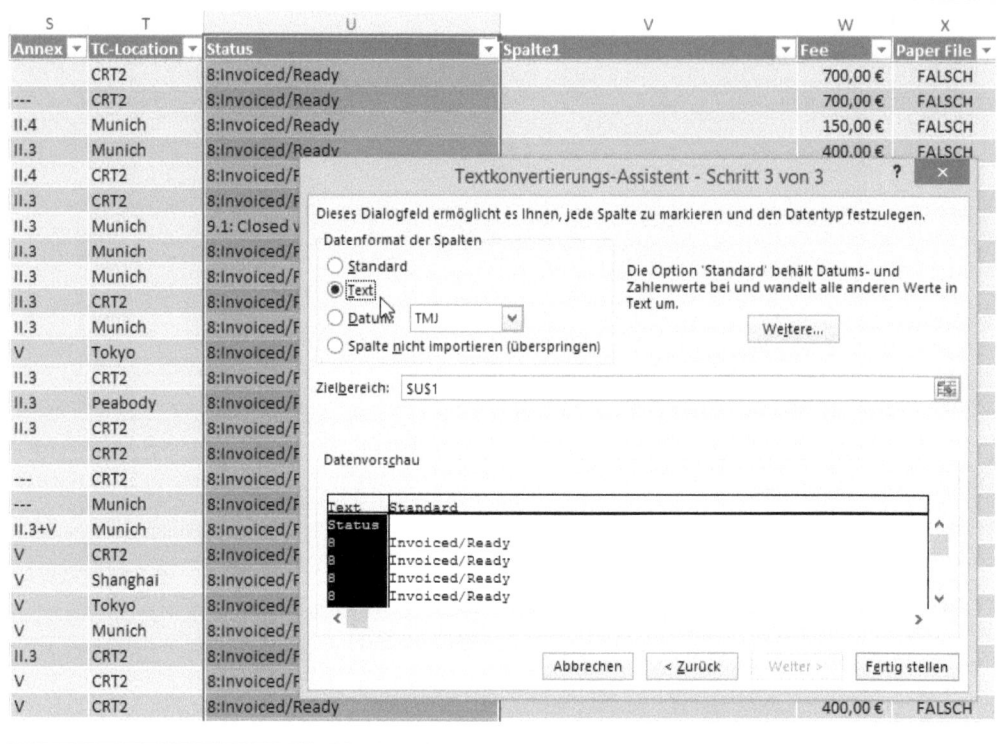

Lösung 2: Oder Sie verwenden eine Formel: Suche die Position des Doppelpunkts (mit SUCHEN oder FINDEN) und schneide von LINKS alle Zeichen abzüglich 1 ab. Beispielsweise so:

=WENNFEHLER(LINKS(U5861;FINDEN(":";U5861)-1);"")

fx =WENNFEHLER(LINKS(U5861;FINDEN(":";U5861)-1);"")

U Status	V Spalte1	W Fee
8:Invoiced/Ready	8	700,00 €
8:Invoiced/Ready	8	700,00 €
8:Invoiced/Ready	8	150,00 €
8:Invoiced/Ready	8	400,00 €
8:Invoiced/Ready	8	700,00 €
8:Invoiced/Ready	8	700,00 €
9.1: Closed without final decision	9.1	700,00 €
8:Invoiced/Ready	8	400,00 €
8:Invoiced/Ready	8	700,00 €
8:Invoiced/Ready	8	

Lösung 3 funktioniert leider nicht - man kann bedauerlicherweise nicht die Spalte als Text VORformatieren - der Assistent "Text in Spalten" überschreibt die Formatierung ...

6.1.7. Getrennte Daten

Ich habe genau aufgepasst, was meine Kollegin macht. Wenn wir einen Download von unserem System erhalten, muss eine Spalte in zwei Teile zergliedert werden. Dazu hilft der Assistent "Text in Spalten". Den finde ich im Register "Daten".

Aber: Als ich es das erste Mal selbst versuchen wollte, bin ich ins Grübeln gekommen. Der Assistent wollte von mir wissen, ob die Daten eine feste Breite haben (sicherlich nicht!) oder ob sie getrennt sind. Natürlich sind sie noch nicht getrennt - sonst würde ich sie doch nicht trennen wollen. Ich habe mal abgebrochen - vielleicht können Sie mir ja helfen, was ich tun soll.

6.1 Text in Spalten

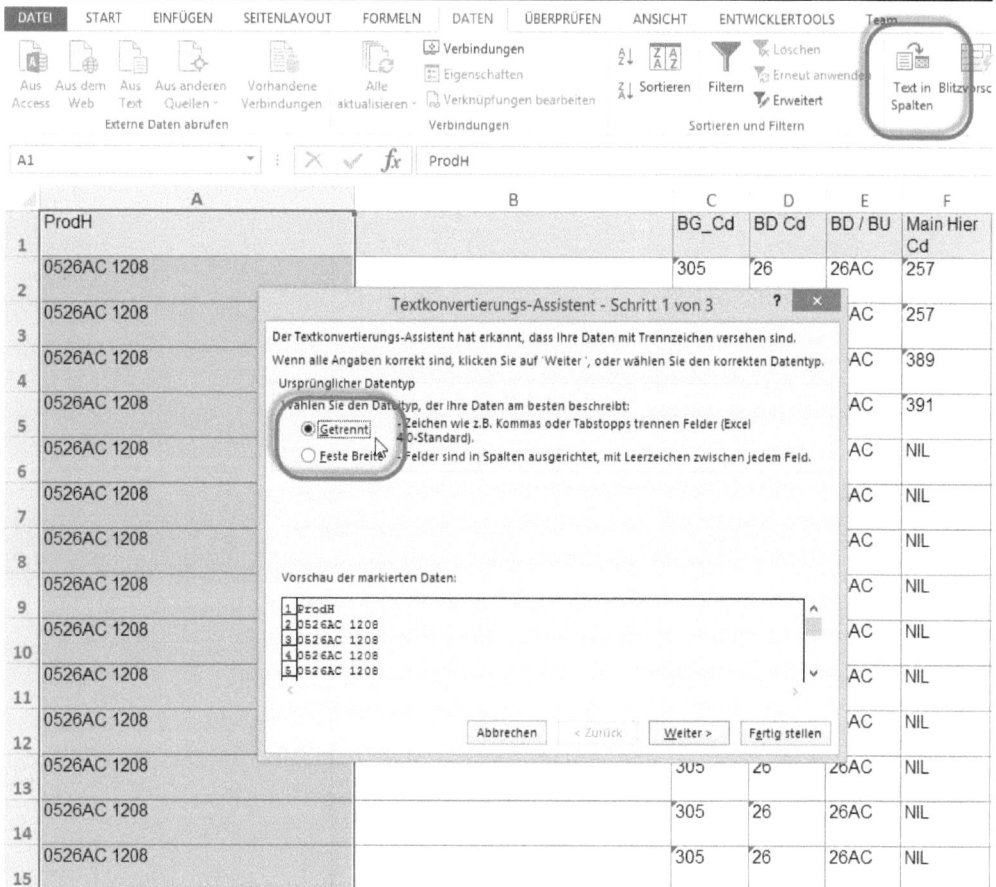

Die Antwort: Die Option "getrennt" war schon richtig. Auch hier wurde etwas verwirrend übersetzt, beziehungsweise beschriftet. Ich hätte es wahrscheinlich beschriftet mit: "gibt es ein Trennzeichen anhand dem Excel erkennen kann, wo die Daten getrennt werden sollen" (oder ähnliches). Im englischen Original ist es auch nicht so dolle beschriftet - auch hier könnte die Sprachabteilung nochmal drüber:

Texte verschwinden

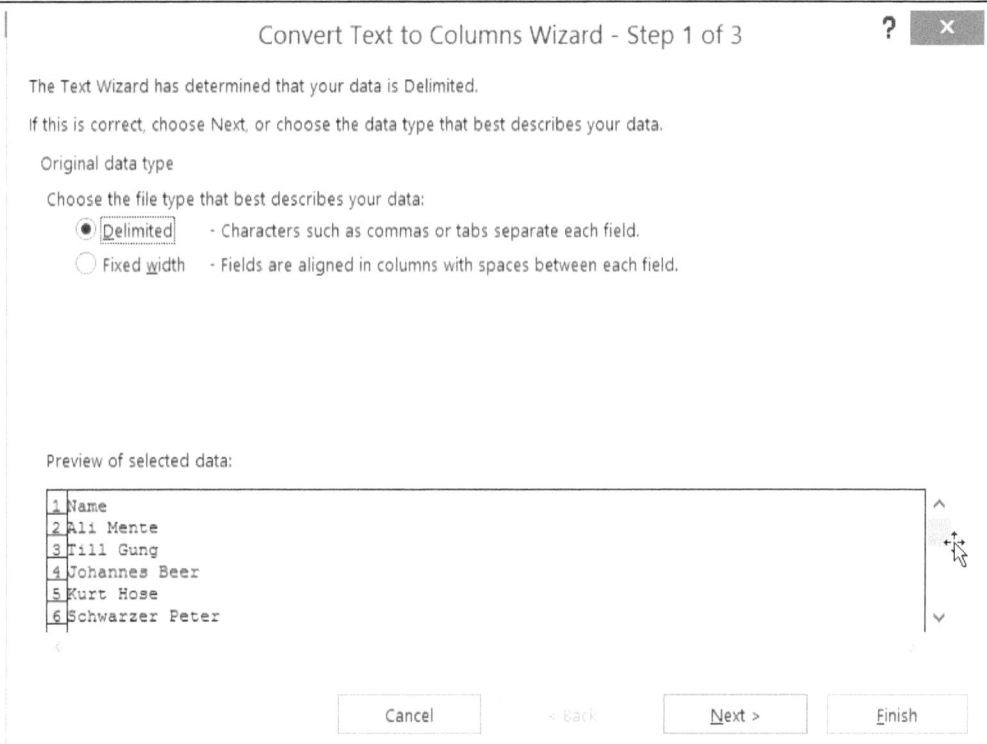

"Choose the file type that best describes your data: Delimited - Characters such as commas or tabs separate each field."

6.1.8. Texte verschwinden

Ist Ihnen folgendes Phänomen schon aufgefallen? In einer Tabelle, die aus einem anderen System kommt, stehen in einer Spalte Adressinformationen - dummerweise Vorname und Nachname durch ein Leerzeichen getrennt, ebenso Postleitzahl und Ort. Noch schlimmer - die drei Adresszeilen wurden durch eine Zeilenschaltung ([Alt] + [Enter]) getrennt. Wenn Sie nun den Assistenten "Text in Spalten" (Registerkarte "Daten" verwenden, dort das Leerzeichen als Trennzeichen angeben:

6.1 Text in Spalten

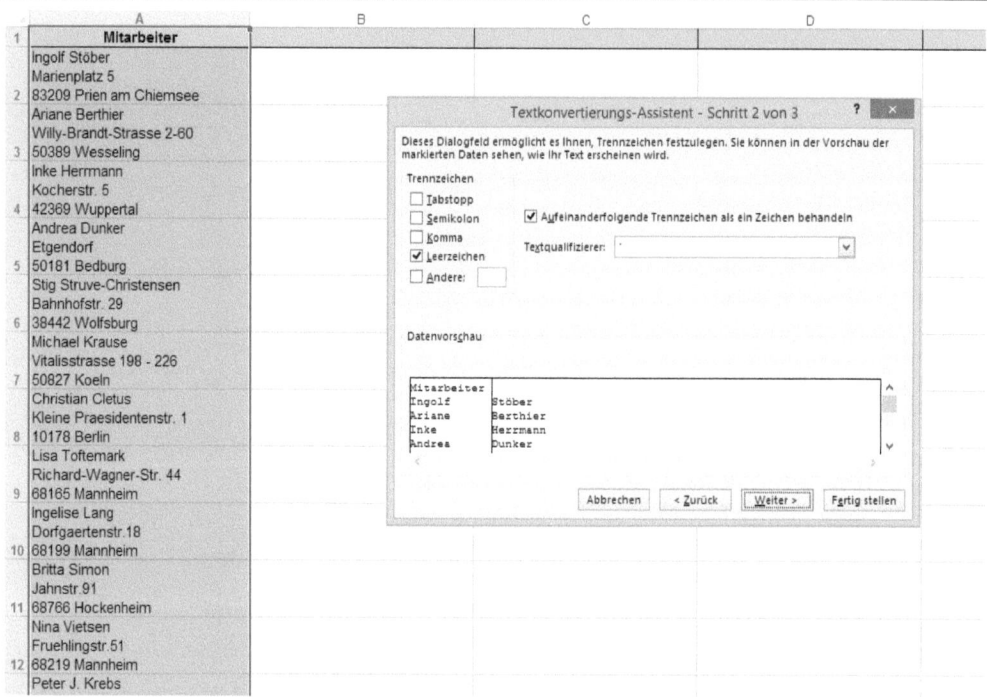

dann verschwinden die Daten, die hinter der Zeilenschaltung standen:

Texte verschwinden

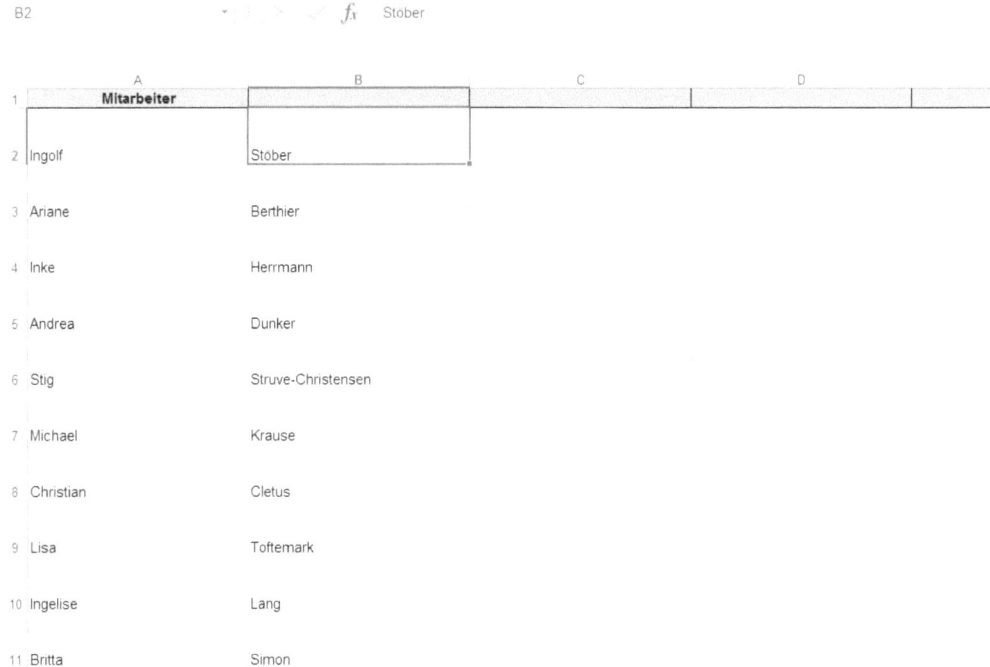

Die Lösung: Man müsste die Zeilenschaltungen durch ein anderes Zeichen ersetzen, beispielsweise so:

=WECHSELN(A2;ZEICHEN(10);"/")

Anschließend die Formel in Werte umwandeln (Inhalte einfügen) und dann erst kann man die Daten vernünftig trennen. Schon merkwürdig, dass einfach Daten verschwinden ...

6.2 Sortieren

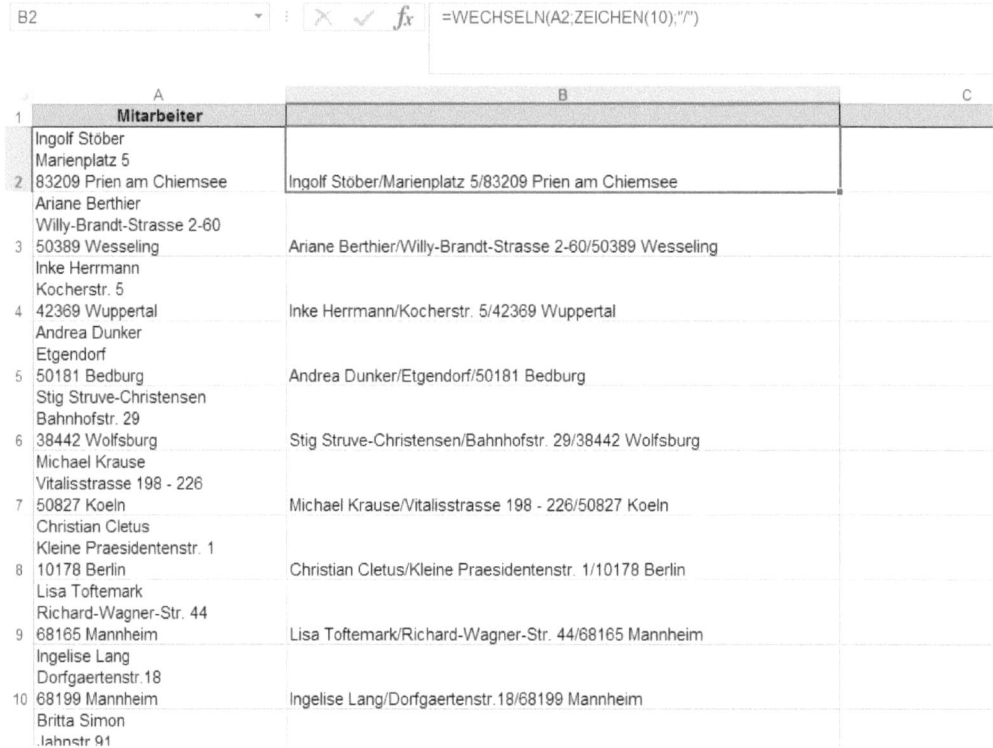

6.2. Sortieren

6.2.1. Sortieren und Filtern - geht nicht!

Es muss nicht immer der Schutz einer Tabelle sein, warum sortieren und filtern verhindert wird.

Ein Blick in die Titelzeile liefert den Hinweis, dass mehrere Tabellen ausgewählt wurden. Deshalb sind alle Befehle der Registerkarte "Daten" inaktiv. So etwas passiert häufig, wenn man statt mit [Strg]+[Bild ↓] auf das nächste Blatt mit der Tastenkombination [Shift]+[Strg]+[Bild ↓] beide Tabellenblätter auswählt. Oder wenn man Wechseln auf ein anderes Tabellenblatt fälschlicherweise die [Shift]-Taste gedrückt hält. Leider sieht man an den Farben der Registerkarten nicht gut, dass mehrere Tabellenblätter ausgewählt wurden. Die Titelzeile jedoch verrät es ...

Wie geht denn das? Namen statt Spaltenköpfe?

6.2.2. Wie geht denn das? Namen statt Spaltenköpfe?

Eine Kollegin hat in einer Exceltabelle stallt den Spaltennamen A | B | C ... die sprechenden Überschriften der Tabelle: Kundennummer | Vorname | Nachname. Wie geht denn das?

Die Antwort: Wenn man eine Liste als Tabelle formatiert (Einfügen / Tabelle), und nun in der Registerkarte "Entwurf" die Formatvorlage löscht, ebenso wie den Autofilter (Register "Daten"), dann wird beim Scrollen nach unten die Überschrift anstelle der Spaltenköpfe angezeigt.

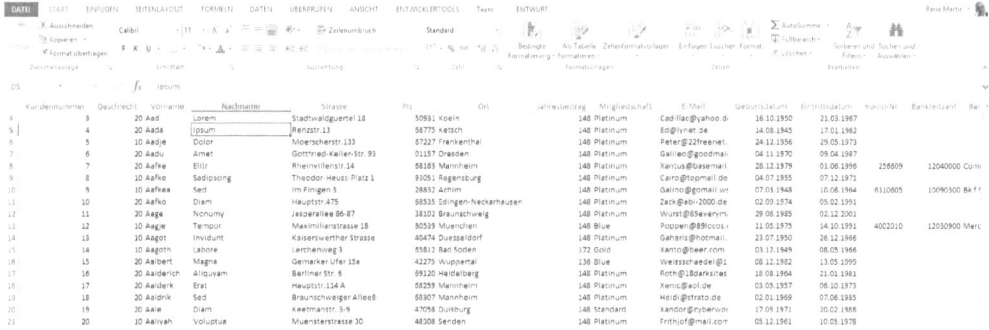

6.2 Sortieren

6.2.3. Für diese Aktion müssen alle verbundenen Zellen dieselbe Größe haben

Beim Sortieren erscheint eine "lustige" Fehlermeldung statt dem Ergebnis der Sortierung.

Der Grund: einige der Zellen sind verbunden (hier: der Vorgesetzte). Dadurch werden aus mehreren Zellen jeweils eine Zelle. Diese kann nun nicht sortiert werden.

Die Lösung: Markieren Sie das gesamte Arbeitsblatt und heben mit einem Klick den Zellverbund aller Zellen wieder auf.

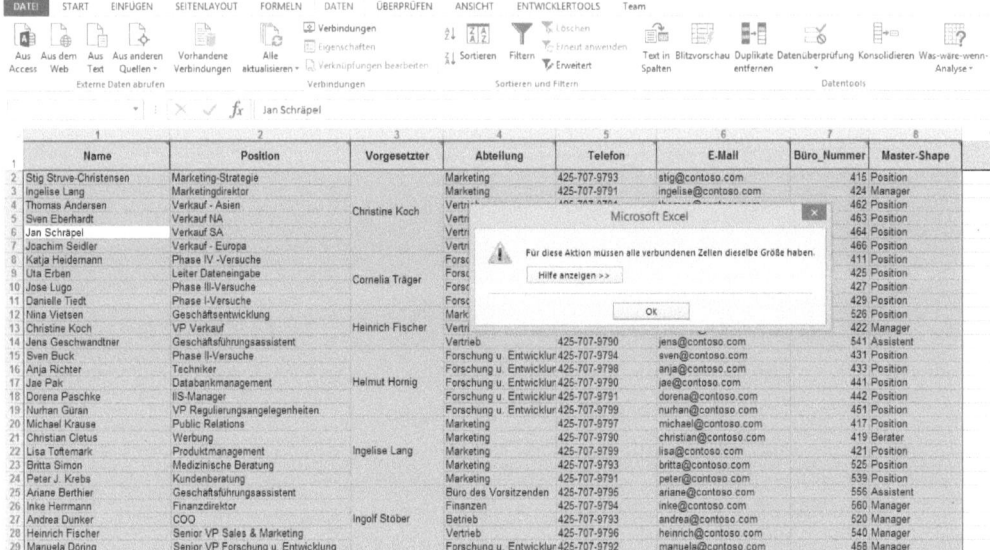

6.2.4. Der Befehl konnte für den ausgewählten Zellbereich nicht ausgeführt werden. Markieren Sie eine einzelne Zelle innerhalb eines Datenbereichs, und versuchen Sie es dann erneut.

Das Sortieren und Filtern geht nicht mehr. Warum?

Der Cursor sitzt außerhalb des Bereichs, den Sie sortieren oder filtern möchten. Übrigens: Auch der Assistent "Teilergebnis" funktioniert nicht mehr.

Microsoft Excel hat Daten unmittelbar neben den markierten Zellen entdeckt. Da Sie diese Daten nicht markiert haben, werden sie nicht sortiert.

6.2.5. Microsoft Excel hat Daten unmittelbar neben den markierten Zellen entdeckt. Da Sie diese Daten nicht markiert haben, werden sie nicht sortiert.

Warum bringt Excel manchmal beim Sortieren so eine merkwürdige Fehlermeldung?

Die Antwort: Markieren Sie bitte nichts, wenn Sie sortieren. Setzen Sie nur den Cursor auf ein Feld, dessen Spalte Sie sortieren möchten und klicken anschließend auf das Symbol A↓Z (oder Z↓A). Wenn Sie markieren, stellt Excel die Frage, ob Sie nur diese Spalte sortieren möchten - die Daten links und rechts bleiben so stehen - das ist fatal und meistens nicht gewünscht!

6.2 Sortieren

6.2.6. Excel sortiert nicht richtig

Manchmal sortiert Excel nur einen Teil der Tabelle. Manchmal die gesamte Tabelle. Das heißt: Manchmal muss ich die Tabelle markieren, manchmal nicht.

Wenn Sie mindestens eine Spalte haben, in der in der Zelle eine Information steht und mindestens eine Zeile, in der in jeder Zelle ein Wert steht, erkennt Excel diesen zusammenhängenden Bereich (currentregion).

Wenn Sie nicht sicher sind, drücken Sie die Tastenkombination [Strg]+[*]. Dann sehen Sie, was Excel sortieren würde.

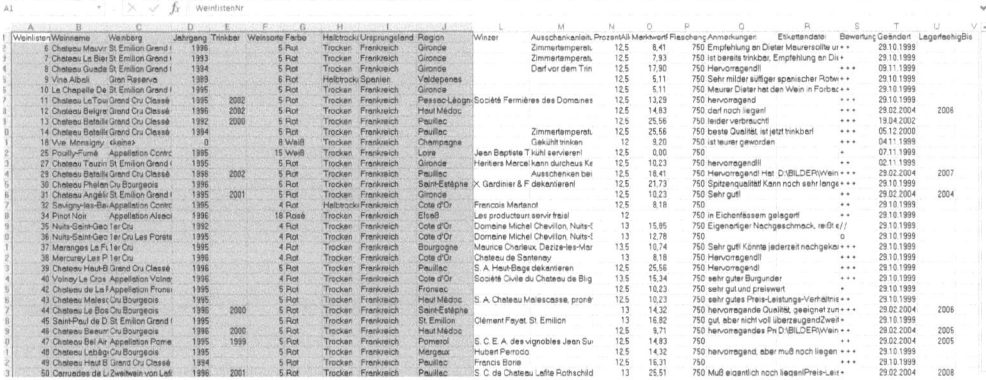

6.2.7. Zuviel ist zuviel

Eine Exceltabelle hat 1.048.576 Zeilen und 16.384 Spalten. Das ist Augenwischerei. Er geht schon vorher "in die Knie".

In einer Liste befinden sich 10.000 Datensätze (in 16 Spalten). In einer Spalte wird mit der bedingten Formatierung alle doppelten Werte mit einer Farbe gekennzeichnet.

Zuviel ist zuviel

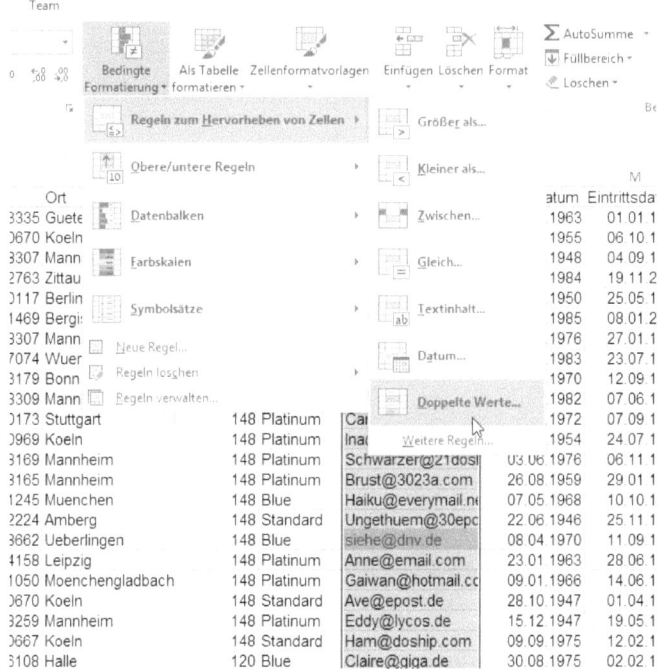

Wenn Sie nun die Liste nach den Farben sortieren oder filtern möchten (was eigentlich recht flott geht), wird Excel sehr, sehr langsam. Häufig zeigt er "keine Rückmeldung" an. Manchmal "fängt" er sich wieder, manchmal stürzt er an dieser Stelle ab.

Ich vermute, dass beim Sortieren und Filtern im Hintergrund eine permanente Neuberechnung der bedingten Formatierung geschieht, so dass Excel an seine Auslastungsgrenzen gerät.

6.2 Sortieren

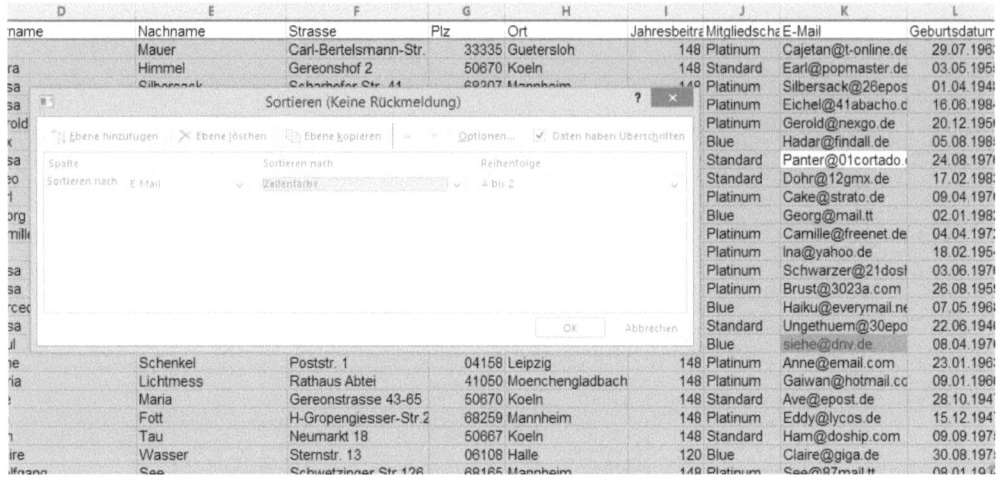

6.2.8. Wo ist mein Excel?

Eigentlich wollte ich nur schnell sortieren. Aber plötzlich war mein Excel weg. Okay - einen kleinen, grünen Streifen sehe ich noch - nicht am Horizont, sondern am unteren Rand.

Sie hätten Ihr Excel selbst finden können. Sie haben auf das Symbol "Sortieren" geklickt. Das Dialogfenster wurde sehr groß angezeigt. Sie können es an der Titelleiste packen und verschieben und unten rechts verkleinern. Dann sieht es wieder aus wie gewohnt.

6.2.9. Eine unerwartete Sortierreihenfolge?!

Eigentlich wollte ich nur die Liste nach den Gerätenamen sortieren.

Und dann diese Meldung:

Der folgende Sortierschlüssel enthält Zahlen, die als Text formatiert wurden und kann daher eine unerwartete Sortierreihenfolge ergeben.

Die Antwort: Sie haben die Spalte, in der die Gerätebezeichnungen stehen, als Text formatiert, was hinsichtlich der Artikelbezeichnungen vernünftig ist. Nun "weiß" Excel nicht, ob die Zahlen der Größe nach (also nach dem Wert) sortiert werden sollen oder als Texte, das heißt alphabetisch von links nach rechts gelesen.

Übrigens: Interessant: Wenn Sie auf eine Zelle innerhalb der Spalte klicken und das Symbol "Nach Größe sortieren" verwenden (A↓Z oder Z↓A), erhalten Sie diese Frage nicht.

6.2.10. Sortieren - leider nicht überall

Ich sortiere häufig Listen. Meistens funktioniert es auch. Aber leider - manchmal zeigt er einfach nicht alle Überschriften an. Beim zweiten oder dritten Anlauf klappt es dann. Woran kann das liegen?

Die Antwort: Wenn Sie genau hinschauen, sehen Sie, dass Sie die Spalte "Ort" (Spalte E) markiert haben. Deshalb schlägt Excel nur die Spalten zum Sortieren vor.

Das heißt: Entweder Sie markieren nichts oder die gesamte Tabelle. Ich empfehle nichts zu markieren. Wenn Sie unsicher sind, ob Excel wirklich den gesamten Bereich sortiert, drücken Sie die Tastenkombination [Strg] + [*]. Dann markiert Excel den zusammenhängenden Bereich, den er ohne Selektion sortieren würde.

6.2.11. Bleib oben!

Hallo Herr Martin,

was mache ich falsch? Ich bekomme aus unseren System jede Woche eine Excel-Datei, die ich nach der Spalte C (Last Audit Date) sortieren muss. Ich klicke hierzu auf die Zelle C1, dann auf das Symbol sortieren - aber manchmal sortiert er die erste Zeile mit in die Tabelle ein, manchmal bleibt sie oben stehen. Warum? Kann man das abschalten? Die Zeile soll oben stehen bleiben. Ist doch nicht so schwierig, oder?

6.2 Sortieren

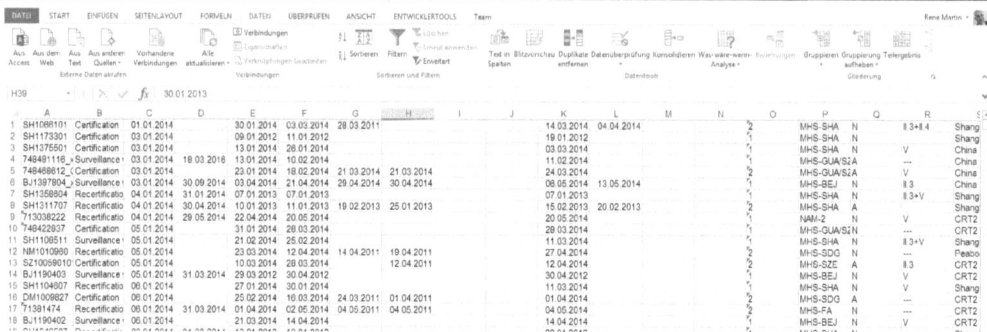

Die Antwort: Damit die erste Zeile oben stehen bleibt, muss jede Zelle der ersten Zeile einen Text aufweisen. Das heißt: die Zelle E1 ist leer. Deshalb "vermutet" Excel, dass es sich bei der ersten Zeile nicht um eine Überschriftszeile handelt, sondern um eine Inhaltszeile, die nach unten mit einsortiert werden soll. Schreiben Sie also etwas rein! Dann klappt es auch beim nächsten Download und beim nächsten Sortieren.

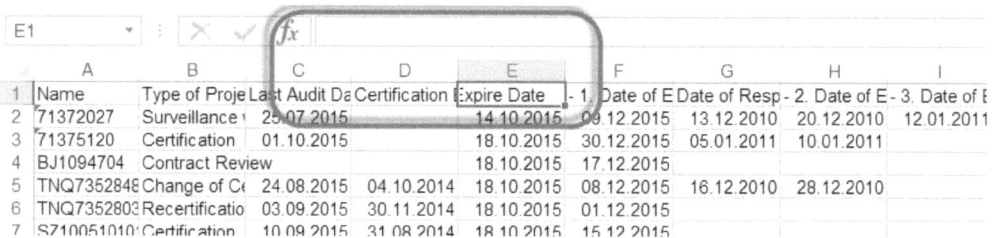

6.2.12. Dummheit ist auch eine natürliche Begabung (Wilhelm Busch)

Hallo Herr Martin,

bin ich doof, oder was? Ich habe ein kleines Projekt in Excel angelegt und dort einige Zeilen farblich unterlegt. Wenn ich nun nach der Farbe sortiere, sind alle orangenen Zeilen oben. So weit so gut:

Dummheit ist auch eine natürliche Begabung (Wilhelm Busch)

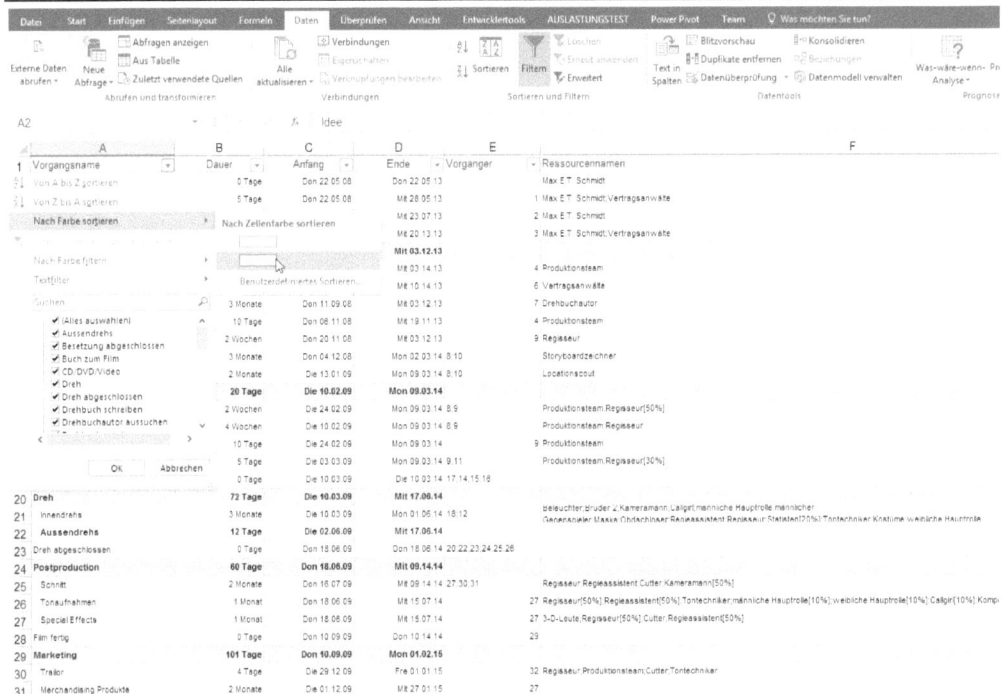

Wenn ich diese Sortierung nun wieder ausschalten möchte und auf die Option "weiß" klicke, dann funktioniert es nicht. Ich hätte gerne die ursprüngliche Reihenfolge der Daten wiederhergestellt. Muss ich wirklich die Liste schließen und wieder aufmachen?

6.2 Sortieren

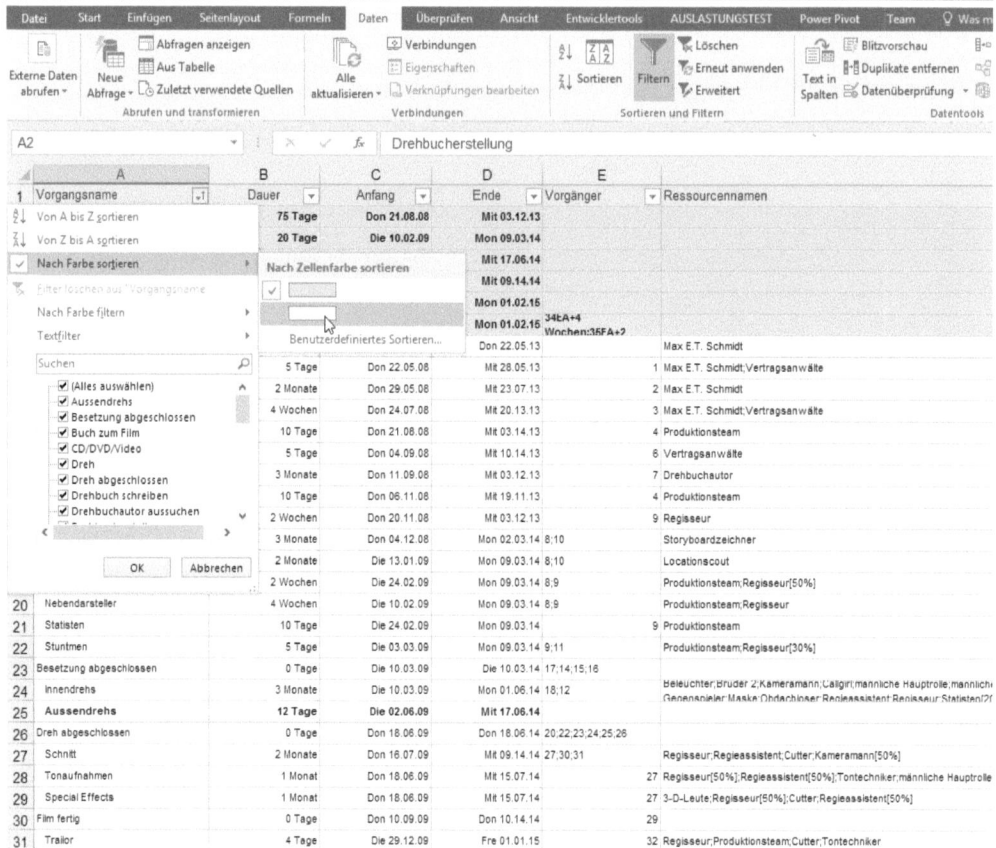

Die Antwort: Weiß bedeutet hier nicht: "ursprüngliche Reihenfolge" oder "Original wiederherstellen", sondern: sortiere die Liste so, dass die weißen Zellen oben stehen. Um die ursprüngliche Reihenfolge zu erhalten, ist es am besten vor dem Sortiervorgang eine laufende Nummer einzufügen. Sie halten die ursprüngliche Reihenfolge wieder, wenn Sie die Liste nun nach dieser Nummer sortieren. Denn "sortieren" bedeutet in Excel: ändere die physikalische Reihenfolge der Daten.

Sortieren und Filtern - geht nicht!

	A	B	C	D	E	
1	Vorgangsname	Dauer	Anfang	Ende	Vorgänger	Ressourcennamen
2	Idee	0 Tage	Don 22.05.08	Don 22.05.13		Max E.T. Schmidt
3	Idee schützen	5 Tage	Don 22.05.08	Mit 28.05.13	1	Max E.T. Schmidt;Vertragsanwälte
4	Kontaktpersonen suchen	2 Monate	Don 29.05.08	Mit 23.07.13	2	Max E.T. Schmidt
5	Verkauf der Idee an Produktionsfirma	4 Wochen	Don 24.07.08	Mit 20.13.13	3	Max E.T. Schmidt;Vertragsanwälte
6	Drehbuchautor aussuchen	10 Tage	Don 21.08.08	Mit 03.14.13	4	Produktionsteam
7	Vertrag mit Drehbuchautor	5 Tage	Don 04.09.08	Mit 10.14.13	6	Vertragsanwälte
8	Drehbuch schreiben	3 Monate	Don 11.09.08	Mit 03.12.13	7	Drehbuchautor
9	Regisseur suchen	10 Tage	Don 06.11.08	Mit 19.11.13	4	Produktionsteam
10	Teamplanung	2 Wochen	Don 20.11.08	Mit 03.12.13	9	Regisseur
11	Storyboard	3 Monate	Don 04.12.08	Mon 02.03.14 8:10		Storyboardzeichner
12	Locations festlegen	2 Monate	Die 13.01.09	Mon 09.03.14 8:10		Locationscout
13	Hauptdarsteller	2 Wochen	Die 24.02.09	Mon 09.03.14 8:9		Produktionsteam;Regisseur[50%]
14	Nebendarsteller	4 Wochen	Die 10.02.09	Mon 09.03.14 8:9		Produktionsteam;Regisseur
15	Statisten	10 Tage	Die 24.02.09	Mon 09.03.14	9	Produktionsteam
16	Stuntmen	5 Tage	Die 03.03.09	Mon 09.03.14 9:11		Produktionsteam;Regisseur[30%]
17	Besetzung abgeschlossen	0 Tage	Die 10.03.09	Die 10.03.14 17;14;15;16		
18	Innendrehs	3 Monate	Die 10.03.09	Mon 01.06.14 18;12		Beleuchter;Bruder 2;Kameramann;Callgirl;männliche Hauptrolle;mann... Gegenspieler Maske;Obdachloser;Regieassistent;Regisseur;Statist...
19	Aussendrehs	12 Tage	Die 02.06.09	Mit 17.06.14		
20	Dreh abgeschlossen	0 Tage	Don 18.06.09	Don 18.06.14 20;22;23;24;25;26		
21	Schnitt	2 Monate	Don 16.07.09	Mit 09.14.14 27;30;31		Regisseur,Regieassistent;Cutter;Kameramann[50%]
22	Tonaufnahmen	1 Monat	Don 18.06.09	Mit 15.07.14	27	Regisseur[50%];Regieassistent[50%];Tontechniker;männliche Haupt...
23	Special Effects	1 Monat	Don 18.06.09	Mit 15.07.14	27	3-D-Leute;Regisseur[50%];Cutter;Regieassistent[50%]
24	Film fertig	0 Tage	Don 10.09.09	Don 10.14.14	29	
25	Trailer	4 Tage	Die 29.12.09	Fre 01.01.15	32	Regisseur,Produktionsteam;Cutter;Tontechniker
26	Merchandising Produkte	2 Monate	Die 01.12.09	Mit 27.01.15	27	
27	Buch zum Film	3 Monate	Don 05.11.09	Fre 29.01.15	29	
28	CD/DVD/Video	3 Monate	Fre 06.11.09	Mon 01.02.15	32	
29	Pressetexte, Anzeigen, Plakate	4 Monate	Don 10.09.09	Fre 01.01.15	32	
30	Fernseh- und Printinterviews	2 Monate	Don 26.11.09	Fre 22.01.15	32	
31	Drehbucherstellung	75 Tage	Don 21.08.08	Mit 03.12.13		
32	Schauspieler casting	20 Tage	Die 10.02.09	Mon 09.03.14		
33	Dreh	72 Tage	Die 10.03.09	Mit 17.06.14		

6.3. Filtern

6.3.1. Sortieren und Filtern - geht nicht!

Es muss nicht immer der Schutz einer Tabelle sein, warum sortieren und filtern verhindert wird.

Ein Blick in die Titelzeile liefert den Hinweis, dass mehrere Tabellen ausgewählt wurden. Deshalb sind alle Befehle der Registerkarte "Daten" inaktiv. So etwas passiert häufig, wenn man statt mit [Strg]+[Bild ↓] auf das nächste Blatt mit der Tastenkombination [Shift]+[Strg]+[Bild ↓] beide Tabellenblätter auswählt. Oder wenn man Wechseln auf ein anderes Tabellenblatt fälschlicherweise die [Shift]-Taste gedrückt hält. Leider sieht man an den Farben der Registerkarten nicht gut, dass mehrere Tabellenblätter ausgewählt wurden. Die Titelzeile jedoch verrät es ...

6.3 Filtern

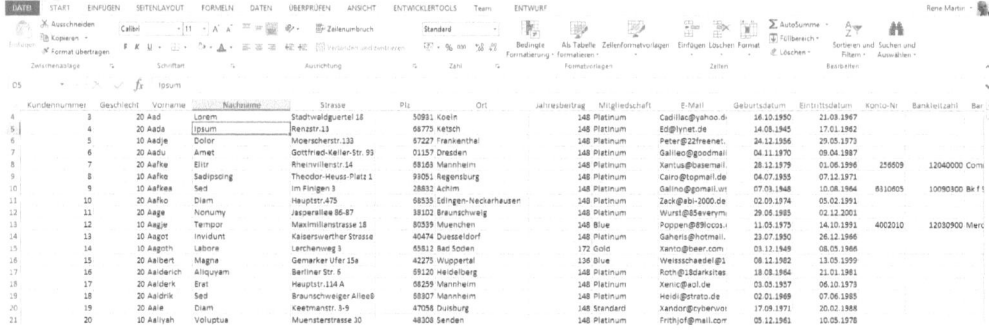

6.3.2. Wie geht denn das? Namen statt Spaltenköpfe?

Eine Kollegin hat in einer Exceltabelle stallt den Spaltennamen A | B | C ... die sprechenden Überschriften der Tabelle: Kundennummer | Vorname | Nachname. Wie geht denn das?

Die Antwort: Wenn man eine Liste als Tabelle formatiert (Einfügen / Tabelle), und nun in der Registerkarte "Entwurf" die Formatvorlage löscht, ebenso wie den Autofilter (Register "Daten"), dann wird beim Scrollen nach unten die Überschrift anstelle der Spaltenköpfe angezeigt.

6.3.3. Daten verschwinden beim Filtern

Erstaunlicherweise verschwinden die Daten, wenn ich nach der Postleitzahl filtere. Warum?

In diesem Fall wurde die PLZ als Zahl eingetragen (was man daran erkennen kann, dass sie rechtsbündig in der Zelle stehen). Wenn Sie nun die Zahlen mit "Beginnt mit 5" oder "5*" oder "5????" filtern, dann vermischen Sie Text und Zahl. Das Ergebnis - Excel findet keinen Datensatz mit einem Postleittext, der mit 5 beginnt.

Die Lösung: Filter Sie "größer oder gleich 50000 und kleiner 60000". dann klappt es.

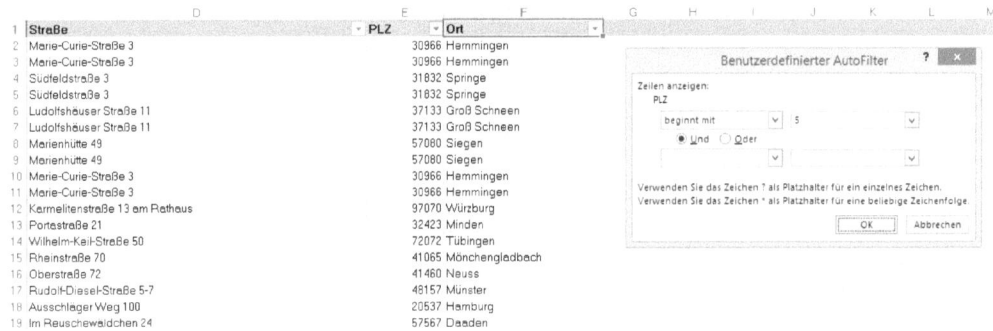

6.3.4. Filtern klappt nicht

Seltsam - ich könnte schwören, dass Kunden aus München in dieser Liste stehen. Die Liste des Autofilters zeigt allerdings keinen an.

Der Grund ist: es wurde bereits ein Filter eingeschaltet (hier: in der Spalte "Name2"). Möglicherweise sind zufällig alle Münchner Daten auf diese Art weggefiltert. Hier sieht man den gesetzten Filter zufälligerweise - es könnte jedoch sein, dass die Spalte, in der der Filter gesetzt wurde, außerhalb des Bildschirms steht.

Tipp: Dann werfen Sie einen Blick in die Registerkarte "Daten" - wenn dort das Symbol "Löschen" aktiv ist, so ist noch irgendwo ein Filter gesetzt.

6.3 Filtern

6.3.5. Nur gefilterte Daten können in das aktive Blatt kopiert werden.

Warum funktioniert der Spezialfilter nicht? Ich habe doch alles richtig gemacht?

Antwort: Der Spezialfilter hat einige "Tücken". Der Cursor muss auf dem Tabellenblatt stehen, auf das die Daten hin gefiltert werden sollen. Befinden sich also in tabelle1 die Daten, befindet sich Tabelle2 die Kriterien, dann muss der Cursor auf Tabelle3 stehen, wenn die Daten dorthin gefiltert werden sollen.

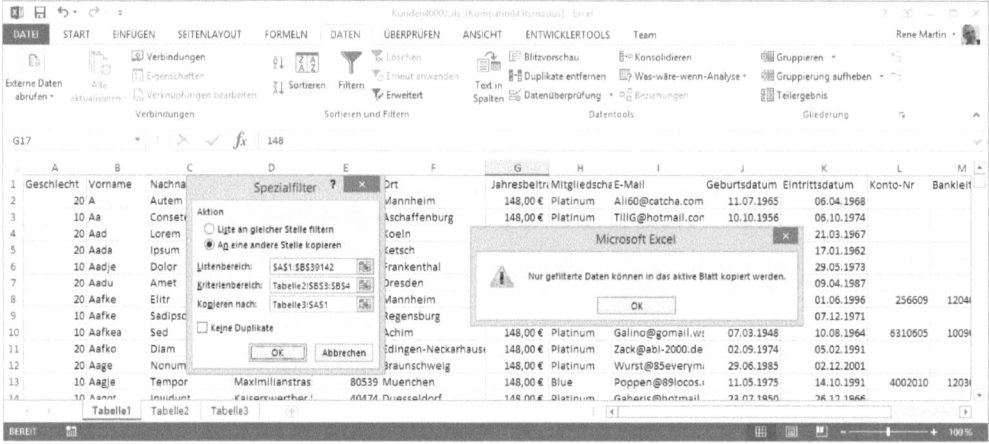

6.3.6. Der Spezialfilter filtert zu viele Daten

Wenn der Spezialfilter nicht richtig arbeitet, haben Sie entweder die Kriterien falsch formuliert oder den Bereich falsch markiert.

Wenn Sie beispielsweise leere Zellen mitmarkieren, bedeutet dies, dass der Filter sowohl die Kriterien als auch jeden beliebigen Bereich filtern soll.

Der Spezialfilter filtert gar nichts - nur die Überschrift

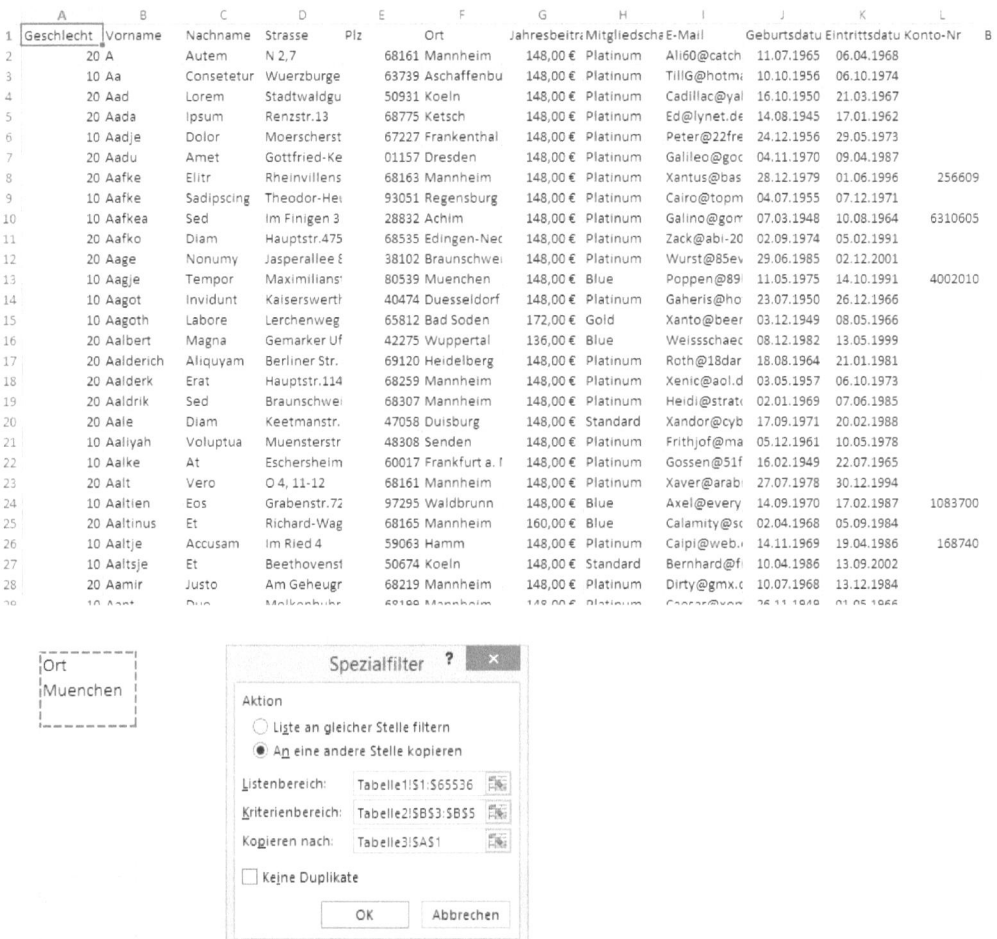

6.3.7. Der Spezialfilter filtert gar nichts - nur die Überschrift

Auch das kann zwei Ursachen haben. Entweder Sie verwenden falsch Feldnamen. Wenn beispielsweise in der Datenliste die Überschrift "Stadt" lautet und Sie schreiben dann "Ort", so wird kein Ort=Muenchen gefunden.

Noch perfider ist der Fehler, wenn Sie nicht "Ort" eintragen, sondern "Ort ", also ein Leerzeichen hinter den Feldnamen.

6.3 Filtern

6.3.8. Der Befehl konnte für den ausgewählten Zellbereich nicht ausgeführt werden. Markieren Sie eine einzelne Zelle innerhalb eines Datenbereichs, und versuchen Sie es dann erneut.

Das Sortieren und Filtern geht nicht mehr. Warum?

Der Cursor sitzt außerhalb des Bereichs, den Sie sortieren oder filtern möchten. Übrigens: Auch der Assistent "Teilergebnis" funktioniert nicht mehr.

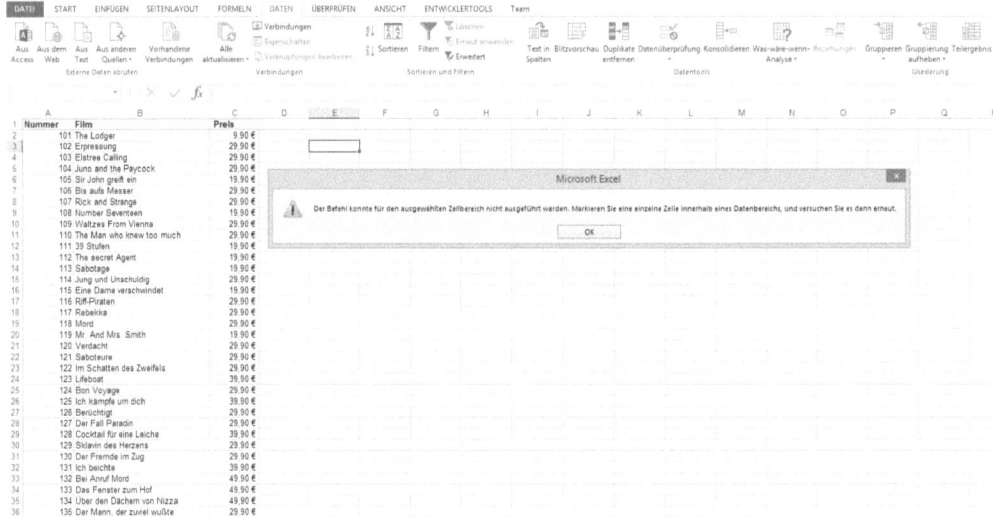

6.3.9. Zuviel ist zuviel

Eine Exceltabelle hat 1.048.576 Zeilen und 16.384 Spalten. Das ist Augenwischerei. Er geht schon vorher "in die Knie".

In einer Liste befinden sich 10.000 Datensätze (in 16 Spalten). In einer Spalte wird mit der bedingten Formatierung alle doppelten Werte mit einer Farbe gekennzeichnet.

Zuviel ist zuviel

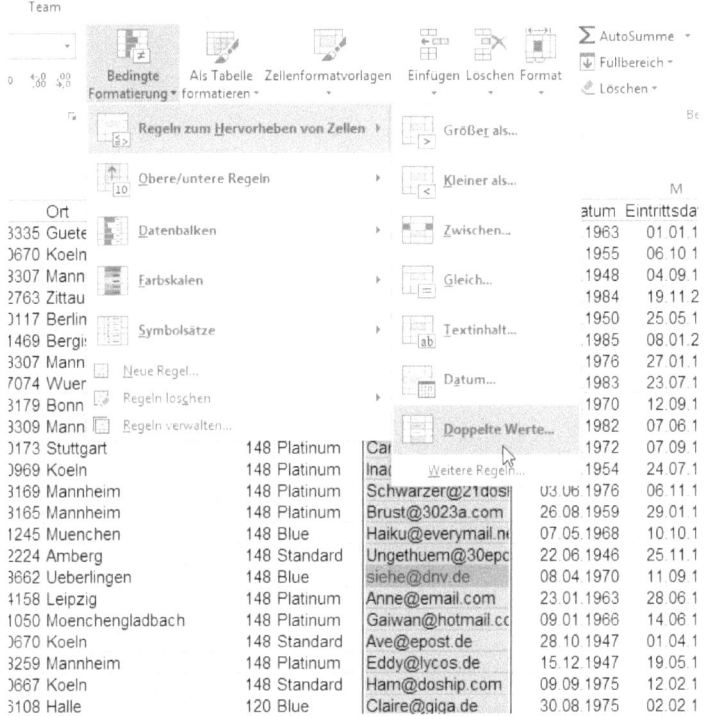

Wenn Sie nun die Liste nach den Farben sortieren oder filtern möchten (was eigentlich recht flott geht), wird Excel sehr, sehr langsam. Häufig zeigt er "keine Rückmeldung" an. Manchmal "fängt" er sich wieder, manchmal stürzt er an dieser Stelle ab.

Ich vermute, dass beim Sortieren und Filtern im Hintergrund eine permanente Neuberechnung der bedingten Formatierung geschieht, so dass Excel an seine Auslastungsgrenzen gerät.

6.3 Filtern

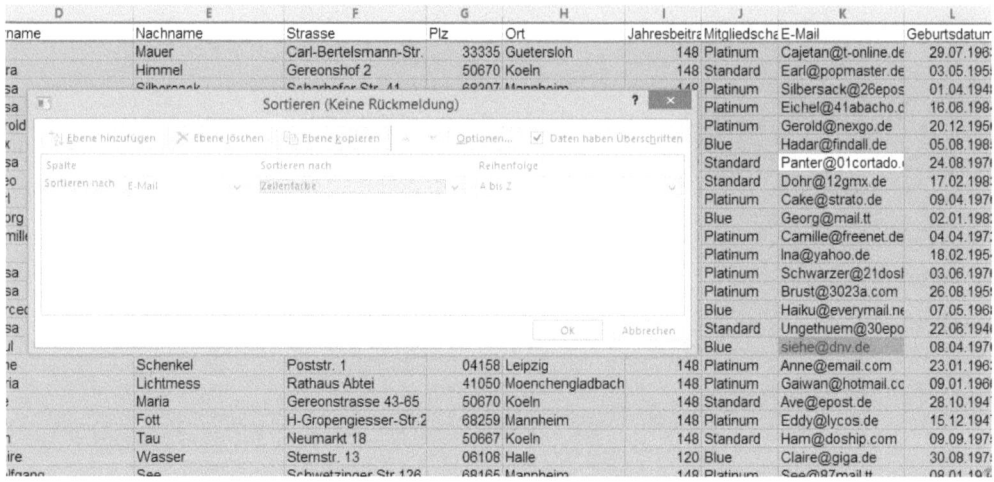

6.3.10. Top 10

Seltsam - ich filtere die Top 10, also die zehn Kunden, die den höchsten Jahresbeitrag bezahlen; aber Excel filtert mehr als zehn - ganz genau: 17 Kunden. Warum denn das?

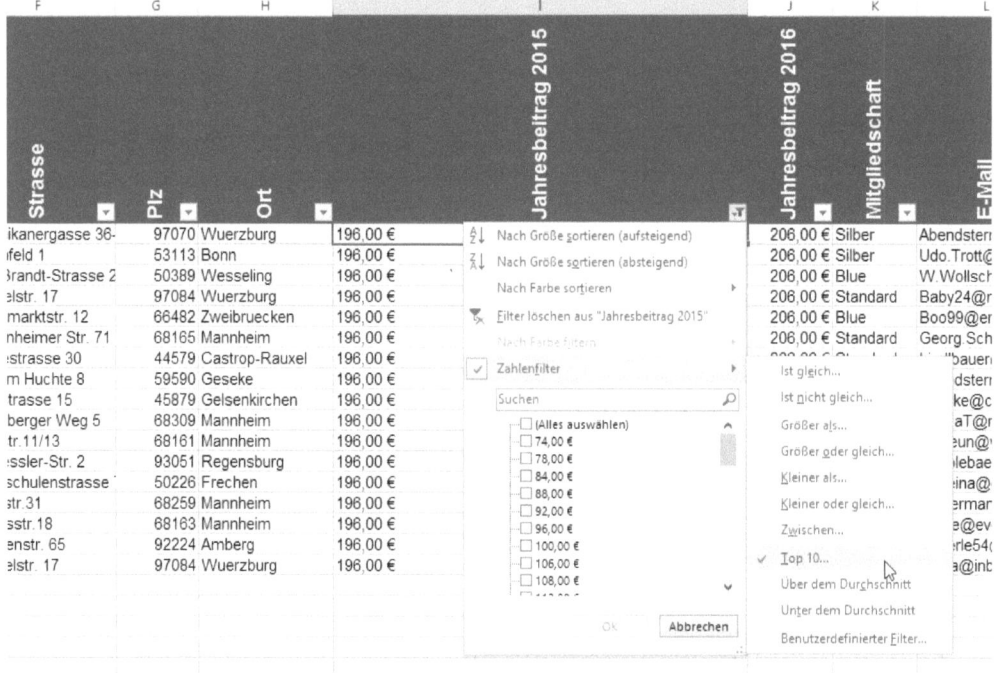

Der Begriff "Top 10" ist etwas verwirrend - Excel filtern nicht die ersten, größten zehn, sondern mindestens zehn. In Ihrem Beispiel gibt es 17 Kunden, die den höchsten Jahresbeitrag (196 Euro) bezahlen. Eigentlich vernünftig - Excel schneidet nicht nach zehn Zeilen (Datensätzen) die Liste ab, sondern liefert zehn oder mehr Datensätze. Denn - würde er nach zehn Zeilen abschneiden - wäre das Ergebnis unterschiedlich - je nachdem wie die Liste sortiert ist.

6.3.11. Hamburg UND Berlin

Seltsam - ich bin sicher, dass Kunden aus Hamburg in unserer Liste vorhanden sind - Excel filtert jedoch keine.

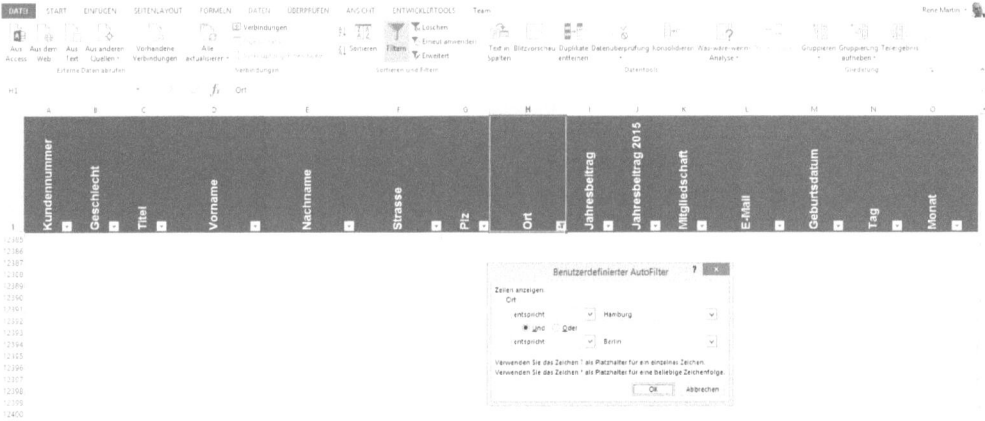

Der Grund ist ein sprachlicher. Sie sagen zwar, dass Sie alle Hamburger UND Berliner Kunden filtern, Sie müssen jedoch einstellen Hamburg ODER Berlin. In keiner Zelle steht gleichzeitig Hamburg UND Berlin. Das logische UND bedeutet immer "sowohl - als auch", also gleichzeitig. Beispielsweise: Hamburg und weiblich, oder PLZ >= 10000 und PLZ < 20000.

6.3.12. Zwei Listen in einer Tabelle?

Hallo Herr Martin,

Wenn ich in der Tabelle Spalte P filtere (alles außer 1), danach die Spalten AR (nur 11) und AS (nur 2014) filtere, fliegt der Filter in P irgendwie raus, obwohl das Filterzeichen in der Spaltenbeschriftung angezeigt ist. Das habe ich bis dato noch nie gehabt.

6.3 Filtern

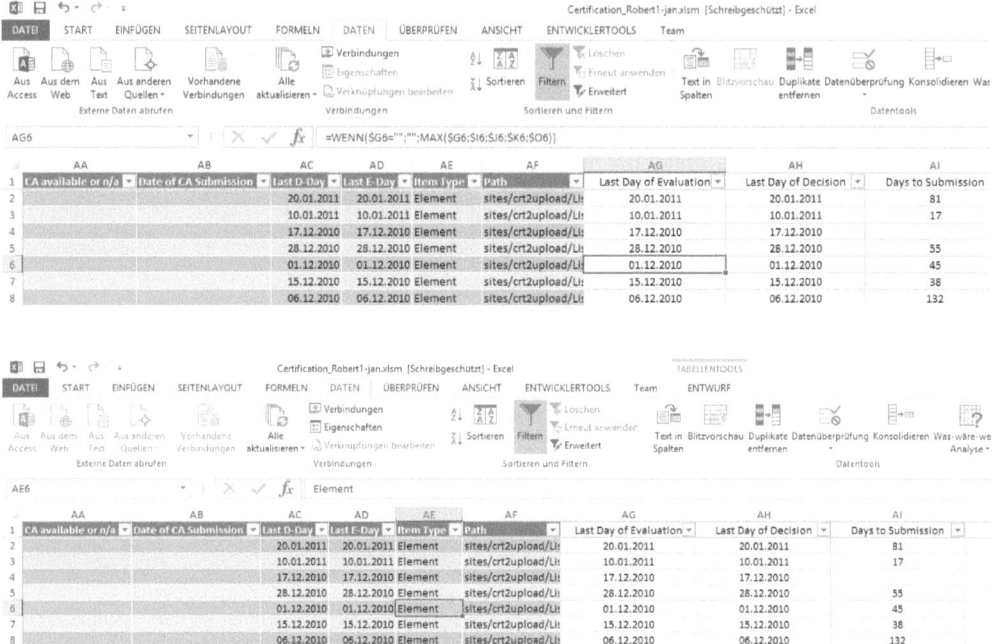

Die Antwort: Werfen Sie einen Blick in Ihre Liste. Es fällt auf, wenn Sie in den blauen, linken Teil klicken, dass dort die Registerkarte Tabellentools / Entwurf auftaucht. Im rechten Teil nicht. Sie haben Daten aus einer Datenbankabfrage nach Excel eingefügt - diese wird nun als Tabelle identifiziert. Sie können nicht den linken UND den rechten Bereich gleichzeitig filtern.

Die Lösung: Wandeln Sie die Tabelle über die Registerkarte Tabellentools / Entwurf Schaltfläche "In Bereich konvertieren" um. Schalten Sie die ZWEI Filter aus und dann einmal EINEN Filter über die gesamte Liste wieder ein. Dann klappt es.

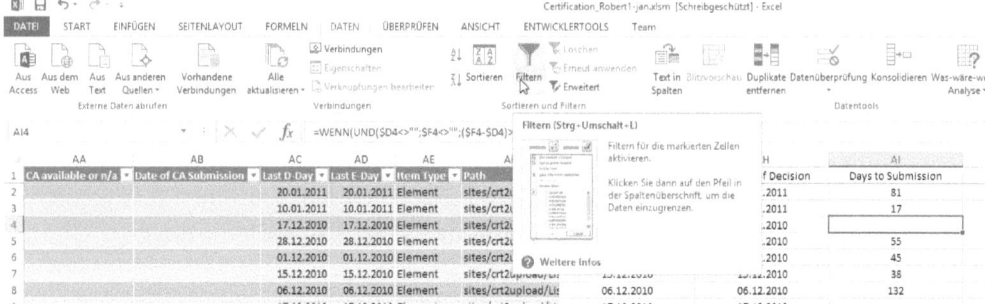

Leerzeichen finden

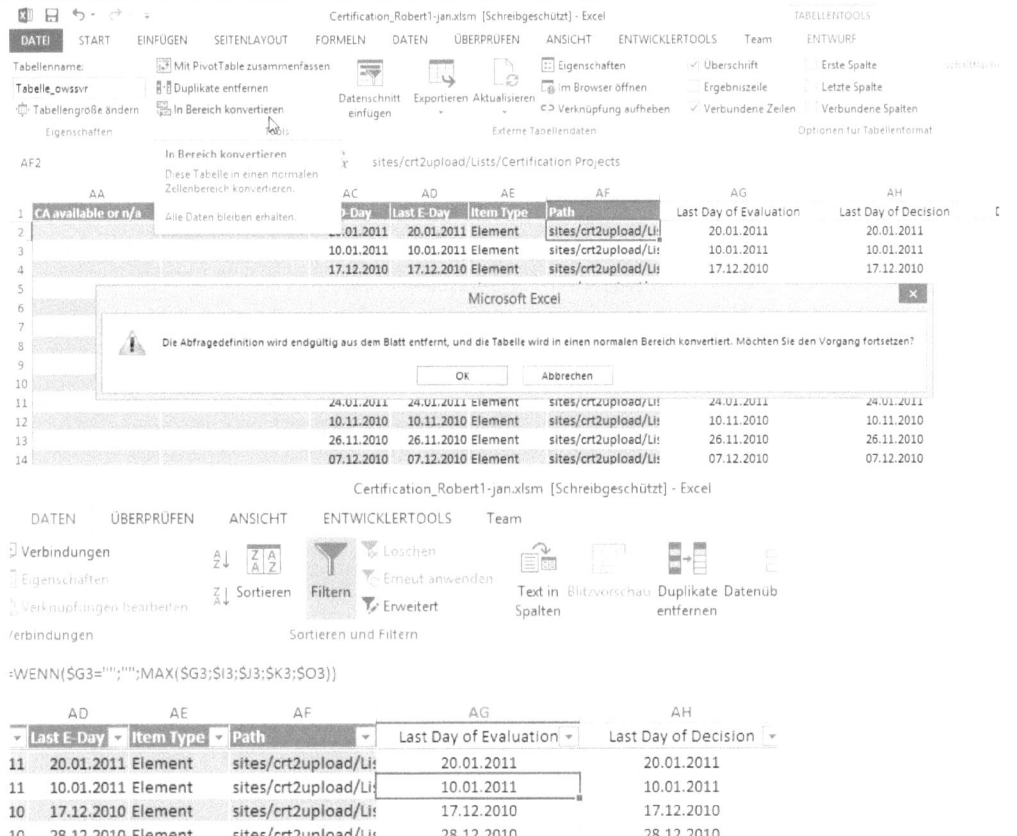

6.3.13. Leerzeichen finden

Hallo. Ich habe schon eine ganze Weile gesucht, bis ich herausgefunden habe, warum er die gallischen Tiere falsch zählt. Eigentlich müsste die Formel ANZAHL2 die Zahl 2 ergeben und nicht 4:

6.3 Filtern

	A	B	C
			C36 =ANZAHL2(C2:C35)

	A	B	C
1		Gallier	Tier?
2		Amnesix	
3		Asterix	
4		Augenblix	
5		Automatix	
6		Barometrix	
7		Berlix	
8		Bossix	
9		Cäsar Kneipix	
10		Cathedralgotix	
11		Denkdirnix	
12		Diagnostix	
13		Florix	
14		Gibtermine	
15		Heuchlerix	
16		Idefix	Hund
17		Keskonrix	
18		Kokolorix	Hahn
19		Majestix	
20		Meister Panix	
21		Minna	
22		Miraculix	
23		Nullnullsix	
24		Numalfix	
25		Obelix	
26		Odalix	
27		Plaintcontrix	
28		Praktifix	
29		Prognostix	
30		Saingesix	
31		Schönfix	
32		Spürnix	
33		Stupidix	
34		Talentix	
35		Troubadix	
36		Anzahl:	4

Die Antwort habe ich nach langem Suchen gefunden: In einigen Zellen habe ich aus Versehen ein Leerzeichen eingegeben. Klar - das sehe ich nicht; das wird als Text mitgezählt.

Leerzeichen finden

Aber nun meine Frage: Wenn ich die Liste filtere - warum zeigt der Autofilter nicht an, dass einige Zellen Leerzeichen enthalten?

Die Antwort: Ja - Sie haben recht - der Autofilter übergeht zum Glück (oder leider?) die Leerzeichen. Der Vorteil: "Asterix" und "Asterix " (mit einem Leerzeichen am Ende) werden vom Filter als gleicher Text behandelt. Der Nachteil: Der Filter hilft nicht diese Leerzeichen, die an anderen Stellen Probleme verursachen, aufzufinden.

6.3 Filtern

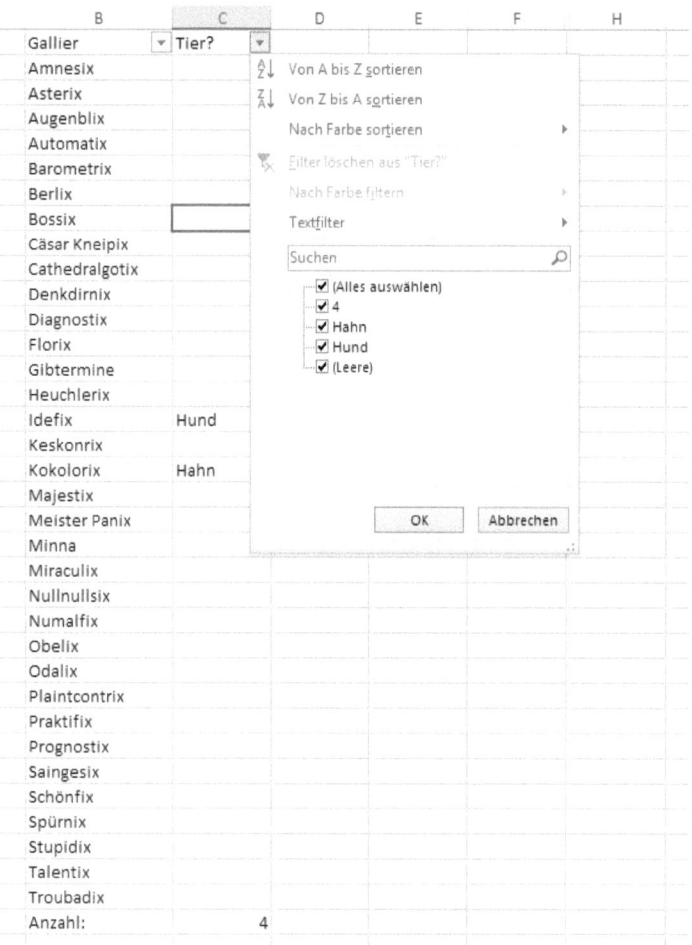

Man kann die Texte mit Suchen ([Strg]+[F]) auffinden. Oder mit Funktionen:

=LÄNGE(C2)

=WENN(LINKS(C2;1)=" ";"x";"")

Oder mit [Strg]+[↓] können Sie den Cursor nach unten versetzen; er springt nun zur ersten Zelle, in der etwas steht; stoppt also auch bei den Zellen, die mit einem Leerzeichen gefüllt sind.

6.3.14. Warum zeigt Excel nicht die komplette Liste?

Wenn ich den Cursor unterhalb einer Liste positioniere und [Alt]+[↓] drücke, erscheint in der Auswahlliste nicht die komplette Liste der darüber stehenden Begriffe. Warum?

	A	B	C	D
31				
32	Kassel	347	434	527
33	Kiel	630	825	935
34	Koblenz	140	461	432
35	Köln	69	530	501
36	Leipzig	629	413	722
37				
38	Lübeck	578	773	883
39	Magdeburg	510	514	762
40	Mannheim	319	285	251
41	München	634	66	395
42	Münster	203	664	634
43				
44	Nürnberg	469	138	428
45	Osnabrück	260	601	691
46	Paderborn	250	510	603
47	Passau	694	251	575
48	Regensburg	573	134	459
49				
50	Rostock	696	794	1001
51	Saarbrücken	290	377	262
52	Salzburg	784	221	545
53	Stuttgart	454	161	268
54	Trier	192	475	360
55				
56	Ulm	525	78	254
57	Wien	960	522	846
58	Wiesbaden	232	379	350
59	Würzburg	366	205	436
60	Zürich	654	297	86
61				
62	Ulm			
63	Wien			
64	Wiesbaden			
65	Würzburg			
66	Zürich			

Das kann mehrere Gründe haben. Zum einen - im oberen Beispiel - befinden sich zwischen den einzelnen Gruppen Leerzeilen. Excel listet nur die Daten auf, die sich direkt darüber befinden.

Es kann aber auch sein, dass sich zu viele darüber befinden. Ich habe in eine Liste mehr als 48.500 verschiedene Namen eingefügt. Wird nun [Alt]+[↓] gedrückt, wird bis zur Zeile 36.184 aufgelistet - also nicht alle. Aber ziemlich viele!

6.3 Filtern

	A	B	C	D
48497		10 Zwantje	Consetetur	Barbarossaplatz
48498		20 Zweer	Sadipscing	Schopenhauerst
48499		20 Zyber	Elitr	Hauptstrasse 30
48500		20 Zydi	Sed	Rennershofstr.1
48501		10 Zydre	Diam	Karthauser Str. 1
48502		10 Zydrone	Nonumy	Rathausstr.29
48503		20 Zydrunas	Eirmod	Possartstrasse 1
48504		20 Zygantas	Tempor	Pestalozzistrass
48505		20 Zygfryd	Invidunt	Falkenstr.19
48506		20 Zygimantas	Ut	Toelzer Strasse
48507		20 Zygintas	Labore	Rathausstrasse 1
48508		20 Zygmunt	Et	Fahrgasse 17
48509		20 Zyhdi	Dolore	Otto-Stabel-Str.
48510		10 Zyhra	Magna	Richmodstr. 13-
48511		10 Zyhrie	Aliquyam	Mainzer Landstr
48512		10 Zylfie	Erat	Rheingoldstr.45
48513		10 Zylfije	Sed	Max-Planck-Stra
48514		10 Zymbyle	Diam	Hohwiesenstr.1
48515		20 Zymer	Voluptua	Bahnhofstrasse
48516		10 Zymryd	At	J 2,22
48517		10 Zymryte	Vero	Hainstr. 20/24
48518		10 Zyra	Eos	Nietzschestr.24
48519		10 Zyrafete	Et	Thomaskirchhof
48520		10 Zyrie	Accusam	Kekulestrasse 3(
48521		10 Zyrjeta	Et	Marktstr. 5
48522		10 Zyta	Justo	N 4, 15
48523				
48524		Salomeia		
48525		Salomeja		
48526		Salomena		
48527		Salomia		
48528		Salomon		
48529		Salonica		
48530		Saltanat		
		Saltuk		

Das gleiche Phänomen (ein interner Cache) begegnet Ihnen auch beim Autofilter. Zwar ist er gegenüber Excel 2003 besser geworden, aber er ist dennoch begrenzt. Dort wird angezeigt, dass nicht alle Elemente aufgelistet werden. Bei mir werden mehr als 11.000 Elemente aufgelistet.

Filtern - mal mit Stern - mal ohne

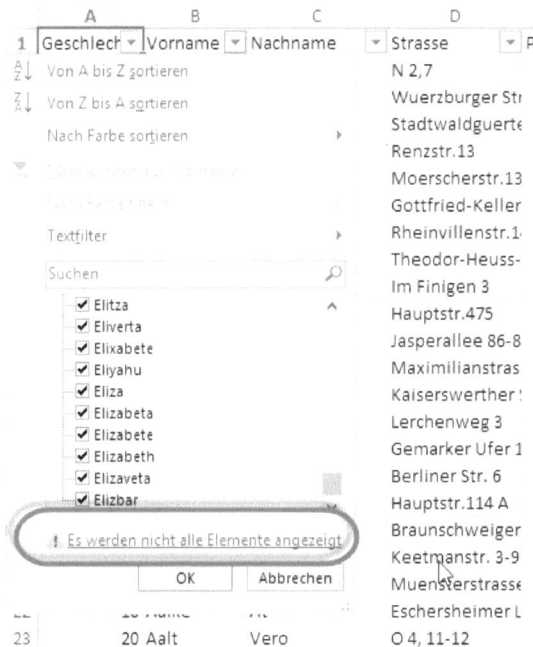

6.3.15. Filtern - mal mit Stern - mal ohne

Excel ist nicht konsequent, oder? Ich habe eine Liste mit Postleitzahlen, die als Zahlen in einer Spalte stehen. Wenn ich alle Postleitzahlen filtere, die mit 8 beginnen (also Raum 8) - wenn ich es benutzerdefiniert mit 8* oder beginnt mit 8 versucht, erhalte ich keinen Kunden.

Im benutzerdefinierten Filter muss ich mit >=80000 und <90000 filtern.

Wenn ich dagegen in das Textfeld, das Excel seit der Version 2010 zur Verfügung stellt 8* eintragen, so klappt es.

6.3 Filtern

[Screenshot einer Excel-Tabelle mit gefilterter Liste und geöffnetem Filter-Dropdown-Menü für die Spalte "Plz" mit Suchfeld "8*"]

Die Antwort: Das ist richtig. Hier ist Excel nicht konsequent. Im "benutzerdefinierten Filter" wird streng zwischen Zahl und Text unterschieden - beim Textfeld erstaunlicherweise nicht.

6.3.16. Ich finde den Filter nicht!

Hallo! Ich habe eine kleine Liste. Ich habe gelernt, dass man an dem Symbol "löschen" erkennen kann, dass ein Filter gesetzt wurde. Ebenso sind die Zeilennummern blau und in der Statuszeile steht, dass Zeilen gefiltert wurden. Aber wo?

414

Ich finde den Filter nicht!

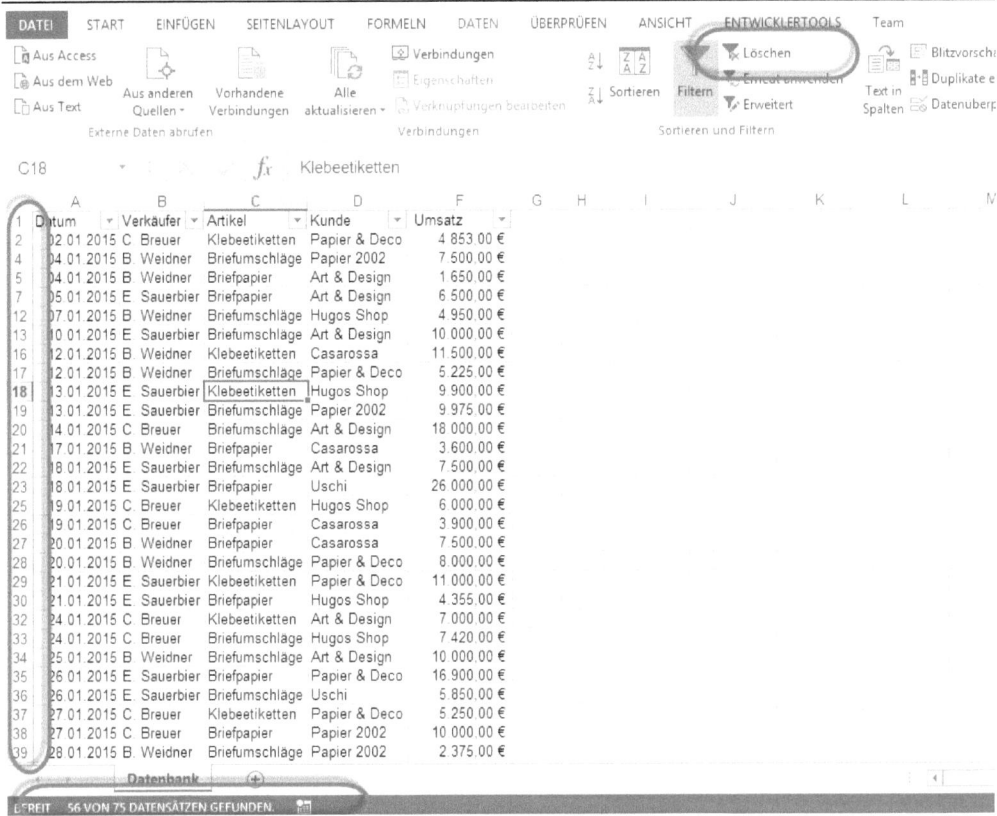

Die Antwort: Sie müssen genau hinschauen - eine Spalte ist ausgeblendet. Und richtig: DORT wurde der Filter eingeschaltet!

6.3 Filtern

	A	B	C	D	E	F
1	Datum	Verkäufer	Artikel	Kunde	Menge	Umsatz
2	02.01.2015	C. Breuer	Klebeetiketten	Papier & Deco	23	4.853,00 €
4	04.01.2015	B. Weidner	Briefumschläge	Papier 2002	75	7.500,00 €
5	04.01.2015	B. Weidner	Briefpapier	Art & Design	30	1.650,00 €
7	05.01.2015	E. Sauerbier	Briefpapier	Art & Design	100	6.500,00 €
12	07.01.2015	B. Weidner	Briefumschläge	Hugos Shop	45	4.950,00 €
13	10.01.2015	E. Sauerbier	Briefumschläge	Art & Design	100	10.000,00 €
16	12.01.2015	B. Weidner	Klebeetiketten	Casarossa	50	11.500,00 €
17	12.01.2015	B. Weidner	Briefumschläge	Papier & Deco	55	5.225,00 €
18	13.01.2015	E. Sauerbier	Klebeetiketten	Hugos Shop	45	9.900,00 €
19	13.01.2015	E. Sauerbier	Briefumschläge	Papier 2002	95	9.975,00 €
20	14.01.2015	C. Breuer	Briefumschläge	Art & Design	150	18.000,00 €
21	17.01.2015	B. Weidner	Briefpapier	Casarossa	80	3.600,00 €
22	18.01.2015	E. Sauerbier	Briefumschläge	Art & Design	75	7.500,00 €
23	18.01.2015	E. Sauerbier	Briefpapier	Uschi	400	26.000,00 €
25	19.01.2015	C. Breuer	Klebeetiketten	Hugos Shop	30	6.000,00 €
26	19.01.2015	C. Breuer	Briefpapier	Casarossa	60	3.900,00 €
27	20.01.2015	B. Weidner	Briefpapier	Casarossa	100	7.500,00 €
28	20.01.2015	B. Weidner	Briefumschläge	Papier & Deco	80	8.000,00 €
29	21.01.2015	E. Sauerbier	Klebeetiketten	Papier & Deco	50	11.000,00 €
30	21.01.2015	E. Sauerbier	Briefpapier	Hugos Shop	67	4.355,00 €
32	24.01.2015	C. Breuer	Klebeetiketten	Art & Design	28	7.000,00 €
33	24.01.2015	C. Breuer	Briefumschläge	Hugos Shop	53	7.420,00 €
34	25.01.2015	B. Weidner	Briefumschläge	Art & Design	100	10.000,00 €

6.3.17. Datümer und andere Irrtümer

Hallo Herr Martin,

Sie haben mir schon einmal bei meiner Excel-Tabelle geholfen, die ich immer noch nutze und sehr gut funktioniert.

Jetzt habe ich eine kleine Frage.

Ich benutze eine Tabelle, die im Datum aufsteigend ist.

In dem Feld B2 ist das Datum, in Feld A2 das Datum von B2 als "TTT" formatiert.

Jetzt habe ich heute versucht, die Spalte A1 in einen Filter einzubauen.

Ich möchte dadurch zum Beispiel mir alle Montage oder Dienstage anzeigen lassen.

Als ich den Filter gesetzt habe, hat er mir nur ein einzelnes Datum angezeigt.

Die waren dann unter 2017 .... dann nach Monaten .... und dann nach dem Tagen im Monat aufgelistet.

Wie kann ich dies Umstellen, das er mir nur die Tage Montag bis Sonntag liefert?

Es ist für die Kursplanung gedacht, die mir dann viel Scrollarbeit abnimmt, wenn ich nur Mittwochskurse habe.

Anbei schicke ich Ihnen die Datei mit, vielleicht ist es dann einfacher zu verstehen.

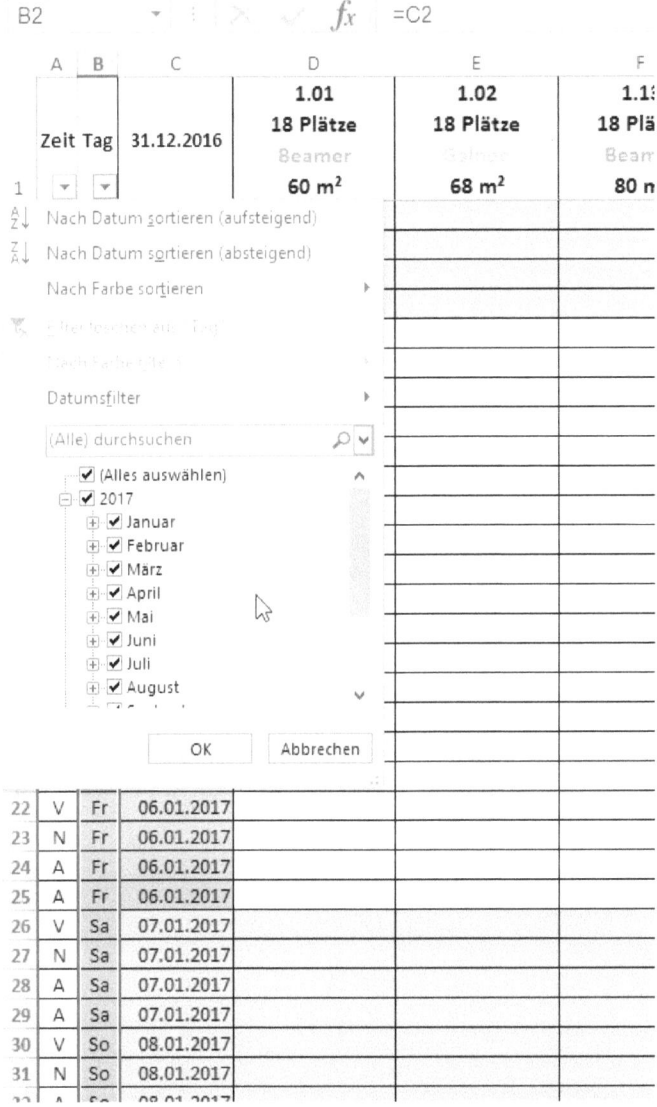

Hallo Herr S.,

das würde ich auch nicht, wenn ich Excel wäre ...

Formatieren heißt doch nur "gestalten", das bedeutet: nicht den Wert, sondern nur das Aussehen der Zelle zu ändern. Also: wenn Sie eine Zelle, in der eine 7 steht fett machen oder mit einer großen Schrift oder rot formatieren, dann befindet sich immer noch der Wert 7 darin.

6.3 Filtern

Das bedeutet: Sie dürfen das Datum nicht formatieren, sondern müssen es in einen Text umwandeln - beispielsweise mit der Funktion TEXT. Dann können Sie die Liste sortieren oder Filtern (siehe Anlage).

schöne Grüße

Rene Martin

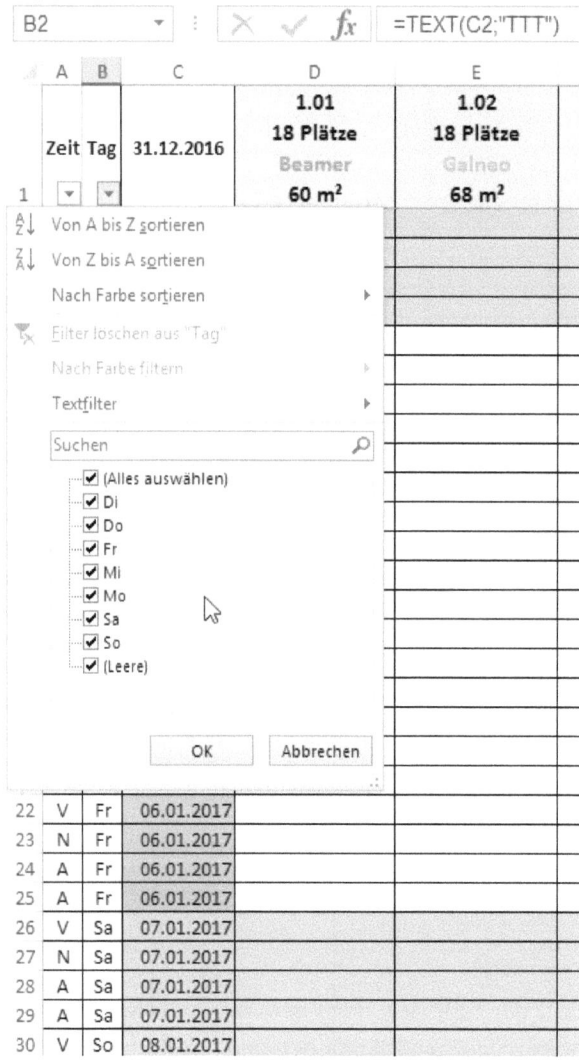

6.4. Pivottable

6.4.1. Pivottabellenassistent

Wenn Sie schon mit Excel 2003 (oder noch älteren Versionen) gearbeitet haben, haben Sie sich vielleicht gefragt, wo denn der alte Pivottabellen-Assistent geblieben ist. Damit konnte man mehrere Excel-Tabellen zusammenfassen.

Nun die Antwort ist einfach: Er ist seit Office 2007 nicht verschwunden, sondern nur sehr versteckt: Man muss ihn als Symbol in die Symbolleiste für den Schnellzugriff hinzufügen. Er befindet sich beispielsweise in der Kategorie "Nicht im Menüband enthaltene Befehle" und heißt "PivotTable- und PivotChart-Assistent".

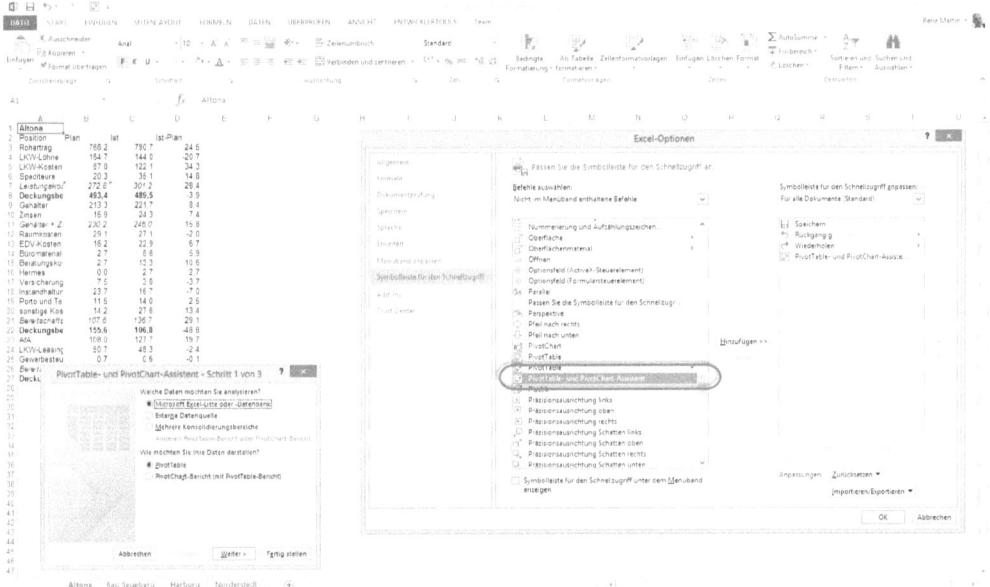

6.4.2. Stripset

Was bitte sind Stripsets in Pivottabellen und warum funktionieren sie nicht?

Die Antwort: Nur ein Stripset einzuschalten nützt nichts. Man muss noch zusätzlich "Verbundene Zeilen" (oder "verbundene Spalten" aktivieren!

6.4 Pivottable

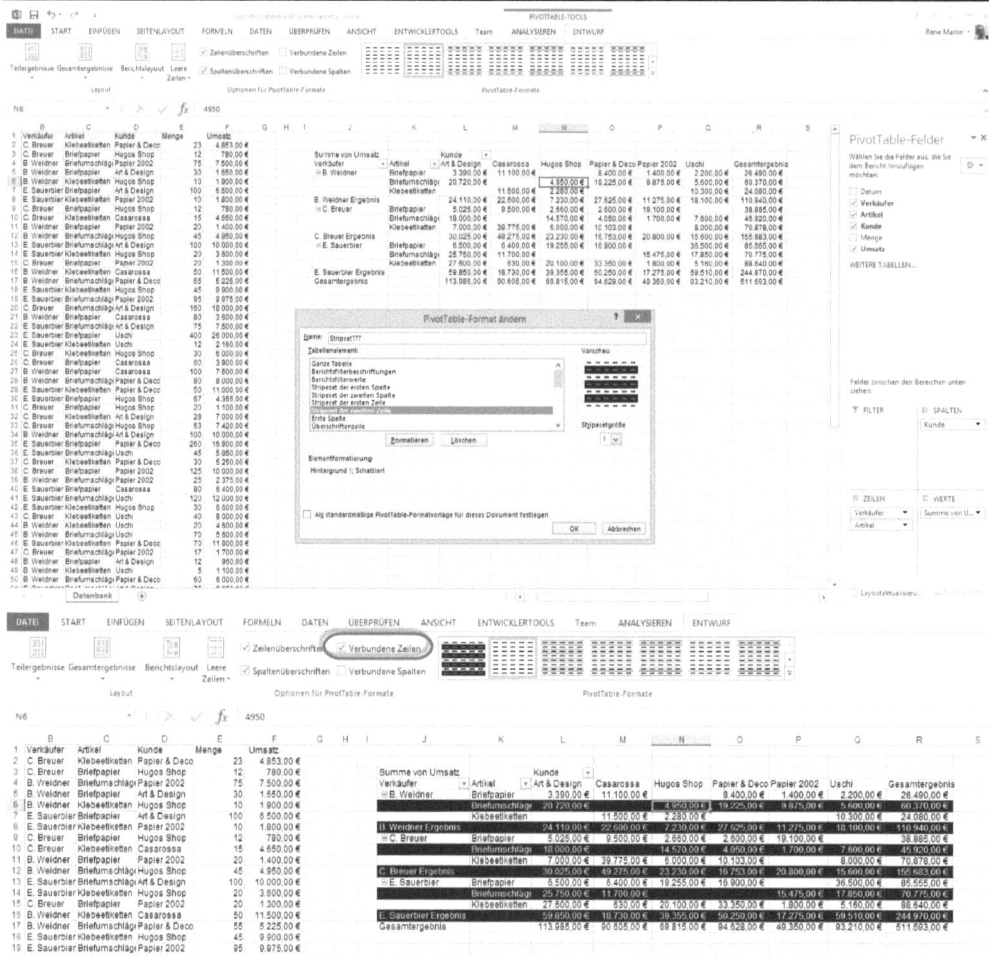

6.4.3. Pivottabelle leer

In der Pivottabelle stehen keine Daten. Aber in der Liste gibt es Daten.

Pivottabelle leer

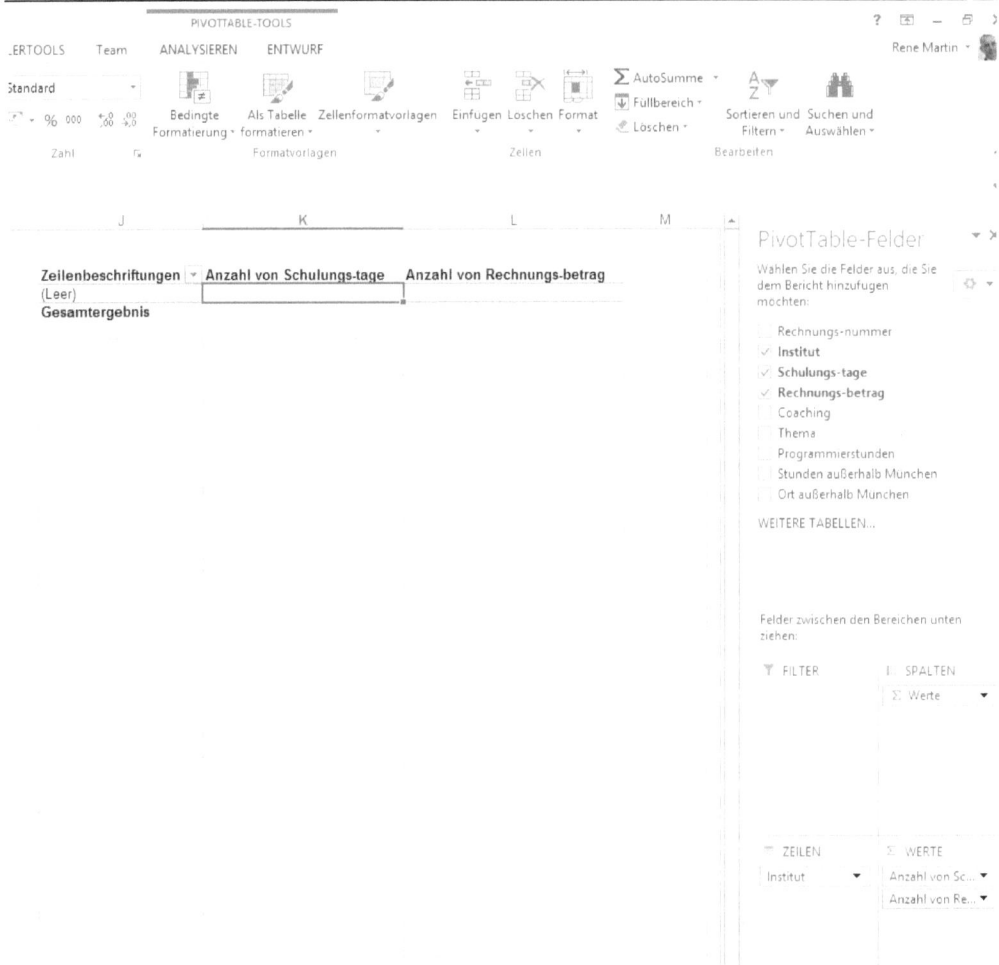

Vielleicht greift die Pivottabelle auf eine falsche Datenquelle zu. Das kann man leicht mit Analysieren / Daten / Datenquelle ändern überprüfen.

Und siehe da - die Daten werden aus dem Tabellenblatt "2016" geholt - wahrscheinlich sollen sie aus dem Blatt mit dem Namen "2015" gezogen werden.

6.4 Pivottable

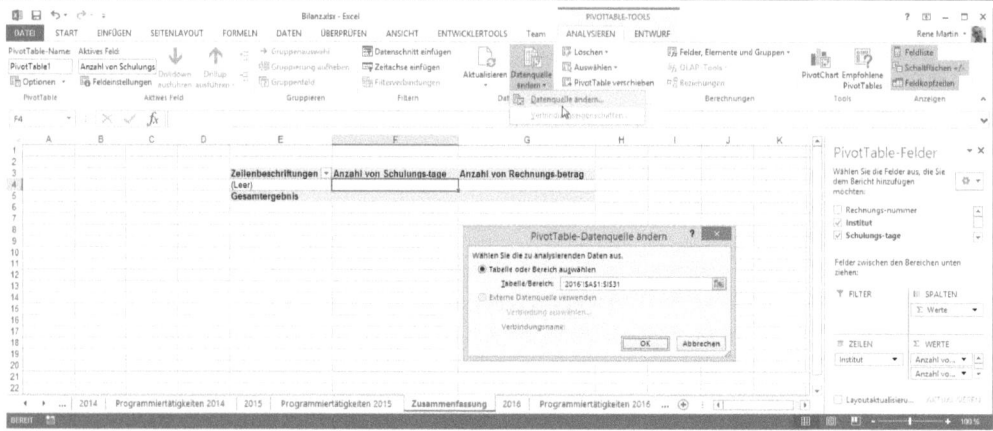

6.4.4. Pivottabelle funktioniert nicht

Dieser Befehl setzt mindestens zwei Zeilen voraus, die Quelldaten enthalten. Der Befehl kann nicht auf die Auswahl von nur einer Zelle angewendet werden.

... behauptet Excel. Er lügt doch - ich habe eine Liste auf der ich eine Pivottabelle aufsetzen möchte. Warum klappt das nicht?

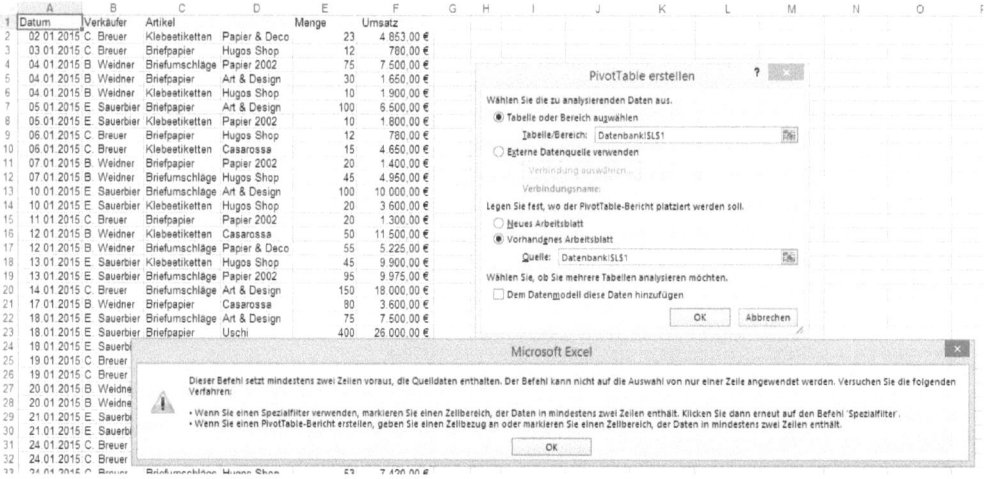

Den Grund kann man HIER sehr schnell sehen - in der die Spalte D hat keine Überschrift. Pivottabellen verlangen unbedingt, dass jede Spalte immer eine Überschrift haben müssen. Hier sieht man es - schwieriger wird es, wenn die Tabelle sehr groß ist, das heißt, wenn die Tabelle sehr viele Spalten besitzt. Sie können mit der Tastenkombination [Strg]+[→], beziehungsweise [Strg]+[←] überprüfen, ob jede Spalte eine Überschrift besitzt.

6.4.5. Seltsame Pivottabelle

Warum macht Excel so komische Pivottabellen?

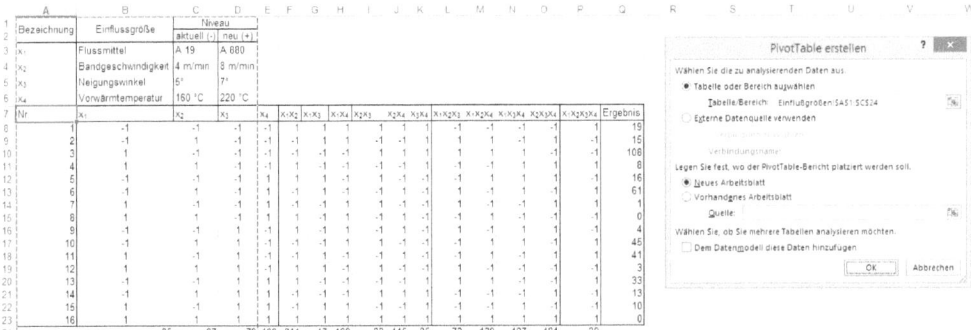

Excel benötigt für die Erstellung einer Pivottabelle einen zusammenhängenden und rechteckigen Bereich. Jede Spalte dieses Bereichs muss eine Überschrift (selbstredend in der ersten Zeile) haben. In diesem Beispiel werden die Spalten A bis D als Überschriften identifiziert. Spalten e bis Q haben keine Überschrift in Zeile 1. Dass der Bereich eine Überschrift in Zeile 7 hat, kann Excel nicht erkennen.

Die Lösung: Trennen Sie die den Kopf von dem Datenbereich durch eine Leerzeile. Oder markieren Sie nur den unteren Bereich. Besser: zwei getrennte Bereiche!

6.4.6. Pivottabelle rechnet nicht richtig

Zuerst war alles wunderbar. Aber irgendwann hat die Pivottabelle nicht mehr richtig gerechnet.

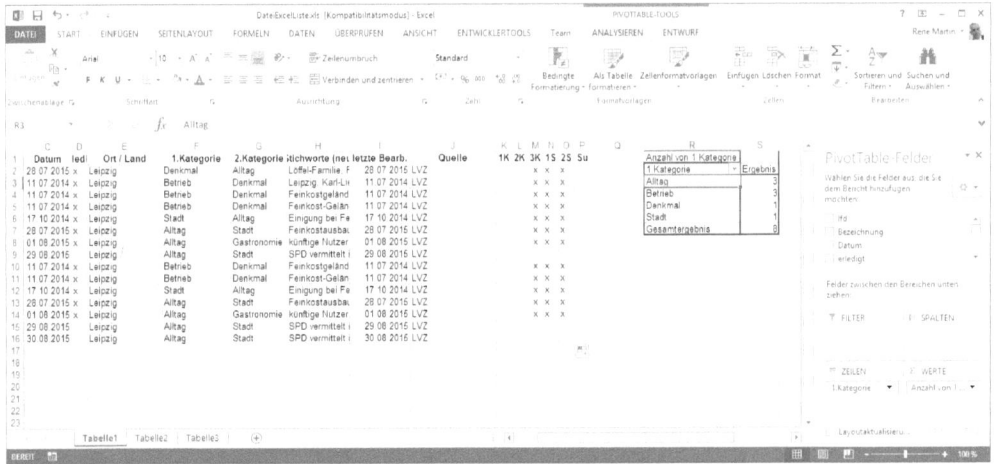

423

6.4 Pivottable

Die Antwort finden Sie, wenn Sie sich die Datenquelle ansehen (Analysieren / Daten / Datenquelle ändern). Dann stellen Sie fest, dass wahrscheinlich die Liste erweitert wurde - die Pivottabelle jedoch noch auf den "alten" Bereich zugreift.

Zwei Lösungen: Entweder Sie vergrößern den Bereich per Hand im Dialogfeld.

Oder Sie wählen beim Erstellen der Pivottabelle die ganze Spalte aus. Dann können Sie die Liste beliebig erweitern.

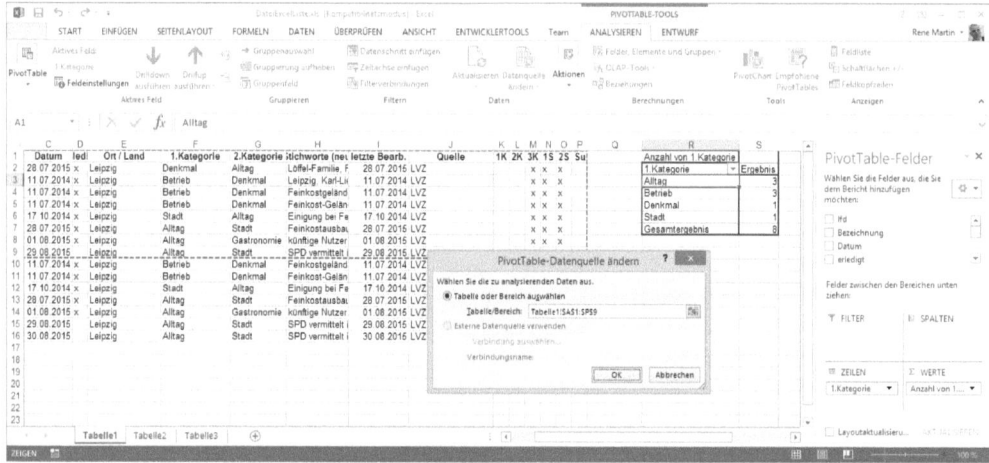

6.4.7. Pivottabelle rechnet nicht richtig

Warum taucht in der Pivottabelle noch die Kategorie "Forschung" auf? Die haben wir doch längst mit der Abteilung "Forschung und Entwicklung" zusammengelegt.

Fehlermeldung in Pivottabellen

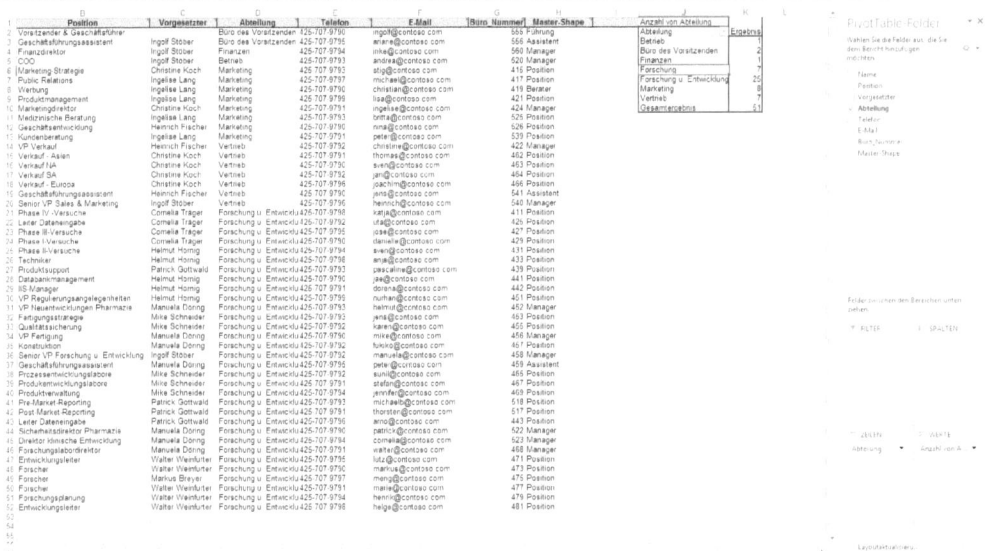

Wenn der Bereich der Datenquelle korrekt ist, so wurde die Pivottabelle möglicherweise nicht aktualisiert. Sie können (und müssen!) den Refresh erzeugen über das Kontextmenü, über Analysieren / Daten / Aktualisieren. Oder indem Sie in Analysieren / PivotTable / Optionen / Optionen / Daten die Option einschalten "Aktualisieren beim Öffnen der Datei".

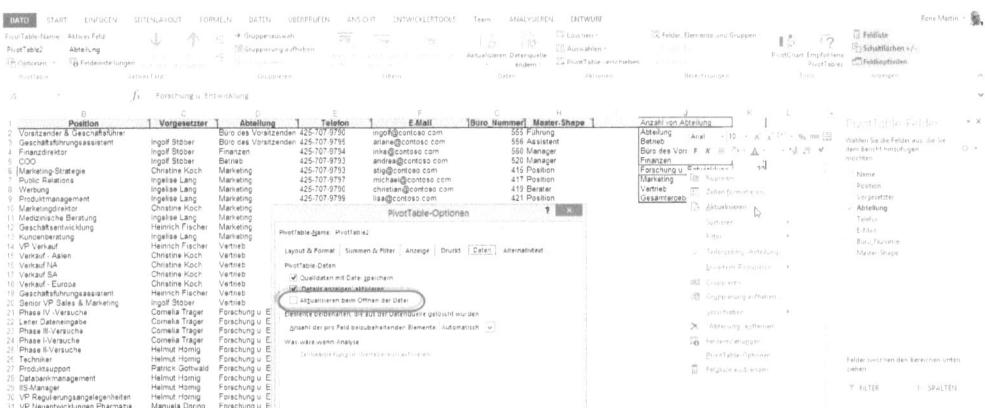

6.4.8. Fehlermeldung in Pivottabellen

Manchmal erhalte ich eine seltsame Meldung, wenn ich Pivottabellen erstelle:

Das Feld, das Sie in den Spaltenbereich ziehen, enthält mehr als 256 Elemente. Nur die ersten 256 Elemente werden als Spalten angezeigt."

425

6.4 Pivottable

Die Antwort: Sie verwenden eine Excel-2003-Datei (*.xls). Diese Datei stellt pro Tabellenblatt nur 256 Spalten zur Verfügung. Wenn Sie nun ein Feld in die Spalten ziehen und Excel beim Gruppieren der Daten mehr als 256 Elemente ermittelt, hat er ein Problem. Deshalb die Fehlermeldung.

6.4.9. Pivottabelle weg

Manchmal ist meine Pivottabelle weg. Einfach so!

Summe von Stück	
Produkt	Ergebnis
CD-ROM Laufwerk	41762
Farblaserdrucker	8103
Fotodrucker	13261
Grafikkarte	191139
Laserdrucker	42264
Monitor 15"	56
Monitor 17"	100646
Monitor 19"	34572
Notebook	95711
PC	275536
Prozessor	9910
Scanner	111860
Slot-A-Hauptplatinen	4392
Sockel-370-Hauptplatinen	21496
Sockel-423-Hauptplatinen	695
Sockel-7-Hauptplatinen	7198
Soundkarte	11614
Tintenstrahldrucker	89129
Gesamtergebnis	1059344

Kein Rang

Die Antwort: In der Pivottabelle können Sie nicht beliebig markieren. Wenn Sie markieren möchten, kann es passieren, dass Sie ein Element aus der Pivottabelle löschen. Die Lösung: Entweder die verwenden die Rückgängig-Funktion oder Sie ziehen die entsprechenden Elemente im Aufgabenbereich PivotTable-Felder wieder dorthin, wo sie hingehören.

6.4.10. Kein Rang

Wie hat mein Kollege denn das gemacht? Er hat eine Pivottabelle erstellt (klar - kann ich auch). In einer Spalte summiert er die Umsatzzahlen (auch klar) und daneben lässt er sich den Rang anzeigen. Das geht aber nicht bei mir! Warum?

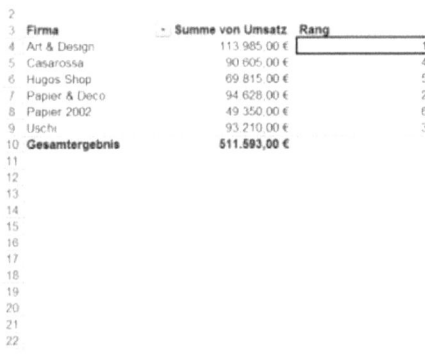
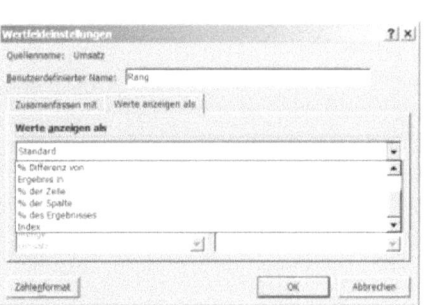

6.4 Pivottable

Die Antwort: Ihr Kollege hat die Pivottabelle mit Excel 2013 erstellt. Dort gibt es im Kombinationsfeld die Einstellungsmöglichkeit "Rang". In Excel 2007 war sie leider noch nicht vorhanden.

Lösung: Sie könnten die Daten sortieren - dann sehen Sie auch die größte Zahl oben, die kleinste unten oder umgekehrt.

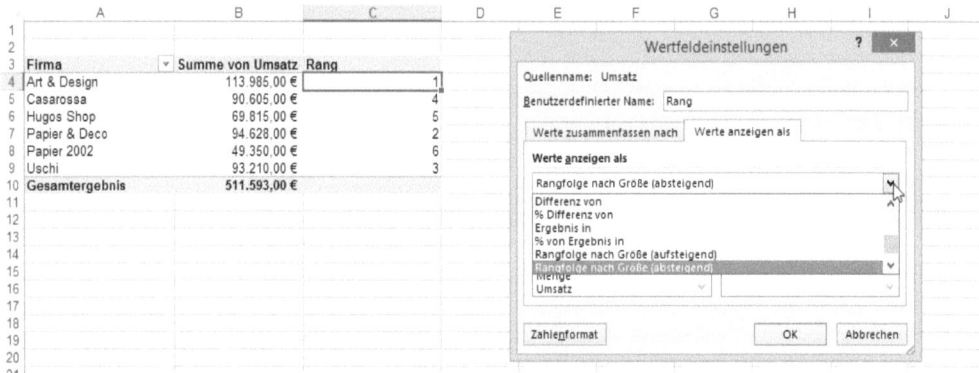

6.4.11. Pivot - Anzahl statt Summe

Manchmal schlägt die Pivottabelle bei der Zusammenfassung von Zahlen die Funktion ANZAHL statt der Funktion SUMME vor. Natürlich kann man die Funktion über die Wertfeldeinstellungen umschalten - dennoch erstaunt das Verhalten. Wahrscheinlich liegt es daran, dass in den Daten leere Zellen gefunden werden und diese als Text interpretiert werden.

Pivot - Anzahl statt Summe

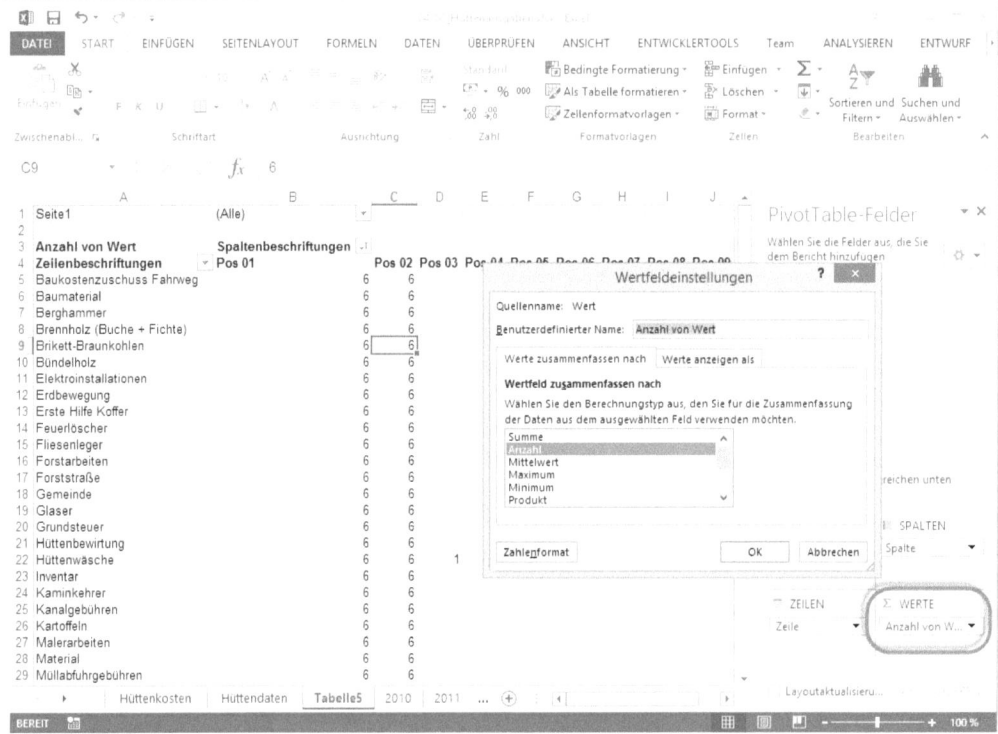

6.4 Pivottable

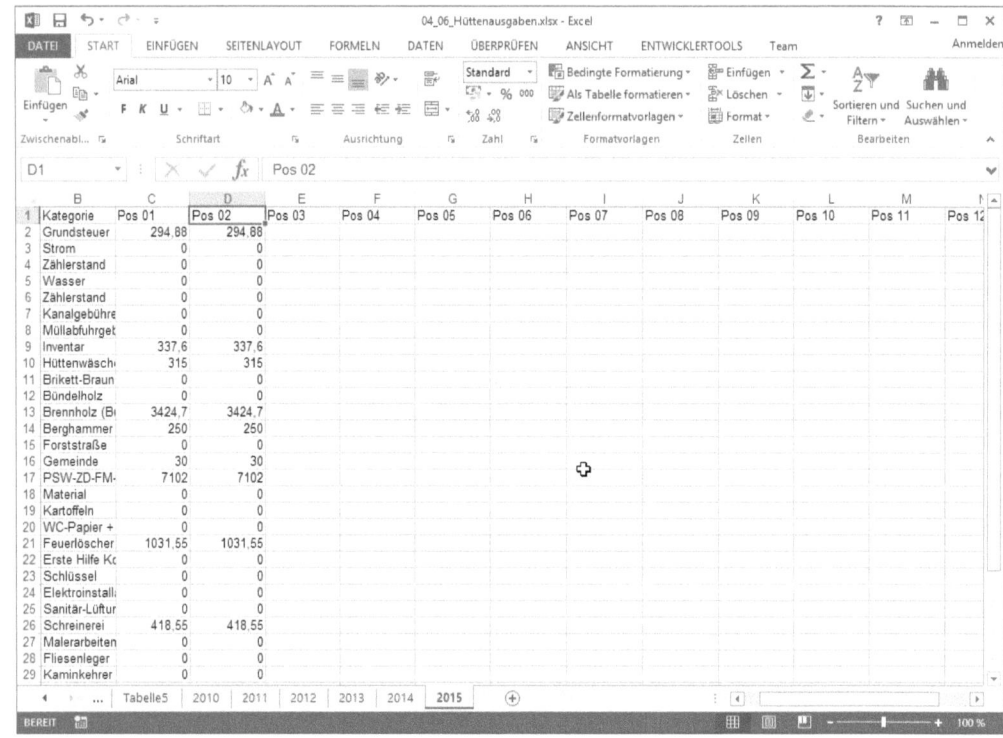

6.4.12. Keine Pivottabelle möglich?

Warum darf ich keine Pivottabelle erstellen? Irgendetwas klappt hier nicht!

Keine Pivottabelle möglich?

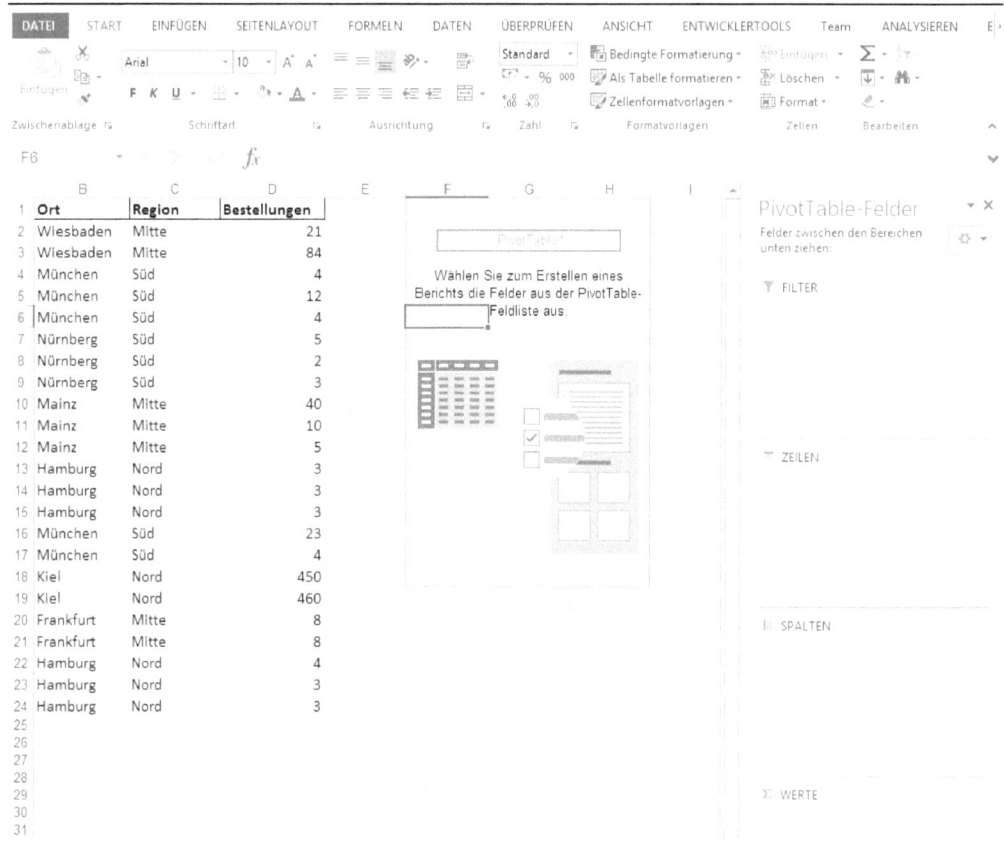

Die Antwort: Richtig: Sie müssen in der Feldliste über das Symbol "Extras" von der Option "Nur Abschnitte für Bereiche" wechseln zur Einstellung "Abschnitte für Felder und Abschnitt für Bereiche":

6.4 Pivottable

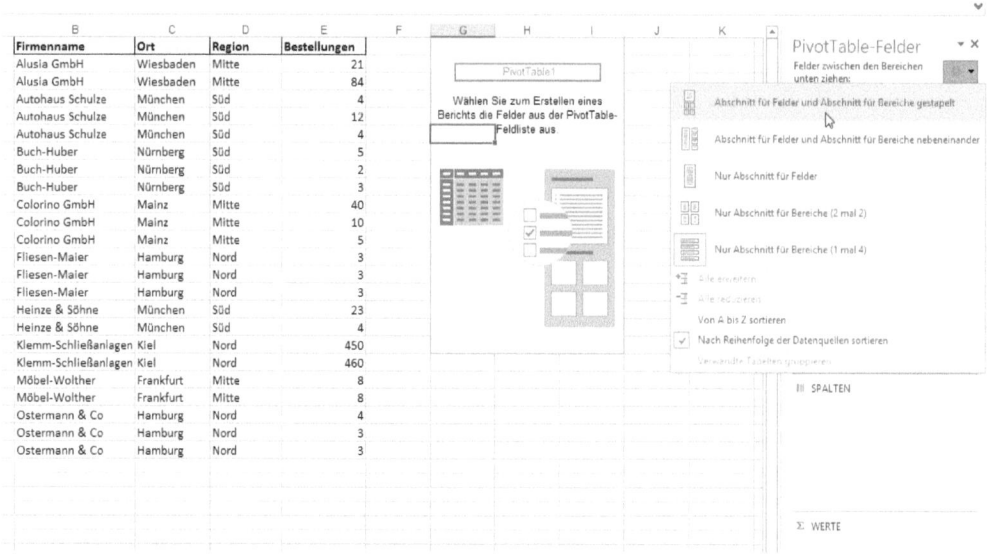

6.4.13. Mein Pivot hat nur eine Spalte zur Auswahl

Warum zeigt die Feldliste nur eine Spalte zur Auswahl an und nicht - wie sonst auch - alle Spalten der Tabelle?

Mein Pivot hat nur eine Spalte zur Auswahl

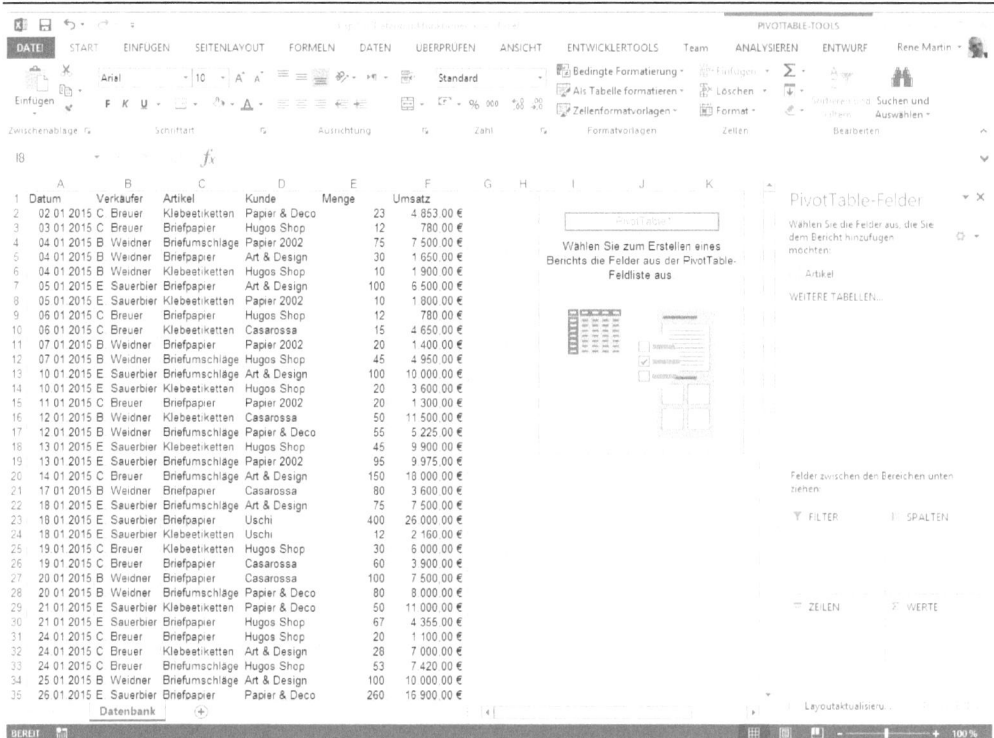

Die Antwort: Sicherlich haben Sie in der Tabelle einige Zellen markiert. Sie können es mit Pivottable-Tools / Analysieren / Daten / Datenquelle ändern herausfinden: Dort zeigt Excel an, auf welchen Bereich die Pivottabelle zugreift:

6.4 Pivottable

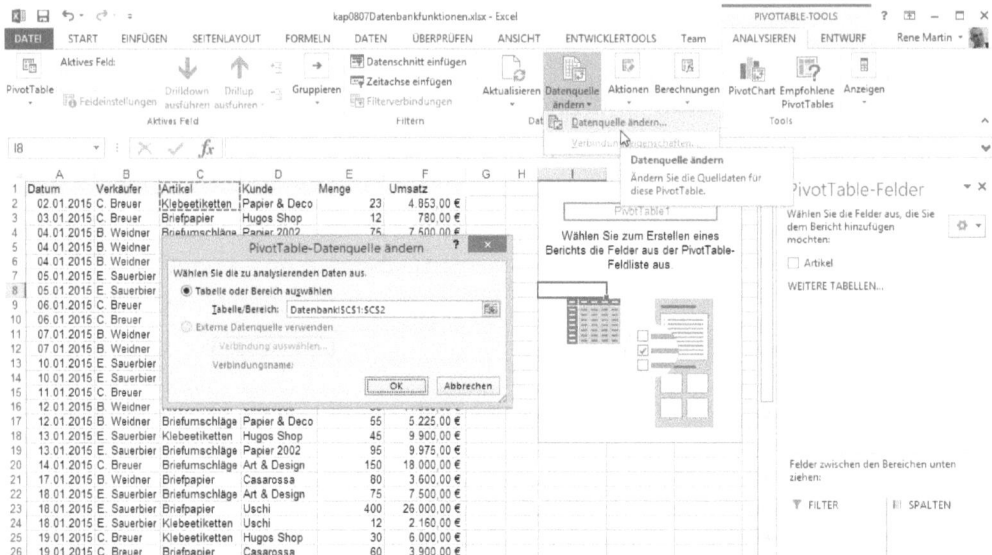

Wahrscheinlich haben Sie beim Erstellen der Pivottabelle einige Zellen markiert - das hätte Ihnen auffallen können. Also: Entweder NICHTS markieren oder die gesamte Liste!

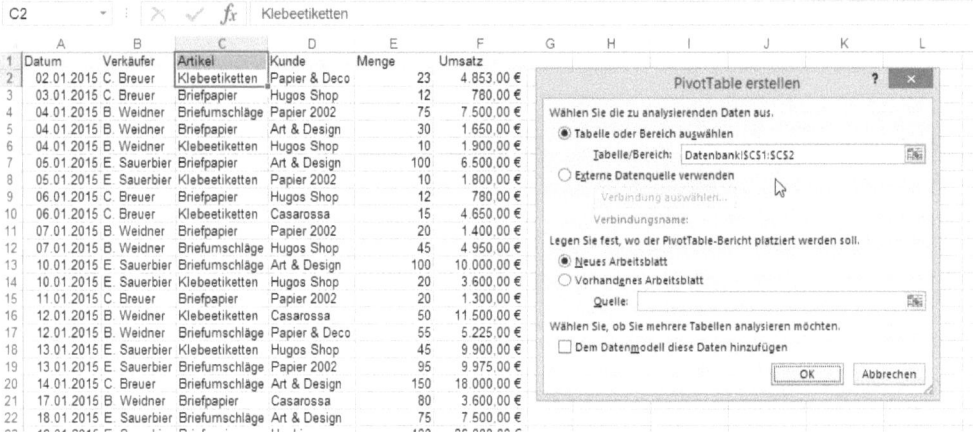

6.4.14. Pivottabelle nicht vollständig

Was läuft hier schief? Obwohl ich die Pivottabelle aktualisiert habe, wird sie nicht aktualisiert. Oder nimmt einige Daten nicht auf.

Teile und herrsche (Divide et impera) - hä?

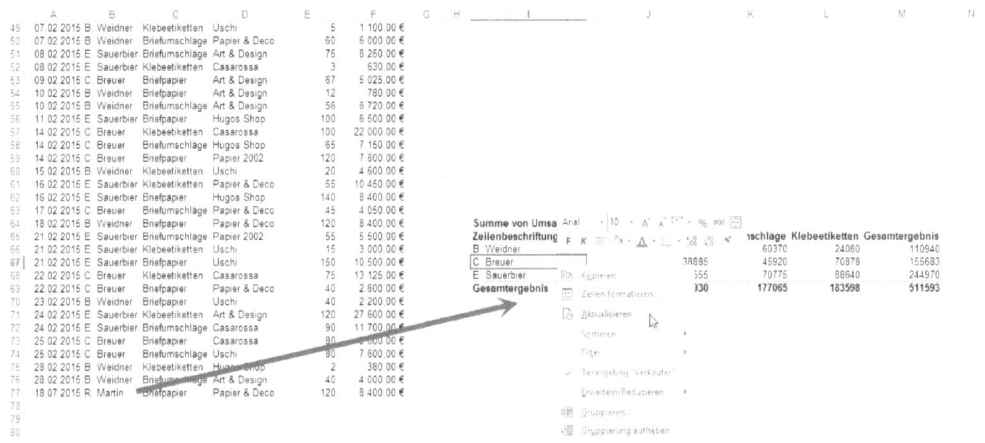

Die Antwort: Schauen Sie mal in Pivottable-Tools / Analysieren / Daten / Datenquelle ändern nach, auf welchen Bereich, bzw. auf welches Tabellenblatt sich Excel bezieht. Vielleicht haben sie den Bereich zu klein gewählt.

6.4.15. Teile und herrsche (Divide et impera) - hä?

Eigentlich wollte ich nur die Teilergebnisse anzeigen lassen. Aber Excel zeigt leider nur eine Option an. Ein bisschen wenig, nicht wahr?

435

6.4 Pivottable

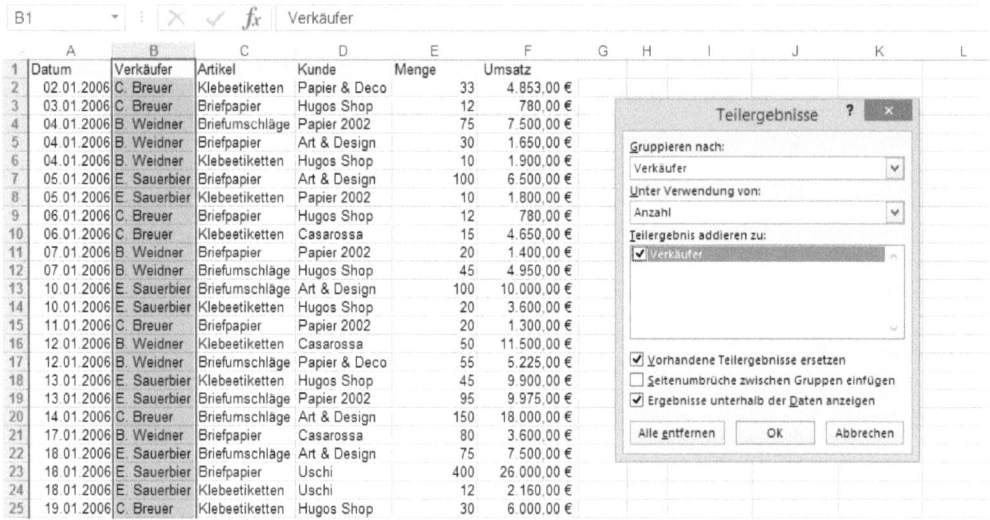

Klar - Sie haben auch nur eine Spalte markiert. Entweder Sie markieren die gesamte Liste oder setzen den Cursor in die Liste ohne etwas zu markieren. Dann wird Excel alle Spaltenüberschriften als Gruppierungsoptionen bei den Teilergebnissen vorschlagen.

6.4.16. Der Pivottable-Feldname ist ungültig.

Was ist denn das für eine Fehlermeldung?

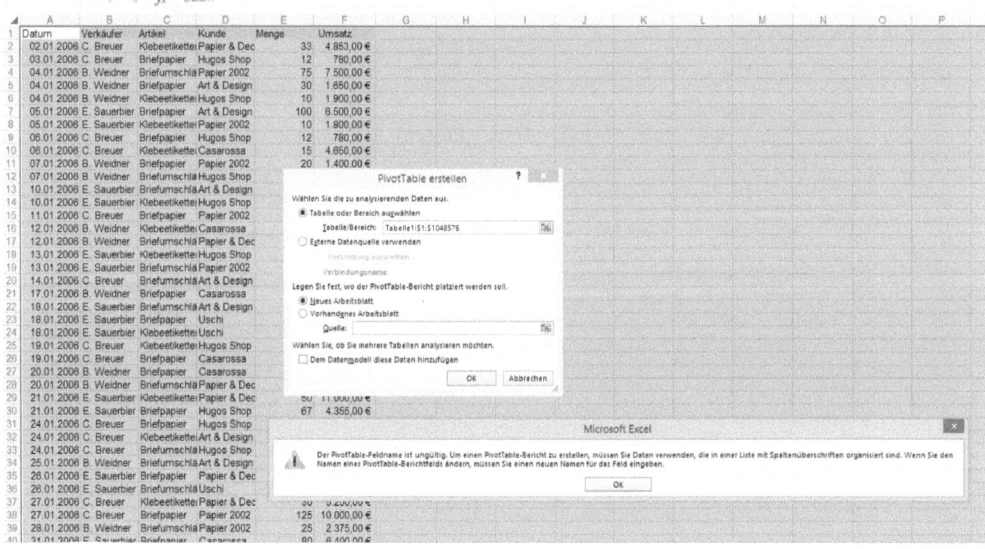

Die Antwort: Setzen Sie den Cursor in die Tabelle oder markieren Sie nur die Spalten der Tabelle. Auf keinen Fall die leeren Spalten. Diese haben keine Überschriften (klar) und können deshalb nicht in der Pivottabelle verarbeitet werden (eigentlich auch klar).

6.4.17. Pivot - ohne Power

Ich weiß nicht warum, aber, wenn ich eine Pivottabelle erstelle sieht sie anders aus als bei meiner Kollegin. Und: Ich hätte auch gerne die Informationen (Jan, Feb, Mrz, ...) neben den Ortsnamen und nicht darunter.

	A	B
1		
2		
3	Zeilenbeschriftungen	Summe von Dauer
4	**Hamburg**	**103**
5	Jan	11
6	Feb	16
7	Mrz	4
8	Mai	10
9	Aug	16
10	Sep	20
11	Okt	23
12	Nov	2
13	Dez	1
14	**München**	**80**
15	Feb	6
16	Mrz	14
17	Apr	7
18	Mai	3
19	Jul	6
20	Aug	8
21	Sep	5
22	Okt	12
23	Nov	19
24	**Nürnberg**	**79**
25	Feb	14
26	Mrz	7
27	Apr	7
28	Mai	2

6.4 Pivottable

	A	B	C	D
1				
2				
3	Summe von Dauer			
4	Veranstaltungsort	Mona	von	Ergebnis
5	⊟Hamburg	⊞Jan		11
6		⊞Feb		16
7		⊞Mrz		4
8		⊞Mai		10
9		⊞Aug		16
10		⊞Sep		20
11		⊞Okt		23
12		⊞Nov		2
13		⊞Dez		1
14	Hamburg Ergebnis			103
15	⊟München	⊞Feb		6
16		⊞Mrz		14
17		⊞Apr		7
18		⊞Mai		3
19		⊞Jul		6
20		⊞Aug		8
21		⊞Sep		5
22		⊞Okt		12
23		⊞Nov		19
24	München Ergebnis			80
25	⊟Nürnberg	⊞Feb		14
26		⊞Mrz		7
27		⊞Apr		7
28		⊞Mai		2

Die Antwort: In den einzelnen Excel-Versionen, werden verschiedene Layouts zugrunde gelegt. Sie können diese aber umschalten über die Pivottable-Tools / Entwurf / Layout / Berichtslayout. Wählen Sie dort die Option "Tabellenformat". Übrigens: Ist Ihnen aufgefallen, dass Excel in der Version 2016 Datumsangaben gleich gruppiert?

Pivot - ohne Power

	Datei	Start	Einfügen	Seitenlayout	Formeln	Daten	Überprüfen

Teilergebnisse Gesamtergebnisse Berichtslayout Leere Zeilen   ☑ Zeilenüberschriften ☐ Ver
☑ Spaltenüberschriften ☐ Ver

Layout

- Im **K**urzformat anzeigen
- Im **G**liederungsformat anzeigen
- Im **T**abellenformat anzeigen
- **A**lle Elementnamen wiederholen
- Eleme**n**tnamen nicht wiederholen

B5

	A	
1	Berichtsfilterfelder	
2		
3	Summe von Dauer	
4	Veranstaltungsort	Mo
5	⊟ Hamburg	⊞
6		⊞
7		⊞
8		⊞
9		⊞ Aug	16
10		⊞ Sep	20
11		⊞ Okt	23
12		⊞ Nov	2
13		⊞ Dez	1
14	Hamburg Ergebnis		103
15	⊟ München	⊞ Feb	6

439

7 Diagramme

7.1. Merkwürdige Diagramme

7.1.1. Diagramme nachbearbeiten

Ich werde oft gefragt, warum Diagramme "so merkwürdig aussehen". Oder warum man so viel nachformatieren muss.

Die Antwort: Sie tun sich leichter, wenn eine Kategorienspalte aus Zahlen (hier: Jahreszahlen) besteht und wenn über dieser Spalte keine Überschrift steht; jedoch über den anderen Spalten. Dann interpretiert Excel die erste Spalte als Kategorie und nicht als Wert - was viel Nacharbeit erspart.

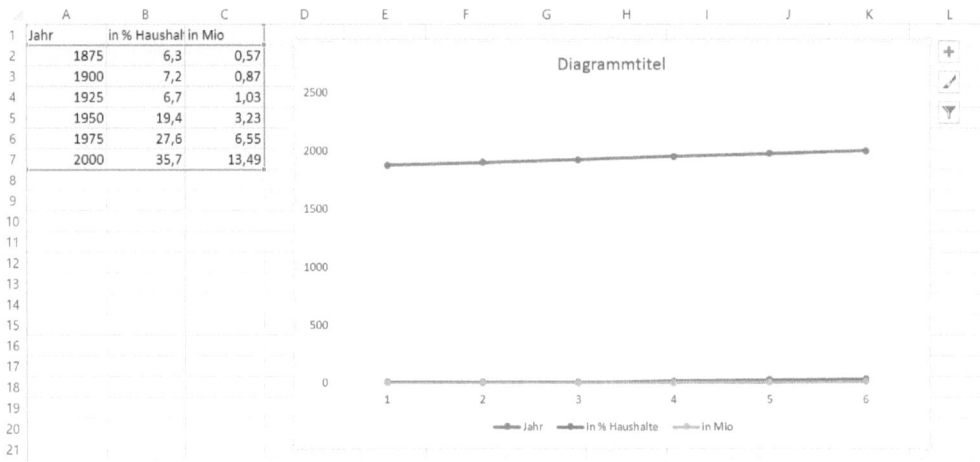

Diagramme nach PowerPoint

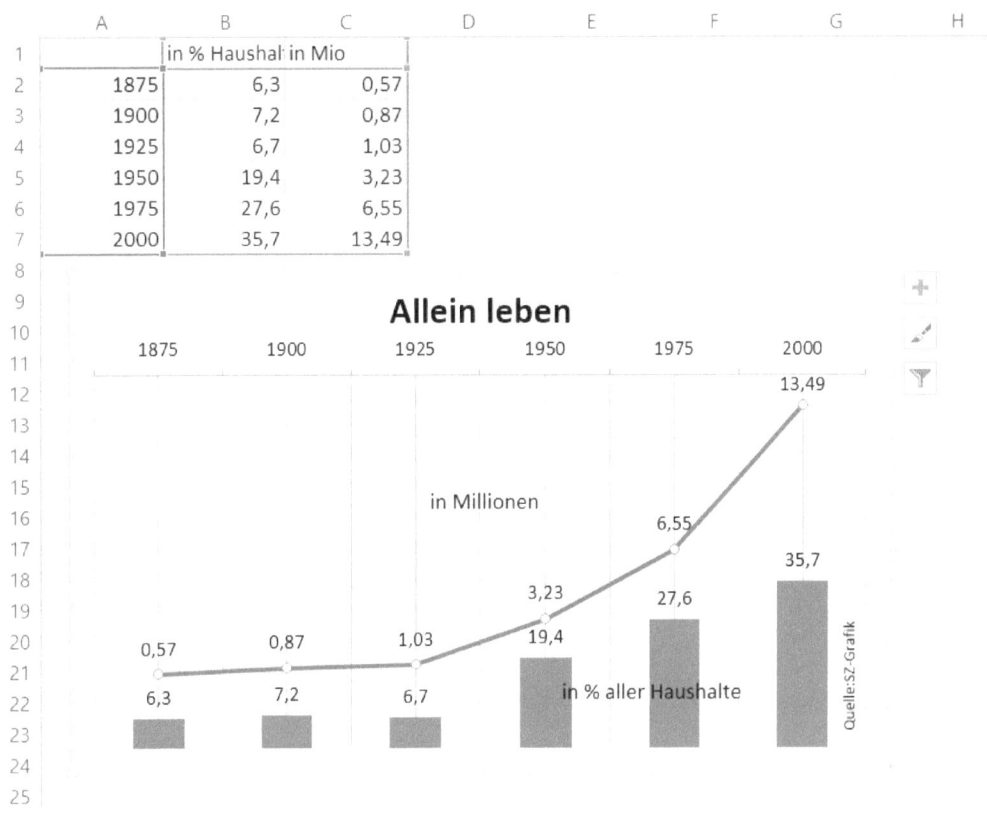

7.1.2. Diagramme nach PowerPoint

Beachten Sie Folgendes:

Wenn Sie ein Diagramm von Excel nach PowerPoint kopieren, wird nicht nur das Diagramm mit seinen Daten nach PowerPoint kopiert, sondern die gesamte Datei. Man kann Einblick in ALLE Daten nehmen, indem man in PowerPoint auf "Daten bearbeiten" klickt.

Es kann Vorteile haben - es kann aber auch sehr gefährlich sein.

7.1 Merkwürdige Diagramme

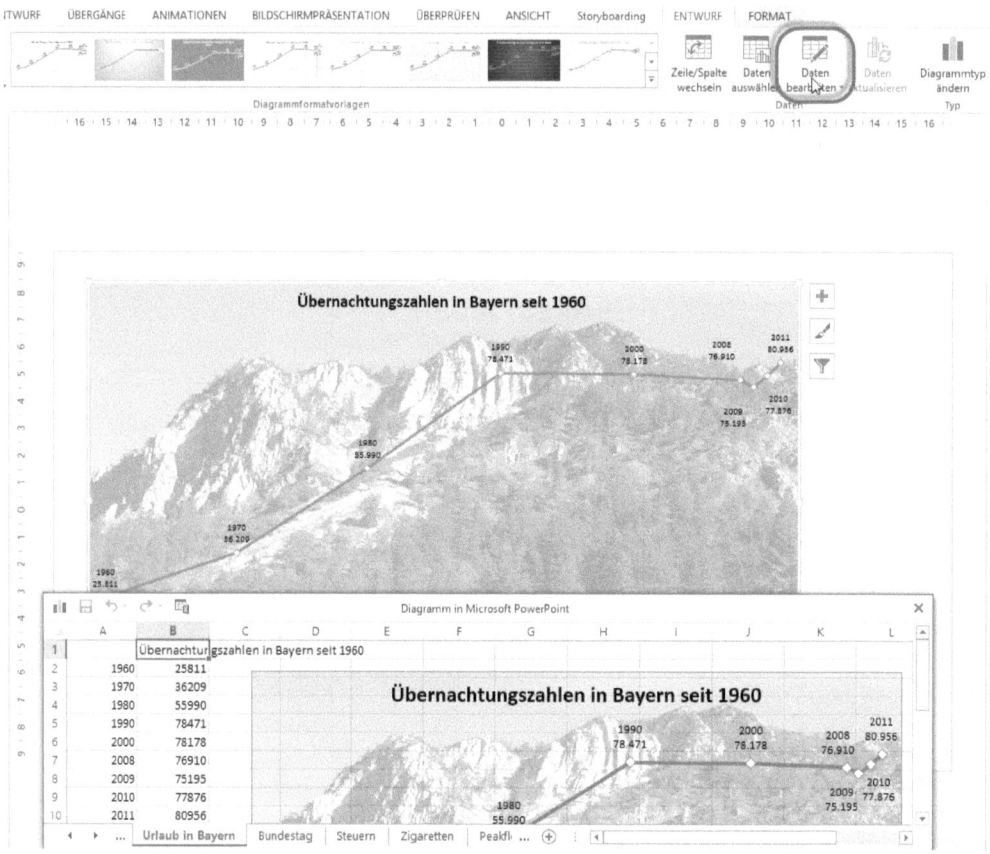

7.1.3. Schwarzer Diagrammboden

Erstaunlich. Im 3D-Diagramm wurde der Boden mit einer automatischen Füllfarbe versehen. Wenn man nachschaut, stellt man fest, dass Excel die Füllfarbe schwarz verwendet hat. Der Boden bleibt jedoch weiß.

Ein merkwürdiges Phänomen - nun ja - damit kann man leben. Also doch besser nicht "automatisch" formatieren, sondern "per Hand".

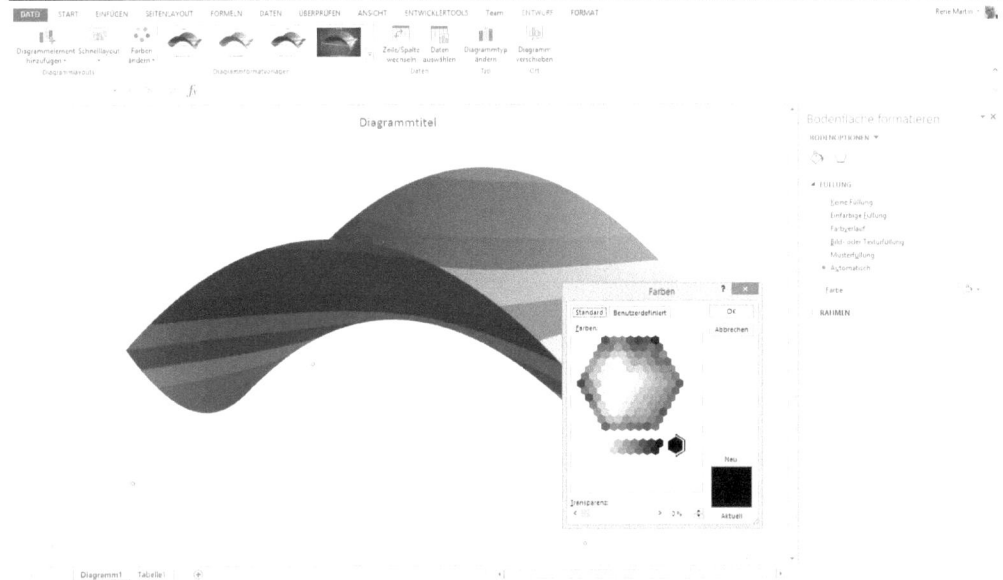

7.1.4. Diagramme - gleiche Werte; unterschiedliche Prozentzahlen

Wie kann denn das passieren - drei Mal der gleiche Wert und verschiedene Prozentzahlen im Diagramm?

Nun - würde Excel die Prozentwerte im Diagramm als ganze Zahlen ohne Nachkommastellen korrekt anzeigen, dann wäre möglicherweise die Summe nicht gleich 100%. Ältere Excel-Versionen haben das so gemacht. Excel 2013 "rundet" nun so, dass die Summe immer 100% ergibt, auch wenn daraus möglicherweise eine falsche Darstellung resultiert.

7.1 Merkwürdige Diagramme

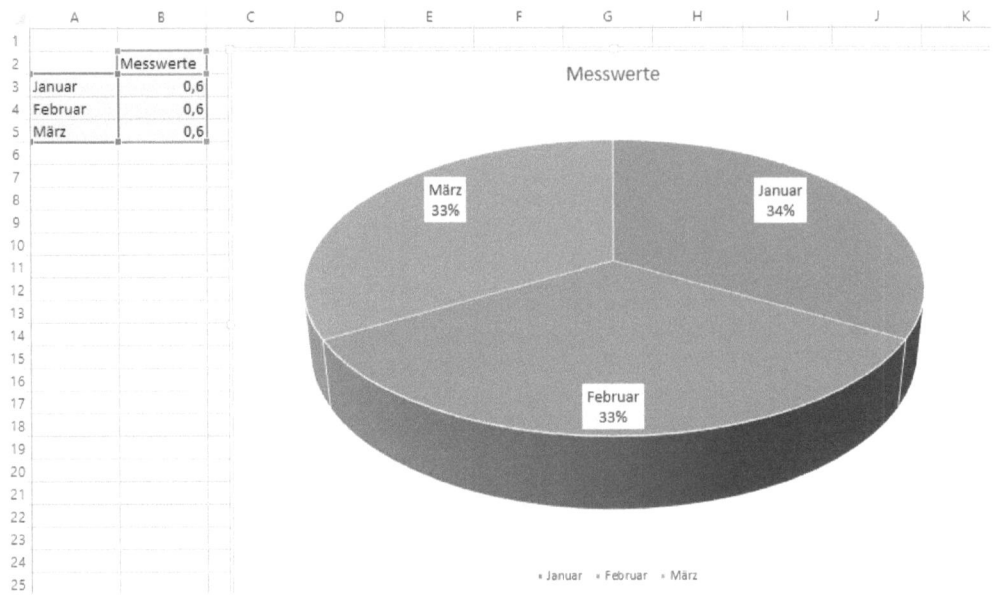

7.1.5. Achse weg - Diagramm kaputt!

Wenn ich eine Achse in einem Diagramm lösche, zerstört Excel manchmal das gesamte Diagramm. Warum?

Achse weg - Diagramm kaputt!

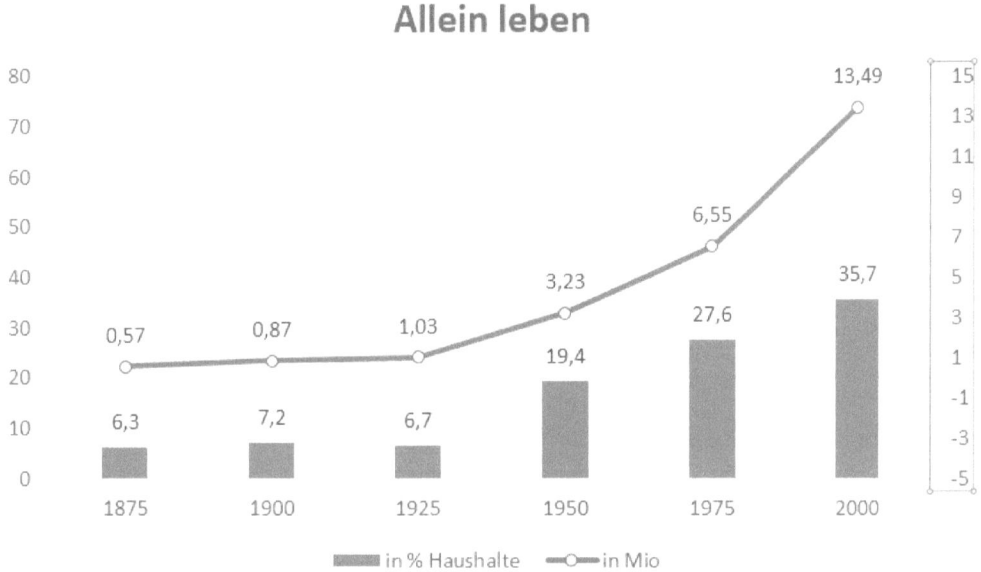

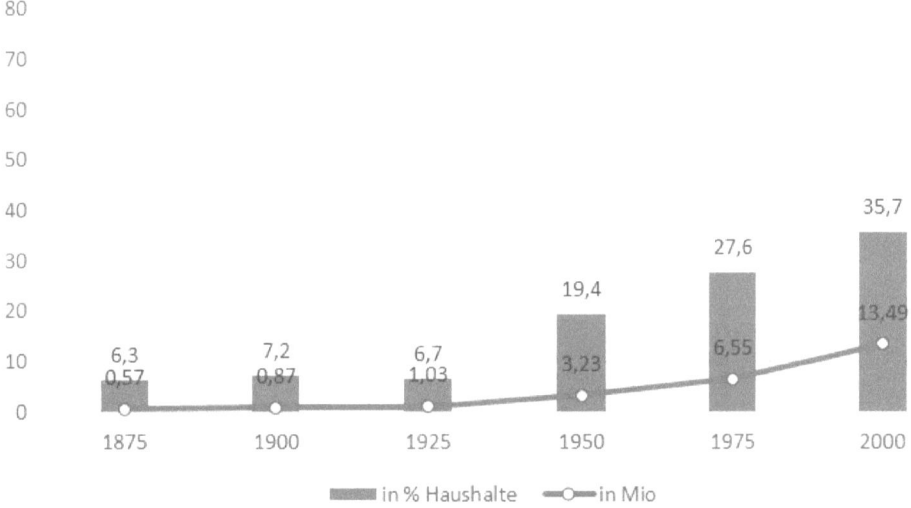

Der Grund liegt in der Sekundärachse. Wenn ein Diagramm nur eine y-Achse besitzt, kann man diese problemlos löschen. Löscht man jedoch die Sekundärachse, dann schiebt Excel die Daten auf die andere Achse.

7.1 Merkwürdige Diagramme

Die Lösung: Man darf sie nicht löschen, sondern muss sie "wegformatieren", das heißt die Linie transparent formatieren und die Beschriftung und Teilstriche ausschalten. Dann funktioniert es.

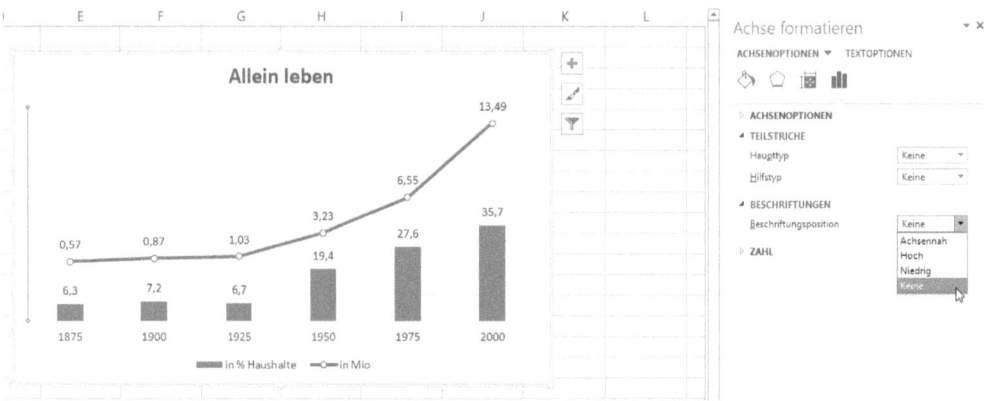

7.1.6. Diagramme drucken

Wenn ich ein Diagramm drucken möchte, druckt Excel manchmal nur das Diagramm (schön platziert auf einer Seite), manchmal die Tabelle mit dem Diagramm (und der Seitenumbruch läuft ab und zu sogar durch das Diagramm hindurch). Warum?

Die Antwort: Excel unterscheidet beim Drucken, ob sich der Cursor auf dem Diagramm befindet oder auf der Tabelle. In Abhängigkeit von seiner Position wird etwas Anderes ausgedruckt.

Diagramme drucken

Drucken

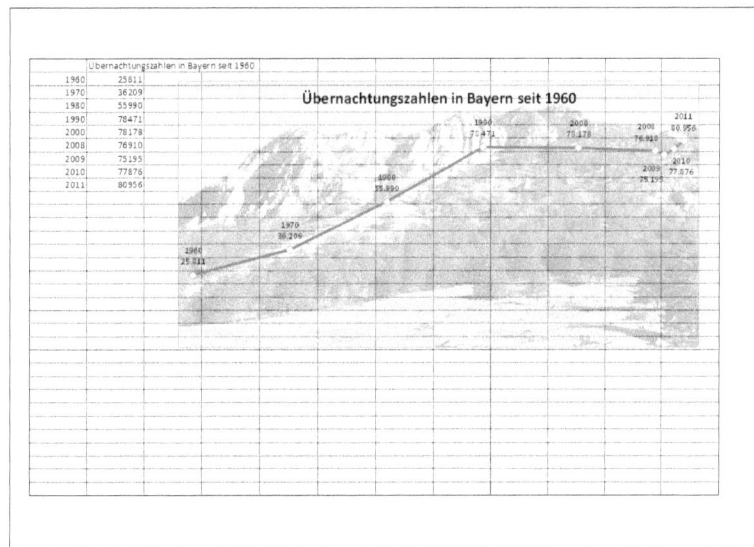

Drucken

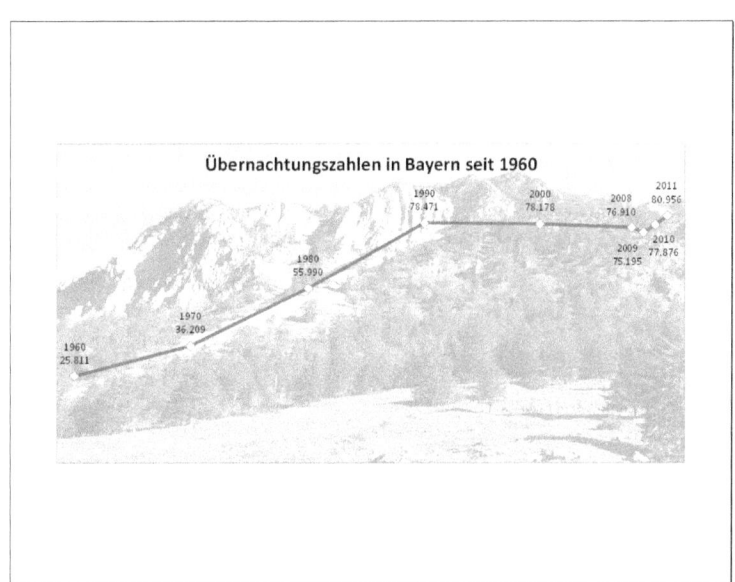

7.1 Merkwürdige Diagramme

7.1.7. Dünne Balken in Diagrammen

Warum macht mir Excel immer so dünne Balken in den Diagrammen?

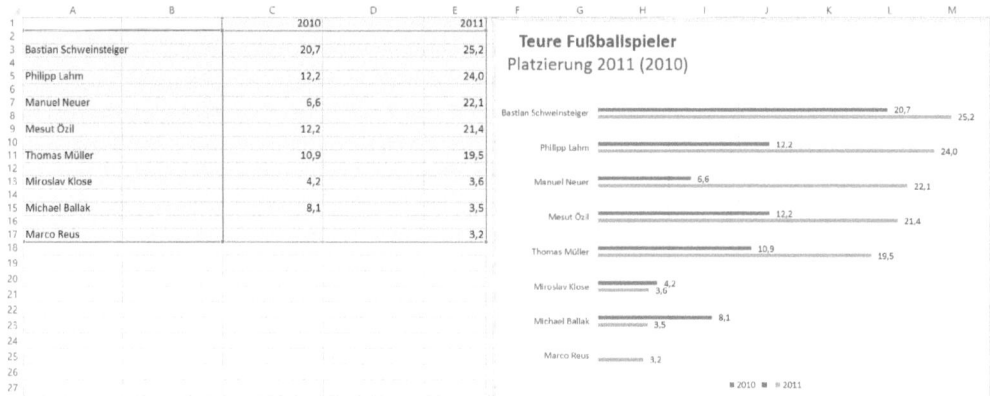

Die Antwort: Schreiben Sie Ihre Liste "kompakt" - das heißt: ohne Leerzeilen und ohne Leerspalten. Dann kann man leichter ein Diagramm erstellen. Kümmern Sie sich nicht darum, dass vielleicht einige der Texte in der Tabelle nicht angezeigt werden - Excel übernimmt schon den kompletten Text in die Diagramme:

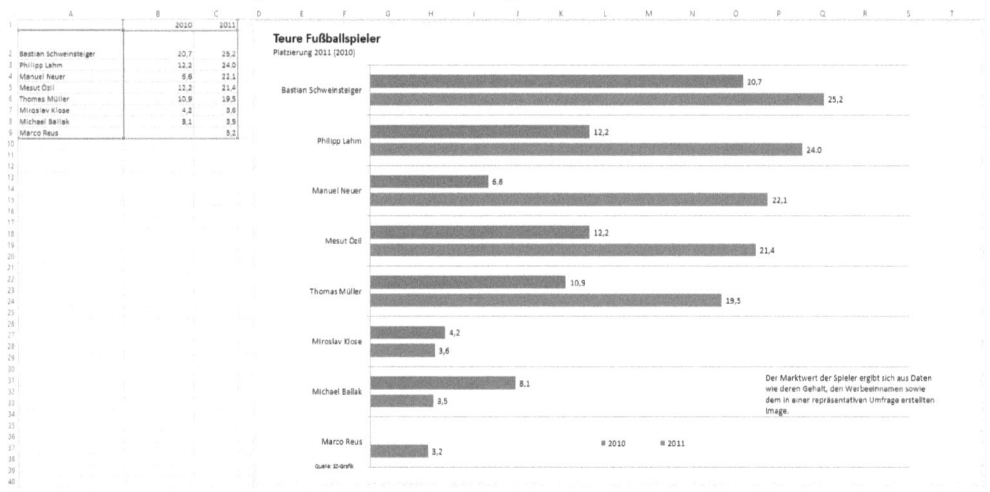

7.1.8. Diagramme - ohne Aktualisierung

Seltsam - ich ändere die Daten, aber das Diagramm wird nicht aktualisiert.

Diagramme - ohne Aktualisierung

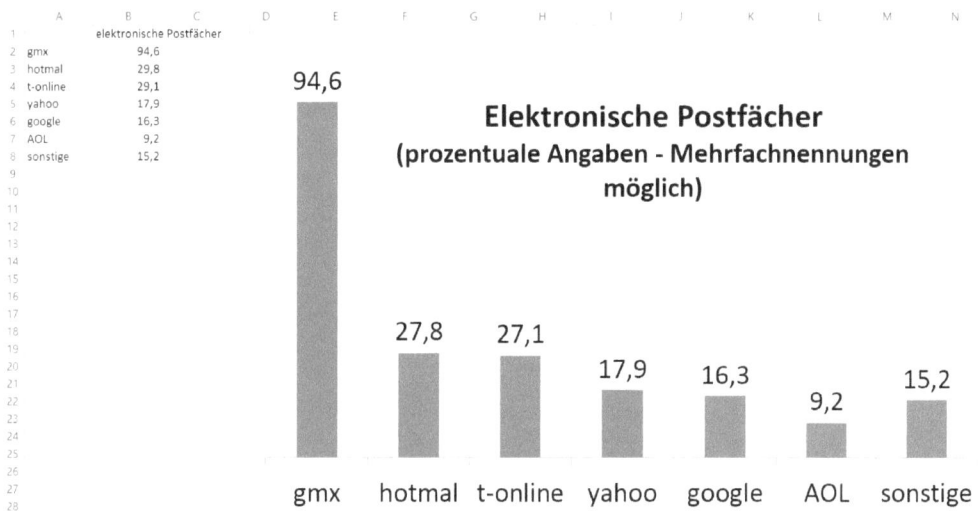

Möglicherweise greift das Diagramm nicht auf diese zu. Sie können es überprüfen, indem Sie das Diagramm markieren und über Entwurf / Daten / Daten auswählen nachsehen.

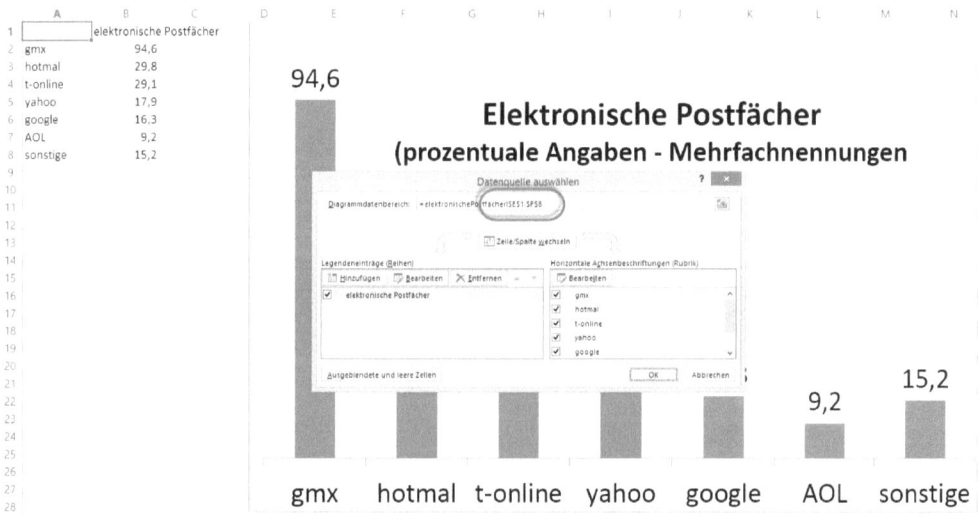

In diesem Beispiel stellen Sie fest, dass die Daten, auf denen das Diagramm basiert, "hinter" dem Diagramm liegen, also vom Diagramm verdeckt wurden.

7.1 Merkwürdige Diagramme

7.1.9. Diagramm zeigt nicht die Datenquelle an

Wenn ich ein Diagramm selektiere und über Entwurf / Daten / Daten auswählen den Bereich ansehen möchte, woher Excel die Daten bezieht, erhalte ich nur den lakonischen Kommentar "Der Datumsbereich ist zu komplex, um angezeigt zu werden. Wenn ein neuer Bereich ausgewählt wird, werden alle Reihen im Bereich 'Reihe' ersetzt." Was heißt denn das?

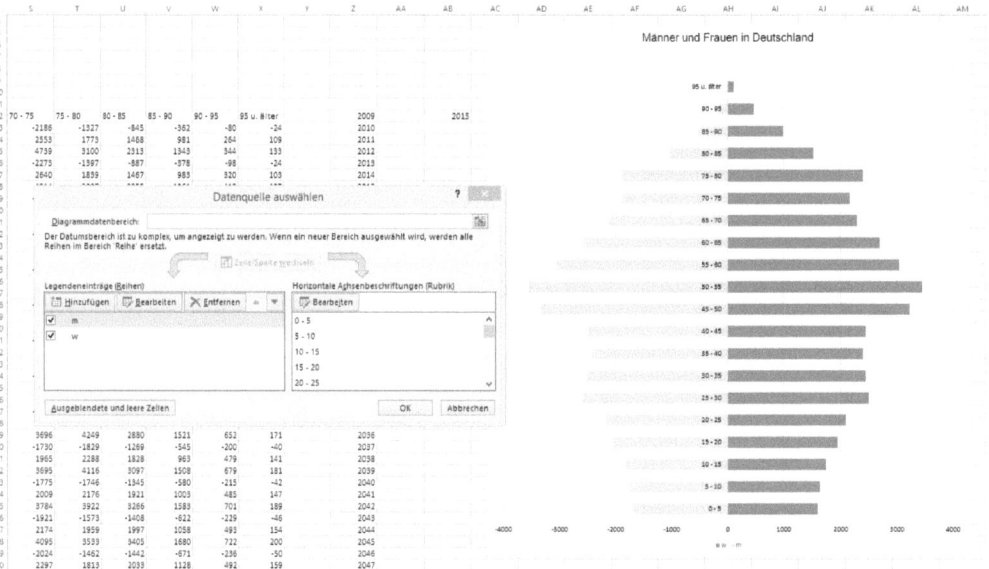

Die Antwort: Über ein Dropdownfeld in Zelle AB12 wird das Jahr ausgewählt. In Zelle AC12 wird mit einer Formel die Zeile berechnet, aus der Daten gezogen werden. Im Register Formeln / Definierte Namen / Namensmanager werden zwei Namen definiert ("Frauen" und "Männer"), die ausgehend von A1 einen Bereich berechnen, der um so viele Zeilen nach unten versetzt liegt wie in AC12 berechnet wurde. Diese beiden Bereiche wurden nun im Exceldiagramm verwendet, so dass der Anwender das Jahr auswählen kann und das Diagramm dynamisch den Bereich darstellt. Erstaunlicherweise kann Excel diese Formel in der Datenquelle nach einem erneuten Öffnen nicht mehr anzeigen.

Diagramme - leerer Eintrag in der Achse

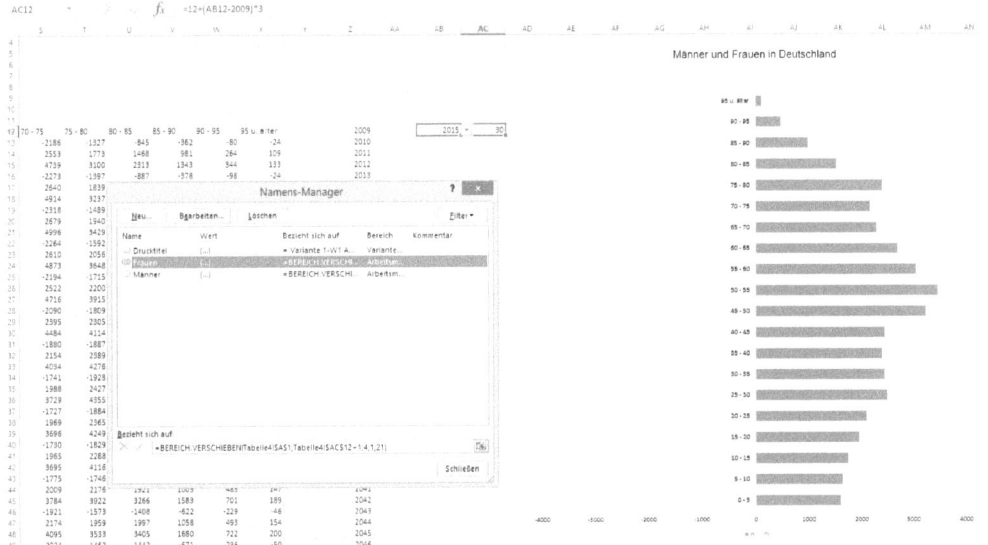

7.1.10. Diagramme - leerer Eintrag in der Achse

Warum übernimmt Excel nicht die Überschrift der Tabelle als Überschrift für Diagramme? Warum wird sie als leere Kategorie angezeigt?

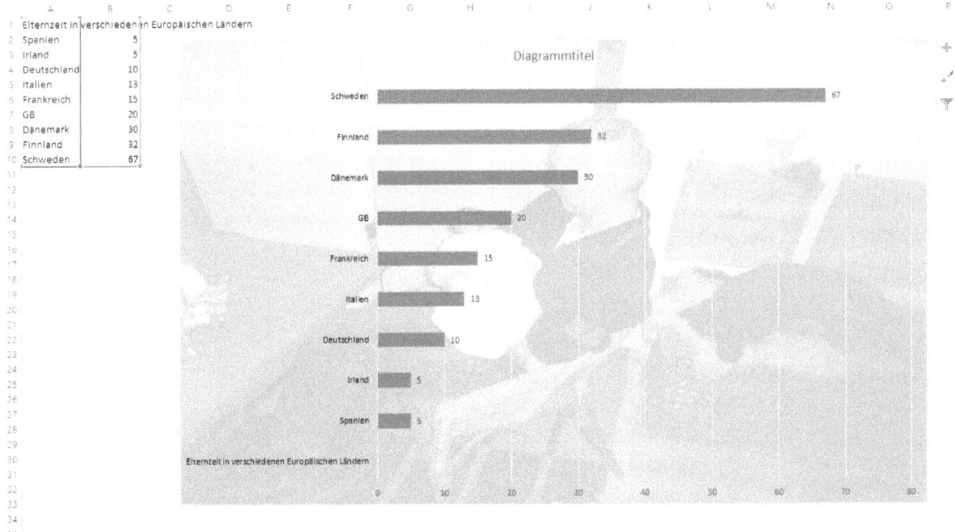

7.1 Merkwürdige Diagramme

Die Antwort: Schreiben Sie die Überschrift nicht über die Spalte mit den Kategorien - sonst "geht Excel davon aus", dass es sich hierbei um eine Kategorie ohne Wert handelt. Schreiben Sie die Überschrift über die Wertespalte, also über die zweite Spalte.

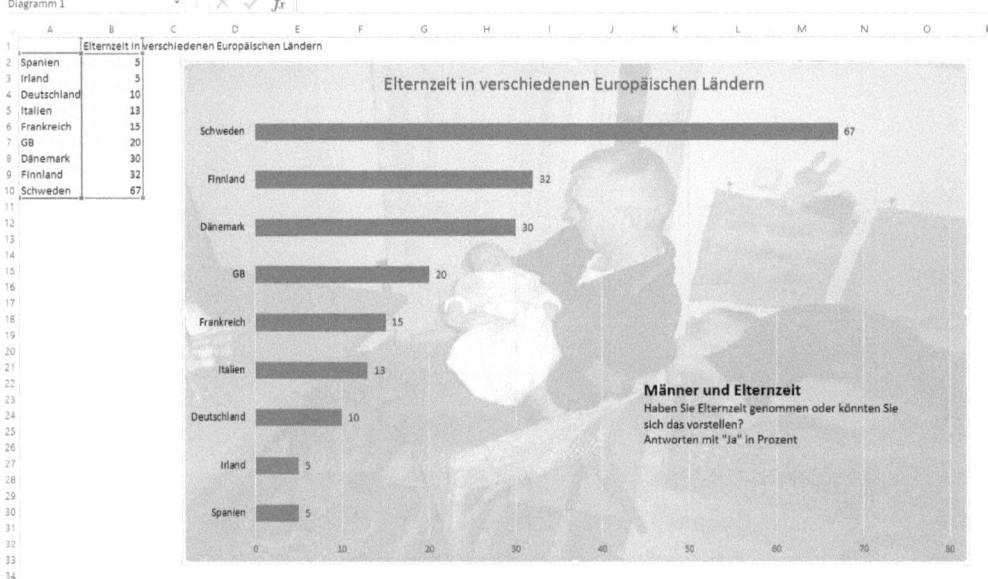

7.1.11. Erster Balken nur halb so groß

Warum ist in meinem Diagramm der erste Balken nur halb so breit?

Erster Balken nur halb so groß

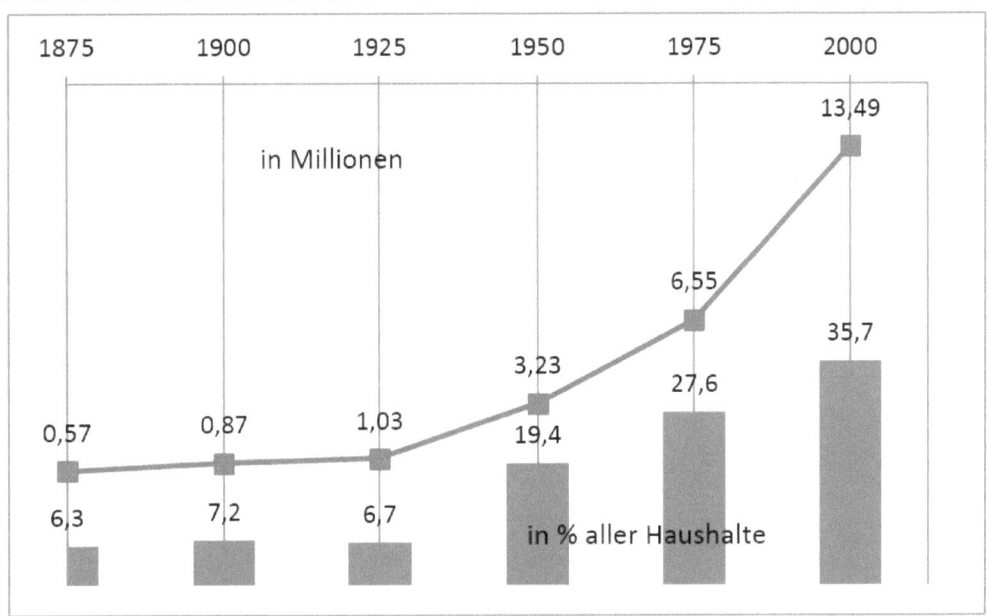

Sie dürfen die x-Achse nicht mit der Option "Auf Teilstrichen" formatieren, sondern mit "Zwischen Teilstrichen".

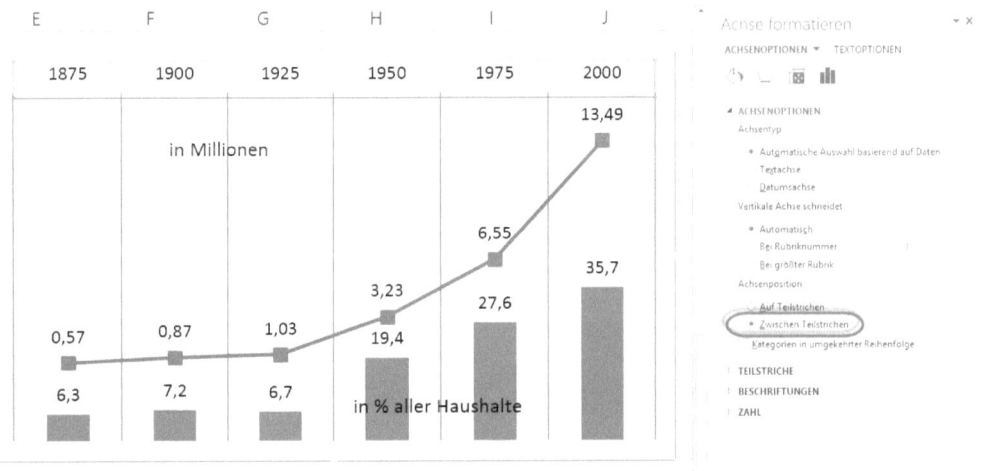

7.1 Merkwürdige Diagramme

7.1.12. Unerwünschte Stalaktiten

Was mache ich denn falsch? Ich wollte in einem Diagramm eine "sekundäre x-Achse" anzeigen lassen und nun hängen die Balken von oben nach unten. Ich will Stalagmiten und keine Stalaktiten!

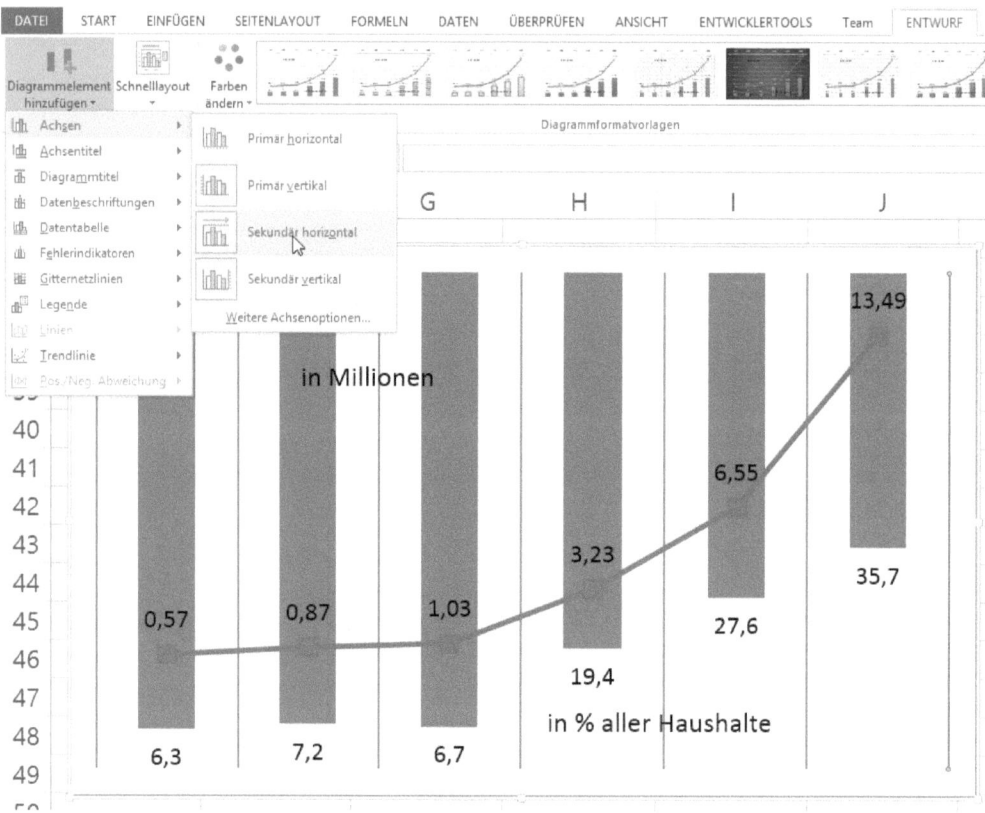

Die Antwort: Sie dürfen in einem Diagramm, das eine Sekundärachse hat, nicht eine sekundäre x-Achse einfügen. Sonst wird das Diagramm "herumgedreht". Stattdessen müssen Sie die Primärachse (y) markieren und bei den Optionen einschalten: "Horizontale Achse schneidet maximaler Achsenwert".

Randbemerkung: Die müssen von beiden y-Achsen die Primärachse (also die linke) markieren, wenn Sie die Sekundärachse markieren, funktioniert es nicht - dann wird das Diagramm wieder gekippt.

Warum kann ich das Diagramm nicht weiter bearbeiten?

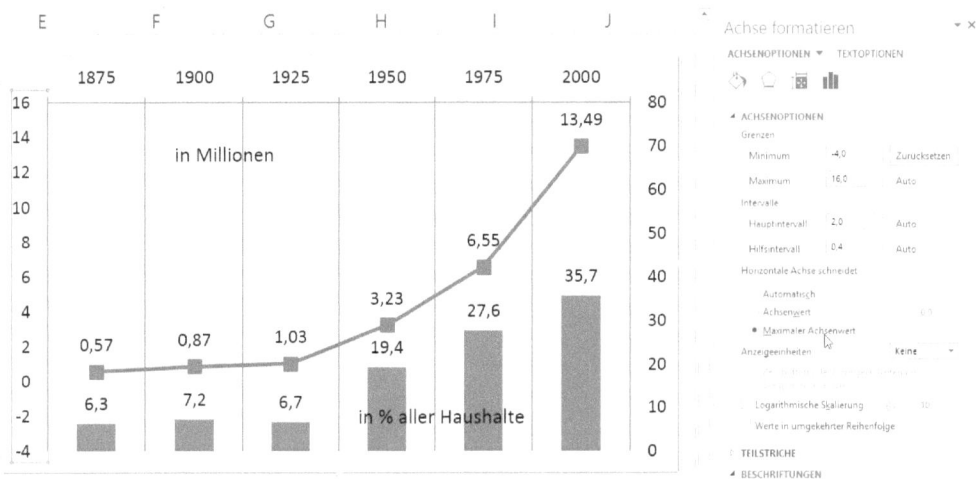

7.1.13. Warum kann ich das Diagramm nicht weiter bearbeiten?

Ein schönes Diagramm, das meine Kollegin vor einigen Jahren erstellt hat. Allerdings würde ich gerne die letzten Jahre noch hinzufügen. Warum kann ich das nicht?

7.1 Merkwürdige Diagramme

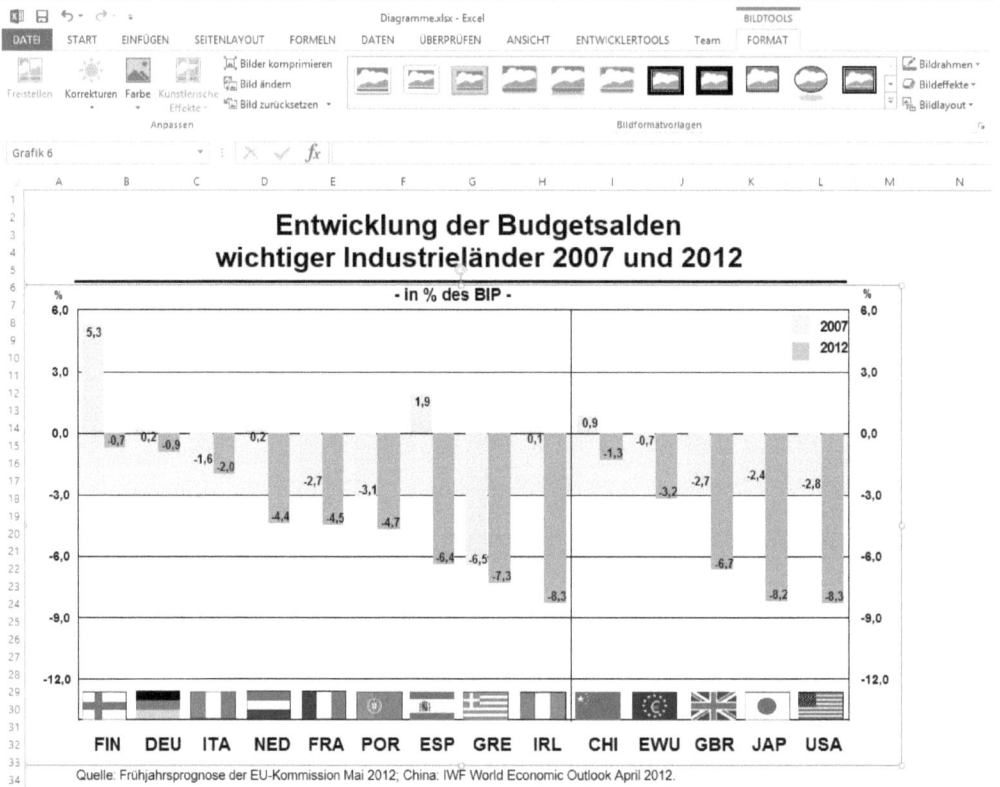

Die Antwort finden Sie oben in der Registerkarte: Das Diagramm wurde kopiert und als Bild eingefügt. Deshalb sehen Sie die Registerkarte "Bildtools / Format" und nicht Diagrammtools / Entwurf und Format.

Sie müssen sich das Originaldiagramm geben lassen, wenn es in Excel erstellt wurde. Das Bild können Sie nicht weiter bearbeiten.

7.1.14. Seltsames Diagramm - das stimmt nicht mit den Daten überein

Was habe ich falsch gemacht? Das Diagramm stimmt nicht mit den Daten überein?

Seltsames Diagramm - das stimmt nicht mit den Daten überein

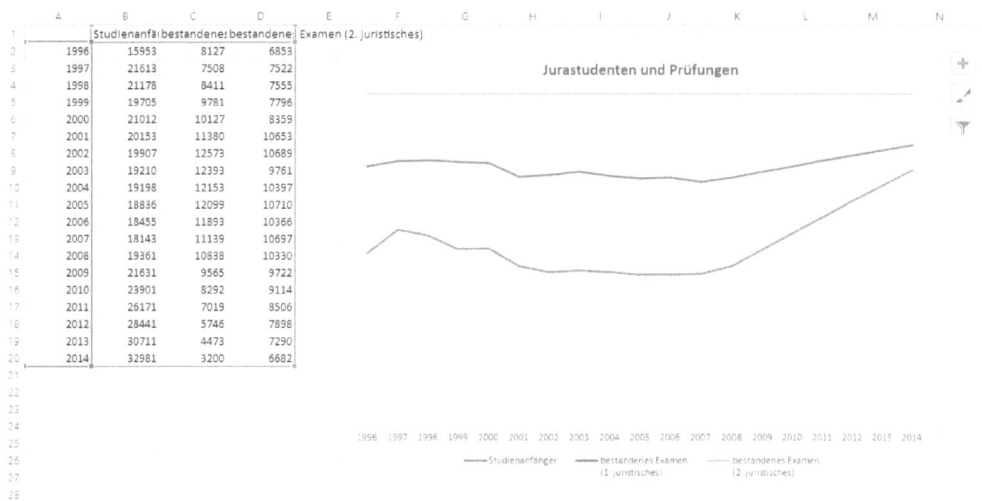

Die Antwort: Die haben aus Versehen einen Typ gewählt, der die Daten auf 100% skaliert. Dadurch erscheint die eine Reihe am oberen Rand - die anderen werden kumuliert.

Sie hätte es deutlich sehen können, wenn Sie die y-Achse einblenden:

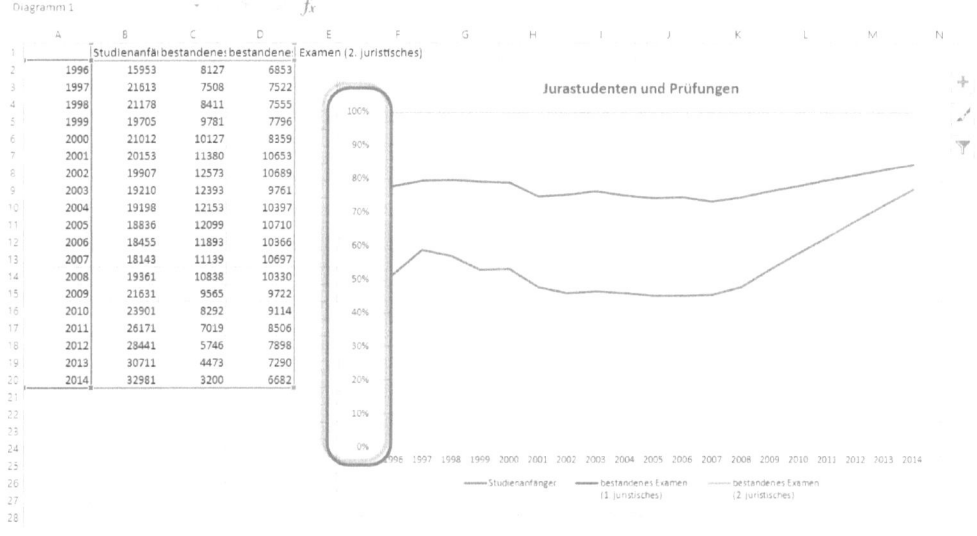

7.1 Merkwürdige Diagramme

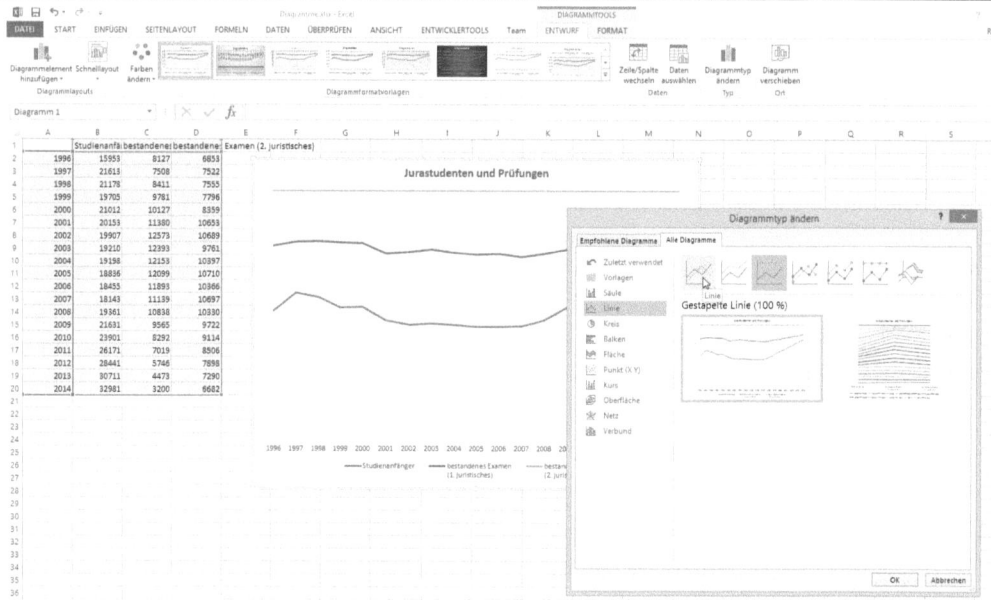

Die Lösung: verwenden Sie den ersten Typ - "Linie" und nicht "gestapelte Linie 100%".

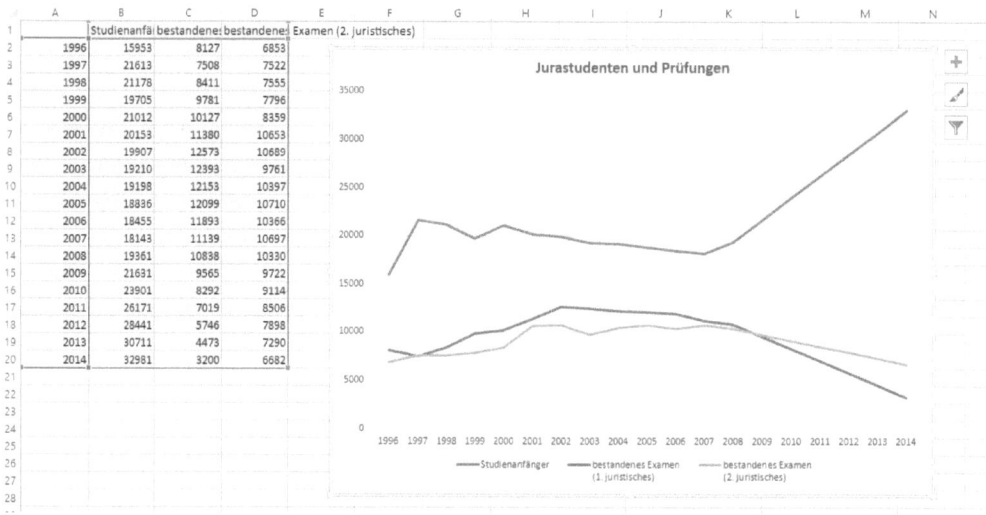

7.1.15. Excel zeigt manchmal die Beschriftung von Balken - manchmal nicht

Was ist hier los? - in einem Diagramm kann ich partout Excel nicht dazu überreden, die Balken mit den entsprechenden Städtenamen zu beschriften.

Zahlen hoch - marsch, marsch!

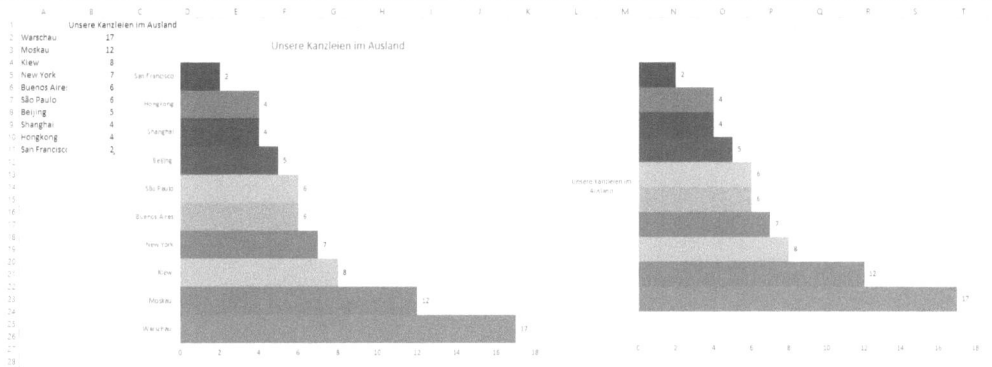

Die Antwort: Es handelt sich hierbei um zwei verschiedene Diagramme. Beim rechten wurden Zeilen und Spalten vertauscht. Das linke sieht ähnlich aus wie das erste, weil dort die Datenpunkte einzeln formatiert wurden (Punktfarbunterscheidung).

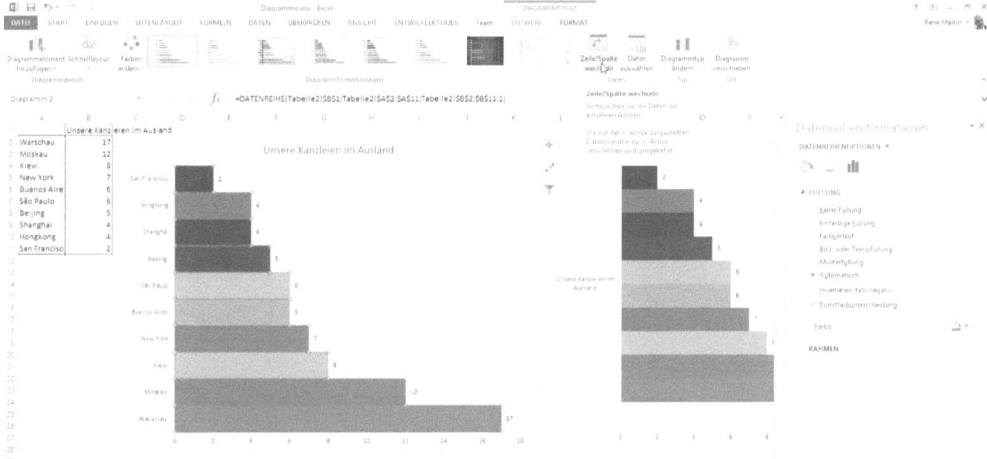

7.1.16. Zahlen hoch - marsch, marsch!

Ganz komisch, manchmal kann ich einfach nicht die Zahlen ÜBER die Säulen eines Diagramms platzieren. Excel bietet mir diese Lösung nicht an.

7.1 Merkwürdige Diagramme

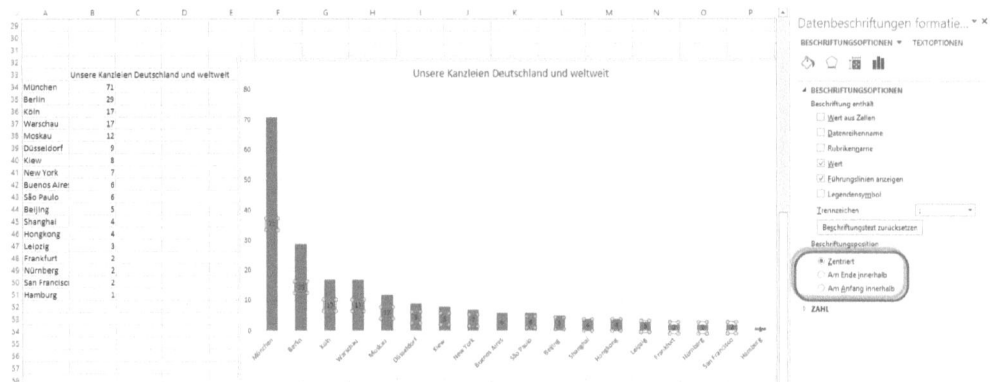

Die Antwort: Sie haben die falsche Variante verwendet. Sie haben zwar nur eine Datenreihe, haben aber dennoch "gestapelte Säulen" verwendet. Auch wenn es auf den ersten Blick ähnlich aussieht wie die Option "gruppierte Säulen" gibt es einige, kleine Unterschiede. Excel "vermutet", dass noch eine zweite Säulenreihe auf die erste platziert wird und verbietet deshalb das Positionieren der Zahlen über den Balken.

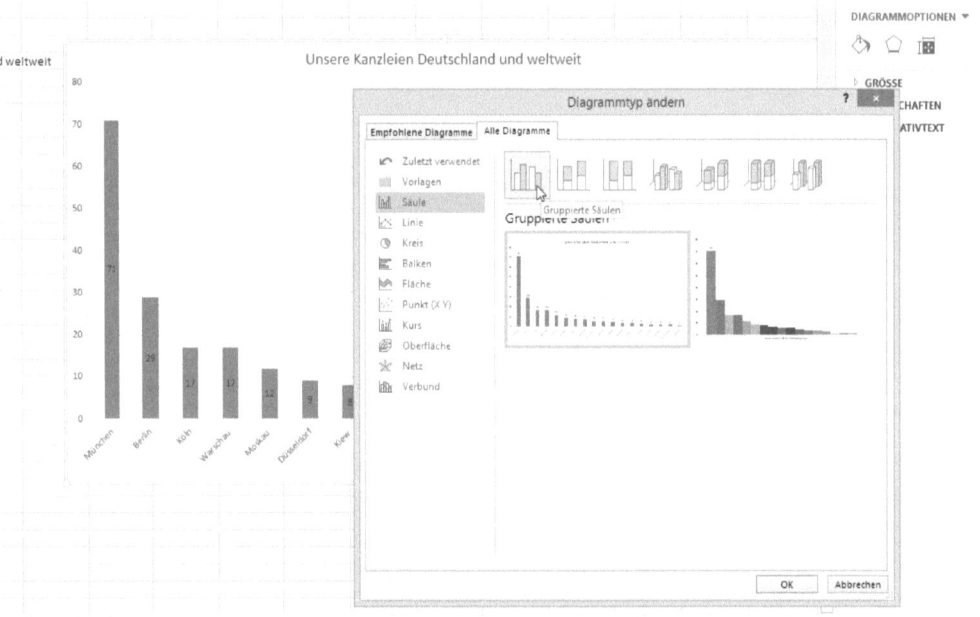

Merkwürdige Überschrift im Diagramm

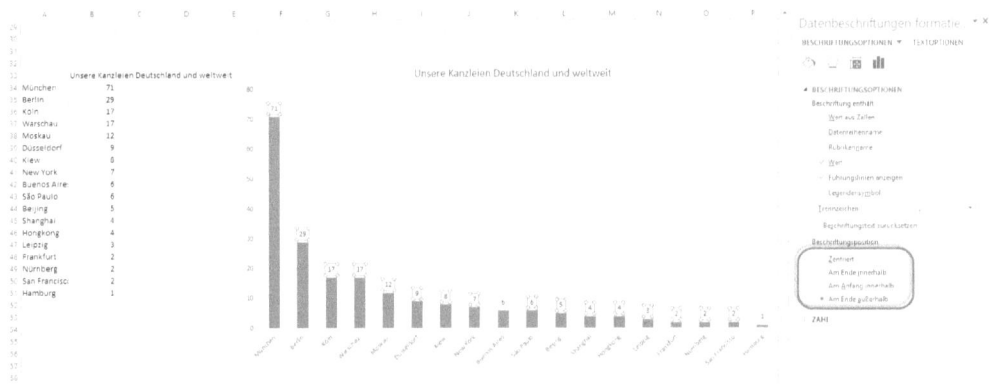

7.1.17. Merkwürdige Überschrift im Diagramm

Ich weiß nicht, warum immer mir so etwas passiert. Alle haben tolle Diagramme - nur ich erhalte ein merkwürdiges Ergebnis. Liegt das an meiner Aura?

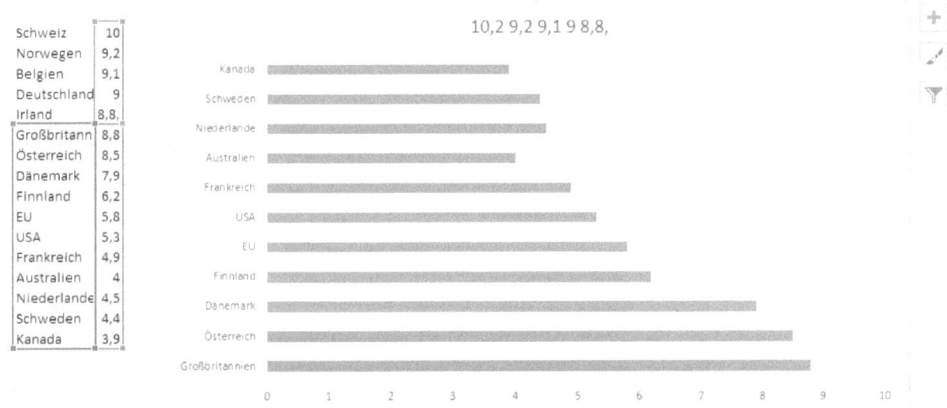

Die Aura ist okay, aber die Daten sind es nicht. Sie haben in der Rubrik Irland nicht die Zahl 8,8 eingegeben, sondern 8,8, - dieser Wert wird von Excel nicht als Zahl verstanden und deshalb als Text interpretiert. Und nun geht Excel davon aus, dass die ersten fünf Zeilen Überschrift sind und schreibt diese als Überschrift über das Diagramm und beginnt erst ab GB die Daten im Diagramm darzustellen. Vielleicht haben Sie es nicht gleich gesehen, weil die Spalte, in der die Zahlen stehen, so schmal ist.

7.1 Merkwürdige Diagramme

7.1.18. Seite einrichten - nur teilweise möglich

Hey! Verstehe ich nicht! Beim Seite einrichten sind Teile ausgegraut. Warum darf ich nicht die ganze Seite einrichten?

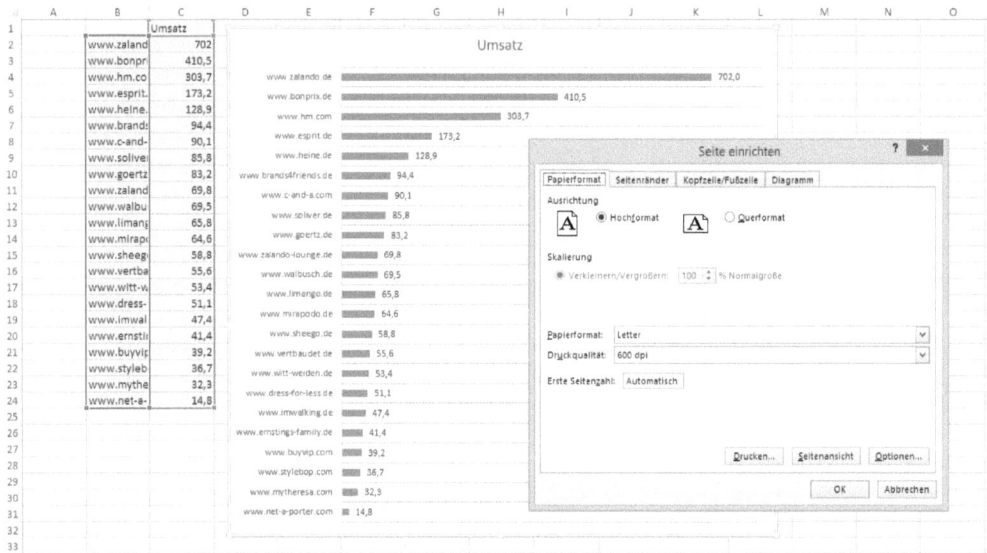

Klar - wenn Sie ein Diagramm markieren, geht Excel davon aus, dass Sie nur das Diagramm ausdrucken möchten. Und DAFÜR stehen einige Teile des Seite Einrichtens nicht zur Verfügung, beispielsweise "auf der Seite zentrieren" oder "skalieren". Sie hätten das übrigens selbst entdecken können - das letzte Register ist mit "Diagramm" beschriftet und nicht mit "Tabelle", beziehungsweise "Blatt".

7.1.19. Was hat er, das ich nicht habe?

Wenn meine Kollegen Diagramme backen, dann sehen sie immer so schön aus. Die Diagramme, nicht die Kollegen. Was kann ich nur machen, dass meine Diagramme auch so hübsch sind? Links sehen Sie ein Diagramm von denen, rechts meins.

Die Antwort: Da Sie das Diagramm markiert haben, sehe ich deutlich, dass Sie die Zahlen markiert haben. Genauer: Nicht nur die Zahlen, sondern auch noch einen Bereich außenrum. Und dieser wird ins Diagramm miteingefügt. Deshalb haben Sie im Diagramm so viele Lücken davor und danach. Tipp: Markieren Sie nichts und klicken Sie nur in den Datenbereich. Excel "holt" sich den korrekten Bereich und erstellt darauf den Entwurf eines Diagramms. So hat es mit Sicherheit Ihr Kollege gemacht.

7.1.20. Fußballer stehen auf dem Kopf

Ich habe auch mal ne Frage. Ich wollte ein Diagramm erstellen, bei dem in der ersten Spalte Namen von Fußballern stehen; in der zweiten Spalte Text-Informationen, in der dritten Spalte die Zahlen, aus denen ein Diagramm erstellt wird. Allerdings stehen die Texte senkrecht - ich finde leider keine Möglichkeit sie waagrecht zu formatieren.

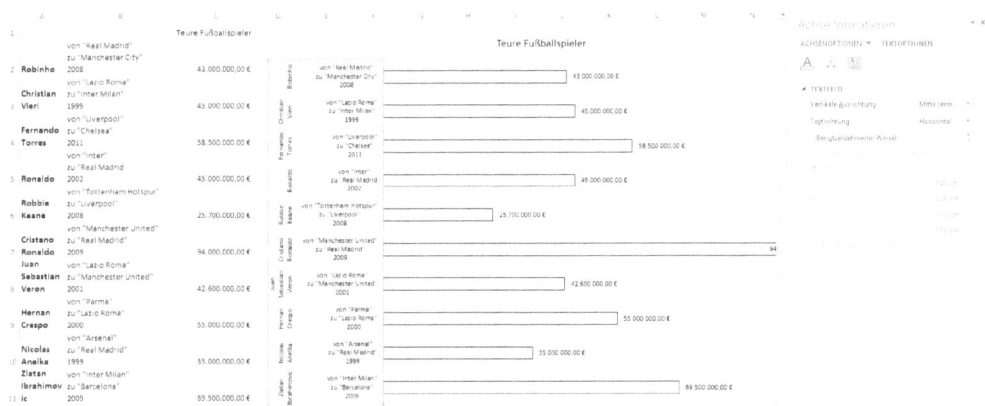

Die Antwort: Ich fürchte, das geht nicht in Excel. Diese Option gibt es leider nicht (wie auch noch einige weitere bei der Diagrammbearbeitung). Sie haben lediglich die Möglichkeit sämtliche Informationen in eine Spalte zu schreiben - dann werden sie horizontal dargestellt.

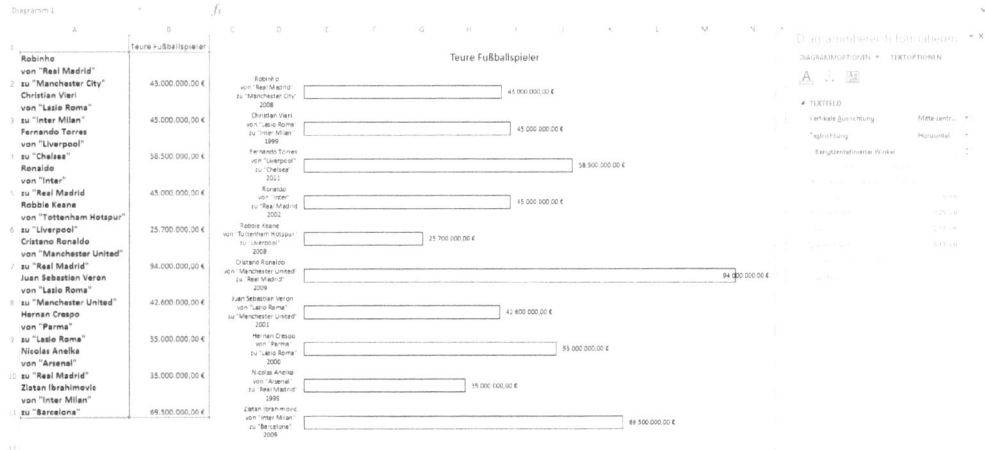

7.1 Merkwürdige Diagramme

7.1.21. Punkte ist verboten! Blasen und Kurs auch!

Warum darf ich mein Diagramm nicht in ein Punktediagramm verändern?

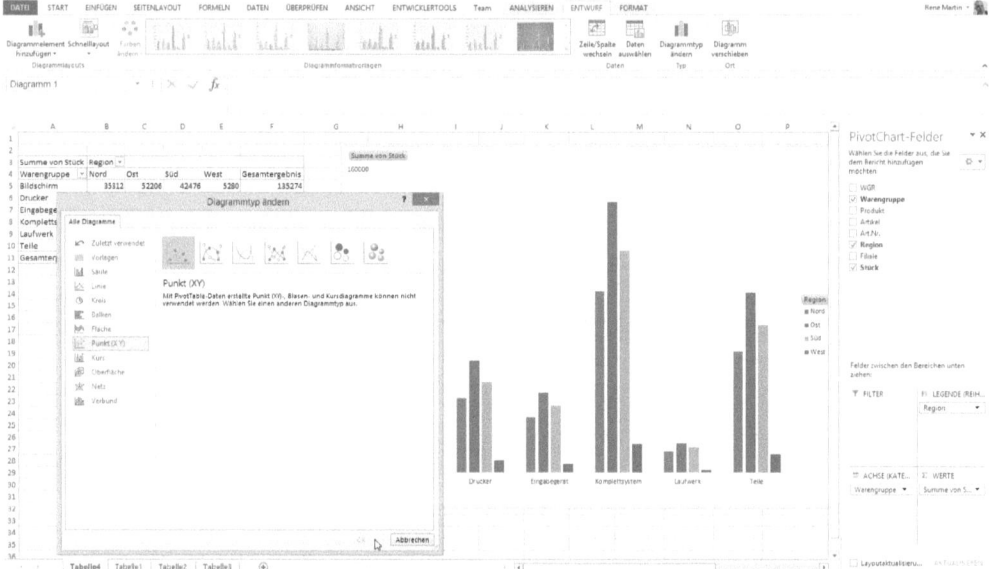

Die Antwort: Ich weiß es nicht. Aber ich weiß, dass PivotCharts, also Diagramme, die auf Pivottabellen aufgesetzt wurden, nicht als Typ Punkt (X Y), Blase oder Kurs dargestellt werden können. Alles andere geht.

Wenn Sie es möchten, müssen Sie die Pivottabelle kopieren, an anderer Stelle als Inhalte einfügen und DARAUF ein Diagramm aufsetzen.

7.1.22. Nummerierung der Werte der y-Achse

Erstaunlich - aber es geht wohl nicht:

Wird in eine Spalte eine laufende Nummer eingetragen, daneben die Daten der y-Achsen und anschließend die Werte, so verwendet Excel zwar die laufende Nummer und die Texte als Beschriftung - allerdings werden die Zahlen um 90° gedreht. Es gibt wohl keine Option sie horizontal laufen zu lassen ...

7.1.23. Trend - ausgeschlossen!

Hi,

warum darf ich in meinem Liniendiagramm keine Trendlinie hinzufügen?

7.1 Merkwürdige Diagramme

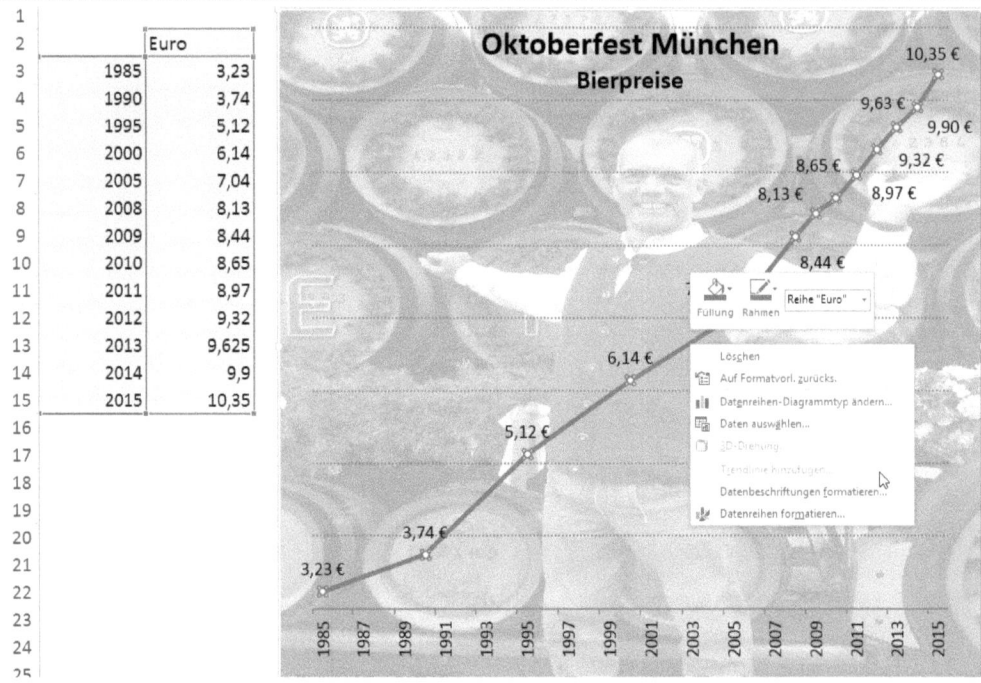

Die Antwort: Sie haben als Liniendiagramm den Typ "gestapelte Linie" gewählt. Auch wenn Sie nur eine Datenreihe verwenden geht Excel davon aus, dass möglicherweise noch eine zweite hinzukommt, die dann zur ersten kumuliert wird und verbietet deshalb die Option "Trendlinie".

Nur Köln nicht

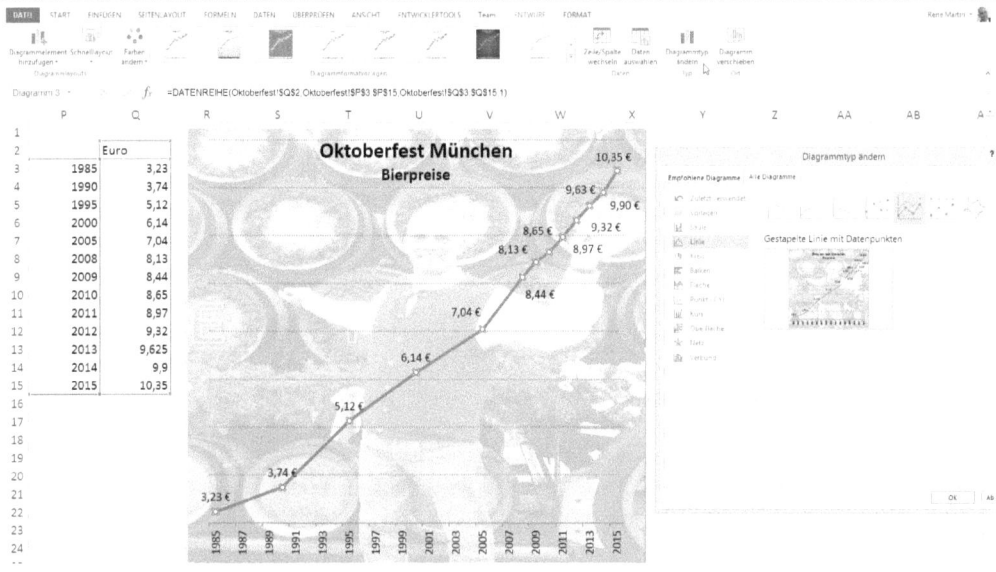

7.1.24. Nur Köln nicht

Hallo. Bei allen Balken werden Daten angezeigt - nur bei Köln weigert sich Excel standhaft die Zahl anzuzeigen. Warum?

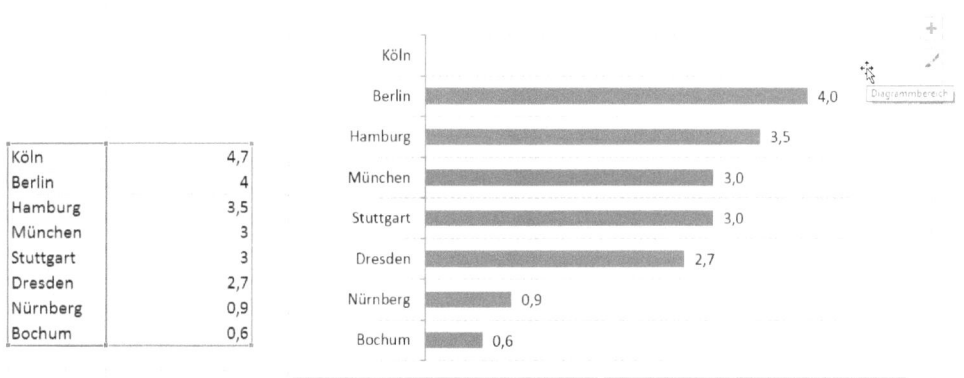

Die Antwort: Blenden Sie mal die horizontale Achse ein und sehen Sie nach, welche Skalierung Sie verwendet haben. Eben - das Maximum liegt bei 4,5 - die größte Zahl (Köln) ist allerdings 4,7 - liegt also außerhalb des Bereichs. Deshalb wird die Zahl nicht angezeigt, weil der Balken länger ist als das vorgegebene Maximum.

7.1 Merkwürdige Diagramme

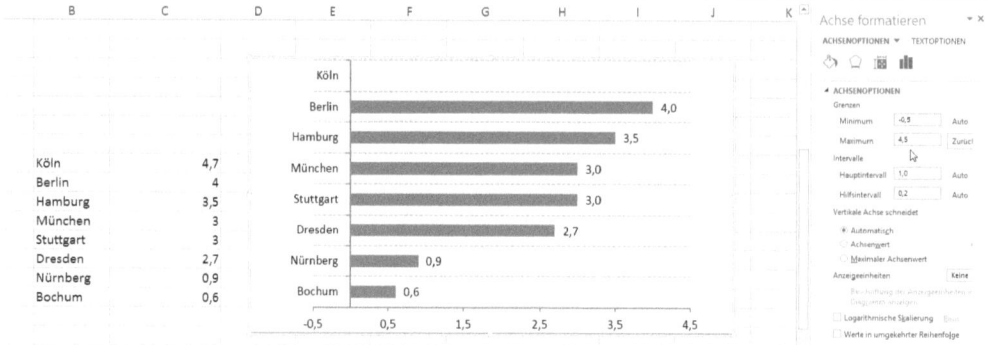

7.1.25. Mehrfachauswahl

Hallo zusammen,

geht das wirklich nicht? Kann ich nicht in einem Diagramm mehrere Datenpunkte markieren, damit ich sie mit einem Klick formatieren kann. Muss ich jede Säule einzeln markieren und dann formatieren? Der Hintergrund: Ich möchte die linken fünf Säulen in einer Farbe darstellen (geringe Anzahl), die rechten fünf in einer anderen Farbe. Weder die [Strg]- noch die [Shift]-Taste funktionieren. Auch nicht der Pinsel "Format übertragen".

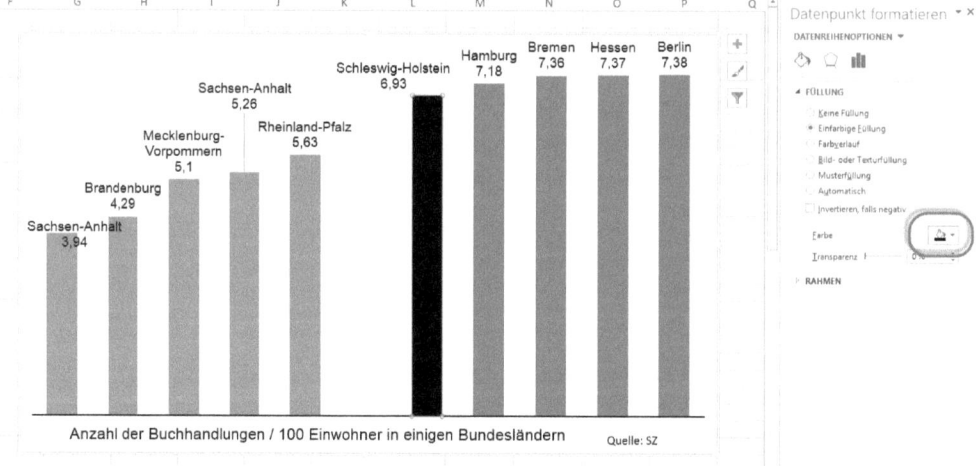

Die Antwort: Das ist korrekt. Allerdings können Sie eine Aktion, die Sie durchgeführt haben, mit der Funktionstaste [F4] wiederholen. Damit sparen Sie sich die Klicks durch den Aufgabenbereich bis zur Füllfarbe. Oder sie ordnen die Daten anders an und verwenden eine Sekundärachse. Aber ich fürchte der Aufwand ist auch nicht geringer.

7.1.26. Auf einmal ist er weg ...

Ist Ihnen folgendes amüsante (?) Phänomen schon aufgefallen? Sie haben eine kleine Liste, beispielsweise sieben Zeilen (Rubriken) und zwei Spalten (Reihen). Daraus erstellen Sie ein Balkendiagramm. Das Symbol "Zeile/Spalte wechseln" ist aktiv.

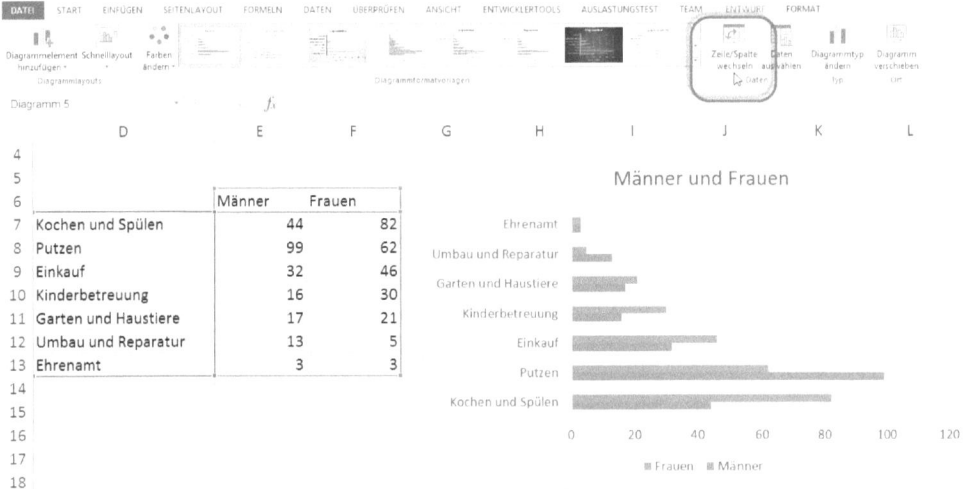

Wechseln Sie nun über das Symbol "Daten auswählen" in den zugehörigen Dialog und vertauschen die Reihenfolge der Reihen:

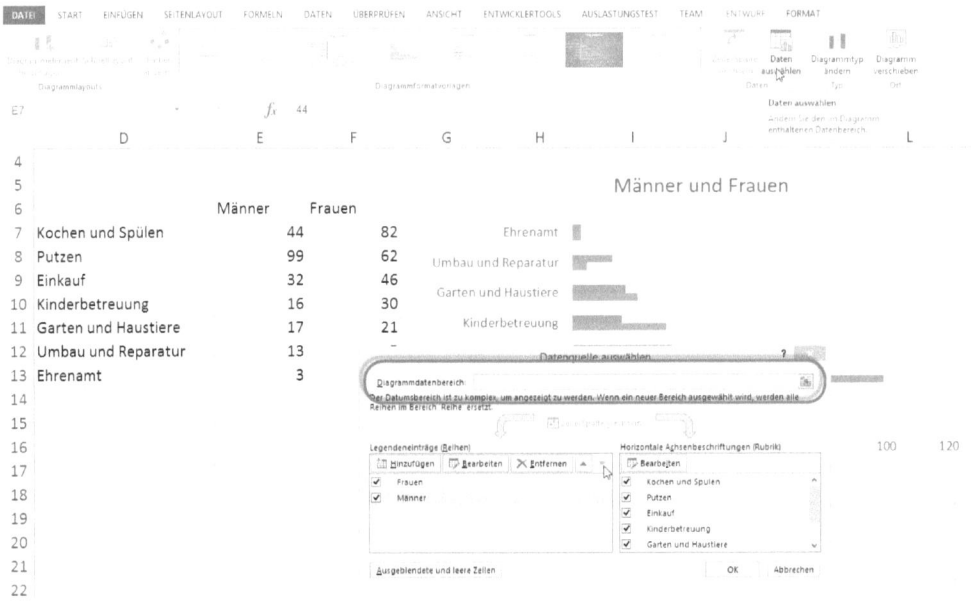

7.1 Merkwürdige Diagramme

Danach ist das Symbol "Zeile/Spalte wechseln" nicht mehr aktiv:

Die Lösung für dieses Problem: Im Dialog "Daten auswählen" muss man nun erneut den Diagrammdatenbereich festlegen. Dann darf man wieder Zeilen und Spalten vertauschen ?!?

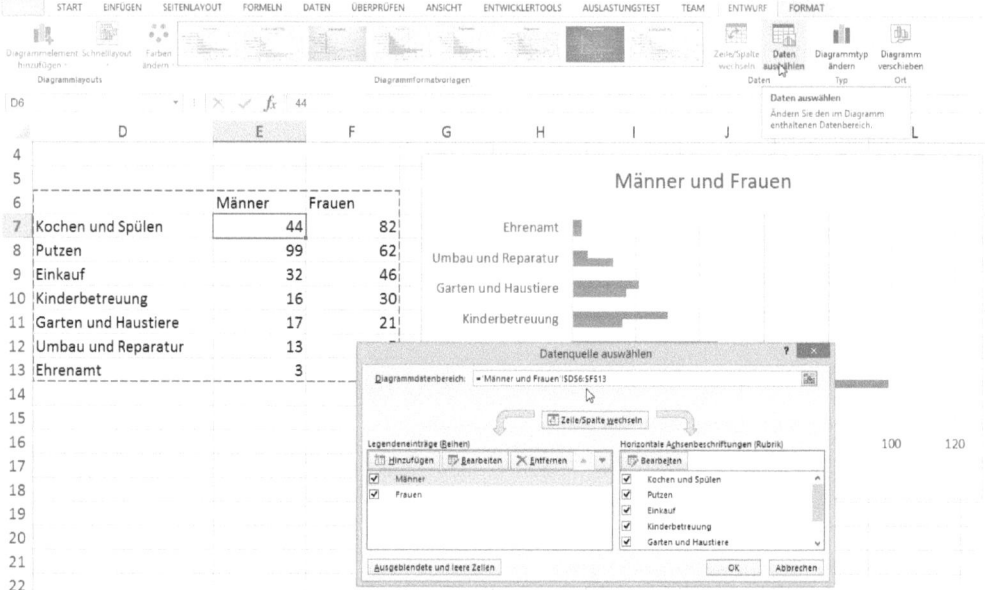

7.1.27. Nicht verschiebbar? Nicht mit der Pfeiltaste!

Ich würde gerne Teile eines Diagramms mit der Pfeiltaste verschieben. So wie in die anderen Formen auch. Darf ich nicht?

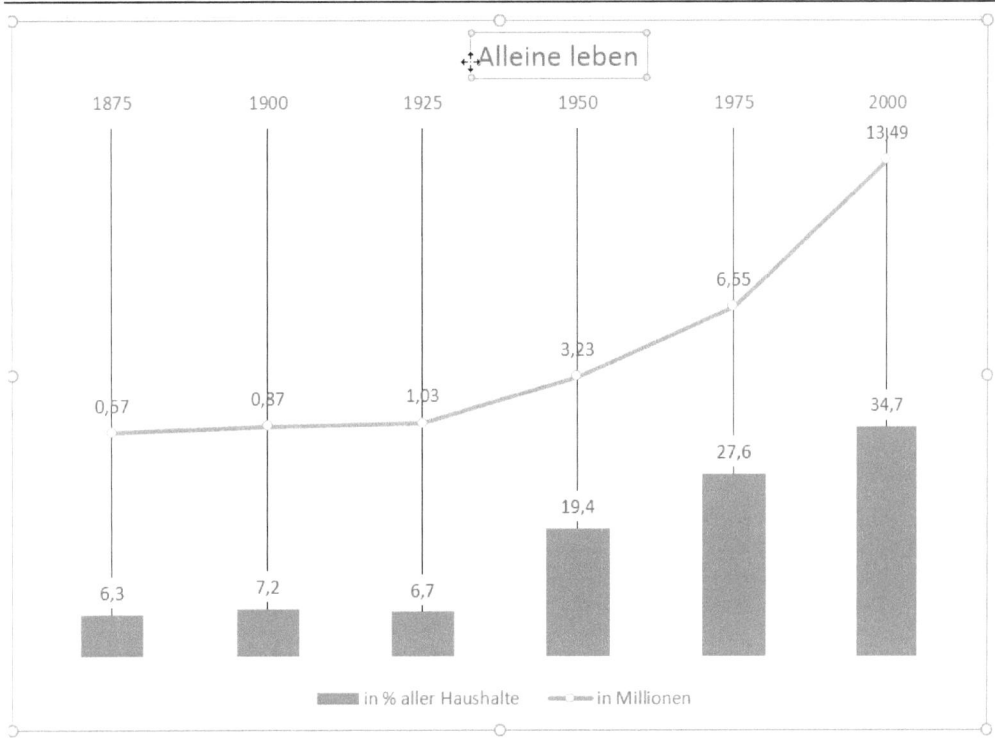

Leider ist die Pfeiltaste in Diagrammen mit einer anderen Funktion belegt: damit springt man zum nächsten Objekt im Diagramm und markiert es.

7.1.28. Wo bitte ist Köln?

Hi.

Ich habe in PowerPoint ein Diagramm erstellt. Es greift auf Excel zu. Allerdings verstehe ich nicht, warum bei Köln ein kleiner bunter Balken zu sehen ist. Warum nicht auch bei Berlin, Hamburg und München? Und: der ausgewählte Bereich ist doch eigentlich korrekt!

7.1 Merkwürdige Diagramme

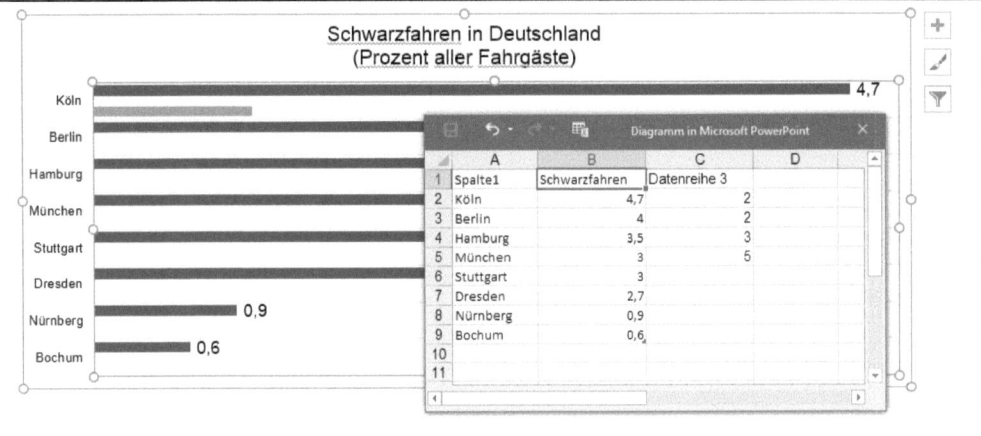

Die Antwort: Da ich "Datenreihe 3" sehe, vermute ich, dass Sie die Spalte C gelöscht haben. Da die Excel-Tabelle "fest" mit PowerPoint verdrahtet ist, dürfen Sie nicht diese Spalte löschen. Eigentlich quittiert Excel / PowerPoint dies mit einer Fehlermeldung.

7.2. Diagramme schummeln

7.2.1. Diagramme schummeln I

Excel-Diagramme können viel. Aber nicht alles. Beispielsweise keine Halbkreise darstellen, die man für einen Plenarsaal eines Parlaments benötigt.

Mit einem kleinen Trick geht es doch: Fügen Sie die Summe der Zahlen zum Datenbereich hinzu, drehen das Diagramm um 270° und formatieren die untere Hälfte transparent.

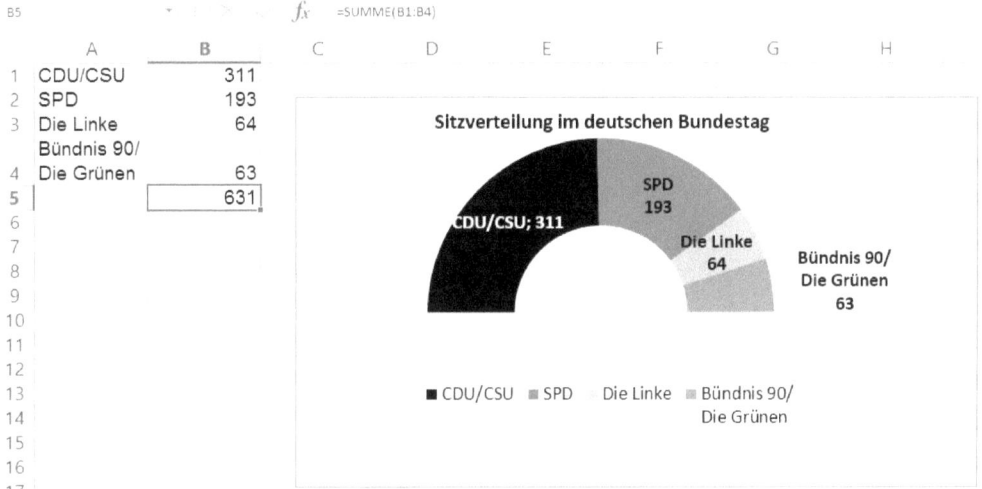

7.2.2. Diagramme schummeln II

Eine Teilnehmerin in einer Excelschulung hat mich gefragt, wie man ein Säulendiagramm erstellen kann, bei dem eine Säule differenziert wird in drei Teile, die daneben stehen, allerdings übereinander gestapelt. Oder wie man eine Säule mit drei gestapelten Säulen vergleichen kann. Meine erste Reaktion: Das geht nicht! Dann habe ich ein wenig überlegt und die Daten richtig angeordnet und war verblüfft, dass es doch funktioniert. Man kann sogar eine "Lücke" zwischen den einzelnen Säulengruppen lassen. Man muss nur die Daten vor dem Erstellen eines Diagramms markieren.

7.2 Diagramme schummeln

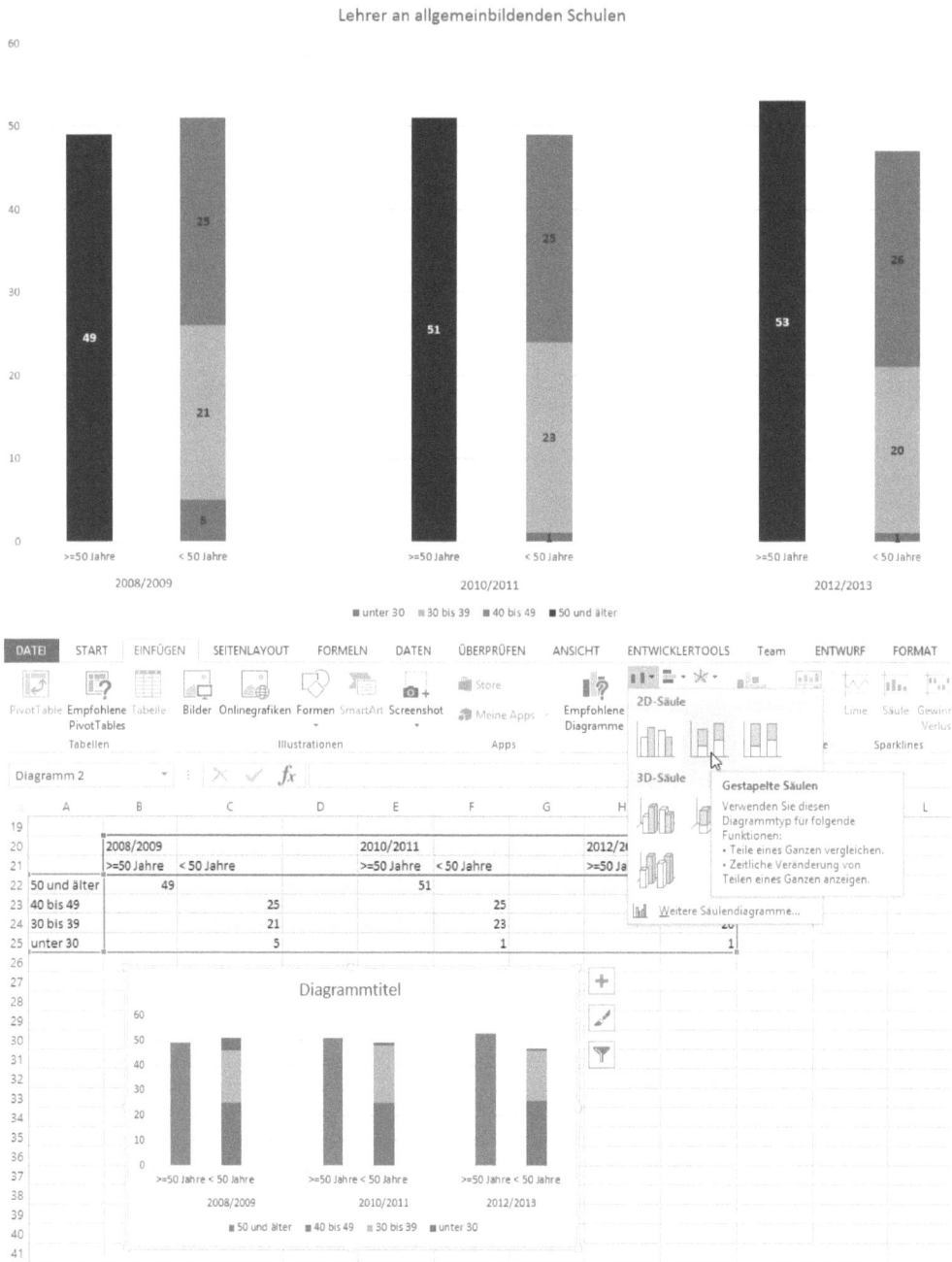

7.2.3. Diagramme schummeln III

Kann man in einem Liniendiagramm waagrechte Linien erzeugen? Wenn man beispielsweise darstellen möchte, dass ein Beitragssatz oder Prozentsatz vom Jahr x bis zum Jahr y unverändert geblieben ist?

Die Antwort ja - wenn man die Daten geschickt einträgt - für jedes Jahr den Wert den er bis zum Sprung und nach dem Sprung gemacht hat. Und zusätzlich ein XY-Diagramm verwendet.

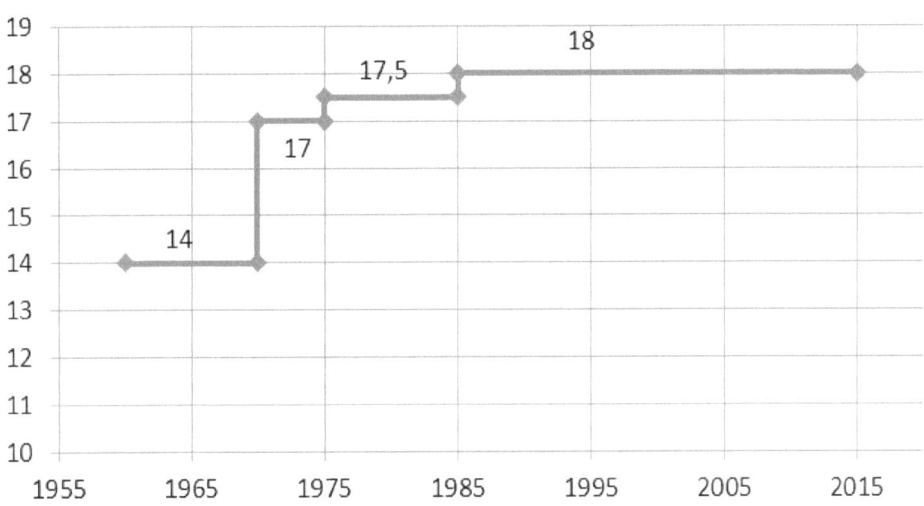

7.2 Diagramme schummeln

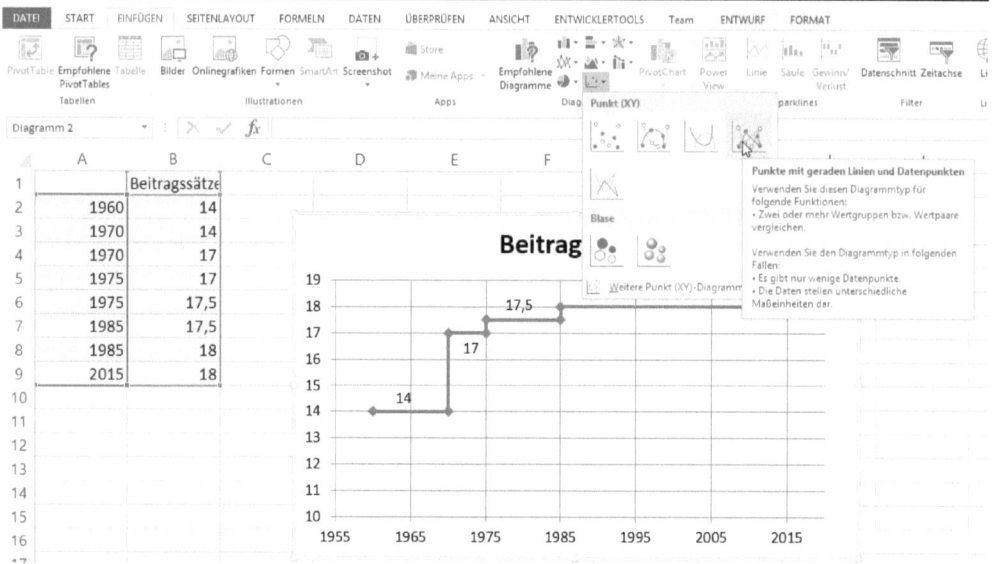

7.2.4. Diagramme schummeln IV

Eigentlich geht es nicht. Man kann bei einem Balkendiagramm nicht die y-Achse (die Kategorienachse) linksbündig formatieren.

Mit einem Trick geht es doch: Man könnte hinter die Kategorien (hier: Länder) Leerzeichen eingeben. Das ist allerdings werde elegant noch sauber noch schnell erledigt.

Diagramme schummeln V

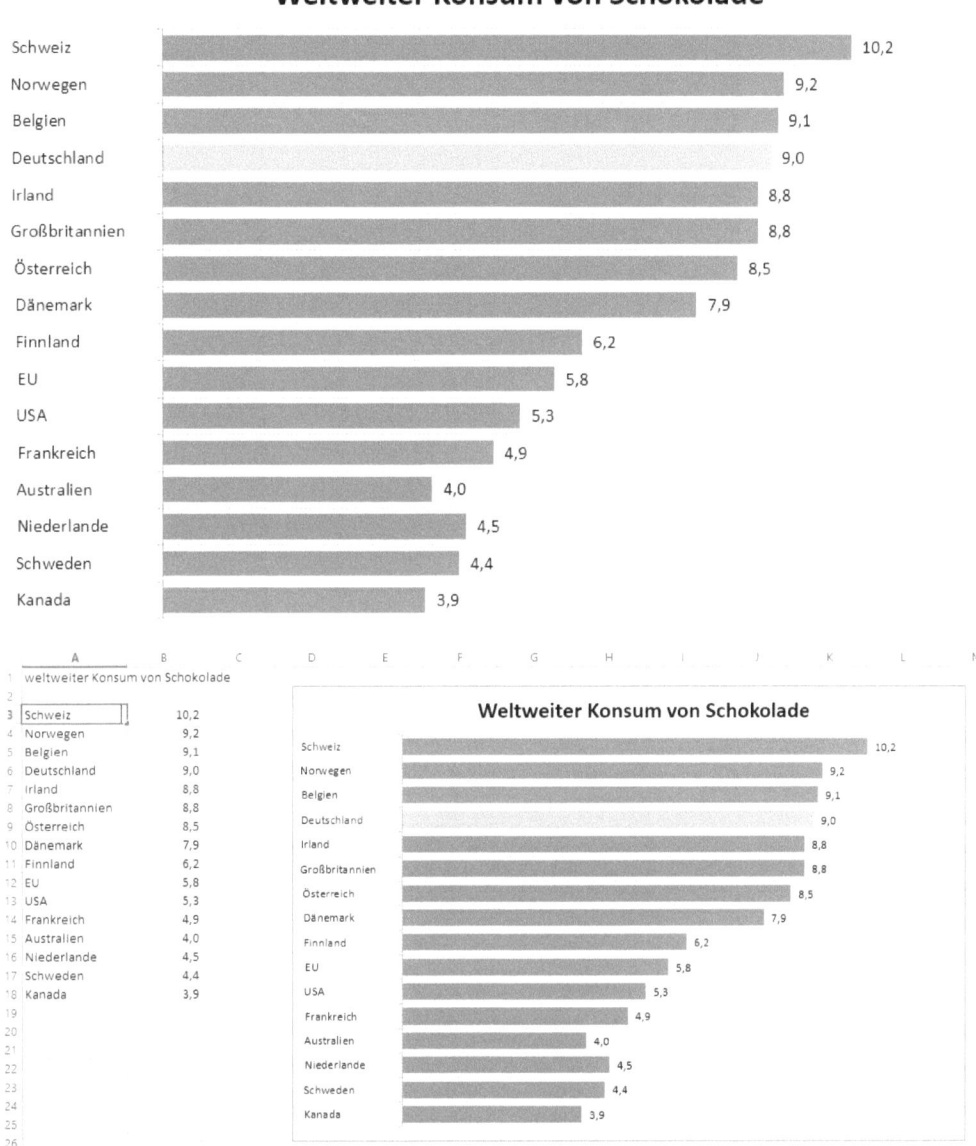

7.2.5. Diagramme schummeln V
Gitternetzlinien durch die Datenpunkte - geht das?

7.2 Diagramme schummeln

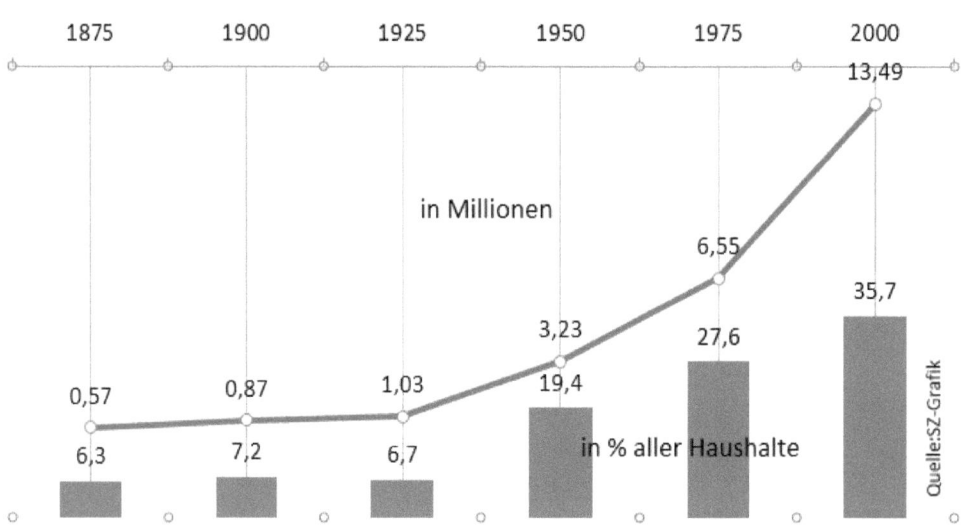

Mit einem kleinen Trick funktioniert es: Man muss zuerst Hilfsgitternetzlinien einschalten, die Gitternetzlinien zwischen den Punkten markieren und transparent formatieren.

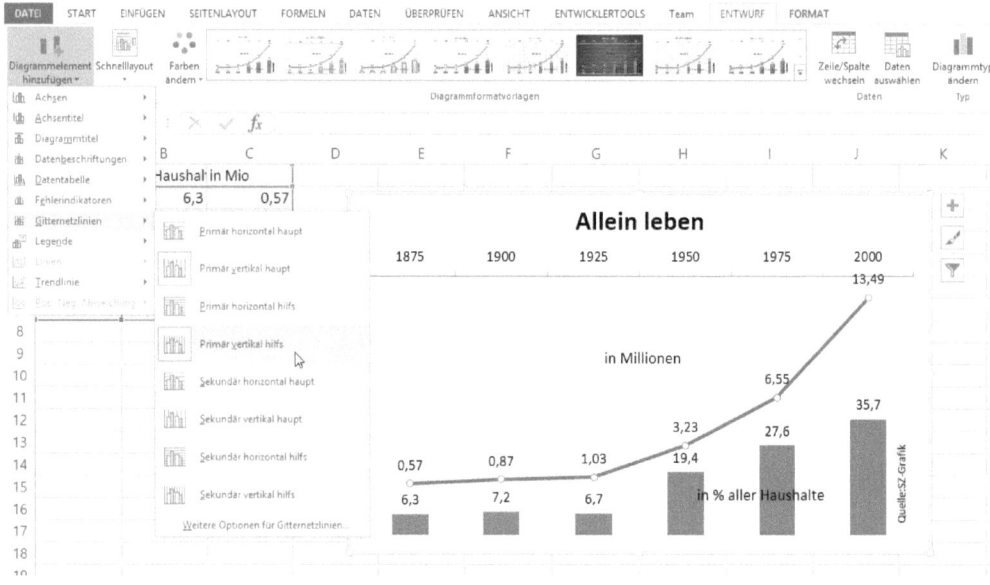

Diagramme schummeln VI

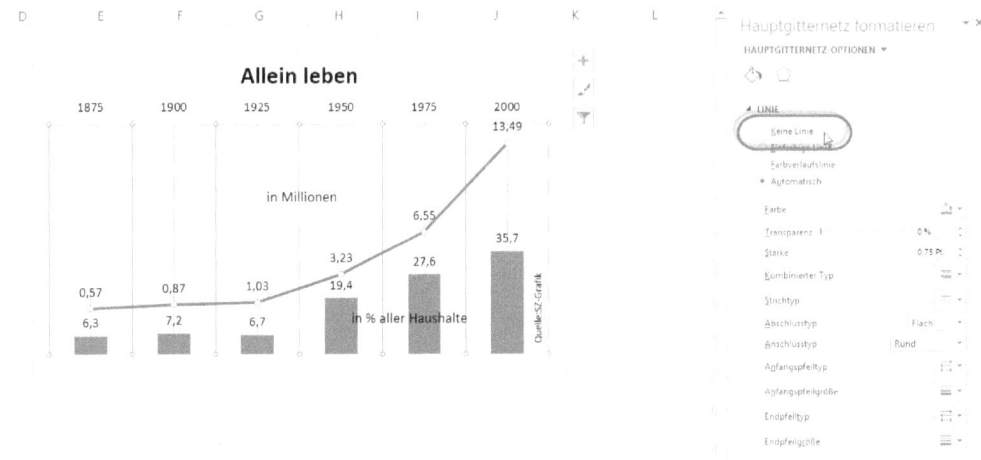

7.2.6. Diagramme schummeln VI

Eine Kurve (beispielsweise Tangens) läuft ein einem Punkt Richtung +∞. Kommt man von der anderen Seite, läuft er gegen -∞. Kann man das verhindern?

Nein, verhindern kann man es nicht, aber man kann es transparent wegformatieren. Markieren Sie den Linienabschnitt und wählen Sie das Linienformat "Kein Rahmen".

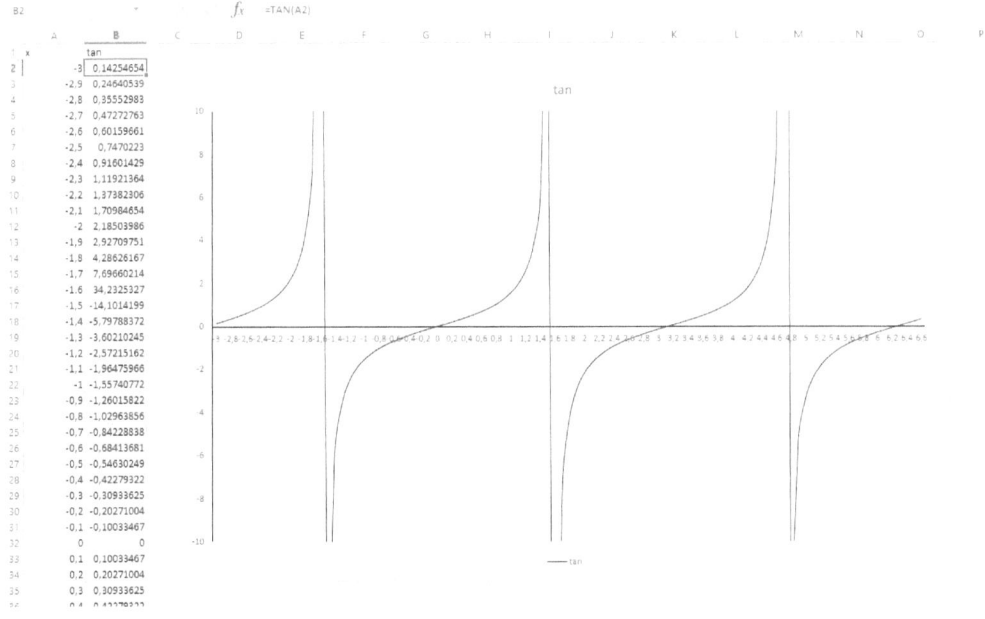

7.2 Diagramme schummeln

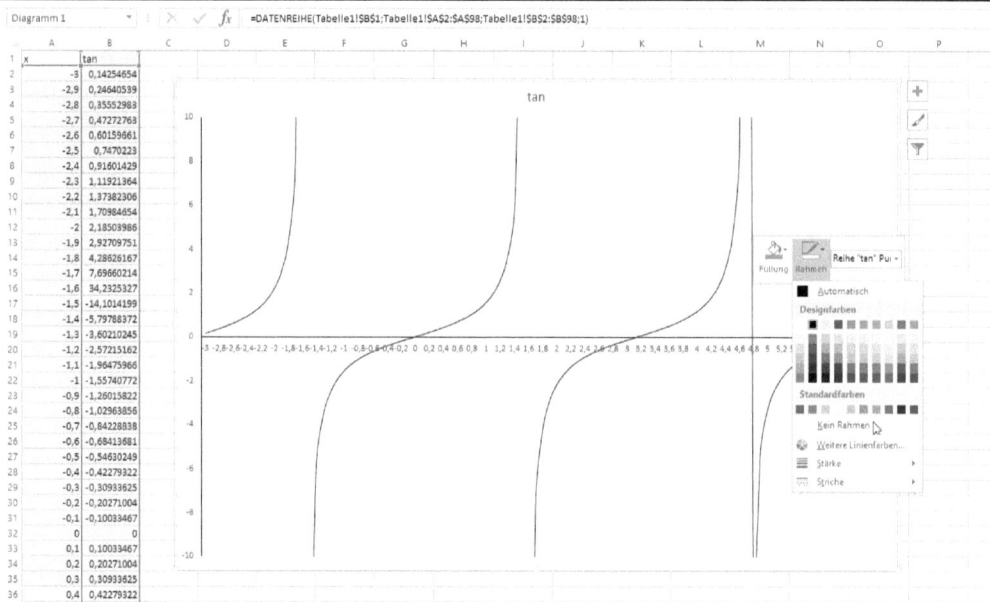

7.2.7. Diagramme schummeln VII

Manchmal ist es nötig, dass in einem Diagramm der kleinere Wert über dem größeren stehen muss. Kann man das?

Diagramme schummeln VII

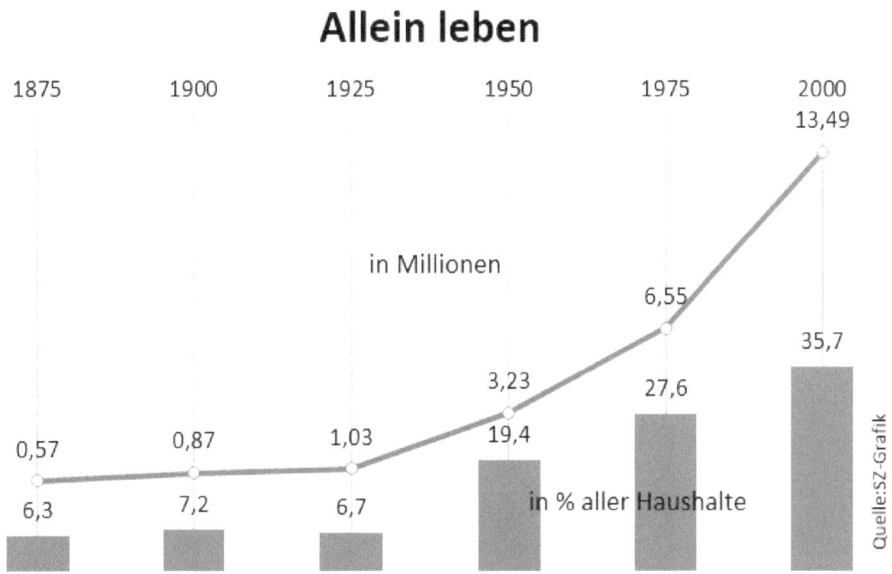

Klar. Im ersten Schritt muss man eine der beiden Reihen auf eine Sekundärachse platzieren. Anschließend muss die Skalierung der Linie, die nach oben geschoben werden soll, weiter "unten" beginnen, also beispielsweise nicht bei 0, sondern bei -5. Und schließlich muss die Säulenreihe nach unten gedrückt werden, indem das Maximum angehoben wird, also beispielsweise von 40 auf 80.

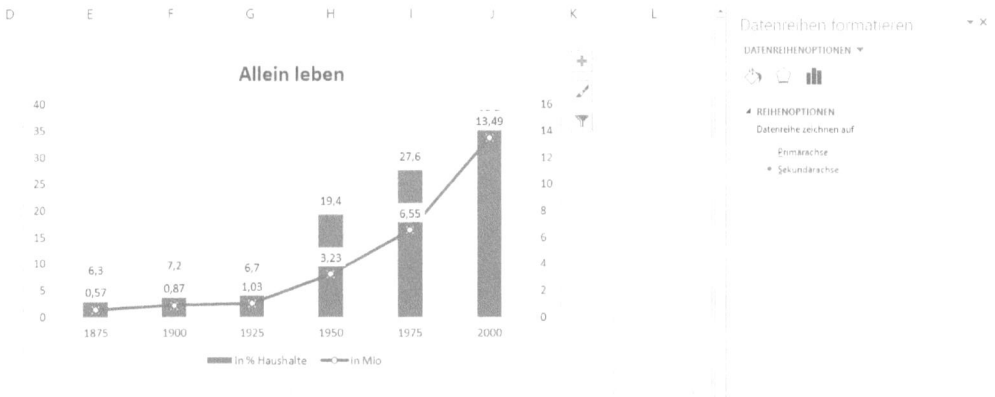

7.2 Diagramme schummeln

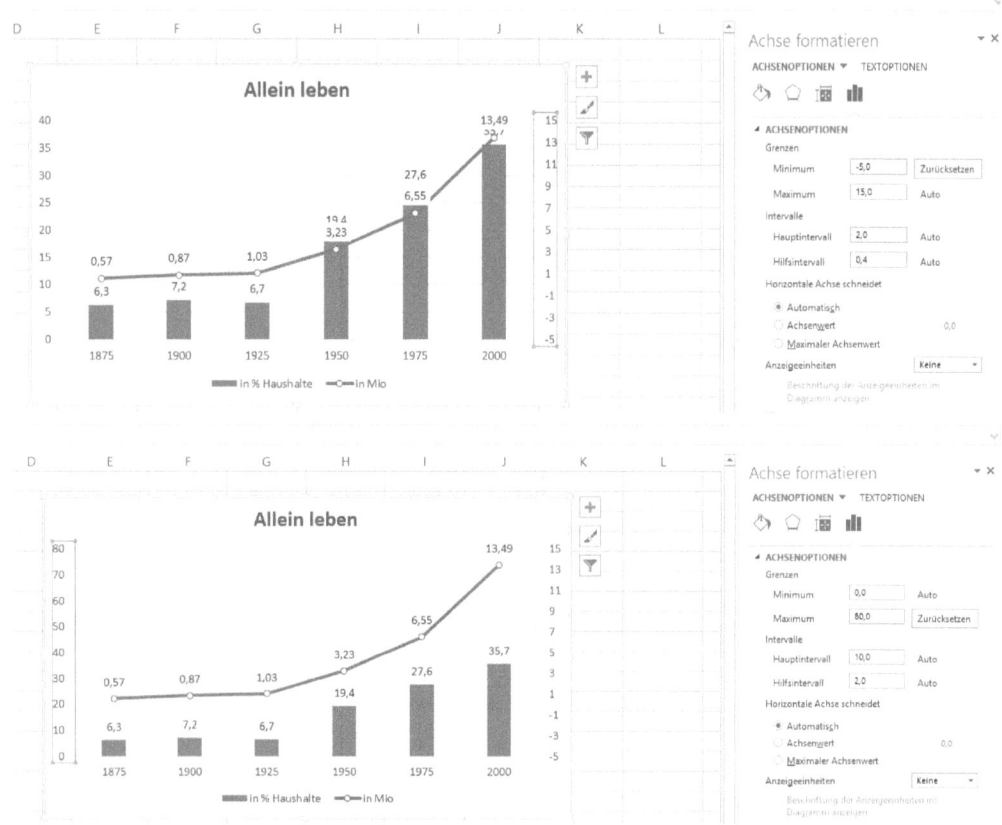

7.2.8. Diagramme schummeln VIII

Kann man die Texte der Achsenbeschriftungen in Diagrammen umbrechen lassen?

Die Antwort: Nein! Aber wenn Sie in der Tabelle per Hand einen Umbruch mit der Tastenkombination [Alt]+[Enter] erzeugen, wird dieser Umbruch im Diagramm übernommen.

Diagramme schummeln IX

7.2.9. Diagramme schummeln IX

Ich habe nicht von jedem Jahr einen (Mess-)Wert. Kann ich die Daten trotzdem so abtragen, dass die Abstände der Datumsangaben auf der x-Achse korrekt sind, das heißt: im Verhältnis zu den wirklichen Abständen?

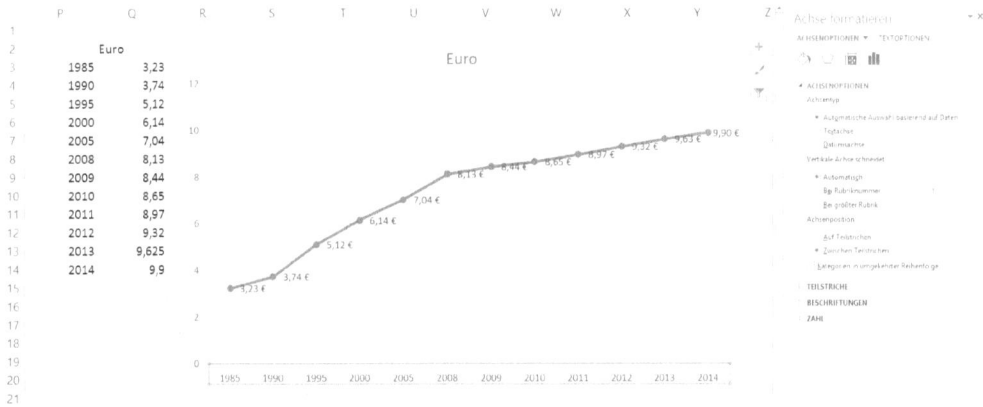

Ja. Sie müssen entweder die x-Achse als Datumsachse formatieren oder statt eines Liniendiagramms den Typ xy-Diagramm wählen.

7.2 Diagramme schummeln

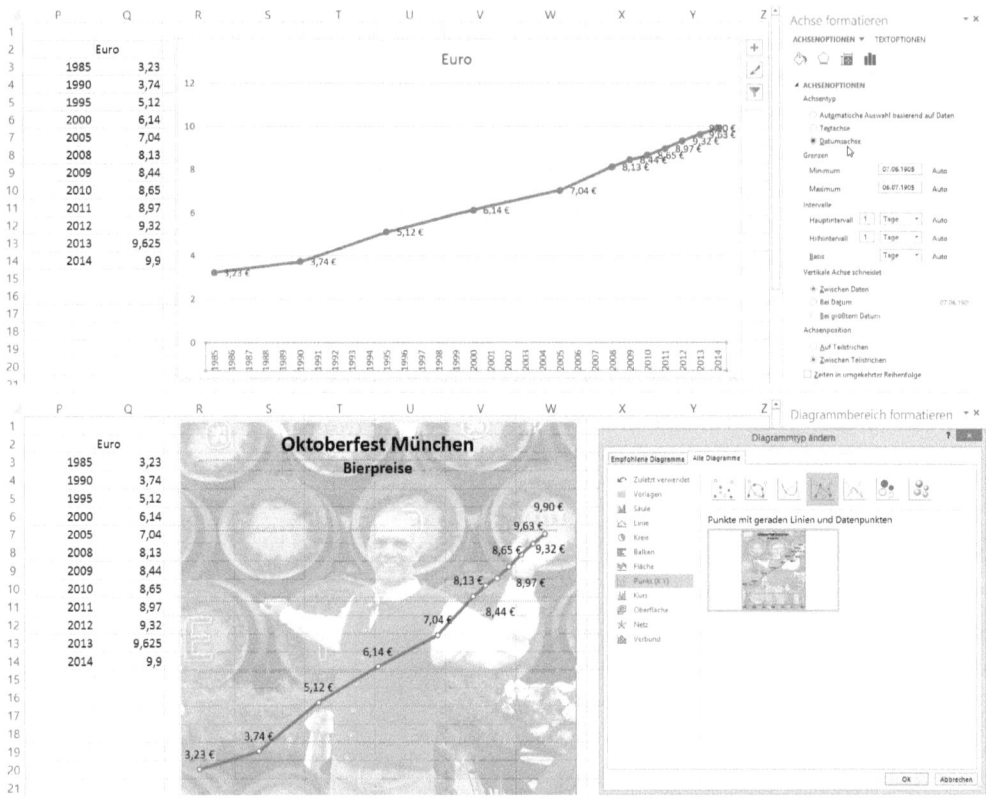

7.2.10. Diagramme schummeln X

Ich habe vor Kurzem ein interessantes Diagramm gesehen. Dort laufen Balken von einem Wert bis zu einem Wert, das heißt sie bestimmen die Spanne. Auf den Balken befinden sich Länderkennzeichen, die die gewichtete Mitte darstellen. Kann man das in Excel realisieren?

Diagramme schummeln X

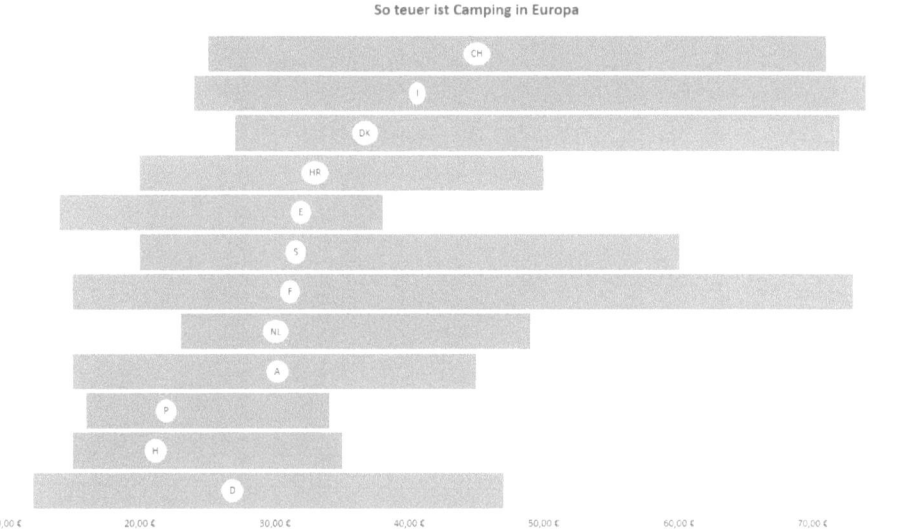

Ja. So etwas kann man machen. Gehen Sie folgendermaßen vor:

1. Tragen Sie die Daten ein. Wählen Sie ein 2D-Balkendiagramm mit gruppierten Balken:

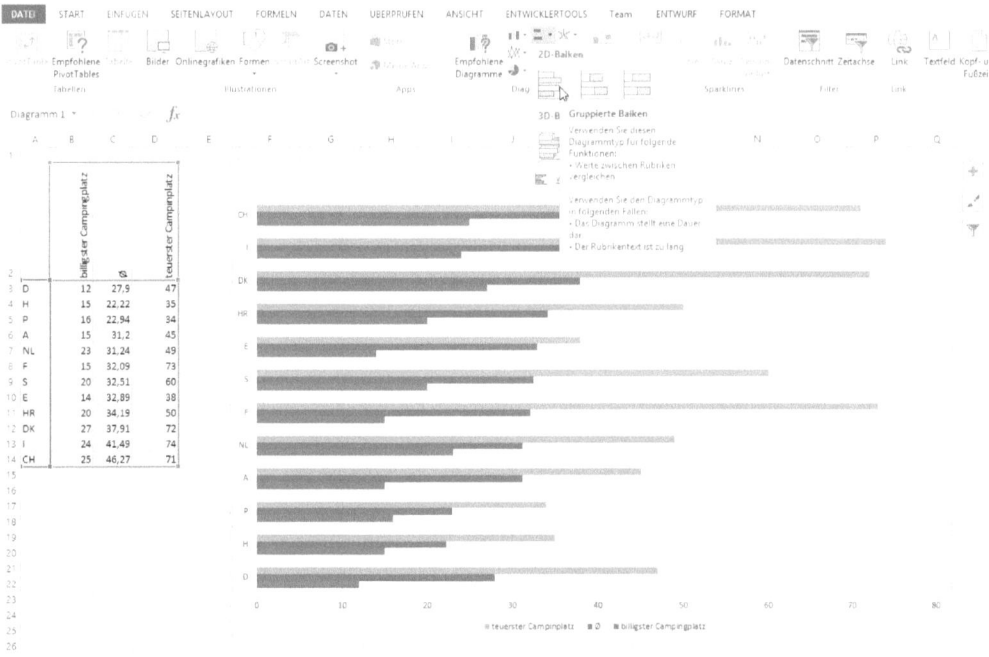

2. Ändern Sie die Kategorien in umgekehrter Reihenfolge

7.2 Diagramme schummeln

3. Ändern Sie die Reihenachsenüberlappung auf 100%. Dann liegen die Balken hintereinander.

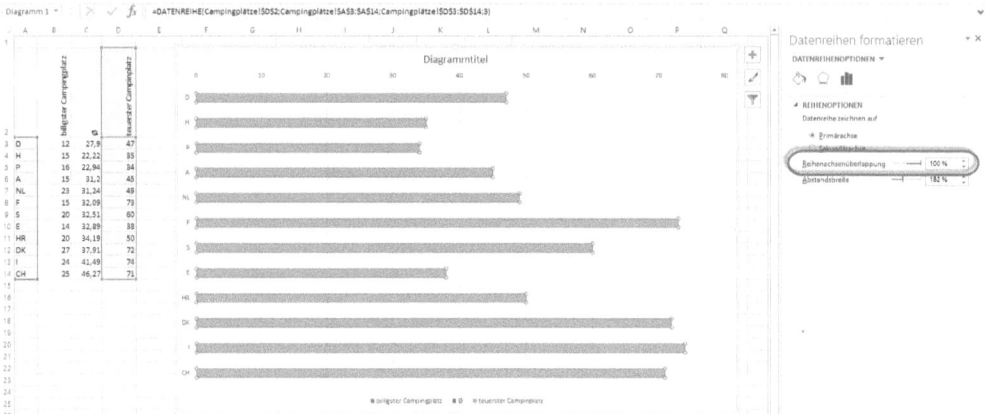

4. Schieben Sie den hinten liegenden Balken nach vorne, indem Sie Entwurf / Daten / Daten auswählen die Daten "nach unten", beziehungsweise "nach oben" schieben.

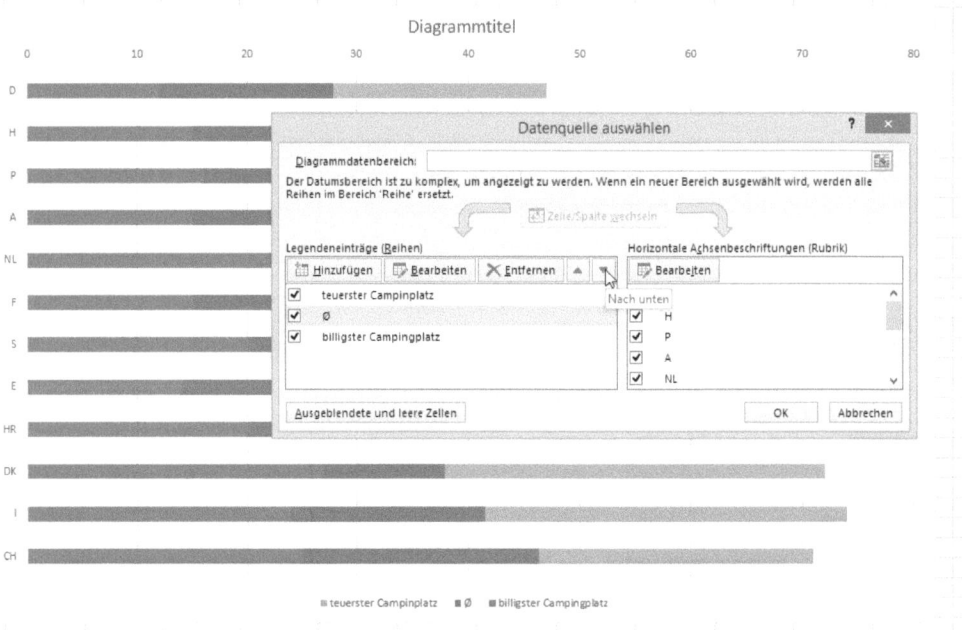

5. Formatieren Sie den ersten Balken mit weißer Füllfarbe und ohne Rahmenlinie.

Diagramme schummeln X

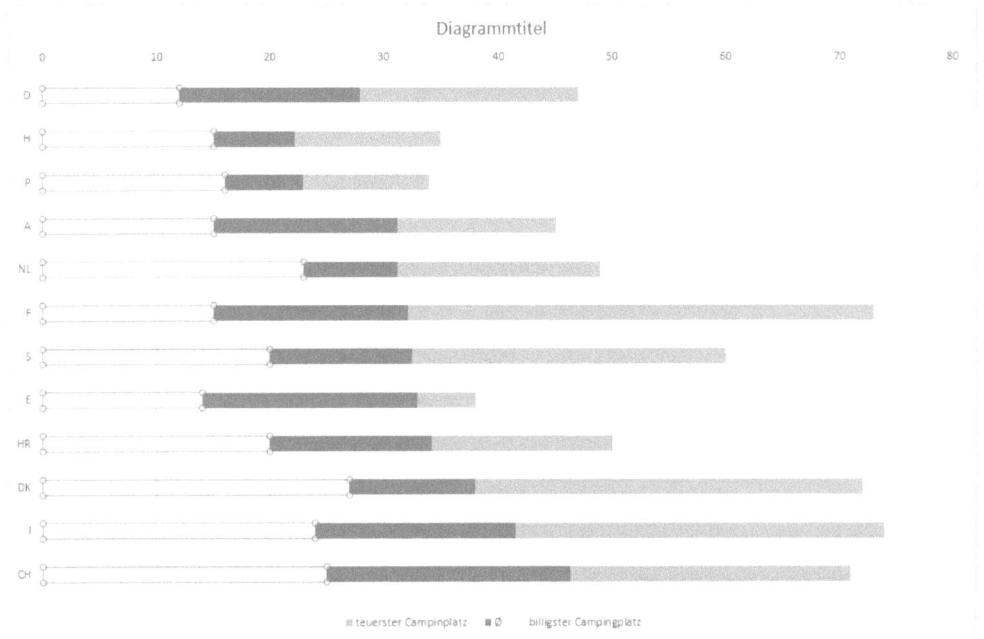

6. Formatieren Sie die mittleren Balken ohne Füllfarbe und fügen Sie ihnen die Rubrikennamen als Beschriftung hinzu.

7.2 Diagramme schummeln

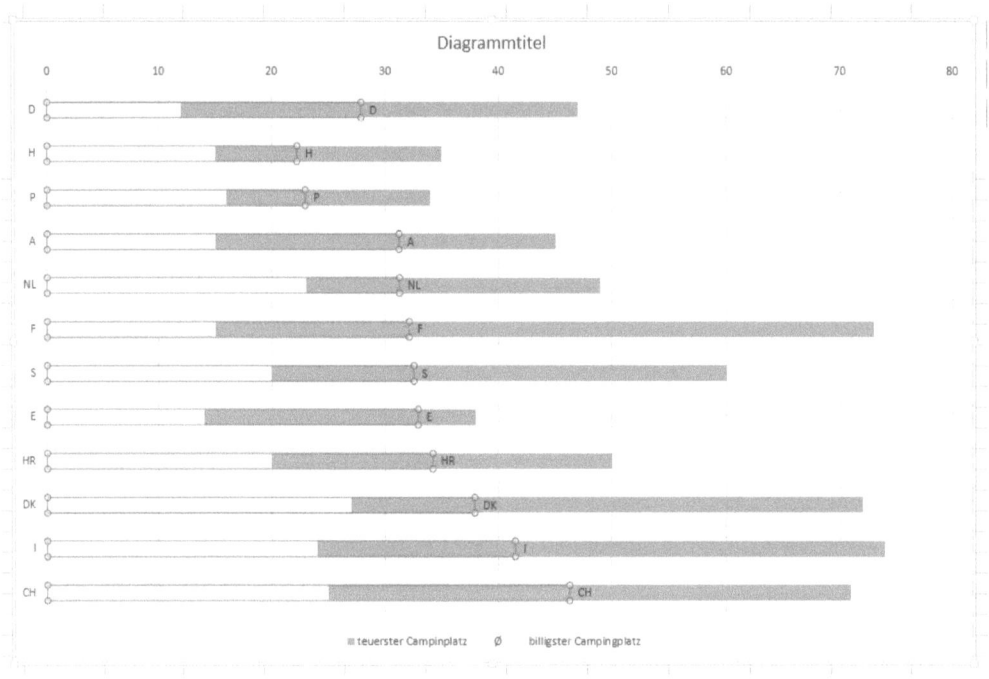

Und der Rest ist dann etwas Fleißarbeit:

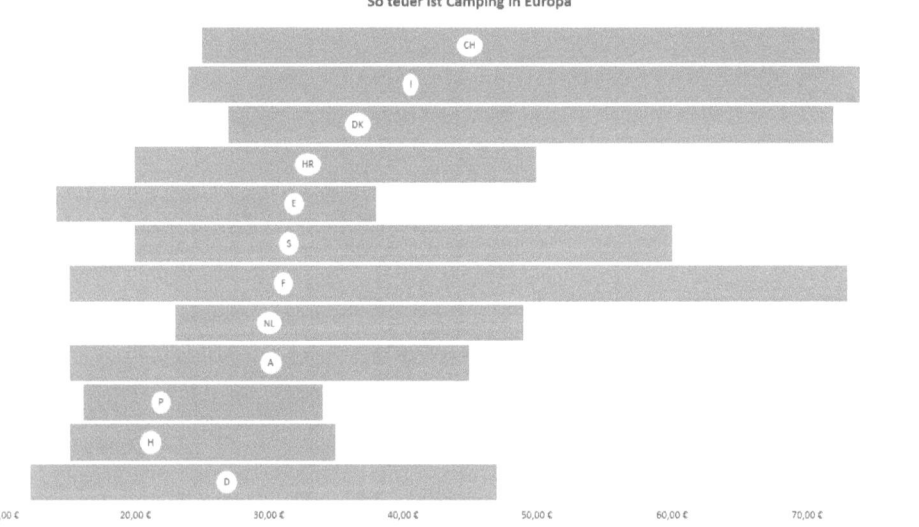

7.2.11. Diagramme schummeln XI

Das ist ein lustiges Diagramm - es zeigt die Verteilung der Noten. Wie haben die denn das gemacht?

Note

Name	Note
René	1
Bettina	3
Daniela	1
Gunnar	1,5
Judith	2
Katja	3,5
Kathrin	2
Claudia	2
Stephan	2,5
Frank	1,5
Nicole	3,5
Arnd	1,5

Die Antwort: Wenn Sie das Diagramm markieren und über Entwurf / Daten / Diagrammtyp ändern nachsehen, dann stellen Sie fest, dass es hierbei nicht um ein xy-Diagramm handelt, sondern um ein Balkendiagramm. Am Ende der Balken werden die Noten als Wert angezeigt und die Balken transparent formatiert.

7.2.12. Balken mit Werten und Prozenten – schummeln XII

Hallo zusammen. Mal ne Frage. Mein Kollege hat ein supertolles Diagramm gemacht, das sich auch ändert, wenn die Daten geändert werden. Aber ich dachte immer, dass es nicht möglich ist, auf einem Balken Prozentwerte UND Absolutzahlen anzuzeigen. Wie hat er denn das gemacht?

7.2 Diagramme schummeln

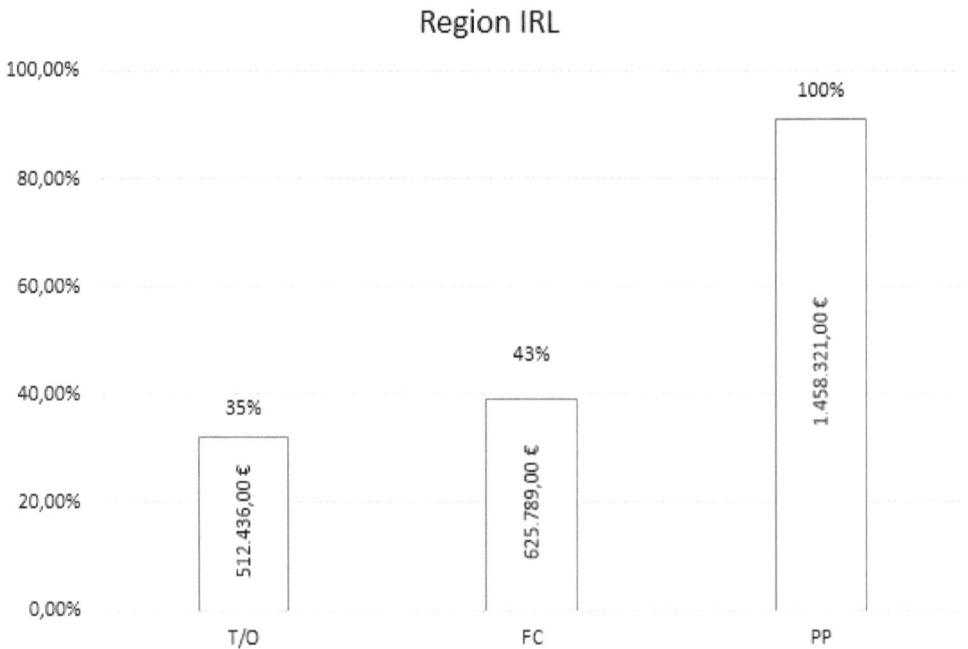

Die Antwort: Es ist auch nicht möglich. Aber man kann sich mit einem Trick behelfen: Schreiben Sie die Daten in Excel und berechnen Sie die Prozentwerte. Erstellen Sie ein Diagramm "gruppierte Säulen", also die Säulen nebeneinander.

Balken mit Werten und Prozenten – schummeln XII

Die Balken liegen hintereinander. Markieren Sie eine Reihe und weise Sie dieser eine Sekundärachse zu. Nun erscheinen auf der einen Achse die Prozentwerte, auf der anderen die Absolutwerte.

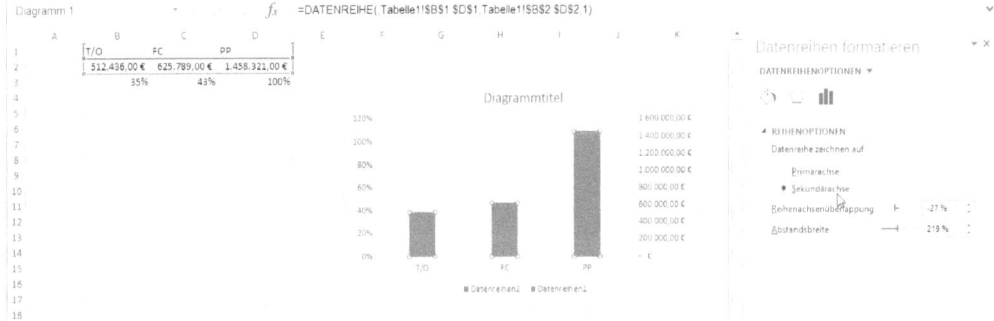

Lassen Sie sich die Werte anzeigen. Wenn Sie möchten, können Sie die "großen" Zahlen um 90° drehen, die Prozentwerte über die Balken stellen.

7.2 Diagramme schummeln

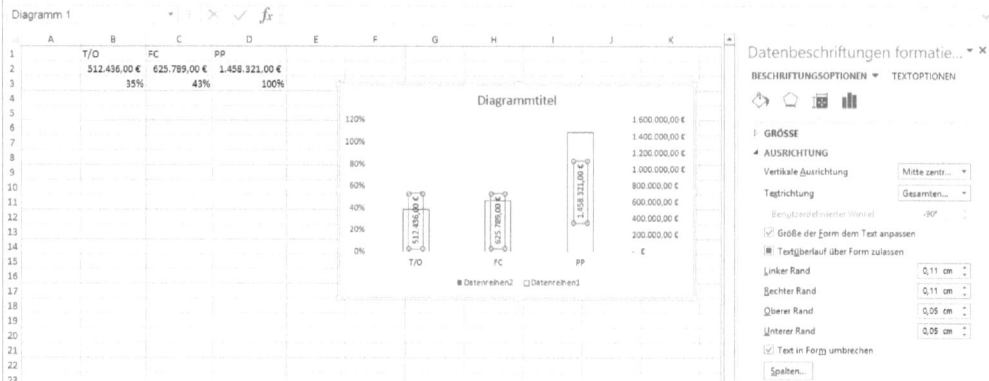

Formatieren Sie nun die Sekundärachse weg (Achtung: Nicht löschen!). Der Rest dürfte dann kein Problem mehr darstellen.

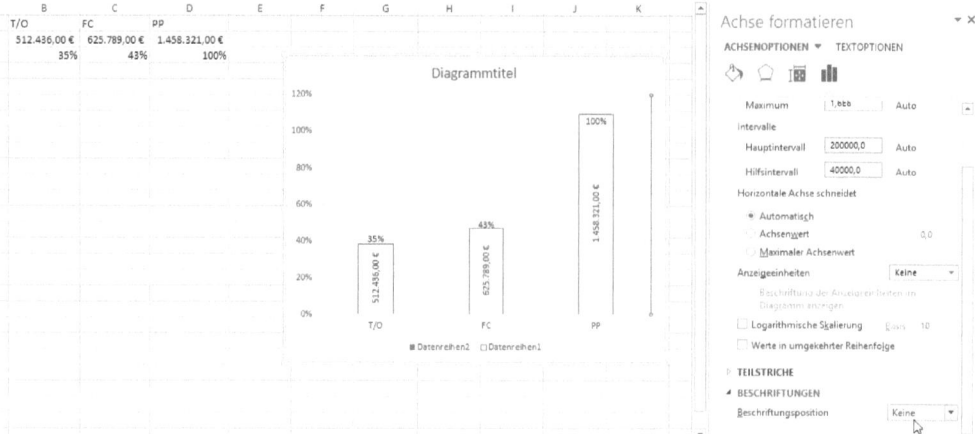

7.2.13. Diagramme schummeln XIII

Das Beispieldiagramm aus dem Beitrag "Balken mit Werten und Prozenten" sieht schon ganz gut aus. Aber kann ich im Vergleich dazu noch eine gestapelte Säulenreihe auf dem gleichen Diagramm haben. Also etwa so:

Diagramme schummeln XIII

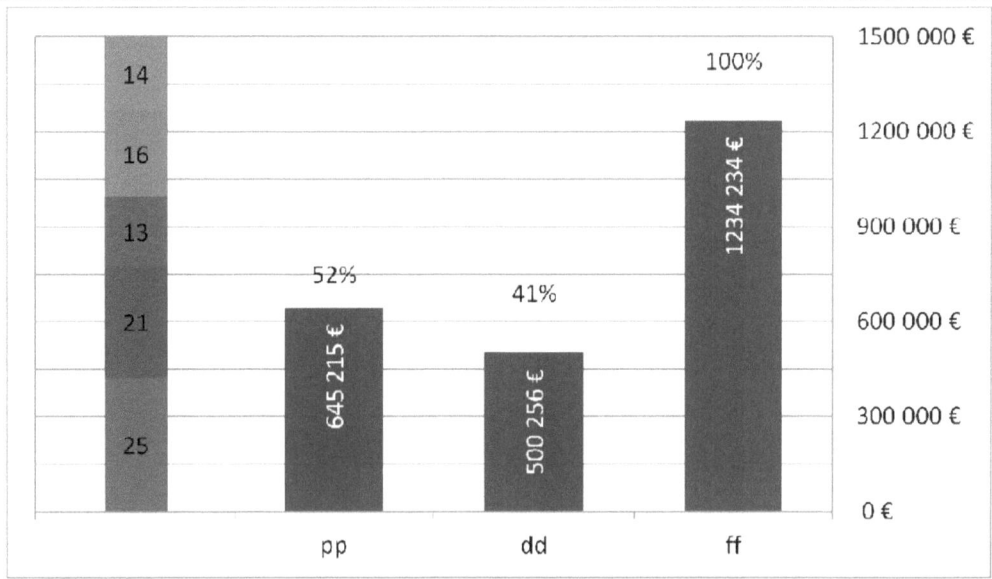

Die Antwort: dafür sind einige Schritte nötig. Schreiben Sie die Daten wie folgt in die Tabelle und erstellen daraus ein Diagramm mit gruppierten Säulen:

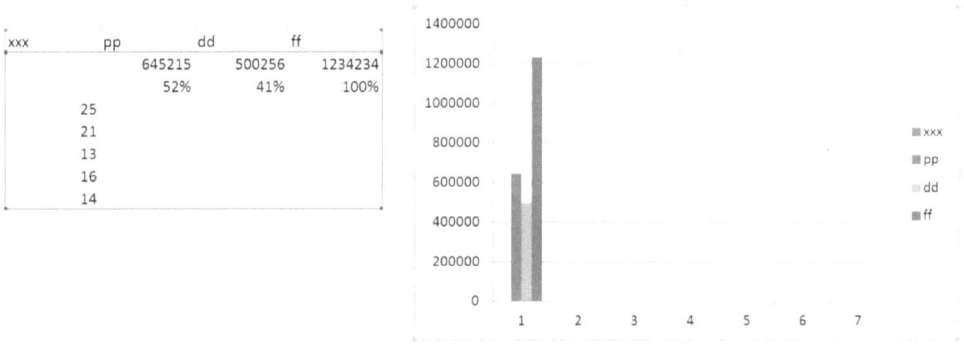

7.2 Diagramme schummeln

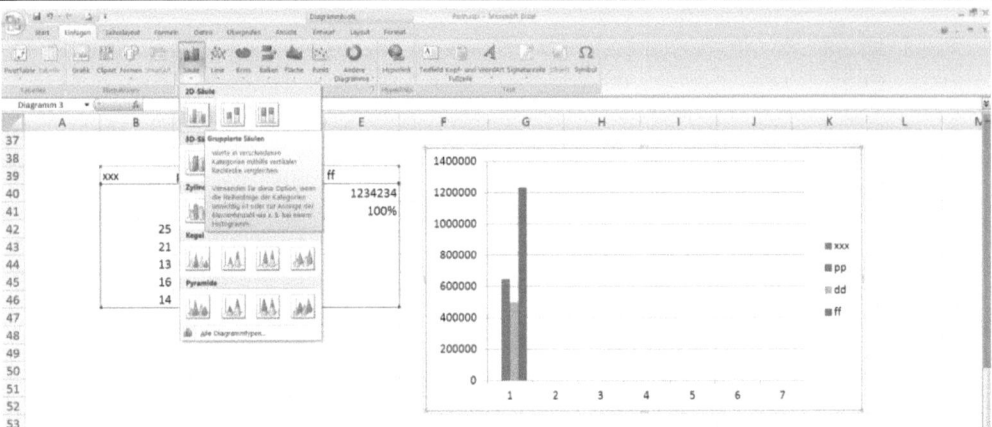

Anschließend wechseln Sie Zeile und Spalte, damit die Beschriftungen bei der x-Achse verwendet werden:

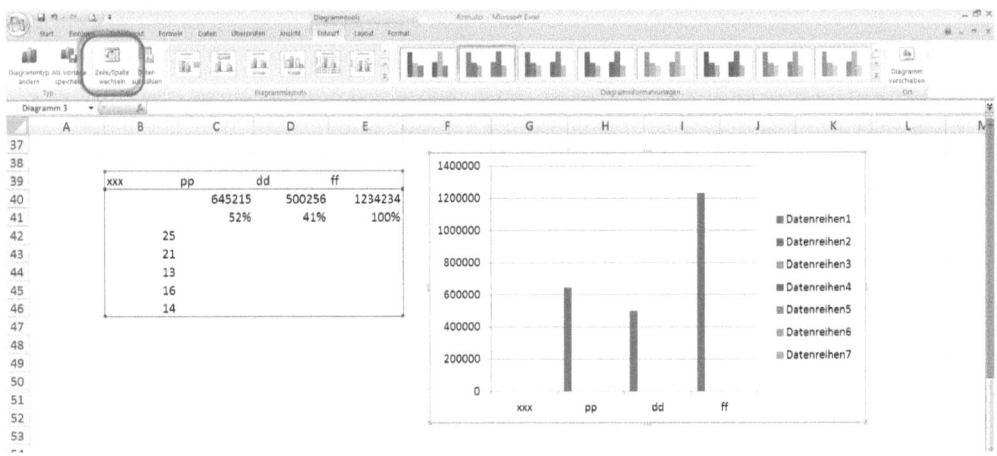

Schließlich legen Sie die die eine Balkenreihe auf eine Sekundärachse

Diagramme schummeln XIII

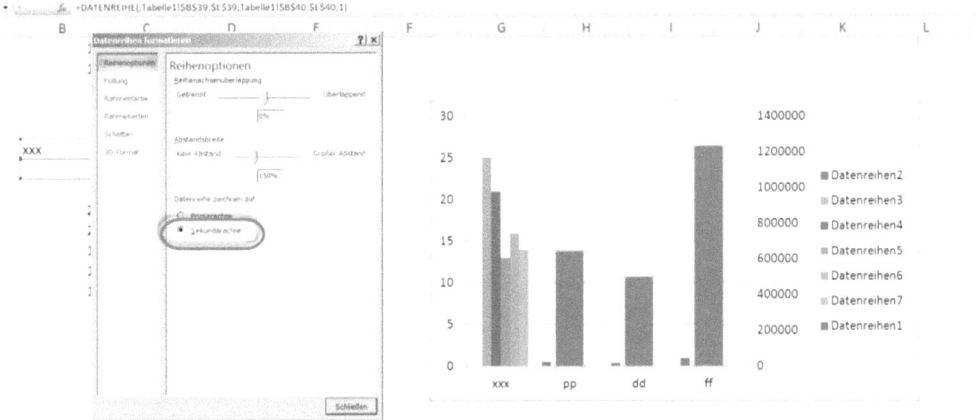

und verkleinern bei der anderen Achse das Maximum auf 1 (= 100%).

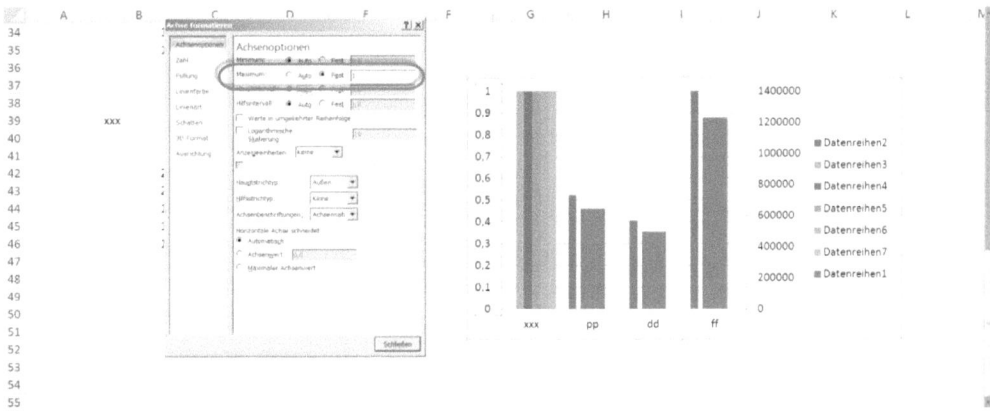

Schalten Sie die Datenbeschriftung ein und formatieren sie:

7.2 Diagramme schummeln

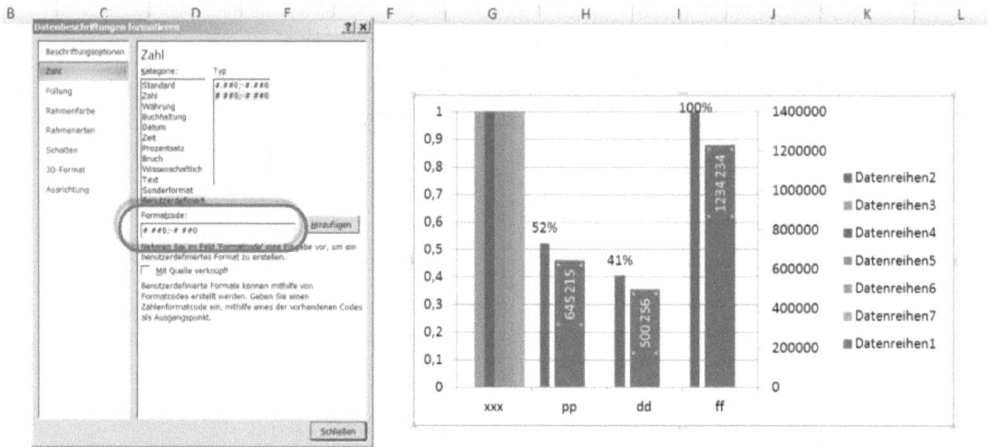

Verändern Sie die Abstandsbreite, damit die eine Balkenreihe vor der anderen steht:

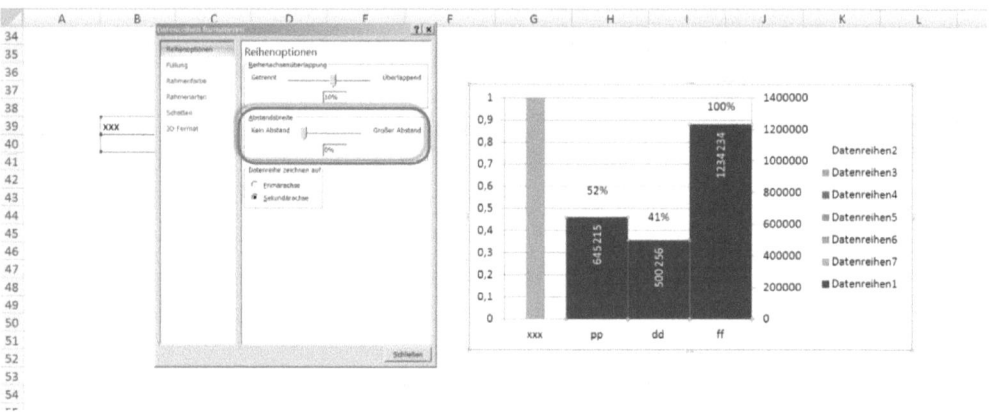

Wandeln Sie das Diagramm nun in ein gestapeltes Diagramm um. Die prozentualen Werte wurden transparent formatiert.

Diagramme schummeln XIII

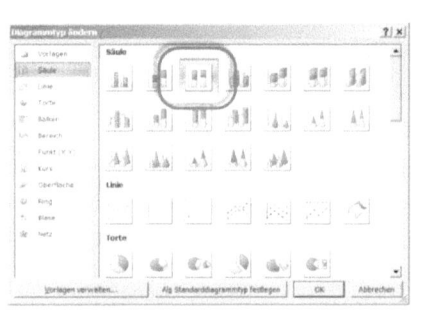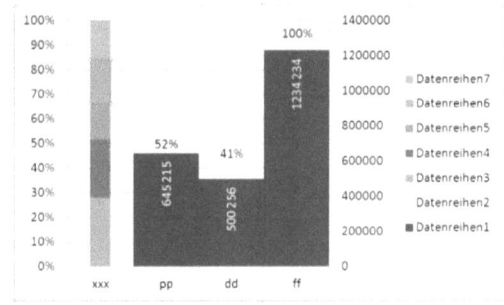

Lassen Sie sich dort die Werte anzeigen:

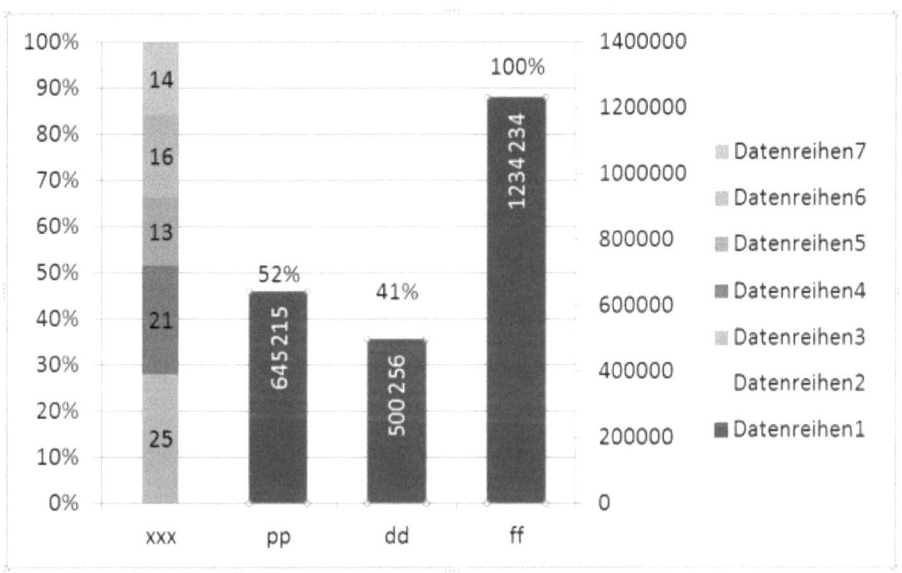

Die Achsenbeschriftungen kann man wegformatieren:

7.2 Diagramme schummeln

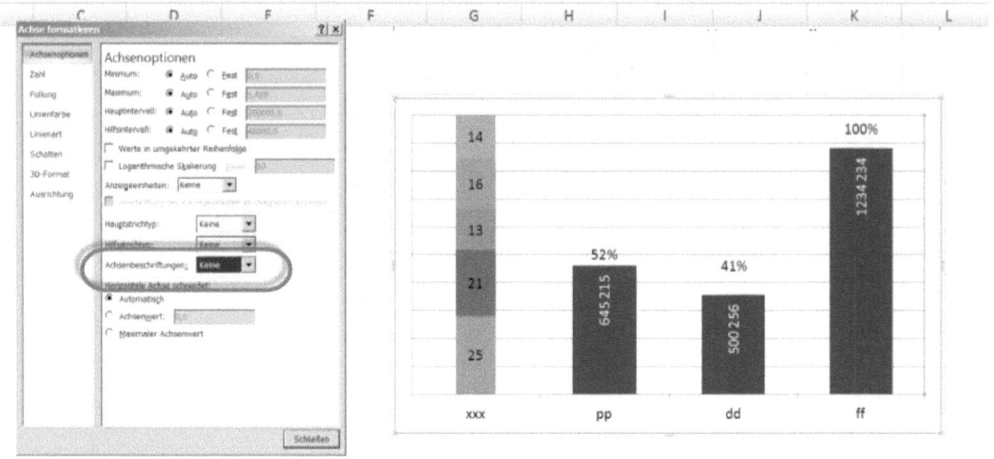

oder natürlich auch anzeigen lassen:

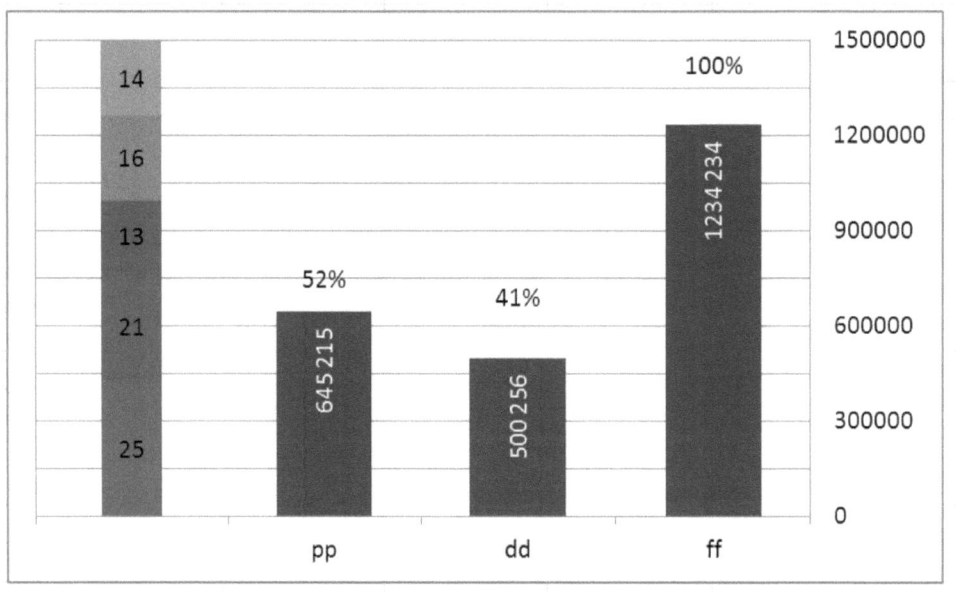

Wichtig: Löschen Sie die Dummy-Überschrift "xxx"!

Den Rest nach Gusto zu formatieren dürfte dann kein Problem mehr darstellen:

Bedingte Formatierung bei Diagrammen – schummeln XIV

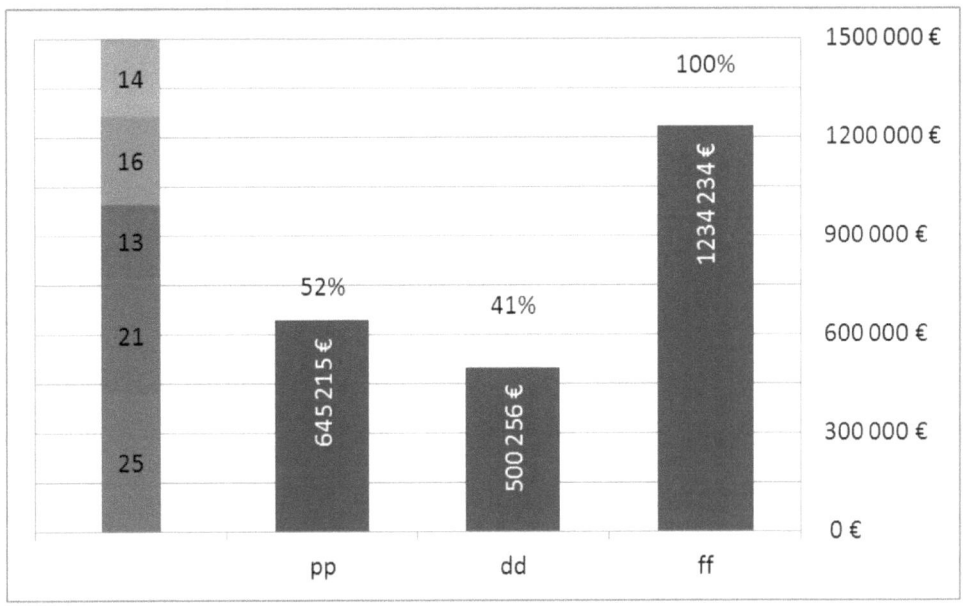

7.2.14. Bedingte Formatierung bei Diagrammen – schummeln XIV

Hallo Du. Ich liebe die bedingte Formatierung. Klasse Sache. Kann ich die eigentlich auch bei Diagrammen einsetzen?

Die Antwort: Nicht direkt. Aber mit einem kleinen Trick funktioniert es.

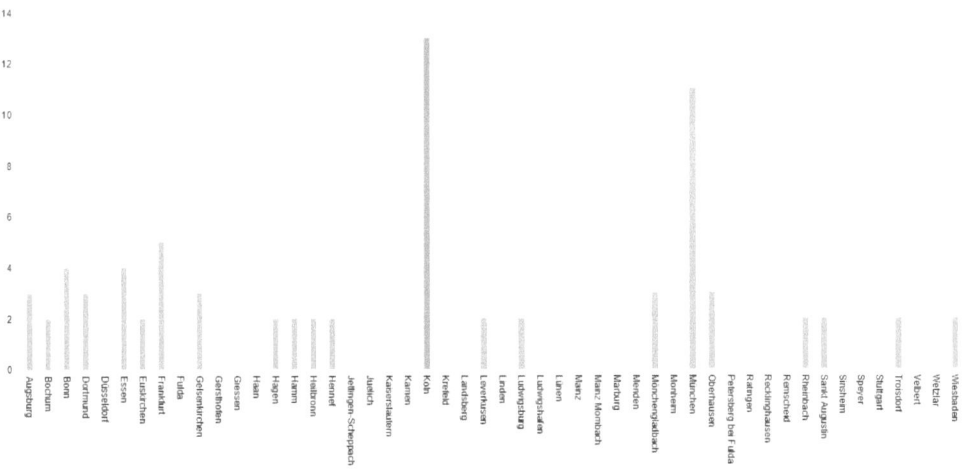

7.2 Diagramme schummeln

Man muss zusätzlich zu der Spalte der Werte noch eine berechnete Spalte einfügen. Wenn man beispielsweise das Maximum und das Minimum farblich kennzeichnen möchte, kann man berechnen:

=WENN(B2=MAX($B:$B);B2;0)

=WENN(B2=MIN($B:$B);B2;0)

Diese Reihen übernimmt man in das Diagramm und legt sie vor die anderen Balken. Die Werte 0 befinden sich ja am Boden - sind also nicht sichtbar. Werden nun die drei Reihen mit jeweils unterschiedlichen Farben formatiert, erkennt man gut den oder die Spitzenwerte und das Minimum oder die kleinsten Werte.

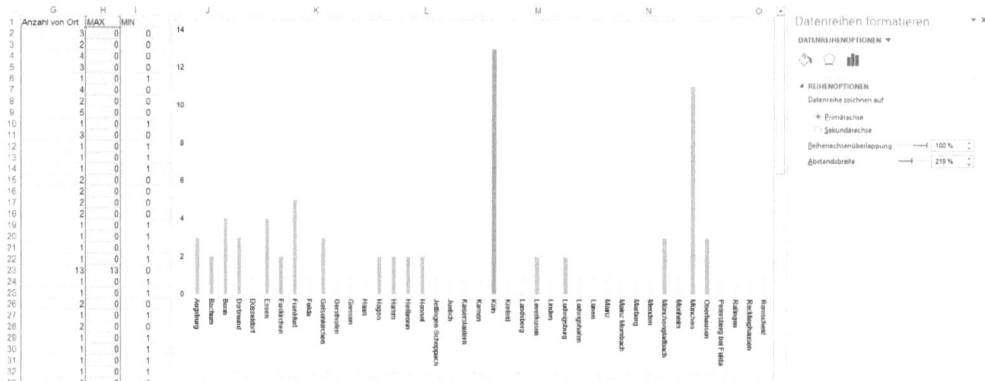

Übrigens: Mit einem ähnlichen Trick kann man sich auch nur den größten und den kleinsten Wert als Zahl anzeigen lassen. Leider funktioniert die bedingte Formatierung hier nicht. Werden die Zahlen jedoch benutzerdefiniert mit

0;0;"";""

formatiert, dann werden die Nullwerte ausgeblendet. Und die Diagramme übernehmen es als Beschriftung.

Bedingte Formatierung bei Diagrammen – schummeln XIV

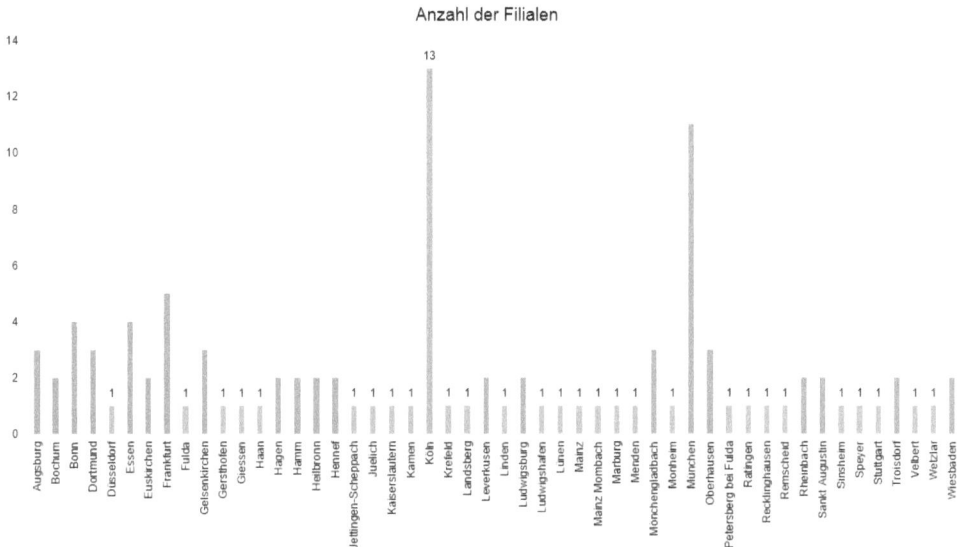

Selbstverständlich ist das Diagramm dynamisch. Das heißt: Nach Ändern eines Wertes erscheinen die entsprechenden Zahlen und Farben.

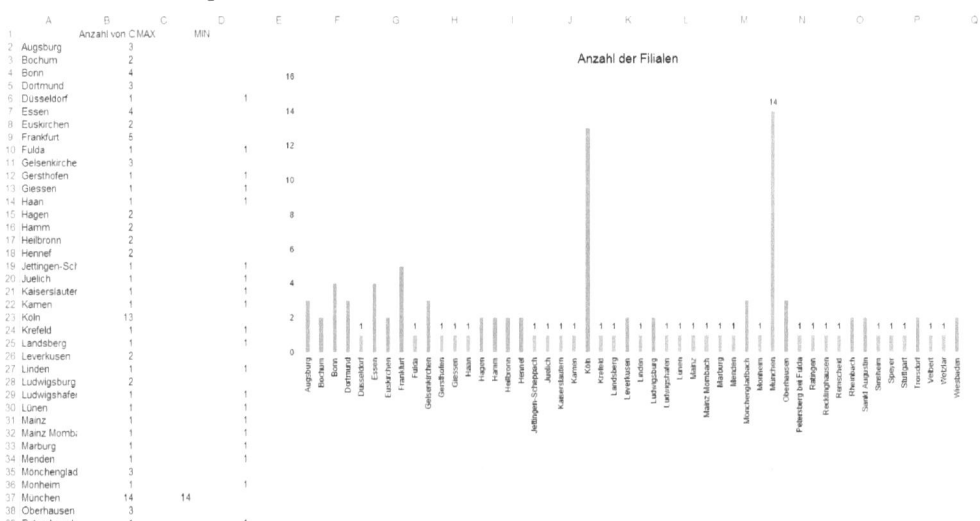

7.2 Diagramme schummeln

7.2.15. Diagramme schummeln XV

Ich würde es ja anders machen. Aber mein Chef besteht darauf. Er möchte unbedingt ein Netzdiagramm haben. Ich konnte ihn nicht überzeugen, dass ein Balken- oder Liniendiagramm besser geeignet wäre. Nun - wie mache ich es, dass die Linienenden nicht miteinander verbunden sind, sondern als Stäbe aus der Mitte herausragen?

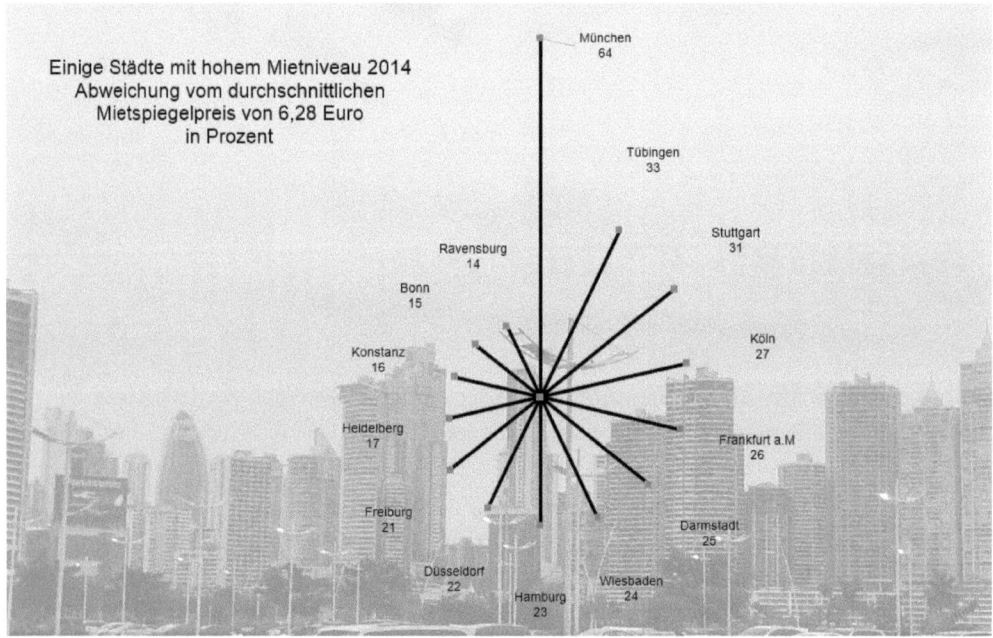

Die Antwort: Sie müssen die Daten etwas anders anordnen - schreiben Sie jeweils unter jeden Wert eine Null - dann wird das Ende des Stabes mit dem Mittelpunkt verbunden. Den Rest können Sie sicherlich formatieren.

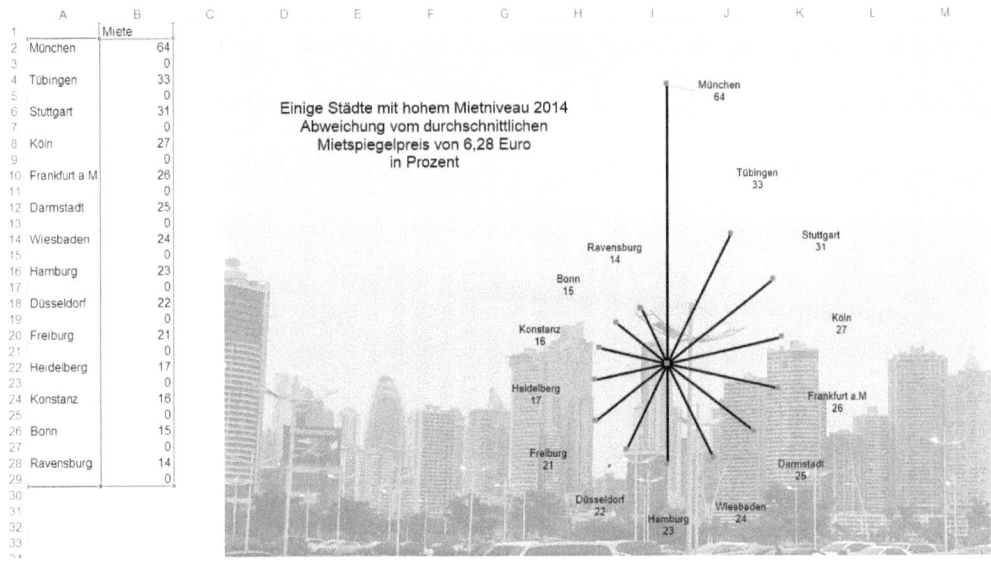

7.2.16. ABC-Analyse im Diagramm – schummeln XVI

Mein Chef möchte unbedingt mit eines Diagramms eine ABC-Analyse visualisiert haben. Das Problem: Ich erhalte jede Woche neue Daten unserer Produkte. Das bedeutet: Ich müsste jede Woche die Daten neu sortieren, berechnen, das Diagramm erstellen und die kumulierten Bereich <80%, beziehungsweise <95% neu formatieren.

7.2 Diagramme schummeln

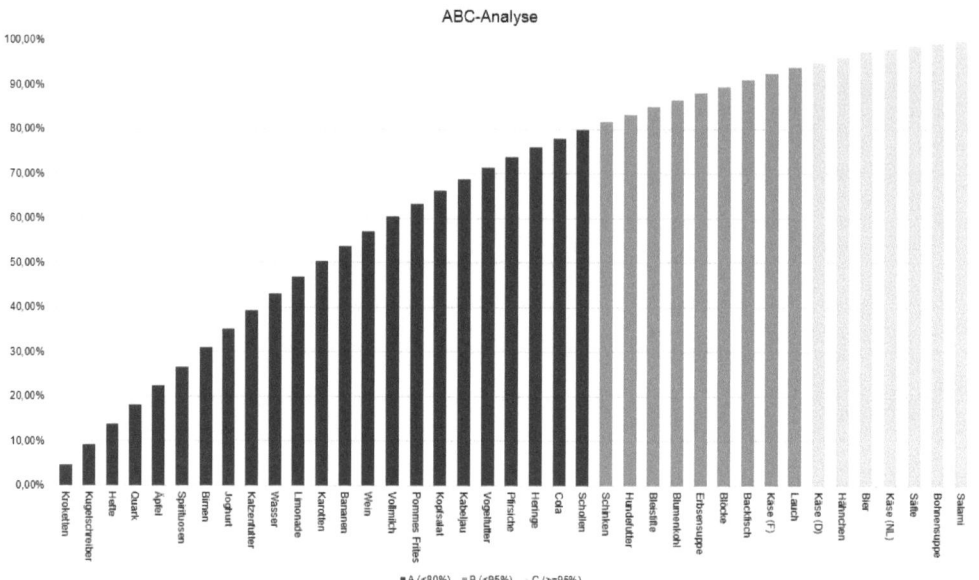

Die Antwort: Wenn Sie sich mit Funktionen ein wenig auskennen, funktioniert es auch dynamisch:

* Berechnen Sie mit der Funktion =KGRÖSSTE die größte Zahl. Verwenden Sie hierzu die Funktion ZEILE(), damit Sie die Funktion nach unten ziehen können.

* Lassen Sie sich mit VERGLEICH die Zeilennummer anzeigen

* Ermitteln Sie die Artikelbezeichnung mit INDEX

* Berechnen Sie den Prozentwert

* Berechnen Sie den kumulierten Prozentwert

* Lassen Sie sich mit einer WENN-Funktion in einer neuen Spalte die Zahlen anzeigen, die <80% sind. Die übrigen erhalten den Wert 0.

* Lassen Sie sich mit einer WENN-Funktion in einer neuen Spalte die Zahlen anzeigen, die sowohl >=80% als auch <95% sind (mit einem UND). Die übrigen erhalten den Wert 0.

* Lassen Sie sich mit einer WENN-Funktion in einer neuen Spalte die Zahlen anzeigen, die >=95% sind. Die übrigen erhalten den Wert 0.

Zeilenumbruch - schummeln XVII

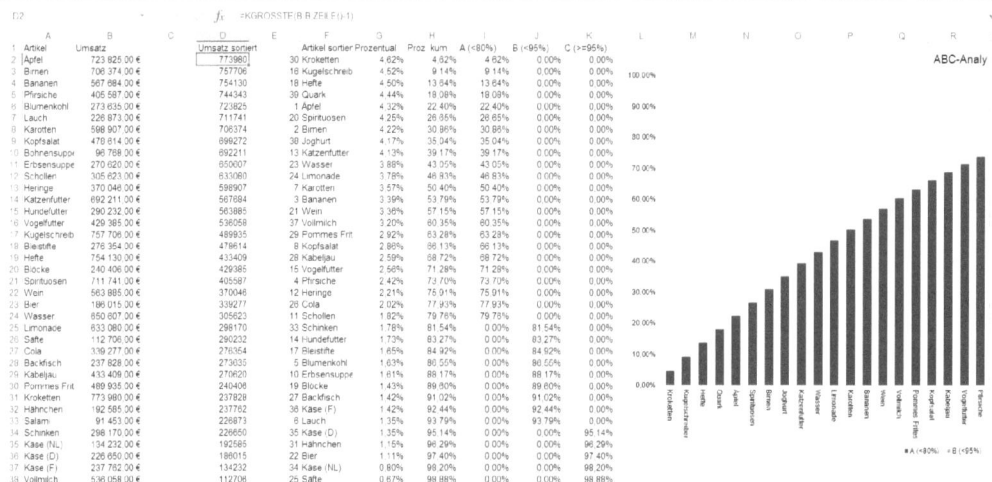

Wenn Sie nun neue Werte erhalten, wird das Diagramm "neu gezeichnet".

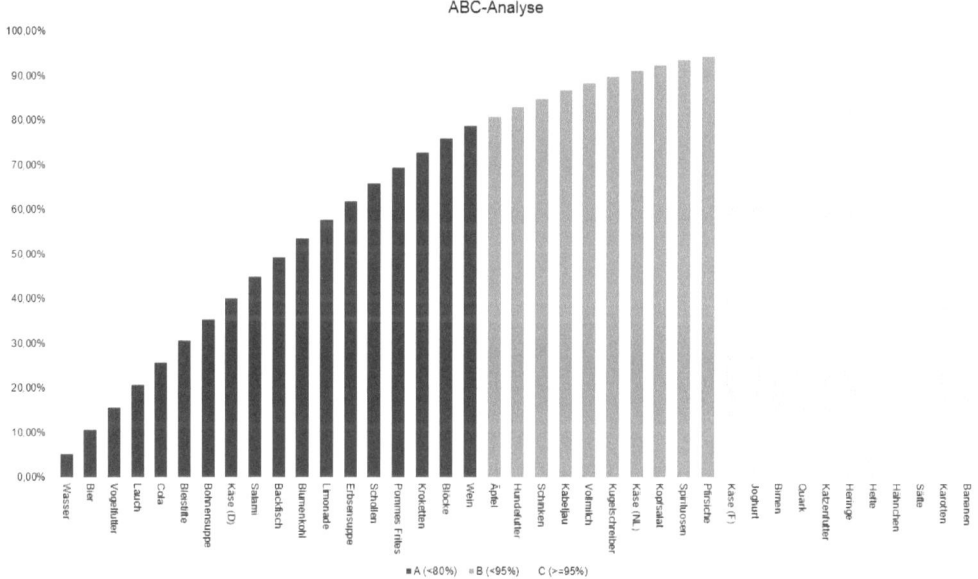

7.2.17. Zeilenumbruch - schummeln XVII

Hallo Herr Dr. Martin,

vielen Dank noch mal für die informative PowerPoint-Schulung bei uns im Haus!

Ich hätte gleich mal noch eine Frage… ;-)

7.2 Diagramme schummeln

Ich habe jetzt meine kopierte Grafik rausgenommen und durch eine Grafik in PowerPoint ersetzt. Bei der Datenbeschriftung habe ich jetzt aber das Problem, dass ich die Beschriftung nicht anpassen kann, denn ich bekomme nicht die Möglichkeit, die Textfelder anzupassen (s. u. zweites Bild).

Haben Sie da noch eine Idee, wie man das lösen kann oder muss ich doch manuell ein Textfeld statt der Datenbeschriftung einfügen?

Vielen Dank und viele Grüße

####

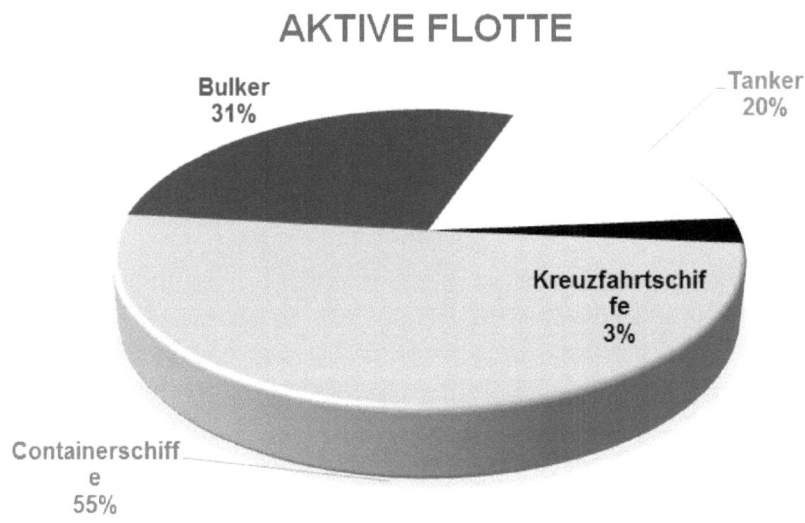

Hallo Herr S.,

PowerPoint 2013 hat so eine Option – DORT kann ich das Textfeld kleiner ziehen (übrigens sogar durch eine andere Form ändern). Aber das nützt Ihnen nichts – Sie haben PP 2010.

Neben Schriftgröße verkleinern können Sie auch in Excel mit der Tastenkombination [Alt]+[Enter] Einen Zeilenumbruch organisieren – DER wird in PP übernommen:

Sekundäre x-Achse und ihre Probleme – schummeln XVIII

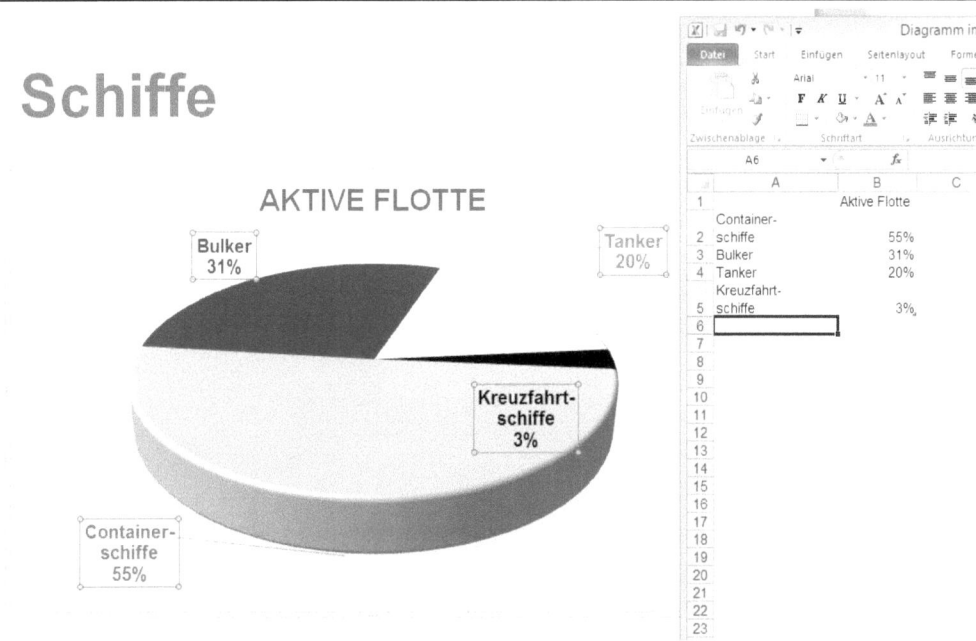

7.2.18. Sekundäre x-Achse und ihre Probleme – schummeln XVIII

Heute Morgen habe ich ein interessantes Diagramm in der Zeitung gesehen und versucht es nachzubauen. Dabei bin ich (mal wieder) an die Grenzen von Excel gestoßen:

In einem Balkendiagramm werden Werte aus unterschiedlichen Bereichen miteinander verglichen. Man kann die beiden Balkenreihen zwar hintereinander legen, aber nicht zueinander verschieben. Damit wäre es unbrauchbar, oder?

7.2 Diagramme schummeln

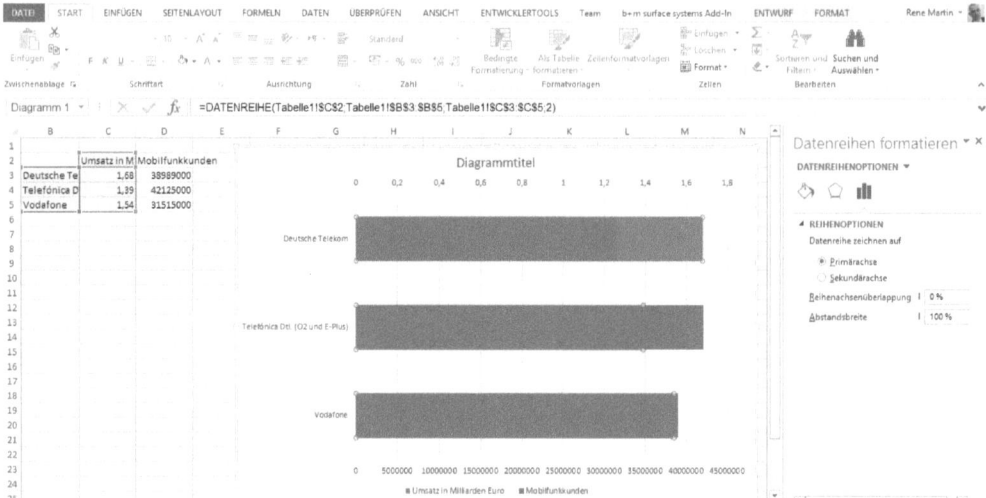

Die Lösung: Man muss die Daten versetzt zueinander anordnen. Dann kann man eine der beiden Balken auf eine sekundäre Achse legen. Man kann die Balkendicke verändern, die Werte anzeigen lassen, die Skalierung der Achsen verändern und das Ganze formatieren.

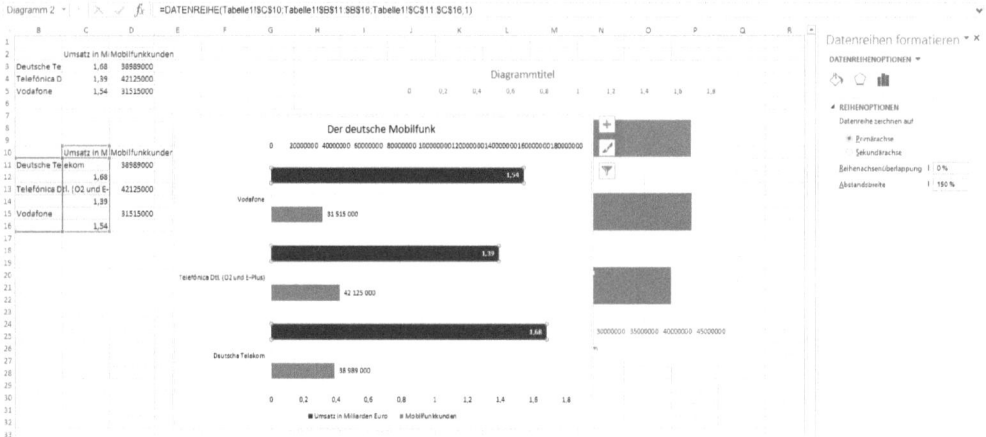

7.2.19. Diagramme schummeln XIX

Ich würde gerne in einem Diagramm den Mittelwert eintragen. Geht das?

Die Antwort: Mit einem kleinen Trick: Man muss den Mittelwert in jeder Zelle berechnen und kann nun diesen Wert in das Diagramm einfügen. Diese Säulen können anschließend als Linie dargestellt werden.

Diagrammteile löschen oder ausblenden – schummeln XX

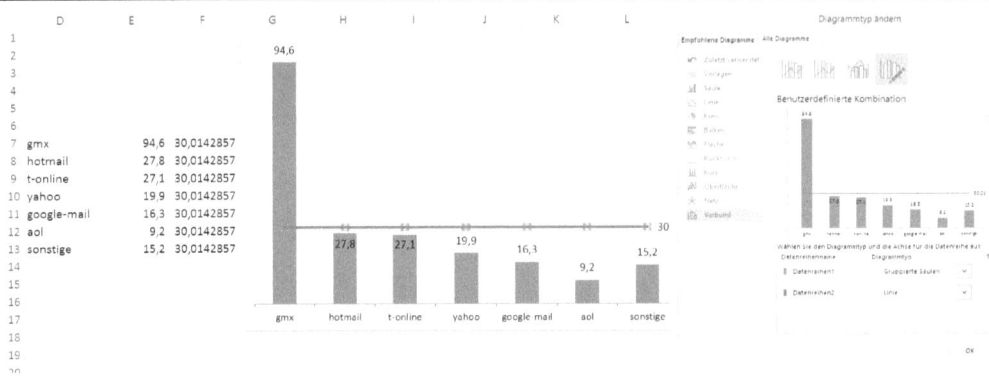

7.2.20. Diagrammteile löschen oder ausblenden – schummeln XX

Zugegeben: Ganz konsequent ist es nicht: Viele Teile (Elemente, Objekte) in einem Diagramm kann man löschen; einige jedoch nicht. Sollen sie verschwinden, muss man sie "transparent" formatieren.

Beispiele: Titel, Legende, Gitternetzlinien, Datenreihen, Achsen und Beschriftungen können gelöscht werden. Einzelne Datenpunkte jedoch nicht, wie beispielsweise ein Kreissegment (Bundestag) oder ein Datenpunkt in einem Liniendiagramm (Tangens). Diese müssen transparent formatiert werden. Ebenso die Sekundärachse - wird sie nicht benötigt, darf man sie nicht löschen - sonst werden alle Daten wieder auf die erste Achse "geschoben". Auch sie muss man wegformatieren.

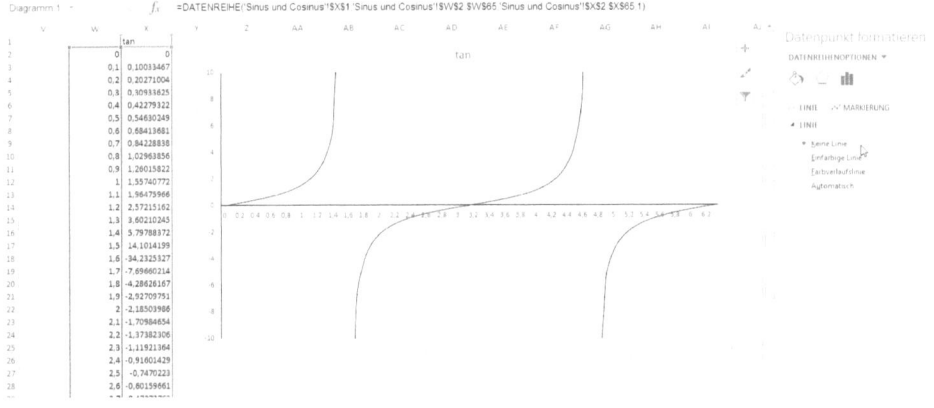

7.2 Diagramme schummeln

7.2.21. Negative Balken rot – schummeln XXI

Können Sie mir mal bitte helfen? Wie macht mein Kollege denn das? Die Balken, die nach unten hängen, also die Stalaktiten, denen negative Werte zugrunde liegen, werden rot eingefärbt. Muss ich die einzeln markieren und formatieren?

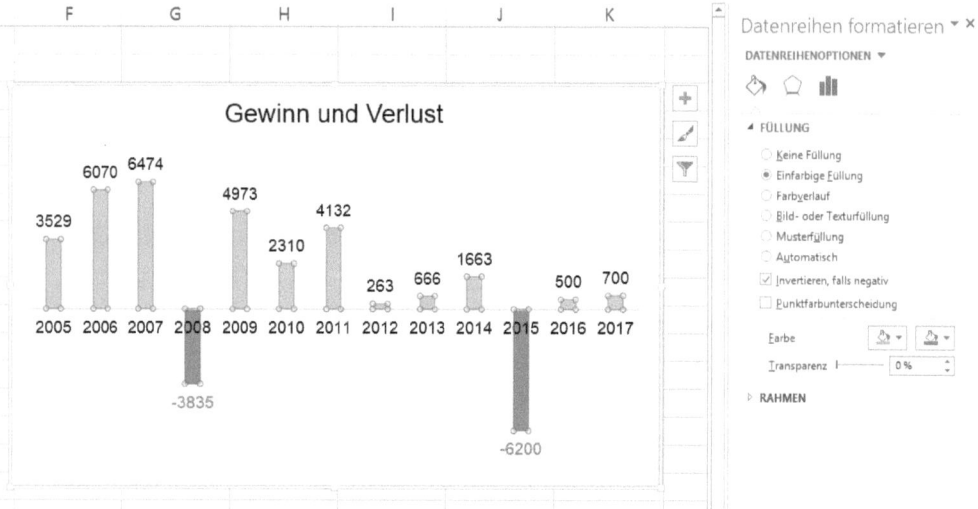

Die Antwort: Nein. In Excel 2013 gibt es eine Option "invertieren, falls negativ". Wenn Sie diese Option auswählen, können Sie neben der Farbe für die Stalagmiten auch die Farbe für die Stalaktiten auswählen. Die Schriftfarbe für die Beschriftung müssen Sie allerdings "per Hand" formatieren. Und: die Beschriftung der Achse können Sie leider nicht ändern.

7.2.22. Diagramme schummeln XXII

Eine hübsche Frage in einer Excel-Schulung:

"Wir erstellen mit Hilfe einer Pivottabelle eine Liste. Darin befinden sich Geldbeträge - positive und negative. Im Diagramme, das auf diesen Daten aufsetzt, sollen die negativen allerdings nicht nach unten zeigen, sondern mit den positiven nach oben weisen, damit man sie miteinander vergleichen kann."

Diagramme schummeln XXII

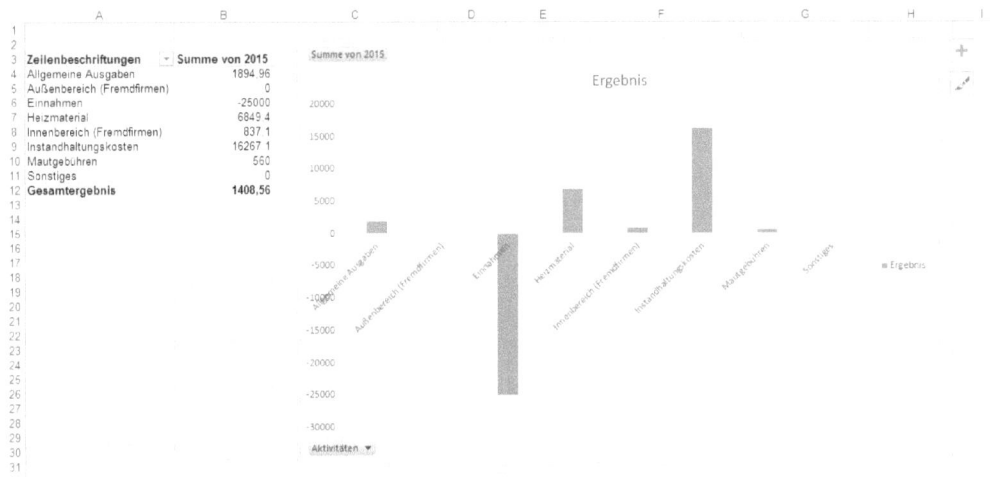

Meine erste Antwort war: "Dann multiplizieren Sie diese Daten mit -1 - dann funktioniert es." Dann habe ich überlegt, ob es nicht noch eine andere Lösung gibt.

"Was", so war meine Überlegung - "wenn man die Daten aufsplittet? Die positiven in einer Spalte und die negativen in einer anderen Spalte? Das kann man leicht mit einer WENN-Funktion erreichen."

7.2 Diagramme schummeln

	A	B	C	D	E	F	G	H	I	J	K
	Aktivitäten	Positionen	2010	2011	2012	2013	2014	2015	2015neg	2015pos	2016
1											
2	Allgemeine A	Grundsteuer	589,76	589,76	589,76	589,76	589,76	589,76	0	589,76	
3	Allgemeine A	Strom	0	4106,38	3955,54	0	0	0	0	0	
4	Allgemeine A	Zählerstand	0	0	0	51118	51118	0	0	0	
5	Allgemeine A	Wasser	0	0	1751	1492	1492	0	0	0	
6	Allgemeine A	Zählerstand	0	0	0	51118	51118	0	0	0	
7	Allgemeine A	Kanalgebühre	0	0	291,5	514	514	0	0	0	
8	Allgemeine A	Müllabfuhrgel	0	732	732	732	732	0	0	0	
9	Allgemeine A	Inventar	675,2	250	0	0	840	675,2	0	675,2	
10	Allgemeine A	Hüttenwasch	630	649	0	280	4546	630	0	630	
11	Heizmaterial	Brikett-Braun	0	2150	2150	0	967,5	0	0	0	
12	Heizmaterial	Bündelholz	0	93	195	0	390	0	0	0	
13	Heizmaterial	Brennholz (B	6849,4	6026	0	6844	3248	6849,4	0	6849,4	
14	Mautgebühre	Berghammer	500	500	500	500	500	500	0	500	
15	Mautgebühre	Forststraße	0	0	0	0	600	0	0	0	
16	Mautgebühre	Gemeinde	60	60	60	60	60	60	0	60	
17	Instandhaltun	PSW-ZD-FM-	14204	4275	5025	6350	8150	14204	0	14204	
18	Instandhaltun	Material	0	1202,48	981,92	0	556,8	0	0	0	
19	Instandhaltun	Kartoffeln	0	144	140	160	180	0	0	0	
20	Instandhaltun	WC-Papier +	0	0	0	0	0	0	0	0	
21	Instandhaltun	Feuerlöscher	2063,1	0	0	0	0	2063,1	0	2063,1	
22	Instandhaltun	Erste Hilfe Kc	0	0	0	0	652,82	0	0	0	
23	Instandhaltun	Schlüssel	0	0	0	0	726	0	0	0	
24	Innenbereich	Elektroinstall	0	0	0	477,26	0	0	0	0	
25	Innenbereich	Sanitär-Lüftur	0	0	0	0	0	0	0	0	
26	Innenbereich	Schreinerei	837,1	1500	0	0	33177,62	837,1	0	837,1	
27	Innenbereich	Malerarbeiten	0	726,7	5060	0	0	0	0	0	
28	Innenbereich	Fliesenleger	0	1232,58	0	287,52	0	0	0	0	
29	Innenbereich	Kaminkehrer	0	0	102,22	0	106,88	0	0	0	
30	Innenbereich	Glaser	0	0	0	0	0	0	0	0	
31	Innenbereich	Reinigung	0	3540,4	1060	320	1600	0	0	0	
32	Außenbereich	Forstarbeiten	0	12420	0	6138,72	5391,68	0	0	0	
33	Außenbereich	Erdbewegung	0	0	63802	0	0	0	0	0	
34	Außenbereich	Baumaterial	0	0	0	0	0	0	0	0	
35	Sonstiges	Hüttenbewirt	0	50,5	265,84	38,36	0	0	0	0	
36	Sonstiges	Telekom	0	0	0	0	0	0	0	0	
37	Sonstiges	Baukostenzu	0	0	0	0	20000	0	0	0	
38	Einnahmen	Einnahmen	-25000	-25000	-25000	-25000	-25000	-25000	-25000	0	

Formel J2: `=WENN(H2>0;H2;0)`

Darauf wird eine Pivottabelle aufgesetzt. Nun befinden sich die Daten in zwei Kategorien:

	Zeilenbeschriftungen	Summe von 2015neg	Summe von 2015pos
4	Allgemeine Ausgaben	0	1894,96
5	Außenbereich (Fremdfirmen)	0	0
6	Einnahmen	-25000	0
7	Heizmaterial	0	6849,4
8	Innenbereich (Fremdfirmen)	0	837,1
9	Instandhaltungskosten	0	16267,1
10	Mautgebühren	0	560
11	Sonstiges	0	0
12	**Gesamtergebnis**	**-25000**	**26408,56**

Auf ihr kann man - wie zuvor - ein Diagramm aufsetzen:

Der Unterschied: die nach unten zeigenden Stalaktiten können als eine Datenreihe markiert werden und auf eine Sekundärachse geschoben werden:

Diagramme schummeln XXII

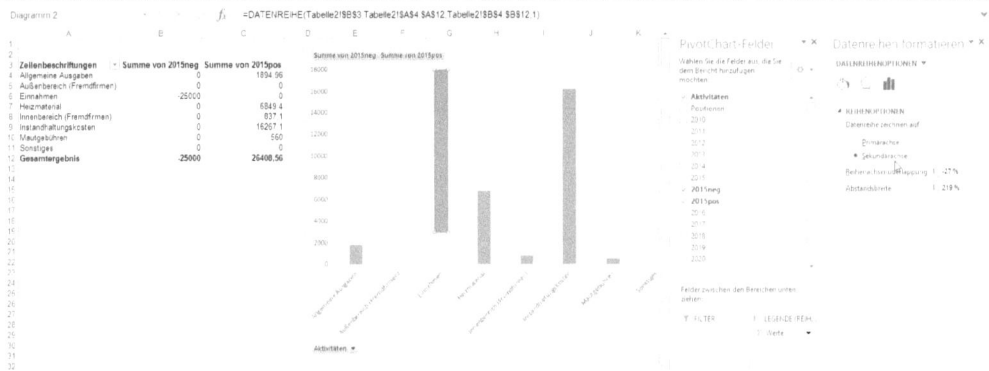

Nun hängt der Balken allerdings nach unten. Kein Problem - man kann die Richtung der Sekundärachse umkehren:

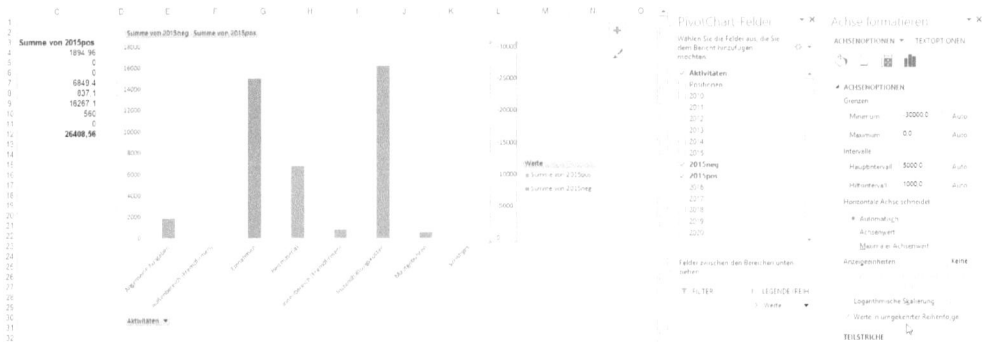

Ich habe zwei Mal hinsehen müssen. Dann habe ich entdeckt, dass die Primärachse in einem anderen Datenbereich läuft als die Sekundärachse. Das muss natürlich unbedingt angepasst werden!

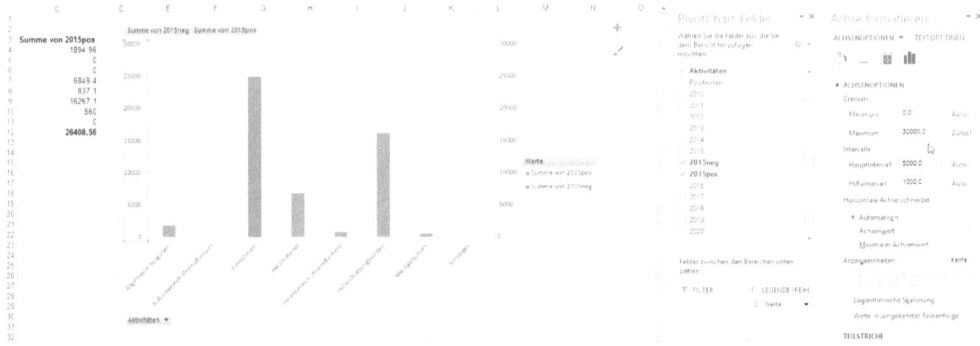

Und nun kann das Diagramm formatiert werden - DAS ist dann sicherlich nicht mehr schwierig!

7.2 Diagramme schummeln

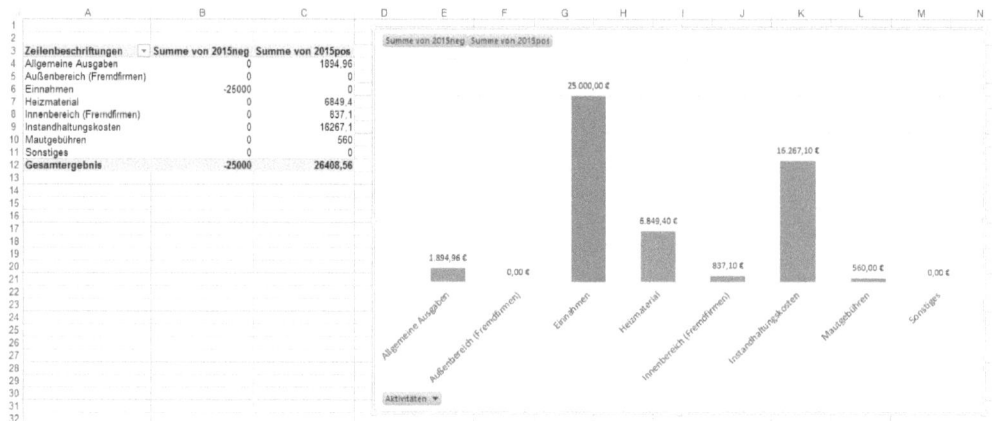

7.2.23. Diagramme schummeln XVIII

Um ein bestimmtes Diagramm erzeugen zu können, ist es manchmal nötig, die Werte auf zwei Zeilen (oder Spalten) aufzuteilen. Dabei ergibt sich nun die nicht ganz schöne Lösung, dass die Beschriftung der Zeile vor einem Wert steht, aber nicht im der Mitte zwischen beiden Balken:

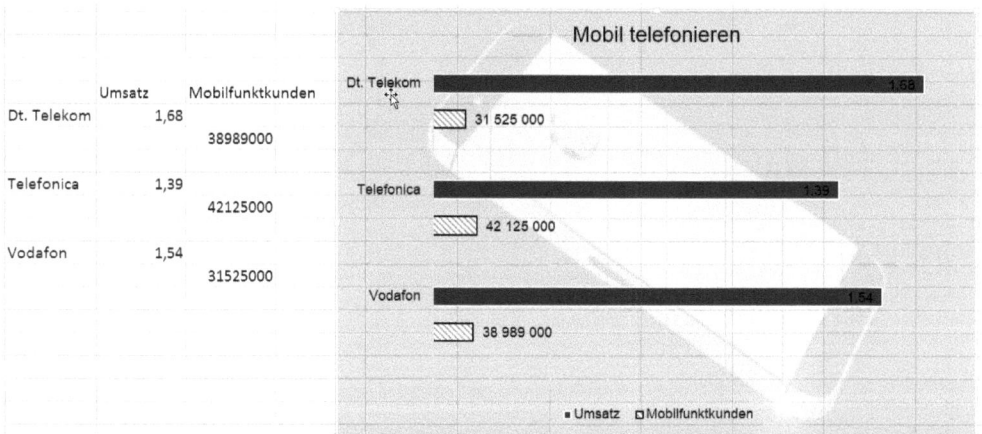

Meine Überlegung war nun, eine Leerspalte einzufügen. Den Beschriftungen zwei Spalten zuzuweisen:

Diagramme schummeln XVIII

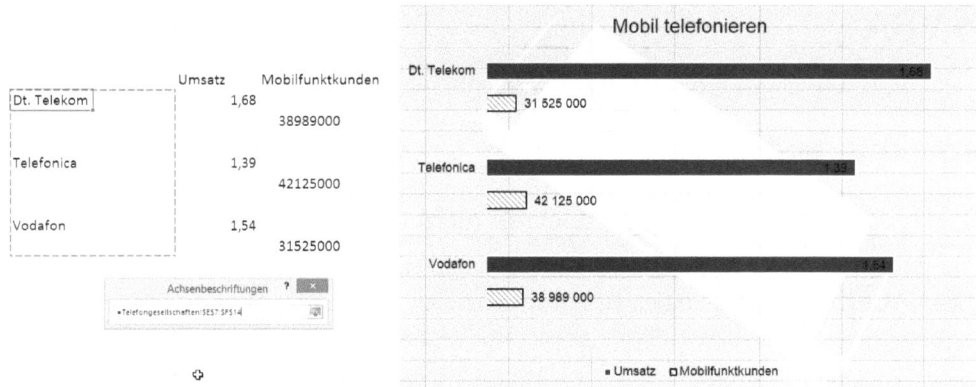

Allerdings ignoriert Excel die leere Spalte. Trägt man nun Daten ein, werden beide Informationsspalten angezeigt. Benötigt wird aber nur die erste.

Clever ist er nicht - aber der Trick funktioniert: Trägt man in die zweite Spalte ein Leerzeichen ein, wird dies als Inhalt interpretiert und die erste Spalte wird um 90° gedreht in der Mitte sämtlicher Balken dargestellt.

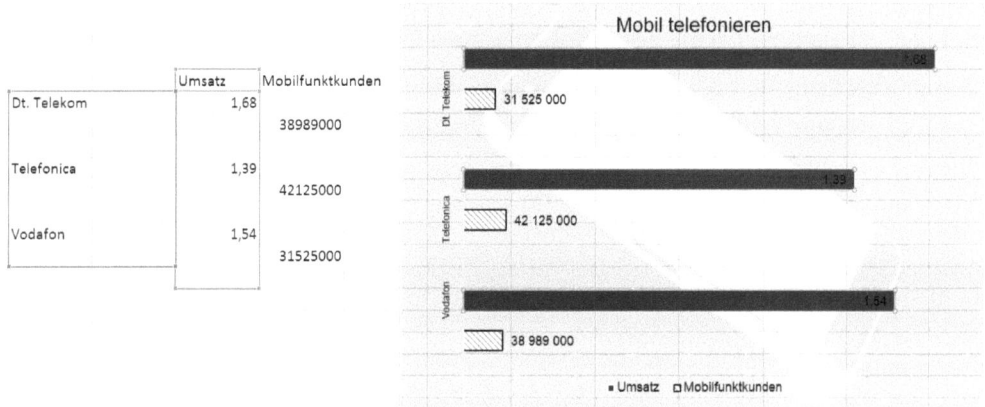

8 VBA

8.1. Der Makrorekorder

8.1.1. Der Makrorekorder zeichnet nicht auf

Das ist richtig: Einige Dinge werden nicht aufgezeichnet. Beispielweise die Eingabe der Eigenschaften. Wenn Sie diesen Befehl aufzeichnen, erhalten Sie ein leeres Makro:

```
Sub Makro1()
'
' Makro1 Makro
'

End Sub
```

Sie müssen dann in der Hilfe, im Objektkatalog, im Internet oder in einem guten Buch nachschlagen wie der zugehörige VBA-Befehl lautet.

8.1.2. Makrorekorder zeichnet falschen Code auf

Was passiert denn hier? Ich zeichne mit dem Makrorekorder etwas auf, rufe den Befehl auf - und erhalte eine Fehlermeldung.

Die Antwort: Das ist richtig. An einigen (zugegeben, sehr wenigen) Stellen zeichnet Excel falsch auf. Wenn Sie beispielsweise die Datenüberprüfung mit einer Formel aufzeichnen:

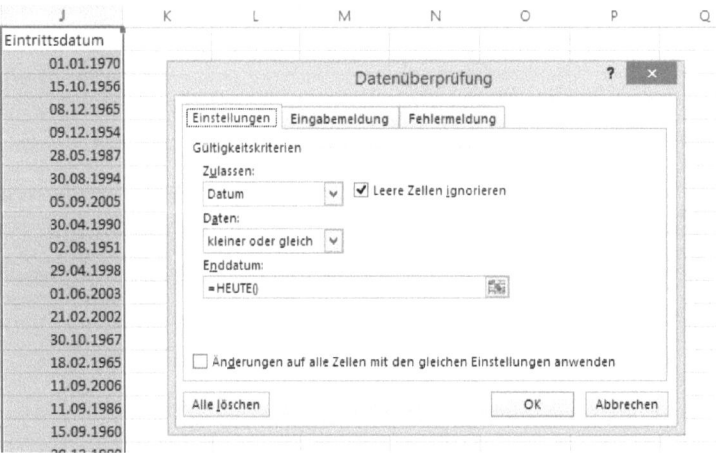

zeichnet Excel folgenden Code auf:

Makrorekorder zeichnet falschen Code auf

```
With Selection.Validation
    .Delete
    .Add Type:=xlValidateDate, AlertStyle:=xlValidAlertStop, _
    Operator:= _
    xlLessEqual, Formula1:="=TODAY("
    .IgnoreBlank = True
    .InCellDropdown = True
    .InputTitle = ""
    .ErrorTitle = ""
    .InputMessage = ""
    .ErrorMessage = ""
    .ShowInput = True
    .ShowError = True
End With
```

Erstaunlicherweise fehlt nach dem TODAY die schließende Klammer.

Oder Sie zeichnen die Formel auf:

=Rechts(F2;1)<>" "

also - verbiete am Ende des Textes ein Leerzeichen.

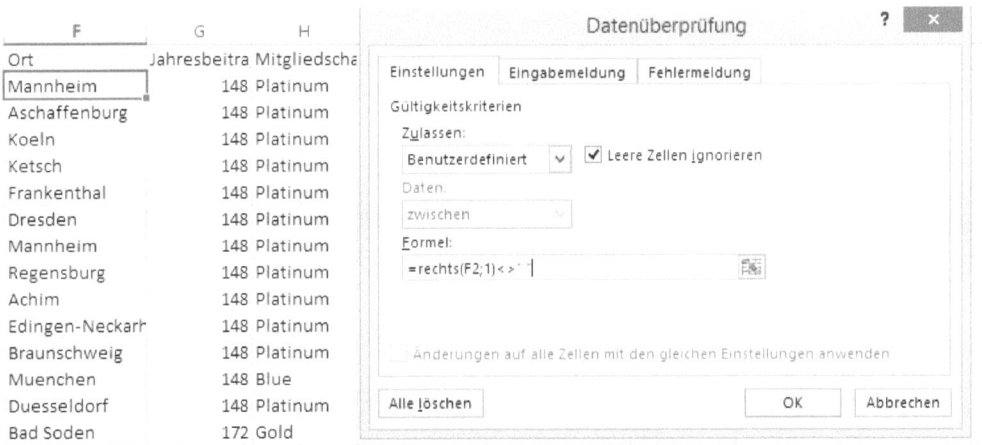

Dann zeichnet der Makrorekorder auf:

```
.Add Type:=xlValidateCustom, AlertStyle:=xlValidAlertStop, _
    Operator:= xlBetween, Formula1:="=rechts(F2;1)<>"" """
```

Der korrekte Befehl müsste jedoch lauten:

```
.Add Type:=xlValidateCustom, AlertStyle:=xlValidAlertStop, _
```

517

8.1 Der Makrorekorder

```
    Operator:= xlBetween, Formula1:="=right(F2,1)<>"" """
```
Also in der US-amerikanischen Schreibweise. Der Makrorekorder schafft die Übersetzung an dieser Stelle leider nicht.

8.1.3. Zu viel Code

Kennen Sie das? Wenn Sie einen Befehl - einen einzigen Befehl mit dem Makrorekorder aufzeichnen, zeichnet Excel sehr, sehr viel Code auf. Warum?

Wenn Sie beispielsweise den Befehl aufzeichnen - Schrift ändern, dann erhalten Sie:

```
With Selection.Font
    .Name = "Arial"
    .Size = 11
    .Strikethrough = False
    .Superscript = False
    .Subscript = False
    .OutlineFont = False
    .Shadow = False
    .Underline = xlUnderlineStyleNone
    .ThemeColor = xlThemeColorLight1
    .TintAndShade = 0
    .ThemeFont = xlThemeFontNone
End With
```

Wenn Sie aufzeichnen "schreibe in die Kopfzeile den Firmennamen" erhalten Sie über 50 Zeilen Code für einen Befehl (ActiveSheet.PageSetup.RightHeader = "xyz" hätte genügt):

Zu viel Code

```
    Application.PrintCommunication = False
    With ActiveSheet.PageSetup
        .PrintTitleRows = ""
        .PrintTitleColumns = ""
    End With
    Application.PrintCommunication = True
    ActiveSheet.PageSetup.PrintArea = ""
    Application.PrintCommunication = False
    With ActiveSheet.PageSetup
        .LeftHeader = ""
        .CenterHeader = ""
        .RightHeader = "Rene Martin"
        .LeftFooter = ""
        .CenterFooter = ""
        .RightFooter = ""
        .LeftMargin = Application.InchesToPoints(0.708661417322835)
        .RightMargin = Application.InchesToPoints(0.708661417322835)
        .TopMargin = Application.InchesToPoints(0.78740157480315)
        .BottomMargin = Application.InchesToPoints(0.78740157480315)
        .HeaderMargin = Application.InchesToPoints(0.31496062992126)
        .FooterMargin = Application.InchesToPoints(0.31496062992126)
        .PrintHeadings = False
        .PrintGridlines = False
        .PrintComments = xlPrintNoComments
        .PrintQuality = 600
        .CenterHorizontally = False
        .CenterVertically = False
        .Orientation = xlPortrait
        .Draft = False
        .PaperSize = xlPaperA4
        .FirstPageNumber = xlAutomatic
        .Order = xlDownThenOver
        .BlackAndWhite = False
        .Zoom = 100
        .PrintErrors = xlPrintErrorsDisplayed
        .OddAndEvenPagesHeaderFooter = False
        .DifferentFirstPageHeaderFooter = False
        .ScaleWithDocHeaderFooter = True
        .AlignMarginsHeaderFooter = True
        .EvenPage.LeftHeader.Text = ""
        .EvenPage.CenterHeader.Text = ""
        .EvenPage.RightHeader.Text = ""
        .EvenPage.LeftFooter.Text = ""
        .EvenPage.CenterFooter.Text = ""
        .EvenPage.RightFooter.Text = ""
        .FirstPage.LeftHeader.Text = ""
        .FirstPage.CenterHeader.Text = ""
        .FirstPage.RightHeader.Text = ""
        .FirstPage.LeftFooter.Text = ""
        .FirstPage.CenterFooter.Text = ""
        .FirstPage.RightFooter.Text = ""
    End With
    Application.PrintCommunication = True
End Sub
```

Der Grund: Excel zeichnet an vielen Stellen nicht den einen Befehl, sondern sämtliche Befehle des Dialogfeldes auf, also beispielsweise "Zellen formatieren" oder "Seite einrichten". Nun sind Sie gefragt, um die nicht nötigen Zeilen zu löschen.

8.2 VBA-Befehle

8.2. VBA-Befehle

8.2.1. Ein kurzer Hilfetext im Objektkatalog in VBA wäre schön

Eigentlich schade, dass Microsoft es in VBA 7.1 - also nach Excel 97 - 2000 - 2002 - 2003 - 2007 - 2010 - 2013 noch nicht geschafft hat einen kurzen Erklärungstext im Objektkatalog von VBA zu liefern, was diese Funktion denn bedeutet.

Man muss die Funktionstaste F1 drücken und gelangt dann zur Onlinehilfe von Microsoft, wo die Funktion erklärt wird.

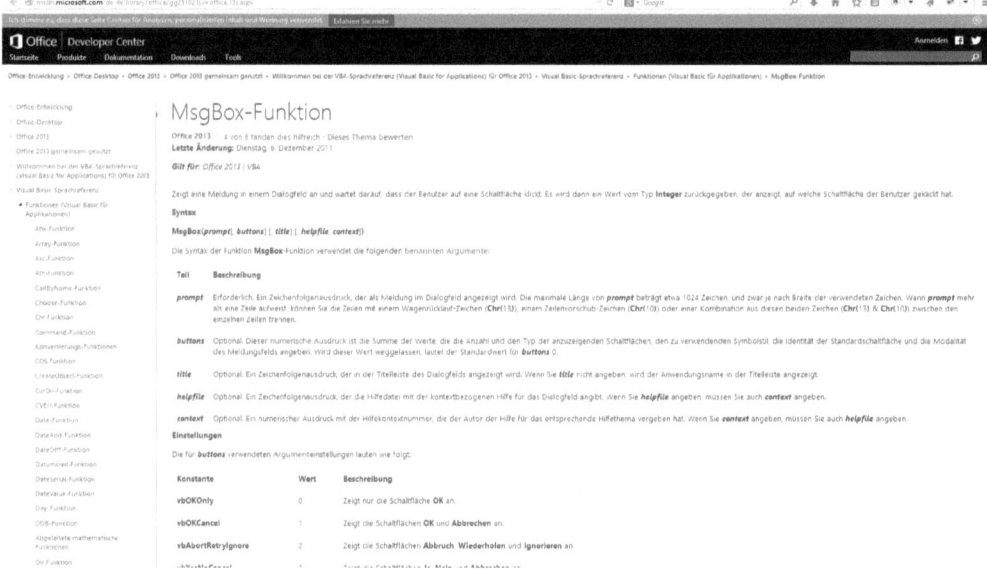

8.2.2. Leerzeichen oder Klammer?

Ich gebe zu: so ganz konsequent ist das nicht in VBA. Für Methoden gibt es drei Schreibweisen: Nach einer Methode folgt nichts. Nach einer Methode steht ein Parameter, dann muss ein Leerzeichen geschrieben werden. Nach einer Methode steht ein Parameter und die Methode gibt einen Wert (oder ein Objekt) zurück - dann muss eine Klammer geschrieben werden. Dass es sich bei den drei Befehlen um eine Methode handelt, sieht man, wenn man den Namen der Klasse VBA angibt, also VBA.Beep, VBA.MsgBox, ...

Leerzeichen oder Klammer?

```
Sub MethodenCheck()

    Dim Benutzername As String

    VBA.Beep
    VBA.MsgBox "Hallo Leute!"
    Benutzername = VBA.In("Wie heißen Sie?")

End Sub
```

(Autovervollständigungsliste: Information, InputBox, InStr, InStrB, InStrRev, Int, Interaction)

So weit so gut. Erstaunlicherweise kann man auch bei Methoden, die nichts zurückgeben eine Klammer schreiben:

```
Sub MethodenCheck()

    Dim Benutzername As String

    VBA.Beep
    VBA.MsgBox ("Hallo Leute!")



End Sub
```

Microsoft Excel — Hallo Leute! — OK

Noch erstaunlicher wird es jedoch, wenn eine Methode mehrere Parameter hat - dann ist die Klammer verboten:

```
Sub MethodenCheck()

    

    VBA.Beep
    VBA.MsgBox ("Hallo Leute!",vbInformation, "Excel nervt?!?")




End Sub
```

Noch erstaunlicher ist es, dass einige Methoden kategorisch die Klammer verbieten:

521

8.3 Excel-Objekte

```
Private Sub cmdAbbrechen_Click()
    Unload (Me)
End Sub
```

Aber eben nicht alle Methoden.

Zusammenfassung: Meine Empfehlung: Wenn eine Methode einen Wert zurückgibt, schreibe ich IMMER eine Klammer, wenn sie nichts zurückgibt, schreibe ich NIE eine Klammer. DAS funktioniert immer - ohne Ausnahme. Ehrenwort!

8.3. Excel-Objekte

8.3.1. Aufzählungslisten (Intellisense)

Kennen Sie das? Sie verwenden ein Objekt in VBA, setzen den Punkt dahinter, aber VBA verweigert die Anzeige der Auflistung.

Während Range("A1"). funktioniert, geht es beispielsweise bei Cells(1, 1) nicht.

Während es bei ActiveWorkbook klappt, funktioniert es bei ActiveSheet nicht.

Ich weiß nicht, warum es bei den meisten Objekten funktioniert, bei einigen jedoch nicht. Aber ich weiß, wie man immer die Aufzählungsliste angezeigt bekommt:

Verwenden Sie eine Objektvariable. Also beispielsweise so:

```
Dim xlBlatt As Worksheet
Set xlBlatt = ActiveSheet
xlBlatt. '<- Hier funktioniert es
Dim xlZelle As Range
Set xlZelle = Cells(1, 1)
xlZelle '<- Hier funktioniert es
```

Wo ist der Remote-Server-Computer

```
Sub Test()

    ' Cells(1,1).  ' hier klappt es nicht ...

    Range("A1").
End Sub
```

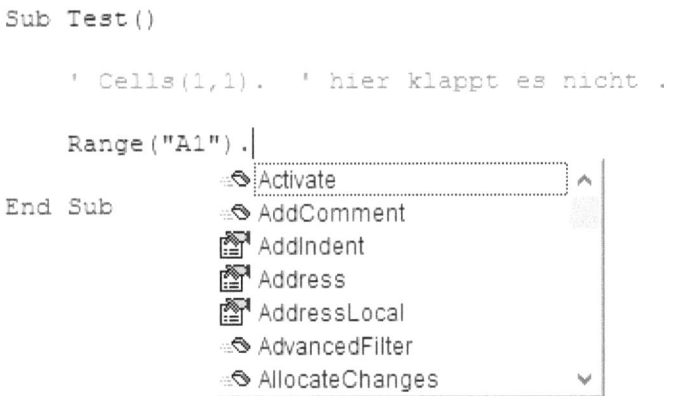

8.3.2. Wo ist der Remote-Server-Computer

In einem Programm, das ich in VBA geschrieben habe, erscheint manchmal die Fehlermeldung: Der Remote-Server-Computer existiert nicht oder ist nicht verfügbar. Wo bitte steht denn mein Remote-Server-Computer?

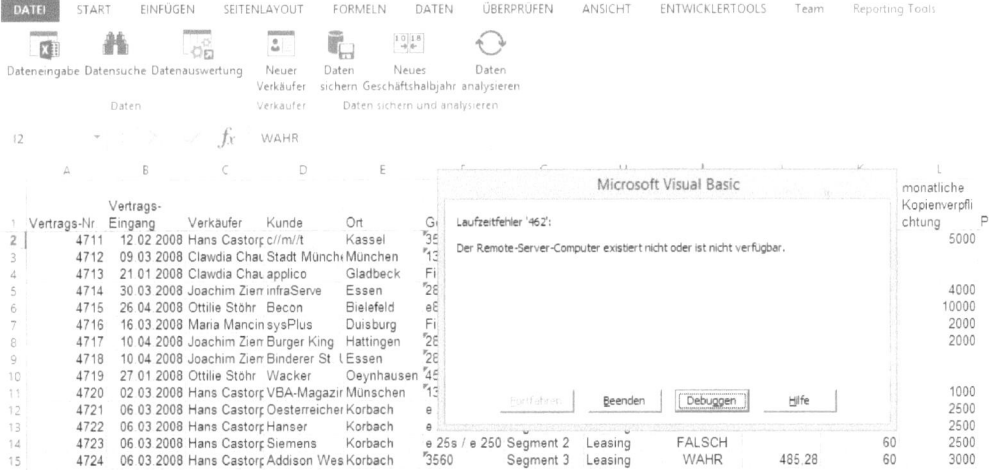

Diese Meldung kann zwei Ursachen haben. Entweder Sie greifen mit einer Objektvariablen auf ein anderes Programm (beispielsweise Word oder Access) zu und schließen per Hand (oder per Programmierung) dieses Programm.

Oder Sie greifen auf ein anderes Programm zu und löschen nicht "sauber" die Objektvariablen. Auch wenn Microsoft behauptet, dass eine Garbage-Collection die Variablen "sauber" putzen würde, stelle ich ab und zu (nicht immer!) fest, dass dies nicht der Fall ist.

8.4 Userforms

Also, wenn Sie beispielsweise per Programmierung Word öffnen (Sie müssen natürlich einen Verweis auf die Word-Bibliothek setzen):

```
Dim wdApp As Word.Application
Dim wdDatei As Word.Document
Set wdApp = New Word.Application
wdApp.Visible = True
Set wdDatei = wdApp.Documents.Add
```

Dann sollten Sie am Ende sämtliche Objektvaribalen leeren. Und zwar so.

```
Set wdDatei = Nothing
Set wdApp = Nothing
```

Und bitte auch in der richtigen Reihenfolge - von "klein" nach "groß".

8.3.3. Workbooks - zwei Seelen wohnen ach in meiner Brust

In VBA bedeutet die Collection Workbooks einmal die Sammlung aller schon offenen Dateien, einmal die Sammlung der noch nicht offenen Dateien. Ist das nicht unlogisch?

```
Sub Workbooks_Was_Ist_Das()

    Workbooks.Open "C:\Test.xlsx"

    MsgBox Workbooks.Count

End Sub
```

Das ist richtig - das ist nicht ganz glücklich formuliert. Gemeint ist: Workbooks.Count, beziehungsweise Workbooks(1) aus der Sammlung der Dateien wird die Dateianzahl, beziehungsweise das Element mit der Nummer 1 herausgegriffen. Workbooks.Open, beziehungsweise Workbooks.Add bedeutet: Zu der Sammlung wird ein neues Element hinzugefügt (eine neue Instanz eingefügt). Sie haben recht: vielleicht hätte man zwei verschiedene Begriffe wählen sollen - Programmieranfänger wundern sich immer ein wenig ...

8.4. Userforms

8.4.1. Listenfelder - nicht konsequent

Wenn Sie in VBA programmiert haben und wenn Sie dort Listenfelder und Kombinationsfelder erstellt habe, haben Sie sicherlich schon entdeckt, dass beide über die Sammlung Column und Row verfügen, die Listenfelder auch über die Sammlung Selected. Das

Listenfelder - nicht konsequent

erstaunt, weil Sammlungen eigentlich immer ein Plural-s besitzen: Rows, Worksheets, Workbooks, Cells, Charts, ...

Ebenso erstaunt, dass die Zählung der Elemente bei 0 beginnt und nicht bei 1 wie bei allen anderen Sammlungen. Auch das Hinzufügen eines neuen Elementes heißt AddItem und nicht Add.

Ich vermute, dass diese beiden Steuerlemente von einem Drittanbieter hinzugekauft wurden, der etwas andere Konventionen verwendet hat.

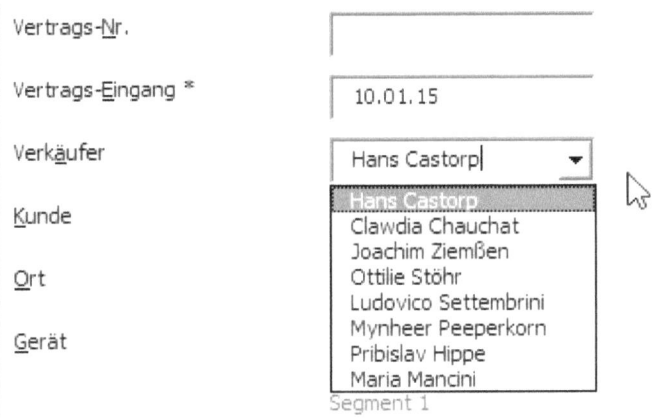

9 Fehler

9.1. Ein Patentrezept zur Fehlersuche?

Es gibt sicherlich kein Patentrezept, wie man Fehler in selbst erstellten oder fremden Excel-Tabellen suchen (oder noch besser: wie man sie finden) kann, aber es gibt ein paar Hinweise, die man verfolgen könnte, wenn eine Berechnung nicht das Ergebnis liefert, das sie sollte. Vor allem, wenn Sie die Aufgabe haben, bei Freunden oder Kollegen Fehler in einer Excel-Tabelle zu suchen, dann gibt es einige Strategien, wie man vorgehen sollte, die Fehler zu finden, auszubessern und denjenigen, der sie produziert hat zu erklären, was er falsch gemacht hat. Sie können am Anfang systematisch vorgehen, im Laufe der Zeit wird die Fehlersuche sicherlich „intuitiv".

9.2. Falsche Eingabe

Eine Fehlerquelle ist immer das Vertippen. Die schlimmsten Anfängerfehler sind hierbei das Verwechseln von der Ziffer „0" und dem Buchstaben „O" oder dem Buchstaben „o". Auf manchen älteren Schreibmaschinen existiert keine Ziffer „1" – dort musste ein Buchstabe „l" getippt werden. Beides ist in Excel falsch, wenn Sie Zahlen eingeben.

Dezimalzahlen werden in Europa mit Komma geschrieben und nicht mit Punkt. Der Punkt ist für Datumsangaben reserviert. An Stelle des Punktes kann auch ein Bindestrich oder ein Schrägstrich eingegeben werden (14-07-2006 oder 14/07/06), Allerdings kein Komma. Uhrzeiten werden mit Hilfe eines Doppelpunktes dargestellt, also 9:15 oder 14:25, also anders als nach der deutschen Rechtschreibung, wo laut Duden 9.10 (Uhr) geschrieben wird, was in Excel dem 09. Oktober entspricht. Prozentzeichen können direkt in die Zelle eingegeben werden, beispielsweise 19% oder 7%.

Gerechnet wird in Excel nur mit Zahlen. Alle Texteingaben sind falsch. Geben Sie niemals „200 EURO" oder „200 SFr" ein. Geben Sie nicht 200,-- ein, auch nicht 150 $ oder 450 kg. Zwar wandelt Excel automatisch ein eingegebenes „200€" in die Zahl 200 um und formatiert es als Währung, jedoch funktioniert dies nicht bei 200 SFr, 200 USD, 200 $, 200 EUR, ... Eingegeben werden nur Zahlen, mit oder ohne Dezimalstellen. Sollen Währungseinheiten oder Maßeinheiten in der gleichen Zelle stehen, dann können diese Zellen formatiert werden.

Eine weitere üble Fehlerquelle sind Leerzeichen. Tippen Sie niemals ein Leerzeichen zu Beginn einer Eingabe oder am Ende eines Textes. Excel hat keine einfache Möglichkeit,

Leerzeichen (und andere Sonderzeichen) anzuzeigen (wie etwa Word). Stehen beispielsweise in einer Spalte verschiedene Ortsangaben untereinander und steht in Zelle B9 statt „Köln" „Köln·", so ist der Unterschied in Excel und auf dem Papier nicht sichtbar. Werden mit der Funktion

```
=ZÄHLENWENN(B6:B15;"Köln")
```

alle Zellen gezählt, in denen sich der Text „Köln" befindet, so wird B9 nicht mitgezählt, weil dort etwas anderes steht. Der Fehler kann nur mit Funktionen oder mit Hilfe von VBA-Code gefunden werden, oder, indem Sie die Zelle editieren und nachsehen, ob sich hinter dem letzten Buchstaben („n") noch ein weiteres Zeichen in der Zelle befindet.

Auch von Eingaben wie ="" ist abzuraten. Hier wird in der Zelle nichts angezeigt, aber intern steht ein Wert in der Zelle. Die Funktion ANZAHLLEEREZELLEN zählt diese Zelle nicht mit. Und schließlich sollten Sie auf keinen Fall Zellen löschen, indem Sie die Leertaste drücken. Denn nun erkennt Excel einen Text in der Zelle und behandelt ihn auch so. Steht beispielsweise in der Zelle Z1 ein Leerzeichen, dann werden vier hochformatige Seiten ausgedruckt, obwohl möglicherweise die letzten drei keine Informationen mehr enthalten.

9.3. Falsche Klammerungen

Sehr hinterhältig sind falsche Klammerungen in den Grundrechenarten, da Excel keine Möglichkeit zur Verfügung stellt, diese zu überprüfen. Angenommen sie möchten die beiden Ausgaben 300 und 730 Euro durch die Summe der benötigten Tage 24 und 31 dividieren, also:

$$\frac{300+750}{24+31}$$

Stehen die vier Werte 300; 750; 24 und 31 untereinander, dann sind folgende drei Rechnungen falsch:

```
=I13+I14/I15+I16
=(I13+I14)/I15+I16
=I13+I14/(I15+I16)
```

Sie liefern 362,25; 74,75 und 313,64. Die korrekte Formel lautet:

```
=(I13+I14)/(I15+I16)
```

mit dem Ergebnis 19,1.

9.3 Falsche Klammerungen

Gerade bei den gleichwertigen Operatoren „*" und „/" kommt es leicht zu Fehlern:

    =1/4*6

berechnet nicht 1/24, sondern 6 × ¼. Der Grund: da „*" und „/" vom gleichen Rang sind, wird die Formel von links nach rechts gelesen.

Und die dritte Wurzel aus 27 wird mit

    =27^(1/3)

berechnet und nicht über:

    =27^1/3

da die Potenz einen höheren Rang als der Quotient hat.

Sollten Sie Formeln per Hand eingeben oder korrigieren, dann kontrollieren Sie alle Klammern. Jede geöffnete Klammer korrespondiert mit einer geschlossenen. Zwar gibt Excel an einigen Stellen Tipps bei fehlenden Klammern, aber seine Vorschläge sind nicht immer korrekt. Beispielsweise wird in

    =(A5+A6*A7

folgendes vorgeschlagen:

    =(A5+A6*A7)

, obwohl offensichtlich ist, dass die Formel zuerst die Summe und anschließend das Produkt ausführen sollte:

    =(A5+A6)*A7

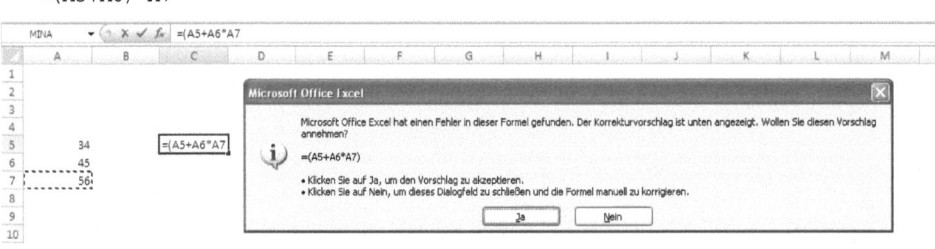

Die Klammersetzung, die Excel vorschlägt, ist falsch.

Der Tipp hierzu ist denkbar trivial und sicherlich allen bekannt: Verwenden Sie lieber eine Klammer zu viel als zu wenig! Sie schaden nicht – schon gar nicht die Lesbarkeit – im Gegenteil!

9.4. Falsche Rechenoperatoren

Bei den Grundrechenarten wird die Multiplikation durch einen Stern („*") ausgedrückt, die Division durch einen Schrägstrich („/") und nicht mit „x" beziehungsweise „:". Sie finden die vier Grundrechenarten auf der rechten Zahlentastatur, oder auf der deutschen und österreichischen Schreibmaschinentastatur: „+" und „*" neben der Taste <Ü>, „-" unter <Ä> und <Ö> und „/" über der <7> Auf der Schweizer Tastatur sitzt „+" über der <1>, „*" über der <3>, „/" über der <7> und das Subtraktionszeichen „-" unter é, ö, à und ä.

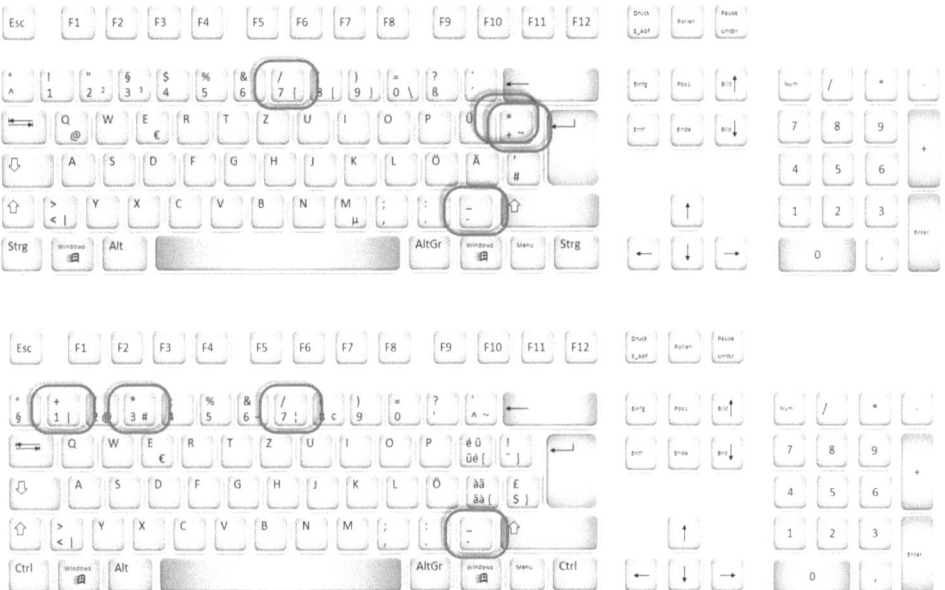

Die Deutsche/Österreichische und die Schweizer Tastatur

Ein weiterer häufiger Fehler bei der Verwendung von Funktionen sind Leerzeichen. Diese sind immer wegzulassen! Keine Rechnung in Excel hat ein Leerzeichen. Zwar löscht Excel häufig automatisch die falsch eingefügten Leerzeichen, aber an einigen Stellen eben nicht! Alle Arten von Leerzeichen, Vorschüben, Umbrüchen und ähnliches sind falsch und führen immer zu Fehlern!

Auch falsch getippte Funktionen erkennt Excel nicht. Manchmal ist es nötig, jeden Buchstaben mit der Originalfunktion zu vergleichen. Es gibt leider einige sehr kryptische Funktionsnamen wie OKTINHEX, QIKV, RGP, RKP, TBILLÄQUIV, SUMMEX2PY2 oder SUMQUADABW. Und leider auch einige Funktionen, die sehr ähnlich klingen, aber etwas anderes berechnen: STABWN und STABW, MITTELWERT, MODALWERT und

9.5 Falsche Formatierungen

MITTELABW oder VARIANZ und VARIANZEN. Vergleichen Sie auch genau die Parameter. Einige Funktionen haben mehrere sehr unterschiedliche Parameter, die in exakter Reihenfolge, durch ein Semikolon getrennt, eingegeben werden müssen. Beispielsweise verlangt die Funktion RMZ (=Regelmäßige Zahlung) die drei Argumente Zins, Zahlungszeiträume und Barwert in dieser Reihenfolge.

Trotz aller Eingabeschwierigkeiten: Es gibt keine Stelle beim Rechnen, wo zwischen Groß- und Kleinschreibung unterschieden wird. Man kann die Funktionen und die Zellbezüge in Groß- oder Kleinbuchstaben eingeben. Problemlos!

9.5. Falsche Formatierungen

Eine weitere Fehlerquelle liegt in den Formatierungen. Sind die Zahlen und die Formeln richtig eingegeben und stimmt das Ergebnis dennoch nicht, so kann man die darunter liegende Formatierung kontrollieren (Über die Registerkarte Start). Liegt beispielsweise unter einer Zahl eine Datumsformatierung, so wundert man sich im ersten Moment. Viele Anfänger beginnen die Eingabe einer Währung mit einem Punkt. Statt 2,50 geben sie 2.5 ein. Das Ergebnis ist der 2. Mai. Wird nun der Inhalt gelöscht, so bleibt das (Datums-)Format bestehen. Wird nun korrekt 2,5 eingegeben, so wandelt Excel diese Zahl richtig in den 2,5ten Tag seit Excel-Zählung um, und das ist der 2. Januar 1900. Auch ein erneutes Löschen hilft nichts – man muss das Format über die Registerkarte Start zurücksetzen oder über Start / Bearbeiten / Löschen / Formate löschen entfernen.

Noch weniger einsichtig sind Rundungen. So wird 0,6 möglicherweise auf 1 aufgerundet, wenn Sie per Formatierung Dezimalstellen ausblenden, was das Ergebnis verfälscht. Vor allem bei der Prozent- beziehungsweise bei der Zinsrechnung kann dies zu ärgerlichen Nebeneffekten führen, wenn sich auf einmal Zehntel Cent addieren und sichtbar werden und damit das Gesamtergebnis verfälschen. Angenommen in einer Zelle befindet sich eine komplexe Verknüpfung:

```
=[Bilanz.xls]Programmiertätigkeiten!C4
```

Angenommen in der ursprünglichen Zelle steht der Wert 0,2%. Dann müsste unformatiert der Wert 0,002 in der Zielzelle zu finden sein. Klickt man dagegen auf das Symbol %, so wird die Dezimalzahl in eine Prozentzahl ohne Nachkommastellen verwandelt – und das Ergebnis ist 0%. Erst ein Hinzuformatieren von Nachkommastellen lässt wieder den korrekten Wert 0,2% erscheinen.

Ebenso ärgerlich kann die Formatierung „Text" sein, die erst gar keine Rechnung zulässt. Oder gar weiße Schriftfarbe, die keinen Inhalt anzeigt. Oder die Formatierung „;;;;".

Listenfelder - nicht konsequent

Apropos Text: Bei manchen Textimporten passiert es, dass sich unter Zellen eine Textinformation schiebt, obwohl die Zelle selbst mit dem Zahlenformat „Standard" formatiert ist. Eine Lösung liegt im Doppelklick auf diese Zellen, eine andere im Smarttag, der auf mehrere Zellen gleichzeitig angewendet werden kann (seit Version 2002), eine dritte in der Funktion WERT. Schließlich könnte man die Zellen kopieren und an eine andere Stelle (!) über Start / Zwischenablage / Einfügen / Werte einfügen wieder zurück in Zahlen konvertieren.

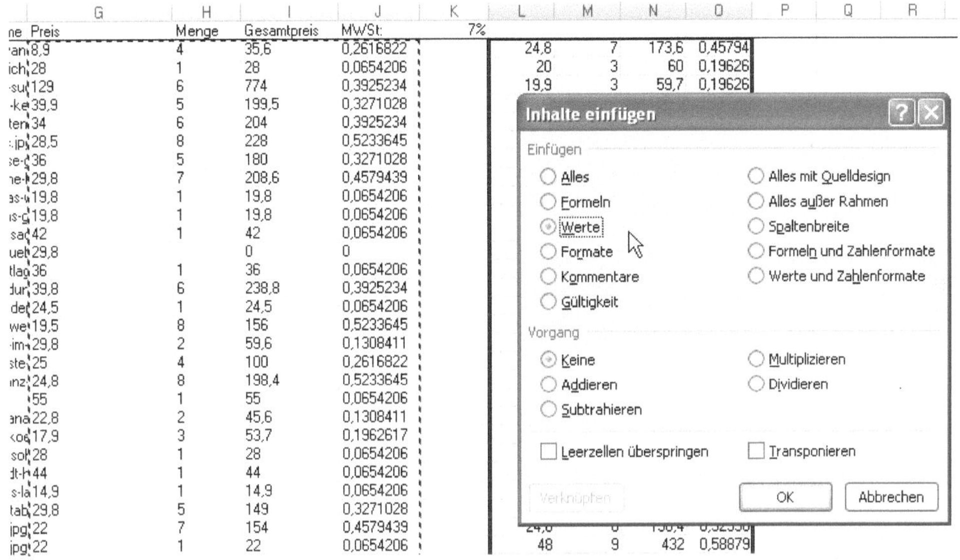

Abbildung 9.1 Linksbündige Text-Zahlen können in echte Zahlen umgewandelt werden.

An einigen (wenigen Stellen) formatiert Excel selbst Ergebnisse von Funktionen falsch. Die Differenz zweier Datumsangaben wird in einigen Excelversionen als Datum ausgedrückt, obwohl es sich um Tage handelt. Befinden sich in zwei Spalten Datumsangaben und fügen Sie zwischen beide eine weitere Spalte ein, dann wird die neue automatisch als Datum „vor-" formatiert. Steht beispielsweise in A20 ein Datum und wollen Sie per Funktion den nächsten Wochentag ermitteln, also:

```
=WENN(WOCHENTAG(A20;2)<5;A20+1;A20+3)
```

dann wird das Ergebnis der Zelle, die um 1 oder 3 größer als die andere ist, nicht automatisch in einen Wochentag formatiert. Besonders ärgerlich sind Daten, die von anderen Systemen importiert wurden.

9.6. Zirkelbezüge

Eine weitere Fehlerquelle sind Zirkelbezüge. Sie entstehen, wenn bei einer Rechnung ein Bezug auf eine Zelle genommen wird, die wiederum ihre Werte (direkt oder indirekt) aus der ersten Zelle erhält, wenn also Zelle A7 ihre Werte aus B5 erhält, B5 dagegen aus A7. Zirkelbezüge gibt es auch bei Funktionen: Wenn Sie eine Summe berechnen und die Markierung der Zellen, die addiert werden, zu weit hinausziehen, das heißt über das Ergebnis, so erhalten Sie einen Zirkelbezug.

Zirkelbezüge haben jedoch dann einen Sinn, wenn Sie das Endergebnis als Startwert für die gleiche Berechnung verwenden möchten, beispielsweise bei finanzmathematischen Rechnungen, Näherungslösungen oder technischen Approximationsverfahren. Dann müssen Sie jedoch in den Excel-Optionen / Formeln „Iterative Berechnung" aktivieren.

9.7. Relative und absolute Bezüge

Anfänger haben häufig Schwierigkeiten mit relativen und absoluten Bezügen. Häufig liegt die Vermutung nahe, dass ein Fehler bei relativen, gemischten oder absoluten Bezügen vorliegt, wenn hier etwas nicht stimmt, wenn zwar die erste Zeile korrekt ist, alle anderen Zeilen aber völlig falsch rechnen oder Fehlermeldungen aufweisen.

9.8. Falsche Inhalte

Excel verlangt bei einigen Funktionen Zahlen in einer bestimmten Größe. Wenn Sie beispielsweise mit der Funktion RMZ die Annuität berechnen, so ist in der Eingabezeile „Zins" nicht der effektive Jahreszins (zum Beispiel 8%) einzugeben, sondern der Zins pro zu berechnender Epoche (bei monatlicher Rückzahlung also 8%/12). Die Funktion SIN verlangt den Winkel in Bogenmaß und nicht in Grad. Wollen Sie also den Sinus von 30° berechnen, so ist nicht =SIN(30) einzugeben, sondern im Verhältnis von π/180, also:

```
=SIN(30*PI()/180)
```

9.9. Denkfehler

Und dann gibt es noch logische Fehler. Denkfehler. Ihnen ist wohl am schwierigsten auf die Schliche zu kommen, weil sie ein anderes Denken verlangen. Bei anderen mag so eine Fehlersuche noch glücken, aber das eigene Denken zu überprüfen und zu korrigieren ist manchmal gar nicht so einfach. Hierzu zwei Tipps, was ich mache, wenn eine Formel zwar korrekt eingegeben wurde, aber nicht das richtige Ergebnis liefert. Zum einen kann in der Eingabezeile ein Teil markiert werden und dann die Funktionstaste [F9] gedrückt werden. Excel zeigt nun das Ergebnis dieser Rechnung an. Vergessen Sie nicht, das Formelergebnis mit [esc] zu unterbrechen, sonst wird der Teil der Formel durch das Ergebnis ausgetauscht. Zum anderen kann bei vielen Funktionen der Cursor auf die Zelle, in der sich die Berechnung befindet, gesetzt werden. Wenn Sie nun den Funktions-Assistenten erneut aufrufen, dann zeigt er Ihnen die äußere Funktion an, Klicken Sie mit der Maus in der Eingabezeile auf einen Teil der verschachtelten Funktion, dann wird dieser Teil im Funktionsassistenten angezeigt. Gerade bei logischen Funktionen kann auf diese Weise schnell überprüft werden, in welchem Teilergebnis die Fehlerquelle verborgen ist.

Besonders hinterhältig sind falsche Klammerungen, die meistens einem Denkfehler oder Flüchtigkeitsfehler entspringen. Angenommen in D7 steht ein Geburtsdatum. Per Funktion soll berechnet werden, wann der Mitarbeiter 65 Jahre alt geworden ist, das heißt in Rente gehen darf. Die folgende Formel liefert ein falsches Ergebnis:

```
=DATUM(JAHR(D7+65);MONAT(D7)+WENN(TAG(D7)=1;0;1);1)
```

Der Grund: Zum Geburtsjahr sollen 65 Jahre addiert werden – also darf nicht

```
JAHR(D7+65)
```

gerechnet werden, da es das Geburtsdatum um 65 Tage erhöht und davon das Jahr berechnet, sondern:

```
JAHR(D7)+65
```

Solche Fehler aufzuspüren und zu korrigieren setzt eine hohe Kompetenz in Excel-Funktionen voraus!

9.10. Fehlermeldungen

Eine falsch eingegebene Formel, die per Hand getippt wurde, meldet Excel. Wenn Sie beispielsweise eine Klammer vergessen und

```
=SUMME(D1:D6/ANZAHL(D1:D6)
```

eingeben, dann schlägt Excel vor, wie die korrekte Lösung aussehen könnte. Sein Vorschlag ist nicht immer richtig – er muss auf jeden Fall überprüft werden. Ist die Formel syntaktisch korrekt, kann aber das Ergebnis dennoch nicht korrekt berechnet werden, so zeigt Excel verschiedene Fehlermeldungen an. Sie werden im Folgenden aufgelistet:

#DIV/0

In einer Berechnung wurde durch 0 oder durch eine leere Zelle geteilt. Dies kann bei einer Formel

```
=E1/E3
```

9.10 Fehlermeldungen

herauskommen, wenn E3 leer oder 0 ist, oder bei einer Funktion

    =RMZ(F1;F2;F3)

wenn F2 leer oder 0 ist.

Ebenso bei der Formel

    =MITTELWERT(F3:F13)

wenn in keiner der Zellen ein Wert steht. Die Formelüberwachung zeigt an, mit welchen Zellen gearbeitet wird.

#NAME

Wird eine Formel falsch geschrieben, dann ist diese Meldung die Folge. Tippen Sie also beispielsweise statt SUMME

    =SUME(A1:A5)

so ist #NAME die Folge. Übrigens auch in

    =SUMME (A1:A5)

Hier steht zwischen dem "E" und der öffnenden Klammer ein Leerzeichen.

Auch bei den Grundrechenarten kann diese Fehlermeldung auftauchen. Geben Sie für das Produkt zweier Zellen statt des „*" ein „x", so liefert die Berechnung

    =D2xE1

die Fehlermeldung #NAME.

#WERT

Die Funktion RUNDEN verlangt zwei Zahlen. Wird beispielsweise statt der zweiten Zahl einen Bereich angegeben, dann folgt die Fehlermeldung #WERT.

    =RUNDEN(C1;A1:A4)

Diese Fehlermeldung ist auch das Ergebnis von falsch gesetzten Klammern wie im Beispiel:

    =SUMME(D1:D6/ANZAHL(D1:D6))

Befindet sich in einer Zelle ein Text und Sie versuchen den Wert dieser Zelle mit den vier Grundrechenarten weiter zu „berechnen", dann ist #WERT die Folge.

Viele Anfänger haben Schwierigkeiten mit der Funktion WENN. Wenn Sie im Funktionsassistenten die Bedingung in der Prüfungs-Zeile eingegeben haben und anschließend vergessen haben, in die Dann-Zeile zu wechseln, so versteht Excel die Prüfung, das heißt die

Bedingung, nicht mehr, interpretiert den ersten Teil der Bedingung als Wert und addiert die zweite Zelle hinzu. Das Ergebnis einer solchen Aktion ist immer #WERT.

Die Funktion FINDEN findet in einer Zeichenkette die Position eines Zeichens:

```
=FINDEN("x";"Excel")
```

liefert 2. Jedoch ist #WERT die Fehlermeldung in:

```
=FINDEN("Excel","x")
=FINDEN("y";"Excel")
```

Im ersten Fall sind die beiden Argumente vertauscht, im zweiten Fall wird kein „y" in dem Wort „Excel" gefunden.

Dieser Fehler taucht übrigens auch dann auf, wenn eine Funktion Zahlen verlangt – statt dessen jedoch Texte eingegeben werden:

```
=WURZEL("vier")
=LOG("drei")
=SUMME("zwei")
=PRODUKT("Null")
=SIN("90°")
```

#BEZUG

Dieser Fehler entsteht beim Verschieben von Formeln oder Bereichen, so dass die Bezüge nicht mehr korrekt sind. Angenommen in H5 befindet sich die Summenformel

```
=SUMME(H1:H4)
```

Wird sie nach I5 kopiert, so lautet sie nun

```
=SUMME(I1:I4)
```

Wird sie allerdings nach J2 kopiert, so sucht Excel über der Zelle J2 vier Zellen, die er addieren kann, findet keine und meldet #BEZUG oder

```
=SUMME(#BEZUG!)
```

Ein anderes Beispiel: In A5 und B5 stehen zwei Zahlen, die in C5 addiert werden:

```
=A5+B5
```

Werden nun die beiden Spalten A und B oder eine von ihnen gelöscht, dann ist #BEZUG die Folge, da die Zelle nun keine Werte mehr hat, auf die sie sich beziehen kann.

#ZAHL

9.10 Fehlermeldungen

Angenommen die Werte, die für eine Funktion benötigt werden, liegen außerhalb eines gültigen Bereichs. Dann zeigt Excel die Fehlermeldung #ZAHL an. Die Funktion

    =ZINS(F1;F2;F3)

berechnet den Zinssatz einer Annuität pro Periode. Der Barwert, das heißt die Schulden müssen negativ vorliegen. Befindet sich in F3 eine positive Zahl, so ist #ZAHL die Folge.

Der Sinus nimmt Werte zwischen -1 und 1 an. Das bedeutet, dass die Umkehrfunktion – der Arcussinus – nur Werte zwischen -1 und 1 verarbeiten kann. Versuchen Sie dagegen

    =ARCSIN(-5)

zu berechnen, ist #ZAHL die Folge. Ebenso bei folgenden Funktionen:

    =WURZEL(-2)
    =LOG(-10)
    =FAKULTÄT(-5)
    =FAKULTÄT(999)

#NV

Das Ergebnis einiger Formeln kann nicht berechnet werden. Findet beispielsweise SVERWEIS den gesuchten Wert (E21) nicht in einer Matrix(A21:B30), so ist #NV die Folge:

    =SVERWEIS(E21;A21:B30;2)

Die Funktionen SUMMEXMY2, SUMMEX2PY2 und SUMMEX2MY2 verarbeiten jeweils zwei Bereiche, die gleich groß sein müssen. Sind sie jedoch unterschiedlich groß, dann ist #NV die korrespondierende Fehlermeldung:

    =SUMMEXMY2(H1:H13;I1:I5)

#NULL

#NULL wird gemeldet, wenn auf keine Zelle Bezug genommen werden kann. Die Schnittmenge der Bereiche (A10:B15) und (B12:C20) beträgt (B12:B15). In Excel kann man die Schnittmenge auf folgende Art schreiben:

    A10:B15 B12:C20

Und darauf könnte man eine Funktion anwenden:

    =SUMME(A10:B15 B12:C20)

Was geschieht aber, wenn die Formel geändert wird in:

    =SUMME(A10:B15 B18:C20)

Das Ergebnis der Schnittmenge einer leeren Menge und #NULL ist die Folge.

Manche der Fehler sind das Ergebnis von falschen Eingaben. Einige der Funktionen erkennen, dass die Werte, mit denen sie rechnen sollen, nicht der korrekten Eingabe entsprechen. So etwas kann festgelegt werden, indem über die Registerkarte Daten / Datentools / Datenüberprüfung ein bestimmter Bereich zur Eingabe festgelegt wird oder indem falsch eingegebene Daten per Formel abgefangen werden. Dies ist dann nötig, wenn dem Benutzer ein leeres Formular ausgeliefert wird, auf dem sich eine Durchschnittsberechnung befindet. Sind noch keine Werte auf dem Blatt vorhanden, dann lautet das Ergebnis der Formel

```
=MITTELWERT(H1:H21)
#DIV/0
```

9.11. Zusammenfassung

Zusammenfassung der Fehlermöglichkeiten bei der Eingabe

Fehlermöglichkeit	Hinweis
Zahlen	Erlaubt sind nur die Ziffern 0 ... 9
Dezimalzahlen	Eine Zahl darf maximal ein Komma haben.
Sonderzeichen	„.", „-" und „/" ist für Datumsangaben reserviert, „:" für Uhrzeiten.
Währungen, Maßeinheiten	Die direkte Eingabe in der Zelle ist (von einigen wenigen Ausnahmen abgesehen) verboten. Erlaubt ist lediglich das Formatieren.
Grundrechenarten	Nur +, -, *, / und ^ (auch das Prozentzeichen % - wenn Sie es als Rechenoperation ansehen)
Falsche Zellnamen	Jede Zelle hat die Form BuchstabeZahl oder BuchstabeBuchstabeZahl, in Excel 2007 auch BuchstabeBuchstabeBuchstabeZahl, also beispielsweise b77, Z999, aa11 oder IQ199 (in Excel 2007 auch:ABC99 oder RO4). Die Obergrenze der Buchstaben (Spalten) ist „IV", bei Excel 2007 XFD, der Zahlen (Zeilen) 65.536, bei Excel 2007: 1.048.576.

9.11 Zusammenfassung

Fehlermöglichkeit	Hinweis
Bereiche	Bereiche werden immer mit dem „:" gebildet, nicht mit „;" oder „..." (Schnittmengen könnte man mit dem Leerzeichen erzeugen).
Anzeige	Unter jeder Zelle liegt ein Zahlenformat, das in Excel an keiner Stelle direkt sichtbar ist. Möglicherweise muss man über Start / Zahl / Zahlen nachsehen, ob ein Wert falsch formatiert wurde.
Zirkelbezüge	werden sofort gemeldet und sollten unverzüglich aufgelöst werden. Wenn Sie dies versäumen, dann wird die Zelle, in der sich ein Zirkelbezug befindet, in der Statuszeile angezeigt. Eine gute Hilfe ist die Formelüberwachung.
Relative und absolute Bezüge	die erste Zeile ist korrekt, alle übrigen nicht. Überprüfen Sie per Doppelklick auf die Zelle, welche Werte die Zelle verwendet.

Eine korrekte Formeleingabe und angezeigte Fehlermeldungen könnte folgende Ursachen haben:

Fehlermeldung	Mögliche Ursache	Behebung des Fehlers
#####	Die Zahl wurde formatiert und die Spalte ist zu klein.	Verbreitern Sie die Spalte – am besten per Doppelklick zwischen die Spaltenköpfe.
#BEZUG	Eine Spalte oder Zeile wurde gelöscht oder die Formel wurde an eine „falsche" Stelle geschoben.	Überprüfen Sie die Zellen, auf die sich die Formel beziehen soll.
#DIV/0!	Bei einer Berechnung wird durch 0 geteilt.	Machen Sie sämtliche Zellen ausfindig, mit denen gerechnet wird und überprüfen Sie, wo eine leere Zelle oder der Wert 0 steht.

Fehlermeldung	Mögliche Ursache	Behebung des Fehlers
		Hilfe: Die Formelüberwachung
#NAME?	Der Name einer Zelle, einer Rechenoperation oder einer Funktion wurde falsch geschrieben	Überprüfen Sie sämtliche verwendete Zellnamen (Tipp: Formelüberwachung), Ziffern (kein Buchstabe „o" oder „l"), Leerzeichen in der Formel oder falsch geschriebene Funktionsnamen. Erkennt Excel einen Zellnamen oder eine Funktion, werden diese automatisch in Großbuchstaben konvertiert – Kleinbuchstaben sind ein Hinweis auf einen Fehler!
#NULL!	Falsche Zellbezüge	Dieser Fehler taucht in der Praxis sehr selten auf. Falls doch, dann überprüfen Sie die Bereiche, auf die Bezug genommen wird.
#NV	Dieser Fehler taucht in den Funktionen VERWEIS, WVERWEIS, SVERWEIS und VERGLEICH auf. Daten, die diese Funktionen suchen sind falsch oder fehlen.	Das „Suchkriterium" wird in der „Matrix" oder im „Suchvektor" nicht gefunden. Überprüfen Sie die Schreibweise und die Werte.
#WERT	Fehler in den Datentypen	Jede Rechenoperation verlangt eine ganze Zahl, eine Dezimalzahl, ein Datum, eine Uhrzeit oder einen logischen Wert. Überprüfen Sie, was verlangt wird!
#ZAHL	die Argumente müssen in einem bestimmten Zahlenbereich liegen.	Einige Funktionen begrenzen die Zahleneingabe (bsp: WURZEL, FAKULTÄT, LN, SIN, …).

9.11 Zusammenfassung

Fehlermeldung	Mögliche Ursache	Behebung des Fehlers
		Überprüfen Sie die Zahlen, mit denen gerechnet wird.

10 Probleme ?!?

10.1. Das Problem „und"

Manchmal macht der umgangssprachliche Begriff „und" bei der Umsetzung in die formale Logik von Excel Schwierigkeiten, da ihm mehrere Realisierungen in Excel entsprechen:

Wenn Sie zwei Zahlen addieren, dann meint „und" meistens „+". Also: 1000 und 150 entsprechen

=1000+150

Achtung: Ein umgangssprachliches 1000 und 20 % („wir erhöhen 1.000 € um 20 %") darf nicht als

=1000+20%

geschrieben werden, da 20% in Excel als 0,2 interpretiert wird. Sie müssen exakt formulieren: 1000 und 20% von 1000, also:

=1000+1000*20%

Wenn Sie zwei Bedingungen miteinander verknüpfen, dann wird „und" meistens mit UND realisiert:

Wenn die Postleitzahl größer oder gleich als 80000 und kleiner als 90000, dann kennzeichne mit einem „x":

=WENN(UND(A2>=80000;A2<90000);"x";"")

Hinweis: Beachten Sie, dass häufig umgangssprachlich „und" verwendet wird, obwohl ein logisches „oder" korrekt ist: Zähle alle Zellen, in denen München und Hamburg steht. Gemeint ist hier: Bestimme die Anzahl der Zellen, in denen sich entweder der Text „München" oder der Text „Hamburg" befindet. Dies ist keine sprachliche Spitzfindigkeit, sondern wirkt sich auf das Ergebnis aus:

=WENN(UND(A2="München";A2="Hamburg");1;0)
=WENN(ODER(A2="München";A2="Hamburg");1;0)

Im ersten Fall werden Sie nie eine 1 erhalten, da in der Zelle A2 niemals „München" und zugleich „Hamburg" stehen kann.

Soll die Gesamtanzahl ermittelt werden, dann ist die Funktion ZÄHLENWENN zu verwenden. Da sie eine Zahl liefert, muss ihr Ergebnis zu einer anderen addiert werden, also:

=ZÄHLENWENN(A:A;"München")+ZÄHLENWENN(A:A;"Hamburg").

10.2 WAHR und FALSCH

Das entspricht dem logischen ODER. Für das logische UND stellt Excel seit der Version 2007 die Funktion ZÄHLEnWENNS zur Verfügung. (analog: SUMMEWENN und MITTELWERTWENN)

Und schließlich gibt es noch die Möglichkeit, Texte miteinander zu verketten. Der Operator hierfür lautet „&". Steht in der Zelle A2 „München" und in B2 „Hamburg", dann ergibt =A2&B2 den Wert „MünchenHamburg". Es kann also „80339" und „München" nur „80339 München" ergeben, wenn Sie noch korrekt ein Leerzeichen einfügen.

Achtung: Für die meisten Excel-Anwender ist es sicherlich trivial – allerdings habe ich es schon einmal als Fehler gesehen: Der Ausdruck „der Wert der Zelle C7 ist größer als 500" darf nicht geschrieben werden: C7=>500. Das umgangssprachliche „ist" geht im logischen Ausdruck „ist größer als" ein und wird mit „>" beschrieben.

10.2. WAHR und FALSCH

In einer WENN-Funktion darf nicht UND zwischen den beiden Bedingungen stehen. Also nicht so:

`=WENN(A2<1000 UND B2="München";150;"Keine Provision")`

Das ist prinzipiell richtig, da UND kein Konjunktor wie in Programmiersprachen, sondern eine Funktion ist, also Werte entgegen nimmt und einen Wert (WAHR oder FALSCH zurück gibt. Dennoch würde folgende Lösung funktionieren:

`=WENN(A2<1000*UND(B2="München");150;"Keine Provision")`

Dazu muss man Folgendes wissen:

Fehlt in der Funktion das Dann- oder das Sonst-Glied, so schreibt Excel WAHR oder FALSCH in die Tabelle.

Beispiel: In der Zelle B6 steht die Zahl 2000, in B7 die Zahl 300. Die Funktion

`=WENN(B7>1000;"Provision")`

liefert den Text „Provision" nur, wenn die Bedingung erfüllt ist. Sonst erscheint die Meldung FALSCH. Fehlt der Dann-Wert, so zeigt Excel als Ergebnis 0 an.

Würden beide Werte fehlen, so kommt es zu einer Fehlermeldung, was vernünftig ist, da mindestens eine der beiden Bedingungen erfüllt sein muss („dann" oder „sonst").

Hinweis: Sie können die beiden Wörter „wahr" und „falsch" selbst in eine leere Zelle eintippen – sie werden augenblicklich in Großbuchstaben verwandelt. Multipliziert man die beiden Werte mit 1, so erhält man bei WAHR das Ergebnis 1, bei FALSCH 0.

Das bedeutet, dass dem Wert WAHR die Zahl 1 entspricht, dem Wert FALSCH die Zahl 0. Man könnte WAHR und FALSCH auch als Funktionen aus der Kategorie „Logik" herausholen – dann steht in der Zelle statt WAHR oder FALSCH die Funktion

`=WAHR()`

oder

`=FALSCH()`

Es existiert kein Unterschied zwischen der „Zahl" WAHR und der Funktion =WAHR(). WAHR entspricht also 1, FALSCH ist 0. Unter dieser Prämisse existiert doch eine Möglichkeit, die UND-Verknüpfung zwischen zwei Kriterien einzufügen:

`=WENN(A2<1000*UND(B2="München");150;"Keine Provision")`

Es wird der Wahrheitswert von A2<1000 mit dem Wahrheitswert von B2="München" multipliziert. Dabei ergibt WAHR*WAHR = WAHR, beziehungsweise:

FALSCH*WAHR = WAHR*FALSCH = FALSCH*FALSCH = FALSCH (oder: 1*1 = 1; 0*1 = 1*0 = 0*0 = 0). Man könnte also auch schreiben:

`=WENN((A2<1000)*(B2="München");150;"Keine Provision")`

Das Multiplikationszeichen ersetzt folglich das logische UND. Das Ergebnis ist dasselbe, wird allerdings mit dem Produktzeichen unübersichtlich. Außerdem wird es dann schwierig, zwei oder mehrere Bedingungen mit ODER zu verknüpfen.

Diese Tatsache kann verwendet werden, um in mehreren, das heißt beliebig vielen Zellen nach Kriterien zu suchen, die mit UND oder mit ODER verknüpft sind.

`=SUMME((A6:A15="Anton")*(B6:B15="München")*(C6:C15>5))`

Gesucht werden in Spalte A alle Verkäufer mit Namen Anton, in Spalte B alle Münchner und in Spalte C das Verkaufsergebnis, das größer als 5 ist. Die Matrixfunktion muss mit [Shift] + [Strg] + [Enter] beendet werden. Vielleicht irritiert Sie in diesem Zusammenhang die Funktion SUMME. Würde man ANZAHL oder ANZAHL2 verwenden, dann würden alle Zellen gezählt werden. Der Grund: Die Matrixfunktion

`{=SUMME((A6:A15="Anton")*(B6:B15="München")*(C6:C15>5))}`

rechnet intern:

`=SUMME((WAHR;WAHR;FALSCH;…;WAHR)*(FALSCH;WAHR;FALSCH;…WAHR)*(FALSCH;WAHR;WAHR;…WAHR))`

und multipliziert zeilenweise:

`=SUMME(1*0*0;1*1*1;0*0*1;…;1*1*1)`
`=SUMME(0;1;0;…;1)`

10.2 WAHR und FALSCH

würde man dagegen ANZAHL oder ANZAHL2 verwenden, dann würde das Ergebnis jedes Produktes gezählt werden, also jede Zeile einmal – unabhängig von ihrem Wahrheitswert.

Hinweis: Seit Excel 2007 kann dieses Problem mit Hilfe der Funktion ZÄHLENWENNS leichter gelöst werden:

`=ZÄHLENWENNS(A1:A36;"Anton";B1:B36;"München";C1:C36;">5")`

Neben den drei Funktionen (UND, ODER und NICHT) existiert erst seit Excel 2013 der Verknüpfungsoperator XOR, wer andere Operatoren wie EQV, LIKE und ähnliche, sucht, der wird sie hier vermissen. Man kann allerdings fehlende Funktionen aus anderen zusammensetzen. XOR (alle, die entweder aus München oder fleißig sind – jedoch nicht die fleißigen Münchner) könnte man beispielsweise bauen:

`=WENN(B6="München";WENN(C6<=1000;"Bedingung erfüllt";"") ;WENN(C6>1000;"Bedingung erfüllt";""))`

oder auch:

`=WENN((B6="München")+(C6>1000)=1;"Bedingung erfüllt";"")`

Excel sieht in den Formatierungen übrigens keinen Wert vor, um Zahlen in Wahrheitswerte zu verwandeln. Wenn Sie dies benötigen, dann müssen Sie benutzerdefiniert formatieren:

`"falsch";;"wahr"`

Das bedeutet: Alle Zahlen >= 0 entsprechen „falsch", alle Werte = 0 entsprechen „wahr".

Geben Sie in eine Excel-Zelle die „Formel" =2<5 ein, so erhalten Sie als Ergebnis WAHR. =20<5 liefert dagegen FALSCH. Denkt man diese Gleichung oder Ungleichung weiter, dann ergibt =A1<5 entweder WAHR oder FALSCH. An einigen Stellen werden Funktionen dieser Form benötigt. Wenn Sie den Wert WAHR in einer Zelle brauchen, dann können Sie entweder die vier Buchstaben „wahr" tippen oder die Excel-Funktion =WAHR() verwenden. Mit den Werten kann gerechnet werden, da WAHR dem Wert 1 entspricht, FALSCH dem Wert 0. WAHR*1 = 1 und FALSCH*1 = 0. Stehen in einer Spalte mehrere dieser Wahrheitswerte, so kann in einer Spalte daneben jeweils das Produkt aus dem Wahrheitswert und 1 ermittelt werden. Davon kann die Summe gezogen werden.

Achtung: Erstaunlicherweise kann man eine Spalte, in denen sich die Werte WAHR und FALSCH befinden nicht addieren. Will man jedoch Wahrheitswerte addieren, muss man die Formel

`=SUMME((A18:A19)*1)`

als Matrixfunktion mit [Shift] + [Strg] + [Enter] beenden.

Oder in einer Hilfsspalte jeden Wahrheitswert mit 1 multiplizieren.

Damit kann das Problem von Euler visualisiert werden: Er behauptete, dass zwei verschiedene ganze Zahlen n und m nur mit 2 und 4 folgende Gleichung lösen:

$n^m = m^n$

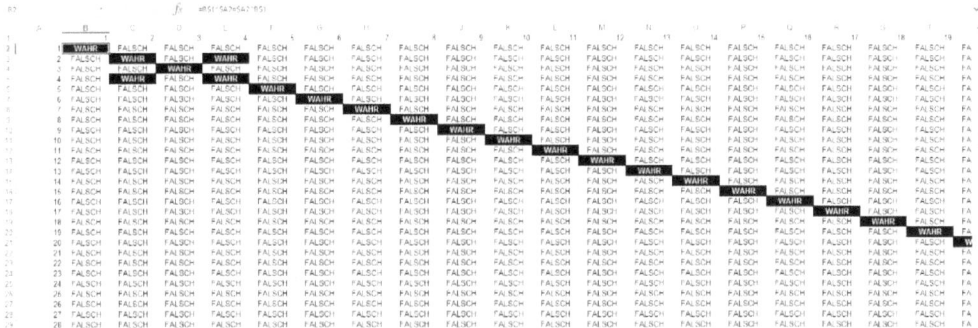

n^m = m^n

Dazu gibt man in die erste Zelle die Formel

=$A2^B$1=B$1^$A2

ein, die nach unten und nach rechts gezogen wird. Die Zellen, die WAHR liefern, werden farblich mit Hilfe der bedingten Formatierung gekennzeichnet.

Hinweis: Auch wenn Excel mit 16.384 * 1.048.577 Zellen rechnet, so können von diesen nur ein kleiner Bereich auf $n^m = m^n$ überprüft werden. Die Formeln 10^{500}, 20^{240} oder 150^{150} können schon nicht mehr berechnet werden.

Da man mit Wahrheitswerten rechnen kann, kann auch folgendes Problem gelöst werden. In einer Spalte stehen Artikelnummern, in einer anderen Artikelbezeichnungen. Regelmäßig passiert es, dass entweder die Nummer oder der Artikel falsch eingegeben wird. Dies kann man in jeder Zeile durch folgende Funktion sichtbar machen:

=WENN(UND(I1="A10";J1="Zubehör");"";"falsche Eingabe")

Möchte man umgekehrt die Anzahl der korrekten Artikel ermitteln, dann kann man den WAHR-Wert der Zelle I1 mit dem WAHR-Wert der Zelle J1 multiplizieren:

=(I1="A10")*(J1="Zubehör")

Die Funktion SUMMENPRODUKT addiert diese Zahlen in einer Zelle:

=SUMMENPRODUKT((I1:I900="A10")*(J1:J900="Zubehör"))

10.3. Das „Nichts" in Excel

Was eine leere Zelle ist, ist auf den ersten Blick klar. Jedoch ist die Behandlung von leeren Zellen nicht trivial. Es kann an einigen Stellen zu Problemen führen. Excel kennt nur zwei Status für seine Zellen: Text oder Zahl. Auch wenn an einigen, wenigen Stellen die Grenzen nicht ganz klar definiert sind, oder Zahlen automatisch in Texte konvertiert werden, wird dennoch meistens scharf zwischen beiden unterschieden.

10.3.1. Zahl, 0 oder keine Zahl

Ob in einer Zelle der Wert 0 steht, kann mit der Funktion

`=WENN(A1=0;"Null";…)`

herausgefunden werden. Erstaunlicherweise verzweigt die Funktion in den Wahr-Zweig, wenn die Zelle leer ist. Möchte man zwischen leeren Zellen und der Zahl 0 differenzieren, dann benötigt man die Funktion

`=WENN(ISTLEER(A1);"Leer";WENN(A1=0;"Null"…))`

Das Ganze ist nicht immer offensichtlich, weil in Excel über die Excel-Optionen / Erweitert / Optionen für dieses Arbeitsblatt „in Zellen mit Nullwerten eine Null anzeigen" die Zahl 0 als eingegebene oder berechnete Zahl verborgen werden kann. Ebenso können in geschützten Tabellenblättern Ergebnisse von Formeln ausgeblendet werden. Oder per Formatierung als Zahlenformat ;;;; oder mit der Schriftfarbe weiß. Und: Obwohl der boolesche Wert FALSCH intern als 0 behandelt wird, liefert

`=WENN(A1=0;…)`

als Ergebnis FALSCH, wenn in A1 FALSCH steht.

10.3.2. Text, leerer Text oder kein Text

Ähnlich wie bei Zahlen geht Excel bei Texten vor. Eine Zelle kann leer sein, kann Text oder eine leere Zeichenkette beinhalten. Letzteres kann das Ergebnis einer Funktion sein oder auch direkt eingegeben werden:

`=""`

Die folgenden drei Abfragen liefern dann WAHR als Ergebnis:

`=WENN(ISTLEER(A1);…`
`=WENN(A1="";…`
`=WENN(ISTTEXT(A1);…`

die nächsten beiden liefern FALSCH:

`=WENN(A1=0;…`
`=WENN(ISTZAHL(A1);…`

10.3.3. Text- und Zahl-Konvertierung

Kennen Sie folgendes Problem in Excel? Formatieren Sie drei Zellen, beispielsweise A1, A2 und A3, als Text Start / Zellen formatieren / Nummer / Text . Geben Sie nun in diese drei Zellen, drei Zahlen ein. Bilden Sie in einer anderen Zelle, beispielsweise in A5, die Summe. Das Ergebnis wird 0 sein. Löschen Sie nun die Text-Formatierung. Das Ergebnis bleibt überraschenderweise immer noch 0. Erst wenn Sie jede Zelle editieren (beispielsweise mit einem Doppelklick oder [F2]), berechnet Excel die Summe korrekt. Das Editieren kann man per Programmierung simulieren. Ebenso kann mit der Funktion WERT das (noch immer vorhandene) Textformat in eine Zahl konvertiert werden. Spielerei? Nicht ganz. Manchmal geschieht es beim Datenimport nach Excel, dass sich das Textformat unter Zahlen schiebt, obwohl im Zahlenformat-Menü keine Formatierung angezeigt wird.

10.3.4. Rechnen in Excel

Die vier Grundrechenarten können nur mit Zahlen rechnen – steht in einer Zelle eine leere Zeichenkette, dann führt dies wie bei jedem anderen Text zu einem Fehler. Das Produktzeichen „*" interpretiert eine leere Zelle als Wert 0 und liefert 0 als Ergebnis. Befindet sich in einem Bereich, dessen Werte mit SUMME addiert werden, Text oder eine leere Zeichenkette, dann wird die Zelle übergangen, und die Summe liefert – anders als der Operator „+" – keinen Fehler.

Erstaunlicherweise übergeht auch die Funktion PRODUKT Texte, allerdings wird eine leere Zelle nicht wie bei der Multiplikation als 0 interpretiert, sondern gar nicht. Das heißt: Stehen in den ersten drei Zellen die Werte 1;2 und 3, dann liefert

```
=PRODUKT(A1:A3)
```

den Wert 6. Wird der Inhalt von A1 gelöscht, so bleibt das Ergebnis unverändert. Wird Text eingegeben, so lautet das Produkt noch immer 6. Erst wenn die Zahl 0 eingefügt wird, dann berechnet die Funktion PRODUKT den Wert 0.

Analog verhalten sich auch die Funktionen MITTELWERT und ANZAHL – Texte und leere Zellen werden übergangen. Lediglich ANZAHL2 zählt auch Texte und leere Zeichenketten.

Gerade bei Formularen, die unausgefüllt dem Anwender zur Verfügung gestellt werden, muss genau aufgepasst werden, ob beispielsweise geschrieben werden kann:

```
=WENN(ISTFEHLER(MITTELWERT(A1:A3));"";MITTELWERT(A1:A3))
```

10.3 Das „Nichts" in Excel

Diese Funktion lässt die Zelle dem Anwender leer erscheinen, liefert aber einen leeren String, der beim Weiterverarbeiten zu Problemen führen kann, wenn mit den Grundrechenarten weiter gerechnet wird.

10.3.5. Datenüberprüfung

Wird in Excel über Daten / Datentools / Datenüberprüfung festgelegt, dass eine Zelle nur Zahlen beinhalten darf, dann wird die Eingabe auch für ="" abgebrochen. Wird als Gültigkeit eine Zahl > 1 abgenommen, dann akzeptiert die Zelle selbstverständlich nicht die Eingabe 0. Jedoch ist das Löschen des Inhaltes möglich.

10.3.6. Sortieren

Beim Sortieren stehen leere Zellen immer am Ende des sortierten Bereichs, leere Zeichenketten werden immer zwischen Zahlen und Texte einsortiert. Excel verwendet intern nicht das festgelegte Gebietsschema, sondern die binäre Sortierreihenfolge (a=A=ä=Ä<b=B<…) – es gibt keine Option dies in Excel zu deaktivieren.

10.3.7. AutoFilter

Ein wenig versteckt bietet der Autofilter am unteren Ende der Auswahlleiste die Möglichkeit leere Zellen aus Datensätzen zu filtern . Dabei wird eine leere Zeichenkette als leer identifiziert.

10.3.8. Spezialfilter

Im Spezialfilter ist die Option, leere und nichtleere Zellen zu filtern, etwas mühsamer zu aktivieren. Man kommt mit den beiden Kriterien >=A, beziehungsweise <A oder analog =*, beziehungsweise = zu diesem Ergebnis. Beachten Sie bitte, dass Kriterien, die mit einem Gleichheitszeichen beginnen, zuvor in einen Text umgewandelt werden müssen, da Excel dieses sonst als Rechenoperation interpretiert und einen Fehler liefert.

10.3.9. Pivot-Tabelle

In Pivot-Tabellen werden leere Zellen und Texte der Datenquelle übergangen – die Funktionen SUMME, MAXIMUM, MITTELWERT, … liefern keinen Fehler. ANZAHL zählt alle gefüllten Zellen, also auch leere Zeichenketten. Analog arbeitet die Funktion TEILERGEBNIS, die der Assistent Daten / Gliederung / Teilergebnis verwendet: SUMME, MAXIMUM und MITTELWERT übergehen leere Zellen und Texte, Anzahl (TEILERGEBNIS(3;A1:A3)) zählt leere Zeichenketten mit.

10.3.10. VBA

Um den Inhalt einer Zelle auszulesen, können Value (oder Value2) verwendet werden oder Text, wenn die formatierte Anzeige ermittelt werden soll. Die Eigenschaft Text besitzt nur Leserechte, keine Schreibrechte.

Der Inhalt einer Zelle wird gelöscht mit einer der beiden Eigenschaften:

```
ActiveCell.Value = ""
ActiveCell.Value = Empty
```

oder mit der Methode:

```
ActiveCell.Clear
```

Die drei Varianten sind synonym – durch die Eigenschaft Value wird kein Text oder Textformat in die Zelle geschrieben.

Ein Bereich kann auf verschiedene Arten gelöscht werden:

```
Range("A1:C5").Value = ""
Range("A1", "C5").Value = ""
Range(Cells(1, 1), Cells(5, 3)).Value = ""
Range("A1").Range("A1:C5").Value = ""
Range("A1:C5").Value = Empty
```

...

oder:

```
Range("A1:C5").Clear
Range("A1", "C5").Clear
Range(Cells(1, 1), Cells(5, 3)).Clear
Range("A1").Range("A1:C5").Clear
```

Steht in einer Zelle nichts, dann liefern

```
ActiveCell.Value = 0
ActiveCell.Value = „"
IsEmpty(ActiveCell)
```

den Wert TRUE

Befindet sich eine leere Zeichenkette in der Zelle, dann ergibt lediglich

```
ActiveCell.Value = ""
```

TRUE. Die anderen beiden Ausdrücke ergeben FALSE. Analog liefert nur 0 den booleschen Wert True, wenn die Zelle mit 0 verglichen wird.

10.3 Das „Nichts" in Excel

10.3.11. Zusammenfassung

Excel ist nicht vollständig konsistent. Wollen Sie beim Rechnen kein Ergebnis anzeigen, dann müssen Sie genau überlegen, ob Sie mit der Funktion eine leere Zeichenkette ("") oder den Wert 0 in die Zelle schreiben, da möglicherweise andere Funktionen oder auch VBA dies nicht als leere Zelle oder als Zelle mit Text interpretiert und somit einen Fehler liefert.

11 Schade!

11.1. Geht nicht; – sorry Leute!

- Kann man die Standardschriftgröße und -schriftart von Kommentaren einstellen? – Nein!
- Kann man Kommentare in Abhängigkeiten von Zellinhalten erstellen? Also – bedingte Kommentare? – Nein!
- Kann man sich die benutzerdefinierten Zahlenformate, die unter Zellen liegen, anzeigen lassen? In der Gruppe „Zahl" zeigt Excel zwar Standard, Zahlenformat, Währung, ... aber leider nur „Benutzerdefiniert" und nicht beispielsweise 0,00 „km".- Nein!
- Kann man einstellen, dass Excel automatisch bei Uhrzeitberechnungen den 24-Stundenwechsel schafft? Also Uhrzeiten nicht als hh formatiert, sondern als [hh]? – Nein!
- Kann man Leerzeichen am Ende eines Textes verbieten oder automatisch löschen lassen? – Nein! Man kann zwar mit einer Gültigkeit für bestimmte Zellen oder für alle Zellen die Eingabe eines Leerzeichens verbieten, aber leider stellt Excel keine solche Option zur Verfügung.
- Kann man in Excel Formate in die Autokorrektur übernehmen – so wie in Word? – Nein!
- Gibt es ein Symbol oder eine Tastenkombination für hoch- und tiefgestellte Texte, wie in Word? – Nein!
- Kann man Kopf- und Fußzeilen zentral auslagern? – Nein!
- Kann man Kopf- und Fußzeilen einer anderen Datei hineinimportieren – ähnlich wie die Master von PowerPoint? – Nein!
- Kann man mit der [Strg]-Taste getrennte Bereiche markieren und diese (und nur diese) auf **einer** Papierseite ausdrucken? Nein! – Excel druckt jeden Bereich auf eine eigene Seite!
- Kann man mit dem Autofilter alle Kunden filtern, die in München wohnen ODER deren Monatseinkommen über 10.000 liegt? – Nein! – Der Autofilter kann zwei Spalten nur mit dem logischen UND verknüpfen, er kann nur in einer Spalte ein logisches ODER verarbeiten. Der Spezialfilter kann jedoch eine ODER-Filter über mehrere Spalten vornehmen (sogar noch sehr viel komplexere Verknüpfungen).

11.1 Geht nicht; – sorry Leute!

- Kann man den automatischen Zeilenumbruch als Standard einstellen? – Nein!
- Gibt es eine Tastenkombination, mit der man schnell auf das erste Tabellenblatt und auf das letzte Tabellenblatt springen kann? – Nein! Aber man kann mit der rechten Maustaste auf die Navigationspfeile klicken, damit man alle Tabellenblätter sieht. Oder man klickt mit gedrückter [Strg]+linker Maustaste und verschiebt so die Blätter, dass das erste Tabellenblatt sichtbar wird.
- Kann man Tabellenblätter alphabetisch sortieren? – Nein!
- Gibt es einen Assistenten, mit dem man schnell die Reihenfolge der Blätter verschieben kann? – Nein!
- Kann man mit dem „Pinsel" Format-übertragen nur Teile eines Zellenformates übertragen? Beispielsweise nur die Hintergrundfarbe, die Schriftart oder das Zahlenformat? – Nein! Sie können einzelne Formate aber an Zellenformatvorlagen binden.
- Word kann zwei Dokumente vergleichen – kann das Excel auch? – Nein! Nur wenn Sie zuvor die Arbeitsmappen freigeben und anschließend über das neu hinzugefügte Symbol "Arbeitsmappen vergleichen und zusammenführen" diese Datei mit einer (oder mehreren) vergleichen.
- Zieht man die Summe unter einem gefilterten Bereich, wird die Funktion TEILERGEBNIS verwendet. Kann man auch bei den Funktionen MAX, MIN, MITTELWERT, ANZAHL so einstellen, dass beim Autofilter die Funktion TEILERGEBNIS verwendet wird? – Nein!
- Können 3-D-Diagramme Sekundärachsen verwalten? – Nein!
- Kann man sich die nicht-druckbare Zeichen anzeigen lassen könnte – wie in Word (¶)? Dann würde man schnell Leerzeichen am Ende eines Textes erkennen können oder einen manuellen Zeilenumbruch ([Alt]+[Enter]). – Nein!
- Gibt es eine Silbentrennung in Excel? – Nein!
- Mit den Funktionen BLATT und BLÄTTER ist Excel auf dem richtigen Weg. Aber gibt es auch eine Funktion, welche von einer Nummer den entsprechenden Blattnamen liefert? – Nein!
- Kann ich in einem Diagramm die Elemente exakt positionieren? Okay, die Größe von Diagrammen kann man inzwischen exakt bestimmen? Aber die Größe der einzelnen Elemente oder der Zeichnungsfläche? Das wäre wichtig für mich, weil in dem Prospekt sollen alle Diagramme, die ich in Excel erstellt habe, die gleiche Form besitzen. – Nein!
- Kann ich den Zeilenabstand exakt definiert – wie beispielsweise in Word? – Nein!

Zusammenfassung

- Habe ich einen Fehler gemacht? Wenn ich Zeilen ausblende, der Autofilter setze, Daten filtere und den Filter wieder ausschalte, dann werden die ausgeblendeten Zeilen eingeblendet? – Das ist eine unschöne Einstellung von Excel – das kann man leider nicht ausschalten.
- Ich kann den Monat „Januar" oder den Tag „Montag" herunterziehen. Kann ich auch das Tabellenblatt „Montag" oder „Januar" ziehen, so dass ich weitere Blätter Februar, März, April, beziehungsweise Dienstag, Mittwoch, Donnerstag … habe? – Nein!
- Kann ich in Kommentare Bilder einfügen? – Nein. Aber man kann auf den Rand eines Kommentars klicken und über das Kontextmenü Kommentar formatieren / Farben und Linien / Farbe / Fülleffekte / Grafik – ein Bild einfügen.
- Kann ich im Diagramm immer automatisch alle Rubriken anzeigen lassen? Oft blendet Excel einige Werte aus, weil er davon ausgeht, dass sie nicht mehr angezeigt werden können? – Nein!
- Kann ich in der Kopf- und Fußzeile eine Grafik verknüpfen statt einfügen? – Nein!
- Kann ich in der Kopf- und Fußzeile auf Informationen des Tabellenblattes zugreifen – so wie in Word mit Feldfunktionen? – Nein!
- Kann ich in der Kopf- und Fußzeile auf Eigenschaften der Datei zugreifen (Autor, Titel, …)? – Nein!
- Kann ich ein Datum vor dem 01.01.1900 eingeben, so dass es als Datum behandelt wird? openOffice und libreOffice können das! – Nein, Excel kann das nicht.
- Kann ich auf Bilder verweisen? – Nein!
- Kann man Word-Formulare mit Dropdown-Felder und Kontrollkästchen nach Excel exportieren, so dass diese Steuerelemente übernommen werden? – Nein!
- Kann ich Formeln in Kopf- und Fußzeilen einfügen? – Nein!
- Kann ich die untere Zeile fixieren? Das benötige ich, damit ich immer die Summe am unteren Rand sehe? – Nein! Man muss das Tabellenblatt teilen – fixieren (einfrieren) geht nicht!
- Kann ich mehrere Datenüberprüfungen in einer Zelle (in einer Spalte einfügen)? Also, kann ich wie bei der bedingten Formatierung, Datenüberprüfungen miteinander verknüpfen? – Nein!
- Ich habe oft ganz lange Formeln. Kann ich Teile einer Formel kommentieren oder mit einer bestimmten Farbe formatieren? – Nein! Aber Sie können ein Kommentar mit der Funktion N hinzufügen, beispielsweise so:

11.1 Geht nicht; – sorry Leute!

```
=SUMMEWENN(B1:M1;"<="&VERGLEICH(N2;B2:M2;0)+1;B3:M3)+N("Summiert bis
zu einem bestimmten Monat, der in N2 eingetragen wurde")
```

- Kann man wirklich das Löschen eines Blattes nicht mehr rückgängig machen? – Nein!
- Kann ich eine Pivottabelle so löschen, dass die Spaltenbreite die ursprüngliche Breite hat und dass keine Linien übrig bleiben? – Nein!
- Kann man ein Diagramm „aufbrechen" und dann die einzelnen Teile als Grafiken weiterbearbeiten? Beispielsweise in PowerPoint? – Nein – das geht lediglich in ganz anderen Programmen, beispielsweise in Adobe Illustrator.
- Geht die Funktion [Strg]+[#] wirklich nicht in Excel 2010 und Excel 2013? Sie war doch so praktisch! – Nein! In Excel 2010, 2013 und 2016 wird die Zelle vom Zahlentyp "Datum" formatiert.
- Kennt VBA für Excel auf dem Macintosh nicht den Befehl LoadPicture? Damit kann man bequem Logos zur Laufzeit auf eine UserForm laden. – Nein!
- Kann in einem Diagramm eine Achse unterbrochen werden? Also beispielsweise so, dass bei einer y-Achse zuerst die Zahlen 10, 20, 30 gezeigt werden, dann mit einer gezackten Linie ein neuer Bereich gekennzeichnet wird und anschließend die Werte 110, 120, 130, .. abgetragen werden? – Nein! Man kann nur eine logarithmische Achse verwenden – aber sie verzerrt den Datenbereich.
- Kann man eine Formel am Kästchen rechts unten diagonal ziehen? Wenn man die Formel in mehreren Zeilen und Spalten benötigt? – Nein – man muss zwei Mal ziehen – einmal nach unten, einmal nach rechts (oder umgekehrt).
- Der Doppelklick auf das Kästchen zum Herunterziehen der Formel bis zum Ende der Spalte nebenan ist klasse. Kann man eine Formel auf diese Art auch schnell von links nach rechts kopieren? – Nein!
- Kann man Zellen teilen – so wie in Word? – Nein! Wenn ich so etwas benötige, füge ich eine Hilfsspalte ein und „schummle" ein bisschen.
- Kann man nur eine Zelle verbreitern? – So wie in Word? – Nein!
- In Excel 2003 konnte man per Programmierung zur Laufzeit Symbole in die Symbolleiste hinzufügen. Kann man das mit den Symbolen im Menüband auch? – Nein – Symbole müssen schon vorhanden sein – man kann sie nur ein- oder ausblenden.
- Kann man Excel so einstellen, dass er bei einer Formel in der bedingten Formatierung nicht einen absoluten Bezug verwendet? Ich muss jedes Mal umschalten auf den relativen Bezug. – Nein!

Zusammenfassung

- Kann man Excel so einstellen, dass er beim Bezug auf eine andere Zelle in einer anderen Datei keinen festen Bezug verwendet. Beim Verknüpfen auf andere Tabellenblätter verwendet er auch einen relativen Bezug. Das ist unlogisch! – Stimmt, das ist unlogisch, aber sorry – das kann man nicht ausschalten. Man muss den absoluten Bezug in einen relativen Bezug verwandeln.
- Ich muss häufig Formeln in Werte umwandeln. Dazu markiere ich einen Bereich, kopiere ihn, klicke mit der rechten Maustaste auf das Symbol „Inhalte in Werte" und lösche mit [Esc] die laufende, gepunktete Linie. Gibt es dafür nicht eine Tastenkombination? – Nein, leider nicht. Bei einer einzigen Zelle, in der eine Formel steht, kann man es mit [F2] (editiere die Zelle) – [F9] (wandle die Formel in Werte um – [Enter] (bestätige das Ganze) beschleunigen. Bei einem Bereich weiß ich keine schnelle Lösung. Ein Kollege hat mir erzählt, dass er den Bereich mit der rechten Maustaste verschiebt und ohne loszulassen wieder zurückschiebt und dann die Option „Hierhin nur als Werte kopieren" verwendet. Ob das clever ist?
- Gibt es VBA für Excel 2008 auf dem Mac? – Nein!
- Kann ich ein Inhaltsverzeichnis erstellen? Mit einem Klick sämtliche Tabellenblattnamen auflisten? So wie in Word? – Nein!
- Kann man eigentlich die Exporteinstellungen verändern? Ich möchte gerne csv-Dateien in ein Datenbanksystem importieren. Die Daten kommen aus Excel. Aber ich benötige die Datumsinformationen in der Form JJJJ-MM-TT – in Excel möchte ich jedoch TT-MM-JJJJ sehen. – Nein!
- Kann man die UserForms in VBA so einstellen, dass sie immer auf den Bildschirm passen. Manchmal – wenn Anwender kleine Bildschirme haben – werden die Buttons unten und rechts nicht angezeigt. – Nein!
- Wenn in Word die AutoKorrektur etwas ändert, beispielsweise eine Mailadresse mit einem Hyperlink versieht oder aus dem Flughafen FRA Frau macht, erscheint ein Smarttag, mit dessen Hilfe ich es korrigieren kann. Kann ich es in Excel einstellen, dass dieser praktische Smarttag auch erscheint? Nein – Sie müssen über die Optionen in die AutoKorrektur wechseln und dort die Option deaktivieren (oder den Eintrag löschen), den Sie nicht haben möchten.
- Wenn ich in openOffice.org oder libreOffice auf die Taste [Entfernen] drücke, werde ich gefragt, ob ich den Inhalt der Zelle oder auch ihre Formate löschen möchte. Gibt es so etwas in Excel auch? – Nein – Sie finden allerdings unter Start / Bearbeiten / Löschen einige Löschoptionen.
- In Word gibt es Formularfelder. Da steht in hellgrauer Schrift, was man in dieses Feld eintragen muss. Sobald man in das Feld klickt, verschwindet der Vorgabetext.

11.1 Geht nicht; – sorry Leute!

Gibt es das auch in Excel? – Nein! So etwas kann man durch Kommentare oder über die Eingabemeldung der Datenüberprüfung steuern.

- Ich muss häufig Liniendiagramme erstellen mit recht vielen Daten, die alle als Beschriftung im Diagramm angezeigt werden sollen. Ich markiere jede einzelne Datenbeschriftung und schiebe sie nach oben, beziehungsweise nach unten. Gibt es neben den Beschriftungsoptionen „zentriert, links, rechts, über, unter" auch eine Option „abwechselnd einen über die Linie setzen und einen darunter"? Das würde mir sehr helfen! – Nein!

- Ich habe eine Tabelle mit den zwölf Registerkarten „Januar 2014", „Februar 2014", „März 2014", ... Ich möchte diese Datei für das laufende Jahr 2015 aktualisieren. Kann ich schnell die Zahlen 2014 durch 2015 ändern? – Nein!

- Kann man in Excel mit regulären Ausdrücken suchen und ersetzen lassen? Oder filtern lassen? – Nein!

- Ich weiß, dass ich erkennen kann, ob eine Spalte ausgeblendet ist, indem ich die Spaltenbuchstaben oben lese. Aber kann ich schnell erkennen, ob Spalten ausgeblendet sind? Und wenn ja – welche Spalten ausgeblendet wurden? – Nein! – Man kann jedoch schnell alle Spalten einblenden, indem man die ganze Tabelle markiert und nun alle Spalten einblendet.

- In Word und PowerPoint kann man mit der Tastenkombination [Shift] + [Strg] + [C] das Format kopieren, mit [Shift] + [Strg] + [V] das Format wieder einfügen. Gibt es eine solche oder andere Tastenkombination auch in Excel zum Format Übertragen? – Nein!

- Kann man denn bei dem Assistenten Daten / Text in Spalten mehrere benutzerdefinierte Zeichen verwenden? Ich erhalte manchmal Listen, in denen befinden sich sowohl die Schrägstriche „/" und „\" als auch die Tilde „~" als Trennzeichen. In anderen Texten würde ich gerne das Wort „von" als „Trennzeichen" verwenden? – Leider nein!

- Ich würde gerne auf einer Pivottabelle ein Diagramm von Typ X-Y-Punkt aufsetzen. Geht das? Leider nein: PivotCharts, also Diagramme, die auf Pivottabellen aufgesetzt wurden, können nicht als Typ Punkt (X Y), Blase oder Kurs dargestellt werden können. Alles andere geht.

- Ich kann ein Tabellenblatt teilen. Prima! Ich kann auf einem Bildschirm mir zwei Dateien anzeigen lassen. Toll. Aber kann ich auch zwei Tabellenblätter einer Datei nebeneinander oder untereinander anzeigen lassen? – Doch, mit einem kleinen Trick – man muss allerdings die Datei „duplizieren" (Ansicht / Fenster / Neues

- Fenster). Nun kann man zwei verschiedene Tabellenblätter einer Datei gleichzeitig sehen und bearbeiten!
- Ich drucke fast immer auf einen Drucker. Aber manchmal wechsle ich den Drucker. Excel „merkt" sich das, so, dass ich schon häufig auf den falschen Drucker ausgedruckt habe. Kann man das nicht verhindern? Kann man Excel nicht beibringen, dass er seine Druckoptionen wieder zurücksetzt? – Leider nein!
- In Word kann man mit regulären Ausdrücken arbeiten. Das erleichtert manchmal eine Suche nach sehr komplexen Ausdrücken. Kann man in Excel beim Suchen und Ersetzen mit regulären Ausdrücken arbeiten? – Leider nein!
- Wenn ich in Excel zwei getrennte Bereiche mit der [Strg]-Taste markiert habe – kann ich dann einen Teil eines dieser Bereiche deselektieren? Also – wenn ich zu viel markiert habe und ein Stückchen wieder wegnehmen möchte. Geht das? – Leider nein!
- In Word kann ich in einer Tabellenzelle ein Bild einfügen. Wenn ich nun das Bilder vergrößere oder verkleinere, passen sich Zeile und Spalte an. Kann ich ein Bild IN eine Excelzelle einfügen? Das wäre praktisch für die Dokumentation einer Liste. – Leider nein – man kann in Excel Bilder nur AUF ein Tabellenblatt legen. Es wird zwar an eine Zelle gebunden, ist aber unabhängig von der Zellengröße.
- Kann man im Autofilter mehrere Einträge auswählen, indem man mit der Maus über diese Einträge zieht, bzw. den ersten auswählt und dann mit [Shift] den letzten? Leider nein. Aber man kann es seit Excel 2010 über einen Datenschnitt lösen – dort können bequem mehrere Filterkriterien, die untereinander stehen, markiert werden.
- Kann man in Diagrammen den Abstand der Beschriftung der Achsen zur Achse vergrößern. Das wäre manchmal praktisch? – Leider nein!
- Kann man denn den Abstand der Datenbeschriftung der Säulen oder Balken ein wenig vergrößern oder verkleinern? Bedauerlicherweise nur, indem die Beschriftungen einzeln markiert werden und einzeln verschoben werden. Wenn Ihnen die Optionen „am Ende außerhalb" und „am Ende innerhalb" nicht genügen.
- Ich kennen die Taste [Pos1]. Damit kann ich in einer Tabelle an den linken Rand, also auf die Spalte A springen. Gibt es auch eine Taste, mit deren Hilfe ich in die oberste Zeile, also Zeile 1 springen kann? – Leider nein. Sie können zwar mit [Strg] + [↑] in die erste Zelle einer gefüllten Liste (also gefüllten Spalte) springen, aber wenn die Spalte „Lücken" aufweist – dann gibt es leider keine Taste oder Tastenkombination dafür. Dann bleibt nur: eine komplett gefüllte Spalte zu suchen und dort mit [Strg] + [↑] nach oben zu springen.

11.2 Mein Wunschzettel

- In Lotus 1-2-3 konnte ich den Inhalt mehrerer Tabellenblätter auf eine Papierseite drucken. Geht das in Excel auch? Nö!
- Kann man AutoKorrektur oder Benutzerdefinierte Listen an eine Datei binden? So dass sie nur in einer einzigen Datei aktiv sind? – Nein – die AutoKorrektur arbeitet applikationsweit, also dateiübergreifend; benutzerdefinierte Listen sind Teil der Applikation Excel.
- In Word kann ich die automatische Rechtschreibprüfung einschalten, die mir falsch geschriebene Wörter unterstreicht. Wo kann ich das in Excel einschalten? Sorry – die gibt es leider nicht in Excel. Sie können nur die Rechtschreibprüfung über die Tabelle laufen lassen.
- Beim Kopieren oder Herunterziehen und an vielen anderen Stellen tauchen kleine Quadrate (SmartTags) auf. Sie nerven mich. Kann man die abschalten? – Ich wüsste nicht wie.
- Ich habe zwei Pivottabellen, die sich auf einem Tabellenblatt untereinander befinden. Immer wenn ich die „kleinere" der beiden aktualisiere, ändert Excel die Spaltenbreite. Und damit die Spaltenbreite der anderen Pivottabelle, deren Spaltenbreite ich dann jedes Mal neu verbreitern muss. Kann man das nicht abschalten? Ich möchte nicht, dass die Spaltenbreite automatisch geändert wird! – Leider nein.
- Ich würde gerne Teile eines Diagramms mit der Pfeiltaste verschieben. So wie in die anderen Formen auch. Darf ich nicht? Leider ist die Pfeiltaste in Diagrammen mit einer anderen Funktion belegt: damit springt man zum nächsten Objekt im Diagramm und markiert es.
- Kann man einen Teil einer Tabelle speichern? Nur einen Teil eines Tabellenblattes – nicht die ganze Datei? – Ich weiß, was Sie meinen – so wie man einen Druckbereich definieren kann oder nur einen markierten Teil ausdrucken kann … Nein – beim Speichern ist DAS nicht möglich.

11.2. Mein Wunschzettel

11.2.1. Dateneingabe

- Die Autokorrektur nimmt keine Formate auf. Obwohl Word, Excel, PowerPoint und Access auf die gleiche Autokorrektur zugreifen, und obwohl es möglich ist in Word H2SO4 durch den Text in H_2SO_4 zu ersetzen, funktioniert dies in Excel nicht.

Formate

- An einigen Stellen ist Excel inkonsistent: zum Fixieren muss man den Cursor unter die zu fixierende Zeile setzen, beim Aktivieren der Wiederholungszeilen muss man diese markieren. Warum wird das nicht einheitlich gehandhabt?
- Das globale Ein- und Ausschalten der Groß- und Kleinschreibung, wie es beim Sortieren möglich ist, wäre auch in den Funktionen WENN, ZÄHLENWENN, SUMMEWENN, SVERWEIS, WVERWEIS, im Autofilter, beim Spezialfilter, ... wünschenswert.
- Manchmal schiebt Excel beim Import von Zahlen unter diese ein Textformat, das nicht im Menü Zahlenformat sichtbar ist. Man kann es nur über die Funktion WERT, über das Bearbeiten | Inhalte einfügen oder das Editieren jeder Zelle entfernen.

11.2.2. Formate

- Es fehlen wichtige Zahlenformate (km, kg, cm, in, ...) Obwohl die Funktion UMWANDELN 46 Maßeinheiten (Gramm, Meter, Zoll, Joule, Kalorie, PS, Watt, Grad Celsius, Grad Fahrenheit, Grad Kelvin, ...) mit 16 Vorsatz-Multiplikatoren (Kilo, Hekto, Dezi, Zenti, Milli, ...) besitzt, fehlen sie vollkommen in der Liste der Formate.
- Es gibt keine Möglichkeit, benutzerdefinierte Zahlenformate abzuspeichern, das heißt an einer zentralen Stelle auszulagern und für einen oder mehrere Rechner zur Verfügung zu stellen (vergleichbar mit Autotexten oder Formatvorlagen in Word).
- Chemische Formeln hoch- und tiefstellen ist sehr mühsam, da jedes einzelne Zeichen markiert werden muss. Ein Symbol hierfür (vergleichbar mit Word oder Powerpoint) fehlt. Umgekehrt ist ja möglich, einzelne Zeichen aus anderen Schriftarten („Symbole") einzufügen.
- Zieht man die Summe über mehrere Uhrzeiten, dann wird zwar bei der Summenfunktion in der Statuszeile die 24-Stundengrenze korrekt überschritten, das Ergebnis von SUMME wird jedoch als hh:mm formatiert und nicht als [h]:mm, was sich in der Kategorie Uhrzeit befindet. Übrigens erkennt die Funktion SUMME nicht, dass Uhrzeiten intern als Zahlen gespeichert werden.
- Die Spaltenbreite misst in Zeichen, genauer: in em (die Breite des Buchstabens „m") – eine absurde Maßeinheit. Leider kann nicht für eine Spaltenbreite eingegeben werden: 1 cm, 10 mm, 40 pt oder ähnliches – immerhin – beim Ziehen der Spalte wird die Breite auch in Pixel angegeben.
- Kopf- und Fußzeilen können nicht an eine zentrale Stelle ausgelagert werden.

11.2 Mein Wunschzettel

- Ein benutzerdefiniertes Drucken, das abgespeichert werden kann, fehlt.
- Es ist sehr mühsam, jede zweite (oder dritte oder vierte) Zeile grau einzufärben. Hierfür fehlt eine Einstellung. Auch das Fixieren von Formaten (beispielsweise sollen sie nicht verändert werden, wenn sortiert wird), ist nur mit komplexen Funktionen in benutzerdefinierten Formatierungen und Tabellen möglich. Zwar stehen Formatvorlagen für das Einfärben jeder zweiten Zeile zur Verfügung – jedoch fehlen sehr viele Optionen.

11.2.3. Rechnen, Formeln und Funktionen

- Weitere Inkonsistenzen könnten entfernt werden: SUMMEWENN und ZÄHLENWENN können – ebenso wie der Autofilter und der Spezialfilter – Platzhalter verarbeiten (A*), die Funktion WENN dagegen nicht.
- Es fehlen wichtige Funktionen: OSTERN zum Erstellen der Feiertage eines Kalenders, geometrische Funktionen, Funktionen aus dem Bereich Finanzmathematik, die deutsche, bzw. europäische Normen berücksichtigen. Kalenderwoche rechnet auch in der aktuellen Version 2007 noch falsch, SVERWEIS ist noch immer sehr kompliziert ausgedrückt:
- Bereich_Verweis gibt an, ob eine genaue Übereinstimmung gefunden werden soll: WAHR = aus der aufsteigend sortierten Reihenfolge der Werte wird der Wert zurückgegeben, der am dichtesten am gesuchten Wert liegt; FALSCH = es wird eine genaue Übereinstimmung gesucht.
- Das bedeutet: Bereich_Verweis gibt an, ob eine genaue Übereinstimmung gefunden werden soll. Man muss FALSCH eingeben, wenn eine genaue Übereinstimmung vorliegt!?! Ein Übersetzungsfehler? Schlampigkeit? Dies könnte man sicherlich sprachlich besser formulieren.
- Abgesehen davon hätte man die Funktionen in der Kategorie Finanzmathematik besser benennen können: Statt RMZ „Annuität", statt BW „Barwert", statt ZZR „Anzahl_Perioden" und so weiter.
- Einige interessante Unterschiede finden sich in Excel zwischen den Grundrechenarten und den korrespondierenden Funktionen. Angenommen, Sie möchten zwei Zahlen addieren, die nicht direkt nebeneinanderstehen. Dann ist der Aufwand, um die beiden Formeln

=F21+G27
=SUMME(F21;G27)

- zu erstellen sicherlich gleich groß. Ebenso für das Produkt:

=F21*G27
=PRODUKT(F21;G27)

- Jedoch gibt es einige erstaunliche Unterschiede:

Steht in der Zelle F21 der Text „zwei", dann liefern die Rechnungen =F21+G27 und =F21*G27 einen Fehler, während die Summen- und Produktfunktionen den Text übergehen. Steht in F21 dagegen kein Wert, da liefert =F21*G27 korrekt 0 (die leere Zelle wird als 0 interpretiert), während die Funktion PRODUKT diese Zelle übergeht und nur den (Zahlen-)Wert der anderen Zelle (G27) zurückgibt. Ebenso übergehen die Funktionen MAX, MIN, MITTELWERT Zellen, in den Text steht.

- In diesem Zusammenhang stellt sich die Frage, warum (der ganzzahlige) QUOTIENT existiert, während DIFFERENZ fehlt.
- Die Zielwertsuche unterläuft die Datenüberprüfung (Gültigkeit) – ist das gewollt?
- Schade, dass die Tastenkombination [Strg]+[#] weder in Excel 2010 noch in Excel 2013 oder 2016 zum Umschalten zwischen Formeln und Ergebnissen funktioniert.

11.2.4. Nicht konsequent

- Ein Blick in den Dialog Start | Schriftart (bis Excel 2003: Format | Zelle | Schrift, zeigt deutlich, dass für jede Applikation unterschiedliche Abteilungen zuständig sind, die nicht miteinander kommunizieren. So finden sich noch viele weitere Beispiele über Menüführungen, Symbole, Dialoge, Tastenkombinationen und so weiter, die in Word anders sind als in Excel oder PowerPoint. Wenn Microsoft schon „Pakete" verkauft, wäre Einheitlichkeit doch wünschenswert.

11.2 Mein Wunschzettel

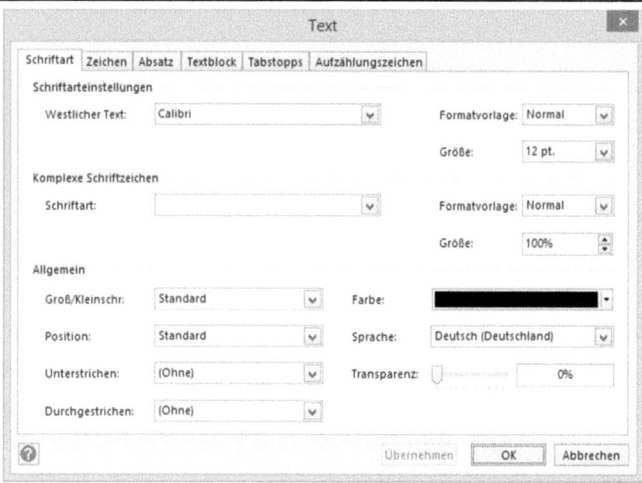

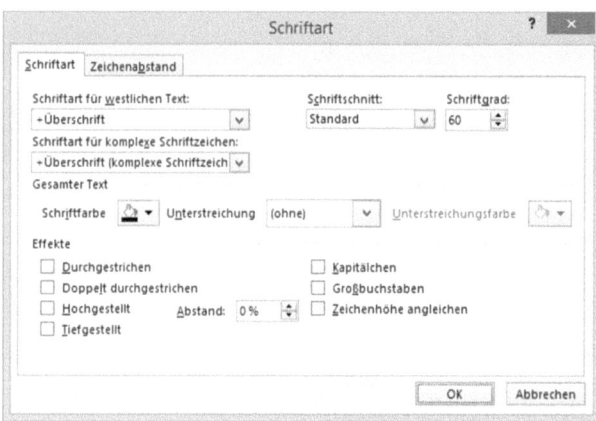

Nicht konsequent

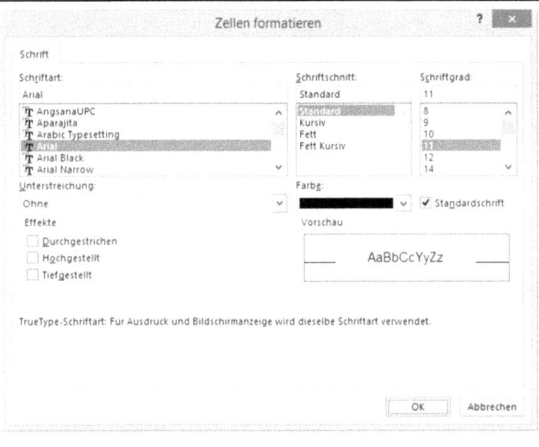

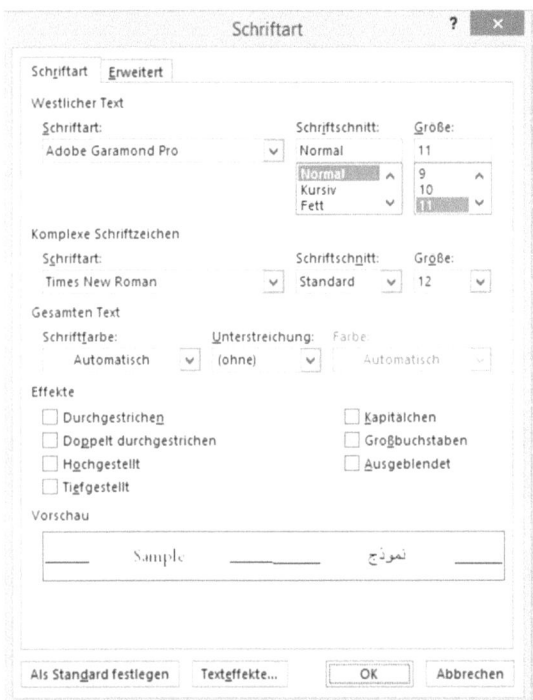

Quizfrage: Was ist Word, Excel, PowerPoint und Visio?

11.2 Mein Wunschzettel

- Die Funktion „Anzahl" in der Statusleiste entspricht der Funktion ANZAHL2 in Excel. „Numerische Zahl" in der Statusleiste korrespondiert mit ANZAHL in der Statusleiste. Das hätte man doch sicherlich einheitlich beschriften können.
- Eine Exceltabelle wird mit [F9] aktualisiert, ebenso werden in Word Feldfunktionen aktualisiert. Jeder der Internet Explorer aus dem gleichen Hause Microsoft wird mit [F5] aktualisiert. Nicht konsequent!

11.2.5. Gültigkeit :: Datenüberprüfung

- Es gibt nur eine Gültigkeit. An einigen Stellen wäre die Verkettung mehrerer Gültigkeiten wünschenswert. Zwar ist lobenswert zu erwähnen, dass die bedingte Formatierung in Excel 2007 überarbeitet wurde – jedoch leider nicht die Datenüberprüfung.
- Ein Klick auf das Prozentsymbol formatiert die Dezimalzahl als „0%". Dadurch verschwinden Nachkommastellen, so dass die Zahl 0,0045 als 0% angezeigt wird, was auf den ersten Blick verwirren kann und bei größeren Berechnungen zu scheinbaren Fehlern führt. Erstaunlicherweise verwendet die Option „Prozent" in der Gruppe „Zahl" zwei Dezimalstellen.

11.2.6. Daten

o Es gibt keine globale Gültigkeit. Beispielsweise wäre eine Einstellung wichtig, dem Benutzer am Ende der Texteingabe das Leerzeichen zu verbieten.

- Ausgeblendete Zeilen werden beim Filtern wieder eingeblendet. Das möchten viele Anwender nicht.

11.2.7. Listen

- Der benutzerdefinierte Filter beim Autofilter enthält leider nur zwei Zeilen. Schön wäre es, wenn man diese Liste erweitern könnte. Oder auch, wenn man in mehreren Spalten gleichzeitig filtern könnte, beispielsweise: Ort = „München" UND Abteilung = „IT" oder auch: Mitgliedschaft = „Gold" oder Jahresbeitrag >= 180.

11.2.8. VBA

- Der VBA-Editor muss dringend überarbeitet werden. Er lässt so viele Wünsche offen, die bei moderneren Programmiereditoren bereits implementiert ist:
- Nach If wird gleich das schließende End If geschrieben. Ebenso wie nach For Next, nach Select Case End Select, Nach Do Loop und so weiter geschrieben werden sollte. Nach Sub schafft VBA ja auch ein End Sub.
- Codefolding wäre schön – das Einklappen und Ausklappen von bestimmten Codeteilen.
- Eine Auflistung alle bereits deklarierter Variablen beim Tippen, so dass man nicht explizit [Strg]+[Leertaste] tippen muss.
- Ein voreingestelltes Option Explicit. Es ist praktisch!
- Die Option „Variablendeklaration erforderlich" sollte deaktiviert sein.
- Automatische Einrückungen innerhalb von Schleifen und Verzweigungen – das würde die Lesbarkeit erhöhen.
- Schön wäre, wenn Excel im Makrorekorder (und auch bei den Makros) anzeigen würde, welche Tastenkombinationen bereits belegt sind:

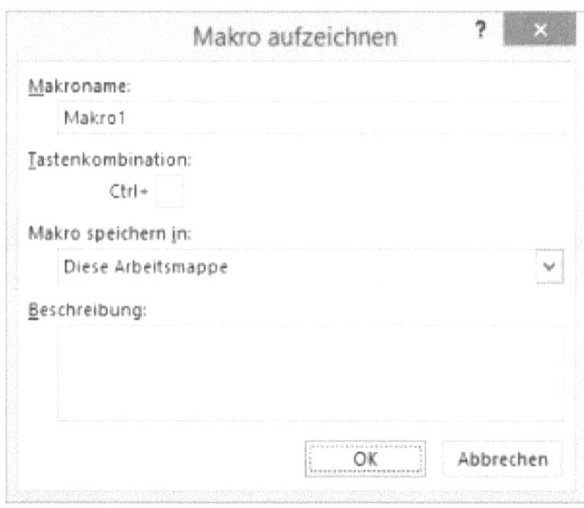

[Strg]+was gibt es denn schon?

11.3. und sonst

- Die Schutzmechanismen sind denkbar albern und gehören dringend verbessert.

12 Tastenkombinationen

12.1. Windows-Shortcuts

12.1.1. Die vielleicht wichtigsten Shortcuts

[Alt] + [F11] VBA-Editor anzeigen

[F1] Online-Hilfe bzw. den Office-Assistenten aufrufen

[F2] Markierte Zelle bearbeiten

[F4] Letzte Aktion wiederholen

[F7] Befehl Rechtschreibung ausführen

[F9] Alle Blätter in allen geöffneten Arbeitsmappen berechnen

[F11] Neues Diagrammblatt einfügen

[Shift] + [F9] Aktives Tabellenblatt berechnen

[Shift] + [F11] Neues Tabellenblatt einfügen

[Strg] + [.] Aktuelles Datum in die markierte/aktive Zelle einfügen

[Strg] + [A] Ganzes Tabellenblatt markieren

[Strg] + [Bild oben] Vorheriges Tabellenblatt der Arbeitsmappe aktivieren

[Strg] + [Bild unten] Nächstes Tabellenblatt der Arbeitsmappe aktivieren

[Strg] + [C] Markierung kopieren

[Strg] + [F] Befehl Suchen ausführen

[Strg] + [F4] Aktive Arbeitsmappe schließen

[Strg] + [F6] Zur nächsten Arbeitsmappe wechseln

[Strg] + [N] Neue Arbeitsmappe einfügen

[Strg] + [O] (Buchstabe) Befehl Öffnen ausführen

[Strg] + [P] Befehl Drucken ausführen

[Strg] + [Pfeiltaste] An den Rand des aktuellen Datenbereichs bzw. zur letzten/ ersten Zelle einer Zeile/Spalte bewegen

[Strg] + [Pos1] An den Anfang des Tabellenblatts bewegen

[Strg] + [R] Nach rechts ausfüllen

12.1 Windows-Shortcuts

[Strg] + [S] Befehl Speichern ausführen

[Strg] + [Shift] + [Ende] Markierung bis zur letzten verwendeten Zelle des Tabellenblatts erweitern

[Strg] + [Shift] + [Pos1] Markierung bis zum Anfang des Tabellenblatts erweitern

[Strg] + [U] Nach unten ausfüllen

[Strg] + [V] Daten der Zwischenablage einfügen

[Strg] + [X] Markierung ausschneiden

[Strg] + [Z] Letzte Aktion rückgängig machen

[Strg] + [+] Fügt eine Spalte oder Zeile ein

[Strg] + [-] Löscht die markierte Spalte oder Zeile

12.1.2. Office Assistent

[Alt] + [B] Den vorherigen Tipp anzeigen

[Alt] + [F6] Sprechblase des Office-Assistenten aktivieren

[Alt] + [N] Den nächsten Tipp anzeigen

[Alt] + [nach oben] Vorherige Hilfethemen anzeigen

[Alt] + [nach unten] Weitere Hilfethemen anzeigen

[Alt] + [Zahl] Ein Hilfethema aus den im Office-Assistenten angezeigten Themen auswählen (wobei 1 für das erste Thema, 2 für das zweite Thema steht usw.)

[Esc] Sprechblase des Office-Assistenten schließen

[F1] Hilfe vom Office-Assistenten anfordern

12.1.3. Mit Menüs und Symbolleisten arbeiten

[Alt] Die Menüleiste aktivieren bzw. ein sichtbares Menü und Untermenü gleichzeitig schließen

[Alt] + [Leertaste] Das Programmsymbolmenü (in der Programmtitelleiste) anzeigen

[Eingabe] Das ausgewählte Menü öffnen oder die der ausgewählten Option/Schaltfläche zugewiesene Aktion ausführen

[Ende] Die letzte Option im Menü oder Untermenü auswählen

[Esc] Das sichtbare Menü schließen oder, bei einem sichtbaren Untermenü, nur das Untermenü schließen

[F10] Die Menüleiste aktivieren bzw. ein sichtbares Menü und Untermenü gleichzeitig schließen

[Pfeiltaste nach links] Das Menü links daneben auswählen oder, bei sichtbarem Untermenü, zwischen Haupt- und Untermenü wechseln

[Pfeiltaste nach oben] Die vorherige Option im Menü oder Untermenü auswählen

[Pfeiltaste nach rechts] Das Menü rechts daneben auswählen oder, bei sichtbarem Untermenü, zwischen Haupt- und Untermenü wechseln

[Pfeiltaste nach unten] Die nächste Option im Menü oder Untermenü auswählen

[Pos1] Die erste Option im Menü oder Untermenü auswählen

[Shift] + [F10] Kontextmenü anzeigen

[Shift] + [Tab] Das vorherige Menü der Menüleiste bzw. die vorherige

Schaltfläche einer Symbolleiste auswählen

[Strg] + [Shift] + [Tab] Die vorherige sichtbare Symbolleiste auswählen

[Strg] + [Tab] Die nächste sichtbare Symbolleiste auswählen

[Tab] Das nächste Menü der Menüleiste bzw. die nächste Schaltfläche einer Symbolleiste auswählen

12.1.4. Navigieren mit Shortcuts

[Alt] + [Bild oben] Um eine Bildschirmseite nach rechts bewegen

[Alt] + [Bild unten] Um eine Bildschirmseite nach links bewegen

[Bild oben] Um eine Bildschirmseite nach unten bewegen

[Bild unten] Um eine Bildschirmseite nach oben bewegen

[F6] Zum nächsten Ausschnitt wechseln

[Pfeiltasten] Um eine Zelle in eine bestimmte Richtung bewegen

[Pos1] An den Anfang der Zeile bewegen

[Shift] + [F6] Zum vorherigen Ausschnitt wechseln

[Strg] + [Bild oben] Vorheriges Tabellenblatt der Arbeitsmappe aktivieren

[Strg] + [Bild unten] Nächstes Tabellenblatt der Arbeitsmappe aktivieren

[Strg] + [Ende] Zur letzten verwendeten Zelle des Tabellenblatts bewegen

[Strg] + [F6] Zum nächsten Arbeitsmappenfenster wechseln

12.1 Windows-Shortcuts

[Strg] + [Pfeiltasten] An den Rand des aktuellen Datenbereichs bzw. zur letzten/ ersten Zelle einer Zeile/Spalte bewegen

[Strg] + [Pos1] An den Anfang des Tabellenblatts bewegen

[Strg] + [Rücktaste] Einen Bildlauf durchführen, um die aktive Zelle anzuzeigen

[Strg] + [Shift] + [F6] Zum vorherigen Arbeitsmappenfenster wechseln

[Strg] + [Shift] + [Tab] Zum vorherigen Arbeitsmappenfenster wechseln

[Strg] + [Tab] Zum nächsten Arbeitsmappenfenster wechseln

[Tab] Zwischen nicht gesperrten Zellen in einem geschützten Tabellenblatt bewegen

12.1.5. In Fenstern, Dialog- und Textfeldern arbeiten

[Alt] + [Shift] + [Tab] Zum vorherigen Programm wechseln

[Alt] + [Tab] Zum nächsten Programm wechseln

[Strg] + [Esc] Windows-Startmenü anzeigen

[Strg] + [F5] Aktives Arbeitsmappenfenster wiederherstellen

[Strg] + [F6] Zum nächsten Arbeitsmappenfenster wechseln

[Strg] + [F7] Aktives Fenster verschieben

[Strg] + [F8] Fenstergröße des aktiven Fensters ändern

[Strg] + [F9] Aktive Arbeitsmappe minimieren

[Strg] + [F10] Arbeitsmappenfenster maximieren oder wiederherstellen

[Strg] + [Shift] + [F6] Zum vorherigen Arbeitsmappenfenster wechseln

[Strg] + [W] Aktives Arbeitsmappenfenster schließen

[Alt] + [0] (Null) Ordnerliste im Dialogfeld Öffnen oder Speichern unter auswählen

[Alt] + [Buchstabe] Eine Option eines Dialogfelds auswählen oder ein Kontroll-kästchen aktivieren bzw. deaktivieren (wobei Buchstabe die Taste des unterstrichenen Buchstabens im Optionsnamen bezeichnet)

[Alt] + [nach unten] Ein ausgewähltes Dropdown-Listenfeld eines Dialogfelds öffnen

[Alt] + [Pfeiltasten] Ordner im Dialogfeld Öffnen oder Speichern unter auswählen

[Alt] + [Zahl] Symbolleistenschaltfläche im Dialogfeld Öffnen oder Speichern unter aus-wählen (1 steht für die Schaltfläche ganz links, 2 für die nächste usw.)

[Buchstabe] Option in einem Dropdown-Listenfeld eines Dialogfelds auswählen (Buch-stabe steht für den ersten Buchstaben im Namen der gewünschten Option)

In Fenstern, Dialog- und Textfeldern arbeiten

[Eingabe] Die der Standardbefehlsschaltfläche eines Dialogfelds zugewiesene Aktion ausführen

[Esc] Ein ausgewähltes Dropdown-Listenfeld eines Dialogfelds schließen oder einen Befehl abbrechen und das geöffnete Dialogfeld schließen

[F5] Die im Dialogfeld Öffnen oder Speichern unter sichtbaren Dateien aktualisieren

[Leertaste] Die der aktiven Schaltfläche eines Dialogfelds zugewiesene Aktion ausführen oder das aktive Kontrollkästchen aktivieren oder deaktivieren

[Pfeiltasten] Zwischen Optionen im aktiven Dropdown-Listenfeld oder zwischen Optionen einer Optionsgruppe eines Dialogfelds wechseln

[Shift] + [Tab] Zur vorherigen Option oder Optionsgruppe eines Dialogfelds wechseln

[Strg] + [Bild oben] Zur nächsten Registerkarte eines Dialogfelds wechseln

[Strg] + [Bild unten] Zur vorherigen Registerkarte eines Dialogfelds wechseln

[Strg] + [Shift] + [Tab] Zur vorherigen Registerkarte eines Dialogfelds wechseln

[Strg] + [Tab] Zur nächsten Registerkarte eines Dialogfelds wechseln

[Tab] Zur nächsten Option oder Optionsgruppe eines Dialogfelds wechseln

[Ende] Einfügemarke zum Ende eines Textfelds bewegen

[Pfeiltaste nach links] Einfügemarke in einem Textfeld um ein Zeichen nach links bewegen

[Pfeiltaste nach rechts] Einfügemarke in einem Textfeld um ein Zeichen nach rechts bewegen

[Pos1] Einfügemarke zum Anfang eines Textfelds bewegen

[Shift] + [Ende] Eintrag eines Textfelds von der Einfügemarke bis zum Ende markieren

[Shift] + [nach links] Ein Zeichen links der Einfügemarke in einem Textfeld markieren bzw. die vorhandene Markierung um ein Zeichen erweitern oder die Markierung aufheben

[Shift] + [nach rechts] Ein Zeichen rechts der Einfügemarke in einem Textfeld markieren bzw. die vorhandene Markierung um ein Zeichen erweitern oder die Markierung aufheben

[Shift] + [Pos1] Eintrag eines Textfelds von der Einfügemarke bis zum Anfang markieren

[Strg] + [nach links] Einfügemarke in einem Textfeld um ein Wort nach links bewegen

[Strg] + [nach rechts] Einfügemarke in einem Textfeld um ein Wort nach rechts bewegen

[Strg] + [Shift] + [nach links] Ein Wort links der Einfügemarke in einem Textfeld markieren bzw. die vorhandene Markierung um ein Zeichen erweitern oder die Markierung aufheben

12.1 Windows-Shortcuts

[Strg] + [Shift] + [n. rechts] Ein Wort rechts der Einfügemarke in einem Textfeld markieren bzw. die vorhandene Markierung um ein Zeichen erweitern oder die Markierung aufheben

12.1.6. In Zellen oder Bearbeitungsleiste arbeiten

[=] Formel beginnen

[Alt] + [Eingabe] Neue Zeile in derselben Zelle beginnen

[Alt] + [nach unten] AutoEingabe-Liste anzeigen

[Eingabe] Eingabe in eine Zelle abschließen

[Entf] Zeichen rechts der Einfügemarke löschen

[Esc] Eingabe in Zelle oder Bearbeitungsleiste abbrechen

[F3] Name in Formel einfügen

[Rücktaste] Zeichen links der Einfügemarke löschen

[Shift] + [Eingabe] Eingabe in eine Zelle abschließen und die Markierung nach oben bewegen

[Shift] + [Tab] Eingabe in eine Zelle abschließen und die Markierung nach links bewegen

[Strg] + [#] Zwischen der Anzeige von Zellwerten und der Anzeige von Zellformeln wechseln (nur bis Excel 2007)

[Strg] + [.] Aktuelles Datum in die aktive Zelle einfügen

[Strg] + [A] Formelpalette nach der Eingabe eines gültigen Funktionsnamens in eine Formel anzeigen

[Strg] + [Entf] Alle Zeichen bis zum Ende der Zeile löschen

[Strg] + [Shift] + [:] Aktuelle Uhrzeit in die aktive Zelle einfügen

[Strg] + [Shift] + [A] Argumentnamen u. Klammern für eine Funktion nach der Eingabe eines gültigen Funktionsnamens in eine Formel einfügen

[Strg] + [Shift] + [Eingabe] Formel als Matrixformel eingeben (Eingabe abschließen)

[Tab] Eingabe in eine Zelle abschließen und die Markierung nach rechts bewegen

[Strg] + [Leertaste] Markiert die ganze Spalte

[Shift] + [Leertaste] Markiert die ganze Zeile

12.1.7. Formatieren von Daten

[Alt] + [Shift] + [,] Befehl Formatvorlage ausführen

[Strg] + [1] Befehl Zellen ausführen

[Strg] + [4] Formatierung Unterstrichen zuweisen oder entfernen

[Strg] + [5] Formatierung Durchgestrichen zuweisen oder entfernen

[Strg] + [Shift] + [!] Format Zahl mit zwei Dezimalstellen (einem 1.000er-Trennzeichen und einem – bei negativen Werten) anwenden

[Strg] + [Shift] + [„] Format Wissenschaft mit zwei Dezimalstellen anwenden

[Strg] + [Shift] + [$] Format Währung mit zwei Dezimalstellen anwenden (negative Zahlenwerte werden rot angezeigt)

[Strg] + [Shift] + [%] Format Prozent ohne Dezimalstellen anwenden

[Strg] + [Shift] + [&] Format Standard (Standardzellformat) anwenden

[Strg] + [Shift] + [^] Format Zeit in Stunden und Minuten anwenden

[Strg] + [Shift] + [_] Einer Markierung einen Gesamtrahmen zuweisen

[Strg] + [Shift] + [§] Format Datum mit Tag, Monat und Jahr anwenden

[Strg] + [Shift] + [F] Formatierung Fett zuweisen oder entfernen

[Strg] + [Shift] + [K] Formatierung Kursiv zuweisen oder entfernen

[Strg] + [Shift] + [U] Formatierung Unterstrichen zuweisen oder entfernen

12.1.8. Mit Shortcuts in Datenmasken arbeiten

[Alt] + [Buchstabe] Ein Feld oder eine Befehlsschaltfläche auswählen (wobei Buchstabe die Taste des unterstrichenen Buchstabens im Feld- bzw. Schaltflächennamen bezeichnet)

[Bild oben] Im gleichen Feld um 10 Datensätze zurückbewegen

[Bild unten] Im gleichen Feld um 10 Datensätze vorbewegen

[Eingabe] Zum ersten Feld des nächsten Datensatzes bewegen

[Ende] Einfügemarke zum Ende eines Felds bewegen

[Pfeiltaste nach links] Einfügemarke in einem Feld um ein Zeichen nach links bewegen

[Pfeiltaste nach oben] Zum gleichen Feld des vorherigen Datensatzes bewegen

[Pfeiltaste nach rechts] Einfügemarke in einem Feld um ein Zeichen nach rechts bewegen

[Pfeiltaste nach unten] Zum gleichen Feld des nächsten Datensatzes bewegen

[Pos1] Einfügemarke zum Anfang eines Felds bewegen

[Shift] + [Eingabe] Zum ersten Feld des vorherigen Datensatzes bewegen

[Shift] + [Ende] Eintrag eines Felds von der Einfügemarke bis zum Ende markieren

[Shift] + [nach links] Ein Zeichen links der Einfügemarke in einem Feld markieren bzw. die vorhandene Markierung um ein Zeichen erweitern oder die Markierung aufheben

[Shift] + [nach rechts] Ein Zeichen rechts der Einfügemarke in einem Feld markieren bzw. die vorhandene Markierung um ein Zeichen erweitern oder die Markierung aufheben

[Shift] + [Pos1] Eintrag eines Felds von der Einfügemarke bis zum Anfang markieren

[Shift] + [Tab] Zum vorherigen bearbeitbaren Feld im Datensatz bewegen

[Strg] + [Bild oben] Zum ersten Datensatz bewegen

[Strg] + [Bild unten] Zum neuen Datensatz bewegen

[Tab] Zum nächsten bearbeitbaren Feld im Datensatz bewegen

[Strg] + [Shift] + [.] (oder [Strg] + [:], wenn man so will) fügt die aktuelle Uhrzeit ein.

12.1.9. Manchmal auch nützlich

[Strg] + [,] wiederholt den Wert aus der darüberliegenden Zelle

12.2. Macintosh-Shortcuts

12.2.1. Die vielleicht wichtigsten Shortcuts

F1 Rückgängig

F2 Ausschneiden von Text aus der aktiven Zelle

UMSCHALT+F2 Bearbeiten eines Zellkommentars

F3 Kopieren von Text aus der aktiven Zelle

UMSCHALT+F3 Öffnen des Formel-Generators

F4 Einfügen von Text in die aktive Zelle

UMSCHALT+F4 Wiederholen des letzten Befehls Suchen (Weitersuchen)

⌘+F4 Schließen des Fensters

F5 Anzeigen des Dialogfelds Gehe zu

UMSCHALT+F5 Anzeigen des Dialogfelds Suchen

⌘+F5 Wiederherstellen der Fenstergröße

F6 Wechseln zum nächsten Ausschnitt in einer geteilten Arbeitsmappe

UMSCHALT+F6 Wechseln zum vorherigen Ausschnitt in einer geteilten Arbeitsmappe

⌘+F6 Wechseln zum nächsten Arbeitsmappenfenster

Die vielleicht wichtigsten Shortcuts

CTRL+UMSCHALT+F6 Wechseln zum vorherigen Arbeitsmappenfenster

F7 Rechtschreibprüfung

F8 Aktivieren des erweiterten Auswahlmodus, mit Pfeiltasten oder Cursor verwendet

UMSCHALT+F8 Hinzufügen zur Markierung

WAHL+F8 Anzeigen des Dialogfelds Makro

F9 Berechnen aller Blätter in allen geöffneten Arbeitsmappen

UMSCHALT+F9 Berechnen des aktiven Arbeitsblatts

UMSCHALT+F10 Anzeigen eines Kontextmenüs

⌘+F10 Maximieren oder Wiederherstellen des Arbeitsmappenfensters

WAHL+F10 Festlegen der ersten Schaltfläche auf einer unverankerten Symbolleiste als aktiv

F11 Einfügen eines neuen Diagrammblatts

UMSCHALT+F11 Einfügen eines neuen Arbeitsblatts

⌘+F11 Einfügen einer Excel 4.0-Makrovorlage

F12 Anzeigen des Dialogfelds Speichern unter

⌘+F12 Anzeigen des Dialogfelds Öffnen

CTRL+UMSCHALT+F12 Anzeigen des Dialogfelds Drucken

Navigieren und Bildlauf auf einem Blatt oder in einer Arbeitsmappe

Pfeiltasten Bewegen um eine Zelle nach oben, unten, links oder rechts

CTRL+Pfeiltaste Bewegen an den Rand des aktuellen Datenbereichs

POS1 Bewegen an den Anfang der Zeile

CTRL+POS1 Bewegen an den Anfang des Blatts

CTRL+ENDE Bewegen zur letzten verwendeten Zelle im Arbeitsblatt, d. h. der Zelle am Schnittpunkt der am weitesten rechts liegenden Spalte mit der untersten Zeile (untere rechte Ecke), oder der Zelle gegenüber der ersten Zelle (normalerweise A1)

BILD-AB Bewegen um eine Bildschirmseite nach unten

BILD-AUF Bewegen um eine Bildschirmseite nach oben

WAHL+BILD-AB Bewegen um eine Bildschirmseite nach rechts

WAHL+BILD-AUF Bewegen um eine Bildschirmseite nach links

CTRL+BILD-AB Wechseln zum nächsten Blatt in der Arbeitsmappe

12.2 Macintosh-Shortcuts

CTRL+BILD-AUF Wechseln zum vorherigen Blatt in der Arbeitsmappe

CTRL+TAB Wechseln zur nächsten Arbeitsmappe bzw. zum nächsten Fenster

CTRL+UMSCHALT+TAB Wechseln zur vorherigen Arbeitsmappe bzw. zum vorherigen Fenster

F6 Wechseln zum nächsten Ausschnitt in einer geteilten Arbeitsmappe

UMSCHALT+F6 Wechseln zum vorherigen Ausschnitt in einer geteilten Arbeitsmappe

CTRL+ENTF Bildlauf, um die aktive Zelle anzuzeigen

CTRL+G Anzeigen des Dialogfelds Gehe zu

⌘+F Anzeigen des Dialogfelds Suchen

⌘+G Wiederholen des letzten Befehls Suchen (Weitersuchen)

TAB Wechseln zwischen nicht gesperrten Zellen in einem geschützten Arbeitsblatt

12.2.2. Vorschau und Drucken

⌘+P Anzeigen des Dialogfelds Drucken

Pfeiltasten Bewegen auf einer Seite bei vergrößerter Seitenansicht

BILD-AUF Bewegen um eine Seite bei verkleinerter Seitenansicht

CTRL+NACH-OBEN Wechseln zur ersten Seite bei verkleinerter Seitenansicht

CTRL+NACH-UNTEN Wechseln zur letzten Seite bei verkleinerter Seitenansicht

12.2.3. Eingeben von Daten auf einem Arbeitsblatt

EINGABETASTE Abschließen einer Zelleingabe und Bewegen nach unten in der Markierung

CTRL+WAHL+EINGABE Beginnen einer neuen Zeile in derselben Zelle

CTRL+EINGABE Ausfüllen des ausgewählten Zellbereichs mit dem eingegebenen Text

UMSCHALT+EINGABETASTE Abschließen einer Zelleingabe und Bewegen nach oben in der Markierung

TAB Abschließen einer Zelleingabe und Bewegen nach rechts in der Markierung

UMSCHALT+TAB Abschließen einer Zelleingabe und Bewegen nach links in der Markierung

ESC Abbrechen einer Zelleingabe

Arbeiten in Zellen oder auf der Funktionsleiste

RÜCKSCHRITTTASTE Löschen des Zeichens links von der Einfügemarke oder Löschen der Markierung

ENTF Löschen des Zeichens rechts von der Einfügemarke oder Löschen der Markierung

CTRL+ENTF Löschen des Texts bis zum Ende der Zeile

Pfeiltasten Bewegen um ein Zeichen nach oben, unten, links oder rechts

POS1 Bewegen an den Anfang der Zeile

⌘+Y Wiederholen der letzten Aktion

UMSCHALT+F2 Bearbeiten eines Zellkommentars

CTRL+D Ausfüllen nach unten

CTRL+R Ausfüllen nach rechts

CTRL+L Festlegen eines Namens

12.2.4. Arbeiten in Zellen oder auf der Funktionsleiste

RÜCKSCHRITTTASTE Bearbeiten der aktiven Zelle und anschließendes Löschen des Zellinhalts oder Löschen des Zeichens links von der Einfügemarke in der aktiven Zelle, während der Zellinhalt bearbeitet wird

EINGABETASTE Abschließen einer Zelleingabe

CTRL+WAHL+EINGABE Eingeben einer Formel als Matrixformel

ESC Abbrechen der Eingabe in die Zelle oder Funktionsleiste

CTRL+A Anzeigen des Formel-Generators nach der Eingabe eines gültigen Funktionsnamens in eine Formel

⌘+K Einfügen eines Links

EINGABETASTE (in einer Zelle mit einem Link) Aktivieren eines Links

CTRL+U Bearbeiten der aktiven Zelle und Positionieren der Einfügemarke am Ende der Zeile

UMSCHALT+F3 Öffnen des Formel-Generators

⌘+= Berechnen aller Blätter in allen geöffneten Arbeitsmappen

⌘+UMSCHALT+= Berechnen des aktiven Arbeitsblatts

= Beginnen einer Formel

⌘+T Umschalten zwischen absoluter, relativer und gemischter Formelschreibweise

12.2 Macintosh-Shortcuts

⌘+UMSCHALT+T Einfügen der Formel „AutoSumme"

CTRL+SEMIKOLON (;) Eingeben des Datums

⌘+SEMIKOLON (;) Eingeben der Uhrzeit

CTRL+UMSCHALT+ANFÜHRUNGSZEICHEN („) Kopieren des Werts aus der Zelle oberhalb der aktiven Zelle in die Zelle oder Funktionsleiste

CTRL+GRAVISZEICHEN (`) Wechseln zwischen der Anzeige von Zellwerten und der Anzeige von Zellformeln

CTRL+APOSTROPH (‚) Kopieren einer Formel aus der Zelle oberhalb der aktiven Zelle in die Zelle oder Funktionsleiste

WAHL+NACH-UNTEN Anzeigen der AutoVervollständigen-Liste

CTRL+L Festlegen eines Namens

12.2.5. Formatieren und Bearbeiten von Daten

⌘+UMSCHALT+L Anzeigen des Dialogfelds Formatvorlage

⌘+1 Anzeigen des Dialogfelds Zellen formatieren

CTRL+UMSCHALT+~ Anwenden des Standardzahlenformats

CTRL+UMSCHALT+$ Anwenden des Währungsformats mit zwei Dezimalstellen (negative Zahlen werden rot und in Klammern angezeigt)

CTRL+UMSCHALT+% Anwenden des Prozentformats ohne Dezimalstellen

CTRL+UMSCHALT+^ Anwenden des exponentiellen Zahlenformats mit zwei Dezimalstellen

CTRL+UMSCHALT+# Anwenden des Datumsformats mit Tag, Monat und Jahr

CTRL+UMSCHALT+@ Anwenden des Uhrzeitformats mit Stunden und Minuten und Angabe von A.M. oder P.M.

CTRL+UMSCHALT+! Anwenden des Zahlenformats mit zwei Dezimalstellen, einem 1000er-Trennzeichen und einem Minuszeichen (-) bei negativen Werten

⌘+WAHL+0 (NULL) Anwenden eines Außenrahmens auf die markierten Zellen

⌘+WAHLTASTE+NACH-RECHTS Hinzufügen eines Außenrahmens rechts neben der Markierung

⌘+WAHL+NACH-LINKS Hinzufügen eines Außenrahmens links neben der Markierung

⌘+WAHL+NACH-OBEN Hinzufügen eines Außenrahmens oberhalb der Markierung

⌘+WAHL+NACH-UNTEN Hinzufügen eines Außenrahmens unterhalb der Markierung

⌘+WAHL+BINDESTRICH Entfernen von Außenrahmen

⌘+B Zuweisen oder Aufheben der Fettformatierung

⌘+I Zuweisen oder Aufheben der Kursivformatierung

⌘+U Zuweisen oder Entfernen von Unterstreichungen

⌘+UMSCHALT+EINGABE Zuweisen oder Aufheben einer durchgestrichenen Formatierung

CTRL+9 Ausblenden von Zeilen

CTRL+UMSCHALT+(Einblenden von Zeilen

CTRL+0 (NULL) Ausblenden von Spalten

CTRL+UMSCHALT+) Einblenden von Spalten

+UMSCHALT+W Hinzufügen oder Entfernen des Effekts „Schatten"

+UMSCHALT+D Hinzufügen oder Entfernen des Effekts „Kontur"

CTRL+U Bearbeiten der aktiven Zelle

ESC Abbrechen der Eingabe in die Zelle oder Funktionsleiste

RÜCKSCHRITTTASTE Bearbeiten der aktiven Zelle und anschließendes Löschen des Zellinhalts oder Löschen des Zeichens links von der Einfügemarke in der aktiven Zelle, während der Zellinhalt bearbeitet wird

⌘+V Einfügen von Text in die aktive Zelle

EINGABETASTE Abschließen einer Zelleingabe

CTRL+WAHL+EINGABE Eingeben einer Formel als Matrixformel

CTRL+A Anzeigen des Formel-Generators nach der Eingabe eines gültigen Funktionsnamens in eine Formel

12.2.6. Arbeiten mit einer Markierung

⌘+C Kopieren der Markierung

⌘+X Ausschneiden der Markierung

⌘+V Einfügen der Markierung

ENTF Löschen des Inhalts der Markierung

CTRL+BINDESTRICH Löschen der Markierung

12.2 Macintosh-Shortcuts

⌘+Z Rückgängigmachen der letzten Aktion

CTRL+UMSCHALT+PLUSZEICHEN Aktivieren der Ansicht Formeln anzeigen

EINGABETASTE Bewegen des Cursors von oben nach unten in der Markierung (abwärts) oder Bewegen in die Richtung, die im Dialogfeld Einstellungen (Menü Excel, Befehl Einstellungen) unter Bearbeiten aktiviert wurde

UMSCHALT+EINGABETASTE Bewegen des Cursors von unten nach oben in der Markierung (aufwärts) oder Bewegen in die Richtung, die der Richtung entgegengesetzt ist, die im Dialogfeld Einstellungen (Menü Excel, Befehl Einstellungen) unter Bearbeiten aktiviert wurde

TAB Bewegen des Cursors von links nach rechts in der Markierung oder Abwärtsbewegen um eine Zelle, wenn nur eine Spalte markiert ist

UMSCHALT+TAB Bewegen des Cursors von rechts nach links in der Markierung oder Aufwärtsbewegen um eine Zelle, wenn nur eine Spalte markiert ist

CTRL+PUNKT Bewegen im Uhrzeigersinn zur nächsten Ecke der Markierung

CTRL+WAHL+NACH-RECHTS Bewegen des Cursors nach rechts in nicht nebeneinander liegenden Markierungen

CTRL+WAHL+NACH-LINKS Bewegen des Cursors nach links in nicht nebeneinander liegenden Markierungen

12.2.7. Markieren von Zellen, Spalten oder Zeilen

CTRL+UMSCHALT+STERNCHEN Markieren des aktuellen Bereichs um die aktive Zelle (der aktuelle Bereich ist ein Datenbereich, der von leeren Zeilen und Spalten umgeben ist)

UMSCHALT+PFEILTASTE Erweitern der Markierung um eine Zelle

CTRL+UMSCHALT+PFEILTASTE Erweitern der Markierung bis zur letzten nicht leeren Zelle in derselben Spalte oder Zeile wie die aktive Zelle

UMSCHALT+ANFANG Erweitern der Markierung bis zum Anfang der Zeile

CTRL+UMSCHALT+ANFANG Erweitert die Markierung bis zum Anfang des Blatts

CTRL+UMSCHALT+ENDE Erweitern der Markierung bis zur letzten verwendeten Zelle des Arbeitsblatts (rechte untere Ecke)

CTRL+LEERTASTE Markieren der gesamten Spalte

UMSCHALT+LEERTASTE Markieren der gesamten Zeile

+A Markieren des gesamten Blatts

Markieren von Zellen, Spalten oder Zeilen

UMSCHALT+ENTF Ausschließliches Markieren der aktiven Zelle, wenn mehrere Zellen markiert sind

UMSCHALT+BILD-AB Erweitern der Markierung um eine Bildschirmseite nach unten

UMSCHALT+BILD-AUF Erweitern der Markierung um eine Bildschirmseite nach oben

CTRL+UMSCHALT+LEERTASTE Markieren aller Objekte in einem Blatt, wenn ein Objekt markiert ist

CTRL+6 Wechseln zwischen dem Ein- und Ausblenden von Objekten und dem Anzeigen von Platzhaltern für Objekte

CTRL+7 Ein- oder Ausblenden der Standardsymbolleiste

F8 Aktivieren der Option zum Erweitern einer Markierung mit Hilfe der Pfeiltasten

UMSCHALT+F8 Hinzufügen eines weiteren Zellbereichs zur Markierung oder Verwenden der Pfeiltasten zum Bewegen des Cursors zum Anfang des hinzuzufügenden Bereichs. Drücken Sie anschließend F8 und die Pfeiltasten, um den nächsten Bereich auszuwählen.

CTRL+/ Markieren der aktuellen Matrix, bei der es sich um die Matrix handelt, zu der die aktive Zelle gehört

⌘+UMSCHALT+O (Buchstabe O) Markieren aller Zellen mit Kommentaren

CTRL+\ Markieren der Zellen in einer Zeile, die nicht dem Wert in der aktiven Zelle dieser Zeile entsprechen. Sie müssen die Zeile beginnend mit der aktiven Zelle markieren.

CTRL+UMSCHALT+| Ausschließliches Markieren der Zellen, auf die Formeln innerhalb der Markierung direkt verweisen

CTRL+[Markieren der Zellen in einer Spalte, die nicht dem Wert in der aktiven Zelle dieser Spalte entsprechen. Sie müssen die Spalte beginnend mit der aktiven Zelle markieren.

CTRL+UMSCHALT+{ Markieren aller Zellen, auf die Formeln innerhalb der Markierung direkt oder indirekt verweisen

CTRL+] Ausschließliches Markieren der Zellen mit Formeln, die direkt auf die aktive Zelle verweisen

CTRL+UMSCHALT+} Markieren aller Zellen mit Formeln, die direkt oder indirekt auf die aktive Zelle verweisen

⌘+UMSCHALT+Z Ausschließliches Markieren sichtbarer Zellen in der aktuellen Markierung

12.2.8. Finanzmanagement

WAHL+NACH UNTEN Anzeigen des Menüs AutoVervollständigen für Kategorien

NACH-OBEN Wechseln zum vorherigen Element im Menü AutoVervollständigen für Kategorien

NACH-UNTEN-TASTE Wechseln zum nächsten Element im Menü AutoVervollständigen für Kategorien

BILD-AUF Bildlauf im Menü AutoVervollständigen für Kategorie um eine Seite nach oben

BILD-AB Bildlauf im Menü AutoVervollständigen für Kategorien um eine Seite nach unten

ENDE Wechseln zum Ende des Menüs AutoVervollständigen für Kategorien

ESC Schließen des Menüs AutoVervollständigen für Kategorien

TAB,EINGABE oder EINGABETASTE Zuweisen der ausgewählten Kategorie im Menü AutoVervollständigen für Kategorien

WAHL+NACH UNTEN Anzeigen des Menüs Priorität

Pfeiltasten Verschieben in der Prioritätenliste

TAB oder EINGABE EINGABETASTE Zuweisen der markierten Priorität in der Prioritätenliste

ESC Schließen der Prioritätenliste und Zurückkehren zur Zelle

⌘+PUNKT Schließen der Prioritätenliste und Zurückkehren zur Zelle

⌘+WAHL+1 Anzeigen des Menüs für das erste Variablenfeld im Header

⌘+WAHL+2 Anzeigen des Menüs für das zweite Variablenfeld im Header

12.2.9. Diagramme

F11 Einfügen eines neuen Diagrammblatts

Pfeiltasten Wechseln zwischen Diagrammobjekten in einer Markierung

CTRL+6 Wechseln zwischen dem Aus- und Einblenden von Diagrammobjekten und der Anzeige von Platzhaltern für Diagrammobjekte

12.2.10.   Datenformulare

NACH-UNTEN Bewegen zum gleichen Feld im nächsten Datensatz

NACH-OBEN Bewegen zum gleichen Feld im vorherigen Datensatz

TAB Bewegen zum nächsten Feld im Datensatz, das bearbeitet werden kann

UMSCHALT+TAB Bewegen zum vorherigen Feld im Datensatz, das bearbeitet werden kann

EINGABETASTE Bewegen zum ersten Feld im nächsten Datensatz

UMSCHALT+EINGABETASTE Bewegen zum ersten Feld im vorherigen Datensatz

BILD-AB Bewegen zum gleichen Feld um 10 Datensätze weiter

CTRL+BILD-AB Bewegen zu einem neuen Datensatz

BILD-AUF Bewegen zum gleichen Feld um 10 Datensätze zurück

CTRL+BILD-AUF Bewegen zum ersten Datensatz

NACH-LINKS Bewegen in einem Feld um ein Zeichen nach links bzw. nach rechts

NACH-RECHTS Bewegen in einem Feld um ein Zeichen nach links bzw. nach rechts

UMSCHALT+NACH-LINKS Markieren des Zeichens links von der Einfügemarke

UMSCHALT+WAHL+NACH-RECHTS Markieren des Zeichens rechts von der Einfügemarke

12.2.11. AutoFilter und PivotTable-Berichte

WAHL+NACH-UNTEN Anzeigen der AutoFilter-Liste oder des Popupmenüs des PivotTable-Seitenfelds für die markierte Zelle

NACH-UNTEN Markieren des nächsten Elements in der AutoFilter-Liste oder im PivotTable-Seitenfeld

NACH-OBEN Markieren des vorherigen Elements in der AutoFilter-Liste oder im PivotTable-Seitenfeld

POS1 Markieren des ersten Elements (aufsteigende Sortierung) in der AutoFilter-Liste oder im PivotTable-Seitenfeld

ENDE Markieren des letzten Elements in der AutoFilter-Liste oder im PivotTable-Seitenfeld

EINGABETASTE Filtern der Liste unter Verwendung des in der AutoFilter-Liste oder im PivotTable-Seitenfeld ausgewählten Elements

12.2.12. Gliedern von Daten

CTRL+8 Einblenden oder Ausblenden der Gliederungssymbole

CTRL+9 Ausblenden von markierten Zeilen

12.2 Macintosh-Shortcuts

CTRL+UMSCHALT+(Einblenden von markierten Zeilen

CTRL+0 (NULL) Ausblenden von markierten Spalten

CTRL+UMSCHALT+) Einblenden von markierten Spalten

12.2.13. Symbolleisten

WAHL+F10 Festlegen der ersten Schaltfläche auf einer unverankerten Symbolleiste als aktiv

TAB Auswählen der nächsten Schaltfläche oder des nächsten Menüs auf einer Symbolleiste, wenn diese aktiv ist

UMSCHALT+TAB Auswählen der vorherigen Schaltfläche oder des vorherigen Menüs auf einer Symbolleiste, wenn diese aktiv ist

CTRL+TAB Auswählen der nächsten Symbolleiste bei aktiver Symbolleiste

CTRL+UMSCHALT+TAB Auswählen der vorherigen Symbolleiste bei aktiver Symbolleiste

EINGABETASTE Ausführen der Aktion, die der ausgewählten Schaltfläche zugeordnet ist

12.2.14. Fenster

⌘+TAB Wechseln zur nächsten Anwendung

⌘+UMSCHALT+TAB Wechseln zur vorherigen Anwendung

⌘+W Schließen des aktiven Arbeitsmappenfensters

⌘+F5 Wiederherstellen der Größe des aktiven Arbeitsmappenfensters

F6 Wechseln zum nächsten Ausschnitt in einer geteilten Arbeitsmappe

UMSCHALT+F6 Wechseln zum vorherigen Ausschnitt in einer geteilten Arbeitsmappe

⌘+F6 Wechseln zum nächsten Arbeitsmappenfenster

⌘+UMSCHALT+EINGABE Wechseln zum vorherigen Arbeitsmappenfenster

⌘+F5 Wiederherstellen der Fenstergröße

CTRL+F10 Maximieren oder Wiederherstellen des Arbeitsmappenfensters

⌘+UMSCHALT+3 Kopieren der Bildschirmanzeige in die Zwischenablage.

⌘+UMSCHALT+4 Kopieren des Bilds des aktiven Fensters in die Zwischenablage (klicken Sie nach dem Drücken und Loslassen der Tasten in das Fenster, das kopiert werden soll)

12.2.15. Dialogfelder

TAB Wechseln zur nächsten Option oder Optionsgruppe

UMSCHALT+TAB Wechseln zur vorherigen Option oder Optionsgruppe

CTRL+TAB Wechseln zur nächsten Registerkarte in einem Dialogfeld

CTRL+UMSCHALT+TAB Wechseln zur vorherigen Registerkarte in einem Dialogfeld

EINGABETASTE Durchführen der Aktion, die der Standardbefehlsschaltfläche im Dialogfeld zugeordnet ist (die Schaltfläche mit der fett dargestellten Umrandung, häufig die Schaltfläche OK)

ESC Abbrechen des Befehls und Schließen des Dialogfelds

13 Ein Wort zu mir

Seit 1990 unterrichte ich Softwareprodukte von verschiedenen Herstellern aus verschiedenen Bereichen. Dabei zählt Excel zu meinen bevorzugten Programmen. Nicht nur, weil es in viele verschiedene Wissensgebiete eingreift, sondern auch, weil an dieses Produkt immer wieder neue Anforderungen gestellt werden, die es zu lösen gilt. Vielleicht, weil es in Excel oft ums Knobeln, Denken, Probleme Lösen, … geht – ich habe Spaß daran. Auch wenn Excel manchmal nervt …

Ich sehe übrigens auch nicht aus wie auf dem Foto – das Bild ist 5 x 3 cm groß und ziemlich flach – ich dagegen bin rund, habe Volumen und Format, bin etwas länger und nicht in Pixel auflösbar.

Und: gerne biete ich Ihnen Excel-Schulungen an. Und natürlich auch Schulungen im Bereich (Excel) VBA.

Weitere Infos über mich finden Sie auf meiner Seite www.compurem.de.

Neben meiner Unterrichtstätigkeit programmiere ich auch (beispielsweise VBA in Excel oder VS.NET mit Excel), schreibe Bücher und Zeitschriftenartikel und erstelle Lernvideos für video2brain.

Hier einige Lernvideos, die ich bei video2brain erstellt habe:

Und einige der Bücher, die ich geschrieben habe:

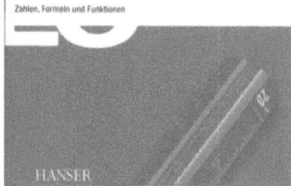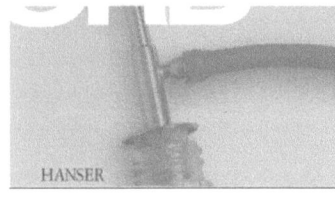

14 Stichwortverzeichnis

- 527
539
#BEZUG 536, 539
#DIV/0 534
#DIV/0! 539
#NAME 535
#NAME? 540
#NULL 537
#NULL! 540
#NV 537, 540
#WERT 535, 540
#ZAHL 536, 540
$ 527
% 527, 531
* 530
. 527
/ 24, 26, 29, 33, 35, 40, 44, 46, 54, 56, 64, 67, 80, 103, 115, 121, 124, 128, 135, 136, 139, 141, 152, 153, 154, 156, 159, 165, 169, 171, 180, 199, 200, 205, 213, 216, 227, 242, 261, 267, 268, 271, 285, 303, 324, 325, 335, 351, 353, 358, 363, 374, 375, 378, 386, 388, 399, 407, 422, 425, 426, 434, 436, 439, 450, 451, 457, 473, 487, 490, 527, 530
: 527
€ 527
+ 530
01.01.1900 94
1904 94
24-Stunden-Grenze 235, 292
absoluter Bezug 533

Access 161, 524
Achsenbeschriftung 1, 3, 33, 41, 43, 44, 46, 60, 61, 64, 65, 71, 72, 80, 82, 83, 89, 94, 98, 99, 102, 104, 113, 114, 116, 118, 120, 121, 123, 130, 132, 133, 139, 157, 166, 183, 202, 206, 207, 212, 217, 225, 226, 227, 237, 247, 248, 253, 255, 258, 267, 285, 289, 294, 308, 309, 311, 313, 315, 316, 317, 321, 324, 325, 327, 330, 334, 336, 342, 343, 349, 350, 355, 363, 370, 374, 376, 384, 387, 391, 394, 398, 408, 411, 412, 423, 429, 469, 480, 483, 504, 507
Annuität 533
ANZAHLLEEREZELLEN 528
Application 45, 525
Approximationsverfahren 533
Arbeitsblatt 127, 140, 168, 200, 389
ARCSIN 537
Argumente 320
Array 130
Assistent 99, 100, 130, 132, 178, 374, 375, 376, 380, 382, 389, 403, 420
ausblenden 25, 29, 33, 39, 40, 46, 54, 265, 510
Ausfüllen 221
ausgeblendet 33, 35, 38, 40, 44, 45, 119, 263, 264, 287, 342, 416, 501
ausrichten 111, 237
ausschneiden 53, 129
Autoausfüllen 66, 79
Autokorrektur 56, 57, 62, 552
automatisch 52, 53, 62, 73, 79, 100, 111,

114, 231, 289, 351, 355, 443

Bearbeitungsleiste 42, 46, 54, 60, 73, 97, 111, 130, 204, 307

bedingte Formatierung 200, 206, 208, 209, 210, 214, 223, 351, 368, 500, 501

benutzerdefinierte Liste 85

benutzerdefiniertes Zahlenformate 552

Benutzername 63, 142

Bereiche 53, 58, 129, 137, 222, 293, 294, 320, 424, 432, 451

Beschriftung 81, 180, 184, 447, 459, 465, 488, 501, 507, 511, 515

bewegen 48

Bild 46, 91, 103, 106, 112, 268, 387, 398, 457, 507

Bindestrich 527

Blatt 33, 34, 40, 54, 92, 102, 126, 141, 168, 180, 191, 225, 271, 274, 276, 387, 398, 401, 422, 463

Blattregisterkarten 29, 81

blau 62, 415

blaue Pfeile 199

Bogenmaß 533

Buchhaltung 53, 109, 194, 231, 233, 247, 249, 250, 251, 366

Buchstabe 527

Bug 24, 124

cm 260, 261

Code 159, 517, 519

Collection 524, 525

Count 525

csv 159

Cursor 27, 45, 46, 59, 64, 65, 66, 69, 73, 77, 82, 97, 105, 106, 114, 119, 121, 125, 130, 131, 132, 286, 309, 316, 359, 376, 389, 390, 401, 403, 411, 412, 437, 438, 447

Darstellungen 50

DATEDIF 343

Daten 28, 36, 50, 83, 95, 100, 102, 108, 128, 131, 132, 134, 137, 138, 139, 140, 150, 152, 153, 157, 158, 162, 164, 165, 171, 178, 179, 184, 222, 241, 301, 307, 331, 350, 361, 363, 366, 373, 374, 375, 376, 377, 379, 382, 383, 384, 385, 386, 387, 388, 390, 396,397, 398, 399, 400, 401, 407, 412, 421, 422, 425, 426, 427, 429, 434, 435, 436, 442, 446, 449, 450, 451, 457, 458, 462, 465, 468, 469, 470, 471, 474, 476, 484, 486, 487, 490, 491, 494, 503, 504, 509, 510, 511, 512, 513, 516

Daten XE "Daten" auswählen 134, 158, 450, 451, 470, 471, 487

Daten XE "Daten" trennen 379

Datenaustausch 147

Dateneingabe 48

Datenpunkt 510

Datenquelle 125, 422, 425, 426, 434, 436, 451

Datenüberprüfung 48, 74, 113, 128, 140, 168, 180, 183, 517, 538

Datum 66, 71, 74, 78, 89, 94, 98, 99, 107, 108, 118, 147, 160, 162, 163, 164, 229, 231, 233, 239, 242, 246, 247, 248, 252, 253, 254, 306, 311, 336, 340, 350, 380, 417, 419, 554

Datumsformat 162, 232, 336, 531

Dezimalstelle 531

Dezimalstellen 240, 244, 299

Dezimalzahl 527

Diagramme 35, 132, 138, 150, 162, 376, 441, 442, 444, 447, 449, 452, 460, 462, 463, 465, 474, 476, 477, 478, 480, 481, 483, 484, 485, 490, 493, 501, 503, 509, 511, 515

DMY 311

Doppelklick 26, 27, 65, 66, 69, 78, 88, 92, 93, 97, 106, 153, 248, 257, 362

Doppelpunkt 527

Druckbereich 271, 284

drucken 47, 72, 141, 196, 273, 274, 447, 552

dünne Balken 449

editieren 73, 153, 362

einblenden 25, 33, 38, 39, 40, 263, 264, 265, 287, 458

einfrieren 27

einfügen 52, 57, 61, 77, 99, 113, 118, 130, 134, 136, 137, 138, 140, 147, 153, 158, 168, 180, 215, 223, 224, 248, 258, 346, 362, 363, 386, 455, 465, 501, 507, 509

Ende 64, 76, 94, 141, 315, 410, 490, 503, 518, 525

entspricht 27, 166, 181, 237, 257

Erklärung 94, 166, 169, 170, 278, 334, 366

ERSETZEN 317

EURO 527

Excel 2003 84, 98, 134, 158, 168, 184, 202, 203, 325, 326, 327, 413, 420

Excel 2007 26, 38, 42, 45, 71, 73, 89, 93, 97, 98, 107, 183, 184, 209, 210, 274, 275, 334, 429

Excel 2010 24, 37, 46, 73, 89, 97, 99, 111, 124, 165, 183, 210

Excel 2013 26, 73, 89, 94, 102, 107, 134, 135, 158, 162, 183, 209, 275, 317, 334, 429, 444, 511

Excel 2016 119

Excel 4.0 102, 171

Excel 5.0 133, 224

Export 153, 157, 363

FAKULTÄT 537

Fehler 71, 110, 116, 117, 242, 285, 290, 301, 304, 305, 319, 320, 325, 328, 330, 332, 336, 354, 355, 361, 363, 370, 371, 402

Fehler 527

Fehlermeldung 108, 125, 126, 127, 131, 132, 133, 136, 140, 157, 171, 201, 294, 319, 320, 321, 326, 330, 332, 361, 363, 368, 373, 374, 376, 389, 390, 426, 427, 437, 473, 517, 524

Fehlerüberprüfung 80, 117, 152, 252, 253, 362

Feiertage 351, 352, 353, 368

Filter 552

filtern 28, 38, 130, 132, 152, 164, 227, 361, 376, 387, 389, 392, 398, 400, 401, 403, 404, 406, 407, 414

finden 29, 33, 41, 43, 44, 45, 56, 81, 91, 105, 115, 121, 140, 153, 165, 171, 219, 221, 224, 235, 268, 271, 275, 292, 305, 313, 330, 344, 361, 363, 371, 373, 393, 408, 425, 457

FINDEN 536

fixieren 27, 147, 309

formatieren 54, 61, 98, 99, 107, 109, 116, 124, 152, 163, 191, 203, 204, 216, 221, 223, 233, 235, 237, 238, 244, 245, 248, 249, 250, 251, 252, 256, 264, 292, 298, 361, 418, 419, 443, 447, 454, 464, 469, 474, 477, 479, 484, 496, 499, 503, 504, 509, 510, 511, 520

formatiert 31, 53, 71, 74, 78, 109, 152, 187, 190, 194, 212, 225, 230, 231, 233, 238, 240, 242, 243, 246, 248, 250, 251, 252, 253, 254, 266, 290, 297, 299, 303, 306, 307, 311, 355, 357, 361, 380, 388, 393, 399, 417, 460, 490, 497, 501, 510, 514

Formelanzeige 54, 71, 99

Formeln 48, 54, 71, 80, 137, 169, 199, 202, 203, 250, 285, 289, 301, 311, 327, 332, 346, 350, 355, 368, 371, 372, 451

Freigegeben 139

591

Fußzeile 118, 268, 552

Genauigkeit wie angezeigt 244, 245

getrennt 178, 294, 320, 382, 383, 384

Gitternetz 196

Gitternetzlinien 30, 31, 191, 196, 267, 284, 478, 479, 510

gleich 28, 64, 71, 105, 110, 181, 243, 244, 345, 351, 354, 400, 439, 444, 462, 506

Grad 533

Grafik 268, 507

Grafiken 154

grau 103, 196

Grundrechenarten 528

grüne Ecken 80

grünes Eck 252

Gültigkeit 128, 168, 183, 184

Hashtag 68

herunterziehen 108, 153, 362

Hilfe 39, 42, 57, 91, 95, 113, 120, 166, 172, 226, 251, 254, 281, 342, 351, 511, 517

Hintergrundfarbe 31, 196, 204, 214, 224, 373

Hyperlink 62, 138

INDIREKT 335, 336

Internetadresse 62

ISO 233

ISOKALENDERWOCHE 334

Januar 34, 74, 229, 239, 246, 340, 380

Kästchen 25, 39, 57, 66, 88, 92, 93, 97, 106, 110, 159, 265

Kategorien 453, 477, 486, 513

Klammer 301, 320, 518, 521, 522, 523

Kombinationsfeld 219, 229, 230, 429

komische Zeichen 154

Komma 71, 105, 237, 242, 286

Komma 527

Kommentar 552

Kommentare 141, 143, 145

Kompatibilitätsmodus 162

Kompatibilitätsprüfung 201, 326

Kopfzeile 91, 118, 224, 268, 284, 519, 552

kopieren 77, 124, 133, 134, 137, 150, 153, 157, 158, 228, 244, 248, 328, 346, 362, 363, 373, 442, 465

krakelig 193

LÄNGE 315, 316, 317, 411

Laufrichtung 81

leere Zelle 53, 153, 231, 285, 359, 363

Leerzeichen 50, 79, 110, 118, 119, 151, 169, 226, 242, 252, 294, 302, 303, 313, 314, 315, 316, 317, 319, 320, 321, 368, 378, 384, 402, 408, 409, 410, 411, 477, 516, 518, 521, 527, 530, 552

Linie 175, 187, 216, 217, 276, 277, 280, 447, 459, 467, 482, 509

Linien 36, 196, 215, 218, 276, 277, 278, 279, 476

Links 81, 463

linksbündig 49, 78, 152, 248, 287, 357, 361, 477

Liste 28, 33, 38, 56, 65, 82, 83, 85, 86, 88, 94, 105, 125, 126, 163, 180, 203, 219, 227, 314, 316, 327, 335, 340, 342, 343, 344, 357, 367, 388, 391, 392, 393, 396, 397, 399, 400, 403, 404, 406, 407, 410, 412, 414, 415, 419, 421, 423, 425, 435, 437, 449, 470, 511

LOG 536, 537

löschen 35, 56, 64, 77, 90, 91, 111, 112, 120, 128, 130, 137, 151, 205, 224, 226, 230, 242, 268, 302, 317, 331, 364, 378, 415, 428, 446, 447, 473, 493, 510, 520, 524

Lotus 1-2-3 344

m² 238, 243, 298

Mailadresse 62

Makrorekorder 517, 518, 519

markieren 25, 35, 39, 58, 67, 104, 112, 130, 131, 152, 153, 154, 165, 176, 191, 224, 242, 256, 265, 268, 274, 276, 287, 303, 335, 363, 378, 390, 394, 424, 428, 435, 437, 438, 450, 455, 463, 469, 474, 479, 490, 511

Markierung 59, 92, 104, 372

Mauszeiger 65, 106, 112, 291

Mehrfachmarkierung 53, 129, 375

Meldungsfenster 135

Menüband 26, 81, 184, 185, 420

Methoden 521, 522, 523

MITTELWERT 535, 538

Monat 229, 252, 255, 417

Multifunktionsleiste 45, 105, 180

Multiplikation 324, 358

N 33, 43, 163, 348

Nachfolger 199, 331, 364

Nachkommastellen 98, 237, 245, 355, 444

Näherungslösung 533

Namensfeld 114

nicht konsequent 50, 66, 80, 99, 108, 137, 207, 414, 415, 525

nichtdruckbare Zeichen 159

Nullwerte 501

numerischer Wert 181

Objekte 35, 46, 154, 268, 510

Objektkatalog 517, 521

Objektvariablen 524

oder 27, 28, 35, 38, 40, 44, 45, 49, 50, 54, 60, 61, 62, 64, 66, 69, 72, 75, 78, 80, 95, 102, 104, 106, 107, 113, 115, 116, 117, 118, 121, 123, 124, 125, 126, 130, 131, 134, 135, 140, 141, 143, 147, 152, 153, 157, 158, 159, 165, 168, 171, 178, 179, 180, 181, 182, 184, 187, 189, 193, 199, 205, 210, 215, 217, 218, 221, 224, 227, 238, 239, 244, 248, 250, 251, 252, 253, 254, 257, 258, 261, 267, 268, 272, 274, 276, 277, 281, 282, 286, 287, 289, 297, 306, 309, 311, 315, 316, 317, 324, 326, 329, 332, 334, 335, 336, 340, 342, 344, 345, 355, 359, 361, 362, 363, 366, 381, 382, 383, 389, 390, 392, 393, 394, 395, 397, 400, 401, 403, 404, 406, 410, 414, 417, 418, 419, 420, 428, 429, 435, 437, 438, 447, 463, 465, 476, 484, 499, 501, 503, 507, 508, 510, 515, 517, 520, 521, 524

Optionen 29, 35, 36, 45, 46, 52, 56, 62, 63, 80, 81, 86, 92, 96, 97, 98, 105, 106, 110, 115, 117, 118, 142, 156, 169, 185, 210, 244, 272, 283, 426, 455

PI 533

Pivot 429, 433, 438

Potenz 529

PowerPoint 124, 150, 442, 472, 473, 506, 507

Produkt 285

Produkt 529

PRODUKT 536

Prozent 74, 238, 251, 297

Prozentzeichen 527

Punkt 71, 137, 147, 153, 212, 242, 317, 363, 465, 480, 523, 527

qm 244

Quartal 79, 80

Querformat 280

Quotient 285

Quotient 529

Rahmen 43, 139, 176, 216, 218, 480

Raute 68

Rauten 68, 109, 250

Rechenoperator 530

593

rechnen 49, 60, 102, 287, 289, 328, 329, 331, 333, 354, 356, 364

rechnet falsch 239, 242, 285, 287, 289, 291, 298, 301, 306, 310, 354

rechnet nicht 69, 289, 293, 312, 320, 329, 331, 332, 354, 355, 360, 363, 364, 365, 424, 425

RECHTS 123, 275, 316, 317

rechtsbündig 28, 69, 111, 239, 303, 307, 340, 357, 365, 400

Rechtschreibprüfung 114

Registerkarten 26, 36, 115, 138, 203, 283, 284, 387, 398

Reihe 67, 85, 349, 451, 458, 492

relativer Bezug 533

Remote-Server-Computer 524

Ribbon 26, 45

RMZ 535

rote Ellipsen 128

Rückgängig 34, 35, 90, 428

Rundung 531

Sammlung 525

SAP 152, 153, 165, 361, 363

SÄUBERN 111, 159

schade 521

Schrägstrich 324, 358

Schrägstrich 527

Schreibmaschine 527

Schriftgrad 210, 272

Schriftgröße 211, 507

Schweinegitter 68

scrollt 70

Seite einrichten 77, 91, 191, 196, 269, 271, 275, 281, 283, 284, 463, 520

Seitenansicht 24, 124, 196, 273, 275, 278, 279, 281, 282

Seitenlayout 91, 180, 261, 267, 268, 271, 282

Seitenlayoutansicht 278

Seitenränder 275, 284

Seitenumbruch 280, 281, 447

sekundäre x-Achse 455

seltsam 247, 253, 263, 269

Semikolon 294, 320

Serienbrief 155, 156

Servicepack 334

SFr 527

SIN 536

SIN 533

Slash 105

Solver 139

Sonderzeichen 112, 243

sortieren 43, 100, 130, 131, 132, 152, 171, 227, 361, 376, 387, 389, 390, 391, 392, 393, 394, 397, 398, 403, 404, 419, 429, 504

Spalten 25, 27, 39, 40, 41, 53, 61, 71, 72, 105, 106, 115, 123, 127, 129, 132, 133, 136, 139, 140, 147, 153, 157, 164, 165, 178, 191, 202, 249, 256, 257, 258, 263, 264, 265, 327, 363, 373, 374, 375, 376, 382, 384, 391, 394, 403, 406, 420, 423, 424, 426, 427, 433, 438, 441, 460, 470, 471, 515

Spaltenbreite 27, 213, 223, 224, 257, 260, 261

Spaltenköpfe 27, 89, 185, 257, 388, 399

Spezialfilter 401, 402

Stalagmiten 455, 511

Stalaktiten 455, 511, 513

Standardabweichung 355

Start 33, 35, 40, 44, 64, 67, 121, 154, 180, 200, 205, 216, 218, 227, 229, 261, 268

Starterversion 36

Statuszeile 60, 70, 104, 162, 176, 177, 329, 354, 360, 415

Steuerzeichen 118

Stripset 257, 420

Stunden 90, 94, 95, 113, 235, 292, 317, 356

suchen 52, 92, 121, 158, 227, 290, 331, 366

Summe 69, 104, 150, 151, 239, 241, 242, 285, 287, 290, 291, 293, 294, 298, 301, 302, 306, 319, 320, 321, 328, 335, 341, 350, 354, 356, 363, 364, 377, 429, 444, 474

Summe 529

SUMME 536

SVERWEIS 170, 171, 304, 311, 331, 336, 357, 363, 365, 366

Symbole 32, 43, 101, 103, 138, 182, 218, 222

Symbolleiste für den Schnellzugriff 32, 45, 420

Tabelle 24, 41, 43, 50, 54, 73, 78, 80, 91, 99, 112, 116, 125, 134, 140, 145, 150, 158, 189, 191, 214, 215, 241, 250, 254, 266, 267, 268, 271, 273, 276, 279, 301, 317, 318, 330, 335, 363, 371, 377, 384, 387, 388, 390, 394, 398, 399, 406, 407, 417, 423, 433, 434, 438, 447, 449, 452, 463, 473, 494

Tabellenblatt 33, 46, 54, 65, 69, 90, 92, 102, 134, 147, 158, 162, 168, 190, 209, 228, 244, 280, 351, 352, 373, 387, 398, 401, 422, 427, 436, 553

Tabs 29

Tabulator 60, 105

Tangens 480, 510

Tastatur 72, 334

Tastenkombinationen 65, 98, 124, 253

TEIL 123, 317

Teilergebnis 130, 132, 334, 376, 389, 403

TEILERGEBNIS 553

Text 27, 28, 41, 48, 49, 57, 61, 62, 65, 66, 69, 74, 75, 78, 79, 80, 89, 92, 107, 109, 110, 113, 116, 118, 123, 132, 139, 147, 150, 153, 157, 159, 163, 165, 169, 178, 181, 193, 206, 211, 212, 213, 220, 221, 224, 225, 241, 246, 248, 250, 252, 255, 256, 257, 265, 268, 287, 301, 307, 311, 314, 315, 316, 336, 345, 348, 357, 363, 365, 370, 373, 374, 375, 376, 377, 380, 382, 384, 393, 395, 400, 409, 410, 415, 419, 429, 449, 462, 464, 531

Texte 49, 57, 76, 109, 110, 122, 123, 147, 152, 166, 207, 218, 228, 250, 285, 287, 307, 315, 316, 357, 362, 373, 384, 393, 411, 449, 464, 465, 483

Textfeld 291, 414, 415, 507

Textfunktionen 316

TMJ 311

Top 10 405, 406

transponieren 124, 136, 137

Trennzeichen 153, 159, 179, 182, 363, 373, 380, 383, 384

Überschriften 29, 169, 217, 388, 394, 399, 424, 438

Uhrzeit 94, 114, 115, 235, 247, 248, 253, 254, 256, 292, 318, 552

Uhrzeiten 94, 113, 115, 116, 235, 256, 292, 317, 356

und 24, 25, 27, 28, 29, 32, 34, 35, 36, 38, 39, 42, 43, 44, 45, 46, 47, 48, 52, 53, 54, 56, 59, 61, 62, 63, 64, 65, 66, 67, 68, 69, 70, 71, 73, 74, 75, 77, 78, 79, 80, 81, 82, 85, 89, 92, 94, 95, 97, 98, 99, 102, 104, 105, 106, 108, 110, 111, 112, 113, 114, 115, 116, 117, 118, 119, 121, 122, 124, 125, 127, 128, 129, 130, 131, 132, 133, 134, 135, 136, 137, 139, 140, 142, 145, 147, 150, 151, 152, 153, 154, 156, 157,

595

158, 159, 160, 162, 165, 166, 167, 168, 169, 170, 171, 172, 175, 176, 177, 179, 180, 182, 183, 184, 185, 191, 194, 196, 200, 202, 204, 210, 212, 214, 216, 217, 218, 219, 223, 224, 225, 227, 228, 229, 230, 231, 233, 238, 239, 240, 241, 242, 243, 246, 247, 248, 249, 252, 253, 255, 256, 257, 258, 264, 265, 267, 268, 271, 272, 276, 277, 281, 283, 284, 285, 286, 287, 297, 299, 301, 302, 303, 307, 309, 311, 312, 313, 315, 316, 317, 318, 319, 324, 325, 326, 327, 328, 330, 331, 332, 333, 334, 335, 336, 338, 340, 342, 343, 345, 346, 350, 351, 352, 355, 356, 358, 359, 361, 362, 363, 364, 365, 367, 368, 370, 371, 373, 376, 377, 378, 381, 384, 386, 387, 388, 389, 390, 391, 392, 393, 395, 396, 398, 399, 400, 402, 403, 404, 406, 407, 408, 410, 412, 414, 415, 417, 420, 424, 425, 426, 427, 428, 429, 432, 433, 436, 438, 441, 444, 447, 449, 450, 451, 455, 457, 459, 460, 461, 462, 463, 465, 467, 468, 469, 470, 471, 472, 474, 476, 479, 480, 487, 488, 490, 491, 492, 493, 494, 495, 496, 501, 502, 504, 507, 508, 509, 510, 511, 512, 513, 516, 517, 521, 524, 525, 526

US-amerikanisch 182

VBA 102, 517, 521, 523, 524, 525

verbinden 132, 140, 201, 218, 224, 265

verschwunden 32, 57, 420

vertauschen 312, 470, 471

Visio 157

VLOOKUP 170, 311, 363

von rechts nach links 81, 119

Vorgänger 199

Währung 99, 124, 194, 233, 247, 249, 250, 251, 366

wechseln 33, 46, 48, 97, 271, 432, 470, 471, 495

WENN 95, 254, 255, 301, 311, 315, 318, 325, 326, 338, 344, 345, 363, 411, 501, 505, 512

WERT 532

Wiederholen 113

Wiederholungszeilen 271, 283, 284

Winkel 533

Word 114, 115, 124, 147, 155, 156, 180, 261, 281, 524, 525

Workbooks 525, 526

Wurzel 529

WURZEL 536, 537

x 46, 73, 97, 111, 114, 124, 202, 204, 252, 301, 315, 324, 327, 333, 344, 358, 411, 454, 455, 476, 484, 495, 508

x XE "x" -Achse 454, 484, 495, 508

y-Achse 446, 458, 465, 477

Z1S1 140, 169

Zahl 28, 49, 52, 66, 68, 69, 72, 78, 79, 80, 98, 104, 109, 147, 153, 162, 166, 169, 181, 193, 194, 210, 224, 229, 233, 238, 239, 240, 243, 245, 248, 249, 250, 251, 252, 272, 287, 290, 291, 297, 299, 307, 313, 317, 333, 340, 342, 349, 350, 355, 357, 363, 365, 366, 400, 408, 415, 429, 462, 468, 501, 505

Zahlen 28, 49, 52, 66, 71, 79, 91, 98, 99, 109, 116, 124, 151, 152, 153, 160, 165, 166, 172, 180, 218, 224, 229, 237, 241, 250, 251, 256, 287, 302, 333, 350, 356, 357, 361, 362, 363, 377, 393, 400, 414, 429, 441, 444, 460, 461, 462, 463, 464, 465, 474, 492, 501, 502, 505

Zahlenformat 78, 109, 153, 180, 229, 230, 240, 248, 249, 250, 252, 254, 299, 362, 363, 366

Zahlenzeichen 68, 109, 250

Zeichen 27, 46, 57, 60, 61, 69, 72, 97, 111, 123, 147, 154, 157, 158, 159, 226, 255, 257, 264, 317, 371, 381, 386

Zeilen 27, 64, 112, 127, 133, 134, 136, 139, 140, 157, 158, 162, 185, 191, 202, 215, 256, 257, 287, 304, 327, 391, 395, 403, 406, 415, 420, 423, 451, 460, 462, 470, 471, 515, 519, 520

Zeilenschaltung 41, 384, 385

Zeilenumbruch 120, 121, 226, 227, 506, 507

Zellformate 187

zentrieren 111, 191, 194, 218, 224, 228, 233, 256, 266, 276, 463

zentriert 191, 217, 218, 226, 256, 267

ziehen 35, 42, 57, 64, 67, 77, 78, 92, 145, 151, 241, 248, 302, 377, 426, 427, 428, 505, 507

Zielbereich 176, 177

Ziffer 527

ZINS 537

Zirkelbezug 329, 330, 354, 360, 361, 533

zu klein 211, 436

Zugriffsschutzeinstellung 133

Zukunft 94

Zwischenablage 180